Hallesche Beiträge
zur Europäischen Aufklärung

58

Schriftenreihe des Interdisziplinären Zentrums
für die Erforschung der Europäischen Aufklärung
Martin-Luther-Universität Halle-Wittenberg

Stephan Kammer

*Überlieferung:
Das philologisch-
antiquarische Wissen im
frühen 18. Jahrhundert*

De Gruyter

Herausgeber:
Thomas Bremer, Daniel Cyranka, Elisabeth Décultot, Jörg Dierken,
Robert Fajen, Daniel Fulda, Frank Grunert, Wolfgang Hirschmann,
Yvonne Kleinmann, Heiner F. Klemme, Andreas Pečar, Jürgen Stolzenberg,
Heinz Thoma, Sabine Volk-Birke

Wissenschaftlicher Beirat:
Wolfgang Adam, Gunnar Berg, Reinhard Brandt, Lorraine Daston,
Laurenz Lütteken, Jean Mondot, Alberto Postigliola, Peter Hanns Reill

Redaktion: Andrea Thiele

ISBN 978-3-11-065261-1
e-ISBN (PDF) 978-3-11-052028-6
e-ISBN (EPUB) 978-3-11-051857-3
ISSN 0948-6070

Library of Congress Cataloging-in-Publication Data
A CIP catalog record for this book has been applied for at the Library of Congress.

Bibliografische Information der Deutschen Nationalbibliothek
Die Deutsche Nationalbibliothek verzeichnet diese Publikation in der Deutschen Nationalbibliografie; detaillierte bibliografische Daten sind im Internet über http://dnb.dnb.de abrufbar.

© 2019 Walter de Gruyter GmbH, Berlin/Boston

Dieser Band ist text- und seitenidentisch mit der 2017 erschienenen gebundenen Ausgabe.
Druck und Bindung: CPI books GmbH, Leck
♾ Gedruckt auf säurefreiem Papier
Printed in Germany
www.degruyter.com

Inhalt

I Problemgeschichte und Systematik: Überlieferung um 1700 1
  1 Eine Problemstellung, vier Geschichten 1
  2 Was ist Überlieferung? Epistemologische Grundlagen 24

II Papiere · Schriften · Texte 57
  1 Überlieferungsfälschung: Hardouins Altertum 57
    1.1 Philologie auf Abwegen oder: Die Geburt
       der Überlieferung aus dem Geist des Verdachts. 57
    1.2 ‚Vindiciae veterum scriptorum' oder: Provokationen gelehrten
       Wissens. Reaktionen auf Hardouins Verdacht 87
    1.3 Was ist Überlieferung? Rahmungen 112
  2 Epochen(er)findung: Bodmers Mittelalter 131
    2.1 Katastrophen der Überlieferung 131
    2.2 Unterbrechungen: Überlieferungsakteure
       und/als Barbaren 141
    2.3 Die Invention des ‚schwäbischen Zeitalters' 156
    2.4 Vergegenwärtigungsprogramme (1):
       Barden und Rhapsoden 172
    2.5 Vergegenwärtigungsprogramme (2):
       Schrift-Körper 186

III Fossilien 214
  1 ‚Fossilien': Medien der Überlieferung 214
  2 Sintflut, antiquarisch 223
    2.1 Natürliche Überlieferung — überlieferte Natur 223
    2.2 Scheuchzers ‚Diluviana': Datenverarbeitung 249
    2.3 Scheuchzers ‚Diluviana': das alpine Archiv 264
  3 Schöne Funde, verlorene Schönheit. Winckelmanns
    zweideutige Antike(n) 287
    3.1 Ein Antiquar in Halbtrauer oder: doppelte Buchführung 287
    3.2 Ende der Überlieferung: Die Inventionen des Unvollständigen 328

Bibliographie 365
  1 Texte vor 1800 365
  2 Weitere Literatur 383

Verzeichnis der Abbildungen und ihrer Nachweise 413

I Problemgeschichte und Systematik: Überlieferung um 1700

1 Eine Problemstellung, vier Geschichten

Die Problemstellung. – Im ersten Buch seiner *Antiquitates judaicae* berichtet der jüdisch-hellenistische Historiograph Flavius Josephus von Konsequenzen einer Erfindung, denen man den Rang einer Gründungsszene zuschreiben könnte – Konsequenzen, mit denen in die Welt zu treten scheint, was in den folgenden Kapiteln mit einem konzentrierten kultur- und wissensgeschichtlichen Fokus auf eine historisch weit spätere Szenerie als *Überlieferung* thematisiert wird. Seths Söhne, so Flavius Josephus, Adams Enkel also, hätten die „Sternkunde" erfunden. Eingedenk einer adamitischen Prophezeiung, der zufolge der „Untergang aller Dinge teils durch Feuer, teils durch heftige Überschwemmungen" anstehe, wären sie darum bemüht gewesen, ihrem Wissen verlässliche Dauerhaftigkeit zu verleihen:

> [D]amit ihre Erfindungen nicht verloren gingen und vernichtet würden, ehe sie zu allgemeiner Kenntnis gelangten [...], so errichteten sie zwei Säulen, die eine aus Ziegeln, die andere aus Stein, und schrieben das von ihnen Erfundene auf beiden ein, damit, wenn die Säule aus Ziegeln durch Wasserflut vernichtet werden sollte, die steinerne wenigstens noch erhalten bleibe und den Menschen ihre astronomischen Inschriften und zugleich auch die Thatsache kundthun könne, dass ausser ihr auch eine Ziegelsäule errichtet worden sei. Die steinerne Säule steht übrigens noch heute in Syrien.[1]

In dieser antiquarischen Trouvaille schießt trotz einer unwahrscheinlichen Besonderheit des Erzählarrangements mehr zusammen, als selbst ein breiteres kulturelles Problembewusstsein für Überlieferung festhält. Die Ereignisse, die Flavius Josephus darin einträgt, bilden ebenso wie der Fokus, aus dem sie in seinen Text geraten, ein Tableau, dessen Konturen und Figuren, dessen Kolorit und Schattierungen ich – allerdings aus einer ganz spezifischen Perspektive – beschreiben will. Dieses Tableau wird auf den folgenden Seiten im Wechsellicht einer prägnanten epistemologischen und historischen Umbruchssituation erscheinen und keineswegs als kulturtheoretische Universalie entworfen. Auch wenn man wohl mit guten Gründen behaupten könnte, dass Überlieferung zu den unabdingbaren Beständen jeder kulturellen Selbstverständigung gehört, werde ich weniger die gleich zu nennenden Komponenten dieses Tableaus klassifizieren, untergliedern und erklären, um die allgemeinen Gesetzmäßigkeiten dieser Praxis zu liefern. Anspruch meiner Untersuchung ist vielmehr, eine wissens- respektive kulturgeschichtliche Zäsur in den Blick zu nehmen, durch die aufgrund einer Vielzahl von Ereignissen

---

[1] Flavius Josephus: Jüdische Altertümer. Übersetzt und mit Einleitung und Anmerkungen versehen von Heinrich Clementz. 2 Bde., Wiesbaden 1994 [ND der Ausg. Berlin 1923]. Bd. 1, S. 24f.

die Konfiguration dieser Komponenten, die strukturierte und strukturierbare Figuration von Überlieferung, in Bewegung gerät.

Dennoch sind zunächst die strukturierenden Komponenten dieses Tableaus zu isolieren, ebenso der zentrale Problemkern, um den sie sich gruppieren. Die Momentaufnahme der *Antiquitates judaicae* erweist sich dafür als bei weitem ergiebiger als die geläufigen Definitionsansätze, die zum vergleichsweise jungen Lemma *Überlieferung*[2] angeboten werden. Symptomatisch für die letzteren ist die Behauptung, ‚Überlieferung' erlaube zwar einige „besondere Akzentuierungen", sei substantiell aber „weitgehend synonym mit dem Begriff der ‚Tradition'" und werde deshalb „bis heute [...] vielfach gleichbedeutend mit ‚Tradition' gebraucht."[3] Mit diesen ‚besonderen Akzentuierungen' aber ist in der Regel nicht viel mehr gemeint als Begrenzungen und Einschränkungen, durch die sich ‚Überlieferung' von ‚Tradition' unterscheiden soll: medienspezifische Beschränktheiten, Defizite oder doch zumindest Problematiken, wie sie beispielsweise in einer Bezeichnung wie ‚mündlicher Überlieferung' zum Vorschein kommen; Reichweitenprobleme, wenn Überalieferung wie schon im Wörterbuch der Grimms als „meist beschränkt auf mittheilung von geschlecht zu geschlecht" bestimmt wird.[4] Eine Begriffs- oder Ideengeschichte von Überlieferung schließt sich demnach schon allein angesichts der Tatsache aus, dass weder im historischen Material noch in aktuellen Bestandsaufnahmen von einem Begriff, einer Idee der Überlieferung die Rede sein kann.[5]

Wie die von Flavius Josephus mitgeteilte Anekdote andeutet, geht es vielmehr um ein Problem, dessen Kern folgendermaßen formuliert werden könnte: Wie lassen sich kulturelle Errungenschaften in einer Weise (re)produzieren, die ihnen sogar unter ungünstigen Bedingungen sowohl Dauerhaftigkeit als auch Reaktualisierbarkeit zumindest ermöglicht, wenn nicht gar garantiert? Das klingt unspektakulär; man muss jedoch alle Elemente dieser Problemstellung gleichermaßen ernst nehmen. Das heißt zunächst: Überlieferung, wie ich im Folgenden diese Reproduktionsform nennen will, ist nichts, was fraglos gegeben ist, nichts, was kulturell

---

[2] Vgl. Jacob u. Wilhelm Grimm: Deutsches Wörterbuch. München 1984. Bd. 23, Sp. 397f. Die Wortbelege für Überlieferung im „übertragenem sinne: mittheilung, vererbung von nachrichten, kenntnissen, sitten und bräuchen", aber auch für „die mitgetheilte nachricht, die kenntnisz, der überlieferte brauch selbst" gehen nicht weiter zurück als in die zweite Hälfte des 18. Jahrhunderts, „meist beschränkt auf mittheilung von geschlecht zu geschlecht".

[3] Volker Steenblock: Art. Überlieferung. In: Historisches Wörterbuch der Philosophie. Hg. von Joachim Ritter, Karlfried Gründer u. Gottfried Gabriel. Bd. 11, Basel 2001, Sp. 44–46. So auch schon das *Deutsche Wörterbuch*: Überlieferung sei „im gebrauche mit dem für überlieferung vorbildlichen worte ‚tradition' wechselnd" (Bd. 23, Sp. 398).

[4] Deutsches Wörterbuch von Jacob und Wilhelm Grimm. Bd. 23, Sp. 398.

[5] In den fundamentalistischen Anthropologien eines Hans-Georg Gadamer oder Josef Pieper – philosophisch-hermeneutischer Provenienz die eine, theologischer Provenienz die andere – mag zwar ein *Begriff* von Überlieferung eine Rolle spielen. Vgl. Steenblock: Überlieferung, Sp. 45f. Dieser hat allerdings mit der *Sache* der Überlieferung, so wie sie hier skizziert wird, nichts zu tun.

erhandelten Wissensbeständen oder Artefakten immanent wäre – Überlieferung wird gemacht, sie ist unabdingbares Supplement von Wissen und Artefakten. Als solches Supplement setzt die Anekdote in den *Antiquitates judaicae* Überlieferung an, indem sie die Erfinder der Kosmologie über Sicherungsvorkehrungen für das von ihnen generierte Wissen nachdenken lässt. Flavius Josephus' Erzählung will damit gleichsam aus Produzentenperspektive sichtbar machen, womit sich sonst, in unterschiedlich gestalteten Rollen, spezialisierte Rezipienten beschäftigen: Nicht einmal so sehr ‚zu allgemeiner Kenntnis', wie die deutsche Übersetzung angibt, wollen Seths Söhne ihrer Invention verhelfen – sie verfolgen keineswegs ein Aufklärungsprogramm *avant la lettre*. Die alttestamentarischen Akteure setzen aus taktischen Gründen auf eine Verfügbarkeit, die über ein individuelles oder selektiv adressiertes, lebenszeitlich und lebensweltlich gebundenes Wissen hinausgeht. Ihr Ziel ist es, zu verhindern, dass die Invention den Menschen entwischt oder ruiniert zu werden beginnt, noch bevor sie zum Bestandteil des Wissens geworden ist.[6] Verlust und Zerstörung sind die beiden Gefahren, mit denen ein solches Projekt immer schon rechnet; die erste benennt vornehmlich ein Adressierungsproblem, die zweite eine Bedrohung der (potenziellen) Wissensgegenstände selbst. Diesen Potentialen des Abhandenkommens entspricht die Differenzierung, die den Bilanzierungen *ex post* und im Positiven Form gibt. (Wieder)Finden und Retten sind die Akte, die das Überlieferte dingfest zu machen und den überall, jederzeit begegnenden Fährnissen abzutrotzen vermögen.

Als Objekte eines Überlieferungsdiskurses treten damit keineswegs Kenntnisse, Erkenntnisgegenstände, kulturelle Modellierungen von gesellschaftlichen Praktiken ‚als solche', und das heißt: in einer wie immer auch im Einzelnen konzipierten idealen oder ideellen Form auf den Plan. Deshalb muss man als erstes mit diesem Problemkern verbundenes Handlungsmoment festhalten: Nicht Erinnerung und Vergessen bilden die differentielle Einheit, auf die Überlieferungsmodelle rekurrieren, sondern Verfügbarkeit und Verlust sowie Vorhandensein und Zerstörung. Überlieferung ist nicht so sehr ein adressaten- beziehungsweise rezipientenbezogenes Konzept; vielmehr entfaltet sich dieses um eine Form der Problembewältigung, die bei der Verfügbarkeit der Gegenstände selbst ansetzt. Mit Blick auf ein rhetorisch organisiertes Wissensmodell, dessen kulturelle Relevanz allerdings gerade in dem von mir untersuchten Zeitraum rapide zu schwinden beginnt, könnte man sagen: Überlieferung sorgt dafür, dass diese Gegenstände Arbeitsmittel für den ersten systematischen Schritt der Wissensgenerierung, die *inventio*, bleiben. Allerdings geht es dabei gerade nicht in erster Linie um Texte, um Werke – verstanden als materialunabhängige sprachliche Einheiten, wie es noch aktuellere Definitionen

---

[6] So die beiden Bedrohungsmöglichkeiten im griechischen Text der Stelle, hier zitiert nach der zweisprachigen Ausgabe in der Loeb 'Classical Library': Flavius Josephus: Jewish Antiquities. Books I–IV. Cambridge 1995, I,70, (S. 32) „μὴ διαφυγεῖν τοὺς ἀνθρώπους τὰ εὑρημένα μηδὲ πρὶν εἰς γνῶσιν ἐλθεῖν φθαρῆναι".

nahelegen⁷ –, noch nicht einmal zwangsläufig um sprachliche Artefakte. Vielmehr geraten, und das ist das zweite handlungsformende Moment, Facetten einer Beschäftigung mit einer ganz speziellen Klasse von konkreten Dingen in den Blick, wenn man sich mit Modellierungen von Überlieferung beschäftigt. Mit einer handhabbaren Differenzierung von Krzysztof Pomian kann man zwischen ‚Dingen (des Gebrauchs)', „des *choses*, des *objets utiles*", und ‚Dingen mit Bedeutung' unterscheiden, die den Gesetzen des Zeichens folgen und die Pomian ‚Semiophore' nennt: Das sind Dinge, deren Objektwert in ihrer Eigenschaft als Träger je spezifischer Information liegt. Für die Objekte der Überlieferung allerdings gilt gerade nicht, was Pomian als Ausschlussbeziehung bestimmt hat. Zwar seien die beiden Funktionen als Aggregatzustände von Dingen selbst keineswegs unvereinbar, da es Objekte gebe, in denen man sowohl Gebrauchswert als auch Zeichenwert erkennen könne. Aber beobachterbezogen sei diese Gleichzeitigkeit ausgeschlossen; „aucun objet n'est en même temps et pour un même observateur une chose et un sémiophore".⁸ Anders bei Überlieferungsobjekten: Gerade deren Funktionieren als Semiophore ist Bedingung und Konsequenz ihres Gebrauchs zugleich. Die semiophorische Funktion, die den Gegenständen der Überlieferung zukommt, ist nicht zu trennen von den Materialbedingungen und Medienqualitäten, die zur genuinen Geschichte dieser Dinge gehören. Mit anderen Worten: Für Überlieferungsdiskurse ist die kategoriale Trennung von Zeichen und Zeichenträger keine Option, sie sind gleichsam unvordenklich in die ‚Materialitäten der Kommunikation' verstrickt. Auch darauf weist Flavius Josephus' Anekdote hin, wenn sie – wiederum aus der unwahrscheinlichen Perspektive der Produzenten von Überlieferung – auf das Haltbarkeitskalkül für die beiden Säulen zielt. Eine steinerne Säule ist als Schriftträger nicht dasselbe wie eine Säule aus Ziegeln; wenn diese einer möglichen Vernichtung durch Feuer zu trotzen imstande ist, sichert man sich mit jener noch gegen die zerstörerische Kraft des Wassers. Trotzdem scheint es nicht allein um klug gewählte, ansonsten aber neutrale Träger von Textbeständen, um möglichst sichere Speicher für Inhalte des Wissens zu gehen. Warum sollte sonst die eine Säule den Hinweis auf die andere erhalten, der Verweis auf den (anderen) ‚Informationsträger' zur ‚Information' dazukommen, der für die Rettung des kosmologischen Wissens völlig unnötig ist? Eine dritte Handlungskomponente erwächst daraus, dass zur Verständigung über Überlieferung immer auch die Verständigung über die Akteure gehört, die für das Überlieferte, für dessen Vorzüge und insbesondere für dessen Defizite namhaft zu machen sind.⁹ Für die Spezifika dieses dritten Merk-

---

7 Vgl. prominent Nelson Goodman: Sprachen der Kunst. Entwurf einer Symboltheorie. Frankfurt a.M. 1995, S. 114f.
8 Krzysztof Pomian: Collectionneurs, amateurs et curieux. Paris, Venise: XVIᵉ–XVIIIᵉ siècle. Paris 1987, S. 42.
9 Wissensgeschichtlich gibt es selbstverständlich keinen plausiblen Grund, diese Akteure resp. Agenten auf *menschliche* Akteure/Agenten oder gar auf intentional Handelnde zu begrenzen. Vgl. dazu grundlegend Bruno Latour: Eine neue Soziologie für eine neue Gesellschaft.

mals allerdings ist die kleine Erzählung von Seths Söhnen insofern wenig symptomatisch, als man es in aller Regel nicht mit den Erzeugern des überlieferten Wissens selbst und auch nicht unbedingt mit klugen Antizipateuren künftiger Gefahren fürs Überlieferte zu tun bekommt. Überlieferungsagenten, wie ich im Folgenden diese Akteure nennen will, betreten die Szenerie der Diskurse meistens nachträglich und als Mängelwesen. Man kennt etwa den Topos vom verständnislos-unbedarften Kopisten, dessen Verheerungen es nach Möglichkeit aus der Welt zu schaffen gilt. Interessant dabei aber ist weniger diese beispielhafte Figur als solche, sondern der Umstand, dass an ihr – wie in der Perspektive auf Überlieferungsagenten generell – die Beschäftigung mit der Überlieferung reflexiv wird. Das Negativvorbild, der Vorgänger überhaupt wird zur privilegierten Bezugsinstanz für das Nachdenken über die eigenen Eingriffe, Manipulationen, Handhabungen und Kniffe, kurz: über die Techniken, mit denen die Überlieferungsereignisse erzeugt werden. Wer sich mit Überlieferung beschäftigt, wird von den Spuren vorangehender Agenten dazu gebracht, sich selber als Akteur im Überlieferungsgeschehen zu begreifen. Das tun die ungewöhnlichen Akteure in Flavius Josephus' Exempel, wenn sie ihren Säulen nicht nur Propositionen zur Sternkunde, sondern auch einen Index auf den zweiten Überlieferungsträger einschreiben. Diese Reflexivität schließlich ist die Voraussetzung für das vierte und letzte handlungsgenerierende Moment, das den Überlieferungsdiskursen Form gibt. Ich verwende dafür den Terminus der Doppelzeitlichkeit von Überlieferung. Die Objekte, mit denen die Akteure im Überlieferungsgeschehen interagieren, sind gleichzeitig Dinge der Vergangenheit, die Spuren früherer Manipulationen, Zurichtungen und Aufbewahrungen tragen, und gegenwärtige Dinge, die zum Gegenstand erneuter Manipulation, Zurichtung und Aufbewahrung werden (sollen). Ihre Vergangenheit erschließt sich deshalb zu den Bedingungen ihrer Präsenz und *vice versa*.[10] „[N]och heute",

---

Einführung in die Akteur-Netzwerk-Theorie. Frankfurt a.M. 2007, S. 81–88. Wenn ich es im Folgenden mit diesem Begriff trotzdem so halte, dass er für die Bezeichnung menschlicher Akteure reserviert bleibt (und von ‚Objekten' und ‚Dingen' ebenso im traditionellen Sinne gesprochen wird), dann geschieht dies nur zu Zwecken meiner Rekonstruktion eines (historischen) *Diskurses*. In meiner Beschreibung des *Modells* Überlieferung sind ‚Akteure' resp. ‚Agenten' im Latourschen Sinne natürlich sämtliche hier als ‚Handlungsmerkmale' genannten Bestandteile, unabhängig davon, ob sie menschlicher, steinerner, papierener etc. Beschaffenheit sind. Einen großangelegten Versuch, mit der *Société des Bollandistes* einen Kollektivakteur in den Fokus einer gelehrtengeschichtlichen Untersuchung eines Über-lieferungsunternehmens zu rücken, unternimmt Jan Marco Sawilla: Antiquarismus, Hagiographie und Historie im 17. Jahrhundert. Zum Werk der Bollandisten. Ein wissen-schaftshistorischer Versuch. Tübingen 2009.

10   Zu präzisieren ist damit aus der Perspektive des Überlieferungsmodells die Vorstellung, dass eine pragmatische Distanzierung von den Gegenständen das Paradigma des Antiquarischen hinreichend begründe; so etwa bei Sawilla, der in der „Historisierung der in Augenschein genommenen Güter" das methodologische Differenzkriterium des Antiquarianismus sieht. Jan Marco Sawilla: Vom Ding zum Denkmal. Überlegungen zur Entfaltung des frühneuzeitlichen Antiquarianismus. In: Thomas Wallnig u.a. (Hg): Europäische Geschichtskulturen um 1700

so Flavius Josephus, wäre die steinerne der beiden Säulen in Syrien anzutreffen, und allein diese Gegenwärtigkeit ist dafür verantwortlich, dass seine Darstellung einen Überschuss zur bloßen Erzählung oder Referentialität, den Effekt einer Beglaubigung durchs Objekt in Anspruch nehmen darf.

Spätestens an dieser Stelle wird die kategoriale Differenz und historische Priorität zum Anspruch des neuzeitlichen Traditionsbegriffs deutlich, von denen das hier fokussierte Modell der Überlieferung ausgeht. Zunächst wäre daran festzuhalten, dass die Vorstellung einer „bildenden Tradition" als Prinzip der „Erziehung des Menschengeschlechts",[11] wie sie am Ende des 18. Jahrhunderts etwa bei Herder entfaltet wird, in einem Verhältnis der historischen Nachträglichkeit zu dem von mir fokussierten handlungsbezogenen und wissenspoietischen Modell der Überlieferung steht. Die von Herder herausgestellte, in ihrer Ambivalenz durchaus (noch) erfasste Idee einer „Kette der Tradition", die als „goldene Kette der Bildung die Erde umschlingt und durch alle Individuen bis zum Thron der Vorsehung reichet", schafft dann schon mit der sie organisierenden Semantik – und erst recht mit ihrer Perhorreszierung des Materialen – genau die Widerständigkeiten und das Problempotential aus der Welt, von denen die Beschäftigung mit der Überlieferung ganz grundlegend heimgesucht wird:

> Die Philosophie der Geschichte also, die die Kette der Tradition verfolgt, ist eigentlich die wahre Menschengeschichte, ohne welche alle äußeren Weltbegebenheiten nur Wolken sind oder erschreckende Misgestalten werden. Grausenvoll ist der Anblick, in den Revolutionen der Erde nur Trümmer auf Trümmern zu sehen, ewige Anfänge ohne Ende, Umwälzungen des Schicksals ohne dauernde Absicht! Die Kette der Bildung allein macht aus diesen Trümmern ein Ganzes, in welchem zwar Menschengestalten verschwinden, aber der Menschengeist unsterblich und fortwirkend lebt. Glorreiche Namen, die in der Geschichte der Cultur als Genien des Menschengeschlechts, als glänzende Sterne in der Nacht der Zeiten schimmern! Laß es seyn, daß der Verfolg der Aeonen manches zertrümmerte Gebäude und vieles Gold in den Schlamm der Vergessenheit senkte; die Mühe ihres Menschenlebens war dennoch nicht vergeblich: denn was die Vorsehung von ihrem Werk retten wollte, rettete sie in andern Gestalten. Ganz und ewig kann ohnedies kein Menschendenkmal auf der Erde dauern, da es im Strom der Generationen nur von den Händen der Zeit für die Zeit errichtet war und augenblicklich der Nachwelt verderblich wird, sobald es ihr neues Bestreben unnöthig macht oder aufhält. [...] Thorheit mußte erscheinen, damit die Weisheit sie überwinde: zerfallende Brechlichkeit auch der schönsten Werke war von ihrer Materie unzertrennlich, damit auf den Trümmern derselben eine neue bessernde oder bauende Mühe der Menschen stattfände: denn alle sind wir hier nur in einer Werkstätte der Uebung. Jeder Einzelne muß davon und da es ihm sodann gleich seyn kann, was die Nachwelt mit seinen Werken vornehme, so wäre es einem guten Geist sogar wid-

---

zwischen Gelehrsamkeit, Politik und Konfession. Berlin u. New York 2012, S. 405–446, Zit. S. 427.

[11] Johann Gottfried Herder: Ideen zur Philosophie der Geschichte der Menschheit. Herders sämmtliche Werke. Hg. von Bernhard Suphan. Bd. 13. Hildesheim 1994 [ND der Ausg. Berlin 1887], S. 345 – Aus diesem Grund ist eine semantische Differenzierung, wie sie die deutsche Sprache mit der Unterscheidbarkeit von ‚Überlieferung' und ‚Tradition' ermöglicht, zwar hilfreich, aber keineswegs konstitutiv für meine Argumentation. Wie sich zeigen wird, bezeichnen im fokussierten Zeitraum gerade die französischen und englischen Begriffe ‚tradition' sowie der lateinische Begriff ‚traditio' der Sache nach durchaus das, was ich hier ‚Überlieferung' nenne.

rig, wenn die folgenden Geschlechter solche mit todter Stupidität anbeten und nichts eigenes unternehmen wollten.[12]

Doch jenseits dieser konkreten Thematisierungsformen, die schon zu einem frühen Zeitpunkt der konzeptuellen Erarbeitung eines modernen Traditionsbegriffs die Unterschiede deutlich werden lassen, kann man die Differenz durchaus ins epistemologisch Grundsätzliche verschärfen: Traditionen sind Erfindungen respektive Konstruktionen von Präsenz oder doch zumindest Zeitenthobenheit, während Überlieferungen in der genannten Doppelzeitlichkeit ihre unhintergehbare Temporalität behalten. Soll gerade eine mehr oder minder unmittelbare Verfügbarkeit den Traditionen ihre Kompensations- oder Entlastungsfunktion in modernen Gesellschaften verschaffen können, so ist die Verfügbarkeit selbst für Überlieferungen alles andere als fraglos: Sie ist das Ergebnis kritischer Arbeit und technischer Expertise, die jeder weiteren gesellschaftlichen Aneignung vorausgehen müssen, sie ist dadurch aber auch Ergebnis eines Überarbeitungsprozesses, der immer schon in seine Gegenstände, in deren Beschaffenheit und Konstitution eingegriffen hat – Gemachtsein, nicht Gegebenheit heißt die Existenzweise der Überlieferung. Und schließlich interessiert sich, während mit Traditionen Ursprünge angesteuert werden sollen, die Arbeit an der Überlieferung für Herkünfte und Genealogien, fokussiert sie damit gleichermaßen die Akte glückender und/oder scheiternder Gegenstandssicherung: Weitergabe und Unterbrechung, Wiedergewinnung und Relektüre, Zurichtung und Alteration, Bestätigung, Verwerfung oder schlicht die Kontingenzen des Übrigbleibens oder Abhandenkommens. Traditionen sind kontinuitätsbedürftig, Überlieferungen diskontinuitätsbegründet; in Traditionen artikuliert sich die Fülle des Ursprungs, in Überlieferungen die Unvollständigkeit und Brüchigkeit von Daten und Sinnsicherungen; Traditionen berufen sich auf den Organizismus gelebter Evidenz, Überlieferungen sind auf den gelehrten Technizismus der Aneignungsarbeit angewiesen. Was deshalb vor dem Argumentationshorizont der Tradition ‚Traditionsbruch' oder gar ‚Traditionsabbruch' heißen müsste, ist gerade die Bedingung dafür, dass Überlieferung, so wie ich sie in dieser Arbeit verstehe, zustande kommen kann.[13]

---

[12] Herder: Ideen, S. 352f.
[13] Das bedeutet allerdings nicht, dass historische Artikulationen/Objekte nicht auf beiden dieser Felder zugleich aufzutauchen scheinen. Dann wäre Bruno Latours Unterscheidung von „Mittlern" (*médiateurs*) und „Zwischengliedern" (*intermédiaires*) ein geeigneter Prüfstein für die Entscheidung darüber, womit man es denn zu tun haben will: Im Bezugsmodell der Tradition sind Artikulationen/Objekte möglichst neutrale *Zwischenglieder*, die zwischen dem Ursprung und der gegenwärtigen Aktualisierung vermitteln sollen; im Bezugsmodell ‚Überlieferung' dagegen rangieren sie als *Mittler*, die diese (und jede andere) Aktualisierung aktiv mitgestalten. „Ein *Zwischenglied* ist in meinem Vokabular etwas, das Bedeutung oder Kraft ohne Transformation transportiert: Mit seinem Input ist auch sein Output definiert. [...] *Mittler* [...] übersetzen, entstellen, modifizieren und transformieren die Bedeutung oder die Elemente, die sie übermitteln sollen." (Latour: Eine neue Soziologie für eine neue Gesellschaft, S. 70).

An *Verfügbarkeit*, *Beschaffenheit*, *Manipulierbarkeit* und *Temporalität* der Überlieferungsobjekte richtet sich die Reproduzierbarkeit kultureller Errungenschaften aus, wie sie in den Konfigurationen von Überlieferung zutage tritt. Doch weder der Zuschnitt dieser Handlungskomponenten noch deren Interaktion können den Rang geschichtsenthobener Universalien beanspruchen. Beide, Komponenten so gut wie ihre Interaktion, sind historisch je unterschiedlich aktualisierbar und zudem Gegenstände kultureller Verhandlungen, deren Beobachtung gar nicht so einfach zu leisten ist. Insbesondere die genannte Reflexivität zentraler Handlungsmomente sorgt nämlich für ein gewisses Oszillieren, ein Schillern der Ambiguität in diesen Diskursen, das den Beobachter oft genug nicht mit letzter Sicherheit erkennen lässt, ob diese sich als Handlung oder selbst schon als Beobachtungsdiskurse verstehen. Deshalb sind die präzisen Konturen des frühen Tableaus, das Flavius Josephus' *Antiquitates* entwerfen, umso bedeutsamer. Denn trotz seiner Allgegenwärtigkeit, möglicherweise aber gerade wegen ihr, erhält der Problemkomplex der Überlieferung nie die Dignität eigenständiger begrifflicher Fassung oder auch nur geregelter Nomenklatur. Er ist das Produkt eines komplexen, uneinheitlichen Zusammenspiels menschlicher, technischer, materialer und medialer Akteure. Das Problem der Überlieferung artikuliert sich in den verschiedensten Wissenspraktiken vor ihrer institutionellen Diversifizierung und bleibt unterhalb der Schwelle genuiner Theoriebildung. Tut man sich in den Enzyklopädien und Sachwörterbüchern des (frühen) 18. Jahrhunderts um, wird man von den so strittigen wie brisanten Artikulationsorten, an denen der Problemkomplex zu dieser Zeit auftritt, kaum einige vage Züge erahnen können. Die *Encyclopédie* beispielsweise, die den religionspolitischen und institutionellen Problemen der christlichen Traditionsbildung durchaus Rechnung trägt und zumindest die grundlegenden Unterschiede in den verfügbaren Überlieferungsmöglichkeiten verzeichnet,[14] gibt nur einige spärliche Hinweise auf die Überlieferungsproblematik unter dem Lemma ‚tradition mythologique'. Der Fokus, in dem diese dort erscheint, ist allerdings durchaus signifikant für die Beobachterperspektive auf das Überlieferungsgeschehen, wie sie in der Mitte des 18. Jahrhunderts dominiert. Allein schon der Umstand, dass der strittige Sachverhalt unterm Lemma des ‚Mythologischen' mitläuft – mithin an Erzählungen gebunden wird, die auf ihrem Weg durch die Zeit geradezu konstitutiv mehr und mehr an „nouvelles fictions" anlagern – lässt aufmerken. Die Problemstellung des nächsten Absatzes dann thematisiert die Bedingungen von historischer Überlieferung ganz generell; und obwohl die Argumentationsführung natürlich darauf zielt,

---

[14] Vgl. Encyclopédie, ou Dictionnaire raisonné des sciences, des arts et des métiers, par une société des gens de lettres. Stuttgart-Bad Cannstatt 1966–1967 [ND der Ausg. Paris 1751–1780]. Bd. 16, S. 507f. s.v. TRADITION, (*Théologie*). Der Artikel unterscheidet in seiner Begriffsklärung zwischen „tradition orale" und „tradition écrite"; zudem hält er die Perspektivierungsmöglichkeiten überlieferungsbezogener resp. -kritischer Fragestellungen fest: „La *tradition*, soit orale, soit écrite, peut être considérée ou quant à son origine, ou quant à son objet, ou quant à son étendue" (ebd., S. 507).

diesen auch die ‚tradition mythologique' zu unterstellen, liegt doch der implizite Umkehrschluss nahe: An historischer Überlieferung haftet *per se* der Schatten des Fabelhaften – insbesondere wenn, wie der Artikel vorschlägt, der Ursprung des Mythologischen in der (überlieferungsbedingenden und -bedingten) Entstellung historischer Ereignisse gesehen wird. Und doch hat sie sich am Paradigma des Beweises, der historischen Wahrheit zu messen.[15] Dieser Zwiespalt ist das epistemologische Skandalon, an dem sich die Debatten (auch) des frühen 18. Jahrhunderts abmühen. Die daraus gezogenen epistemischen Konsequenzen allerdings fallen ganz unterschiedlich aus. Doch von ihnen, insbesondere von ihren praktischmaterialen Grundbedingungen, schweigen die Enzyklopädien der Zeit. Sowohl das Lemma ‚transmission', auf das die *Encyclopédie* beinahe nur implizit aufmerksam macht,[16] als auch deren in Zedlers *Universal-Lexicon* zu findende lateinisch-deutsche Pendants ‚traditio' respektive ‚uibergebung' verhandeln – das letztere mit erschöpfender Differenzierungswut – die Regelung der Weiter und Übergabe von Besitztümern per Vererbung.[17] Damit wäre an der historischen Semantik der Über-

---

[15] Ebd., S. 509: „[O]n nomme *traditions mythologiques*, les fables transmises à la postérité, & qui lui sont parvenues après s'être chargées d'âge en âge de nouvelles fictions, par lesquelles les poëtes ont cherché comme à l'envi, à en augmenter le merveilleux". So stiftet der Artikel den Zusammenhang zwischen Überlieferungsprozess und Unglaubwürdigkeit. Die gewissermaßen ‚infektiöse' Verbindung zur historischen Überlieferung generell schafft der unmittelbar anschließende Absatz: „Afin qu'une *tradition* historique, selon la judicieuse remarque de M. Freret, puisse avoir quelque autorité, il faut qu'elle remonte d'âge en âge jusqu'au tems dont elle dépose, que l'on puisse en suivre la trace sans interruption, ou que du-moins dans tout cet intervalle, on ne puisse en assigner le commencement, ni montrer un tems dans lequel elle ait été inconnue. C'est-là une des premieres regles de la critique, & l'on ne doit pas en dispenser les *traditions mythologiques*, & leur donne un privilege dont les *traditions* historiques n'ont jamais joui." Wem dann noch Zweifel bleiben, ob zwischen mythologischer und historischer Überlieferung nur graduelle oder doch systematische Unterschiede bestehen, dem hilft der dritte Absatz zum Sublemma definitiv auf die Sprünge: „Tout ce que l'on a droit de conclure des *traditions* fabuleuses, les plus constamment & les plus universellement reçues, c'est que ces fables avoient probablement leur fondement dans quelque fait historique, défiguré par l'ignorance des peuples, & altéré par la hardiesse des Poëtes. Mais si l'on veut aller plus loin, & entreprendre de déterminer la nature & les circonstances de ce fait historique, quelque probable & quelque ingénieuse que soit cette explication, elle ne s'élévera jamais au-dessus de l'ordre conjectural, & elle sera toujours insuffisante pour établir une vérité historique, & pour en conclure l'existence d'une coutume ou d'un usage dans les tems fabuleux."

[16] Vgl. für das explizite Surplus ebd., S. 556, s.v. *transmettre*: „on *transmet* un fait à la postérité".

[17] Ganz auf Vererbungsvorgänge bezieht sich der knappe Artikel der *Encyclopédie* (die zusätzlich die Begriffsverwendung von ‚transmission' in der Optik verzeichnet) ebd., S. 557, s.v. TRANSMISSION, (Jurisprud.); Zedlers *Universal-Lexicon* verhandelt bei beiden Lemmata „die Ueberlassung einer Sache und deren Besitzes an einen anderen" ganz generell, „wodurch [...] nicht aber etwan nur der blosse Besitz, sondern auch [...] das völlige Eigenthum einer Sache auf den anderen gebracht wird." Vgl. Universal-Lexicon. Bd. 44 [1745], Sp. 1818–1840 und Bd. 48 [1748], Sp. 601–663 (Zit. Sp. 614). Auch das *Universal-Lexicon* weist Ausnahmen resp. Erweiterungen zu dieser grundlegenden Begriffsverwendung nach: so vermerkt es die beiden Formen katholischer Traditionsstiftung in den Einträgen *Traditionen (Apostolische)* und *Traditionen (Päpstische)* (Bd. 44, Sp. 1827–1832), verzeichnet auch spezifischer

lieferung möglicherweise Ähnliches zu beobachten, wie es Hans-Jörg Rheinberger und Staffan Müller-Wille für den Begriff der Vererbung selbst gezeigt haben: Auch er bezeichnet im 18. Jahrhundert ausschließlich juristische Sachverhalte.[18] Mit Sicherheit aber lässt sich vorab schon behaupten, dass ‚Überlieferung' als reflektierter und fokussierender *terminus technicus* der beteiligten Wissenspraktiken nicht verwendet wird. An Stelle eines solchen erscheinen Einzelaspekte und -probleme, die wohl Tendenz zur Verallgemeinerbarkeit beanspruchen können, aber weder auf das institutionelle Format treffen noch die nötige Abstrahierbarkeit besitzen, um Gegenstand einer genuinen theoretischen Verständigung zu werden.

Diese Vielfalt mag mitsamt ihren heteronomen Überlagerungen ein Grund dafür sein, dass es auch um die wissens- und kulturgeschichtliche Aufarbeitung des Problemkomplexes nicht wesentlich besser bestellt ist – und dies trotz einer gerade in den letzten beiden Jahrzehnten international prosperierenden und innovativen Frühneuzeitforschung. Diese zweite Lücke ist insofern beinahe noch erstaunlicher, als nicht nur die methodischen *turns* und Trends der Kulturwissenschaften daran so reichhaltige wie ergiebige Gegenstände hätten finden können, sondern auch die Sachverhalte der Überlieferungsproblematik leicht rekonstruierbar sind. Bereits die zitierte Passage aus Josephus' *Antiquitates* setzt die betreffenden Akzente mit verblüffender Präzision. Dass – um nur noch einmal einige Stichworte zu geben[19] – Überlieferung ganz wesentlich auf die ‚Materialität(en) der Kommunikation' setzen muss und dabei nicht nur die Semantik des Überlieferten, sondern auch die Schreibgegenstände und Beschreibstoffe, deren jeweilige Haltbarkeit und Speichersicherheit zum Thema werden, belegt die Seths Söhnen zugeschriebene Verdoppelung des Überlieferungsträgers. Die beiden Säulen stehen außerdem dafür, dass die Produktion von Wissen weder auf intellektuelle Findigkeit und individuelle Kombinationsgabe noch auf Denkstile oder gesellschaftliches Kollektivhandeln allein zurückgeführt werden kann. Sie ist vielmehr auf Techniken der Aufzeichnung, Archivierung und Reaktualisierung inventiver Ereignisse angewiesen – Ereignisse, die deshalb nur aus der Konvergenz menschlicher, systemischer, gegenständlicher und medialer Akteure entstehen können, wie sie die ‚science studies' der letzten Jahrzehnte vornehmlich für die Naturwissenschaften des 19. und

---

institutionell geprägte Varianten des Begriffsgebrauchs im rechtlichen Kontext (etwa s.v. *Uibergebung einer Festung, oder Stadt.* Bd. 48, Sp. 631–645).

[18] Vgl. Hans-Jörg Rheinberger u. Staffan Müller-Wille: Vererbung. Geschichte und Kultur eines biologischen Konzepts. Frankfurt a.M. 2009, S. 20: „Das Wort ‚Vererbung' verdankt […] seine heute dominierende biologische Bedeutung der Übertragung eines juristischen Begriffs auf Erscheinungen, die mit der Reproduktion von Organismen zu tun haben, und vor dem Ende des 18. Jahrhunderts fand eine solche Übertragung in aller Regel einfach nicht statt."

[19] Einen Forschungsüberblick steuern diese Bemerkungen nicht an; die Auseinandersetzung mit den entsprechenden Modellen und Objekten der literatur- und kulturwissenschaftlichen Forschung werde ich situativ, d.h. zum jeweils gegebenen thematischen Anlass führen.

20. Jahrhunderts namhaft gemacht haben.[20] Dass schließlich die Prozeduren und Techniken der Überlieferung einen konstitutiven Bestandteil jener Praktiken bilden, die man unter dem Begriff des ‚kulturellen Gedächtnisses' versammeln kann, scheint selbstverständlich; dieser Umstand aber scheint zugunsten strukturbezogener Systematisierungen aus dem Blick geraten zu sein – und kann allenfalls dank bibliographischer Rekonstruktionsarbeit wieder zum Vorschein gebracht werden.[21]

Über die Gründe dafür, weshalb trotz all dieser Erkenntnisinteressen Überlieferung auch in der aktuellen Forschung als eigenständiger Gegenstand kaum auszumachen ist,[22] kann man nur spekulieren. Mag sein, dass das scheinbar stille und ausschließlich reproduktive Geschäft in Gelehrtenstuben, Bibliotheken, Archiven und Kabinetten zu unspektakulär scheint, um es aus dem Blickwinkel einer Medienarchäologie in den Blick zu nehmen. Sind nicht die Instrumente, die Techniken der Philologen und Antiquare von einer geradezu entmutigenden *longue durée* geprägt, in deren Verlauf sich seit dem methodischen Innovationsschub der Renaissance wenig Aufsehenerregendes ereignet hat?[23] Für die Systematisierungsabsichten kulturwissenschaftlicher Gedächtnisforschung schließlich mag der Gegenstand aus demselben Grund zu allgegenwärtig und zu eingeschränkt zugleich erscheinen. Und schließlich: Bewegen sich Akteure und Aktionen des Überlieferungsgeschäfts nicht bestenfalls am Rand dessen, was man die grundlegenden

---

20 Vgl. die als methodischen Ausgangspunkt solcher Untersuchungen zu bezeichnende Studie von Bruno Latour u. Steve Woolgar: Laboratory Life. The Construction of Scientific Facts. Beverley Hills u.a. 1979.

21 Aleida und Jan Assmanns Begriffstrias ‚Textpflege', ‚Sinnpflege' und ‚Zensur' böte durchaus ein strukturelles Raster, mit dem sich die Sache der Überlieferung beschreiben ließe, ohne dass damit aber die historischen Spezifika zwangsläufig in den Blick gerieten, auf die es mir ankommt. Vgl. Aleida u. Jan Assmann: Kanon und Zensur. In: Dies. (Hg.): Kanon und Zensur. Archäologie der literarischen Kommunikation II. München 1987, S. 7–27. – Als Titel für den zitieren Sammelband soll zuerst *Überlieferung und Identität* in Betracht gezogen worden sein (vgl. unten Kap. I.1.3, S. 120, Anmerkung 189).

22 Als Ausnahme sei die 2009 erschienene Untersuchung von Jan Marco Sawilla genannt, die akribisch die *Acta Sanctorum*-Editionen der Bollandisten und deren wissensgeschichtliche Rahmenbedingungen nachzeichnet: Sawilla: Antiquarismus, Hagiographie und Historie im 17. Jahrhundert.

23 Gegen dieses Vorurteil möge man sich immunisieren mithilfe der exemplarischen Studie von Martin Mulsow: Prekäres Wissen. Eine andere Ideengeschichte der Frühen Neuzeit. Berlin 2012. – Die Unterscheidung von philologischem und antiquarischem Wissen ist für meine Untersuchung keine kategoriale, sondern, ganz im Gegenteil, eine ausschließlich heuristische: ausgerichtet an den (primären) Gegenständen, an und mit denen sich die Protagonisten meiner Problemgeschichten (gerade) beschäftigen. Den Akteuren und ihren Interessen selbst wäre jede darüber hinausgehende Ausdifferenzierung fremd bzw. unangemessen. Ingo Herklotz hat die auf Momigliano zurückzuführende Überbetonung der Differenz zwischen Antiquaren und Philologen neuerdings eindrücklich korrigiert: Ingo Herklotz: Arnaldo Momigliano's ‚Ancient History and the Antiquarian': A Critical Review. In: Peter N. Miller (Hg.): Momigliano and Antiquarianism. Foundations of the Modern Cultural Sciences. Toronto 2007, S. 127–153. – Vgl. dazu außerdem die Ausführungen der zu Peiresc und zum Dispositiv des antiquarischen Wissens gleichermaßen vorzüglichen Studie von Peter N. Miller: Peiresc's Europe. Learning and Virtue in the Seventeenth Century. New Haven u. London 2000, insb. S. 21–48.

Zäsuren und Umbrüche in der Wissens- und Wissenschaftsorganisation der Moderne nennen könnte? ‚Selber sehen' und ‚selber denken' bilden die Motivationskerne jener Wissensformationen, deren Selbstverständnisse und konkrete Praktiken die neuere Wissen(schaft)sgeschichte längst unter die Lupe zu nehmen begonnen hat – warum sollte man sich da um gelehrte Tätigkeiten kümmern, die bereits und gerade in der Etablierungsphase dieser Paradigmen als verstaubte, verzopfte „Buchgelehrsamkeit" (Lessing) abgetan werden?[24]

Weniger spekulativ dagegen ist der Befund, dass solche Perspektiven auf das Interaktionsgefüge, in dem Überlieferung verwaltet und produziert wird, als Resultat der – vor allem auch institutionellen – Ausdifferenzierung der Philologien, ja der historischen Wissenschaften generell betrachtet werden müssen, wie sie sich im 19. Jahrhundert abzuzeichnen begonnen hat. All jene Arbeitsbereiche, die sich mit Vorhandensein und Zuhandenheit des Materialen zu beschäftigen haben, sind im Zuge dieses Prozesses der Propädeutik, den sogenannten Hilfswissenschaften, zugeschlagen worden. Mit der erwähnten Assmannschen Differenzierung: ‚Textpflege' (respektive: ‚Objektpflege') und ‚Sinnpflege' werden getrennt, erstere jenen fleißigen Sachwaltern des Positiven überantwortet, ohne die alle Anstrengungen historischer Wissenschaften zwar letztlich haltlos blieben, auf deren Verdienste sich die entsprechenden Disziplinen aber nur zu ungern beschränkt sähen. Die Semantik, derer sich die historischen Wissenschaften angesichts dieser Differenzierung allenthalben zu bedienen beginnen, ist verräterisch genug: ‚Höhere' und ‚niedere' Kritik (bzw. Hermeneutik) stellen das Differenzkriterium, das darüber entscheidet, ob sich ein Gelehrter zum „kühnsten Fluge wissenschaftlicher Divination" aufzuschwingen vermag oder ob ihn allenfalls der „Flei[ß] des mühseligen Sammlers" auszeichnet.[25] Dass dieser Aufschwung mit einer Abkehr oder doch zumindest mit einem reflektierten Absetzungsakt von jener Materialbezogenheit einhergeht, die konstitutiv zur Sache der Überlieferung gehört, gilt Wolfs *Darstellung der Altertumswissenschaft* bereits zu Beginn des Jahrhunderts als ausgemacht:

> Doch einen höhern Flug nimmt zuweilen die Kritik, wann sie von historischen Zeugnissen entblößt einzig nach innern Sachgründen urtheilen und das Verlorene aus dem Zusammenhange des Uebriggebliebenen hervorziehen muß. Nun wird hie und da eine Kühnheit nothwendig, die dem Uneingeweihten eitel Temerität dünkt; und diese Kühnheit tritt eben da am feurigsten auf, wo vorher mit der besonnensten Kälte der Boden geprüft, das ist, jeder Gedanke und Ausdruck nach seiner Angemessenheit oder Zweckwidrigkeit erwogen worden ist. Anderswo wird der Kritiker, wie auch der Ausleger, dem begeisterten Seher ähnlich, wenn er veraltete Räthsel zu lösen bekömmt, die jedes vergangene Jahrhundert stets unauflöslicher verschlungen hat. Denn

---

[24] Gerade die Wissenschaftsgeschichte schickt sich allerdings in den letzten Jahren an, Praktiken und Arbeitsformen in den ausdifferenzierten Naturwissenschaften seit dem 19. Jahrhundert zu erforschen, die durchaus strukturelle Ähnlichkeiten mit dem hier als Überlieferung Thematisierten aufweisen; vgl. nur Geoffrey Bowker: Memory Practices in the Sciences. Cambridge 2006; mit dezidiertem Rückbezug auf die frühneuzeitliche *historia naturalis*: Lorraine Daston: The Sciences of the Archive. In: Osiris 27 (2012), S. 156–187.

[25] Friedrich August Wolf: Darstellung der Alterthumswissenschaft nach Begriff, Umfang, Zweck und Wert. Berlin 1985 [ND der Ausg. Berlin 1807], S. 15.

1 Eine Problemstellung, vier Geschichten

nicht selten wird seine Divination in Gegenden verlockt, wo kein Laut eines zeugen erwartet werden kann, zu einzelnen, wie verwittert dastehenden Denkmälern der frühesten Zeit, deren Ursprung und ältere Beschaffenheit sich nur aus allgemeinen Wahrscheinlichkeiten auffassen läßt [...].[26]

Von den Akteuren des eben skizzierten Interaktionsmodells hat im Zuge dieser Disziplinierung nur einer in neuer Gestalt überlebt: der divinatorisch begabte Altertumswissenschaftler.

Selbst wenn man, wie dies die neuere fachwissenschaftliche Aufarbeitung insbesondere der Philologien zweifelsohne getan hat, dieser methodologischen Zentrierung hin aufs Exzeptionelle, auf eine Heldengeschichte genialer Akteure nicht zu folgen braucht: Der Verlockung, eine Geschichte des Überlieferungswissens am Bedingungsgefüge der philologischen respektive historischen Wissenschaften auszurichten, ist schwer zu widerstehen. Dadurch aber geraten die Praktiken, denen ich meine Aufmerksamkeit zuwenden will, leicht in den Bannkreis einer Vorgeschichte disziplinärer Fachtraditionen. Der erste und problematischste Preis dieser Zurichtung wäre der Aufmerksamkeitsverlust für die prekäre Balance, zu der sich die Arbeit an der Überlieferung in den Jahrzehnten vor ihrer fachwissenschaftlichen Hegung genötigt sieht. Die Momente der Reflexivität, in denen sich Praxis und Selbstverständigung im philologisch-antiquarischen Diskurs des frühen 18. Jahrhunderts verschränken, sind mehr und vor allem anderes als bloß die Geburtswehen einer noch nicht zu sich selbst gekommenen Wissenschaft. Sie sind Effekt einer singulären historischen Konstellation: Die Neuordnung, die sich für die Sachen des Wissens im 18. Jahrhundert abzuzeichnen beginnt, schafft – aus der Perspektive einer auf die *longue durée* gerichteten Wissen(schaft)sgeschichte – ein epistemologisches Vakuum, in dem die ‚alte' enzyklopädisch-topische Wissensordnung ihre Geltung verliert, die ‚neue' Ordnung der ausdifferenzierten, universitär institutionalisierten Wissenschaften noch nicht bereitsteht.[27] Einem eher mikrologisch eingestellten Blick auf die überlieferungsbezogenen Ereignisse, Handlungsweisen und auf die Verständigung darüber zeigt sich aber gerade deswegen eine Vielfalt an Reflexionen, in denen sich die an den Hinterlassenschaften und Zeugnissen des ‚Altertums' interessierten Wissenspraktiken ihres Tuns versi-

---

[26] Ebd., S. 106f.
[27] Dieser Prozess beginnt selbstverständlich nicht erst um 1700, sondern bereits ein Jahrhundert früher. Wollte man eine wissenshistorische Paradigmatik vorschlagen, wäre der von Arnaldo Momigliano eingeführte, von Peter Miller an Peiresc in seiner Herausbildung beschriebene, in den Problemgeschichten meiner Untersuchung an sein Ende kommende Terminus des ‚Antiquarianismus' eine wenngleich sperrige, so doch sachlich und konzeptuell zutreffende Bezeichnung dafür. Vgl. Arnaldo Momigliano: Ancient History and the Antiquarian. In: Journal of the Warburg and Courtauld Institutes 13 (1950), S. 285–315; Miller: Peiresc's Europe; ders. (Hg.): Momigliano and Antiquarianism. Foundations of the Modern Cultural Sciences. Toronto 2007; ders.: Peiresc's *History of Provence*. Antiquarianism and the Discovery of a Medieval Mediterranean. Philadelphia 2011.

chern.[28] Die Arbeit an der Überlieferung gerät spätestens zu Beginn des 18. Jahrhunderts unter Beschuss. Sie sieht sich in die unmittelbare Nachfolge jener Wissensformation gestellt, die das Ressort des Wissens in den Worten anstatt in den Sachen zu finden behauptet. Die Verpflichtung auf Erfahrung und Experiment, von denen die neuen empirischen (Natur-)Wissenschaften geregelt werden, können Philologen und Antiquare aus naheliegenden Gründen nicht eingehen. Dennoch partizipiert das Überlieferungswissen um 1700 in einem entscheidenden Teil an den Trends dieser Umbruchssituation. Die Aufmerksamkeit für das ‚Besondere', die neuere wissen(schaft)sgeschichtliche Untersuchungen als prägnantes Kennzeichen der epistemischen Verschiebungen im späten 17. Jahrhundert herausgearbeitet haben,[29] ist schlechthin die Grundlage der philologisch-antiquarischen Wissensformen.[30] Deren Konzeption, Revision und Neubestimmung von Überlieferung um 1700 könnte sich so also durchaus und unbedingt auf epistemologische Aktualität berufen, würde nicht diese Aktualität durch die Angriffsgesten der ‚neuen Wissenschaften' auf eben die Gegenstände dieses Wissens und die – so der hauptsächliche Vorwurf – damit verbundene empiriefeindliche, buchstabenversessene Autoritätsgläubigkeit seiner Akteure massiv in Frage gestellt. Die Praktiken des Überlieferungswissens fallen damit gewissermaßen zwischen Stuhl und Bank: der erkenntnistheoretischen und wissenspragmatischen Nobilitierung des Besonderen, an der sie ohne weiteres partizipieren dürften, steht die Desavouierung der Materialgebundenheit und -orientiertheit ihrer Verfahren genüber, die geradewegs zum Haupthindernis auf dem Weg zu wahrer Erkenntnis erklärt wird. Aus dieser gleichsam epistemologischen Obdachlosigkeit aber ziehen die Überlieferungsdiskurse nicht nur die Verpflichtung, sondern auch die Chance einer in Reichweite und Radikalität weder davor noch danach möglichen Intensität der Reflexion auf das eigene Tun.

Zur Tragik dieses Unterfangens gehört, dass Versuche, die Praxis des Überlieferungswissens auf eine genuine begriffliche Basis zu stellen, geradezu zwangsläu-

---

[28] „Die signifikante Variationsvielfalt der Historia literaria verdankte sich einer auf Dauer gestellten Selbstreflexion, die ihre Impulse aus den methodischen und programmatischen Innovationen und Intentionen der jeweiligen Zeit bezog, diese umsetzte und weiterentwickelte [...]. Daß die Historia literaria bei alledem ein ausgezeichnetes Instrument zur Etablierung und Stabilisierung sowohl der Gelehrtenkultur als auch ihrer Wissensordnung(en) darstellte, steht angesichts ihrer unterschiedlichen Erscheinungsformen und wegen ihrer außerordentlichen Verbreitung außer Frage", stellen Friedrich Vollhardt und Frank Grunert angesichts der „Gelehrsamkeitsgeschichte" des 17. und 18. Jahrhunderts fest, die selbst einen wesentlichen Bestand des Überlieferungsdiskurses bildet. Friedrich Vollhardt u. Frank Grunert: Einleitung. In: Dies. (Hg.): Historia literaria. Neuordnungen des Wissens im 17. und 18. Jahrhundert. Berlin 2007, S. vii–xi, Zit. S. x.
[29] Vgl. Lorraine Daston: Die Lust an der Neugier in der frühneuzeitlichen Wissenschaft. In: Klaus Krüger (Hg.): Curiositas. Welterfahrung und ästhetische Neugierde in Mittelalter und früher Neuzeit. Göttingen 2002, S. 149–175.
[30] Vgl. dazu Christian Zwink: Imagination und Repräsentation. Die theoretische Formierung der Historiographie im späten 17. und frühen 18. Jahrhundert. Tübingen 2006, S. 118–124.

fig weg von der Selbstverpflichtung aufs Besondere führen – und wohl auch deswegen nur vereinzelt anzutreffen sind. Und dennoch zeigen gerade diese Ansätze einmal mehr, in welchem Maße eine disziplinengeschichtliche Perspektive *ex post* den Sachverhalten und dem Problembewusstsein des Überlieferungsdiskurses unangemessen bleiben muss. Denn das zentrale Integral dieser Bemühungen, wie es um 1700 formuliert wird, heißt weder Menschheitsgeschichte noch heroische wissenschaftliche Individualität, sondern schlicht Mathematik – genauer: Wahrscheinlichkeitsrechnung. Am Vorabend der Jahrhundertwende erscheint in London eine kleine Broschüre des schottischen Mathematikers John Craig. Sie trägt im Titel den wahrlich unbescheidenen Anspruch, die *mathematischen Grundlagen der christlichen Theologie* zu liefern, beschäftigt sich aber mit nur einer ganz bestimmten, wenn auch reichlich brisanten Frage: Wann wird die Wahrscheinlichkeit – und damit die Glaubwürdigkeit, Persuasionskraft, ja Wirklichkeit[31] – der Geschichte Christi gleich Null sein? Die Antwort, die Craigs Traktat errechnet, ist das eine. Sie besagt, dass „3150 Jahre nach Christi Geburt die Wahrscheinlichkeit seiner schriftlichen Überlieferung verschwunden sein wird."[32] Das andere aber ist der Weg, auf dem diese Antwort zustande kommt. Craig konstruiert Formeln für zwei mögliche Formen historischer Probabilität: für mündliche (*viva voce*) sowie für schriftliche Überlieferung (*Testimonia scripta*). Erstes Ziel der Formeln ist es, die aktuelle Wahrscheinlichkeit P einer Überlieferung aus der Anfangswahrscheinlichkeit x (respektive z), der Anzahl der Überlieferungsschritte sowie drei Verdachtsfaktoren s (bzw. f), k und q bestimmbar zu machen; die letzteren ergeben sich im Verhältnis zu den Überlieferungsschritten, des zeitlichen Abstands T und der Distanz (*spatium*) D – womit die Zustimmungsquantität bezeichnet werden soll, die der menschliche Geist für widersprechende Argumente aufbringt:[33]

---

[31] Dass die auf den unterschiedlichsten Schauplätzen des Wissens ins Werk gesetzte „probabilistisch[e] Revolution" um 1700 das Wahrscheinliche als „Terminus technicus von Wirklichkeit" begreift, zeigt eindrücklich Rüdiger Campe: Spiel der Wahrscheinlichkeit. Literatur und Berechnung zwischen Pascal und Kleist. Göttingen 2002 (Zitate S. 11 und 13). Den Begriff der Persuasion bringt die Einleitung von Craigs Traktat selbst ins Spiel, indem sie ihn der „Gewissheit" gegenübersetzt und diese Unterscheidung zur Profilierung der Differenz zwischen Glauben und Wissen in Anschlag bringt: "Quid enim est Fides? nisi illa mentis persuasio, quâ, propter media ex probabilitate deducta, quasdam propositiones veras esse credimus. Si persuasio ex certitudine oriatur, tum non Fides sed scientia in mente producitur. Sicut enim probabilitas Fidem generat, ita etiam scientiam evertit; & e contrà: Certitudo scientiam simul generat & Fidem destruit." John Craig: Theologiæ Christianæ principia mathematica. London 1699, S. vi–vii.

[32] Craig: Theologiæ Christianæ principia mathematica, propositio XVIII, problema XI, S. 24: „post annos 3150 à nativitate Christi, evanescet historiæ ejus scriptæ probilitas." – Zu Craig (auch die Namensvariante ‚Craige' ist in der Forschung zu finden) vgl. Richard Nash: John Craige's *Mathematical Principles of Christian Theology*. Carbondale, Edwardsville 1991; dort auch eine englische Übersetzung des Traktats, S. 49–83.

[33] Craig: Theologiæ Christianæ principia mathematica, S. 10: „Per spatium hìc intelligo quantitatem Assensûs, quem animus præbet Argumentis Historiæ contrariis." – Die in Klammern zugefügten Alternativen z und f verwendet Craig im Kapitel, das der schriftlichen Überlieferung gewidmet ist, nicht ohne deren Verhältnis zu x und s zu bestimmen: Schriftliche Ü-

1 Problemgeschichte und Systematik: Überlieferung um 1700

$$P = x + (n-1)s + \frac{T^2k}{t^2} + \frac{D^2q}{d^2}$$

Ergänzt werden kann diese Kernformel dann je nach den Spezifika der jeweiligen Überlieferungssituation. Craig bindet – sowohl bei seinen Ausführungen zur mündlichen als auch zur schriftlichen Überlieferung – insbesondere die Anzahl der Primärzeugen respektive der auf sie zurückzuführenden Dokumente in seine Argumentation ein, um seine Planspiele für Überlieferungssituationen und deren Glaubwürdigkeitsverhältnisse zu berechnen. So kann er beispielsweise zeigen, dass die Probabilität der *historia Christi* im Jahr 1696 dank schriftlicher Überlieferung und den vier Evangelisten als Primärzeugen dem Grad entspricht, für den zu Zeiten Christi selbst und unter den Bedingungen mündlicher Überlieferung 28 Primärzeugen erforderlich gewesen wären.[34]

Die „Wahrscheinlichkeit der zu erzählenden Ereignisse in Abhängigkeit von Dokumenten" ist, so Rüdiger Campe, „die erste Domäne in der Anwendung der Wahrscheinlichkeitsrechnung auf Philologie und Historik gewesen."[35] Durchgesetzt hat sich dieser Versuch, die Sache der Überlieferung auf das sichere Fundament einer mathematischen Methode zu stellen, in den Überlieferungsdiskursen des frühen 18. Jahrhunderts allerdings nicht. Das Problem dabei ist keineswegs die scheinbare Umständlichkeit solcher Berechnungen, sondern der Befund, dass jedes einzelne Überlieferungsereignis unter Komplexitätsbedingungen betrachtet werden muss – Komplexitätsbedingungen, die eine generalisierbare Zuordnung von Rechnungswerten wie etwa Craigs Verdachtsfaktoren schlicht verunmöglichen. Am 17. März 1724 gibt der französische Gelehrte Nicolas Fréret vor der *Académie royale des Inscriptions et Belles-Lettres* einen seiner *mémoires*, dessen Titel auf den ersten Blick die Ansprüche von Craigs Prüfverfahren aufzugreifen scheint. Und in der Tat kommen Frérets *Réflexions générales sur l'étude des anciennes histoires et sur le degré de certitude des différentes preuves historiques* abschließend auf die Methode des schottischen Mathematikers zu sprechen. Über seine Einschätzung dieses Verfahrens lässt Fréret die Zuhörer allerdings nicht lange im Ungewissen: Als ein Beispiel für die Ausschweifungen, zu denen der unsachgemäße Gebrauch der geometrischen Methode gelegentlich führe, sei Craigs *mathesis* der Überlieferungswahrscheinlichkeit zu betrachten.[36] In der Sache zielt Frérets

---

berlieferung produziert bei jedem Überlieferungsschritt den zehnfachen Probabilitätsgrad von mündlicher ($z = 10x$), entsprechend ist der Verdachtsfaktor f proportional kleiner ($f = s/10$); überdies definiert er die Überlebensdauer von Texten im Verhältnis zu mündlichen Erzählungen in der Proportion 4:1; konkret: 200:50 Jahren vgl. S. 22f.

[34] Craig: Theologiæ Christianæ principia mathematica, S. 23: „est præsens probabilitas Historiæ Christi, quantam habuisset ille, qui (ipsius Christi temporibus) vivâ tantum voce eandem à 28 Discipulis Christi acciperet."

[35] Campe: Spiel der Wahrscheinlichkeit, S. 322.

[36] Nicolas Fréret: Réflexions générales sur l'étude des anciennes histoires et sur le degré de certitude des différentes preuves historiques. In: Catherine Volpilhac-Auger (Hg.): Nicolas Fréret. Mémoires académiques. Paris 1996, S. 73–126, Zit. S. 123: „la chose est assez singu-

1 Eine Problemstellung, vier Geschichten 17

Kritik auf die problematische Recheneinheit, die Craigs Methode in Anschlag bringt. Denn wenn man die einzelnen Überlieferungsschritte als Ausgangspunkt der Glaubwürdigkeitsprüfung ansetze, handle man nicht minder unbedacht, als wenn man Kreditwürdigkeit oder Vermögen eines Kaufmanns an der Zahl seiner Gläubiger und Schuldner bemessen wollte, ohne die Summe seiner Aktiva und Passiva zu berücksichtigen. Generalisierung, so wie sie eine geometrische Methode erfordert, ist deshalb der denkbar ungeeignetste Ausgangspunkt für die Arbeit der Philologen und Antiquare: Es gilt im Gegenteil, der Komplexität Rechnung zu tragen, die jeder einzelnen Interaktion jedes einzelnen Überlieferungsgeschehens zugrunde liegt, den Asymmetrien und prekären Balancen zwischen den einzelnen Akteuren, die diese Interaktionen erzeugen:

> N'en faut-il pas dire autant d'un écrivain, ne faut-il pas examiner la nature de chaque fait sur lequel il rend témoignage, et discuter une infinité de circonstances du pays, du siècle, de la profession, du caractère, de la situation, et de l'intérêt de celui qui parle? Un écrivain pourroit rapporter des choses démontrées fausses sur la physique et sur l'histoire naturelle: il pourroit par un zèle mal entendu pour sa religion croire trop facilement des faits merveilleux qu'il y croira liés, sans que cela influe sur l'autorité de son témoignage dans les faits de politique, de chronologie, etc. desquels je saurai qu'il aura pu être instruit, et dans lesquels je saurai qu'il n'aura aucun intérêt d'altérer la vérité.[37]

Diese Komplexität, der nur eine Aufmerksamkeit auf das Kleine und Kleinste, ja selbst auf die Lücken im Zuhandenen gerecht werden kann, verunmöglicht exakte Rechenwerte ebenso wie verbindliche Formalisierung. Es gehe, so Frérets Annahme zu den Wahrscheinlichkeiten historischer Überlieferung, um relative, situativ gebundene Wahrscheinlichkeitsgrade, die jeder ausschweifenden Systemliebe entgegenstehen.[38] Aus dieser Perspektive zeigen sich Theorielosigkeit oder gar Theorieunfähigkeit ebenso wie der Unwille zur Begriffs- oder Systembildung, wie sie in den Diskursen der Philologen und Antiquare ausgerechnet in einer Epoche intensiver Neuaushandlungen epistemologischer Fundamente zu Tage treten, in einem anderen Licht. Ich werde mich wohl hüten, eine zu einer gewissen Dignität gekommene Maxime neuer Wissenschaftsforschung ohne weiteres um drei Jahrhunderte vorzudatieren, und doch: ‚following the actors' ist die Methode, der sich

---

liere pour qu'il me soit permis de donner ici une idée de son raisonnement, ce sera un exemple de ces excès où le mauvais usage de la géométrie emporte quelquefois de grands génies."
[37] Fréret: Réflexions générales sur l'étude des anciennes histoires, S. 124f.
[38] Vgl. ebd., S. 77: „La méthode qui peut nous mener au vray dans quelque étude que se soit, est celle qui commence par rassembler des conoissances certaines sur les points particuliers [...]; c'est celle qui sçait distinguer [...] entre les divers dégrés de probabilité qui approchent plus ou moins de l'un ou de l'autre de ces deux termes [d.h. „vrai"/„faux"; Anm. S. K.]; c'est celle qui ne se contente pas de discerner les diverses nuances du certain et de l'incertain en général, mais qui sçait encore faire la différence des diverses especes de certitude, propre à chaque science, et à chaque matiere; car il n'en est presque aucune qui n'ait sa dialectique à part." – Zur Problematik eines „amour déréglé des systêmes" für das antiquarische Wissen vgl. S. 79–81.

die Antiquare um 1700 in überraschender Vielfalt und Ausführlichkeit befleißigen:[39] „Il faut examiner tout" – so bringt es Frérets *mémoire* auf den Punkt.[40]

Problemgeschichten. – Wenn ich im Folgenden Aktivitäten und Reflexionen der am Modell der Überlieferung beteiligten Akteure beobachte, will ich dies nicht aus der Warte nachträglicher Klassifikationen zu unternehmen versuchen, wie sie der Geschichte der Philologien, Altertumswissenschaften oder Literatur zur Verfügung stehen. ‚Examiner tout' – diese Maxime verdient auch insofern ernst genommen zu werden, als sowohl die Verfahrensweisen wie die Gegenstände des Überlieferungswissens vor den großen Ausdifferenzierungsmaschinerien des späten 18. und des 19. Jahrhunderts liegen. Die für meine Beobachtung notwendige Bündelung dieses ‚examiner tout' nimmt ihren Ausgang deshalb von der exakten Mitte zwischen den schier unerschöpflichen Einlassungen über Besonderes, die den Überlieferungsdiskurs der Epoche ausmachen, und den nachträglichen Systematisierungen, wie sie die auf *longue durée* ausgerichteten großen Erzählungen der Wissenschaftsgeschichte ihren Gegenständen aufzupfropfen geneigt sind. Mein Augenmerk gilt Erzählungen von zunächst beschränkter Reichweite: Figurationen von Überlieferung, in denen Praxis und Reflexion des Antiquarischen zusammenschießen, Geschichten des Wissens, deren poetologische Faktur „die scheinbare Dauerhaftigkeit wissenschaftlicher Gegenstände" brüchig und das „Auftauchen neuer Wissensobjekte und Erkenntnisbereiche" in der „Form ihrer Inszenierung" möglich werden lässt[41] – dies allerdings im strengen Sinne nicht nur für den Beobachter, der aus dem Abstand von 300 Jahren Erzählungen mit Praktiken zur Verfertigung von Wissenswirklichkeiten verbindet, sondern auch für die Akteure selbst. Die Narrative, von denen ich ausgehe, bilden keinesfalls einen wie immer gearteten ‚Überbau' zur konkreten Arbeit am Besonderen, aus der Überlieferung dann gemacht würde. Sie stellen auch nicht das uneingestandene oder unbewusste

---

[39] Wie, wenn es genau umgekehrt wäre: wenn nicht meine Untersuchung der Überlieferung um 1700 sich geradezu genötigt sehen müsste, wesentliche Paradigmen von Latours Akteur-Netzwerk-Theorie in Anschlag zu bringen, sondern sich diese Theorie selbst in wesentlichen Zügen der Beschäftigung mit dem Problemkomplex der Überlieferung verdankte? Henning Schmidgen hat mich darauf aufmerksam gemacht, dass Latours *Thèse* zu Charles Péguy (1975) die Arbeit eines Philosophen ist, „für den das Verhältnis von Erfahrung, Zeit und Geschichte ein zentrales Thema ist, und zwar besonders in seiner Fassung als Problem der *Überlieferung*, der Überlieferung von Texten." Péguys Verständnis von Überlieferung im übrigen scheint in den grundlegenden Zügen mit dem antiquarischen Modell des frühen 18. Jahrhunderts übereinzustimmen. „Nicht vom jeweiligen Endpunkt einer Serie von Geschehnissen fasst Péguy [...] die historische Überlieferung auf, sondern ausgehend von jenem singulären Ereignis, das den Tradierungsprozess als solchen begründet, in Gang bringt und fortführt." Vgl. Henning Schmidgen: Die Materialität der Dinge? Bruno Latour und die Wissenschaftsgeschichte. In: Georg Kneer, Markus Schroer u. Erhard Schüttpelz (Hg.): Bruno Latours Kollektive. Kontroversen zur Entgrenzung des Sozialen. Frankfurt a.M. 2008, S. 15–46, Zit. S. 19 und 24.

[40] Fréret: Réflexions générales sur l'étude des anciennes histoires, S. 90.

[41] Joseph Vogl: Einleitung. In: Ders. (Hg.): Poetologien des Wissens um 1800. München 1999, S. 7–16, Zit. S. 11, 13.

Fundament, das die Akteure antriebe und das es nun *ex post* freizulegen gälte. Vielmehr sind sie – und dadurch werden sie als Problemgeschichten historiographisch generalisierbar – ein Medium expliziter Vergewisserung, in dem die Philologen respektive Antiquare ihre Praxis und Selbstbeobachtung verschränken können.

Vier exemplarische Narrative habe ich ausgewählt: das *Entlarvungsnarrativ* eines französischen Jesuiten, in dem die überlieferten schriftlichen Hinterlassenschaften als Fabrikate eines böswilligen Fälschungsunternehmens demaskiert werden sollen; das *Inventionsnarrativ* eines Zürcher Gymnasialprofessors, der nicht vom Findeglück in Bibliotheken, sondern vom kulturgeschichtlichen Bedingungsgefüge einer Epoche auf deren literarische Produktionen hochrechnet; das *Historisierungsnarrativ* eines ebenfalls Zürcher Arztes und Naturforschers, der aus naturgeschichtlichen, nicht theologischen Gründen Fossilien zu Überlieferungszeugnissen der Schöpfungsgeschichte umdeklariert; das *Aktualisierungsnarrativ* eines Antiquars und römischen Antikenaufsehers, der historische Distanz zum und materiale Defizienz am Objekt mit Hilfe einer zeitenthobenen Ästhetik überbrückt. Die *plots* dieser Narrative, die auf den folgenden Seiten in der gebührenden Ausführlichkeit dargestellt werden sollen, muss ich an dieser Stelle vorwegnehmen. Sie finden allesamt Halt an den epistemologischen Grundlagen, die das Nachdenken, Experimentieren und die Imagination des Überlieferungswissens prägen – aber umgekehrt bleiben, aus den eben angeführten Gründen, diese epistemologischen Grundlagen ebenso haltlos ohne die *plots*, an denen und für die sie ihre Konturen im Problemfall erst herausbilden. Es gibt, auch und gerade im 18. Jahrhundert, trotz Craigs Versuch weder Theorie, *mathesis* noch Philosophie der Überlieferung, sondern allenfalls methodisch generalisierbare Exempla – und dieser Befund gehört mit zum Skandalon, als das sich Objekte und Praktiken des Überlieferungswissens für alle Beteiligten erweisen.

Das *Entlarvungsnarrativ*, das Jean Hardouin in mühseliger Gelehrtenarbeit zusammengetragen hat (vgl. Kap. I.1), geht von folgenden Grundvoraussetzungen aus: Einem rechtgläubigen Theologen, der mit den Problemstellungen und Verfahrensweisen der philologisch-antiquarischen Wissenspraktiken bestens vertraut ist, bietet sich beim Blick auf das Überlieferte ein irritierendes Bild. In den Bibliotheksbeständen zeigt sich ihm ein wahres Bestiarium von Heterodoxien, Häresien und Atheismen, das keineswegs nur der zeitgenössischen Abkehr von der Verbindlichkeit katholischer Glaubensregeln oder der Urheberschaft einschlägig interessierter Verfasser geschuldet sein kann. Überall, selbst in den Texten der Kirchenväter, zeigen sich die monströsen Fratzen des Unglaubens. Zwar ist die deswegen erforderliche Bestandsmusterung aus theologischer Perspektive kein grundsätzliches Problem – mit der Sanktionierung entsprechender Abweichungen hat die Kirche bekanntlich sowohl bewährte als auch institutionell verfestigte Erfahrungen. Aber den Antiquar und Philologen fordert diese Sachlage in ganz fundamentaler Weise heraus. Vertraut mit den komplexen Umständen, die mit der Überlieferung von Schriften und Texten verbunden sind, weiß er, dass diese *historia scripta* immer das Ergebnis konkreter, *auctor*-ferner Verfertigungsprozesse ist. Als kulturelle respektive soziale Handlungen beruhen solche Prozesse einerseits auf einem ganzen Bündel von Voraussetzungen, Motivationen und Intentionalitäten, deren Spuren sich andererseits dem antiquarischen Blick oftmals nur dank seiner Material- und Detailversessenheit erschließen. Das Lektüreurteil, auf dem die Sanktionierung von Textinhalten und aussagen allein beruhen kann, vermag dieser Bedingungsvielfalt nicht Rechnung zu tragen. Hardouins Annahme ist es nun, dass die Verfertigungsprozesse derart monströser Überlieferungen sinnvoll nur zu erklären sind, wenn sie auf ein konsistentes Kausalitätsgefüge zurückgeführt werden können: Überlieferung wird gemacht, und Hardouin schickt sich an zu fragen, wer sie macht und wie sie gemacht wird. Es überrascht nicht, dass diese Absicht zur Komplexitätsreduktion angesichts überkomplexer Materialbefunde in eine Verschwörungstheorie mündet. In Hardouins Fall läuft diese letztere schließlich darauf hinaus, dass die gesamte antike Überlieferung – und zwar sowohl die pagane wie die frühkirchliche Überlieferung – bis auf spärliche Ausnahmen das Fabrikat einer Fälscherwerkstatt ist. Irgendwann zwischen dem 13. und dem 15. Jahrhundert hat sich eine verbrecherische Mönchsbande unter der Leitung eines gewissen Severus Archontius daran gemacht, mit aller Raffinesse eine vollständige Schrift-Welt herzustellen und der Mit- respektive Nachwelt unterzuschieben. Das Resultat dieses großangelegten Simulationsunternehmens ist ein papierenes Paralleluniversum im wahrsten Sinn des Wortes, das die Institutionen und Rituale katholischer Traditionsstiftung untergräbt. Was sich in dieser Kurzform liest wie das Handlungsgerüst eines noch ungeschriebenen Romans von Dan Brown, interessiert mich allerdings weniger als kulturgeschichtliches Kuriosum. Vielmehr ist es die konsequent philologisch-antiquarische Argumentationsführung, die unerwartete Einsichten in die Sache(n) des schriftgebundenen Wissens um 1700 erlauben – und zwar verblüffenderweise nicht nur in Hardouins Verschwörungstheorie selbst, sondern ebenso in den konterkonspirativen Entgegnungen aus der Gelehrtenrepublik des 18. Jahrhunderts.

Das *Inventionsnarrativ*, das der vor allem als Gottsched-Kontrahent und Anwalt der literarischen Einbildungskraft bekannt gebliebene Johann Jakob Bodmer entwirft (vgl. Kap. I.2), nimmt seinen Ausgang von einer genau umgekehrten Überlieferungslage: von leeren Bibliotheksregalen gewissermaßen. Die ersten historischen Sortierungen deutschsprachiger Literatur, wie sie Bodmer in den 1730er Jahren vornimmt, prozedieren nach den Regeln einer Geschichte von Verfall und Wiederaufstieg, die in allen Belangen Distanz zur philologisch-antiquarischen Wissenspraxis hält. Einer von keinerlei Überlieferung gedeckten Vorzeit germanischen Bardentums folgt das dunkle Zeitalter einer barbarischen Unproduktivität, bevor das humanistische Wiederaufblühen der Künste auch in deutscher Sprache Spuren zu hinterlassen beginnt: So pauschal und erwartbar verfährt Bodmers Literaturgeschichte, bevor ihrem Verfasser eine Abhandlung des schottischen Philologen Thomas Blackwell in die Hände fällt. Blackwell hat mittels einer im großen Stil kulturhistorisch angelegten Untersuchung zu klären versucht, aus welchen Gründen Homer die Erzeugung seines singulären literarischen Werks möglich gewesen ist, und sich zu diesem Zweck vom Klima bis zur politischen Geschichte Kleinasiens alle nur erdenklichen Umstände vorgenommen. An ihnen entwickelt er ein im Fall Homers auf singuläre Weise produktives Inventar von Gelingensbedingungen, das sich Bodmer zu verallgemeinern anschickt. Konkret heißt das: Was bei Blackwell Argumente für die Einzigartigkeit von Homers Werk liefern soll, dient Bodmer zur Erklärung der Seltenheit und zugleich als Maßregel für die Wahrscheinlichkeit herausragender Literatur. Als literaturgeschichtliches Experimentierfeld, auf dem die so gewonnenen Seltenheitsregeln erprobt werden sollen, wählt sich Bodmer dann aus eigenen literaturpolitischen Gründen das Mittelalter, genauer: die Stauferzeit. Damit erfindet er – und zwar durchaus im Sinne des rhetorischen *terminus technicus* – eine Literaturepoche, bevor er jene Überlieferungszeugnisse findet, die dieser Literaturepoche ihre ersten bedeutenden Konturen verleihen und Bodmer selbst den Rang einer Begründer- oder zumindest Vorläuferfigur der germanistischen Mediävistik bescheren. Anstatt sie einfach als Glücksfall zu betrachten, der seiner Invention historische Beweiskraft verleiht, macht Bodmer die Überlieferung aber zum Anlass eines ganz anders gelagerten inventorisch-imaginativen Plausibilierungsaufwands: Die Einsicht in die Kontingenzgebundenheit nicht nur der Entstehungs-, sondern auch der Überlieferungsbedingungen von Literatur zieht, nun aber *sub specie* gefüllter Bibliotheksregale, ihre eigenen Projekte und Phantasmen nach sich.

Die beiden folgenden Narrative verhalten sich auf ähnliche Weise komplementär zueinander; sie zeigen aber zudem, dass der Problemkomplex ‚Überlieferung' im frühen 18. Jahrhundert bei weitem nicht nur eine Angelegenheit der Literatur ist. Nicht nur Papiere, Schriften oder Texte können als Objekte von Überlieferung virulent werden; dies trifft auch für eine weitere, recht heterogene Kategorie von Dingen zu, die vornehmlich eine Gemeinsamkeit haben: Sie sind ausgegrabene Fundstücke, Fossilien (vgl. Kap. II.1). Mit den Schriftobjekten der Philologen und Antiquare teilen sie zunächst ganz einfach die Eigenschaft, dass ihre Entstehungs- und Erhaltungsbedingungen Fragen aufwerfen. Das *Historisierungsnarrativ*, das eine Generation vor diesem Bodmers Landsmann Johann Jakob Scheuchzer propagiert hat, belegt zusätzlich, dass die Sache der Überlieferung nicht nur für *artificalia* relevant ist (vgl. Kap. II.2). Scheuchzer nimmt sich vor, das Buch der Welt in ein Archiv zu verwandeln, in dem die Beweisstücke für die Richtigkeit der mosaischen Schöpfungsgeschichte abgelegt sind. Er tut dies aber zu den Bedingungen der Naturgeschichte, nicht der Theologie. Seine (kultur)geographischen Streifzüge vor allem durch die Schweizer Alpenlandschaft konfrontieren ihn mit einer Klasse von Dingen, die einen neuen Platz im enzyklopädischen Gefüge der *historia naturalis* verlangen – und gleichzeitig einen neuen Namen: Was bisher als ‚Figurensteine' oder Zeugnis einer spielerischen Natur geführt worden ist, deklariert

Scheuchzer zum Überbleibsel der Sintflut. Wenn Fossilien auf diese Weise als *diluviana* statt als Erscheinungsformen einer *vis formativa* verstanden werden, tritt an die Stelle eines allgemeinverbindlichen Naturgesetzes, das trotzdem von den Semantiken und Konnotationen des Exzeptionellen nicht ganz frei ist, ein Ereignis, das auf den ersten Blick fern von allen naturgebundenen oder auch nur naturgeschichtlichen Zusammenhängen steht. Trotzdem zeigt sich gerade an diesem Narrativ, an diesem Exempel des Überlieferungsdiskurses besonders deutlich, welche Probleme, ja Unzulänglichkeiten mit dem herkömmlichen wissenschaftsgeschichtlichen Perfektionierungsmodell verbunden sind. Denn verstünde man Scheuchzers These der sintflutbedingten Genese dieser Versteinerungen als theologiehörigen Atavismus oder als Rückschritt im Vergleich zu den Programmen einer Eigengesetzlichkeit der Natur, wie sie im Lauf des 17. Jahrhunderts virulent geworden sind, dann müsste man davon absehen, dass mit der Überzeugung, die Fossilien seien als Überlieferungszeugnisse zu betrachten, ein entscheidender Schritt zur Historisierung der Natur gemacht ist – und zwar gleichsam an der aufgrund ihrer schieren Unbeobachtbarkeit unwahrscheinlichsten Stelle. Wie knappe zwei Jahrhunderte nach Scheuchzers Fossilien-Diskussion die Debatten um Darwins Evolutionstheorie zeigen, ist womöglich aus orthodoxer schöpfungsgeschichtlicher Perspektive die Vorstellung, in den Phänomenen der Natur präsentiere sich eine eigenständige Form von Historizität, ungleich beunruhigender als das Postulat universeller und geschichtsloser Naturgesetze. Und so ist in der Tat Scheuchzers Einsatz für die Sintfluthypothese im besten Wortsinn zweideutig: Die mosaische Schöpfungsgeschichte bietet zwar auf der einen Seite den Ereignisrahmen, in den sein Historisierungsnarrativ eingepasst wird; sie ist auf der anderen Seite aber zugleich das epistemologische Relais hin zu einer dann nicht mehr antiquarischen Historiographie der Erde, die ganz und gar auf religiöse Einbindungen verzichten kann.

Das *Aktualisierungsnarrativ* schließlich, das Johann Joachim Winckelmann ein halbes Jahrhundert nach Scheuchzer um seine bevorzugten Fossilien spinnt (vgl. Kap. II.3), ist Gegenstand meiner vierten und letzten Problemgeschichte. In Winckelmanns ästhetikgesättigtem Antiquarianismus werden die beiden jeweiligen Zeitlogiken, die angesichts der Produktion der Gegenstände und in deren Erhaltensein zutage treten, endgültig zum Konfliktfall. Werden die Zustände und Fundorte der Objekte bei Scheuchzer von der verbürgten Singularität der Sintflutkatastrophe noch mehr oder minder ihrer Fragwürdigkeit enthoben, so können sie im Fall von Winckelmanns antiken Artefakten nicht länger außer Betracht gelassen werden – dies umso weniger, als die ganz konkrete, objektbezogene Klage über den Verlust antiker Schönheit spätestens seit der Renaissance topisch geworden ist. Treten dann die Umstände der Aufbewahrung in Scheuchzers Erzählung vor allem deshalb in den Fokus, weil dieser in den Schweizer Alpen das in geradezu idealer Weise stabile und sichere Archiv gefunden zu haben glaubt, so lenken die ungleich prekäreren, vielfach instrumentalisierten Überlieferungsbedingungen im Fall der antiken

Hinterlassenschaften die Aufmerksamkeit nicht nur auf jene Akteure, die am Anfang allen Überlieferungsgeschehens stehen, sondern auf die vielfältigen, manchmal banalen, manchmal dramatischen Aktionen der Erhaltung, Rettung, aber auch Verstümmelung und Zerstörung der Zeugnisse. Und dennoch tritt gerade bei Winckelmann eine paradoxe Form der Differenzierung zutage, von der die Thematisierungen der Überlieferung spätestens am Ende des 18. Jahrhunderts ganz grundlegend und nachhaltig geprägt werden: Wenn er seine Vorstellungen idealer Schönheit mit dem versehrten Erscheinungsbild der erhaltenen Gegenstände zu konfrontieren gezwungen ist, die ersteren aber zugleich konzeptuell von diesem entkoppeln will, dann ist das antiquarische Paradigma der ersten Jahrhunderthälfte gleichzeitig unabdingbar und außer Kraft gesetzt. Die komplexe Vielfalt der Herstellungs- und Aufbewahrungsbedingungen tritt mehr und mehr in den Hintergrund; die Objekte, Praktiken und Akteure verlieren zusehends an Bedeutung für die Frage nach den signifikanten Überresten der Vergangenheit – all dasjenige, wonach die Antiquare gefragt haben, soll sich fortan als Arbeitsfeld einer Hilfswissenschaft bescheiden. Die letzte Konsequenz dieser Verschiebung findet man dann dort, wo ein Begriff wie ‚Überlieferung' mit dem der ‚Tradition' ohne Umstände verwechselt werden darf. Damit ist, wenn man so will, definitiv aus dem Diskurs verbannt, was die mit der Überlieferung verbundenen Glücksumstände und Bedrohungen, Handlungsanweisungen und Verhaltensregulierungen in der ersten Hälfte des Jahrhunderts ganz grundsätzlich bestimmt hat. Für Winckelmann jedoch funktioniert, wie sich zeigen wird, diese Ersetzung nicht ohne Rest. Wie in den drei anderen Narrativen, um die es mir zu tun ist, insistieren auch bei ihm die semiophorischen Dinge.

Diese Gemeinsamkeit verbindet die auf den ersten Blick recht heterogenen Problemgeschichten, denen meine Aufmerksamkeit in den folgenden Kapiteln gilt; und sie ist es, die das entscheidende Differenzkriterium zu den sich disziplinär institutionalisierenden Text-, Kunst- und Geschichtswissenschaften des 19. Jahrhunderts ausmacht. Wenn August Boeckh in seiner Vorlesung zur Enzyklopädie der Philologie, die er über einen Zeitraum von mehr als 50 Jahren gehalten hat, die berühmte Definitionsformel von der „Philologie – oder, was dasselbe sagt, d[er] Geschichte" als *„Erkenntniss des Erkannten"* vorschlägt, meint man darin noch immer den Anspruch einer Grundlagenwissenschaft feststellen zu dürfen. Wenn er die „zufälligen Erscheinung[en]", die „richtige Reproduction des Ueberlieferten" als Fundamente philosophischer Erkenntniskonstruktion propagiert, scheint auch bei ihm noch dieses Insistieren des Materialen vordringlich zu sein.[42] Der Aneignungsakt aber, mit dem Boeckh seiner ‚Idee der Philologie' die Dignität einer Wissenschaft eigenen Rechts verleihen will, tilgt ausgerechnet dieses Differenzkriterium, das die Überlieferungsreflexionen des 18. Jahrhunderts so hartnäckig gegen

---

42 August Boeckh: Encyklopädie und Methodologie der philologischen Wissenschaften. Hg. von Ernst Bratuscheck. Leipzig 1877, S. 11, 17.

die widrigen epistemologischen Großwetterlagen der Zeit verteidigt haben. Philologie macht sich, gerade wenn und weil sie eigenständige Form des Wissens werden will, an ihre Selbstüberwindung, Selbstüberhebung:

> Allein die Philologie verzichtet nicht auf alles eigene Denken, wenn ihr Ziel die Erkenntniss von Ideen sein soll; denn fremde Ideen sind für mich keine. Es ist also zunächst die Forderung diese, das Fremde als Eigenwerdendes zu reproduciren, so dass es nichts Aeusserliches bleibe, wodurch eben auch der Aggregatzustand der Philologie aufgehoben wird; zugleich aber auch über diesem Reproducirten zu stehen, so dass man es, obgleich es ein Eigenes geworden, dennoch wieder als ein Objectives gegenüber und ein Erkennen von dieser zu einem Ganzen formirten Erkenntniss des Erkannten habe, was dann dahin führen wird demselben in dem eigenen Denken seinen Platz anzuweisen und es mit dem Erkannten selbst auf gleiche Stufe zu stellen, was durch die Beurtheilung überhaupt geschieht. In dieser Beurtheilung, nicht in der wiederherstellenden Kritik liegt das Denken des Philologen, wie alles Denken über ein Gegebenes Urtheilen ist.[43]

Als „äusserliche[r] Abdruck jenes Wesentlichen"[44] erhalten die Primärobjekte des antiquarischen Wissens, die semiophorischen Dinge den Status des Sekundären – dies wäre das paradoxe Fazit, das aus der institutionellen Etablierung des neuen historischen Überlieferungswissens gezogen werden müsste.

2 Was ist Überlieferung? Epistemologische Grundlagen

Anliegen, Vorhaben sowie Verfahren der Philologen und Antiquare im 18. Jahrhundert beruhen auf anderen Grundlagen. Mit der Reflexion der Überlieferung steht auf dem Spiel, was man in Anlehnung an eine – ursprünglich auf die Charakteristika schriftlicher Überlieferung ausgerichtete – Formel von Peter Strohschneider die ‚Situativität des tendenziell Situationsabstrakten' nennen könnte.[45] Diese Situativität aber erscheint, im Unterschied zum ‚normalen' philologischen Aufmerken auf die Materialität und Semiotizität beispielsweise von Manuskripten,[46] grundsätzlich als multiple. Dort ist es generell die Unterscheidung von ge-

---

[43] Ebd., S. 20.
[44] Ebd., S. 17.
[45] Peter Strohschneider: Situationen des Textes. Okkasionelle Bemerkungen zur ‚New Philology'. In: Helmut Tervooren u. Horst Wenzel (Hg.): Philologie als Textwissenschaft. Alte und neue Horizonte. Sonderheft Zeitschrift für deutsche Philologie 116 (1997), S. 62–86, Zit. S. 71: Strohschneider spricht von der „Situativität auch des tendenziell situationsabstrakten Schrifttextes". – Für die folgenden Seiten gilt: Aufgrund der im ersten Teil der Arbeit diskutierten Materialien, der komplexeren Problemstellung bei schriftlichen Semiophoren und der narrationsbedingten Zuspitzung der fraglichen Probleme wird die methodische Reflexion der Überlieferung bei Konkretionsbedarf vornehmlich am ersten Fallbeispiel philologischer, schriftbezogener Modelle, Entwürfe und Verfahrensweise exemplifiziert: Hardouins Fälschungsthese. Dass – und wie – die dabei fokussierten Problemlagen bei material und medial anders konfigurierten Semiophoren auftreten, zeigen ausführlich die weiteren Kapitel meiner Untersuchung.
[46] Diese Perspektive auf die Materialität der Schrift ist natürlich keineswegs auf die medienhistorische Epoche sogenannter Handschriftenkulturen beschränkt, ebensowenig an das Objekt ‚Handschrift' gebunden; vgl. zu ersterem Davide Giuriato u. Stephan Kammer: Die

genstandsgebundener Schriftlichkeit und sprachgebundener Textualität, von (mit der Terminologie der Goodmanschen Notationstheorie formuliert) ‚Autographie' und ‚Allographie',[47] die der Fokus auf die Materialien der *new philology* und anderer nicht (allein) textorientierter literaturwissenschaftlicher Ansätze zu formulieren erlaubt. Doch dieser Doppelcharakter von Medien- respektive Materialgebundenheit und Zeichenhaftigkeit betrifft über die Schriftlichkeit hinaus sämtliche Formen von Semiophoren; er ist für eine primäre Differenz verantwortlich, nach der Objekte und damit Probleme der Überlieferung im Wortsinn erst in die Welt treten können. Als situationsabhängig erweist sich dabei, anders und allgemein gewendet, nicht nur das Zustandekommen, die Fabrikation der Überlieferungsobjekte – der (potentiellen) Semiophore –, sondern auch deren Überdauern und deren (Re-)Aktualisierung; Situativität trifft man demnach an mindestens drei Systemstellen des Überlieferungsprozesses an.

Überlieferung ist, sobald die Effekte, Spuren und Mechanismen solcher Bedingtheit in den Blick kommen, nichts, was einfach gegeben wäre oder gefunden würde. Überlieferung wird gemacht, wobei diese Aktivität selbstverständlich ebenso eine positive wie eine negative sein kann – und sie muss deshalb so: als gemachte, thematisiert werden. Das ist die Lektion, der das Verdachtsgebäude meines ersten Narratives dramatische Gestalt verleiht,[48] indem es die historische Artifizialität alles Überlieferten strukturell den Wissensformen und Imaginationsmodellen der Überlieferung implantiert. Überlieferung – das wiederum gilt für alle Auseinandersetzungen mit diesem Problemkomplex – kann nicht unter den Prämissen einer „reinen Speicheranalogie" gedacht werden, „der zufolge kulturelles Gedächtnis mit archivarischen Einlagerungen zusammenfällt".[49] Wenn Wolfgang Ernst darauf hinweist, dass die Übersetzungsleistung vom Archiv zum kulturellen Gedächtnis auf „die konstruktive, generative Leistung der Aktivierung von gespeicherten Daten im Medium der Erzählung (und anderen Medien der Kodierung, Speicherung und Zirkulation von *kulturellem Sinn*, also: Vektoren)" angewiesen ist, „welche die Zeithorizonte einer gegebenen Gesellschaft synchronisiert",[50] dann reflektiert und iteriert der Fokus auf die Überlieferung diese Aktivierungsleistung. Er muss sie als eigene Praxis definieren und beschreiben, er wird sie in den Prakti-

---

graphische Dimension der Literatur? Zur Einleitung. In: Dies. (Hg.): Bilder der Handschrift. Die graphische Dimension der Literatur. Basel u. Frankfurt a.M. 2006, S. 7–24; ein Beschreibungsmodell für die Materialitäten des Drucktexts, des ‚bibliographical code' bietet Jerome J. McGann: The Textual Condition. Princeton 1991.

47 Nelson Goodman: Sprachen der Kunst. Entwurf einer Symboltheorie. Frankfurt a.M. 1995, S. 113 u. 115–121.
48 Falls der Hinweis auf die *symptomatische* Funktion der Hardouinschen Verdächtigungsstrategie nicht deutlich genug sein sollte: Das bedeutet natürlich nicht, dass mithilfe der Korrelation dieser Thematisierungsnotwendigkeiten mit dem *système Hardouin* eine kausale Verknüpfung behauptet werden soll.
49 Wolfgang Ernst: Im Namen von Geschichte. Sammeln–Speicher–Er/Zählen. Infrastrukturelle Konfigurationen des deutschen Gedächtnisses. München 2003, S. 78.
50 Ebd.

ken vorangegangener Akteure von Überlieferungsverfahren erkennen und bestimmen müssen.

Als situativitätsgeneriert und -generierend erweisen sich dabei zunächst die *Verfahren*, mithilfe derer die Überlieferungsträger nicht nur dem „Vergehen", sondern auch dem „Vergessen [...] entrissen" werden sollen.[51] Praktiken, Techniken und Akteure überlieferungsorientierter Gelehrsamkeit rücken deshalb im Verlauf des 18. Jahrhunderts in den Fokus wissenstheoretischer Um- und Neubestimmungen – mit Effekten, die *en détail* wohl nur in einer großangelegten und zugleich mikroskopischen wissen(schaft)sgeschichtlichen Aufarbeitung vollständig beschrieben werden könnten. Natürlich bleiben die darin aufscheinenden Problemzusammenhänge keineswegs nur gegenstands-, beziehungsweise praxisbezogen; sie prägen, nicht zuletzt aufgrund der Begründungsnöte, in die das antiquarisch-philologische Wissen um 1700 geraten ist, in hohem Maße die reflexive Selbstthematisierung der Verfahren, die sich mit den Bedingungen und Konsequenzen der Überlieferung beschäftigen. Ebenso gerät die Medialität – insbesondere: die Material- und Systembedingungen der Zeichenträger sowie deren Speicherfähigkeit – des als Überlieferung Wahrgenommenen in den Blick. Es geht diesem Wissen darum, sich des eigenen Tuns und der Eigenheiten seiner Objekte zu vergewissern.

Wenngleich die Schauplätze dieser epistemologischen Reflexion nur knapp skizziert werden sollen und die folgenden Kapitel sich wenigstens zum Teil auf ihnen bewegen, ziehe ich die Grenzen meines Interesses am Kulturmodell der Überlieferung weiter: Eine exemplarische Wissens- und Praxisgeschichte des Umgangs mit Überlieferung und ihrer *Verfahren* ein Jahrhundert vor der Institutionalisierung der historischen Wissenschaften sowie der Philologien ist nicht das ausschließliche Ziel der Arbeit. Mindestens ebenso sehr geht es um das figurale und figurative Potential, die *Figuren*, die diese epistemologische Besinnung gerade auch jenseits der gelehrten Praxis ermöglichen – Denk- und Problemfiguren, in denen die überlieferungsgestützten oder -orientierten kulturellen Artikulationen generell jenen zunächst verfahrensbasierten Spannungen Rechnung tragen, die man an den Aktivitäten meiner Protagonisten ablesen kann.

Verfahren: Praktiken, Techniken, Akteure. – Überlieferung ist das Resultat spezialisierter kultureller Praktiken und philologischer Techniken; sie bedarf sachkundiger und verfahrensorientierter Akteure, die über technische Fähigkeiten und womöglich über die richtigen dispositionellen Voraussetzungen verfügen müssen: So könnte man die erste zentrale Einsicht bündeln, die sich aus der (Selbst-)Bestimmung des philologisch-antiquarischen Wissens nach 1700 ergeben hat. Was zum Beispiel Hardouins Fälscherwerkstatt versammelt, ist geradezu eine Num-

---

[51] So müsste man, mit Blick auf Alois Hahns Definition des Sammelns, noch einmal differenzieren. Alois Hahn: Soziologie des Sammlers. In: Norbert Hinske u. Manfred J. Müller (Hg.): Sammeln – Kulturtat oder Marotte. Trier 1984, S. 11–19, Zit. S. 11.

mernrevue der einschlägigen Agenten, Prozeduren und Kapazitäten – anachronistisch natürlich, ganz abgesehen von den unterstellten böswilligen Intentionen, bezogen auf den Reflexionsstand dieser Tätigkeiten im vage bestimmten Zeitraum des Spätmittelalters, avantgardistisch aber selbst noch mit Blick auf den Diskussionsstand in Sachen einer Historisierung des Wissens/der Wissensobjekte zu Beginn des 18. Jahrhunderts.

Als kulturelle Praxis der Überlieferung definiert diese Reflexion ein Objektverhältnis der Akteure, das sich zwischen den Polen ‚Fabrikation' und ‚Entdeckung' gespannt sieht. An ihm wird im speziellen deutlich, was man generell als Delegitimation oder besser: als Rekonfiguration des rhetorisch-enzyklopädischen Modells der Wissensproduktion bezeichnen könnte. Dessen erste epistemische Systemstelle, die *inventio* – ‚Finden' und ‚Erfinden' zugleich – wird auf zwei heteronome, manchmal antagonistische, immer aber relationierungsbedürftige Verfahrensweisen verteilt. Hardouins supponierte Fälscher dürften dabei wohl die einzigen sein, die sich in den Auseinandersetzungen um die Praktiken und Verfahren der Überlieferung einem dieser Pole restlos zuordnen ließen. Sie sind ganz und gar auf der Seite der Fabrikation dingfest zu machen, dürfen dies aber selbstredend in ihren Produkten nicht erkennbar werden lassen: deshalb vermutet die Verschwörungstheorie des Jesuiten eine regelrechte Diversifizierung der Schreiberalphabete, Kompetenzen und Stillagen. Solche Eindeutigkeit aber ist nur im Rahmen eines Störfalls von Überlieferung(sverhältnissen) möglich, wie ihn eben Hardouins Verschwörungstheorie entwirft. Dasselbe gilt für den anderen Pol: Wenn Bodmer in der Mitte des 18. Jahrhunderts auf den *Codex Manesse* stößt, dann ist dieser Fund als Überlieferungsbefund längst in seinen literaturtheoretischen und kulturhistorischen Modellbildungen vorweggenommen, gleichsam in einem konjekturalen Akt großen Stils.[52] Der Kontingenz einer Entdeckung wollen sich die Vertreter der philologisch-antiquarischen Wissensformen so wenig überantworten wie die naturgeschichtlichen Sammler der Zeit. So mag der ‚Bücherfund' ein ehrwürdiger und traditionsreicher Topos insbesondere religionspolitischer Aktivitäten sein,[53] im Dispositiv der Überlieferung mit seinen spezifischen „Buchführungs- und Verzeichnungstechniken" ist zu finden nur, was erwartet wird – und sei es Unbekanntes.[54]

---

[52] Dazu Kap. I.2 dieser Arbeit.
[53] Vgl. Wolfgang Speyer: Bücherfunde in der Glaubenswerbung der Antike. Mit einem Ausblick auf Mittelalter und Neuzeit. Göttingen 1970.
[54] Anke te Heesen u. E. C. Spary: Sammeln als Wissen. In: Dies. (Hg.): Sammeln als Wissen. Das Sammeln und seine wissenschaftsgeschichtliche Bedeutung. Göttingen 2001, S. 7–21, Zit. S. 15. – Für die materialen Artefakte, Gegenstände der frühneuzeitlichen Wunderkammern, ist dieses Verhältnis von Fabrikat (menschlicher *techne*, der Natur) und Fund gründlich aufgearbeitet worden: Julius von Schlosser: Die Kunst und Wunderkammern der Spätrenaissance. Ein Beitrag zur Geschichte des Sammelwesens [1908]. 2. Aufl. Braunschweig 1978; Oliver Impey u. Arthur MacGregor (Hg.): The Origins of Museums. The Cabinet of Curiosities in Sixteenth and Seventeenth-Century Europe. Oxford 1985; Pomian: Collectionneurs,

Wichtiger aber ist der Umstand, dass das wechselseitige Bedingungsverhältnis von Fabrikation und Entdeckung nicht nur als Generator von Überlieferungsbefunden überhaupt verstanden wird, sondern auch als Matrix eines sequentiellen Wechsels, in der die Arbeit (an) der Überlieferung prozessiert.[55] So tut Hardouins Fälscherbande nichts, was Mönche in einem mittelalterlichen Skriptorium nicht ohnehin täten: Sie verfertigt Codizes. Zum Störfall wird in der Verschwörungstheorie allein der Umstand, dass dieser Überlieferungsszenerie weder eine uneinholbare Szene der Produktion noch Szenen wiederholter und wiederholbarer Reproduktion des zu Schreibenden vorgelagert sind. Nicht aufs Archiv, sondern auf die *arché* ist denn auch der von Hardouin angegebene Name des Oberhaupts dieser Bande gemünzt – ‚Archontius' erinnert die von der Bande gesetzten, dissimulierten, da illegitimen Anfänge, die sich einer auf die abzuschreibende Literatur eingestellten Kopierkultur ja grundsätzlich entziehen müssen. Im Normalfall aber erweisen sich die Überlieferungsbefunde als in neue Fabrikate gefasste Entdeckungen und als entdeckte Fabrikate; dass die jeweiligen Fabrikationsbedingungen mit in den Blick des Überlieferungs-Wissens geraten, macht Methodenreflexion erst möglich. Hardouins Entlarvungsnarrativ muss darauf aus erzählökonomischen Gründen ohne Zweifel stärkeren Wert legen als die anderen Narrative, die ich vorstelle – doch ohne Rücksicht auf diesen ersten Situativitätsbefund kommen auch sie nicht aus.

Das ist keine Selbstverständlichkeit. Die Fachgeschichten der Philologie sind voll von Klagen über die mangelnde Sorgfalt insbesondere der Renaissancegelehrten, die, zur Gänze eingestellt auf den Überlieferungsaspekt der Entdeckung, oft allein die Zuhandenheit des ersten besten Manuskripts zur Entscheidungsgrundlage gemacht haben, als die latenten antiken Schriften wieder in die Aufmerksamkeit gerückt sind.[56] „Wir wissen alle, was daraus geworden ist, wie sie in ganz Europa

---

amateurs et curieux; Horst Bredekamp: Antikensehnsucht und Maschinenglauben. Die Geschichte der Kunstkammer und die Zukunft der Kunstgeschichte. Überarbeitete Neuausg. Berlin 2000. Wie genau dabei die Praktiken gelehrter Kommunikation und Interaktion denen der Philologen/Antiquare entsprechen, zeigt die Untersuchung von Stefan Siemer: Geselligkeit und Methode. Naturgeschichtliches Sammeln im 18. Jahrhundert. Mainz 2004.

[55] Vgl. Sawilla: Vom Ding zum Denkmal, S. 433: „Der Antiquarianismus und die von ihm konventionalisierten Zugriffsweisen mündeten nicht nur in eine Bewegung der Abgleichung, der Zusammenschau und der rekonstruierenden Aufarbeitung dessen, was als Vergangenheit an Breite und Heterogenität gewann. Vielmehr vollzog er diese Bewegung auch kontinuierlich selbst. Dies kann als das methodische Zentrum des Antiquarianismus beschrieben werden. Er stellte materielle Modifikationsprozesse an tradierten oder überkommenen Gütern still und setzte mit deren Hilfe das historische Wissen der Zeit in Bewegung."

[56] Vgl. als knappen Überblick Georg Heldmann: Von der Wiederentdeckung der antiken Literatur zu den Anfängen methodischer Textkritik. In: Egert Pöhlmann (Hg.): Einführung in die Überlieferungsgeschichte und Textkritik der antiken Literatur. Bd. 2: Mittelalter und Neuzeit. Mit Beiträgen von Christian Gastgeber, Paul Klopsch und Georg Heldmann. Darmstadt 2003, S. 97–135: „Bis an den Rand des 19. Jh. fußten Neuausgaben bereits gedruckter Werke in aller Regel auf dem Text der Erstausgabe bzw. dem letzten Druck (*textus receptus*)" (S. 131). – Die epistemologisch präzisesten philologiegeschichtlichen Aufarbeitungen sind Sebastiano Timpanaro: Die Entstehung der Lachmannschen Methode. 2., erw. u. überarb.

allmählich das Denken und Fühlen, die Voraussetzungen, Formen und Ziele des ganzen Lebens umgestaltet hat", stimmt Wilamowitz' *Geschichte der Philologie* knapp und unverbindlich ins topische Epochenlob der Renaissance ein, nur um dann mit deutlich größerem Nachdruck auf „das Negative" hinzuweisen, nämlich den Befund, „daß historisch-philologisches Interesse weder an dem Suchen noch an der Verbreitung der alten Literatur beteiligt ist. Noch auf lange Zeit sind die Humanisten durchaus nur Literaten, Publizisten, Lehrer, dagegen Philologen keineswegs."[57] Auch die epochemachenden „feinen Typen" aus der Offizin des Aldus Manutius täuschen den Textkritiker, der sich mit der Distribution antiker Schriften im neuen Medien- und Kopierdispositiv des Typographeums beschäftigt, nicht darüber weg, dass „[v]iele Drucke [...] einfach Wiedergaben einer Handschrift [sind], wie sie gerade vorl[iegt]".[58] Nicht nur das: Der Umgang mit den konkreten Zeugnissen selbst spricht, was die schriftlichen Semiophoren anbelangt, von geradezu verächtlicher Unbekümmertheit. Sorgsam abgeschrieben, gar in den Druck überführt, verliert die Manuskriptgrundlage jede Bedeutung und geht oft nun erst wirklich verloren. Stellen, die sich der Entzifferung nicht erschlossen haben, sowie Fehler, die bei dieser Entzifferung aller Sorgfalt zum Trotz entstanden sind, werden dann gegebenenfalls individuell vom gelehrten Benutzer aus einem ihm zuhandenen Manuskript berichtigt. Überlieferung, einmal mehr, erzeugt Monster, genannt „Kontamination". Allein schon die typographische Anlage der humanistischen *editiones principes* mit ihren breiten, zur Verzeichnung von Kollationsbefunden geradezu angelegten Rändern bietet das Format solcher Hybride aus einem *textus receptus* „unter gelegentlicher Beimischung von ebenso blendenden oder ansprechenden wie unverbürgten Lesarten eines codex bonae notae", der dem Benutzer allgemein, dem nachfolgenden Herausgeber im speziellen gerade verfügbar ist.[59] Es bedarf, so resümiert Giorgio Pasquali, einer jahrhundertelangen text-

---

Ausg. Hamburg 1971; Edward John Kenney: The Classical Text. Aspects of Editing in the Age of the Printed Book. Berkeley u.a. 1974; Klara Vanek: *Ars corrigendi* in der frühen Neuzeit. Studien zur Geschichte der Textkritik. Berlin u. New York 2007.

57 Ulrich von Wilamowitz-Moellendorff: Geschichte der Philologie. Mit einem Nachwort und Register von Albert Henrichs, 3. Aufl. Stuttgart u. Leipzig 1998 [ND der Ausg. Leipzig u.a. 1921], S. 10. – Dass diese Einschätzung in ihrer Zuspitzung jedenfalls schon für das 16. Jahrhundert kaum zu halten ist, zeigt die differenzierte und materialreiche Studie von Vanek: *Ars corrigendi* in der frühen Neuzeit.

58 Wilamowitz-Moellendorf: Geschichte der Philologie, S. 14.

59 Giorgio Pasquali: Rez. zu Paul Maas: Textkritik. Leipzig u. Berlin 1927 [1929]. In: Fritz Bornmann, Giovanni Pasucci u. Sebastiano Timpanaro (Hg.): Giorgio Pasquali: Scritti filologici. Bd. 2: Letteratura latina – cultura contemporanea – recensioni. Firenze 1986, S. 867–914, Zit. S. 880f. – Zu diesem „Großpapiernutzen" vgl. Gustav A. E. Bogeng: Buchseltsamkeiten. In: Ders.: Streifzüge eines Bücherfreundes. 2 Tle. Hildesheim, Zürich u. New York 1985 [ND der Ausg. Weimar 1915 in einem Bd.],Tl., S. 1–37, Zit. S. 13: „Die Abzüge mit sehr breitem, unbedrucktem Rand sollten bequemen Platz für die Emendationen, für die Randschriften bieten."

kritischen Erfahrung, bis sich dieses Verhältnis zur Überlieferung ändern wird;[60] mit weniger disziplinengeschichtlicher Zielgerichtetheit wäre zu sagen: es bedarf einer epistemischen Verschiebung, nach der überlieferte und wiedergefundene Semiophore nicht mehr fraglos ins Gebäude von Wissens-Traditionen integriert werden können, nach der sich die (Be-)Funde der Überlieferung vielmehr an allen Systemstellen des Überlieferungsprozesses als Objekte vorzugsweise gelehrter, zumindest aber generell kultureller Arbeit erweisen. Den Indizien und Orten eines solchen Paradigmenwechsels *en détail* nachzuspüren, wäre eine Aufgabe für sich – einige einlässliche Zäsuren werden in den kommenden Kapiteln und über die engeren Umstände der Problemgeschichten hinaus benannt. Von Bedeutung ist beispielsweise die sogenannte ‚historisch-kritische Methode' der Theologie, in deren Begründungserzählungen nicht mehr die Stimme der Offenbarung den Fokus bildet, sondern die Prozeduren ihrer Verschriftlichung. Niemand außer Christus habe – so Spinoza – Gottes Offenbarungen „ohne Hilfe des Vorstellungsvermögens" („nisi imaginationis ope") empfangen; die Imaginationsspuren der Verfasser und Schreiber dagegen gilt es zu rekonstruieren.[61] Ob „Geschichte der Schrift" (‚historia Scripturæ') oder Geschichte jeweiliger Schriften, ob sakrale oder profane Überlieferung – die Anforderungen an die Kritik sind strukturell dieselben:

> Endlich muß diese Geschichte über die Schicksale [*casus*] sämtlicher prophetischen Bücher Auskunft geben [*enarrare*], soweit wir noch davon wissen können, also über das Leben, die Sitten und die Interessen des Verfassers der einzelnen Bücher, wer er gewesen ist, bei welcher Gelegenheit, zu welcher Zeit, für wen und schließlich in welcher Sprache er geschrieben hat; dann über das Schicksal [*fortuna*] jedes einzelnen Buches, nämlich wie man es zuerst erhalten hat und in wessen Hände es gekommen ist, ferner wie viele Lesarten [*variæ lectiones*] es davon gibt und durch wessen Beschluß es unter die heiligen Schriften aufgenommen wurde, und schließlich, auf welche Weise all die Bücher, die wir heute die heiligen nennen, zu einem Ganzen vereinigt worden sind. Das alles, meine ich, muß die Geschichte der Schrift enthalten. [...] Endlich muß man auch noch die übrigen angegebenen Umstände kennen [*reliqua ... scire*], um außer dem Ansehen [*auctoritas*] eines jeden Buches noch zu wissen, ob es von unreinen Händen hat beschmutzt werden können [*adulterinis manibus conspurcari potuerit*] oder nicht, ob sich Irrtümer [*errores*] eingeschlichen haben und ob sie von genügend erfahrenen und vertrau-

---

[60] Giorgio Pasquali: Storia della tradizione e critica del testo [1934]. Premessa di Dino Pieraccioni. Firenze 1988, S. 49f. „Si potrebbe supporre che i codici latini scoperti fossero stati da essi conservati con cura scrupolosa. È tutto l'opposto: quell'età, ancora libera da quella religione del documento che minaccia ora talvolta di divenire superstizione, vedeva nel manoscritto solo il trasmissore di un testo nuovo. Una volta che il testo era stato copiato fedelmente, esso perdeva per gli umanisti quasi ogni valore. E in fatto di fedeltà gli studiosi hanno mostrato [...] facile contentatura fin molto giù, fin quasi al secolo XIX. Era necessaria un'esperienza editoriale di secoli a convincer gli studiosi che ogni volta che si riprende in mano un manoscritto già copiato o collazionato con ogni cura, si scoprono omissioni ed errori." – Die Zäsur setzt Pasquali, wie üblich, mit der ‚Lachmannschen Methode', was gerade bei ihm insofern befremdlich scheint, als er selbst – wie schon der Titel seiner Abhandlung verrät – deren Vernachlässigung und Missachtung der Überlieferungsgeschichte außerordentlich kritisch gegenübersteht.

[61] Benedictus de Spinoza: Tractatus theologico-politicus. Theologisch-politischer Traktat [1670]. Hg. von Günter Gawlick u. Friedrich Niewöhner. Opera/Werke. Lateinisch und deutsch. Bd. 1. Darmstadt 1979, S. 46f.

enswürdigen Männern berichtet worden sind. All das zu wissen ist sehr notwendig, damit wir nicht blindlings hinnehmen, was uns dargeboten wird, sondern nur was gewiß und unbezweifelbar ist.⁶²

‚Imaginatio' und ‚iudicium' der Verfasser/Schreiber – so das Fazit, dem sich jede Beschäftigung mit schriftlichen Zeugnissen zu stellen hat – schreiben mit, führen manchmal gar die Feder. Deshalb kann sich die philologische Kritik nicht mehr auf die humanistischen *Editiones principes* verlassen, in deren Textgrundlage: dem *textus receptus*, einem „Gemäch[t] der Willkür und des Zufalls",⁶³ solche Mitarbeit gar nicht erst wahrnehmbar werden kann.

Eine weitere Zäsur, die für die Aufmerksamkeitsverschiebung auf die Verfahren der Überlieferung unabdingbar ist, sei erwähnt: Ohne sich genauer auf die Konsequenzen oder Bedingungen solcher Zuordnung einzulassen, bezeichnet die philologische Rede der Humanisten die Objekte ihrer texterschließenden Begierde vorzugsweise mit vagen Termini wie *codex vetustissimus* oder *pervetustus* – wie prekär eine derartige Attribuierung sein kann, mag noch das Lemma ‚Alters, von Alters' verdeutlichen, das sich nach Zedlers *Universal-Lexicon* auf „Dinge" bezieht, „die wenigstens vor 40 oder 50 Jahren geschehen" sind,⁶⁴ also gewissermaßen über das Generationengedächtnis hinausgreifen. Solche „unbestimmte[n] Altersangaben behielten nicht nur die italienischen Humanisten des Quattrocento bei, sondern vielfach auch die späteren Philologen und Historiker, wenn die Codices nicht genaue Schreiberunterschriften oder sonstige direkte Hinweise auf die Entstehungszeiten enthielten."⁶⁵ Eine präzisere Form der Datierung von Manuskripten, insbesondere die heute noch gebräuchliche Altersbestimmung von „Handschriften nach Jahrhunderten" setzt sich, korrespondierend mit der eben erwähnten generel-

---

62 Ebd., S. 238–241. – Den konsequenten Übertrag von philologisch-historischer Textkritik zur Religionsgeschichte, dann die Differenzierung der letzteren von der theologischen Doxa verfolgt dann im 18. Jahrhundert etwa der protestantische Aufklärungstheologe Johann Salomo Semler: Abhandlung von freier Untersuchung des Canon [1771]. Hg. von Heinz Scheible. Gütersloh 1967, S. 40: „Es gibt also ganz gewiß in allen Schriften dieses sogenannten *Canons solche Stellen und Teile der Rede und der Abfassung, welche gleichsam mit jener Zeit vergehen*, weil sie auf jene Zeit und auf solche Umstände derselben sich beziehen, die mit jenen unmittelbaren Zuhörern oder Lesern gleichsam vergangen sind. Die Zuhörer waren in einer solchen Lagen ihrer innerlichen Umstände und ihrer Fähigkeiten, welche soundso wenig geübt waren, in einer Lage ihres äußeren Zusammenhanges, welche Lage zuweilen bei manchen andern Zuhörern sich wohl meistens auch wieder finden kann; aber sie ist nicht allgemein, und es kann also eine solche Rede oder Schrift in Ansehung ihres Inhalts und der ganzen Einrichtung nicht allen und jeden andern Lesern ebenso wichtig und so sehr nützlich heißen als für jene ehemaligen."
63 Wilamowitz-Moellendorf: Geschichte der Philologie, S. 59; dort bezogen auf das Neue Testament.
64 Universal-Lexicon. Bd. 1 [1731], Sp 1556.
65 Paul Lehmann: Einteilung und Datierung nach Jahrhunderten. In: Ders.: Erforschung des Mittelalters. Ausgewählte Abhandlungen und Aufsätze. Bd. 1. Stuttgart 1959 [ND der Ausg. Stuttgart 1941], S. 114–129, Zit. S. 122 (i. O. teilweise kursiv).

len Notwendigkeit einer Historisierung der Überlieferung, erst in der zweiten Hälfte des 17. Jahrhunderts allmählich durch.⁶⁶

Was Hardouins exzessives Aufmerken auf die Verfahren der Überlieferung voraussetzt, kann zum Normalfall werden, nachdem die Bedingungen solchen Aufmerkens systematisierbar geworden sind: „Handschriften als geschichtliche Dokumente"⁶⁷ rücken nur in den Fokus, wenn sie selbst als Produkte von historisierbaren Verfahren, mithin von Entdeckung und Fabrikation, wahrgenommen werden. Genau dieser epistemologische Normalfall überlieferungskritischer Analyse gerät allerdings bei der Rekonfiguration autor-, werk- und ursprungsbezogener disziplinärer Philologien im 19. Jahrhundert wieder ins Abseits. Er setzt nämlich voraus, dass die Manuskripte „nicht nur zur Konstituierung eines Schriftstellertextes verwendet werden", wie dies im Zuge der sogenannten ‚Lachmannschen Methode' zur Regel wird. Im Unterschied zur überlieferungsbezogen ‚negativen' Textkritik, die allenthalben mit Spurentilgung am textuellen Idealkorpus des Überlieferten beschäftigt ist, muss die Reflexion der Überlieferung ihr Augenmerk den konkreten Abweichungen und Differenzen widmen. Versteht man sie als Zeugnisse und Spuren von Verfahren, beginnen die überlieferten Dokumente sichtbar zu machen, „wie sie die Wirkungen des betreffenden Schriftstückes auf die folgende Zeit, die geistigen Interessen und Kämpfe dieser Zeit gerade in dem zum Ausdruck bringen, wodurch sie scheinbar unbrauchbar werden: in den Zusätzen, in den bewußten Abänderungen der Überlieferung."⁶⁸

Das Verhältnis von Fabrikation und Entdeckung, das die Verfahren der Überlieferung bestimmt, findet sich im Instrumentarium philologischer Wissenstechniken wieder, wenn es an die konzeptuelle Bestimmung von erlaubten, ja notwendigen Eingriffen in den Überlieferungsbestand geht. Einmal mehr wird das Profil dieser Techniken am deutlichsten erkennbar aus einer Verteidigungsgeste angesichts des „üblen Rufs" und des „Misskredits", die sich die *ars critica* aufgrund ihrer methodischen Zügellosigkeit zugezogen habe. Doppelten Ursprungs sei die Methode der Kritik, zwiefach entsprechend die Gefahren, denen sich die Philologen ausgeliefert haben:

> Die einen pflegten das zuverlässig Überlieferte, das auf keine Weise durcheinander gebracht werden sollte, grundlos zu erschüttern, indem sie das Gesicherte mit unsicheren Konjekturen malträtierten, die anderen pflegten nichts als Buchstabenmaterial aus Manuskripten zusammenzutragen – sprachlos, wenn es darum ging, die Sache selbst und die Gedanken der Verfasser zu erklären, dagegen geschwätzig und zänkisch bei den Wörtern und den von der Grammatik verlangten Regeln. Beide haben sich den Namen des Kritikers angemaßt und ihn, bei der Leichtgläubigkeit des wissenschaftlichen Fußvolks, behauptet, beide haben ihre menschlichen Fehler, wie es zu geschehen pflegt, auf diese Kunst selbst übertragen – und die Kritik ist von da an

---

⁶⁶ Ebd.
⁶⁷ Ludwig Traube: Geschichte der Paläographie. In: Ders.: Zur Paläographie und Handschriftenkunde. Hg. von Paul Lehmann. München 1965 [ND der Ausg. München 1909], S. 1–80, Zit. S. 33.
⁶⁸ Ebd.

bald die Quelle der Verwegenheit und Unbesonnenheit, bald eine läppische Silbenstecherei genannt und auch dafür gehalten worden.[69]

Die technischen Verfahrensweisen, deren Exzesse Ruhnken benennt, differenziert die Philologie nach Maßgabe überlieferungsgestützter oder akteurgebundener Eingriffe, von Beweis oder Konjektur – in der gebräuchlichen Terminologie der Zeit heißen die beiden Eingriffsmöglichkeiten *emendationes ope codicum* oder *ope ingenii*. Wie die Eingangspassage aus der Eloge auf Tiberius Hemsterhuis deutlich macht, müssen diese Techniken genau so aufeinander bezogen sein wie die epistemisch übergeordneten Überlieferungsverfahren von Entdeckung und Fabrikation, damit es nicht zu „schädliche[n] Übertreibungen"[70] und der damit verbundenen Diskreditierung der *Ars critica* kommt. Das Verhältnis der beiden Eingriffstechniken bleibt zwar bis weit ins 19. Jahrhundert strittig, ja selbst deren spezifischen begrifflichen Konturen sind im 18. Jahrhundert noch relativ neu.[71] Einmal mehr findet man deshalb beredte, allenfalls durch wissenschaftsgeschichtliches Problembewusstsein abgefederte Klagen der Fachhistoriker über die frühneuzeitlichen Philologen. Nicht immer hätten diese deutlich genug zwischen kollationsgebundenen und gegenüber den gedruckten oder handschriftlichen Zeugnissen gleichsam freihändigen, stil- oder verständnisorientierten Eingriffen unterschieden; und dementsprechend hätten sie den Charakter ihrer Eingriffe natürlich auch nicht transparent machen können. Bereits die vorgelagerten Eingriffs- und Diagnoseabsichten – die ‚vergleichende' Kollation unterschiedlicher Überlieferungszeugnisse und Textzeugen oder die ‚verbessernde' Übernahme einer Alternativlesart – sind in der Regel verschränkt.[72]

Mit dem Aufmerken auf die Bedingungen der Überlieferung ändert sich nicht die Interdependenz der beiden Eingriffstechniken, sondern die Qualität dieses

---

[69] David Ruhnken: Elogium Tiberii Hemsterhusii [1768]. Hg. von Oleg Nikitinski. München u. Leipzig 2006, S. 2: „Nulla facile ars ac disciplina plus vel invidiae, vel infamiae suscepit, quam quae a primario, quod in judicando cernitur, munere Critica vocatur. Haec aliquando incidit in ingenia furiosa, quae nullo rationis tanquam freno coërcerentur, aliquando in jejuna et angusta, quae non caperent tantae rei vim et auctoritatem. Duplex igitur, pro ingeniorum dissimilitudine, initia est Critices exercendae ratio. Illi firma, nec ullo modo commovenda, temere convellebant, et certa incertis conjecturis vexabant: hi nihil aliud, nisi materiam e libris manu scriptis comportabant, in rebus ipsis et sensibus scriptorum explicandis muti, in verbis et formulis ad grammaticam normam exigendis loquaces et rixosi. Utrique com sibi Criticorum nomen arrogassent, et facili plebe literaria, tenuissent, hominum vitia, ut fieri solet, ad ipsam artem traducta sunt, et Critica, modo temeritatis et audaciae mater, modo nugatoria syllabarum auceps, dici haberique, coepit."
[70] Timpanaro: Die Entstehung der Lachmannschen Methode, S. 1.
[71] Vgl. dazu Stephan Kammer: Konjekturen machen (1700–1760). Zur Genealogie eines philologischen Verfahrens. In: Anne Bohnenkamp u.a. (Hg.): Konjektur und Krux. Göttingen 2010, S. 53–84.
[72] Kenney: The Classical Text, S. 8f.: „In general the humanists of the fifteenth century did not [was sich bis ins 18. Jahrhundert fortsetzen wird] distinguish, any more than their ancient counterparts had done, between collating and correcting a text: the one operation embraced and assumed the other." – Vgl. Pasquali: Storia della tradizione e critica del testo, S. 43–101.

Verhältnisses. Material- und akteurgebundene Techniken der philologischen Arbeit sollen in einem wechselseitigen Begründungs- und Kontrollverhältnis stehen. „Wenn er", heißt es dementsprechend in Ruhnkens Philologen-Eloge auf Hemsterhuis,

> einem griechischen oder lateinischen Schriftsteller sein kritisches Urteil zu widmen beschlossen hatte, konzentrierte er sich zunächst auf einen ordentlichen vertrauten Umgang mit ihm, das heißt: Er untersuchte sowohl die Gegenstände als auch die Worte, indem er ähnliche Stellen mit größtmöglicher Sorgfalt miteinander verglich; er meinte zurecht, dass jeder Schriftsteller der beste Dolmetscher seiner selbst ist und dass, wer nicht öfter den ganzen Schriftsteller in einem Zug gelesen habe, beim Emendieren und Kommentieren aufs schändlichste fehle. Nachdem er sich solchermaßen einen Begriff verschafft hatte, prüfte er alles mit Rücksicht auf die unzweifelhaften Regeln der Gegenstände und der Rede – pedantisch, argwöhnisch und stets in Besorgnis, ob nicht etwas entweder von einem Kopisten oder von einem Verfälscher ihm zur Täuschung ersonnen worden sei. Doch wer hätte jenen sowohl von Natur aus überaus scharfen als auch dank dem fleißigen Umgang mit den Schriften und Wissensgegenständen überaus bewanderten Verstand täuschen können? Ein Finsterling, der einem berühmten Schriftsteller seine eigenen Erzeugnisse untergeschoben hatte? Auf der Stelle erkannte er den Betrug an untrüglichen Spuren. Ein Verseschmied, der zwischen die Zeilen großer Poeten heimlich eigene geschoben hatte? Die Bastarde kennzeichnete er mit der Athetese. Ein Kopist hatte eine Lesart verdorben oder ein Möchtegerngelehrter die verdorbene aufgeputzt? Zur Hand waren alle Mittel, die richtige aufzuspüren. [...] Aber obwohl er das höchste Vertrauen zu seinem kritischen Witz [*ingenium*] haben konnte, vertraute er dennoch in erster Linie der Zuverlässigkeit der Manuskripte und entlockte ihnen – was den in dieser Technik Erfahrenen wie ein Wunder erscheinen mag – selbst bei der kontaminiertesten Schreibweise noch die allerschönsten Lesarten. Er hielt es für nützlich, die Arten der Wortverwechslung in den alten Büchern zu kennen; mit solchen Hilfsmittel kann nämlich selbst langsameren Geistern geholfen werden. Aber er schätzte die übermäßige Vorsicht bei diesen gering und lehrte zu diesem Thema sogar, [...] wenn einer möglichst großen Aufwand damit getrieben habe, die Irrtümer der Kopisten aufzuzeichnen, und die Ränder der Bücher über und über mit ihnen angefüllt habe, hätte er sich auf diese Weise für seine Art der Kritik kein sonderliches Lob verdient. Dem wahren Kritiker würden die Bedeutung der Aussage selbst und die richtig untersuchte Eigenart ihrer sprachlichen Gestalt leicht die von der Sachlage geforderten Erkenntnisse gewähren.[73]

---

[73] Ruhnken: Elogium Tiberii Hemsterhusii, S. 24f.: „Cum scriptori sive Graeco, sive Latino crisin suam impertire constituisset, primum justam cum eo familiaritatem contrahebat, hoc est, cum res ipsas, tum verba, similibus locis inter se comparatis, quanta maxima fieri poterat diligentia, cognoscebat, recte judicans, sui quemque scriptorem optimum interpretem esse, et, qui non saepius totum scriptorem uno tenore legisset, eum in emendando explicandoque turpissime labi. Tali notitia contracta, omnia ad certam rerum sermonisque normam exigebat, difficilis, suspicax, semper verens, ne quid sibi fallaciae vel a librario, vel ab interpolatore strueretur. Tametsi quis poterat fallere illum sensum et natura sagacissimum, et multo literarum rerumque usu callidissimum? Tenebrio nobili scriptori foetum suum subjecerat? Statim fraudem certis vestigiis tenebat. Versificator magnorum Poëtarum versibus furtim interposuerat suos? Spurios obelo configebat. Librarius lectionem corruperat, vel sciolus corruptam fucarat? In promptu erant omnes veri indagandi viae. [...] Sed, quamvis summam ingenii fiduciam habere potuisset, tamen Codicum MSS. fide inprimis nitebatur, et, quod hujus disciplinae expertibus mirum videatur, ex eorum vel contaminatissima scriptura pulcerrimas lectiones eliciebat. Nosse modos permutandorum in libris priscis verborum, utile putabat: posse enim tardiora ingenia talibus adminiculis sublevari: sed nimiam in his diligentiam contemnebat, docens hoc etiam argumento, [...] quod, ut quisque plurimum operae in librariorum aberrationibus notandis posuisset, iisque margines librorum opplevisset, ita nullam

Sorgfältiges Textstudium und enzyklopädische Bildung – Ruhnken versäumt es nicht, die „unermessliche Fülle und Vielseitigkeit der Kenntnisse" aufzufächern, die Hemsterhuis zu eigen gewesen sein sollen: Geometrie, Astronomie, Philosophie, Geschichte, antiquarisches Wissen sowie natürlich die souveräne Beherrschung des Griechischen und Lateinischen[74] –, exakter philologischer Vergleich und scharfes Verstandesurteil verschränken sich idealtypisch in ausgewogener Balance, um die Legitimationsverluste der Kritik und die drohenden Einseitigkeiten gelehrter Arbeit gleichermaßen aufzufangen. Notwendig ist dies aber auch, weil die beredt geschilderten Tugenden dieser Wissenspraxis keineswegs die selbstverständliche Konsequenz aus einer reinen Implementierung des technischen Regelwerks sind. Die Techniken selbst erweisen sich als durchaus ambivalent; auf dem Kurs zum verdienten Gelehrtenlob bilden sie auch die „Klippen", an denen so mancher den schmählichsten Schiffbruch erleidet. Was, zum Guten gewendet, *diligentia* und *iudicium* heißen darf, droht im Schlechten als *superstitio* und – man wird ihr wiederbegegnen – *temeritas*, als „sinnloses Treiben" und „Raserei". Noch einmal schärft Ruhnken den Adressaten seiner Lobrede die bereits zu Beginn angeführten Vermeidungsnotwendigkeiten in aller Deutlichkeit ein: Raserei ist es, Überliefertem aus Unverständnis gleichsam mit Feuer und Schwert zu textuellem Leibe zu rücken, ein „Altweiberglaube", sich zum Verteidiger noch der hinfälligsten und absurdesten Lesart aufzuschwingen. Barbar und Pedant: das sind die beiden Schreckbilder, die man an den abgründigen Enden der Gelehrsamkeit lauern sieht.[75] Vor allem dem konjizierenden Eingriff, vor dessen Gefahren selbst Gothen und Vandalen verblassen, müssen Schranken gesetzt werden. Dass dies immer wieder und mit allem Nachdruck versucht wird, ist Zeichen eines drohenden epistemischen Privilegs solcher Eingriffe – worauf gleich näher einzugehen sein wird;[76] es verweist aber auch auf die unabdingbare Materialgebundenheit der Über-

---

magnopere Critices laudem tulisset. Vero Critico vim ipsius sententiae, et sermonis proprietatem bene perspectam, facile id, quod res postulet, suppeditare."

[74] Ebd., S. 15–19, Zit. S. 19: „Satis diximus de infinita rerum copia et varietate, quam mente complexus est Hemsterhusius."

[75] Ebd., S. 25f.: „Sed duos imprimis scopulos, multorum naufragiis infames, et ipse fugiebat, et alios, ut fugerent, monebat, temeritatem et superstitionem. Furorem judicabat, quod non intelligas, statim urere et secare; amentiam, aegri capitis somnia in contextum invehere, abolita veterum librorum scriptura. Nam, si hoc modo grassari liceret, brevi futurum, ut calamitas, quam Gothi et Vandali bonis libris importassent, prae hac levis et tolerabilis videatur. [...] At vero, qui nullum audaciae locum daret, non minus repudiabat anilem religionem, quae se imperitis modestiae nomine commendare audet, et semper vulgatae, quamvis futilis et absurdae, lectionis patrocinium profitetur."

[76] Die Konjunktur einer „Episteme der Konjektur", eines „konjekturalen Denkens" im 18. Jahrhundert hat Stefan Metzger für seine Analyse des Organismusbegriffs und der Organisationstheorie wissensgeschichtlich fruchtbar zu machen verstanden. Stefan Metzger: Die Konjektur des Organismus. Wahrscheinlichkeitsdenken und Performanz im späten 18. Jahrhundert. München 2002 (Zit. S. 16). Seine Indienstnahme einer philologischen Denkfigur zur Beschreibung (inter)diskursiver Austauschprozesse erscheint noch weniger willkürlich, wenn man die Reflexionsbemühungen des noch ‚undiziplinierten' philologischen

lieferungsreflexion vor den philologischen Disziplinierungen des 19. Jahrhunderts. „[C]onsider Duration and Matter, as well as Method and Art", empfiehlt, getreu dem geschärften Problembewusstsein für das doppelte technische Fundament der Auseinandersetzung mit dem Überlieferten, in Swifts *Battle of the Books* die gelehrte Biene der ‚modernen' Spinne.[77] Nur so kann gewährleistet werden, daß die philologische Praxis nicht den Exzessen verfällt, die den Bedingungen der Überlieferung nicht Rechnung tragen, weil sie, wie es Timpanaro für Bentleys „übertriebene[s] Konjizieren" formuliert hat, „zwischen Überliefertem und nicht Überliefertem keinen Unterschied" machen.[78]

Wenn es diesen Praktiken ihrerseits ein epistemisches Fundament zu geben gilt, kommen die Überlieferungsagenten ins Spiel – und zwar die zeitgenössischen Gelehrten ebenso wie deren Vorläufer. Wer indes erwartet, dass Hardouins Verdachtsgebäude, dem die erste meiner Problemgeschichten nachgeht, symptomatisch für eine beginnende Aufmerksamkeit für das jedem überlieferungsgeschichtlichen Ansatz unabdingbare „Wechselverhältnis von Verfassern, Schreibern (Druckern), Redaktoren und Publikum" sein könnte,[79] sieht sich getäuscht. Das liegt nicht nur daran, dass die Philologen den historisch früheren Überlieferungsagenten, den kopierenden Mönchen zumal, längst nicht so viel zutrauen wie der Jesuit der beinahe omnipotenten Bande um Severus Archontius – ähnlich wenig nämlich, wie den konkurrierenden Zeitgenossen in der reichen Philologenpolemik zugetraut wird.[80] Viele der Zeugnisse aus mittelalterlichen Skriptorien verstatteten „fast gar keinen Gebrauch [...], als die Unfähigkeit oder die Schranken zu entdecken, die ihren Urhebern eigen sind, welche blosse Abschreiber gewesen".[81] Je aufmerksamer die Methodenreflexion des Überlieferungswissens für die Materialbedingungen seiner Prozeduren ist, desto geringer scheint der Anteil, den die Kritik des 18. Jahrhunderts den konkreten historischen Akteuren zuzuschreiben geneigt ist. Noch eine aufgeklärte Paläographie wie Jean-Baptiste Morels *Éléments de critique* (1766), für lange maßgeblich, wenn es darum geht, die Ursachen textueller Devi-

---

Wissens in dieser Zeit selbst in die vielfältigsten ‚interdisziplinären' Debatten verstrickt sieht. Vgl. seine Topik der ‚Konjekturalität' (S. 132–135), in deren Konturen sich auch der Überlieferungsdiskurs des 18. Jahrhunderts ohne weiteres eintragen ließe.

[77] Jonathan Swift: A Full and True Account of the Battel Fought last Friday, Between the Antient and the Modern Books in St. James's Library. In: Ders.: A Tale of a Tub. Written for the Universal Improvement of Mankind. London 1704, S. 223–278, Zit. S. 247.

[78] Timpanaro: Die Entstehung der Lachmannschen Methode, S. 11.

[79] Werner Williams-Krapp: Die überlieferungsgeschichtliche Methode. Rückblick und Ausblick. In: Internationales Archiv für Sozialgeschichte der Literatur 25,2 (2000), S. 1–21, Zit. S. 3.

[80] Zur Topik der Schreiber- und Philologenschelte im 15. und 16. Jahrhundert vgl. Vanek: *Ars corrigendi* in der frühen Neuzeit, S. 163–178: „Fehlerhafte Texte werden immer auf zwei Personengruppen zurückgeführt, die im Zusammenhang mit Textarbeit stehen: auf (mittelalterliche) Schreiber und auf (zeitgenössische) Philologen" (S. 163). „Rückführungen von [Schreiber-]Verhalten auf äußere lebensweltliche Bedingungen", die für eine überlieferungsgeschichtliche Perspektive unabdingbar wären, sind dagegen selten (S. 165).

[81] Johann Salomo Semler: Versuch den Gebrauch der Quellen in der Staats- und Kirchengeschichte der mitlern Zeiten zu erleichtern. Waltrop 1996 [ND der Ausg. Halle 1761], S. 2.

anzereignisse auf den Begriff zu bringen, kennt die Schreiber in den mittelalterlichen Skriptorien nur als defekte Kopiermaschinen, nicht als interessengesteuerte Akteure. Natürlich haben sie in Gestalt und Gehalt der noch zu rettenden Texte eingegriffen: „les ouvrages littéraires qui ont échappé aux ravages de l'ignorance et de la barbarie ne sont parvenues jusqu'à nous que défigurés en bien des endroits par des fautes de copistes, qui en altèrent ou la pureté du sens, ou l'intégrité de la diction."[82] Doch Morels Ursachenforschung geht von einer radikalen Intentionslosigkeit aus, die den Überlieferungsagenten – gar als bewussten Fälscher – aus dem Überlieferungsprozess auszublenden sucht. Das heißt nicht, dass die methodisch unreflektierten Vorläufer der Kritik an den Entstellungen, die die alten Texte im Lauf der Jahrhunderte erfahren haben, nicht ihren entscheidenden Anteil gehabt hätten; es bedeutet auch nicht, dass den vorkritischen Abschreibern nicht immer wieder korrupte Stellen in den zu kopierenden Vorlagen aufgefallen wären. Nur: Sie haben es nicht besser wissen können, da ihnen weder das Regelwissen noch die Wissensregeln, weder Praxis noch Theorie der Überlieferungskritik zur Verfügung stehen. Natürlich haben auch sie, die Kopisten der Spätantike und des Mittelalters, mit ihren Eingriffen oft genug auf Fehler in älteren Vorlagen zu reagieren versucht, doch ihren Eingriffen fehlt jede konzeptuelle Basis:

> Il est visible que la variété de leurs leçons a été occasionnée par les fautes qu'ils trouvaient dans des manuscrits antérieurs et qu'ils ont entrepris de corriger. Mais leurs tentatives à cet égard ont été presque toujours malheureuses. Ils n'avaient ni la critique, ni l'esprit de comparaison, ni les connaissances nécessaires pour y réussir; et faute de connaître les différentes sources des leçons défectueuses qu'ils rencontraient dans les anciens manuscrits, ils ont quelquefois bouleversé et gâté sans ressource des endroits où un simple changement dans la ponctuation, une lettre supprimée, ajustée ou substituée à une autre, auraient ramené l'intégrité primitive."[83]

Die Schreiber agieren aus, was materialbedingt als potentielle Fehlerquelle seine Wirkung tut, was das Entstehen von Überlieferungsfehlern ebenso erklären kann, wie es nun als methodische Richtlinie für deren Behebung dient. Der zweite Teil von Morels Abhandlung bietet denn auch einen veritablen Gesamtkatalog an schrift- und schreibgebundenen Irritationsmöglichkeiten, der von der graphischen Ähnlichkeit zwischen den Buchstaben, zumal angesichts der historisch divergierenden Alphabete, bis zu mehrdeutigen oder fehlgedeuteten Abkürzungen reicht, vom konkreten Unwissen der Schreiber und ihren aufmerksamkeitsbedingten, also psychologisch motivierten Schreibfehlern bis zur Homophonie oder Klangähnlichkeit verschiedener Wörter beim Schreiben nach Diktat, von der Interpunktionslosigkeit der Kopiervorlagen und der irritierenden Praxis der *scriptio continua* bis

---

[82] Jean-Baptiste Morel: Éléments de critique, ou recherches des différentes causes de l'alteration des textes latins, avec les moyens d'en rendre la lecture plus facile [1766]. In: Encyclopédie théologique, [...] publié par M. L'abbé Migné. Bd. 47: Dictionnaire de diplomatique. Paris 1846, Sp. 969–1116, Zit. Sp. 973f.
[83] Morel: Éléments de critique, Sp. 985.

zum Übersehen der Differenz von Texten und Paratexten, wenn etwa Marginalien der Vorlage vom Kopisten in den Text eingebaut werden.[84]

Es ist weniger die konkrete historische Praxis früherer Überlieferungsagenten, die in der Methodenreflexion der revidierten Gelehrsamkeit nach 1700 zum Problem wird, vielmehr der überaus aktuelle Streit um das psychologische und physiologische Fundament wissenschaftlicher Tätigkeit sowie – eng damit verknüpft – um den Status traditionsgestützten Wissens.[85] Es geht im engeren Sinn zunächst um das Verhältnis der Vermögen, die in der Wissensproduktion am Werk sind. An ihm nämlich müssen sich auch die material- und methodenbedingten Verfahren und Techniken des Überlieferungswissens ausrichten lassen. Noch im Umgang mit Fehlern und Varianten kann man dann die Reflexe jener oben skizzierten epistemologischen Verschiebungen erkennen, die den Wissen(schaft)sstatus der antiquarisch-philologischen Gelehrsamkeit in Frage stellen. Das epistemische Konfliktfeld von rationaler Methode und empirischer Forschung, von Memorialwissen und ingeniösem Eingriff bildet das reichlich verminte Terrain, durch das sich Antiquare und Philologen, genötigt durch interne Anforderungen – sowohl ihrer Forschungsgegenstände als auch angesichts des abweichenden Verhaltens einiger Zunftgenossen – und externe Zumutungen der Legitimation, zu bewegen haben. Dabei droht die Karriere des cartesischen Vernunftbegriffs, auch wenn sie vielleicht eher als komplexer Transformationsprozess denn als revolutionärer Paradigmenwechsel beschrieben werden müsste,[86] das antiquarische Wissen schon aufgrund seiner unabdingbaren Material-, schlimmer noch: Zeichengebundenheit ins Abseits des Sekundären, Vermittelten und also nicht Wahrheitsfähigen zu stellen; dies, nachdem es sich gerade auf die Vorwürfe der wissensökonomischen Nutzlosigkeit

---

[84] Vgl. ebd., Sp. 1001–1114.
[85] Einen knappen Überblick zur Genealogie dieses Problemzusammenhangs bietet: Herbert Jaumann: Memoria in der Auseinandersetzung zwischen érudition und science im 17. Jahrhundert. In: Jörg Jochen Berns u. Wolfgang Neuber (Hg.): Ars memorativa. Zur kulturgeschichtlichen Bedeutung der Gedächtniskunst 1400–1750. Tübingen 1993, S. 286–296.
[86] So die Schlussfolgerung aus der akribischen Rekonstruktion der Schriften und Selbstinszenierungen des frühen Descartes bei Claus Zittel: Mirabilis scientiae fundamenta. Die Philosophie des jungen Descartes (1619–1628). In: Jörg Jochen Berns u. Wolfgang Neuber (Hg.): Seelenmaschinen. Gattungstraditionen, Funktionen und Leistungsgrenzen der Mnemotechniken vom späten Mittelalter bis zum Beginn der Moderne. Wien, Köln u. Wiemar 2000, S. 309–362: „Bei der Herausbildung der Cartesischen Methode wird kein Para-digma gewechselt. Es werden einzelne Schlüsselbegriffe transformatorisch ersetzt (bzw. säkularisiert), wobei die Positionen strukturell jedoch identisch bleiben: Illumination wird zur Intuition (an die Stelle des göttlichen Lichts tritt das natürliche Licht, welches nur noch einen indirekten Bezug zum göttlichen Licht hat), die externe Validation der Offenbarungswahrheit wird zur Selbstevidenz, aus der Gedächtniskunst eine Heuristik, aus der Zahlenmystik eine mathesis universalis, das Sendungsbewußtsein zur Allmacht der Gedanken, Einbildungskraft als Inspirationsquelle wird zur körperlichen Hilfsfunktion, der Enthusiasmus als Dispositionsfaktor abgelöst von der Aufmerksamkeit" (S. 347).

2 Was ist Überlieferung? Epistemologische Grundlagen

eingerichtet hat.[87] Rationalisten wie Empiriker sind sich einig, dass Gelehrtenköpfe oft genug nicht nur latent Gefahr laufen, eher Rumpelkammern als wohleingerichteten Denk- und Wahrnehmungsapparaten zu ähneln – doch auf ihre *tabula rasa*-Narrative können sich die Antiquare mit ihrem überlieferungsbezogenen und begründeten Wissen nun einmal genauso schlecht einlassen, wie sich der Anspruch auf die Zeitenthobenheit des Wahren mit dem Streben nach der ‚vraie antiquité' verträgt.[88]

Maßgeblich für die physiologische und psychologische Diskussion der Vermögen und ihrer Verhältnisse sind im 18. Jahrhundert vor allem zwei traditionsreiche, gekoppelte Modelle: das „Dreikammersystem" des Gehirns, das den Sitz der Kardinalvermögen – des Verstandes, der Einbildungskraft und des Gedächtnisses – als eine von der Stirn zum Hinterkopf verlaufende „Enfilade von drei Räumen" fasst,[89] sowie das humoralpathologische Modell, das etwa noch in den 1750er Jahren Lessings Übersetzung von Juan Huartes Bestseller *Examen de los ingenios* in Anspruch nimmt, um Gedächtnis und Verstand als veritable Oppositionspaare zu verstehen: Das Gedächtnis gehört Huarte zufolge zu den „leidenden vernünftigen Vermögenheiten", die von der „Feuchtigkeit" des Gehirns abhängig sind, der aktive „Verstand" hingegen ist auf dessen „Trockenheit" angewiesen. Zwar muss das

---

[87] „Der Aufstieg des cartesianischen geometrischen Vernunftbegriffs ist das folgenreichste Ereignis, mit dem der Prozeß des Traditionsabbaus zu einem vorläufigen Abschluß kommt. Weite Felder der Tradition werden freilich weniger abgebaut oder kritisch aufgelöst als vielmehr systematisch ausgegrenzt oder in ihrem Prestige herabgestuft. Der Polyhistor gerät erneut in Bedrängnis, er steht gegen eine zweite Front, die ihn jedoch, als bloßen Verwalter der *memoria*, ganz aus der Wissenschaft verdrängen will. Das gelehrte Wissen, Erudition, führe niemals zu wahren, höchstens zu wahrscheinlichen Resultaten, heißt es nun unter Verwendung eines neuen, nicht mehr am topischen Deduktionsmodell orientierten Wahrheitsbegriffs. ‚Wissen überhaupt' ist nun Gegenstand der wissenschaftlichen Erkenntnis, und die alte pragmatische Kritik mit Hilfe der Nützlichkeits- und Umsetzbarkeitskriterien tritt folglich zurück." (Herbert Jaumann: Was ist ein Polyhistor? Gehversuche auf einem verlassenen Terrain. In: Studia Leibnitiana 22 (1990), S. 76–89, Zit. S. 87).

[88] „Les savants mêmes [...] font de leur tête une espèce de garde-meuble, dans lequel ils entassent sans discernement et sans ordre, tout ce qui porte un certain caractère d'érudition; je veux dire tout ce qui peut paraître rare et extraordinaire, et exciter l'admiration des autres hommes. Ils font gloire de ressembler à ces cabinets de curiosités et d'antiques, qui n'ont rien de riche ni de solide, et dont le prix ne dépend que de la fantaisie, de la passion et du hasard; et ils ne travaillent presque jamais à se rendre l'esprit juste, et à régler les mouvements de leur cœur." (Nicolas Malebranche: De la recherche de la vérité. Où l'on traite de la nature de l'esprit de l'homme et de l'usage qu'il en doit fair pour éviter l'erreur dans les sciences [6. rev. und erw. Auflage 1712]. In: Geneviève Rodis-Lewis (Hg.): Malebranche. Œuvres. Bd. 1. Paris 1979, S. 6). – Die Metaphorik der ‚Möblierung' benutzt auch, wenngleich keineswegs mit diskreditierender Absicht, John Locke: An Essay concerning Human Understanding. Hg. von Alexander Campbell Fraser, 2 Bde. New York 1959, I.i § 15. Bd. 1, S. 48f.: „The senses at first let in *particular* ideas, and furnish the yet empty cabinet, and the mind [...] comes to be furnished with ideas and language, the *materials* about which to exercise its discursive faculty". Vgl. dazu ausführlicher Kap. II.1, S. 143.

[89] Jörg Jochen Berns u. Wolfgang Neuber: Nachwort. In: Dies. (Hg.): Das enzyklopädische Gedächtnis der Frühen Neuzeit. Enzyklopädie und Lexikonartikel zur Mnemonik. Tübingen 1998, S. 377–392, insb. S. 388–390 (Zit. S. 389).

Gedächtnis als „vernünftige Vermögenheit" betrachtet werden, „weil ohne ihm [sic!] der Verstand und die Einbildungskraft ohne allen Nutzen ist. Beyden muß es den Stoff zum Schliessen und die Bilder hergeben".[90] Das Gefüge der drei Vermögen indes ist eine Sache der Balance, die vom wechselseitigen Verkehr zwischen den drei entsprechenden Kammern gewährleistet wird. Das Gedächtnis darf deshalb „nicht lebhaffter, als das Judicium seyn, weil sonst das Judicium nicht alle Ideen bestreiten kan, und nur an seinen Wirckungen verhindert wird."[91] Ein allzu lebhaftes Gedächtnis hätte damit dieselben Auswirkungen wie die wahl- und urteilslose Lektüre eines pedantischen Gelehrten, dem die „Bücher, und die Exempel, die er darinne liest", zu den „Winde[n]" werden, „nach welchen sich der Wetterhahn seiner Gedanken richtet."[92] Gleichzeitige Spitzenwerte an den beiden Polen Gedächtnis und Verstand sind darüber hinaus schon deshalb eine Unmöglichkeit, weil die dazu erforderliche humorale Disposition des Gehirns die Übereinkunft eines konstitutionellen Oppositionspaares erforderte: Aus den vermögenstheoretischen Voraussetzungen der Säftelehre „fliesset unwidersprechlich, daß der Verstand und das Gedächtniß ganz entgegen gesetzte und widrige Vermögenheiten sind, so daß der welcher ein starkes Gedächtniß hat nothwendig am Verstande Mangel haben muß und der welcher einen grossen Verstand besitzet kein gutes Gedächtniß besitzen kann, weil das Gehirne ohnmöglich zugleich übermäßig trocken und übermäßig feuchte seyn kann."[93]

Allerdings hat neben den physiologischen Grundlagen und den Transportmöglichkeiten zwischen den Hirnkammern in erster Linie eine anthropologische Hierarchisierung der Vermögen für Ordnung im Gehirnhaushalt zu sorgen. In diesem Zusammenhang trifft man auf eine Argumentationsstruktur, die im epistemologischen Ordnungsprogramm des beginnenden 18. Jahrhunderts für die Indienstnahme des philologisch-antiquarischen Wissens verantwortlich ist:

> Wir haben den Verstand zu dem Ende bekommen, daß wir die Wahrheit erkennen mögen; die Erkenntniß der Wahrheit aber ist eigentlich ein Werck des Judicii, welches wir daher vor die Haupt-Fähigkeit achten und auf dessen Verbesserung die meiste Sorge wenden müssen. Das Judicium kan seine nützliche Wirckungen nicht zeigen, wenn es nicht die gehörigen Materialien, das ist Ideen hat; alle Ideen haben wir von der Empfindung; es würden aber sogleich selbige verschwinden, wo nicht ein Gedächtniß vorhanden wäre, welches daher dem Judicio als ein Instrument in Ansehung der Materialien an die Hand gehen muß […].[94]

---

[90] Johann Huarts Prüfung der Köpfe zu den Wissenschaften […], Aus dem Spanischen übers. von Gotthold Ephraim Lessing. München 1968 [ND der Ausg. Zerbst 1752], S. 79.
[91] Johann Georg Walch: Philosophisches Lexicon, Darinnen die in allen Theilen der Philosophie […] fürkommenden Materien und Kunst-Wörter erkläret und aus der Historie erläutert […] werden […], Leipzig 1726, s.v. *Gedächtniß*, Sp. 1102.
[92] Gotthold Ephraim Lessing: Der junge Gelehrte. In: Wilfried Barner u. a. (Hg.): Werke und Briefe in zwölf Bänden. Bd. 1: Werke 1743–1750. Hg. von Jürgen Stenzel. Frankfurt a.M. 1989, S. 156.
[93] Huarte: Prüfung der Köpfe, S. 82.
[94] Walch: Philosophisches Lexicon, Sp. 1102.

2 Was ist Überlieferung? Epistemologische Grundlagen

Das Gedächtnis nimmt damit anthropologisch den Ort und die Funktion ein, die dem gelehrten Wissen im Gefüge der Wissenschaften zugeschrieben werden – den Ort eines Speichers, von dem aus der Gang der vernünftigen Erkenntnis mit den erforderlichen Materialien versorgt werden kann, und die Funktion eines Spenders, der den Erkenntnisprozessen diese Materialien in dosierter Form verabreicht. Die Korrelation dieser beiden Argumentationen nimmt der eben zitierte Eintrag in Walchs *Philosophischem Lexicon* explizit vor, indem er sie zu einer vermögensbasierten Gelehrtentypologie zusammenführt:

> In Ansehung dieser gedoppelten Beschaffenheit des Gedächtniß, sofern solches entweder lebhafft ohne Judicio, oder gut, und mit einem Judicio verknüpffet, findet man zweyerley Gelehrten. Einige sind Gedächtniß-Gelehrten, die bey ihrer Erkenntniß keinen andern Grund als die Auctorität der Menschen haben, viel lesen, darüber nicht meditiren, woraus eine Confusion entstehet, daß wenn sie was mündlich oder schrifftlich vortragen, halten sie keine Ordnung, und fallen bald auf diß, bald auf jenes, das zur Sache nicht gehöret. Andere haben ein gut Gedächtniß mit einem Judicio, welche was gründliches tun können, zumahl wenn sie sich auf solche Sachen legen, die vornemlich ein Gedächtniß erfordern, als Sprachen und Historien, und bey eigentlich judicieusen Dingen vermögen sie vermittelst der Belesenheit in allen ein solches Temperament zu treffen, daß ihre Sachen wohl zu lesen sind. Es erhellet zugleich daraus, daß diejenigen irren, die die wahre Gelehrsamkeit als ein Werck des Gedächtniß ansehen, und bey der Jugend einen zum Studiren geschickten Kopff daher beurtheilen wollen, wenn sich ein lebhafftes Gedächtniß äussert.[95]

Allenthalben findet man deshalb die Warnung vor einer Überschätzung des Gedächtnisses, da „selbiges an sich zur Gelehrsamkeit nicht zulänglich, so nöthig es ist." Wahrheitsneutral, ja kontingent wie das überlieferte Schrift-Wissen, bieten die in Gelehrtenköpfen gespeicherten Gedächtnisinhalte allein keinerlei Gewähr dafür, dass sie Richtiges, Wahres, Vernünftiges sichern und nicht vielmehr eine Sammlung von Fehlern, Irrtümern und monströsen Vernunftwidrigkeiten verfügbar halten. Das Gedächtnisvermögen ist für eine richtig verstandene Gelehrsamkeit „[u]nzulänglich […], weil die *Concepte* des Gedächtnisses können wahr und falsch seyn, Möglichkeiten aber, in so ferne sie dergleichen sind, niemanden was nutzen, als müssen sie von dem *Judicio* beurtheilet werden".[96] Nicht nur Wissen, sondern

---

[95] Ebd.
[96] Universal-Lexicon. Bd. 10 [1735], Sp. 552f. – Eine vergleichbare Disziplinierung der philologischen und – diesmal – sprachwissenschaftlichen Praxis hat Stefan Willer auf sehr überzeugende Weise an Turgots *Encyclopédie*-Artikel zur Etymologie (Bd. 6, S. 98–111) aufgezeigt: „Der entscheidende methodenkritische Zugewinn in Turgots Artikel ist die Zweiteilung der etymologischen Arbeit in eine konjekturale und eine kritische Phase, ‚l'art de former les conjectures ou les suppositions, & l'art de les vérifier; ou en autres termes l'invention & la critique', eine Teilung, aus der sich die ‚division naturelle' des Lexikonartikels herleite (S. 98). In der Tat ergänzt auch schon der Abschnitt über die Kunst der Konjektur die überlieferten Aspekte der Etymologie […] mit zahlreichen kritischen Anmerkungen, die sämtlich darauf hinauslaufen, den Überschwang etymologischer Findkunst zu dämpfen. Der eigentliche Stellenwert der Kritik liegt dann aber darin, das über Konjekturen Gefundene grundsätzlich in Zweifel zu ziehen […]. Positiv formuliert, liegt das Verdienst der Kritik für Turgot darin, die Etymologie als rein historische Disziplin heraus-zustellen." (Stefan

auch Vor-Urteile, genauer: *praeiudicia* aus einer „Uibereilung" im Erkenntnisprozess, können in der dritten Hirnkammer abgelegt sein, denen mit Blick auf das Erkenntnisgefüge der Wissenspraktiken das *praeiudicium* des „Alterthums", die autoritätsgläubige Privilegierung des in alten Schriften gespeicherten Wissenstandes, entspricht.[97] Die Debatten um die Dignität und Relevanz des Wissens, von denen die *Querelle* ausgeht, erhalten damit ihr anthropologisches Komplement, das selbstverständlich auch einen moralischen Zugriff erlaubt: Zum Pedanten, der sich orientierungslos in den Quisquillien verstaubter Kenntnisse verliert, tritt – ein Zug, den die Gelehrtenkritik von Menckens Charlatanerievorwurf bis zu Lessings *Jungem Gelehrten* selten vernachlässigt hat – der selbstverliebt-sorglose Narziss, der sich in der Außergewöhnlichkeit seiner nutzlosen Kenntnisse bespiegelt: „C'est dans cette vue qu'ils ne traitent [...] que des sujets rares et extraordinaires; et qu'ils ne s'expliquent que par des termes rares et extraordinaires, et qu'ils ne citent que des auteurs rares et extraordinaires,"[98] pointiert Malebranche, „der sich im Angriff auf die historische Erudition besonders hervortut", die Exzentrizität solcher gelehrter Eitelkeiten.[99]

Die Gedächtniskritik und die Kritik am Überlieferungswissen können nicht nur von den Sachverhalten der Anthropologie her verbunden werden, sondern auch aus der epistemologischen Gegenperspektive in Konvergenz treten, wie es exemplarisch das Bruchstück gebliebene Vorwort zu Blaise Pascals geplantem *Traité du vide* (1651) demonstriert. Nicht zufällig hat Charles Bossut im Jahre 1779 der postumen Erstveröffentlichung den Titel *De l'autorité en matière de philosophie* gegeben.[100] Pascal versucht darin, nachdem er 1647 mit seinem Vakuum-Experiment die naturphilosophische Tradition des *horror vacui* gleichsam praktisch durchkreuzt hat,[101] solcher Praxis auch ein wissenstheoretisches Fundament zu verschaffen. Zunächst gilt es, die Kompetenzbereiche autoritäts- und vernunftgebundenen Wissens zu skizzieren. Als Ausgangspunkt dieser Unterscheidung macht man für gewöhnlich Jansenius' Trennung von Theologie und Philosophie

---

Willer: Poetik der Etymologie. Texturen sprachlichen Wissens in der Romantik. Berlin 2003, S. 67f.).

[97] Die beiden Ursachen für das Vorurteil aus dem Katalog von Johann Albert Fabricius: Abriß einer allgemeinen Historie der Gelehrsamkeit. Leipzig 1751. Bd. 1, S. 17. – Zur Topik vgl. Werner Schneiders: Aufklärung und Vorurteilskritik. Studien zur Geschichte der Vorurteilstheorie. Stuttgart-Bad Cannstatt 1983.

[98] Malebranche: De la recherche de la vérité, S. 436.

[99] Jaumann: *Memoria* in der Auseinandersetzung zwischen *érudition* und *science* im 17. Jahrhundert, S. 288.

[100] Die Angaben nach Brunschvicgs Kommentar zu Blaise Pascal: Préface sur le traité du vide. In: Léon Brunschvicg u. Pierre Boutroux (Hg.): Œuvres. Publiées suivant l'ordre chronologique [...]. Bd. 2. Vaduz 1965 [ND der Ausg. Paris 1908], S. 129–145, Zit. S. 129, Anm. 1.

[101] Vgl. Blaise Pascal: Expériences nouvelles touchant le vuide. In: Œuvres. Bd. 2, S. 54–76, sowie den Briefwechsel mit Étienne Noël, ebd., S. 79–125, auf dessen Einwände die epistemologischen Überlegungen der „Préface" reagieren.

aus, die den „intellectus" als Leitvermögen der letzteren, das Gedächtnis als dasjenige der Theologie bestimmt hat.[102] Pascal aber entwickelt diese Differenzierung nicht von den Gegenständen, sondern von den Verfahren der Erkenntnis her:

> Um diese bedeutsame Unterscheidung sorgfältig vorzunehmen, muß man berücksichtigen, daß die einen [Wissenschaften] allein auf dem Gedächtnis beruhen und rein historisch sind, so daß sie lediglich ermitteln wollen, was die Autoren geschrieben haben; die anderen beruhen allein auf der vernünftigen Überlegung [*raisonnement*] und stützen sich vollständig auf Lehrsätze, so daß sie die verborgenen Wahrheiten suchen und entdecken wollen. [...] In jenen Wissensgebieten [*matieres*], in denen man allein zu ermitteln sucht, was die Autoren geschrieben haben, wie etwa in der Geschichtswissenschaft, Geographie, Jurisprudenz, den Sprachen und vor allem der Theologie sowie schließlich in all jenen, die entweder die einfache Tatsache oder die göttlichen oder auch menschlichen Satzungen als Grundlage haben, muß man zwangsläufig zu ihren Büchern greifen, denn sie enthalten alles, was *[man darüber wissen kann: woraus evident wird, dass man darüber vollständige Kenntnis erlangen]* kann und daß es nicht möglich ist, dem etwas hinzuzufügen. [...] Anders verhält es sich bei den *[Gegenständen (subjets)]*, die sich von den Sinnen oder der vernünftigen Überlegung erfassen lassen: Hierbei ist die Autorität unnütz; allein die Vernunft vermag sie zu erkennen. [...] Da aber derartige *[Gegenstände]* der Fassungskraft des Geistes angepaßt sind, findet er hier *[eine ganz und gar vollständige]* Freiheit, in ihnen voranzuschreiten; seine unerschöpfliche Fruchtbarkeit bringt ständig etwas hervor, und seine Erfindungen können endlos und zugleich ununterbrochen sein [...] Deshalb müssen Geometrie, Arithmetik, Musik, Physik, Medizin, Architektur und alle Wissenschaften, die von der Erfahrung und der vernünftigen Überlegung abhängen, erweitert werden, um Vollkommenheit zu erreichen.[103]

Gedächtnis und Vernunft haben „*[ihre getrennten]* Rechte"[104] – das ist die Leitthese, der Pascals Vorrede folgt und an der sie eine Entwicklungsgeschichte des Wissens fast analog zum Kompromiss zu skizzieren versucht, der beinahe ein Jahrhundert später das Fazit aus der *Querelle des anciens et des modernes* bilden

---

[102] Vgl. den „de ratione et auctoritate in rebus theologicis" gewidmeten ‚liber proœmialis' bei Cornelius Jansenius: Augustinus [ab Bd. 2:], seu doctrina S. Augustini de humanæ naturæ sanitate, ægritudine, medicinâ adversus Pelagianos & Masilienses. Frankfurt a.M. 1964 [ND der Ausg. in 3 Bden. Louvain 1640]. Bd. 2, Sp. 2–70, wo die Differenzierung ganz explizit mit der Problematik der Überlieferung verbunden ist: „Quod enim apud omnes veros Theologos receptum ac certum est, principijs revelatis Christianæ Theologiæ moles nititur. Illæ igitur viæ necessario quærendæ, diligenterque terendæ sund, per quas vel revelatio illa primigenia, vel ipsa principia revelata ad posteros dimanarunt. Quis autem nesciat utrumvis istorum vel calamo scribentium, vel lingua prædicantium, tanquam Ecclesiasticæ traditionis organis ad auditores delatum esse? Qui rursus acceptum doctrinæ depositum simili modo discipulis ac successoribus suis fideliter commendarunt. Sic igitur, quemadmodum intellectus Philosophiæ suscipiendæ propria facultas est, ita memoria Theologiæ. Ille quippe intellecta principia penetrando Philosophum facit; hæc ea, quæ sibi scripto aut prædicatione tradita sunt, recordando, Theologum Christianum" (Sp. 7). – Der Hinweis auf die Stelle bei Pascal: Préface sur le traité du vide, S. 130, Anm. 3.
[103] Deutsche Übersetzung (wie in den folgenden Zitaten mit leichten Modifikationen, die durch *[eckige Klammern mit Asterisk]* nachgewiesen sind) nach: Blaise Pascal: Vorrede zur Abhandlung über die Leere. In: Albert Raffelt (Hg.): Blaise Pascal: Kleine Schriften zur Religion und Philosophie. Übers. von Ulrich Kunzmann. Hamburg 2005, S. 59–68, Zit. S. 59–61; ders.: Préface sur le traité du vide, S. 130–132.
[104] Pascal: Vorrede zur Abhandlung über die Leere, S. 61; ders.: Préface sur le traité du vide, S. 132.

wird. Auf Wissenszuwachs hin angelegt ist die Beschäftigung mit Problemstellungen, bei denen Erkenntnis durch den Einsatz sinnlicher Wahrnehmung, gar durch deren instrumentelle Verstärkung, sowie durch vernünftige Reflexion erlangt werden kann; der Wissensstabilisierung verpflichtet bleiben die Praktiken, die sich um die Autorität eines verbindlichen Kanons kümmern müssen. Jede Störung dieser „Ordnung der Wissenschaften" wird deshalb als „Mißbrauch" beschreibbar, der das moralische Urteil über die jeweiligen Übergriffe festsetzt: „Wenn wir uns über diesen Unterschied klargeworden sind, müssen wir die *[Blindheit]* derjenigen beklagen, die als Beweis bei physikalischen Sachverhalten allein die Autorität an Stelle der vernünftigen Überlegung oder der Experimente anführen, und die Bosheit der anderen verabscheuen, die sich der vernünftigen Überlegung allein in der Theologie an Stelle der Autorität der Heiligen Schrift und der Kirchenväter bedienen."[105] Mit dieser erkenntnistheoretischen Ausdifferenzierung erklärt sich das Skandalon, das die Konjektur, insbesondere in der exemplarisch bei Bentley auftretenden Zuspitzung des editorischen *ingenium* gegen die überlieferten Kodizes,[106] für die Selbstvergewisserungen des Überlieferungswissens bildet. Die Warnhinweise, die in den einschlägigen Texten überall und immer wieder gegen die drohenden Exzesse des Konjizierens aufgestellt werden, dienen nicht nur zur wissenspolitischen Abgrenzung gegen eine soziale Privilegierung der Disziplinen des Erfahrungs- und Vernunftwissens. Sie gehen vom epistemologischen Fundament der Gelehrsamkeit, das von den überlieferungsentbundenen Eingriffen in deren Gegenstände erschüttert wird.[107] Wieder und wieder beschwört man gegen solche feindlichen Übernahmeversuche die Prinzipien einer regelgeleiteten Kritik, die der „Vermessenheit von Halbgelehrten" und ihren Verheerungen durch nicht überlieferungsgestützte Konjekturen die Grenzen zeigen sollen.

Zur Jahrhundertmitte allerdings erhält die Autorität, in deren Dienst diese Regeln genommen werden müssen, endgültig den Namen, in dem fortan die Erfindungskünste in Sachen Textualität positiv sanktioniert werden dürfen. Evidente

---

[105] Pascal: Vorrede zur Abhandlung über die Leere, S. 61f.; ders.: Préface sur le traité du vide, S. 133.
[106] „Noli itaque Librarios solos venerari; sed per te sapere aude", hat Bentley in der „Praefatio" der Horaz-Edition diesen Übergriff auf den Punkt gebracht. (Richard Bentley: Q. Horatius Flaccus, ex recensione et cum notis atque emendationibus Richardi Bentleii [1711]. 2 Bde., 3. Aufl. Berlin 1869. Bd. 1, S. xiv).
[107] Noch ohne die Notwendigkeit, diese Vermögenskritik ihrerseits verteidigen zu müssen, kann am Ende des 16. Jahrhunderts Bonaventura Vulcanius im Vorwort zu seiner Apuleius-Ausgabe (Opera omnia. Leyden 1594) jene Philologen zurechtweisen, die sich „iuvenili potius quadam ingenii confidentia, quam singulari quadam eruditione fulti" über das Überlieferte hermachen und so „indignis modis in veterum authorum scripta saevierunt." In Justus Lipsius' Philologensatire *Somnium* (1585) werden deshalb „junge Philologen unter fünfundzwanzig per Gesetz vom Konjizieren ausgeschlossen." Zit. nach Vanek: *Ars corrigendi* in der frühen Neuzeit, S. 169 und 170. Eine generelle Diskreditierung des *ingenium* findet sich aber natürlich auch in den frühneuzeitlichen philologischen Methodiken keinesfalls. Vgl. ebd., S. 179–182.

Korrekturbedürftigkeit, so Morels Variante der Mahnung vor der besagten „témérité des demi-savants", kann sich insbesondere dann leicht als trügerischer Schein erweisen, wenn der Philologe Gefahr läuft, die fundamentale Differenz zwischen ihm und dem Autor zu übersehen: „le meilleur interprète d'un auteur c'est l'auteur lui-même", und deshalb gilt es, eher die Umwege des Parallelstellenvergleichs einzuschlagen als die Auswege leichtfertiger Verschlimmbesserung – insbesondere auch, weil der Autor sich nicht nur selbst am besten verstanden haben wird, sondern weil die Wahrscheinlichkeit einer verlässlicheren Berichtigung allein schon durch den Umstand erhöht wird, dass sich Autoren wiederholen (dürfen).[108] Wer diese Mahnung nicht ernst genug nimmt, droht sich genau denjenigen Vorwürfen auszusetzen, die Hardouin gegen die Verschwörerbande um Severus Archontius erhoben hat – selbst und gerade dann, wenn er von der Notwendigkeit und Richtigkeit seines Eingriffs überzeugt ist:

> Je sais bien que quand il est question de changer quelque chose dans des leçons que tous les manuscrits autorisent, il faut être extrêmement réservé; et qu'une trop grande liberté à cet égard peut dégénérer en une licence toujours punie par les plus malheureux succès, et souvent dangereuse: car on sert en quelque sorte de piège à des lecteurs peu habiles, qui croient entendre parler un ancien écrivain, tandis qu'ils n'ont que les expressions et les pensées du prétendu correcteur; et c'est un abus contre lequel on ne peut trop se récrier. Mais je crois pouvoir dire aussi que, lorsqu'une leçon altère manifestement le sens d'un texte, et qu'on retrouve un sens juste et suivi par le moyen de changements semblables à ceux qu'on a vus ci-devant, c'est-à-dire, fondés uniquement sur la ressemblance du son ou des lettres, on peut être assuré d'avoir recouvré la leçon primitive.[109]

Figuren: Medialität, Materialität, Metaphorologie der Überlieferung. – Überlieferung ist untrennbar von den ihr zugrundeliegenden medialen Bedingungen und materialen Voraussetzungen: Wenn „Wissenschaft zugleich als eine gelehrte Praxis vorgestellt wird, die sich dem Erfahrungsschatz der schriftlichen Überlieferung verdankt, ist sie auf Tradierung angewiesen und insbesondere an die durch das Medium der Schrift gesicherte Möglichkeit von Tradition gebunden."[110] Dieser anscheinend banale, tatsächlich aber basale Sachverhalt bildet den Ausgangspunkt aller Verhandlungen und Wertungen, über die sich das epistemische Gebäude der antiquarisch-gelehrten Praxis (re)konfiguriert.

Die Regel des Privilegs medial gefasster und material fassbarer Phänomene hat demnach für den Normalfall der philologisch-antiquarischen Praxis ihre Geltung. Ihr entsprechend hat die philologische Kritik das Wort in seiner Materialität gegenüber dem Sinn selbst da voranzustellen, wo die Befunde der Überlieferung in

---

[108] Morel: Éléments de critique, Sp. 977f.: „il arrive assez souvent à un écrivain de se copier, surtout si ses productions sont un peu considérables".
[109] Ebd., Sp. 985.
[110] Helmut Zedelmaier: Aporien frühaufgeklärter Gelehrsamkeit. Jakob Friedrich Reimmann und das Problem des Ursprungs der Wissenschaften. In: Martin Mulsow u. Ders. (Hg.): Skepsis, Providenz, Polyhistorie. Jakob Friedrich Reimmann (1668–1743). Tübingen 1998, S. 97–129, Zit. S. 119.

ihrem Zeichenbestand sichtlich defizient sind: Man dürfe, so etwa Morel, nicht einmal im Falle nötiger Eingriffe damit beginnen, sich einen Sinn im Kopf zurechtzulegen, zu dem man dann auf dem Papier die passenden Worte konstituiere. Denn Textverderbnisse haben, wie die *Élemens de critique* in erschöpfender Ausführlichkeit nachweisen, ihre Ursache nicht in einer Entstellung des Sinns. Sie entstehen in den Abschreibeprozessen durch Entstellungen des Buchstabenmaterials, die mittels sorgfältiger paläographischer Analyse eruiert und berichtigt werden können. Jeder Konjektur, die der Kritiker sich allein mithilfe seines Verstandes vorzunehmen ermächtigt, drohe deshalb die Möglichkeit einer ‚wörtlichen' Beziehung zum dadurch Ersetzten zu entgleiten. Somit verfehlen derartige Eingriffe den Zeichenbestand des „texte primitif" notwendigerweise: „En agir de la sorte, c'est, au lieu de chercher quelques anneaux perdus d'une chaîne rompue qu'il s'agit de rétablir dans son premier état, prétendre en venir à bout par le moyen d'autres anneaux, qu'il est impossible d'adapter aux anciens. C'est vouloir ajuster aux fragments conservés d'une vase précieux, des morceaux entièrement dissemblables, soit dans la forme, soit dans la matière. C'est enfin espérer d'atteindre un fugitif, en le poursuivant par un chemin qu'il n'a pu tenir".[111] Wieder wird vor der Gefahr des Monströsen gewarnt, die eine methodisch unangemessene Praxis des Umgangs mit Überlieferung herbeizuführen droht.

Als Exerzierfeld einer ‚sinnresistenten', aber um so materialadäquateren Kritik schlägt beispielsweise Johann Salomo Semler das Quellenmaterial mittelalterlicher Chroniken und Historien vor, deren Schreib- und Denkart dem Philologen erstens keinerlei aemulative Bestrebungen nahelege, denen er kritisch nachzueifern hätte, deren Überlieferungsqualität aber zweitens dringend der Sortierung bedürfe, damit nicht weiterhin „elende Kopeien" gedruckt und in die Bestände selbst „ansenliche[r] Sammlungen" übernommen würden:

> So gros und unermüdet die Geschäftigkeit der so genanten *Kritiker* gewesen ist, und noch ist, die sich auf die alten *griechischen* und *lateinischen* Schriftsteller zeither ins dritte Jahrhundert angewendet haben: so wenig haben die *historischen* Verfasser der mitlern Zeit an dieser Ehre und an diesem Glück bisher sonderlichen Theil gehabt. [...] Gleichwol haben es diese mitlern Schriftsteller so nötig, als die ältern; und es fände die *Kritik* auch erhebliche Gelegenheit, ihre gute und nutzbare Art an den Tag zu legen. Sind gleich diese Verfasser keine Muster für uns jetzt, richtig und artig zu denken und zu schreiben, wie es die Alten immer bleiben: so ist doch noch viel übrig, warum sie einer solchen algemeinen Wohlthat würdig sind. Und es würde diese Arbeit desto gewisser stets eine zuverläßige Wohlthat heissen können, *je weniger hiebey die kritische Ausschweifung und der Hang zu gebietenden oder steifen Vermutungen und grammaticalischen Veränderungen, so leicht Platz finden kan, als bey den alten Schriftsteller es angehet* [Hervorh. S. K.] Dort sind häufig eigene und algemeine Gedanken; hier ist meist Geschichte oder Vorstellungen von einzelnen Dingen und Begebenheiten, wie sie am meisten und gewöhnlich angesehen werden; die nicht so leicht mit andern möglichen zu verwechseln sind. Die vielen verschiedenen Abfassungen der Nachrichten von einer und derselben Begebenheit oder Geschichte, geben stets eine gewisse unänderliche Grösse oder Maas ab, wonach eine undeutlichere Bezeichnung ihre Grenzen bekomt. Die häufigen blossen Abschreibungen, mit einerley Worten, befördern diese *kritische* Arbeit noch vielmehr; man kan also sagen, daß diese

---

[111] Morel: Éléments de critique, Sp. 996f.

Kritik, ob sie gleich eben sowol schon eine Kentnis der Geschichte und der Sprachart, auch der Mundart, in den eigentümlichen Namen, überhaupt erfordert, und nicht sogleich von einem jeden Leser oder sonstigen Liebhaber dieses besondern Berufs gut angewendet werden kan, dennoch viel leichter ist, viel weniger zarten Geschmack und innere richtige Gewonheit im Empfinden erfordert, als die Nachfolge eines *Gronövs*, *Burmans* und *Bentleys*.[112]

Nicht nach ‚höherer' und ‚niederer Kritik', wie später die disziplinäre Philologie unterscheiden wird, ist also die Arbeit an der Überlieferung auszudifferenzieren. Vielmehr muss sie sich, um die ihr angemessene Sinnaskese einzuüben, an geeignetem Material das Irritationspotential, die Verschiebungen und Entstellungen des Buchstäblichen in den vielfach-singulären Kopiervorgängen mittelalterlicher Skriptorien, aber auch in der einfach-vervielfältigenden Reproduktionspraxis frühneuzeitlicher Offizinen, vor Augen führen lassen.

Medialität und Materialität der Überlieferung verschränken sich so zu einem Dispositiv, in dem der Status des Materialen anhand der differentiellen Einheit von Original/Kopie, der Status des Medialen an der von singulär/unverändert Vervielfachtem bestimmt werden kann. Damit verbunden, wenn auch nicht vollends kongruent ist eine zweite Statusbestimmung: die des Materials selbst. Zwei Differenzpaare können als Maßstab für die Kartographierungen des Materialen in den Überlieferungsdebatten dienen und verpflichten dieses gleichzeitig auf die differentielle Einheit von Überlieferung und Beglaubigung: Das erste Paar unterscheidet zwischen ‚legitimierten Zeugnissen' und ‚schriftlich überlieferten Daten'; in ihm wird das Differenzkriterium von Original und Kopie absolut gesetzt, indem es an An- respektive Abwesenheit institutioneller Beglaubigung gebunden wird. Schriftliche Überlieferung erscheint unter diesen Bedingungen im Verdacht, prinzipiell, wenn nicht strukturell beglaubigungslos zu sein – erst mit der Indienstnahme des Autorschaftsmodells, wie in den Ausführungen zu Morel eben angedeutet, beginnt sich diese Fixierung zu relativieren und schließlich umzukehren. Mit dem zweiten Differenzpaar verwandelt sich ein Kategoriendoppel, das den Status des Materials von Überlieferung beschreibbar macht, zum Bewertungskriterium für den Status des Materials selbst – und umgekehrt: Vielfalt des Singulären/Einstimmigkeit des Vielfachen wird zum Prüfstein der Gefälschtheit respektive Echtheit des Überlieferten. Als idealtypische Manifestationen dieser Unterscheidung können einerseits der Dissens oder die Dissonanz semiophorer Singularitäten insbesondere bei Manuskripten und Monumenten ausgegeben werden, andererseits die von numismatischen oder gedruckten Zeugnissen verkörperte Einstimmigkeit des Vielzähligen. Vor allem der Umstand, dass die Singularitäten der Überlieferung und der Überlieferungsverhältnisse in Konflikt mit jedem philologisch-kritischen *discours de la méthode* zu geraten drohen, kann im Zuge der beginnenden disziplinären Regelgebung nicht außer acht gelassen werden. Natürlich muss, so etwa Morel, eine Retab-

---

[112] Semler: Versuch den Gebrauch der Quellen in der Staats- und Kirchengeschichte der mitlern Zeiten zu erleichtern, S. 2 und 6–9.

lierung ursprünglicher Lesarten – und das heißt letztlich programmatisch die Tilgung der Vielfalt, wie sie in den singulären Zeugnissen erscheint – methodisch nach einem geregelten Inventar von Arbeitsschritten vonstatten gehen, damit man nicht in die Beliebigkeit von im besten Fall glücklichen Funden abgleitet. Ein vollständiges Inventar solcher Regeln aber hält er schon allein deshalb für unmöglich, weil die Bedingungen der Überlieferung *per se* eine schwer zu bändigende Tendenz zur Ausnahme aufweisen: „On se propose de donner dans cet ouvrage un recueil des règles qu'il faut suivre dans la recherche des leçons originales, mais sans prétendre les présenter toutes; ce qui serait peut-être impossible, à cause des *exceptions* dont différents cas peuvent les rendre susceptibles, et *pour lesquelles il faudrait souvent établir autant des règles particulières, qu'il y a eu des procédés différents de la part des copistes, dans les endroits qui les embarrassaient.*"[113] Unter den Gesichtspunkten der Überlieferung sind auch die alten Texte aufgrund ihrer Manuskriptgebundenheit von derselben monumentalen Singularität wie Statuen oder Gebäude, ohne dass indes der phänomenale – ästhetische oder memoriale – Eigenwert dieser Singularität in Rechnung zu stellen wäre. Indem er den Blick von den Arbeitsumständen in den mittelalterlichen Schreibstuben zu den Bedingungen wendet, unter denen diese Produkte überdauern müssen, gelingt es Morel immerhin, der philologisch bedenklichen Manuskript-Singularität einen Vorteil abzugewinnen. Als materialgebundene Einzelfälle sind zwar auch Manuskripte anfällig für die nun nicht mehr entstehungsbedingten, sondern überlieferungsbegründeten Entstellungsmechanismen, wie sie etwa die Zeugnisse der antiken Plastik oder Architektur verwüstet hat: „Ces monuments précieux de l'esprit humain ont éprouvé dans quelques-unes de leur parties le même sort à peu près que ceux qui nous restent de sculpture et d'architecture: les uns et les autres, fruit pour la plupart d'un goût épuré et propre à former celui de la postérité, se sentent ou des injures du temps, ou plus souvent encore des atteintes d'une main grossière et barbare."[114] Der wesentliche Vorteil, den diese schriftlichen Monumente aber gegenüber einer ruinierten und spoliierten steinernen Monumentalüberlieferung aufweisen, liegt in der Restituierbarkeit des in ihnen aufgezeichneten Textes durch eine regelgeleitete kritische Tätigkeit, der im Normalfall eine Mehr-, manchmal eine Vielzahl entsprechender Singularitäten zur Verfügung steht – im schlimmsten Fall auch nur die philologische Einsicht in deren Entstehungs- und Entstellungsbedingungen. Der Vorteil philologischer Kritik verdankt sich damit dem paradoxen, am Ursprung aller Texttheorie stehenden Umstand, dass man die Kopienvielfalt singulärer Überlieferung in die verlorene Einstimmigkeit eines nicht mehr trägergebundenen, als solcher dem Dispositiv des Semiophoren zu entreißenden Textes zurückübersetzen zu können glaubt. Die Differentialdiagnose der philologischen Kritik macht möglich, was der Aufbereitung der Bild- und Bauwerke verwehrt

---

[113] Morel: Éléments de critique, Sp. 973f. (Hervorh. S. K.).
[114] Sp. 974f.

2 Was ist Überlieferung? Epistemologische Grundlagen

bleiben muss: man wird die abgefallenen oder abgeschlagenen Teile einer antiken Statue nie mehr in materieller Form ersetzen oder ergänzen können, die von verderbter Überlieferung betroffenen Lesarten hingegen schon:

> Par rapport aux ouvrages de sculpture, il ne reste aux artistes et aux amateurs que d'inutiles regrets: il est impossible de rétablir ce qui y manque. Mais on a heureusement plus de ressource pour les ouvrages de littérature. On ne peut plus trouver le morceau détaché d'une statue antique; mais il est possible de rencontrer le mot précis ou le tour de phrase qu'avait employés un ancien auteur, et qui ont été changés par les copistes. Et l'on est souvent aussi assuré d'avoir rétabli une leçon originale, qu'on le serait, en fouillant dans des décombres, d'avoir trouvé les différents morceaux qui faisaient partie d'une statue fracassée par la chute d'un bâtiment, lorsque, présentés aux endroits mutilés, ces morceaux s'ajusteraient pour ainsi dire d'eux-mêmes chacun à sa place.[115]

Natürlich birgt diese Restituierbarkeit die erwartbaren Risiken für die Wertung oder Wertschätzung der Einzelzeugnisse, da erstens Überlieferungsagenten keine Sammler sind, denen das Interesse an der Singularität selbst genügt, und da zweitens auch mit einem derartigen Interesse die einzelnen Zeugnisse zumindest der griechischen und lateinischen Antike keinen Originalstatus beanspruchen könnten. Wenn Ende des 18. Jahrhundert die antike Überlieferung als eine Überlieferung in „todte[n] Sprachen" verstanden wird, scheint die genuine Vielstimmigkeit der Dokumente endgültig auf das Unisono des ‚Textes' zurückgeführt: Gerade und allein die Unwandelbarkeit der Worte/Werte, die „keiner Veränderung mehr unterworfen" sind, legitimieren zum Beispiel für Johann Adam Bergk überhaupt noch die Mühe, sich mit der Literatur der Alten zu beschäftigen: „die alten Sprachen [...] sind unveränderlich, und was vor Jahrtausenden schön war, ist es noch heut zu Tage. Die Alten sind daher immerwährende Muster des Geschmacks, und können also allein zur Kultur des Geschmacks am zweckmäßigsten gebraucht werden, weil sie Muster der Schönheit sind und bleiben."[116] Die Trennung von zeitlos-ewigem Text sowie medial und material gebundenem ‚Abfall' bildet die Kehrseite, die den Vorzug schriftlicher Überlieferung angesichts der differentiellen Einheit von Vielfalt des Singulären/Einstimmigkeit des Vielfachen begleitet.

Bergks Kommentar, dessen Entzeitlichungsgeste von einem am Ausgang des 18. Jahrhunderts bereits gut etablierten „Kommunikationsmodus" des ‚Klassischen' zeugt,[117] zieht weniger eine Bilanz aus dem Bemühen um die Überlieferung, das die Diskurse dieses Jahrhunderts prägt. Er ist selbst die Marke einer Verschiebung, in deren Zug die medialen und materialen Konkreta, die das Nachdenken der Antiquare und Philologen antreiben, aus den Begründungserzählungen und der Grundlagenreflexion der (Text-, Kunst-, Altertums-)Wissenschaften zu verschwin-

---

[115] Sp. 975.
[116] Johann Adam Bergk: Die Kunst, Bücher zu lesen. Nebst Bemerkungen über Schriften und Schriftsteller. Leipzig 1966 [ND der Aufl. Jena 1799], S. 402f.
[117] Wilhelm Voßkamp: Klassisch/Klassik/Klassizismus. In: Karlheinz Barck u.a. (Hg.): Ästhetische Grundbegriffe. Bd. 3. Stuttgart u. Weimar 2001, S. 289–305, Zit. S. 289.

den beginnen. Man kann der Tragweite dieser Verschiebung auf die Spur kommen, wenn man die fundamentale zeitliche Figuration dagegenhält, die den Überlieferungsakteuren gleichsam an der Schwelle zum ‚Kommunikationsmodus Klassik' zur Beobachtung ihres Tuns gedient hat: eine Form eigentümlich temporalisierter Aktualisierung, die am treffendsten vielleicht mit dem Terminus der *Doppelzeitlichkeit* zu belegen wäre. Diese Aktualisierungsform kann als Grundlage für alle die Ansätze gelten, die im 18. Jahrhundert von einer ‚Überlieferungsgeschichte' *avant la lettre* zeugen.

Ein überlieferungsgeschichtliches Interesse liegt bekanntlich den Philologen des 19. Jahrhunderts ebenso fern wie den Humanisten. Zwar ist auch der Blick der letzteren auf das Überlieferte zeitlich gedoppelt: auf den strahlenden Ursprung der Objekte und auf die ins Werk zu setzende Reinigung, Restauration und Reaktualisierung ihres verlorenen Glanzes – aber dieser Doppelblick ist kein historischer.[118] Die Latenzzeit der Überlieferung, die jahrhundertelange Verborgenheit der Texte und Artefakte ebenso wie die durch Ignoranz und Voreingenommenheit eines ‚dark age' verschuldeten Eingriffe und Entstellungen in den Bestand des Überlieferten werden wohl allenthalben nachdrücklich beklagt, sind indes gerade deshalb nichts, was es im Zuge der Auseinandersetzung mit den Zeugnissen zu beschreiben oder gar zu rekonstruieren gäbe. Die wissenschaftliche Disziplinierung der Philologen zu Beginn des 19. Jahrhunderts füllt die so entstandene Kluft dann mit einem recht einfachen Narrativ, indem sie Latenzzeiten in strukturbedingte Verfallsgeschichten umschreibt. Dadurch wird alles, was als Ereignis der Überlieferung thematisiert werden könnte, mit dem Stigma der (Zer-)Störung versehen. Die Verfahren, Strategien und Techniken des Überlieferns geraten so programmatisch aus dem Blick, wenn es an die methodische Selbstreflexion der Überlieferungsaktualisierung gehen soll. Fluchtpunkt ist nun allein und ausschließlich der Autor, das imaginäre Äquivalent angesichts seiner Unerreichbarkeit der kalkulierbare Archetyp, von dem aus die Konkreta der Überlieferung ihren philologisch aufzuhaltenden Verfallsverlauf genommen haben. Wie es im Bezugsmodell von Autorschaft bereits angelegt ist: Die gegenläufig gewertete Differenz zwischen Schöpfer und Kopist, Autor und Schreiber, Künstler und Ikonoklast soll in den institutionellen Praktiken der Nationalphilologien, Altertums- und Kunstwissenschaften entdifferenziert und durch die Denkfigur einer ursprungsidentifikatorischen ‚Reaktualisierung gegen die Überlieferung' ersetzt werden.

Für den in meinen Problemgeschichten zur Verhandlung stehenden Zeitraum jedoch herrscht eine andere temporal-historische Konfiguration vor, die jenseits der

---

[118] Kenney: The Classical Text, S. 23: „In their minds reigned a polarity in which two things were starkly contrasted: the state of the text as the editor saw it actually before him, and the perfect state in which it had (putatively) left the author's hands and to which he aspired to restore it, represented by metaphorical terms such as *pristinus nitor*, *splendor* and the like. A historical reconstruction of the processes intervening between these two extremes was neither attempted nor indeed envisaged." Beispiele für diese Metaphorik ebd., S. 21–23.

2 Was ist Überlieferung? Epistemologische Grundlagen

komplementären Modi radikaler Historisierung der Überlieferungsakte und entzeitlichender Verabsolutierung des autorgebundenen Textes anzusiedeln wäre. ‚Doppelzeitlichkeit' nenne ich die Geste einer Reflexion, die im eigenen aktuellen Handeln mit und an der Überlieferung die Handlungen vorangehender Überlieferungsakteure erkennt, beobachtet und reflektiert, dabei aber nicht über „den fragmentarischen Charakter aller historischer Überlieferung"[119] hinwegsehen und sich somit nicht auf temporale Kontinuitätsmodelle berufen kann. Einen Extremfall solcher Doppelzeitlichkeit agieren die korrespondierenden Verschwörungsgebäude aus, die Hardouin und sein erster und aufmerksamster Kritiker Veyssière de La Croze ihren Erzählarrangements zugrundelegen: Die Bande um Severus Archontius wird zum Modell der Arbeit einer jesuitischen Gegenüberlieferung, in dem sich Simulation und Dissimulation von Überlieferung quer durch die Jahrhunderte überkreuzen.

Natürlich sind die ‚normalen' Anzeichen für eine derartige Doppelzeitigkeit in der Regel weniger spektakulär. So steht eine seit dem 16. Jahrhundert gebräuchliche Datierungsform für Überlieferungszeugnisse, deren Entstehungszeit nicht durch Eigendatierung oder andere Umstände präzise bestimmt werden kann, repräsentativ für diese Konzeption. Die sogenannte ‚retrospektive Datierungsweise' bemisst die zeitliche Distanz zwischen dem Aktualzeitpunkt der gelehrten Beschreibung, Benutzung oder Einordnung des überlieferten Manuskripts und dem hypothetisch erschlossenen Zeitraum seiner Entstehung. Sie benennt die beiden Eckpunkte, die gewissermaßen den Resonanzraum der Überlieferungstätigkeit zeitlich markieren: die Masse der Schriften und deren unablässige Reaktivierung: „Denn ohne die ungeheure Menge der Codices und die tägliche Bearbeitung derselben kann in dieser Sache nichts, was der Mühe wert wäre, verrichtet werden."[120] Eindeutige Markierungen auf einem textgeschichtlichen Zeitpfeil sind damit aber keineswegs impliziert. Selbst Mabillons erste systematische Darstellung diplomatischer Handschriftenkunde bedient sich zu Datierungszwecken der – übrigens durchaus als innovativ zu wertenden – temporalen Abstandsmessung zwischen dem Zeitpunkt der Abfassung und dem der neuerlichen kritischen Wiederbeschäftigung mit dem Dokument:

> Seine positiven Altersangaben [...] geschehen selten so wie wir sie jetzt geben, codex saec. IX, viel öfter so: *codex octingentorum annorum* oder: *qui superat octingentos annos* oder ähnlich: ‚eine Handschrift, die jetzt, während ich dies schreibe, 800 Jahre alt ist', was unbequem ist und oft mißverstanden wird. Die älteren Philologen, Mabillons Vorgänger, hatten sich, so oft die Nötigung auch an sie herantreten mochte, die Altersbestimmung sehr leicht gemacht: *antico,*

---

[119] Lutz Niethammer: Diesseits des ‚Floating Gap'. Das kollektive Gedächtnis und die Konstruktion von Identität im wissenschaftlichen Diskurs. In: Kirstin Platt u. Mihran Dabag (Hg.): Generation und Gedächtnis. Erinnerungen und kollektive Identitäten. Opladen 1995, S. 25–50, Zit. S. 48.
[120] Le Clerc: Ars critica. Bd. 2, S. 336: „nam, sine ingenti Codicum copia, et diuturna eorum tractatione, nihil, quod sit operæ pretium, hac in re præstari potest."

antichissimo (Fulvio Orsini); *liber vetustus, ita antiquum ut putem scriptum* Plinii *temporibus* (Manuzio) etc. Derartige Angaben waren ganz ohne Verlaß und vage.[121]

Erst „im Laufe des 18. Jahrhunderts" sei, wie Paul Lehmann dies am Anfang des 20. Jahrhunderts dann nennen kann, diese „altmodische retrospektive Schätzung der zwischen dem Betrachter und der Entstehung einer Handschrift verflossenen Jahre [...] mehr und mehr außer Gebrauch gekommen."[122]

Was, gewissermaßen *en détail*, im ordnenden Zugriff paläographischer Mikrologie aufscheint, findet man in den großen Zügen der wissensgeschichtlichen Kommentare zur Historisierung der Episteme in dieser Epoche. Da wird zum einen der frühneuzeitlichen Gelehrsamkeit ein Kampf gegen die Zeit zugeschrieben, in dessen Namen die Antiquare und Polyhistoren zum Gegenangriff auf die modische Neuerungssucht der *moderni* blasen, ihre Praxis also als Verteidigungsgeste gewertet, dank der vom Inventar der alten Gelehrsamkeit und ihrer zeitlos-topischen Ordnung mittels der Finte einer scheinbaren Historisierung noch gerettet werden soll, was gerettet werden kann.[123] Zum anderen sieht man die entscheidende Differenz gerade in dieser Historisierung: Zwar sei die Wissenspolitik frühneuzeitlicher Gelehrsamkeit durchaus von „normativ-referentielle[m]" Zuschnitt, unterscheide sich „von der traditionell-glossatorischen" Wissenspraxis aber dadurch, „dass sie die Verwaltung des Wissenserbes temporalisiert" und damit eine historische Flexibilisierung des Autoritätskonzepts ermögliche: „Diese Temporalisierung geschieht in normativer Absicht, d.h. dadurch, dass ein bestimmter Aspekt des Wissenserbes isoliert und mit Geltungsansprüchen versehen wird, die mit seiner Authentizität, Reinheit oder Ursprünglichkeit begründet werden. Es geht um die Aufdeckung und Erinnerung vermeintlich verschütteter Inhalte, um die Wiederherstellung und Aktualisierung eines Archivs ursprünglicher Texte, Schriften und Dokumente."[124] Einen Ausweg aus dieser Widersprüchlichkeit – wie mir scheint: einen, dem die konzeptuelle Chiffre einer Doppelzeitlichkeit der Überlieferung am besten entspricht – hat Jürgen Fohrmann vorgeschlagen, wenn er darauf hinweist, im „grund-

---

[121] Traube: Geschichte der Paläographie, S. 28.
[122] Lehmann: Einteilung und Datierung nach Jahrhunderten, S. 129.
[123] So etwa Jaumann: Was ist ein Polyhistor?, S. 88: „Im Grunde kämpfen die Polyhistoren gegen die Zeit, d.h. gegen die Verzeitlichung des Gegenstandsbezugs in den Wortdisziplinen, welche zur Aufgabe des Modells der *imitatio* bei der Regulierung von kultureller, darunter auch literarischer Produktion und Rezeption führen mußte. Bestimmend ist danach nicht mehr die Nachahmung des Bewährten (auctores classici), sondern die Überbietung des eben noch Neuen durch das Neueste. Die polyhistorische Rekonstruktionsarbeit soll durch Neuformulierung und Neuformierung des Wissens den Zweifel an den Geschichtsbildern und am Sinn der Beschäftigung mit der *historia* überhaupt besiegen helfen, und zwar eben indem nicht mehr auf die der Skepsis und der Kritik verfallenen Schemata und Argumente [...] zurückgegangen wurde."
[124] So Marcus Sandl: Historizität der Erinnerung/Reflexion des Historischen. Die Herausforderung der Geschichtswissenschaft durch die kulturwissenschaftliche Gedächtnisforschung. In: Günter Oesterle (Hg.): Erinnerung, Gedächtnis, Wissen. Studien zur kulturwissenschaftlichen Gedächtnisforschung. Göttingen 2005, S. 89–119, Zit. S. 103.

2 Was ist Überlieferung? Epistemologische Grundlagen

sätzlichen Kontinuum der Gelehrsamkeit" seien „Autoren und Texte zwar zeitlich markiert", lägen „aber noch auf einer gemeinsamen Bezugsebene."[125] So ist es denn auch weniger die Wissen(schaft)sgeschichte als vielmehr eine kulturwissenschaftliche Gedächtnisforschung, die Notwendigkeit und Effekte solcher überlieferungsbezogener Doppelzeitlichkeit auf den Begriff zu bringen hilft. Sie beruhen auf der Gesetzmäßigkeit, die Jan Assmann als „Rekonstruktivität" des kulturellen Gedächtnisses bezeichnet hat:

> Kein Gedächtnis vermag eine Vergangenheit als solche zu bewahren. Sondern nur das von ihr bleibt, ‚was die Gesellschaft in jeder Epoche mit ihren gegenwärtigen Bezugsrahmen rekonstruieren kann' (M. Halbwachs). Das kulturelle Gedächtnis verfährt rekonstruktiv, d.h., es bezieht sein Wissen immer auf eine aktuell gegenwärtige Situation. Es ist zwar fixiert auf unverrückbare Erinnerungsfiguren und Wissensbestände, aber jede Gegenwart setzt sich dazu in aneignende, auseinandersetzende, bewahrende und verändernde Beziehung. Das kulturelle Gedächtnis existiert in zwei Modi: einmal im Modus der Potentialität als Archiv, als Totalhorizont angesammelter Texte, Bilder, Handlungsmuster, und zum zweiten im Modus der Aktualität, als der von einer jeweiligen Gegenwart aus aktualisierte und perspektivierte Bestand an objektiviertem Sinn.[126]

Die Praktiken der Überlieferung dienen als Operatoren, die zwischen diesen beiden Modi des kulturellen Gedächtnisses vermitteln – anders gewendet: Überlieferung ist materialgebundene, auf gegenwärtigen und künftigen Gebrauch gerichtete Invention von Vergangenheit.

Eine Rekonfiguration philologischer Praktiken, die auf die Umstellungen des epistemischen Gefüges reagiert, ist nicht ausgeblieben. Die Philologie als Vermittlungsmodus bleibt gerade zu einer Zeit auf dem Plan der Debatten und Definitio-

---

[125] Jürgen Fohrmann: Das Projekt der deutschen Literaturgeschichte. Entstehung und Scheitern einer nationalen Poesiegeschichtsschreibung zwischen Humanismus und Deutschem Kaiserreich. Stuttgart 1989, S. 8f.

[126] Jan Assmann: Kollektives Gedächtnis und kulturelle Identität. In: Jan Assmann u. Tonio Hölscher (Hg.): Kultur und Gedächtnis. Frankfurt a.M. 1988, S. 9–19, Zit. S. 13. – So auch, letztlich gegen die von ihm gezogene Schlussfolgerung eines ‚Kampfes gegen die Zeit', Jaumann: Was ist ein Polyhistor?, S. 86f.: „Man kann [...] die Epoche zwischen Humanismus und Frühaufklärung als eine Phase kennzeichnen, in der die Erfahrungen eines Traditionsabbaus, einer Entwertung vermeintlich außergeschichtlich verankerter Sinnstrukturen wie der biblizistischen Weltchronologie mit Bemühungen um eine *Rekonstruktion* beantwortet werden. Eine Rekonstruktion, die weiter über die tradierten Bestände des Wissens disponiert, diese aber nun nicht mehr zu einer integralen Ordnung versammelt. Vielmehr handelt es sich nun darum, der zur *Philosophia eclectica* gewordenen Enzyklopädie Argumente, loci communes, Sentenzen zu liefern, von Fall zu Fall, zur selektiven Weiterverwendung. Auch die Philologie, in deren Rahmen sich die moderne rationale Kritik ausgebildet hatte, wurde in diese angespannte Lage hineingezogen und mußte sich behaupten. An der Praxis ihrer historischen Kritik zeigt sich der rekonstruktive Charakter der Polyhistorie (die ja der Philologie – meist unter dem Titel der Grammatik – stets nahegestanden hatte) besonders deutlich, und nicht zufällig stammen die berühmtesten – später berüchtigtsten – Vertreter der Polyhistorie [...] aus dieser Disziplin [...]. Die historische Kritik setzt auf die Gewinnung einer Art von objektiv gültigen Bedeutungen, die der Kritiker mit seinen Methoden der *emendatio* im Durchgang durch die Korruptelen (was die Textfassung angeht) und Fehldeutungen (was die enarratio, den Kommentar angeht) freizulegen im Stande ist."

nen, in der die ‚alte Gelehrsamkeit' unter Beschuss gerät. Wie es ein an prominenter Stelle, im Vorwort von Morels Abhandlung plazierter Vergleich will, wird Kritik dieser Rekonfiguration zufolge zu mehr als bloß kosmetischem Aufputz der „Gemälde des Geistes", die im Lauf der Jahrhunderte die einen oder die anderen „Flecken" abbekommen haben. Sie erhält den Status einer Notwendigkeit, der über eine bloß geschmacksorientierte, auf eine rein ästhetische Wertschätzung der alten Werke an sich zulaufende Bereinigung hinausweist, weil der „Geschmack" an diesen Gemälden Wissen nicht ohne ästhetischen Genuss, ästhetischen Genuss nicht ohne Erweiterung des Wissens haben will.[127] Wenn die philologische Kritik die Werke zu ihrem alten und ursprünglichen Glanz restituiert, dann unternimmt sie dies eher der Nützlichkeit halber als der Wahrheit – der Nützlichkeit für die Nachwelt, der die gereinigten Werke erhalten und verständlich bleiben, der Nützlichkeit für die Leserdisziplinierung, gegen die korrupte Stellen nicht mehr als Ausrede für mangelndes Verstehen angeführt werden können, der Nützlichkeit für die Kommunikation der Seelen, die zwischen Leser und Verfasser ohne materialgebundene Störgeräusche und Unterbrechungen ergehen soll:

> Il est vrai en effet, que si quelque chose était capable d'affecter agréablement ces anciens écrivains, ce serait de voir les soins qu'on apporte à corriger leurs écrits. Mais ces soins ont des fruits beaucoup plus solides et plus étendus.
> 1° En méritant bien des auteurs, on mérite encore mieux de la postérité, à laquelle on rend leurs ouvrages intelligibles.
> 2° On empêche les lecteurs de s'accoutumer à passer sans les comprendre, plusieurs endroits souvent très-importants.
> 3° On remédie au chagrin qui accompagne nécessairement une lecture, au milieu de laquelle on est forcé de s'arrêter, pour tâcher de découvrir ce que l'auteur a voulu dire. Il est en effet très-désagréable de ne pouvoir saisir le sens d'un écrivain, qu'on voit d'ailleurs n'avoir rien écrit que d'intéressant; et de se trouver dans le cas d'un homme qui, assistant à un discours de quelque habile orateur, ne pourrait, soit par le défaut de ses oreilles, soit par quelque autre cause, en entendre que quelques parties. Ce sentiment affecte à proportion du plaisir qu'on goûte à retrouver le sens d'un auteur par la découverte d'une leçon primitive, et il est puisé dans la nature. Car i n'est personne qui ne voie combien il est beau de pénétrer en quelque sorte dans l'âme des autres hommes, par la connaissance des expressions qui manifestent ce qui s'y passe, et de découvrir pour cela, soit la signification inconnue d'un terme, soit le terme même qui avait été changé ou défiguré. [...]
> 4° On prévient un dégoût qui souvent peut beaucoup nuire au progrès des sciences, soit profanes, soit ecclésiastiques. On voit, par exemple, de jeunes théologiens, qui s'étaient d'abord livrés avec ardeur à l'étude de l'antiquité, se ralentir peu à peu dans cette étude par les difficultés qu'ils y rencontrent, et y renoncer enfin totalement par le désespoir de jamais bien entendre les anciens docteurs de l'Eglise. Et ce désespoir, dans ceux qui ayant fait d'ailleurs de bonnes études sont bien au fait de la langue et de ses idiomes, est principalement occasionné par la corruption de différents textes.
> 5° On parvient quelquefois, en corrigeant un texte corrompu, à découvrir ou à éclaircir des traits d'histoire souvent précieux. [...]

---

[127] Morel: Éléments de critique, Sp. 970f. – „Ce goût pour les tableaux des esprits ne pouvait manquer d'amener, comme naturellement après soi, celui de faire disparaître les taches qu'ils ont contractées dans une longue suite de siècles, et qui souvent les rendent méconnaissables, soit en les dépouillant des plus beaux traits, soit en leur en prêtant de difformes" (Sp. 971).

2 Was ist Überlieferung? Epistemologische Grundlagen

6° Il peut arriver que par le seul changement de deux ou trois lettres on remédie à bien des difficultés. [...]
    Je ne fais qu'effleurer ici les avantages que procure une saine critique. Ils sont innombrables; et ceux qui ont lu les écrivains de l'antiquité en sont assez convaincus. Il suffit de dire en deux mots que cette science sert, pour ainsi dire, à aplanir des chemins raboteux et pénibles, et qu'elle rend à des tableaux infiniment précieux, le lustre, le coloris et les traits qu'une longue vétusté leur avait fait perdre.
    Mais cette science, comme toutes les autres, a ses principes et ses règles; et si l'on ne marche à leur lumière, pour parvenir au rétablissement des leçons primitives, on est exposé à faire presque autant de chutes que de pas. C'est pour n'avoir pas fait attention à ces principes, ou faute de les connaître, que tant d'écrivains, soit anciens, soit modernes, nous présentent un si grand nombre de prétendues corrections, dont le moindre défaut est d'être hasardées et purement arbitraires. Car il faut convenir que, si l'on trouve des exemples fréquents de plus heureuses découvertes en ce genre, on rencontre d'un autre côté un plus grand nombre encore de tentatives infructueuses.[128]

Kritik – als vernunftgeleitete, materialgestützte Praxis des Umgangs mit den Zeugnissen der Überlieferung – beugt also, wie man in Morels Metaphorik formulieren könnte, dem Stolpern vor, in das ungeregelte Vermittlungsoperationen zwischen den beiden Modi des kulturellen Gedächtnisses wegen der ihr zugrunde liegenden doppelten Zeitlichkeit leicht geraten könnten. Natürlich läuft die Philologie deswegen, und zwar gerade deswegen, Gefahr, mitsamt der resistenten Materialität der Überlieferungsbefunde sich selbst, das heißt ihre Praktiken und Eingriffe, unsichtbar zu machen. Die Kehrseite des unabweisbaren Umstandes, dass die philologisch-kritische Beschäftigung mit den Materialien der Überlieferung als Grundlage der Ästhetik und Wissenschaften, als Grundlagenwissenschaft für die kulturelle Arbeit an der Vergangenheit und für das Gedächtnis überhaupt verstanden werden muss, liegt in der diskreten Unaufdringlichkeit, mit der diese Praktiken und Eingriffe vonstatten gehen sollen[129] – endgültig dann, wenn die konkreten Aufgaben des philologischen Prüfungsgeschäfts in Metaphern der Verstandestätigkeit selbst umgemünzt werden: „Alles, was wir lesen, muß in den Schmelztiegel des Prüfens und Zweifelns geworfen werden, um das Aechte von dem Unächten, das Wahre von dem Falschen zu sondern; kurz; alles muß wie Gold gereinigt und gesäubert werden, damit wir nicht etwan eine unächte Münze für eine ächte ausgeben, und die Wahrheit durch die Erregung von Verdacht selbst in Mißkredit bringen." Doch nicht mehr auf die Prüfung der Überlieferung – gar in ihrem material-medialen ‚So-sein' – zielt Bergks Maxime am Ausgang des 18. Jahrhunderts ab, sondern auf Sinn und propositionalen Gehalt; nicht die gelehrte Beschäftigung mit Semiophoren dient als Aktionsfeld der kritischen Arbeit, sondern die Selbsttätigkeit der Vernunft, die bei keiner Lektüre mehr ausgeschaltet werden darf. „Zweck", „lei-

---

[128] Ebd., Sp. 971–973.
[129] Eine reizvolle Verbindung von Psychobiographie und diskursanalytischer Wissensgeschichte, die diesen ambivalenten Habitus der bescheidenen Selbstermächtigung am Repräsentanten Lachmann ausfindig macht, bietet die Studie von Harald Weigel: „Nur was du nie gesehn wird ewig dauern". Carl Lachmann und die Entstehung der wissenschaftlichen Edition. Freiburg i. Br. 1989.

tende Idee" und „Ziel" heißen die regulativen Spielmarken dieser neuen Propädeutik des Lesens; „Ideenreihe[n]", „Aechtheit des Gefühls" und „Wahrheit der Gedanken" sind Gegenstand der Prüfung; sie sind auch an die Stelle der diskontinuierlichen Serien des Schrift-Wissens und die zu ergründende „Wahrheit und Aechtheit [der] Thatsache[n]" getreten.[130]

Dennoch bleibt, gerade für den hier zur Verhandlung stehenden Zeitraum, ein Rest, ein Irritationsmoment, dessen Konturen und Artikulationsmöglichkeiten der Komplexität der Konfiguration ‚Überlieferung' durchaus entsprechen. Zwar hat das Überlieferungswissen seinen angestammten Platz im Ordnungsgefüge der topischen Wissensordnung der Enzyklopädie und der Polyhistorie nicht mehr (und ihn darin, im strengen Sinne, wohl auch nie gehabt)[131] – und auch die Restitutionsbemühungen der *historia literaria* um 1700 ändern daran nichts, dass dieses Ordnungsgefüge aus dem Blickwinkel des 18. Jahrhunderts „das weniger einladende Bild einer stillgelegten Baustelle" bietet, „die feucht und verrottet im fernen Nebel der Frühmoderne zurückbleibt".[132] Seinen Platz im Disziplinengefüge der Philologien und der historischen Wissenschaften dagegen hat dieses Wissen noch nicht. Möglicherweise ist es die Überlagerung der wissenssystematischen Ortlosigkeit mit dem paradoxalen epistemischen Status der Wissenspraxis selbst, eine gleichsam doppelte Negativität also, die diesen Rest: die zu bewältigende Herausforderung einer temporalen *und* materialgebundenen Diskontinuität und Inhomogenität, so nachhaltig und fruchtbar in den Diskursen des 18. Jahrhunderts zirkulieren lässt. Ob in anthropologischen oder literaturgeschichtlichen, naturhistorischen oder ästhetischen Modellbildungen – die Provokationen dieses Restes insistieren. Zu Beginn des 18. Jahrhunderts bereits hat der *ancien* Swift für das Skandalon, das die Befunde der Überlieferung mit der von ihnen provozierten Doppelzeitlichkeit stellen können, eine präzise (typo)graphische Ausdrucksform gefunden. Sie steht am Schluss seines *Battle of the Books*, der satirischen Aufarbeitung jenes intellektuellen Federkriegs also, der die Problemkonfiguration erst aufgeworfen hat:

„AND, now *
* *
* *
* *
*   *Desunt cætera.*"[133]

---

[130] Bergk: Die Kunst, Bücher zu lesen, S. 364 und 372.

[131] So zumindest Peter Millers durchaus ernst zu nehmender Vorschlag, die Wissensepoche des ‚Antiquarianism' um 1600 beginnen und sie nicht nur zeitlich mit den Bestrebungen der *nova scientia* konvergieren zu lassen. Vgl. Miller: Peiresc's Europe.

[132] Herbert Jaumann: Jakob Friedrich Reimmanns Bayle-Kritik und das Konzept der ‚Historia literaria'. Mit einem Anhang über Reimmanns Periodisierung der deutschen Literaturgeschichte. In: Mulsow u. Zedelmaier (Hg.): Skepsis, Providenz, Polyhistorie., S. 200–213, Zit. S. 209.

[133] Swift: The Battle of the Books, S. 278.

II Papiere · Schriften · Texte

1 Überlieferungsfälschung: Hardouins Altertum

1.1 Philologie auf Abwegen oder: Die Geburt der Überlieferung aus dem Geist des Verdachts.

„Wenn wir uns nur auf das Erhaltene verlassen könnten!"[1]

Jean Hardouins (1646–1729)[2] Gelehrtenbiographie weist alle zeittypischen Merkmale überdurchschnittlichen Erfolgs auf. Nach seinen Studien und der Probation wird der Jesuit Bibliothekar am Pariser *Collège Louis-le-Grand*, im Jahre 1683 Professor für positive Theologie ebendort. Das philologische Meisterstück legt er 1685 mit seiner fünfbändigen Ausgabe *ad usum Delphini* von Plinius' *Historia naturalis* vor, die noch vierzig Jahre später in zweiter Auflage erscheinen wird und im 18. Jahrhundert als Referenztext für diese Enzyklopädie gilt.[3] Zwischen 1687 und 1715 erstellt Hardouin, beauftragt von der *Assemblée du clergé de France* und finanziert aus der königlichen Kasse, eine auf zwölf Bände angelegte Edition der Konzilsakten, die ebenfalls Maßstäbe setzt.[4] Beinahe zahllose weitere Arbeiten bezeugen Hardouins ungeheure Produktivität; nur ein kleiner Teil davon ist in einem 1709 publizierten Band von *Opera selecta* versammelt – einem Folioband von annähernd tausend Seiten, in dem, neben dogmatischen und kontroverstheologischen Studien, ausführliche chronologische sowie numismatische Abhandlungen

---

1 Hermann Hagen: Ueber Litterarische Fälschungen. Hamburg 1889, S. 14.
2 Das Faktengerüst der folgenden Darstellung verdankt sich den bio-bibliographischen Artikeln zu Hardouin in: Nouveau dictionnaire historique et critique, pour servir de supplement ou de continuation au Dictionnaire historique et critique de Mr. Pierre Bayle. Par Jaques George de Chaufepié. t. II. Amsterdam, La Haye 1750. Bd. S. 35–40; [Ferdinand Christian] Baur: Art. Hardouin. In: Allgemeine Encyklopädie der Wissenschaften und Künste. In alphabetischer Folge von genannten Schriftstellern bearbeitet und hg. von J. S. Ersch und J. G. Gruber. 2. Section. 2. Theil. Hg. von G. Hassel u. W. Müller. Leipzig 1828, S. 260–263; Augustin de Backer, S. J.: Bibliothèque de la compagnie de Jésus. Nouvelle éd. par Carlos Sommervogel, S.J. Art. Hardouin. Bd. IV. Bruxelles u. Paris 1893, Sp. 84–111; P. Bernard: Art. Hardouin. In: Dictionnaire de Théologie catholique. Hg. v. Alfred Vacant u. Eugène Mangenot. Bd. VI.2. Paris 1920, Sp. 2042–2046.
3 C. Plinii Secundi Historiae Naturalis Libri XXXVII quos interpretatione et notis illustravit Joannes Harduinus, Soc. Jesu, jussu Regis christianissimi Ludovici Magni, in usum Serenissimi Delphini. 5 Bde. Paris 1685; idem. Editio altera emendatior et auctior. 3 Bde. Paris 1723.
4 Acta Conciliorum et epistolae decretales ac constitutiones Summorum pontificum. 11 Bde. [ein zwölfter ist nicht erschienen]. Paris 1714–1715. – „[A]n edition which marked an epoch in the study of the canons", nennt sie Owen Chadwick: From Bossuet to Newman. The Idea of Doctrinal Development. Cambridge 1957, S. 49.

die Bandbreite von Hardouins philologisch-antiquarischen Forschungen bezeugen.⁵ 1716 mischt sich eine französische Monographie zu Homers *Ilias* und zur Charakteristik der homerischen Götterwelt in die noch andauernde *Querelle* ein,⁶ postum folgen zwei weitere gewichtige Foliobände mit *Opera varia*⁷ und einem Kommentar zum Neuen Testament.⁸ Unzählige kleinere Beiträge, vornehmlich in dem von Hardouin auch mitredigierten Hausorgan des gelehrten französischen Jesuitentums: den *Mémoires de Trévoux*,⁹ sowie eine Vielzahl von unpublizierten, zum Teil vielleicht auch nur gerüchteweise existierenden Abhandlungen und Arbeitsmaterialien – die Rede ist beispielsweise von einer „riesigen Sammlung" von Kirchenväterexzerpten und kommentaren, allein zu Augustinus mehrere Quartbände¹⁰ – rahmen dieses Werk. Es erstaunt nicht, dass eine solche Produktivität auch jenseits der von ihr zu verantwortenden schriftlichen Erzeugnisse ihre Spuren hinterlässt. Eine „grande Erudition" attestiert mit Chauffepiés *Nouveau dictionnaire* so gut wie die gesamte *Res publica literaria* dem Jesuiten; der enzyklopädische Vorgänger Bayle soll ihn, dem Gelehrtenklatsch des ausgehenden 17. Jahrhunderts zufolge, gar für Frankreichs einzigen zeitgenössischen Gräzisten von Rang gehalten ha-

---

5   Joannis Harduini e Societate Jesu Presbyteri Opera selecta [...]. Amsterdam 1709.
6   Jean Hardouin: Apologie d'Homere, Où l'on explique le véritable dessein de son Iliade, et sa Theomythologie. Paris 1716. – Der Text provoziert eine Gegenschrift aus der Partei der ‚Anciens': Anne Dacier: Homère défendu contre l'apologie du R. P. Hardouin, ou Suite des causes de la corruption du goust. Paris 1716.
7   Joannis Harduini e Societate Jesu Opera varia [...]. Amsterdam u. Den Haag 1733. – Ein weiterer, allerdings nicht erschienener Folioband aus dem Nachlass scheint offenbar mit dem Erscheinen der *Opera varia* angekündigt worden zu sein; vgl. Mémoires de Trévoux. Janvier 1734, S. 111 und Juin 1724, S. 1147 sowie die Hinweise bei de Backer-Sommervogel: Bibliothèque de la compagnie de Jésus IV, Sp. 107.
8   Joannis Harduini e Societate Jesu commentarius in Novum Testamentum [...]. Amsterdam 1741.
9   Zu den *Mémoires de l'histoire de la science et des beaux-arts* – so der vollständige Titel – vgl. Gustave Dumas: Histoire du Journal de Trévoux depuis 1701 jusqu'à 1762. Paris 1936; auf Hardouins Redaktionstätigkeit verweist J. van Ooteghem, S. J.: „Un commentateur extravagant d'Horace: Le Père Hardouin". In: Les études classiques 13 (1945), S. 222–235, S. 223 Anm. 2.
10 „On voit dans ses MSS. une collection immense des Pères qu'il détruit les uns après les autres. Sur Saint Augustin seul, il a plusieurs volumes ou cahiers 4°. Ce sont des Extraits chargés de Notes, et souvent d'invectives contre les Faussaires prétendus, qui ont fabriqué ces ouvrages." de Backer-Sommervogel: Bibliothèque de la compagnie de Jésus IV, Sp. 109 (die Literaturangabe zum Hinweis auf diesen Nachlassbestand – Mémoires de Trevoux. Juin 1734, S. 1147 – führt allerdings nicht weiter). – Zur in diesem Zitat dokumentierten Eigensinnigkeit dieses kommentierenden Exzerpierens wird gleich einiges zu erläutern sein; einige Hinweise auf Teile des in der ‚Bibliothèque Nationale' aufbewahrten Nachlasses geben die Arbeiten von Giuseppe Martini: Le stravaganze critiche di padre Jean Hardouin. In: Scritti di paleografia e diplomatica in onore di Vincenzo Federici. Florenz 1944, S. 349–364; Anthony Grafton: Jean Hardouin: The Antiquary as Pariah. In: Journal of the Warburg and Courtauld Institutes 62 (1999), S. 241–267.

ben.¹¹ Und noch deutsche Nachschlagewerke des 19. Jahrhunderts stimmen in solches Lob ein:

> Ausgerüstet mit einem bewundernswürdigen Gedächtniß und einem seltenen Scharfsinn, verbunden mit einem Fleiß, der Sommer und Winter von Morgens vier Uhr bis in die späte Nacht anhielt, erwarb er sich in den gelehrten Sprachen und Alterthümern, der Geschichte und Numismatik, der Philosophie und Theologie, die umfassendsten Kenntnisse, und galt mit Recht für einen der gelehrtesten [...] Männer seiner Zeit.¹²

All dies bliebe in den Konturen einer wenn auch nicht einzigartigen, so doch sicherlich bemerkenswerten Gelehrtenexistenz am Übergang vom 17. zum 18. Jahrhundert. Staunen erregen die Vielfalt der Kenntnisse und die Ausmaße der Produktivität, anzusiedeln hätte man diese Existenz mit Blick auf die Forschungsgebiete und deren methodische Erschließung in der Avantgarde der antiquarisch-philologischen Forschung der Zeit. Es gibt jedoch noch ein paar weitere und um vieles spektakulärere Seiten in diesem schier unermesslichen Papier*output*. Ein Epitaph, das nach Hardouins Ableben in den Kreisen der Gelehrtenrepublik die Runde macht und dessen erstes Attribut schon die Auslassung in der eben zitierten Passage zu supplementieren vermag, zeugt davon:

> [In expecatione judicii
> Hic jacet]
> Hominum paradoxotatos
> Natione gallus, religione romanus,
> Orbis litterati portentum:
> Venerandae antiquitatis cultor et destructor,
> Docte febricitans
> Somnia et inaudita commenta vigilans edidit,
> Scepticum pie egit.
> Credulitate puer, audacia iuvenis, deliriis senex.¹³

Der so mit einem im genauen Wortsinn doppelsinnigen Memorialzeichen Geehrte ist in der zeitgenössischen Gelehrtenwelt nicht nur berühmt, er ist mindestens ebensosehr berüchtigt; und es ist diese spezifische Form der *fama*, die ihm, neben

---

11 Vgl. Jacques Georges de Chauffepié: Nouveau dictionnaire historique et critique, pour servir de supplement ou de continuation au Dictionnaire historique et critique de Mr. Pierre Bayle. 4 Bde. Amsterdam u. La Haye 1750–1756. Bd. 2. H, S. 40; Johann Burkhardt Mencke: Das Holländische Journal 1698–1699 (Ms. Germ. oct. 82 der Staatsbibliothek Berlin). Hg. u. mit einer Einl. von Hubert Laeven unter Mitwirkung v. Lucy Laeven-Aretz. Hildesheim u.a. 2005. Bl. 73r–73v, S. 105: „Die Franzosen hetten" – so gibt Menckes Reisejournal Bayles Einschätzung wieder – „heute zu Tage keine Patience zum Griechischen, und ließen sich die Eltern gar nicht angelegen sein, die Flüchtigkeit ihrer Kinder in diesem Stücke zu coërciren. Sie hetten jetzt den einzigen Harduinum, welcher in denen Nummis viel neue Sachen observirt. Er wäre aber gleichwol auch nicht frey vom Plagio; denn er [habe] Salmasium, den er doch selbst einen Plagiarium nennt, ziemlich in seinem Plinio gebraucht; und in denen Nummis Holstenii Notas in Stephanum, und wie H. Meurer meinte, selbst des Vaillantii Gedancken offt für seine eigene Observationes ausgegeben."
12 Allgemeine Encyklopädie der Wissenschaften und Künste. 2. Section. 2. Theil, S. 261.
13 Zit. nach Martini: Le stravaganze critiche di padre Jean Hardouin, S. 364.

der allgemeinen und auch von den Gegnern geteilten „Hochachtung vor den guten Wandel und die Gelehrsamkeit des P. Harduins",[14] einen besonderen Eintrag im Gedächtnis der *Querelles littéraires* sichert. ‚L'Hardouinisme' heißt schlicht das Kennwort, unter dem die „Paradoxes surprenans" seiner Gelehrtentätigkeit adressiert werden können.[15] Noch der unbeirrbare Fleiß, der ansonsten zuverlässig für eine lobenswerte Existenz im Dienste der Gelehrsamkeit zeugt, gerät so ins Zwielicht, wenn man einer Anekdote über Hardouins Verschrobenheit trauen will: „Wie! Glauben Sie etwa, ich wäre mein ganzes Leben lang morgens um vier Uhr aufgestanden", soll der unermüdliche Antiquar auf das ihm zugetragene Missfallen angesichts seiner spektakulären Thesen entgegnet haben, „um nur zu sagen, was andere bereits vor mir gesagt haben?"[16]

Womit nun stiftet sich der französische Jesuit ein solchermaßen ambivalentes Gedächtnis als eigensinniger Pfleger und Zerstörer der *antiquitates*? Im Laufe von kaum zwei Jahren, so Hardouins eigene Zuspitzung in einer 1766 in London erschienenen Nachlasspublikation von allerdings ihrerseits ungeklärtem Status, sei ihm ein Anfangsverdacht zur Gewissheit geworden. Im August 1690 habe er erstmals angesichts der patristischen Schriften Betrug gewittert; gegen Augustinus und seine Zeitgenossen habe sich sein Misstrauen dabei zunächst gerichtet. Die Stoßrichtung dieses Verdachts erstaunt nur auf den ersten Blick, hat doch der nicht nur theologische Streit zumal der Jesuiten gegen die sich auf eine augustinische Tradition berufenden Jansenisten gleichsam als Kollateralschaden die Autorität des Kirchenvaters in Mitleidenschaft gezogen.[17] Zweierlei aber unterscheidet die Folgen von Hardouins Verdacht von den üblichen Einsätzen in dieser und vergleichbaren Auseinandersetzungen des 17. Jahrhunderts, in denen „der radikale Zweifel – sei er erkenntnistheoretischer oder historischer Art – längst zu einem Instrument des Krieges zwischen den Konfessionen, und selbst den Fraktionen innerhalb der

---

[14] [Johann Gottlieb Krause:] Neue Zeitungen von Gelehrten Sachen, auf das Jahr MDCCXVII. Leipzig 1717, S. 235, zit. nach Peter K. Kapitza: Ein bürgerlicher Krieg in der gelehrten Welt. Zur Geschichte der Querelle des Anciens et des Modernes in Deutschland. München 1981, S. 116.

[15] Definiert hat es Augustin Simon Irailh: Querelles littéraires, ou mémoires pour servir à l'histoire des révolutions de la République des Lettres, depuis Homère jusqu'à nos jours. 4 Bde. Genève 1967 [ND der Ausg. Paris 1761]. Bd. 3, S. 19–40, S. 218–224. – Das Zitat in: Chauffepié: Nouveau dictionnaire historique et critique. Bd. 2. H, S. 36.

[16] Allgemeine Encyklopädie der Wissenschaften und Künste. 2. Section. 2. Theil, S. 261, Anm. 2: „He! croyez-vous donc que je me serai levé toute ma vie à quatre heures du matin pour ne dire que ce que d'autres avoient déja dit avant moi?"

[17] „But whatever was claimed or intended, howsoever they might seek to dislodge the heresiarch from the doctor of the Church upon whose capacious shoulders he claimed to be sitting, the strife relentlessly but inevitably weakend [...] the authority of St Augustine." (Chadwick: From Bossuet to Newman, S. 52). – Die Konturen dieser Debatten findet man bei Bruno Neveu: „Archéolatrie et modernité dans le savoir ecclésiastique au XVIIe siècle". In: XVIIe siècle 33 (1981), S. 169–184.

1 Überlieferungsfälschung: Hardouins Altertum

Konfessionen, geworden" ist.[18] Der Verdacht des Jesuiten richtet sich erstens nicht gegen den Gebrauch, also die strittigen Rezeptionsgepflogenheiten im Umgang mit der patristischen Autorität, sondern gegen diese selbst. Die heterodoxen Diskursen mögliche und weidlich genutzte Absicherungsstrategie eines Traditionsbezugs soll so gleichsam in ihren Grundfesten erschüttert werden.[19] Zweitens aber macht Hardouin bei Augustinus nicht halt. Bereits im November des Jahres sind ihm schon sämtliche Kirchenväter suspekt geworden, und im Mai 1692 glaubt er nach einer fast zweijährigen ausführlichen Exzerpierarbeit, bei der sich der Ekel über das Entdeckte mit der Freude an der Entdeckung mischt, die ganze Tragweite dieses betrügerischen Unternehmens erkannt zu haben: Nicht etwa nur die Patristik, sondern die antike Überlieferung überhaupt – mit Ausnahme lediglich von Ciceros Schriften, des Plinius *Historia naturalis*, Vergils *Georgica*, der Satiren und Briefe des Horaz, Homers sowie Herodots Werken und ungerechnet einiger weniger Inschriften und Fasten – ist ein einziger ungeheuerlicher Schwindel.[20]

Dieser Globalverdacht stellt den Anlass für Hardouins anhaltende *infamia*[21] und den nur allzu naheliegenden, noch im 20. Jahrhundert wiederholten Patholo-

---

[18] Martin Mulsow: Die drei Ringe. Toleranz und clandestine Gelehrsamkeit bei Mathurin Veyssière La Croze (1661–1739). Tübingen 2001, S. 38f.

[19] Dass Hardouins Verdachtsgebäude zugleich Symptom und Exzess einer neuen Aufmerksamkeit für die Bedingungen der Überlieferung ist – wie sie das Interesse dieser Arbeit bilden –, belegt ein Hinweis Ludwig Traubes auf die Geschichtlichkeit der Manuskriptüberlieferung: „Es ist ja die Lehre Augustins im Mittelalter, besonders im 9. Jahrhundert, der Gegenstand so vieler dogmatischer Erörterungen, Auseinandersetzungen und Streitigkeiten gewesen [...], daß es fast wunderbar wäre, wenn in unseren Handschriften, die zum Teil gerade aus diesen Zeiten des Streites stammen, diese Verhältnisse sich nicht widerspiegeln sollten in gelegentlichen absichtlichen Änderungen des Textes, bestimmt den heiligen Augustin *similiorem sui reddere*." (Traube: Geschichte der Paläographie, S. 33).

[20] Joannis Harduini, Jesuitae, ad Censuram Scriptorum Veterum Prolegomena Juxta autographum. London 1766, S. 15f.: „Nos mense Augusto anni 1690, cœpimus in Augustino et æqualibus fraudem subodorari; in omnibus mense Novembris suspicati sumus: totam deteximus mense Maïo anni 1692, prolixis ex singulis scriptoribus Græcis Latinisque des-criptis excerptis: quo in labore pæne ad fastidium, sed interjecta persæpe summa ex vero detecto oblectatione, desudavimus." Vgl. zu dieser Publikation de Backer-Sommervogel: Bibliothèque de la compagnie de Jésus IV, Sp. 108: „Ce volume a une préface de M. Bowyer. Les Prolegomènes ont, dit-on, été publiés par l'abbé d'Olivet, sur les manuscrits autographes du P. Hardouin. La vente de l'ouvrage fut défendue à Paris, aussi est-il rare." Es handelt sich um eine Nachlasspublikation, deren genauer Textstatus und Kontext nur durch archivalische Detektivarbeit zu klären wäre, da eine umfassende Darstellung zu Hardouin oder zum ‚System Hardouin' nicht vorliegt. Ersichtlich aber ist bereits aus dem Titel, dass es sich bei den mit Sicherheit nicht von gelehrten Gefolgsleuten des Jesuiten publizierten Aufzeich-nungen nicht um einen monographisch strukturierten Text handelt; der Band versammelt in loser Form thematisch gruppierte Einzelnotate.

Für diese Arbeit verwendet habe ich das Exemplar der Universitätsbibliothek Mannheim (Sch 084/124), im folgenden zitiert mit der Sigle P und Seitenzahlen. Sämtliche Übersetzungen – nicht nur dieses Texts – aus dem Lateinischen im fortlaufenden Text sind, wenn nicht anders ausgewiesen und allein zum Zweck erleichterter Lesbarkeit, von mir.

[21] Die einschlägigen neueren Arbeiten sind Martini: Le stravaganze critiche di padre Jean Hardouin; van Ooteghem: Un commentateur extravagant d'Horace: Le Père Hardouin; Jean Sgard: Et si les Anciens étaient modernes... Le „système" du P. Hardouin. In: Louise Godard

gievorwurf.²² Wie aber hat man sich das so denunzierte Unternehmen vorzustellen? Um es versuchsweise auf den Begriff aktueller Typologien zu bringen: Hardouin unterstellt eine ‚bewusste Fälschung *ex nihilo*'²³ und tut dies im Rahmen eines eigenen, reichlich hermetischen Systems mit Universialitätsanspruch – mit anderen Worten: in Form einer Verschwörungstheorie.²⁴ „Alle Schriften, die für alt gehalten werden", heißt es programmatisch bereits auf der ersten Seite des erwähnten Nachlassbandes, „gehen – mit Ausnahme der kanonischen und heiligen Texte der Kirche und von sechs ganz und gar weltlichen Autoren, vier lateinischen und zwei griechischen – auf unechte und von einer verbrecherischen Bande verfertigte Quellen zurück".²⁵ Überlieferung ist das Ergebnis einer, in diesem Falle böswilligen, Fabrikation. Die folgenden knapp 200 Seiten der Publikation werden, es sei vorweggenommen, den Passus über den kirchlichen Kanon als einigermaßen dünne Schutzbehauptung entlarven. Allein schon das generalisierte Misstrauen gegenüber

---

de Donville (Hg.): D'un siècle à l'autre: Anciens et Modernes. Marseille 1987, S. 209–221; James M. Scott: Who Tried to Kill Nearly Everyone Else but Homer? In: Classical World 97 (2004), S. 373–383; besonders hervorzuheben ist Grafton: Jean Hardouin: The Antiquary as Pariah.

²² Noch daran lässt sich allenthalben eine reichlich ambivalente Argumentationsfigur beobachten: Man beeilt sich, Hardouin zum nicht aussagekräftigen Irrläufer zu erklären, zögert aber trotzdem nicht, die möglichen Gründe und wahrscheinlichen Kontexte dieser Verirrung, die Rationalität dieses Wahns darzustellen. Vgl. nur exemplarisch Chadwick: From Bossuet to Newman: „Hardouin is typical of no one, illustrates nothing. *But* madness is sometimes an obsession with a genuine and sane preoccupation" (51; Hervorh. S. K.). Chadwick führt ein ganzes Bündel solcher Kontextgründe ins Feld: die bereits erwähnte Auseinandersetzung der Jesuiten mit dem Jansenismus, die Abwehr gegen Positionen der rationalistischen Philosophie, die gesteigerte Bedeutung philologisch-historischer Kritik (52–58). Ähnliches gilt für den forschungsbegründenden Aufsatz von Arnaldo Momigliano: Ancient History and the Antiquarian. In: Journal of the Warburg and Courtauld Institutes 13 (1950), S. 285–315.

²³ Umberto Eco: Die Grenzen der Interpretation. Aus dem Italienischen von Günter Memmert. München 1992, S. 236: „Der Prätendent weiß, daß G_a [das ‚Original'] nicht existiert. Fällt der Prätendent mit dem Autor B [dem ‚Fälscher'] zusammen, so weiß er, daß G_b [die ‚Fälschung'] jüngeren Datums ist. Jedenfalls aber glaubt er nicht, daß G_a und G_b derselbe Gegenstand sind. Dennoch behauptet er, in vollem Bewußtsein, dazu nicht berechtigt zu sein, die beiden Gegenstände – ein realer und ein imaginärer – seien identisch, bzw. G_b sei echt, und tut das alles mit der Absicht zu täuschen." – Aus der reichhaltigen Literatur zum Thema seien neben der älteren, von der Problemgeschichte der Überlieferung aus argumentierenden Abhandlung von Hagen: Literarische Fälschungen, hervorgehoben: Anthony Grafton: Forgers and Critics. Creativity and Duplicity in Western Scholarship. Princeton 1990 (dt.: Fälscher und Kritiker. Der Betrug in der Wissenschaft. Berlin 1991); Anne-Kathrin Reulecke (Hg.): Fälschungen. Zu Autorschaft und Beweis in Wissenschaften und Künsten. Frankfurt a.M. 2006.

²⁴ Der Nachweis der „wahnhafte[n] Hermetik" der Verschwörungsfigurationen sowie der „Obsession [ihrer] Propagandisten und Protagonisten für ganzheitliche Weltmodelle" darf denn auch in ‚aufklärerischen' Beschreibungen solcher Diskurse nie fehlen; vgl. Jürgen Roth u. Kay Sokolowsky: Der Dolch im Gewande. Komplotte und Wahnvorstellungen aus zweitausend Jahren. Hamburg 1999, Zit. S. 7.

²⁵ „[S]cripta quæ vetera existimantur omnia, libris exceptis, quos pro canonicis et sacris habet Ecclesia; et sex omnino profanis scriptoribus, Latinis quatuor, Græcis duobus, inter suppositia et a scelesto grege fabricata monumenta referre" (P 1).

1 Überlieferungsfälschung: Hardouins Altertum

den überlieferten Schriften der Kirchenväter kündigt ja den *consensus patrum* und damit einen – wenn auch durchaus strittigen[26] – Teil der katholischen Traditionssanktionierung nach dem Tridentinum auf, ganz zu schweigen von den recht eigensinnigen, doch strategisch konsequenten Hypothesen zur Bibelüberlieferung, die Hardouin anbietet: Da, wie es das Konzil von Trient festgelegt hat, die Vulgata die kanonische Textgrundlage der Heiligen Schrift stelle, seien sämtliche anderen Überlieferungszweige, insbesondere die Septuaginta, zumindest suspekt.[27]

Man muss sich wohl kaum von den scheinbar paranoiden Implikationen dieser Ausgangshypothese anstecken lassen, um in Hardouins gelehrten Spekulationen über die Authentizität der biblischen Überlieferung einen strategischen Schachzug angesichts eines seit Ende der 1670er Jahre akuten Skandalons zu sehen. Richard Simons *Histoire critique du Vieux Testament* hat, mit konsequentem Rekurs auf die Prämissen der Textgelehrsamkeit, die Vulgata dem Authentizitätsmaßstab eines Originals aus doppeltem Anlass grundsätzlich entzogen: aufgrund ihrer Überlieferungsverhältnisse und ihrer Eigenschaft als Übersetzung. ‚Authentisch' im strengen Sinn eines Differenzbegriffs darf nur „das erste und wahrhaftige Original einer Sache" heißen; die Funktion des Begriffs besteht darin, dieses Original von den nachfolgenden Kopien zu unterscheiden:

> [O]n ne peut pas prendre ce terme *authentique*, dans la plus ancienne & plus propre signification, qui est de marquer le premier & veritable Original d'une chose, que pour la distinguer de la Copie: comme quand on parle de l'Original d'un Testament, cela signifie ce même Testament de la maniere qu'il a été écrit par l'Auteur. En ce sens-là nous n'aurions rien de l'Ecriture qui fut authentique; puis que tout ce qui nous en reste ne consiste qu'en des Copies, qui ont leurs defauts, aussi-bien que les autres Livres dont les hommes ont été les depositaires. Je ne crois pas même, qu'à l'égard du Nouveau Testament les premiers Peres de l'Eglise ayent assuré en avoir veu les veritables Originaux: & de plus, quoi que plusieurs d'entre eux ayent prétendu

---

[26] Vgl. die Bemerkungen bei Adolf von Harnack: Dogmengeschichte. Tübingen 1991 [ND der 6. Aufl. Tübingen 1922], S. 438f.: „Schon die Professio fid. Trid. hatte der Tradition einen viel weiteren Umfang gegeben als das Tridentinum selbst [...] und sie vor die Schrift gestellt. Die Neueren, namentlich die Jesuiten, ordneten ihr diese immer mehr unter und bemühten sich deshalb, die Inspiration der Schrift so lax wie möglich zu fassen, so daß sogar das Vaticanum Widerspruch erhoben hat. Der moderne Katholizismus verlangt aber beides, auch die schriftliche Überlieferung als unantastbares Heiligtum aufrecht zu halten und zugleich auf ihre Insuffizienz und ihre Mängel behutsam den Finger zu legen." Diesen philologisch-kritischen Kompromiss gegenüber der Schrift teilt Hardouin ersichtlich nicht. – Zur Unterscheidung von ‚Überlieferung' und ‚Tradition' vgl. oben S. 6f.

[27] Vgl. P 68–76. Vor allem die griechische Überlieferung macht Hardouin als Fabrikat seiner Verschwörer aus: „manifesta corruptio, adulteratio, falsatio est." (P 72). – Eigensinnig sind Hardouins Hypothesen weniger darin, dass die Vulgata zum Maß der Tradition gemacht wird, sondern darin, dass sie in gleichsam exzessiver Konsequenz die *gesamte* griechische Überlieferung delegitimieren; Timpanaro hat, über die institutionalisierte Anerkennung im Fall der Vulgata hinaus, auf die Prävalenz des *textus receptus* in den Philologien noch des 18. Jahrhunderts hingewiesen: „Man muß [...] hinzufügen, daß dieses Mißverständnis, den *textus receptus* als die Tradition zu verehren, wodurch die Rückkehr zu den alten Handschriften als verwegene Neuerung erschien, nicht allein für die Theologen bezeichnend, sondern auch unter den klassischen Philologen weit verbreitet war." (Timpanaro: Die Entstehung der Lachmannschen Methode, S. 13).

que les Heretiques avoient falsifié en quelques endroits les Exemplaires Grecs du N. Testament qui tiennent lieu d'Originaux, ils n'ont pas cependant laissé de reconnoître ces Exemplaires pour une veritable Ecriture, & par consequent pour authentique.[28]

Zwar beeilt sich Simon, die Brisanz dieses Entzugs zu entschärfen, indem er eine pragmatisch-institutionelle Fassung des Authentizitätsbegriffs, „la propre signification de ce mot *authentique*, selon la pensée du Concile",[29] zum Ersatz bietet. Die Verbindlichkeit sanktionierter Kopien tritt dabei an die Stelle des Originals. Dennoch droht die Markierung dieser Differenz Folgen nach sich zu ziehen, deren aufsehenerregendste Pointe Spinoza schon vorweggenommen hat. Eine radikal historisierte und säkularisierte Lektüre der Heiligen Schrift, zu der sein *Tractatus theologico-politicus* 1670 auffordert, beruht bekanntlich gleichermaßen auf einer philosophischen Setzung wie auf einem philologischen Verfahren. Während die Setzung das Erkenntnisvermögen des menschlichen Verstandes zur Letztinstanz der Kritik macht, fördert das Verfahren den Befund zutage, dass die alttestamentarischen Bücher ebenso wie die Schriften der Apostel allenfalls „in Hinsicht auf die Religion oder das allgemeine göttliche Gesetz Wort Gottes heißen" können, keinesfalls aber mit Blick auf ihre (überlieferte) Schriftgestalt.[30] Denn diese hat sich in jedem Sinn und mit allen Konsequenzen als ‚Menschenwerk' erwiesen.

> Dagegen wird man sagen: Das göttliche Gesetz mag immerhin den Herzen eingeschrieben sein, so ist doch die Schrift nichtsdestoweniger das Wort Gottes, und man darf darum von der Schrift so wenig wie vom Wort Gottes sagen, daß sie verstümmelt und verderbt sei. Ich fürchte aber im Gegenteil, daß man zu heilig sein will und dabei die Religion in Aberglauben verwandelt, ja, daß man anfängt, Zeichen und Bilder, nämlich das Papier und die Tinte, statt Gottes Wort zu verehren. [...] Ich gestehe, daß Menschen von weltlicher Gesinnung, denen die Religion eine Last ist, daraus die Freiheit zu sündigen herleiten können und ohne irgendwelchen Grund, bloß um ihrer Lust zu frönen, daraus schließen können, die Schrift sei durch und durch fehlerhaft

---

[28] Richard Simon: Histoire critique du Vieux Testament. Nouvelle Edition [...]. Frankfurt a.M. 1967 [ND der Ausg. Rotterdam 1685], S. 265. – „The assumption underlying Simon's comprehensive survey of the textual tradition of the two Testaments is the belated and derivative character of the earliest texts in relation to what they narrate, and the complexity and discontinuity of their subsequent transmission" (C. R. Ligota: From Philology to History: Ancient Historiography between Humanism and Enlightenment. In: M. H. Crawford u. C. R. Ligota (Hg.): Ancient History and the Antiquarian. Essays in Memory of Arnaldo Momigliano. London 1995, S. 105–115, Zit. S. 112). – Zum Kontext der philologischen Bibelkritik vgl. Henning Graf Reventlow: Wurzeln der modernen Bibelkritik. In: Ders., Walter Sparn u. John Woodbridge (Hg.): Historische Kritik und biblischer Kanon in der deutschen Aufklärung. Wiesbaden 1988, S. 47–63; zu Simon ders.: Richard Simon und seine Bedeutung für die kritische Erforschung der Bibel. In: Georg Schwaiger (Hg.): Historische Kritik in der Theologie. Beiträge zu ihrer Geschichte. Göttingen 1980, S. 11–36.

[29] Simon: Histoire critique du Vieux Testament, S. 264.

[30] Benedictus de Spinoza: Tractatus theologico-politicus. Theologisch-politischer Traktat. In: Günter Gawlick u. Friedrich Niewöhner (Hg.): Benedictus de Spinoza: Werke Bd. 1. Darmstadt 1979, S. 407. – Von Simons Bibelkritik unterscheidet sich diejenige Spinozas also durch den Verzicht auch nur auf die Hoffnung, man könne dem im ersten Sinn ‚authentischen', offenbarten Text mit philologisch-kritischen Mitteln nahekommen. Vgl. Richard H. Popkin: Spinoza and Bible scholarship. In: Don Garrett (Hg.): The Cambridge Companion to Spinoza. Cambridge u.a. 1996, S. 383–407, S. 403f.

und gefälscht und infolgedessen ohne jede Autorität. Dergleichen aber zu verhindern ist nicht möglich, nach jenem bekannten Worte: es kann nichts so richtig gesagt werden, daß es sich nicht durch üble Deutung ins Schlechte verkehren ließe.[31]

Hardouins Strategie läuft nun – gegen diesen Schluss und die damit verbundenen Gefahren – darauf hinaus, die von Simon diagnostizierte doppelte philologische Inauthentizität: erstens die Nachträglichkeit und institutionelle Sicherungsbedürftigkeit des angeblichen ‚Originals‘, zweitens die Alterationen in der weiteren Überlieferungsgeschichte dieser ‚Originalkopie‘, wieder auf den einen Nenner zu bringen. Zu diesem Zweck dreht er die Leo Strauss zufolge jede Bibelkritik fundierende Logik des Verdachts um. „Der Verdacht gegen die Überlieferung wird zum Verdacht gegen den Text als einen überlieferten" – so hat Strauss das seinerseits vor Spinoza bereits angedeutete Erweiterungspotential, genauer: die Eigendynamik pointiert, die aus dem Konflikt von Textkritik und Offenbarungsanspruch entsteht.[32] Denn der Schritt, der von der Kritik an den Eingriffen und Entstellungen der Überlieferungsagenten zum Misstrauen gegenüber dem Konzept eines gesicherten Ursprungstexts führt, ist epistemologisch so leicht wie glaubenspolitisch prekär. Wenn man auch Strauss' psychologisierende Deutung nicht teilen muss, derzufolge philologische Radikalisierung vom „Verlangen" ausgeht, „irgendwo einen Halt zu finden": Jedenfalls führt die Überzeugung von der „Wahrheit am Anfang" *in philologicis* leicht zu einem infiniten Regress kritischer Schriftarchäologie, die Schicht um Schicht Überlieferungszutaten, -umstellungen, -weglassungen und -ersetzungen abträgt und schließlich auch vor dem supponierten Anfang des Originals nicht mehr Halt machen kann.[33] Hardouins inverse Annahme ist es, dass ‚der Verdacht gegen den Text als einen überlieferten‘ die Konsequenz der Überlieferungsumstände selbst sein muss, das wesentliche Misstrauen sich mithin aus den philologisch erschließbaren Handlungen der am Überlieferungsprozess

---

31 Spinoza: Tractatus theologico-politicus, S. 394. Ebd., S. 394: „At dicent, quamvis lex divina cordibus inscripta sit, Scripturam nihilominus Dei esse verbum, adeoque non magis de Scriptura, quam de Dei verbo dicere licet eandem truncatam et depravatam esse: Verum ego contra vereor, ne nimis studeant esse sancti et religionem in superstitionem convertant, imo ne simulacra et imagines, hoc est chartam et atramentum pro Dei verbo adorare incipiant. [...] Fateor profanos quosdam homines, quibus religio onus est, ex his licentiam peccandi sumere posse et sine ulla ratione, sed tantum ut voluptati concedant, hinc concludere Scripturam ubique esse mendosam et falsificatam, et consequenter nullius etiam authoritatis. Verum similibus subvenire impossibile est secundum illud tritum, quod nihil adeo recte dici potest, quin male interpretando possit depravari." – Die Formel für Spinozas *anthropological turn* liefert Leo Strauss: Die Religionskritik Spinozas als Grundlage seiner Bibelwissenschaft. Untersuchungen zu Spinozas theologisch-politischem Traktat [1930]. Mit einem Vorwort zur Neuausgabe von Norbert Altwicker. Darmstadt 1981, S. 260: „Spinoza bemüht sich, diese Voraussetzung [des Offenbarungscharakters; S. K.] durch eine Kritik zu erschüttern, deren Ergebnis sich in den Satz zusammenfassen läßt: die Schrift ist ein menschliches Buch, von Menschen gedacht und geschrieben, grundsätzlich von jedem Menschen zu verstehen, und hinsichtlich seiner Entstehung, aus den Gesetzen der menschlichen Natur zu erklären."
32 Strauss: Die Religionskritik Spinozas als Grundlage seiner Bibelwissenschaft, S. 23f.
33 Ebd., S. 22f.

beteiligten Akteure speisen kann. So braucht er deren Tätigkeit nur mehr eine intentionale Ausrichtung unterzuschieben, um von den Differenzeffekten allen Überlieferungsgeschehens zur Sabotagestrategie einer Konspiration gelangen zu können. Gerade die kleinen, nur mühselig zu entdeckenden Entstellungen, auf die das philologische Unternehmen fortwährend gestoßen wird, erscheinen dann als ganz besonders perfide Strategie der Desautorisierung. Man behaupte die Geltung eines autoritativen Textes, setze ihn aber in Erscheinungsformen in Umlauf, die zwangsläufig Skepsis an dieser Geltung provozieren: Das ist, in verschwörungstheoretischer Umkehrung philologischer Wissensbildung, die Intention des Fälschungsunternehmens, das sich Hardouin zu entlarven anschickt. Der – mit Simons Unterscheidung – philologisch letztlich unabweisbare Befund der ‚Originallosigkeit' ist Resultat des böswillig beförderten und instrumentalisierten Abweichungspotentials der Kopierakte. Diesen ‚Verdacht gegen die Überlieferung' kann man deshalb durchaus als – wenn auch reichlich spitzfindigen – Versuch sehen, dem Subversionspotential der philologischen Bibelkritik die Grundlage zu entziehen; dies soll mit einem Handstreich von maximaler Reichweite gelingen, und entsprechend global ist das Gespinst von Hardouins Verdächtigungen beschaffen.

Ausgehebelt werden müssen dabei zunächst die noch neuen Standards materialbezogener antiquarischer Schriftforschung. Den Prüfkriterien einer diplomatischen Kritik, wie sie Jean Mabillon im Rahmen des gelehrten Streits über Papebrochs Fälschungsthesen ausdifferenziert hat, sowie denjenigen der textkritisch-philologischen Analyse, die von Jean Le Clerc in ein erkenntnistheoretisch modernisiertes System gebracht worden sind, entzieht die konspiratorische Ausgangsthese die Angriffspunkte.[34] Philologische Differentialdiagnostik hat die Existenz eines Originals, eines echten Anfangs der Überlieferung zur Möglichkeitsbedingung. Denn wo sollen die probaten Mittel zur Scheidung nachträglicher Konfabulationen von historischer Faktizität, des Untergeschobenen vom Echten[35] noch ansetzen

---

[34] Jean Mabillon: De re diplomatica libri VI, In quibus quidquid ad veterum Instrumentorum antiquitatem, materiam, scripturam & stilum; quidquid ad sigilla, monogrammata, subscriptiones ac notas chronologicas; quidquid inde ad antiquariam, historicam, forensemque disciplinam pertinet, explicatur & illustratur. Rom [1967] [ND der 2. Aufl. Paris 1709 in 2 Bden.]; Jean Le Clerc: Joannis Clerici Ars critica, in qua ad studia Linguarum Latinæ, Græcæ, & Hebraicæ via munitur; Veterumque emendandorum, & Spuriorum Scriptorum à Genuinis dignoscendorum ratio traditur. 3 Bde. Amsterdam 1697–1700. – Siehe Traube: Geschichte der Paläographie, v.a. S. 13–30; zu Mabillon vgl. Blandine Barret-Kriegel: Les historiens et la monarchie. Paris 1988. Bd. 1: Jean Mabillon, S. 7–159 sowie – zu *De re diplomatica* – Bd. 2: La défaite de l'érudition, S. 158–175, hier 160: „La diplomatique est un processus de préparation – au sens chimique du terme – qui aboutit à la fabrication des sources de l'histoire savante par discrimination des chartes authentiques".

[35] „[C]ette importante Critique, necessaire à discerner le supposé du veritable et la fable de l'histoire, et dont le secours est admirable pour les preuves de la religion", wie sie Leibniz in seinem „Inventaire General" des menschlichen Wissens nennt; Gottfried Wilhelm Leibniz: Discours touchant la méthode de la certitude et l'art d'inventer pour finir les disputes et pour faire en peu de temps des grands progrès. In: Ders.: Die philosophischen Schriften. Hg. von

können, wenn mit den verbrecherisch fabrizierten Überlieferungsgrundlagen jeder Bezugspunkt zur kritischen Verifikation wegbricht? Was helfen die Techniken, mit deren Hilfe die verderbten Stellen der Überlieferung ausfindig gemacht und geheilt werden, wenn das gesamte Corpus der Überlieferung von Anbeginn auf einer großen Chimäre beruht?[36] Was vermag der Rekurs auf das Erkenntnisvermögen des menschlichen Verstandes, den insbesondere Le Clerc als Maßstab der Kritik setzt, wenn genau diese Setzung und das Vertrauen darauf selbst als Konsequenz der jahrhundertelangen Bemühungen des Fälschungsunternehmens bewertet werden muss?

Die Leitunterscheidung, die Hardouins Sichtung der ‚scripta vetera' ansetzt, ist denn auch auf den ersten Blick so zeitlos wie simpel, so unphilologisch wie tautologisch, so unmissverständlich wie parteiisch: „alter Catholicus [...], alter atheus" (P 20). Man hat folgerichtig einen ‚Willen zur Orthodoxie' als Motivation des gesamten Œuvres ausmachen wollen[37] – was zweifellos die Zielrichtung dieser Verdachtsstrategie trifft, wenn auch Hardouins Vorstellungen von Rechtgläubigkeit nicht weniger exklusiv anmuten mögen, als die daraus für die Bewertung der Überlieferung abgeleiteten Konsequenzen es sind. Jedenfalls findet der so justierte Blick in den schriftlichen Hinterlassenschaften, seien sie vorgeblich christlicher Provenienz oder nicht, nur ein ungeheuerliches Gewimmel von Häresien. Welcher Bonze, Brahmane oder Druide, so Hardouins wahrlich komparatistische Grundfrage, vermöchte sein System des Irrglaubens nicht aus den fälschlicherweise den Vätern zugeschriebenen Schriften zu schöpfen, könnte seiner Lehre nicht etwa jene Exzerpte aus dem Werk des „Pseudo-Augustinus" zugrunde legen, die Jansenius und der unter dem Pseudonym ‚Ambrosius Victor' publizierende André Martin gesammelt haben?[38] Deutlich wird deshalb aber auch, dass die auf die Demaskie-

---

C.J. Gerhardt. Bd. 7. Hildesheim 1965 [ND der Ausg. Berlin 1890], S. 174–183, Zit. S. 175, 182.

[36] „*Interpolationen*, d.h. jene Gattung von Änderungen (meist Einfügungen), die nicht auf Versehen beruht, sondern durch bewußten, aber nicht eingestandenen Eingriff in die Überlieferung das Original herzustellen oder gar Gefälschtes als Original hinzustellen versucht [...] [,] sind besonders gefährlich, weil ein auf ihnen beruhender Text sich oft nur sehr schwer als entstellt erweisen läßt (während Schreiberversehen normalerweise zu offenkundigem Unsinn führen)", warnt noch ein Standardwerk der Textkritik angesichts des ungleich bescheideneren ‚Normalfalls' solcher Eingriffe. Paul Maas: Textkritik. 4. Aufl. Leipzig 1960, S. 12.

[37] Sgard: Et si les anciens étaient modernes..., S. 211: „Sa volonté d'orthodoxie est évidente et presque touchante".

[38] „[V]eri Bonzii, Bramæ, Druidæ; si fides quidem eorum spectatur, ex scriptis hausta quæ Patrum nomina in fronte præferunt. Nam quis, sive Bonzius, sive Brama, sive Druida, non excerptis subscribat ex Pseudo-Augustino, quæ Jansenius, et quæ Ambrosius Victor collegit [...]?" (P 25). Hardouin spielt an auf: Cornelius Jansenius: Augustinus [ab Bd. 2:], seu doctrina S. Augustini de humanæ naturæ sanitate, ægritudine, medicinâ adversus Pelagianos & Masilienses. 3 Bde. Frankfurt a.M. 1964 [ND der Ausg. Louvain 1640 in einem Bd.]; [André Martin:] Philosophia christiana, seu Sanctus Augustinus, De philosophia universim. Ambrosio Victore collectore. 5 Bde. Paris 1667.

rung der *athei* zielende Strategie eine doppelte zu sein hat: Es gilt gleichermaßen, die zeitgenössischen Vertreter sowie die philosophische Symptomatik der (Krypto-)Häresie zu entlarven *und* deren jeweiliges überlieferungsgestütztes Legitimationssystem außer Kraft zu setzen. Wenn gerade die konfessionellen Auseinandersetzungen des 17. Jahrhunderts mit gutem Recht auch als „Kampf mit Büchern", ja als „Kampf der Bücher" bezeichnet werden können,[39] dann will Hardouin die Arsenale dieses Kampfs auf ihre Legitimation und Tauglichkeit hin durchmustern.

Den ersten Weg der Demaskierung schlägt ein 1733 in den *Opera varia* unter dem einschlägigen Titelstichwort ‚entlarvte Atheisten' postum veröffentlichter Text ein, in dem so gut wie alle Protagonisten des französischen philosophischen Denkens im 17. Jahrhundert – unter anderem Pascal und Descartes, Malebranche und Jansenius sowie die Logiker von Port-Royal, Antoine Arnauld und Pierre Nicole – zu Atheisten erklärt werden.[40] Hardouin ist dabei nicht zimperlich, was die Unterschiede in den Aussagen und Argumentationen der des Atheismus zu überführenden Texte betrifft: „Ils disent tous le mesme."[41] Jeder Versuch nämlich – und der Jesuit ist da rigoros: „Hardouin himself took no prisoners when engaged in ecclesiastical controversy"[42] –, theologische Erkenntnis an Qualitäten des menschlichen Erkennens und Denkens anzuschließen, ganz gleichgültig, ob es sich dabei um anthropologische, psychologische oder ethische Bezugsstiftung handelt, gilt ihm als gottlos. Mit anderen Worten: Atheismus beginnt für ihn zwangsläufig mit dem Versuch, Gott auf einen Begriff des Seins zu bringen;[43] die Konsequenz solcher Versuche liegt darin, dass jedes so argumentierende philosophische System

---

[39] Helmut Zedelmaier: Bibliotheca universalis und Bibliotheca selecta. Das Problem der Ordnung des gelehrten Wissens in der frühen Neuzeit. Köln, Weimar u. Wien 1992, S. 132.

[40] Jean Hardouin: Athei detecti. In: Ders., Opera varia. S. 1–258.

[41] Jean Hardouin: Reflexions importantes, Qui doivent se mettre à la fin du Traité intitulé Athei detecti. In: Ders.: Opera varia, S. 259–273, Zit. S. 260.

[42] Grafton: Jean Hardouin: The Antiquary as Pariah, S. 263. – Zum theologischen Kontext dieser Strategie vgl. Chadwick: From Bossuet to Newman, S. 54–57.

[43] Hardouin: Athei detecti. Præfatio, ⟨*2ʳ⟩ : „Nam quid illi tamdem pro Deo venditant? Ens præcise, Ens omnis entis, Ens quod nullum genus entis excludit, ac proinde Ens infinitum vel indefinitum & indeterminatum; Essentiam omnium essentiarum; Veritatem universalem, seu Verum in genere; Bonitatem universalem, seu Bonum in genere, indefinitem, indeterminatum, Bonum omnis boni: Pulcritudinem in genere, seu Pulcrum omnis pulcri tum corporei tum spiritalis; Formam intelligibilem unitatis ac realitatis, qua constant omnia quæ sunt: Formam intelligibilem veri, boni, pulcri, recti, secundum quam tum vera formaliter & bona & pulcra & recta sunt omnia, tum nos de singularum essentiarum ac naturarum veritate, bonitate, pulcritudine, ac rectitudine, judicamus ac pronunciamus; proptereaque Ratio universalis, aliisque nominibus, ab iisdem nuncupatur." – Ein solches epistemisches Verfahren der Selbst- und Erkenntnisbeschränkung hat durchaus seine Vorgänger; als erster wären Laktanz' *Divinae Institutiones* zu nennen, die zwischen empirisch-rational-technisch erschließbarem menschlichen *Wissen* und göttlicher *Wahrheit* differenzieren und im selben Zug die Inkommensurabilität der beiden Seiten der Unterscheidung setzen. „[I]n der strikten Trennung von göttlichem und menschlichem Wissen" liegt „der sensationelle Unterschied alter Philosophie und christlicher Wissensordnung" (Marie-Theres Fögen: Die Enteignung der Wahrsager. Studien zum kaiserlichen Wissensmonopol in der Spätantike. Frankfurt a.M. 1997, S. 307–315, Zit. S. 309).

seine Referenz auf Gott allenfalls „par fiction & prosopopée poëtique" aufrechtzuerhalten vermag.⁴⁴

Für die zweite, mit Blick auf die in dieser Untersuchung zu entwickelnde Systematik wichtigere Demaskierungsstrategie ist der Gesamtkomplex des schriftlich Überlieferten unter neuen Prämissen zu fokussieren. Den Rekurs auf die Patristik in den intra- und interkonfessionellen Grabenkämpfen des 17. Jahrhunderts prägt generell eine Form gezielt strategischer Doppelzeitlichkeit, die in der Forschung als ‚Anachronismus' bezeichnet worden ist: „In allen diesen Strategien der Bezugnahme ist ein inneres Moment des Anachronismus eingebaut, d.h. der Rück- und Vorprojektion von Theoremen und Theologoumena aus der eigenen Zeit in die vergangene und vice versa." Durch diesen Kurzschluss drohen sich – nun aus der Perspektive der Orthodoxie formuliert, die Hardouin einnimmt – die aktuellen häretischen Abweichungen eine ungleich schwerer sanktionierbare, weil überaus vielstimmige und so beinahe beliebig einzusetzende historische Legitimität zu erschleichen.⁴⁵ Genau dieser letzteren will Hardouins Kritik die Fundamente entziehen, und dazu muss sie eine Vorstellung des rechten katholischen Glaubens ins Spiel bringen, die dem Problem gewachsen ist.

> Der katholische Glaube stützt sich allein auf Gottes Wort, wie es zum einen in den kanonischen Büchern geschrieben steht und wie es zum andern von Generation zu Generation [*per manus*] weitergegeben wird: so bestimmt es das tridentinische Konzil. Diese Tradition aber ist keinerlei Ungewissheit und Täuschung ausgesetzt; ist es doch so, dass die Sterblichen von Gott darüber belehrt worden sind, was er von sich und der von ihm eingerichteten Welt geglaubt haben will. Es ist diese Tradition, sage ich, noch viel weniger bezweifelbar, als es jene ist, die die Behauptung aufrecht erhält, dass der französische König Ludwig XV. aus vornehmstem und uraltem Geschlecht stammt: Selbst wenn es keine Bücher, keine anderen Urkunden und Erinnerungszeichen [*monumenta*] bezeugten, ist diese letztere Tradition unbezweifelbar. In dieser Weise gründet sich die Tradition bei den Katholiken nicht allein auf die fassbaren Zeugnisse des Glaubens, sondern auch auf die beständige und ununterbrochene Nachfolge der Päpste von Petrus zu Benedikt XIII.⁴⁶

Hardouins Bestimmung der Orthodoxie zieht eine neue Unterscheidung nach sich, die nun die Modalitäten der Überlieferung selbst unmittelbar betrifft und nicht

---

⁴⁴ Hardouin: Reflexions importantes, S. 272.

⁴⁵ Thomas Leinkauf: Beobachtungen zur Rezeption patristischer Autoren in der frühen Neuzeit. In: Günter Frank, Thomas Leinkauf u. Markus Wriedt (Hg.): Die Patristik in der frühen Neuzeit. Die Relektüre der Kirchenväter in den Wissenschaften des 15. bis 18. Jahrhunderts. Stuttgart-Bad Cannstatt 2006, S. 191–207, Zit. S. 196. – „Es ist klar, daß der Rekurs auf Autoritäten wie Augustinus, Dionysius Areopagita, Basilios, Ambrosius etc. sicher auch aus der Sicht tendenziell häretischer Denker der Inquisition eine Verankerung in einer Tradition signalisierte, die selbst von ihr schwerlich angezweifelt werden konnte" (S. 193).

⁴⁶ „Catholica fides solo Dei verbo nititur, tum scripto in libris canonicis, tum per manus tradito, uti definit Concilium Tridentinum. Hæc autem traditio non est ulli errori obnoxia, quoniam est a Deo docente mortales, quid de se rebusque a se institutis credi velit. Est infallibilis, inquam, ea traditio multo magis, quam est infallibilis ea, quæ tenet Ludovicum XV. Regem Francorum ex nobilissima et perantiqua stirpe esse: Etiamsi libri id nulli docerent, nulla alia monumenta, infallibilis ea traditio est. Sic est apud Catholicos traditio, non solum de reliquis fidei captibus, sed de constanti ac perpetua successione Pontificum a Petro ad Benedictum XIII." (P 96).

mehr ausschließlich auf die Verbindlichkeit der katholischen Glaubenslehre bezogen bleibt: die Differenz von Überlieferung und Tradition. Selbst wenn es keinen schriftlichen Kanon, keine *traditio scripta* gäbe, so gäbe es doch den wahren Glauben, der seine verlässlichen Fundamente allein in der *traditio viva* der Kirche hat – in der Messe, den Sakramenten, der apostolischen Nachfolge: „superest una traditio non scripta, sed vivæ vocis" (P 107f.). Diese Auffassung steht durchaus im Rahmen der intrakonfessionellen Auseinandersetzungen nach dem Tridentinum.[47] Weiter reicht allerdings der Schluss, den Hardouin daraus für die Sache der Überlieferung im Allgemeinen zu ziehen sucht. Die Pergament- und Papiersequenzen schriftlicher Überlieferung sind anfällig für Fälschung, Verstümmelung und Entstellung, die lebendig-‚stimmliche' Überlieferung in Generationenfolge dagegen, wie sie von der Institution und in der institutionellen Praxis der katholischen Kirche als Tradition perpetuiert wird, bleibt „unverdorben und beständig dieselbe" („incorrupta eademque constanter", P 108). Mit dem geläufigen Gegensatz von ‚Schriftlichkeit' und ‚Mündlichkeit', wie er in neueren Debatten zu den Kulturtechniken der Überlieferung seine Verwendung findet, wird man diese Opposition allerdings nicht verwechseln dürfen.[48] Nicht nur läuft Hardouins funktionale Zuordnung derjenigen eines solchen Ansatzes genau entgegen. Die Schriftlichkeit, zumal die einer Handschriftenkultur, steht ihm – in dieser Hinsicht ist er Philologe genug – unterm Verdacht allgegenwärtiger Korrumpierbarkeit. Häresien, wie unter den Prämissen seiner Rechtgläubigkeit die Konsequenzen der ‚mouvance' und die aus ihnen resultierenden „unfesten, beweglichen Text[e]"[49] nur heißen können,

---

[47] Zur „Entwicklung des Traditionsbegriffs" v. Harnack: Dogmengeschichte, S. 438f.: „In thesi hielt man den Satz fest: es gibt keine neuen Offenbarungen in der Kirche; in Wahrheit verfocht man immer dreister das gnostische (Geheimüberlieferung) und das enthusiastische Traditionsprinzip, gegen welches doch einst das katholische aufgestellt war. Bellarmin war noch zaghaft; aber schon Cornelius Mussus, ein Mitglied des Tridentiner Konzils, hattte den Satz aufgestellt, daß er in Glaubenssachen *einem* Papste mehr glaube als tausend Augustin's und Hieronymus'. Die Jesuiten haben den selbst schon neuen Satz, daß alle *Gewohnheiten* der römischen Kirche Tradition seien, durch den allerneuesten ergänzt, daß jede Lehrentscheidung des Papstes sei. Sie haben sich sogar hin und her abschätzig über Konzilien und Traditions*beweise* ausgesprochen, oder die beglaubigtsten Aktenstücke für Fälschungen erklärt, um die Geschichte durch das Dogma vom Papst zu überwinden. Die Kirche selbst ist die lebendige Tradition, die Kirche aber ist der Papst: *also ist der Papst die Tradition* [...]."

[48] Hardouins ‚viva vox' korrespondiert exakt mit dem, was die neuere religionsgeschichtliche Forschung, die mit dem Paradigma ‚Schriftlichkeit' vs. ‚Mündlichkeit' arbeitet, als „mit Hilfe der Schriftlichkeit fixierte[n] [...] Ritualismus" dingfest gemacht und auf die folgende Konsequenz hin untersucht hat: „Schriftlichkeit tötet hier Mündlichkeit ab, aber jetzt nicht im Max Weberschen Sinn in Richtung auf größere Rationalität, sondern in Richtung eben auf Ritualität." (Arnold Angenendt: Religion zwischen Mündlichkeit und Schriftlichkeit. Der Prozeß des Mittelalters. In: Clemens M. Kasper u. Klaus Schreiner (Hg.): Viva vox und ratio scripta. Mündliche und schriftliche Kommunikationsformen im Mönchtum des Mittelalters. Münster 1997, S. 37–50, Zit. S. 44f.).

[49] Joachim Bumke: Der unfeste Text. Überlegungen zur Überlieferungsgeschichte und Textkritik der höfischen Epik im 13. Jahrhundert. In: Jan-Dirk Müller (Hg.): ‚Aufführung' und ‚Schrift' in Mittelalter und Früher Neuzeit. Stuttgart u. Weimar 1996, S. 118–129, Zit. S. 125. – Zu den reichhaltigen Debatten in den sog. älteren Literaturwissenschaften zu diesem Komplex seien

1 Überlieferungsfälschung: Hardouins Altertum 71

werden gerade durch die absichtsvolle Produktion von schriftlichen Überlieferungszeugnissen möglich, wie sie im Zuge des konspirativen Unternehmens entstehen. Überdies ist Hardouins ‚viva vox' der katholischen Traditionssicherung ausschließlich eine der Institution und des Rituals; keine medial oder konzeptuell begründete also, sondern eine performative, die an die von und in der Kirche festgelegten Gelingensbedingungen gebunden ist. Bei den theologischen Implikationen dieses Konzepts von Orthodoxie braucht man sich hier nicht aufzuhalten. Jedenfalls prozessiert sie, so könnte man es pointieren, nach den Maßgaben einer kanonisierten performativen Präsenz, wie sie die kulturwissenschaftliche Gedächtnisforschung seit einiger Zeit unter dem Begriff der ‚rituellen Kohärenz' subsumiert.[50]

„Je fais profession de rejetter comme mensonge tout ce qui est opposé a la verité; c'est-à-dire, tout témoignage purement humain, qui est contraire a l'Ecriture sainte: & tout témoignage particulier touchant les faits purement historiques, quand il est détruit par un témoignage public, tel qu'est celui des médailles, qui n'ont jamais été frappées que de l'aveu des Princes, ou des Magistrats legitimes."[51] Wie seine zweite Leitunterscheidung ‚schriftlich überlieferte historische Daten vs. legitimierte Zeugnisse' belegt, hält Hardouin den Arbeitskomplex antiquarischer Prüfung und Beweisführung keineswegs für obsolet. Erstaunlicherweise ist dies auch angesichts der nach seiner These supponierten schriftlichen Überlieferung nicht anders, zu der aber natürlich ein legitimierten Zeugnissen entsprechendes kritisches Korrektiv fehlt. Der Fluchtpunkt der philologisch-antiquarischen Kritik einer insgesamt gefälschten Überlieferung muss deshalb an anderer Stelle gesetzt werden: „Fälschen ist ein propositionaler Akt".[52] Es reicht also nicht aus nachzuweisen, dass im Zuge der schriftlichen Überlieferung latente und manifeste Abweichungen allein schon zu Systembedingungen auftreten – etwa durch sorglose Kopisten, die Textverluste und -entstellungen aus Nachlässigkeit verschulden, genau so gut aber durch allzu besorgte Akteure, die möglicherweise richtige Lesarten zumal im Rahmen interessengebundener Ermächtigungsakte durch eigenes Miss-

---

als ‚Gründungsdokumente' genannt Paul Zumthor: La poésie et la voix dans la civilisation médievale. Paris 1984; Bernard Cerquiglini: Éloge de la variante. Histoire critique de la philologie. Paris 1989, als Summa der Auseinandersetzungen mit den Bedingungen und Formen mittelalterlicher Medialität Horst Wenzel: Hören und Sehen, Schrift und Bild. Kultur und Gedächtnis im Mittelalter, München 1995.
50 Vgl. Jan Assmann: Das kulturelle Gedächtnis. Schrift, Erinnerung und politische Identität in frühen Hochkulturen. München 1999, S. 87–91.
51 Hardouin: Opera selecta, S. 367.
52 Bernhard J. Dotzler: ‚Current Topics on Astronoetics'. Zum Verhältnis von Fälschung und Information. In: Reulecke (Hg.): Fälschungen., S. 68–80, Zit. S. 78: „Nicht Sachen, sondern Sachverhalte werden gefälscht; nicht Gegenstände, sondern Behauptungen über Gegenstände; nicht Information, sondern: – durch Information wird gefälscht. Denn gefälschte Information gibt es nicht. Es gibt Falschinformation, gar keine Frage. Aber selbst diese ist und bleibt Information."

verstehen zu substituieren pflegen. Mit beidem rechnet die Kritik ohnehin.⁵³ Genauso wenig führt die kritische Sichtung der Überlieferungsinhalte allein zum Ziel. Denn Hardouin will ja gerade nicht ausfindig gemacht haben, dass die Kirchenväter unorthodoxe Positionen vertreten hätten – in diesem Fall verhedderte sich seine Leitunterscheidung zwischen rechtgläubiger *traditio* und häretischer Überlieferung endgültig und ausweglos in den Fallstricken der Paradoxie. Vielmehr geht es ihm darum nachzuweisen, dass die als Patristik überlieferten Texte ein genuines Korpus von Unterstellungen darbieten. Die Überlieferungsprüfung des Jesuiten entzieht sich dem epistemologischen Konzept der Differentialdiagnostik, dem der methodische Ausbau und die maßgeblichen Neuansätze des philologisch-diplomatischen Wissens am Ende des 17. Jahrhunderts verpflichtet sind. Sie geht vielmehr daran, das „Netzwerk semiosischer Mißverständnisse und bewußter Lügen" aufzulösen, als das ein Fälschungsunternehmen ‚rein historischer' Daten mit solcher Reichweite nur funktionieren kann.⁵⁴

Dazu muss Hardouin zunächst Überlieferungsagenten ausfindig machen, deren Spuren die Aufnahme eines Indizienverfahrens gegen die Proposition(en) der Fälschung erlauben. Ihren Auftritt hat, als solle der Vermutung Gewicht verliehen werden, dass „der Glaube an Verschwörungen eine – vielleicht – notwendige Begleiterscheinung des religiösen Fundamentalismus" stellt,⁵⁵ eine von Hardouin wahlweise als „gottloser Haufen" („impia cohors", P 37), „Verbrecherbande" („scelest[us] gre[x]", P 1) oder „unverschämte Clique" („coetus improbus", P 31)

---

⁵³ So etwa – um nur wieder die einschlägigen Globaldarstellungen zu erwähnen – Le Clerc: Ars critica. Bd. 1, S. 8–28 und Bd. 2, S. 402–534; Mabillon: De re diplomatica. I.vii [ND Bd. 1], S. 26–30, der drei solcher Eingriffstypen nennt – die Supplementierung von überlieferungsbedingten partiellen Textverlusten (‚caducitas'), die Wiederherstellung gänzlich verlorener Dokumente (‚jactura') und die arglistige Fälschung (‚dolus malus') inexistenter Zeugnisse – und bewertet: „nec multo plura tempus edax rerum, quàm hominum incuria & iniquitas devoravit" (26).

⁵⁴ Eco: Die Grenzen der Interpretation, S. 244.

⁵⁵ Dieter Groh: Die verschwörungstheoretische Versuchung, oder: Why do bad things happen to good people? In: Ders.: Anthropologische Dimensionen der Geschichte. Frankfurt a.M. 1992, S. 267–304, Zit. S. 303. – Vgl. Serge Moscovici: The Conspiracy Mentality. In: Carl F. Graumann u. Serge Moscovici (Hg.): Changing Conceptions of Conspiracy. New York [u.a.] 1987, S. 151–169: „Conspiracy implies that members of a confession, party, or ethnicity [...] are united by an indissoluble secret bond. The object of such an alliance is to foment upheaval in society, pervert societal values, aggravate crises, promote defeat, and so on. The conspiracy mentality divides people, things, and actions into two classes. One class is pure, the other impure. These classes are not only distinct, but antagonistic. They are polar opposites: everything social, national, and so forth, versus what is antisocial or antinational, as the case may be. On the one hand, everything normal, lawful, that is, native; on the other hand, everything abnormal, unlawful, and hence, alien. The opposing groups belong to two distinct universes: a region of daylight and clarity versus an opaque and nocturnal milieu. This is a radical dualism, a scission between groups that coexist without having anything in common. Any contact is necessarily harmful. It causes pollution, defilement, even infection" (154). Die für den Fall Hardouin ganz spezielle Ironie dieser Architektur: sie geht in ihrer christlich-theologischen Ausformulierung „in letzter Instanz" ausgerechnet auf den „christlichen Platonismus von Augustinus" zurück; vgl. Groh: Die verschwörungstheoretische Versuchung, S. 268.

1 Überlieferungsfälschung: Hardouins Altertum

geschmähte Verschwörergruppe. Sie soll den ganzen Schwindel im 14. Jahrhundert[56] in Gang gebracht haben. Mit der Simulation der Schriften einiger Kirchenväter allein ist es für sie keineswegs getan, muss doch ihr Unternehmen beinahe anderthalb Jahrtausende schriftlicher Überlieferung des Christentums supponieren. Der Fälscherwerkstatt, heißt das, entstammen nicht nur einige grundlegende Texte, sondern auch die gesamte Rezeption dieser Texte: die von ihnen provozierten Verweis- und Kommentargeflechte eines ganzen Diskurses; ganz zu schweigen von der nachträglichen *bricolage* einer mit den erwähnten sechs echten Ausnahmen nicht mehr vorhandenen vorchristlich-antiken Literatur. Die atheistische Überwältigungsstrategie operiert mit schierer Massenproduktion, „auf dass der Vielzahl der Zeugnisse niemand entgegenzutreten wage" („ut multitudini testium nemo auderet obsistere", P 33). Hardouin läßt keinen Zweifel daran aufkommen, dass diese Quantität sowie die Vielfalt und Proliferation der Häresien aufs engste miteinander verknüpft sind. „Viele, beinahe zahllose Bücher sind geschrieben worden: Die unverschämte Clique begriff nämlich, dass der Betrug umso schwerer zu entwirren sei, je mehr es davon gäbe" („Multa et infinita prope volumina sunt exarata: intelligebat enim cœtus improbus, quo plura essent, eo difficilius fraudem esse extricandam", P 31). Natürlich kann ein solches Unternehmen nur arbeitsteilig und mit hinreichend ausdifferenzierten Kompetenzen glücken. Die Betrüger beschäftigen deshalb Astronomen, die Sonnenfinsternisse errechnen und für das so wichtige chronologische Gerüst der Fälschungen sorgen. In ihren Reihen sind Juristen, Ärzte und Poeten, dazu Übersetzer, von denen die lateinischen Schriften ins Griechische, Hebräische und Arabische übertragen werden. Selbst eine neue Sprache, das Koptische, wird von ihnen erfunden, um die Einstimmigkeit der wahren christlichen Schrifttradition – die Vulgata – durch vorgeblich ältere Anfänge, Ursprünge und Versionen zu untergraben.

---

[56] Diese Datierung ist in Hardouins Schriften keineswegs konsequent eingehalten. Die *Chronologia veteris Testamenti, ad Vulgatam versionem exacta, et nummis antiquis subinde illustrata* von 1697 (Opera selecta, S. 513–644) weist auf das 13. Jahrhundert und setzen ihrerseits eine „Verschwörungstheorie über einen Verschwörungstheoretiker" (Mulsow: Die drei Ringe, S. 36) in Gang, weil Veyssière de La Croze in den Urheberpseudonymen chiffrierte Hinweise auf den notorischen Papstfeind Friedrich II. entdecken kann (vgl. dazu unten S. 91). Die *Prolegomena* geben darüber hinaus eine medientheoretisch pointierte Epochalisierung: „Usque ad natam Typographiam et facilitas magna fingendi fuit, et libido. Post eamdem natam difficilius id fieri potuit. Itaque tempus fingendi fuit, sæculum XIV. et XV. et XVI. [*sic!*] Tempus typis edendi, sæculum XV. XVI. et XVII. Tempus examinandi, et fraudis detegendæ, sæculum XVII. exiens, cum consequentibus; ne vires ea fraus cum annis acquirat" (P 186); wie gerade solche Unschärfe zur Expansion und Verdoppelung konspiratorischer Argumentationsfiguren führt, zeigt Sgard: *Et si les anciens étaient modernes...*, S. 212: „Hardouin ne s'est jamais expliqué clairement sur cette secte de faussaires: il la situe dans les monastères du XIIIe siècle, au moment où se multiplient les copies des textes anciens. Ces textes, il les voit réédités sous ses yeux par les bénédictins; et c'est l'entreprise de l'*Histoire littéraire de la France*, de l'édition collective des Pères de l'Eglise, c'est aussi le dessein manifeste des bénédictins d'éclairer la pensée augustinienne qui lui servent de modèle: ce qui se passe aujourd'hui a pu aussi bien se passer au XIIIe siècle...".

Überlieferungsgeschichte wäre also gleichsam als Kriminalgeschichte zu schreiben[57] – nicht nur, was die verbrecherischen Intentionen dieser hochspezialisierten Akteure betrifft, sondern auch mit Blick auf das materiale Dispositiv der Fälschung. Die Verschwörung folgt einer skripturalen Strategie der Diversität, die sich von der Textgenerierung über die Proliferation der Erzeugnisse zur Heterogenität von Beschreibstoffen und Schreiberhänden erstreckt. Spätestens an diesem Punkt verfertigen die frivolen Fälscher nicht nur illegitime Texte, sie antizipieren darüber hinaus sowohl die Geschicke der Überlieferung wie die Verfahren und Einsatzstellen der Überlieferungskritik – bis hin zur Unterstellung von Überlieferungsverlusten, die weitere Verwirrung stiftet: Simulation und Dissimulation ergänzen sich, um jenes komplexe Geflecht zustande zu bringen, in das sich das philologisch-historische Wissen seit der Renaissance verstrickt sieht.[58] Hardouin spinnt die Koinzidenz in den Methoden und Verfahrensweisen von ‚Fälschern und Kritikern', die Anthony Grafton herausgestellt hat,[59] zum allumfassenden konspirativen Metanarrativ aus. Dass die gottlose Gegenüberlieferung selbst nicht mit einer Stimme spricht, ist dabei keineswegs der hastigen Sorglosigkeit der unverfrorenen Überlieferungsagenten zuzuschreiben. Das hat vielmehr Methode[60] und macht den vielleicht raffiniertesten Schachzug des Unternehmens aus. Geht es der Verschwörung darum, Hardouins überhistorischer Leitdifferenzierung von ‚Rechtgläubigkeit vs. Gottlosigkeit' die Operationsgrundlage zu entziehen, so soll ihr dies dadurch gelingen, dass nicht etwa ein alternatives Dogma behauptet, sondern die unabdingbare Diskurskonsistenz jeder dogmatischen Tradition durch die schiere Vielfalt von Heterologien in ihrer operativen Funktionalität sabotiert wird. So produziert das Fälschungsunternehmen supponierte Autoritäten zugleich mit supponierten Häresien und versäumt es nicht, die Auseinandersetzung mit diesen letzteren in die

---

[57] Dass die „Prinzipien der Quellenkritik", wie sie Hardouin nun ins Feld führt, (auch) im Dispositiv frühneuzeitlicher Wissenschaften ohnehin „der Lehre vom juristischen Beweise so sehr nahe" liegen, mag das konspirationstheoretische Emplotment erleichtern (Richard Treitschke: Burkhard Mencke, Professor der Geschichte zu Leipzig und Herausgeber der Acta Eruditorum. Leipzig 1842, S. 11).

[58] „Multa illi denique credi voluere opera esse deperdita: unde vix quisquam eorum est, qui non alicubi, scripta quædam a se fuisse mentiatur, quorum nihil exstat." (P 39) – Wie die philologische Überlieferungskritik noch um 1900 ihren Fälschungsverdacht nach diesen Prämissen und in dieser Rhetorik prozessieren läßt, zeigen die von Hagen: Litterarische Fälschungen, S. 59–71, aufgeführten „Mittel, um gegenüber den raffinirten Umtrieben der Fälschung der Wahrheit zum Sieg zu verhelfen" (Zit. S. 59).

[59] Vgl. Grafton: Fälscher und Kritiker, S. 91: „Fälschung und Philologie stiegen und fielen zusammen, in der Renaissance ebenso wie im hellenistischen Alexandrien; manchmal waren die Fälscher die ersten, die elegante kritische Methoden schufen oder neu formulierten, manchmal wurden sie darin von den Philologen geschlagen. In allen Fällen entwickelte sich die Echtheitskritik in Abhängigkeit von dem Stimulus der Fälscher." Im Gegensatz zu diesem (allzu) dichotomischen Fazit zeigen Graftons vorangehende Fallgeschichten allerdings doch eher die Interferenzen zwischen den beiden Polen resp. Verfahren.

[60] „Itaque fere curenti calamo hæc opera exarabant, præsertim vero conciones, ut interdum ipsi gloriantur, singulas una nocte" (P 43), heißt es zu dieser Beschleunigungstaktik.

1 Überlieferungsfälschung: Hardouins Altertum 75

Œuvres der vorgeblichen Kirchenväter einzuschreiben. Die *viva vox* der wahren christlichen Tradition verschwindet so im dissonanten Chor der fortan überlieferten Irrlehren:

> Jener Plan musste mit so vielen Büchern und Geschichtswerken, mit so vielen Verbindungen und Schriften aller Art gestützt werden, oder er war überhaupt nicht aufrechtzuerhalten, noch dazu, wenn ihn jemand genau prüfen sollte. Es wundere sich demnach niemand über die Vielfalt und Masse der Bücher. Es musste mithilfe polemischer Abhandlungen, Homilien, Schriftauslegungen und Sendschreiben sowie in den Geschichten der unterschiedlichen Völker des christlichen Erdkreises gezeigt werden, dass der Glaube keine andere Gestalt gehabt habe als die von jenen selbst überlieferte; und die Lehrmeinungen, die diese Texte vertraten, und die Deutungen der Schriften, die sie beibrachten, sowie ihre Auflösungen von Widersprüchen durfte man nicht als diejenigen eines einzigen Menschen, als solche aus einer Gegend oder aus einem Zeitalters erkennen, sondern sollte sie als die des ganzen Erdkreises und aller Zeiten wahrnehmen.[61]

Damit diese zeitliche und räumliche Extensionsbehauptung, der Chronotopos der fabrizierten Überlieferung gewissermaßen, plausibel wird, benötigt die Verschwörerbande noch einmal ein breites Tableau an Kompetenzen. Zur Enzyklopädik der Inhalte und der dazu benötigten Sachkunde kommt der Katalog von Wort- und Materialkünsten, für dessen Reichhaltigkeit eine Vielzahl von Textsortenspezialisten, Stilkünstlern und Schriftmaterialkundigen sorgt. In deren Erzeugnissen wird der gewiefte Philologe natürlich dennoch Abweichungen von der lateinischen *puritas* entdecken – es trifft sich für die in Hardouins Verdachtsgebäude angesiedelte Fährtensuche deshalb gut, dass Ciceros Œuvre, bekanntlich bereits von den Renaissancegrammatikern als maßgeblich für die Sprachtechniken des klassischen Latein gesetzt, für echt gehalten werden darf. Doch auch solche Diskrepanzen sind mehr als Zeugnisse mangelhafter Sprach- und Stilkompetenz, genauso wie die unklassische Genrevielfalt der fabrizierten Schriften. Hätten alle an der Verschwörung Beteiligten in grammatisch-rhetorischer Einstimmigkeit Text neben Text gereiht, hätte dies der beabsichtigten Reichweite des Unternehmens nicht entsprochen. „Deswegen wurden die Schreiber der frühen [christlichen] Jahrhunderte Apologien, Sendschreiben, Abhandlungen gegen die Häretiker und Homilien zu verfassen geheißen. Für das Mittelalter wurde ihnen befohlen, Kommentare zu und Kollektaneen aus den Kirchenvätern anzulegen – das heißt, aus denjenigen Schrif-

---

[61] „Fuit illud consilium tot voluminibus, tot historiis, tot conciliis, tot scriptis omnis generis fulciendum, aut omnino suscipiendum non fuit, ac ne tentandum quidem. Itaque nemo multitudinem librorum vel molem miretur. Fuit ostendendum et per tractatus polemicos, et in homiliis ad populum, et in explanationibus scripturarum, et in epistolis, et in historiis variarum orbis Christiani gentium, non aliam, quam quæ ab ipsis traderetur, Religionis formam fuisse: et quas opiniones docerent, et quas afferrent interpretationes scripturarum, et solutiones oppositorum, non unius hominis, vel unius regionis aut ætatis, sed totius orbis sensa esse, omniumque ætatum" (Ebd. 32f.).

ten, die vorangehende Nachtarbeiten hervorgebracht hatten. Zuletzt wurden sie geheißen, theologische Summen und Kommentare dazu zu verfassen."[62]

Nicht nur auf solche sprach- und textspezifischen Auffälligkeiten, darunter auch das verwirrende Spiel mit Autorschaftszuschreibungen, gilt es zu achten. Kein geringeres Gewicht hat die Materialität der verfertigten Überlieferung. Die Fälscherbande verfügt über eine Vielzahl von Musteralphabeten für alle fraglichen Sprachen und Schreibstile sowie Tinten und Pergamente jeden Alters, um authentische Diversität auch *materialiter* zu simulieren – wiederum ganz so, als hätte sie sämtliche Einsatzpunkte einer künftigen Beglaubigung ihrer Erzeugnisse im nachmaligen Arbeitsprogramm der diplomatischen Kritik bereits antizipiert.[63] Doch auch davon lässt sich Hardouins zugleich antiquarisch geschärfter und der Betrugshypothese unbeirrbar verpflichteter Blick nicht täuschen, ganz im Gegenteil schlägt er daraus neues Entlarvungspotential: Warum gibt es eine so große Zahl von Pergamenthandschriften, obwohl zur Zeit des Fälschungsunternehmens der Gebrauch von Papier längst weit verbreitet war? Natürlich soll damit die Nachwelt über das wahre Alter der Schriften getäuscht werden; überdies tragen schon die Materialeigenschaften der Pergamentkodizes, ihre längere Haltbarkeit und geringere Anfälligkeit für den Verlust einzelner Blätter, das Ihre dazu bei, dass die verschwörerische Streuung unterstellter Werke auf Dauer gestellt wird! Aus unterschiedlichen Bibliotheken stammende Manuskripte, die Texte aus weit auseinander liegenden Jahrhunderten versammeln, zeigen die gleiche Handschrift? Eben weil die Verschwörer mit den Musteralphabeten vor Augen am Werk sind, um zeitliche und geographische Überlieferungsstreuung zu simulieren! Mit einer strategischen Blindheit für die Bedingungen der Textproliferation in einer Handschriftenkultur verwandelt Hardouin deren Eigengesetzlichkeiten in einen besonders profilierten Beleg für die Fälschungshypothese. „So gleichförmig sind überall die Schriftzeichen, dass man schwören möchte, alle jene Kodizes stammten nicht nur aus einem Scriptorium, sondern seien von einer Hand geschrieben; wenn von mehreren, dann gewiss von Schreibern, die entweder dasselbe Musteralphabet vor Augen haben oder das Bild der Buchstaben, die sie beim jeweiligen Abmalen genau beibehalten haben."[64] Die

---

[62] „Propterea priorum sæculorum scriptores jussi sunt apologias scribere, epistolas, tractatus adversus hæreticos, et homilias. Medio ævo scribere jussi Commentarios, et Collectanea ex Patribus, hoc est, ex iis qui priores lucubrationes dedissent. Postremo condere jussi sunt Summas Theologicas et Commentarios in Summas" (Ebd. 47).

[63] Auch damit hält sich Hardouins Argumentation auf der Höhe der philologischen Methodologie: Für die Diplomatik bildet die Materialität der Überlieferung (Beschreibstoffe, Schriftformen, Schreibmaterialien) den Ausgangspunkt der Authentizitätsprüfung von Dokumenten: „[la diplomatique] en impute l'authenticité davantage à la matérialité de l'écrit qu'à l'autorité qui les cautionne." (Barret-Kriegel: Les historiens et la monarchie. Bd. 2, S. 136).

[64] „Adeo similis ubique character est, ut una non modo ex officina, sed una manu scriptos omnes codices istos jures: aut si a pluribus, certe ab iis, qui alphabetum idem ante oculos haberent, sive formam litterarum, quam in singulis pingendis accurate servarent" (P 211). – Den Versuch – wie ihn etwa Mabillons *Specimina veterum codicum & inscriptionum* in auf-

1 Überlieferungsfälschung: Hardouins Altertum

Bibliotheken selbst, die Schatzhäuser des Wissens mit ihren illuminierten Prachthandschriften? Auch sie eine strategische Innovation der Verschwörer, in deren Zug die äußerliche Unscheinbarkeit der wahren christlichen Überlieferung, die Vulgata im – *avant la lettre* – Taschenbuchformat, wie sie im täglichen Gebrauch der Gläubigen gewesen ist, durch neue und aufsehenerregende Buchformate Konkurrenz erhält![65]

Die böswillige Abweichung von der lebendigen Tradition des rechten Glaubens ist die eine, für den christlichen Teil der Überlieferung ausschlaggebende Richtlinie des Fälschungsunternehmens. Bei der Fabrikation der ‚heidnischen Altertümer' nutzt es, neben den genannten wirklich erhaltenen Werken der griechischen und römischen Literatur, ein dünnes und – wie sich Hardouins scharfem Blick offenbaren wird – prekäres Band zu den Realien: antike Münzen, die den Verschwörern zur Verfügung stehen. Am Leitfaden der daraus erschließbaren Informationen basteln sie ein dürftiges Gerüst authentischer Akteure, dessen Lücken aber natürlich zu Zwecken der Geschichtsschreibung durch allerhand Konfabulationen gestopft werden müssen. Dabei aber ist auch dieses Verfahren so geschickt eingefädelt, dass erst das extensive Sammel- und intensive Auswertungs-programm der neuzeitlichen Antiquare, unter ihnen an vorderster Stelle Hardouin selbst, diese Lückenfüllerei überhaupt als solche entlarven können wird:

> Dass vorher keinerlei römische oder griechische Historie existiert hat, wie wir sie heute haben, wird aus dem Befund offensichtlich, dass sie auf freilich unglaubliche Weise den alten Münzen widerspricht, was die Genealogie, die Chronologie und die Taten betrifft. Wir haben dies anhand der Münzen aus der Kaiserzeit von Cäsar [Octavian] bis Heraclius gezeigt. Von dem, was in der Geschichtsschreibung zusammengesammelt worden ist, enthalten die alten Münzen überhaupt nichts, sondern zeigen geradewegs das Gegenteil. Was wäre ein mächtigerer Beweis für die Fabelei in den Historien? Beinahe nichts davon, was auf Münzen graviert worden ist,

---

wendigen Tafeln unternehmen (De re diplomatica. V.i [ND Bd. 2], S. 344–373) –, eine nach Provenienz und Datierung differenzierte Schriftentypologie zu erstellen, kehrt Hardouins Verdächtigungsstrategie also schlicht um: zur Produktionsbedingung all dieser vergleichbaren Manuskripte.

65 „In Bibliothecas enim si reconderentur libri Catholici, totidem adversus hujus impiæ cohortis partus ii testes essent. Itaque magna cura eliminandi exinde fuere, et arcendi ab introitu. Ante Bibliothecas igitur institutas, quæ nullæ fuerunt ante sæculum XIV. siquidem constant omnes libris non aliis, quam qui sunt tunc ficti; præter Biblia, et libellos precum qui portarentur facile et tererentur usu; sed quotidie restituerentur. Ut nihil Judæi servavere scriptum, præter Biblia, quæ gestari una manu, et in pera possunt. Sic et Christiani fecere usque ad exortum impiæ cohortis" (P 182f.). – Vgl. zum Modell einer ‚Gegenüberlieferung' der Vulgata den Kommentar zu Hardouins *Commentarius in Novum Testamentum* bei Chauffepié: Nouveau dictionnaire historique et critique. Bd. 2. H, S. 40, Anm. D: „Mais ce qu'il y a de plus singulier, c'est qu'il prétend que les Evangiles & tout le Nouveau Testament ont été écrits en Latin, ce n'est pas tout; ces Livres ont été transcrits dans tous les siécles depuis le premier, avec une fidélité entière, en tout autant de Syllabes & de Lettres, non à la verité sur les Manuscrits qui se conservent dans les Bibliothéques, dont la foi est très-suspecte, mais sur ce genre de Manuscrits, qui, étant entre les mains de presque chaque particulier dans tout le Monde Chrétien, ne purent pas alors être plus sujets au moindre changement & à la moindre interpolation, parceque la plus légère entreprise de cette sorte n'auroit pas manqué d'être relevée, que de nos jours par la même raison, les Livres sacrés ne peuvent être corrompus dans la moindre chose."

gibt die Geschichtsschreibung wieder – und ist das nicht ein weiterer sicherer Beweis ihrer Illegitimität? Doch wen wird es wundern, dass diejenigen bei der ‚Historia profana' gelogen haben, die ja die ‚Historia sacra' verdorben und verfälscht haben?⁶⁶

Gerade dieses Band zu den Realien aber ist der Glücksfall, dank dem Hardouins Hermeneutik des Verdachts endlich auf das Fundament einer zweiten Leitunterscheidung abstellen kann: ‚schriftlich überlieferte historische Daten vs. legitimierte Zeugnisse'. So detailversessen sie auch ist, Hardouins Beschreibung der skripturalen Praktiken und Listen der Verschwörer hat als letzten Bezugspunkt stets zwangsläufig die *petitio principi*, dass nicht echt sein darf, was nicht wahr sein kann. Argumentiert Hardouin damit selbst dort noch aus der Position der Orthodoxie, wo er Buchstabenformen und Schreibmaterialien fokussiert, so darf seine an den „documents bruts"⁶⁷ der Numismatik ausgerichtete Überlieferungskritik nun einen Standpunkt epistemischer Immanenz beanspruchen – der Inquisitionsprozess gegen die schriftliche Überlieferung soll sich in ein Beweisverfahren verwandeln. Damit wären, gleichsam als Nebeneffekt, die Praktiken des antiquarischen Wissens, das in Diensten der großen Verschwörung „dem Christentum unglaublich geschadet hat", wieder legitimiert. Doch nicht nur das: Da inzwischen das Unwissen über diesen Betrug dem rechten Glauben am meisten schadet, kommt die Zeit, in der eine „wahre Wissenschaft" antreten kann, das „Christentum zu schützen und zu fördern": „Deren wichtigste Aufgabe wäre es, den Betrug zu enthüllen, den sich die vorgeblichen Gelehrten ausgedacht haben, um den Glauben zu erschüttern; außerdem die sorgfältige und genaue Widerlegung dieses Betrugs."⁶⁸

An dieser letzten Systemstelle sind Hardouins am Ende des 17. Jahrhunderts nach und nach veröffentlichten einschlägigen Arbeiten anzusiedeln. Sie ist gleichzeitig eine weitere Schnittstelle zu den methodisch avanciertesten Verfahren antiquarischer Kritik. Le Clerc beispielsweise profiliert die Notwendigkeit einer kritischen Bestandsaufnahme von echter und unterstellter Überlieferung mit dem Hinweis auf die Gefahr, dass gerade auch im christlichen Schrifttum eine Mischung von Wahrem und Falschem überdauert und so der christliche Glaube ohne

---

66 „Nullam prius exstitisse Romanam Græcamve historiam, qualem habemus, ex eo indicio manifestum est; quod nimirum incredibiliter pugnat ista cum nummis veteribus, quantum ad Genealogiam, Chronologiam, et res gestas Principum pertinet, ut ex nummis Augustorum a Cæsare ad Heraclium, aliisque, ostendimus. De his quæ leguntur in historia scripta, nihil omnino nummi veteres habent; sed prorsus contrarium exhibent: et quod majus esse in historiis fabulositatis indicium potest? Nihil fere eorum quæ sunt in nummis sculpta, historia scripta repræsentat; et non est istud alterum certum νοθείας argumentum? Et quid mirum, mentitos esse in historia profana, qui sacram perverterunt aut adulterarunt?" (P 172f.).
67 Sgard: Et si les anciens étaient modernes..., S. 215.
68 „Nocuit hactenus incredibiliter rei Christianæ eruditio, et quæ vulgo appellatur scientia. Nunc incredibiliter nocet eidem ignorantia fraudis adversus ipsam dudum instructæ ab atheis. Ergo nunc tempus est, ut rei Christianæ promovendæ ac tutandæ prosit vera scientia; cujus pars potissima sit patefactio fraudis, quam excogitavere ad labefactandam religionem falsi nominis eruditi; ejusdemque fraudis diligens et accurata confutatio" (P 65).

den Sukkurs der Kritik entstellt bleiben müsste.[69] Auch der Ansatz, die „wahre Geschichte, die wahre chronologische Ordnung mithilfe von Münzen gegen unverschämte und gottlose Geschichtenerzähler" zu etablieren, ist an sich kein skurriles Privatunternehmen eines verschrobenen Sektierers, sondern *common sense*, wenn nicht Maßstab gelehrter Arbeit.[70] Dass schriftliche Zeugnisse als Grundlage und schriftliche Darstellungen als Medium historischer Wahrheit wenn überhaupt, dann nur unter geschärftesten Vorsichtsmaßnahmen heranzuziehen sind, erhält darin beinahe den Rang einer Methode. Auf diese greifen insbesondere die Antiquare gern zurück – bei ihrer Beschäftigung mit kleinstteiliger Detailforschung und schriftfremden Materialitäten ist solches Misstrauen geradezu konstitutiv. Aber selbst für die an den großen Erzählungen ausgerichteten Historiographen erhält es eine gewisse Verbindlichkeit: ‚Historischen Pyrrhonismus' pflegt man die damit verbundene Form der Skepsis zu nennen. Sie wird für gewöhnlich auf Instrumentalisierungen des geschriebenen Wortes zurückgeführt, wie sie in den politischen und konfessionellen Polemiken des 17. Jahrhunderts nur allzu deutlich erfahrbar geworden sind. Den Antiquaren selbst aber gilt sie als epistemologische Konsequenz aus der wahrlich abgründigen Erfolgsgeschichte ihrer gelehrten Praxis – dass schriftliche Dokumente interessengebunden und fälschbar sind, ist seit Vallas Entlarvung der sogenannten ‚Konstantinischen Schenkung' zugleich Motivation und Bedrohung jeder Arbeit an den Zeugnissen der Vergangenheit.[71]

---

[69] Le Clerc: Ars critica. Bd. 2, S. 429f.: „Ex hisce intelligere est quæ sit Criticæ utilitas, sine que innumera fictitia monumenta, eáque erroribus referta, quasi Apostolica etiamnum amplecteremur; & quam cùm neglexissent multi Patres, sine discrimine, vera falsis miscuerunt, recentiáque pro veteribus imperitis venditarunt. Quo factum tandem ut mirum in modum deformaretur Religio Christiana, fraudibus nequissimorum hominum; quas vix tandem, præterito sæculo, & hoc nostro, Critica retexit." – Einen allgemeinen (und über den [staats-]rechtlichen Rahmen der Dissertation hinaus) Überblick über die Problemlage bei der Prüfung und zum Erkenntniswert historischer Zeugnisse bietet Johann Burckhardt Mencke: Dissertatio [...] de eo, quod iustum est circa testimonia historicorum. In: Joannis Burchardi Menckenii Dissertationum academicarum [...] decas. Leipzig 1734, S. 177–229. – „Mencke hatte nichts geringeres im Sinne, als eine *Geschichte der alten Manuskripte*" (Treitschke: Burkhard Mencke, S. 19).

[70] Hardouin: Opera selecta, S. 879: „veram historiam, veramque rationem temporum, adversus fabulatores improbos & impios, [...] nummorum subsidio exhibemus." Grundlegend zum Voraussetzungsgefüge der antiquarischen Gelehrsamkeit Momigliano: „Ancient History and the Antiquarian". – Auf den Umstand, dass die Privilegierung von „inscriptions, coins and archaeological evidence" letztlich doch eine konfessionell zumindest anschlussfähige Form antiquarisch-philologischer Beschäftigung sein könnte, hat Momigliano an anderer Stelle mit aller Vorsicht hingewiesen, und Hardouins radikales Misstrauen gegen (Hand-)Geschriebenes scheint dies zu bestätigen: „Monuments, inscriptions, relics, and liturgy were a new area in which the Catholics had good reason to trust themselves" (Arnaldo Momigliano: The Classical Foundations of Modern Historiography. Berkeley u.a. 1990, S. 73).

[71] Vgl. zu diesem Komplex Paul Hazard: La crise de la conscience européenne 1680–1715 [1935]. Paris 1961, S. 26–47; Momigliano: Ancient History and the Antiquarian; Markus Völkel: „Pyrrhonismus historicus" und „fides historica". Die Entwicklung der deutschen historischen Methodologie unter dem Gesichtspunkt der historischen Skepsis. Frankfurt a.M.

Zu den ‚historischen Pyrrhonisten' sollte man allerdings Hardouin nicht ohne weiteres zählen, auch nicht, indem man ihm einen pathologischen Exzess solchen Skeptizismus' zuschreibt. Zweifel ist ja, wie schon der knappe Abriss des von ihm propagierten Verdachtssystems zeigt, Fluchtpunkt seiner Sache gerade nicht – nicht einmal Zweifel an der Erkenntnisrelevanz der gefälschten Überlieferung, deren Korrektiv die wahre katholische Tradition stellt und deren Beweiswürdigkeit gerade in der Differenz zu dieser Tradition liegt. Hardouin misstraut der ‚historia scripta' nicht nur, er überprüft keineswegs wie die Pyrrhonisten am Maßstab einer hierarchischen Wissensordnung, an deren Spitze etwa Naturgesetze und rationalistische Philosophie stehen, die unterschiedlichen Erscheinungsformen des schriftlich Überlieferten auf ihre Vertrauenswürdigkeit.[72] Er erklärt, in einer verwegenen Inversion der antiquarisch-philologischen Strategien einer Wissensproduktion und sicherung,[73] die schriftliche Überlieferung schlichtweg zu einer im Wortsinn diabolischen *Gegengeschichte*, die es vom Fokus der ‚traditio catholica' und der antiquarischen Numismatik aus zu meistern gilt.

Doch weshalb Münzen? Wie Addison den numismatischen Forschungstrend zu Beginn des 18. Jahrhunderts in seinen *Dialogues upon the Usefulness of Ancient Medals* auf eine Sentenz bringen kann: „[I]t is much safer to quote a medal than an author."[74] Münzen sind *per se* historische Zeugnisse mit institutioneller Absiche-

---

u.a. 1987; mit wiederum weiter eingestellter Perspektive Brendan Dooley: The Social History of Skepticism. Experience and Doubt in Early Modern Culture. Baltimore u. London 1999.

[72] Vgl. etwa Friedrich Wilhelm Bierling: Dissertatio de Pyrrhonismo Historico, Oder von Ungewisheit der Historie, Rinteln 1707; dass. [Teildruck und -übers. Kap. 1, S. 1–15]. In: Horst Walter Blanke u. Dirk Fleischer (Hg.): Theoretiker der deutschen Aufklärungshistorie. Stuttgart-Bad Cannstatt 1990. Bd. 1: Die theoretische Begründung der Geschichte als Fachwissenschaft, S. 154–169; ders.: Commentatio de Pyrrhonismo historico. Accessit propter affinitatem argumenti de judicio historico dissertatio. Leipzig 1724 (darin eine dezidierte Auseinandersetzung mit Hardouin, insb. S. 34–36).

[73] „Using the methods of the historians against the historians themselves", nennt Dooley diesen Inversionsvorgang (Dooley: The Social History of Skepticism, S. 141). – Vorbehalte dagegen, Hardouin ohne weiteres der Tradition des Pyrrhonismus zuzurechnen, schon bei Martini: Le stravaganze critiche di padre Jean Hardouin, S. 362f.; seine Differenzierung zwischen den gelehrten Pyrrhonisten, „[a]d essi va riconosciuto [...] d'aver avuto fede nella legittimità della conoscenza storica" (263) – gewissermaßen durch Korrektur und Mäßigung ihres Anfangsverdachts –, und dem minder begabten Geist eines Hardouin, den die diversen, vor allem religiösen Krisenerfahrungen des ausgehenden 17. Jahrhunderts aus dem Gleichgewicht gebracht haben sollen („Egli è un caratteristico esempio delle aberrazioni che può provocare in un animo debole un'epoca di profonda crisi spirituale", ebd.), erklärt aber letztlich wenig.

[74] Joseph Addison: Dialogues upon the Usefulness of Ancient Medals, Especially in relation to the Latin and Greek Poets [1721]. In: Ders.: The Works of the Right Honourable Joseph Addison. New Edition. Hg. v. Henry G. Bohn. Bd. 1. London 1873, S. 263. – Einen konzisen Überblick über die Geschichte der Numismatik als antiquarische Disziplin bietet Jean-Baptiste Giard: Critique de la science des monnaies antiques. In: Journal des Savants 1980, S. 225–245; ders.: Numismates et antiquaires dans la première moitié du XVIIᵉ Siècle. In: Christian Dekesel u. Thomas Stäcker (Hg.): Europäische numismatische Literatur im 17. Jahrhundert. Wiesbaden 2005, S. 39–46; vgl. außerdem den – allerdings bis an die Grenze zur Unbrauchbarkeit nachlässig lektorierten – Aufsatz von Edith Lemburg-Ruppelt: Zur Quellendiskussion im 16. und 17. Jahrhundert – Zäsur oder Tradierung. In: Dies., Ebd., S. 89–

1 Überlieferungsfälschung: Hardouins Altertum 81

rung, die keiner zusätzlichen Tradierungsleistung bedürfen. Die schriftliche Aufzeichnung historischer Ereignisse dagegen ist grundsätzlich von Anbeginn verdächtig. Texte können schon von den „Verfassern der Historien oder Annalen, sei's aus Hass, sei's aus Liebe oder aus Gleichgültigkeit, verfälscht" werden.[75] Nicht einmal der grundsätzlich privilegierte Konnex der Zeitgenossenschaft, den die schriftliche Darstellung mit den aufgezeichneten Geschehnissen gelegentlich teilt, bietet eine auch nur leidliche Gewähr für Richtigkeit und Angemessenheit. Die Darstellungsintention der Münzprägungen dagegen ist strukturell transparent: Münzen beglaubigen ein monetäres Zirkulationsmedium und/oder memorieren Selbstinszenierungen eines Souveräns. Damit überdauert in ihnen in doppelter Weise jene ältere Form der Authentifizierung historischer Zeugnisse, der zufolge die Echtheit des Überlieferten am Urheberprinzip der *auctoritas* zu messen ist.[76] Andere Semiophore der Vergangenheit sind zudem weitaus anfälliger für die Unvollständigkeitsdrohung, die Wandel und Fortgang der Zeiten mit sich bringen.[77] Welcher Tempel, welcher Triumphbogen selbst hätte denn die Jahrhunderte unbeschadet überdauert, ganz zu schweigen von *per se* vergänglicheren Trägermedien wie Codices oder bemalten Leinwänden? Während die „missgünstige Zeit" unbarmherzig noch an den steinernen Statuen oder Gebäuden nagt, deren jahrhundertelange Spoliierung und Ruinierung ja bereits in der Renaissance zum Anlass nostalgischer Klage geworden sind,[78] haben sich „nur die Münzen aus diesen Überresten gerettet". Dieses glückliche Geschick verdankt sich nicht allein der Dauerhaftigkeit der Metalle, aus denen die Münzen verfertigt sind; was die Beständigkeit ihres Materials allein nicht vermag, das vermag ihre große Zahl.[79] Im

---

99 [Inhaltsverzeichnis und Titel des Bandes führen ihn offensichtlich falsch unter *Zur Position Ezechiel Spanheims (1629–1710) in der numismatischen Literatur*].

75 Ezechiel Spanheim: Dissertationes de praestantia et usu numismatum antiquorum. Editio secunda. Amsterdam 1671, S. 342: „[…] quod multa iisdem Historiarum aut Annalium conditoribus, vel odio, vel amore, vel incuria sint perperam tradita; quæ emendari hoc tempore, aut revinci, nisi publicis quibusdam tabulis non possunt."

76 „Authentique signifiait d'une autorité à laquelle il fallait croire. Un œuvre était authentique lorsqu'elle était cautionnée par une autorité", wie Barret-Kriegel: Les historiens et la monarchie. Bd. 2, S. 162, den mittelalterlichen Authentizitätsbegriff mit Verweis auf die einschlägigen Arbeiten von Bernard Guenée resümiert. Vgl. v.a. Bernard Guenée: Authentique et approuvé: Recherches sur les principes de la critique historique du Moyen Age. In: Ders.: Politique et histoire en Moyen Age. Recueil d'articles sur l'histoire politique et l'histoirographie médievale. Paris 1981, S. 163–189.

77 Der Begriff des ‚Semiophoren' nach Krzysztof Pomian: Für eine Geschichte der Semiophoren. Anmerkungen zu den Vasen aus den Medici-Sammlungen. In: Ders.: Der Ursprung des Museums. Vom Sammeln, Aus dem Französischen von Gustav Roßler. Berlin 1988, S. 73–90, hier v.a. S. 84–90; ders.: Collectionneurs, amateurs et curieux. Paris, Venise: XVIe–XVIIIe siècle. Paris 1987, bes. S. 42–47.

78 Vgl. dazu unten Kap. II. 1, S. 149–151.

79 Charles Patin: Introduction à l'histoire, par la connaissance des medailles. Paris 1665, S. 3: „Cependant le Temps ialoux de leur gloire a derobé ce qu'ils auoient de plus precieux, & il acheue tous les iours de ruiner ce que le fer & le feu nous en ont laissé de reste. Peu de Statuës ont euité ces mesmes disgraces, les Medailles seules ont esté sauuées de ce debris, & et leur

Gegensatz zu allen anderen einschlägigen Memorialmedien, die vor der Erfindung des Buchdrucks singulär sind, treten Münzen und Medaillen grundsätzlich und seit jeher unter den Bedingungen des ‚unveränderlich Vervielfachten' auf und stellen so das privilegierte Medium einer „memory of great actions": Münzprägung antizipiert die Speicher- und Distributionseffekte des Typographeums – „[i]t was a kind of printing, before the art was invented."[80] Das erhöht zum einen die generelle Überlieferungswahrscheinlichkeit. Die Streuung, der numismatische Überlieferungsträger schon ihrer ursprünglichen Funktion halber ausgesetzt sind, erhöht die Chancen des Auf- respektive Wiederfindens und damit die Möglichkeit empirischer Prüfung am unvermittelten Überlieferungszeugnis. Zum anderen steigt dadurch die Wahrscheinlichkeit, dass solche Funde nicht singulär bleiben. Das ‚unveränderlich Vervielfachte' der Münzen bietet dann die Möglichkeit, die einzelnen (Be-)Funde auch nach den Maßgaben des neuen philologisch-antiquarischen Begriffs von Authentizität zu prüfen: Material, Prägung und Inschriften können zum Objekt vergleichender Kritik werden. Das ist für diplomatische Dokumente strukturell so wenig möglich wie für andere Schriftstücke, die unter den Bedingungen handschriftlicher Überlieferung entstanden sind.

Hardouins Anspruch, wahre Geschichte „sacrorum codicum, nummorumque, & marmorum auctoritate"[81] zu schreiben, bewegt sich somit spätestens an dieser Stelle voll und ganz in den Bahnen, die von den epistemologischen Grundüberzeugungen der Antiquare vorgegeben werden. Deshalb sind die Artikulationsspuren der damit verbundenen Thesen ebenso wie die unmittelbaren Reaktionen darauf im zeitgenössischen gelehrten Diskurs komplexer und diskreter, als die Bündelung der postumen Notizen es erwarten ließe. Überdies nimmt die Präsentation, in der die Resultate dieses Verdachtsgespinstes zutage treten, weder in ihrer Profilierung noch in ihrer Form jenen apodiktischen Charakter an, der die Nachlasspublikation auszeichnet. So kommt das – wenn man so will: ideologiekritische – Hauptstück von Hardouins Verschwörungshypothese, die Behauptung einer böswilligen Fäl-

---

nombre les a conserueés iusques à nous." – Vgl. Spanheim: Dissertationes, S. 13–18: „Alia quippe opera in eorum gloriam incisa vel erecta, præclara quidem illa & diuturna, materiæ tamen aut temporum injuria, breviori quadam annorum circumscriptione fuerunt oblitterata. [...] *Templa, Theatra, Arcus, Tropæa*, [...] quot aut qualia hodie supersunt? [...] Nummi vero integri magis, incorrupti, cum materiæ beneficio, tum artis compendio; amplitudine vero locorum, in quibus eruuntur, numero præterea & varietate longe hic præponderant. [...] [S]i Nummorum, qui in Europa Asiaque, aut jam reperti, aut quotidie è terræ visceribus eruuntur, numerus reputebatur; si antiquitatis eorundem ratio qualiscuncque habeatur; incredibilem adhuc quandam, & prope infinitam illorum tum copiam, tum varietatem, omnes, qui vel mediocrem eorum usum habent, mirari ultro & fateri cogentur."

80 Addison: Dialogues upon the Usefulness of Ancient Medals, S. 263. – Zum Konzept des ‚unveränderlich Vervielfachten' vgl. Bernard Cerquiglini: Textuäre Modernität. In: Stephan Kammer u. Roger Lüdeke (Hg.): Texte zur Theorie des Textes. Stuttgart 2005, S. 116–131, bes. S. 118f.; Cerquiglini: Éloge de la variante, S. 17–29.

81 Hardouin: Chronologiæ ex nummis antiquis restitutæ prolusio de nummis Herodiadum [1693]. In: Opera selecta, S. 328–356, Zit. S. 355.

1 Überlieferungsfälschung: Hardouins Altertum

scherbande, in den zu Lebzeiten publizierten Schriften recht marginal und seinerseits im beliebten Gewand verschwörungstheoretischer *fama* daher: als Insinuation eines anonymen, vielleicht allzu misstrauischen Jemand nämlich, dessen Vermutung Hardouin in einer beiläufigen Abschweifung mitzuteilen vorgibt:

> Ich reihe an dieser Stelle die Vermutung eines gewiss nicht närrischen Interpreten ein, der hier aber vielleicht dennoch zu misstrauisch ist und seinem Einfall zu sehr vertraut. Jeder möge sie beurteilen, wie er will. Jener hat entdeckt, wie er uns neulich im Vertrauen mitteilte, dass es vor ich weiß nicht wie vielen Jahrhunderten eine heimliche Vereinigung gewisser Männer gegeben habe, die sich die Teile der alten Geschichte zusammenzubasteln entschlossen hätten, da damals nichts davon vorhanden gewesen sein solle. Ihm wären Zeit und Ort dieses Unternehmens recht bekannt. Zur Hilfe gehabt hätten sie dabei den Cicero, Plinius, Vergils *Georgica*, die horatischen Satiren und Briefe. Denn diese hält jener – ich habe Bedenken, dass er damit jemanden überzeugt – für die einzig echten Hinterlassenschaften des ganzen römischen Altertums, abgesehen von einigen wenigen Inschriften. Wer sich heute so sehr müht, aus den übrigen schriftlichen Denkmälern mit noch so viel Urteilsvermögen die sich untereinander meistens widersprechenden Aussagen zusammenzutragen, damit sie die eine vollständige Gestalt der Geschichte zur Darstellung bringen, der scheint ihm – wie er sagte – aus vielen Fabeln eine weitere neue schmieden und passend zusammenmischen zu wollen, die in sich in allen ihren Teilen angemessener zusammenhängt. Als noch bedeutenderes Hilfsmittel hätten, wie er hinzufügte, jene Geschichtsbaumeister indes einen großen, äußerst sorgfältig gesammelten Schatz antiker Münzen besessen. Die Verfügungsgewalt über diese Münzen hätte in erster Linie der Anführer der ganzen Vereinigung und vornehmliche Anstifter des Unternehmens innegehabt. Ihm hätten seine Spießgesellen – da er die in einem Kasten aufbewahrten Münzen mit unglaublich ängstlicher Sorgfalt hütete wie ein Drache einen Schatz und den Übrigen nur überaus kärglichen Gebrauch oder Anblick davon gewährte – scherzeshalber die doppelten Spitznamen *Severus Archontius* gegeben: den einen, nach lateinischer Gewohnheit, aufgrund seines mürrischen Wesens, den anderen griechischen gleichsam vom Amt her, das er unter ihnen bekleidete. Dennoch, sagte er, wäre diesen Künstlern eine wesentlich geringere Menge alter Münzen zur Verfügung gestanden als zu unserer Zeit, vor allem was die griechischen betrifft. Und die römischen, die jener in Händen hatte, habe er – wie es bei zu hastiger Arbeit erfahrungsgemäß vorkommt – oftmals unrichtig erkannt.[82]

---

[82] „Asseram hoc loco non inanis quidem semper conjectoris, sed nunc tamen plus justo fortassis suspiciosi, ingenioque nimium indulgentis hominis conjecturam. Accipiet quisque, ut volet. Deprehendit ille, ut quidem mussitabat nuper nobiscum, cœtum certorum hominum ante sæcula nescio quot existisse, qui historiæ veteris concinnandæ partes suscepissent, qualem nunc habemus, cum nulla tunc exstaret: sibi probe notam illorum ætatem atque officinam esse: inque eam rem istis subsidio fuisse Tullium, Plinium, Maronis Georgica, Flacci sermones & epistolas: nam hæc ille sola censet, quod vereor ut cuiquam suadeat, ex omni Latina antiquitate sincera esse monumenta, præter inscriptiones admodum paucas. E ceteris scriptis monumentis, qui hodie valde sudant, ut conciliatis quanta licet ingenii vi sententiis, inter se plerumque dissidentibus, historiæ corpus unum integrum repræsentent, eos sibi videri aïebat ex pluribus fabulis novam alteram velle fabricari ac scite concinnare, secum omni ex parte aptius cohærentem. Addebat illis annalium architectis majori fuisse adjumento magnam nummorum antiquorum, quam diligentissime congesserant, suppellectilem. Horum potestatem in primis fuisse penes totius consilii principem ac primarium operis architectum: cui, propterea quod ut thesaurum draco, sic ille nummos in arca incredibili sollicitudine custodiret, nec nisi parce admodum eorumdem usum conspectumve ceteris impertiret, jocose sodales geminum SEVERI ARCHONTII nomen fecere: alterum Latinæ consuetudinis, a morositate: Græcum alterum, ab eo, quem inter eosdem gereret, veluti magistratu. Tamen illis artificibus multo minorem numismatum veterum copiam, quam nostræ huic ætati fuisse aïebat, Græcorum

Dennoch macht dies Maskenspiel die Zeitgenossen misstrauisch. Sie wittern darin eine weitere Strategie – eine, mit deren Hilfe die Konturen von Hardouins „système bizzare & malin" der diskursiven Öffentlichkeit der Gelehrtenrepublik entzogen werden sollen. Dank der konspiratorisch verdeckten Rede, die der ‚Veröffentlicher' Hardouin zudem mit zurückhaltenden, ja skeptischen Kommentaren versieht, verwandelt sich die Textoberfläche in ein „cahos obscur, dans lequel il a pretendu pouvoir [...] cacher [le système'], & le rendre impenetrable à la curiosité des gens de lettres, jusqu'à ce que le public fût preparé à en recevoir une explication plus étenduë."[83] Hardouin wird denn auch nicht zuletzt angesichts dieser reichlich zweideutigen Hinweise auf die „Archontinisch[e] Officin" in die „Reyhe der Großsprecher" gestellt, die ihren vollmundigen Ankündigungen unerhörter Erkenntnisse nichts oder doch nur sehr wenig an konkreten Publikationen folgen lassen.[84]

Hardouins Sektionen supponierter Überlieferung treten jedoch, zumindest in den lateinischen Abhandlungen, normalerweise noch nicht einmal in der Form beiläufiger Abschweifungen in konspiratorischem Ton oder vorsichtiger Anspielungen auf; schon gar nicht in thesenhafter Zuspitzung. Vielmehr kommen sie im

---

præsertim: & Latinos, quos in manibus habuit, ut in præpropero opere usu venit, præpostere sæpenumero intellexisse." (Hardouin: Opera selecta, S. 343).

[83] Mathurin Veyssière de La Croze: Examen abregé du nouveau systeme du Pere Hardouin, sur sa Critique des anciens Auteurs. In: Ders.: Dissertations historiques sur divers sujets. Rotterdam 1707, S. 182–256, Zitate S. 184 u. 193.

[84] Johann Burkhard Mencke: De Charlataneria eruditorum declamationes duæ, cum notis variorum. Ed. tertia emendatior. Amsterdam 1716, S. 53–55; dt: Zwey Reden von der Charlatanerie oder Marcktschreyerey der Gelehrten. Nebst verschiedner Autoren Anmerckungen. München 1981 [ND der Ausg. Leipzig o.J. [1713/1715]], Zit. S. 91 (Anmerkung des ‚hallischen Übersetzers'). – „Ich habe bißher von eitel solchen Leuten geredet, die vor geraumer Zeit gestorben sind; ich weiß aber nicht, ob ich nicht auch einen noch lebenden Hochgelehrten Mann, und welcher die Zierde seines Vaterlandes ist, ich meyne den berühmten Frantzösischen Jesuiten *Johann Hardouin* hieher setzen darf? Dieser [...] [hat] die Gelehrten was sehr ungereimtes überreden wollen; als ob nemlich die meisten Griechischen und Lateinischen Bücher, und so gar selbst der Kirchen-Väter Schrifften von müßigen Leuten und einer gewissen Betrüger-Gesellschafft wären untergeschoben worden. Da er aber dieses hin und wieder in seinen Schrifften nur gleichsam von ungefehr berühret, und deßhalben vor kurtzer Zeit von jemand ersucht worden, daß er doch seine Meynung recht ausarbeiten [i.O.: „ut systema quoddam hypothesium suarum proderet", S. 54], und dasjenige, was er bißher hier und da nur obenhin erinnert, in einem eignen Wercke vortragen möchte; so hat er geantwortet, *bey seinem Leben solte in dieser Sache nichts weiter zum Vorschein kommen, er habe aber alles in ein dickes Buch zusammen getragen, welches biß ietzo noch niemanden als GOtt und ihm allein bewußt wäre.* Vor mich überlasse ich den andern klugen Leuten zu urtheilen, was man sich davon zu versprechen habe?" (S. 90–92). Wie Mencke beklagt sich auch Gisbert Cuper in einem Brief an Veyssière de La Croze über das Ausbleiben einer ausrei-chenden, Hardouins philologisch-antiquarischen Fähigkeiten angemessenen Beweisführung für die Fälschungsthese: „Exspectabam tamen vehementer grande illud secretum, cui tot mirabiles & revera prima fronte paradoxæ opiniones innitebantur, quod sibi esse haud obscure significabat Harduinus; sed illud usque in hunc diem nemini, quod equidem sciam, apertum est" (zit. nach dem Abdruck in [Charles E. Jordan:] Recueil de Litterature, de Philosophie et d'Histoire. Amsterdam 1730, S. 125–135, Zit. S. 128).

philologisch-antiquarisch vertrauten, ungleich diskreteren und monotoneren Gewand eines schier unaufhörlichen Stellenkommentars daher, in dem Stück für Stück die auffälligen Fehler bei der Fabrikation der *historia scripta* oder der poetischen Texte aufgespießt und, falls solche vorhanden sind, mit gesicherten Überlieferungsbefunden konfrontiert werden sollen. Die Analysen scheinen direkte Abkömmlinge seines jahrelangen exzerpierenden *paperwork* zu sein,[85] ohne Anspruch auf Vollständigkeit und in aller Regel bei weitem unspektakulärer in der Argumentation, als es der verschwörungstheoretische Zuschnitt von Hardouins Modell der Überlieferung erwarten ließe: Vieles davon bewegt sich, den grundsätzlich aufsehenerregenden Propositionen über die Gefälschtheit der Texte zum Trotz, in den bewährten Bahnen poetischer Kritik. Gegen die *Aeneis* beispielsweise hat Hardouin – abgesehen davon, dass er das Epos für eine häretische Allegorese der Ausbreitung des christlichen Glaubens hält, die das Konzept der ‚Vorsehung' durch das des ‚Schicksals' ersetzen will[86] – folgendes einzuwenden: Unstimmigkeiten, die sich aus dem Abgleich der Umstände von Vergils Vita mit dem behaupteten Entstehungsdatum ergeben, Verstöße gegen Einheitskriterien und Kohärenz, Fehler inhaltlicher, metrischer und stilistischer Art sowie Verstöße gegen die Wahrscheinlichkeit der Handlung.[87] Überdies kann von einem konsistenten und vollständigen Nachweis der Unechtheit des Textes keine Rede sein. Hardouin nimmt dies für seine Ausführungen auch gar nicht in Anspruch: Denn es wäre eine wahrlich unendliche Aufgabe, alle diejenigen Indizien zusammenzutragen, die für die mangelhafte Latinität und die schlechte poetische Qualität dieses Machwerks

---

[85] Grafton: Jean Hardouin: The Antiquary as Pariah, S. 251: „Hardouin's detailed, line-by-line commentaries on Vergil and Horace probably give a good sense of the long extracts he made as he first worked out the details of his theory. [...] He worked systematically through the classical corpus, showing that the philosophy of Plato, the tragedies of Aeschylus, Sophocles and Euripides and the poems of Pindar were as spurious as the classics of Golden Latin poetry." Für letztere vgl. die Hinweise auf den unpublizierten Nachlass in der *Bibliothèque Nationale* ebd., Anm. 41.

[86] Die Fälscherbande intendiert, so Hardouin, durch diese Allegorie den Triumph der christlichen über die jüdische Religion als kontingentes Ereignis darzustellen; die Allegorese braucht nur die Zerstörung und den Brand Trojas durch diejenigen Jerusalems und des Tempels zu ersetzen, den Transfer des trojanischen Kultus nach Italien durch den des Christentums nach Rom. Möglich werde sie nur, weil das Untergangs- sowohl wie das Stiftungsnarrativ in der *Aeneis* historisch falsch seien: So sei Troja zwar gefallen und geplündert worden, habe aber nie gebrannt; die Römer würden tatsächlich von den Trojanern abstammen, aber von einer längst vor der Belagerung von Troja exilierten Sippe. Vgl. Jean Hardouin, Pseudo Virgilius. Observationes in Æneidem. In: Ders.: Opera varia, S. 280–327, Zit. S. 283; so auch, was die trojanische Geschichte betrifft, seine Ausführungen zur *Ilias* in der Apologie d'Homere, S. 26–32.

[87] Vgl. Hardouin: Pseudo Virgilius. Observationes in Æneidem, S. 280–284; dazu Grafton: Jean Hardouin: The Antiquary as Pariah, S. 251; Scott: Who Tried to Kill Nearly Everyone but Homer, S. 377f. – Ganz analog verfährt der Folgetext in den *Opera varia*: Pseudo Horatius, sive animadversiones criticæ quibus ostenditur Horatii poetae nihil superesse genuinum praeter Epistolas et Sermones, S. 328–396; vgl. dazu die Darstellung bei v. Ooteghem: Un commentateur extravagant d'Horace.

zeugten.⁸⁸ Immerhin kommen auf knappen fünfzig Folioseiten aber einige hundert Stellen zusammen, die dem Jesuiten bemerkenswert und kommentarbedürftig zu sein scheinen; so etwa, als eine beliebig herausgegriffene Passage aus seinen Annotationen zum ersten Buch der *Aeneis*, die folgenden – aus naheliegenden Gründen hier nicht übersetzten – Zeilen:

> 611   In freta dum fluvii current, dum montibus umbræ
>   Lustrabunt convexa.
>
> Quomodo umbræ possint sive lustrare sive attingere montium convexa, vel cacumina, quis intelligat? Hic vates delirat.
>
> 647   Æneas (neque enim patrius consistere mentem
>   Passus amor) rapidum ad naves præmittit Achaten.
>
> *Amor non passus consistere mentem*, si Latine mediocriter intelligimus, amor est non passus hominem non insanire. Nam dici illud, pro eo quod est, Non potuisse animum Æneæ, pro sua erga filium caritate, rem ultra differre; Latinæ aures non ferunt. Et virum *rapidum*, pro *velocem*, quis approbet?
>
> 657   *Ilione quod gesserat olim*
>   *Maxima natarum Priami.*
>
> *Nata Priami*, dictum barbare est, non Latine, ut & libro II. versu 527. Est ea loquendi forma vulgaris sæculi decimi tertii. Sic in data facultate Ludovico IX. matrimonii contrahendi cum Margareta Provinciæ, dicitur hæc *nata nobilis viri Comitis Provinciæ*, in libro inscripto, *Mélanges Curieux*, P. Labbei, tomo 2. pag. 654. Et est ista Ilione soli huic vati Latino cognita.⁸⁹

Man erkennt unschwer: Das Textformular dieser Sektionen sieht dem der „kommentierenden Maschinerie" zum Verwechseln ähnlich, nach deren Programm Hardouin selbst die Chronologie des Alten Testaments oder die Charakteristik der homerischen Götterwelt zu Papier gebracht hat. Den Wissenspraktiken der Gelehrsamkeit um 1700 ist es in einem Maße vertraut, das am besten die zahlreichen, gelegentlich überaus erfolgreichen Travestien und Parodien dieses Verfahrens belegen können.⁹⁰ Und dieses Textformular wird sich in den Gegenschriften eines Veyssière de La Croze oder Klotz fortsetzen, die den Schauplatz einer ihrerseits an

---

[88] Vgl. Hardouin: Pseudo Virgilius, S. 284: „Infinitus sim, si colligere aggrediar omnes hujus poëmatis nævos, qui contra artis Grammaticæ vel Poëticæ leges occurunt legenti. Totum enimvero carmen est prorsus inelegans, absque poësi vera, sola constans pedum mensura, sive structura, quam versificationem vocant; eæque persæpe barbara, obscura, plena verbis prorsus alienis, audaci commutatione casuum, contra Latini sermonis usum: tantum dissimile Georgicis opus, quantum æs auro distat."

[89] Ebd., S. 290.

[90] Martin Mulsow: Subversive Kommentierung. Burleske Kommentarparodien, Gegenkommentare und Libertinismus in der frühen Neuzeit. In: Ralph Häfner u. Markus Völkel (Hg.): Der Kommentar in der Frühen Neuzeit. Tübingen 2006, S. 133–160, Zit. S. 156. – Meisterstück dieses Genres ist zweifellos Thémiseul de Saint-Hyacinthes überaus erfolgreiches, die Konturen gelehrter Textpraktiken in der satirischen Zuspitzung natürlich deutlicher als manche ‚echte' Abhandlung präsentierendes Le Chef d'Œuvre d'un Inconu [sic!]. Poëme heureusement découvert & mis au jour, avec des Remarques savantes & recherchées, Par M. le Docteur Chrisostome Matanasius. [...] [1714], 2 Bde., 6. Aufl. Den Haag 1732.

1 Überlieferungsfälschung: Hardouins Altertum 87

Konzepten und Praktiken der Überlieferung ausgerichteten Kritik von Hardouins Kommentaren eröffnen.[91]

1.2 ‚Vindiciae veterum scriptorum' oder: Provokationen gelehrten Wissens. Reaktionen auf Hardouins Verdacht

Hardouins Verdachtsgebäude mag im kulturellen Gedächtnis als Skurrilität überdauert, schon ein Teil seiner Zeitgenossen ihn als pathologischen Fall betrachtet haben: als Opfer eines Wahns namens ‚Paradoxiensucht' beispielsweise oder eines gestörten, wenn auch frommen Hirns.[92] Es sind jedoch zwei andere Reaktionsformen, die mir auf den folgenden Seiten Indizien zum Rahmen der gelehrten Debatten des beginnenden 18. Jahrhunderts liefern helfen sollen, bevor im nächsten Kapitel ein systematisch gehaltener Überblick zum Problemdispositiv ‚Überlieferung' gegeben werden kann.

Monströse Strategien. – Einen „monstre" namens ‚Hardouinisme' habe das Verdachtssystem des Jesuiten erzeugt, wird Irailhs Kuriositätenschau der Gelehrtenstreitereien noch in den 60er Jahren des 18. Jahrhunderts festhalten.[93] Diesen Begriff nimmt bereits der erste und akribischste Kritiker des Systems, der ehemalige Mauriner und Bibliothekar des preußischen Königs Mathurin Veyssière de La Croze,[94] durchaus ernst. Dementsprechend verfolgt und dokumentiert er die Zuschreibung des ‚Monströsen' in aller epistemologischen Konsequenz. „*Monstrum* heist", wie Zedlers *Universal-Lexicon* die frühneuzeitliche Begriffsverwendung

---

[91] Veyssière de La Croze: Examen abregé du nouveau systeme du Pere Hardouin; ausführlicher ders.: Vindiciae veterum scriptorum, contra J. Harduinum, S.J.P. Additae sunt Viri eruditi Observationes Chronologicae in Prolusionem & Historiam Veteris Testamenti. Rotterdam 1708; Christoph Adolf Klotz: Vindiciae Q. Horatii Flacci. Accedit commentarius in carmina poetae, Bremen 1764, Neuauflage unter dem Titel Lectiones Venusinae, Leipzig 1770.
[92] Vgl. [Charles E. Jordan:] Histoire d'un voyage littéraire, fait en M.DCC.XXXIII. en France, en Angleterre, et en Hollande: avec une lettre fort curieuse, Concernant les prétendus Miracles de l'Abbé Paris, & les Convulsions risibles du Chevalier Folard. Den Haag 1735, S. 104f.: „Je fus le 15. chez le Pere Anselme Banduri, fameux Antiquaire, connu par plusieurs Ouvrages d'Erudition. [...] La Conversation tomba sur le Pere *Hardouin*, qu'il appelloit *le Pere éternel des Petites-Maisons*. Le Pere le Tellier, à ce que dit ce savant Religieux, regardoit ce Jésuite comme un Fou. Quoi que ce Pere ait écrit contre lui, il ne laisse pas d'admirer la Latinité de ce Jésuite, & de dire que c'étoit un bon Homme, qui avoit même de la Piété, mais dont le Cerveau avoit été dérangé."
[93] Irailh: Querelles littéraires. Bd. 3, S. 37. – Ebenso Klotz: Vindiciae Q. Horatii Flacci, S. 7: „monstrum opinionis" heißt es bei ihm.
[94] Die beiden Texte: Examen abregé du nouveau systeme du Pere Hardouin (1707) und Vindiciae veterum scriptorum (1708) liegen zeitlich noch vor der Sammlung von Hardouins *Opera selecta*, gehen also von einem Informationsstand und vor allem -zustand aus, anhand dessen das eben skizzierte System allenfalls per Indizienbeweis und in detailversessener Akribie erschlossen werden kann. – Zu Veyssière de La Croze vgl. die Monographie von Mulsow: Die drei Ringe, dort zur Auseinandersetzung mit Hardouin S. 36–44.

resümiert, „alles dasjenige, [...] welches gleichsam den wahren Ursprung seiner Geburt durch Annehmung einer fremden Gestalt verläugnet, oder verändert." Genau dieser Tatbestand wird nun – im „uneigentlichen und figürlichen Verstande", wie der Begriff für „Dinge" gelten darf, „die in der blossen Einbildung ihren Grund haben"[95] – zur Motivation einer akribischen und schonungslosen Analyse von Hardouins Ausführungen. Macht sich Veyssière de La Croze an die Sektion dieses „système le plus monstreux & le plus chimerique que l'esprit de l'homme soit capable de produire", so orientiert er sich ebenfalls an den beiden im vorangehenden Kapitel benannten Leitunterscheidungen, die Hardouins Verdachtsgebäude zugrunde liegen.[96] Genauer: Seine erste Strategie besteht darin, die Plausibilität von Hardouins Leitunterscheidung ‚schriftlich überlieferte historische Daten vs. legitimierte Zeugnisse' zurückzuweisen, indem er seine eigene Kommentarmaschinerie über diejenige Hardouins laufen lässt und damit den Schauplatz einer philologischen Kritik und Widerlegung von Hardouins Schriften aus den 1690er Jahren eröffnet.[97] Seine zweite Strategie unterwandert die übergeordnete erste Leitunterscheidung des Jesuiten, indem sie die Differenz ‚catholicus/atheus' als politische Setzung denunziert – als Folge eines Plans, der den üblichen (Dis-)Simulationspraktiken des Ordens nur zu gut entspreche und dessen Mittel und Verfahren wiederum dem sorgfältigen Leser von Hardouins einschlägigen Abhandlungen mehr als vertraut erscheinen: Es sind nämlich exakt diejenigen Manipulationen, die Hardouin in der Fälscherwerkstatt des Severus Archontius entdeckt zu haben vorgibt. Dieser Plan, so Veyssière de La Croze, verbinde die Dissimulation einer Überlieferung – dies der Hardouinsche Anteil – mit der Simulation einer anderen Überlieferung; sein Ziel sei ein nach den Intentionen des Ordens geführter Feldzug gegen Gelehrsamkeit und Vernunft.[98] Wenn Mulsow den diskursiven

---

[95] Universal-Lexicon. Bd. 21 [1739], Sp. 1220f. – Zu diesem epistemologischen Paradigma des Monströsen Lorraine Daston u. Katharine Park: Wonders and the Order of Nature 1150–1750. 2. Aufl. New York 1998, S. 201–214, hier S. 202: „Monsters inspired repugnance because they violated the standards of regularity and decorum not only in nature, but also in society and the arts".

[96] Veyssière de La Croze: Examen abregé du nouveau systeme du Pere Hardouin, S. 183.

[97] Seine Einlassungen beziehen sich auf Hardouins *Chronologiæ ex Nummis antiquis restitutæ prolusio de Nummis Herodiadum* (1693), *Chronologiæ ex Nummis antiquis restitutæ specimen primum: Numismata sæculi Constantiniani* (1697) und *Chronologia Veteris Testamenti ad Vulgatam versionem exacta, et nummis antiquis illustrata* (1697), die alle in die *Opera selecta* aufgenommen worden sind (dort S. 328–356, 419–512 und 513–644): Veyssière de La Croze: Vindiciae veterum scriptorum, S. 35–171.

[98] Veyssière de La Croze: Examen abregé du nouveau systeme du Pere Hardouin, S. 204: „Les Jesuïtes n'aiment point veritablement les Lettres: ils ne tâchent de s'emparer des Colleges & des Universitez que pour detruire plus sûrement l'érudition & l'étude des Antiquitez sacrées & profanes." – Zur Korrespondenzfunktion von Simulation und Dissimulation, der gerade ein „Experte für verbotene Traditionen" (Mulsow: Die drei Ringe, S. 67) des Wissens wie La Croze hohe Aufmerksamkeit entgegengebracht haben wird, vgl. Jean-Pierre Cavaillé: Dis/simulations. Jules-César Vanini, François La Mothe Le Vayer, Gabriel Naudé, Louis Machon et Torquato Accetto. Religion, morale et politique au XVIIᵉ siècle. Paris 2002.

1 Überlieferungsfälschung: Hardouins Altertum

Rahmen dieses gelehrten Zwistes unter dem Titel einer „Verschwörungstheorie über einen Verschwörungstheoretiker" fasst, trifft dies die Strategie von „La Crozes wütende[r] Kritik" also ziemlich genau:[99] Verschwörungstheorien gehen von monströsen Diskursen aus.[100]

Mit dieser Konterstrategie und einem antiquarischen Wissen, das nicht minder profund ist als das des Gegners, lassen sich denn auch recht spektakuläre Einsichten erzeugen. Veyssière de La Croze entlarvt zum Beispiel den Anführer von Hardouins Fälscherbande als eine Textfigur, die ihren Ursprung keineswegs in Charaktereigenschaften und der Rolle innerhalb des Unternehmens hat. „Severus Archontius" ist ein Namenszitat aus einer ihrerseits einigermaßen anrüchigen Quelle, das dort schon im Kontext von Aufruhr, Revolte und Illegitimität steht: Der Name taucht in der *Historia Augusta* als derjenige eines dubiosen Zeugen auf. Dieser beabsichtigt mit einigen Mitverschwörern und anhand von – gefälschten! – Münzen zu belegen, dass Firmus nach seiner Revolte gegen Kaiser Aurelian in Ägypten nicht als Aufrührer gegolten, sondern den Titel eines ‚Autokrator' geführt und selbst die kaiserlichen Insignien benutzt habe.[101] Außerdem will Veyssière de La Croze in philologischer Detektivarbeit den Patronatsherrn entschlüsselt haben, den Hardouin in seinen Ausführungen als Förderer der Verschwörung verrätselt. Keinen Geringeren als Friedrich II., „diese[n] gefährliche[n] Gegner, der alle Schwächen des Papsttums aufzuspüren und allen Feinden des Papsttums einen Mittelpunkt zu geben" gewusst hat,[102] suggeriere der Jesuit als Auftraggeber und Beschützer des großen Überlieferungsschwindels. Dies mag, auch wenn man die in Hardouins Nachlasspublikation durchaus uneindeutigen Antworten auf die zeitliche und geographische Situierung der Fälscherbande berücksichtigt, *ein* plausibler Verdacht sein. Er entspräche jedenfalls einer bis ins 13. Jahrhundert zurückrei-

---

[99] Mulsow: Die drei Ringe, S. 36.
[100] Vgl. Roth u. Sokolowsky: Der Dolch im Gewande, S. 97, zum „ältesten[n] Verfahren aller Verschwörungstheoretiker – authentische Zeugnisse, die miteinander garantiert nichts zu tun haben, durch wüsteste Analogien zu fusionieren". – Allerdings verkennt ein ideologiekritischer Zugriff gerade die produktive Ambiguität und Reversibilität des Verhältnisses von Verschwörungstheorien und hybriden Diskursen. – Dass die Jesuiten überaus beliebte Akteure in Verschwörungstheorien sind, sei hier nur am Rande festgehalten; dass dieser Umstand die Semantik auch historischer Forschung noch im 20. Jahrhundert affiziert, belegt z.B. Emmy Allard: Die Angriffe gegen Descartes und Malebranche im Journal de Trévoux 1701–1715. Hildesheim u.a. 1985 [ND der Ausg. Halle 1914], wenn als Resultat ihrer Analyse der „Haltung der Jesuiten, die als Journalisten aus taktischen Gründen ihre wahre Gesinnung verschleiern" (S. 6), das Epitheton eines „jesuitischen Opportunismus" (S. 52) steht.
[101] Veyssière de La Croze: Examen abregé du nouveau systeme du Pere Hardouin, S. 193 mit Anm. 1; die Quelle: Flavii Vopisci Syracusii Firmus, Saturnius, Proculus et Bonosus. II.1. In: Histoire Auguste [lat.-frz.]. Bd. V.2. Hg., übers. u. kommentiert v. François Paschoud. 2. Aufl. Paris 2002, S. 181. Zur *Historia Augusta* – nach Mommsens Urteil „eine der elendesten Sudeleien, die wir aus dem Altertum haben" (Theodor Mommsen: Die Scriptores historiae Augustae [1890]. In: Gesammelte Schriften. Bd. 7, S. 302–362, Zit. S. 303f.); – vgl. die differenzierteren Ausführungen bei Ronald Syme: Emperors and Biography. Studies in the Historia Augusta. Oxford 1971.
[102] Ernst Kantorowicz: Kaiser Friedrich der Zweite [1927]. Stuttgart 1985, S. 416.

chenden papistischen Polemik, die den Stauferkaiser schon als Urheber oder zumindest als Anstifter des berüchtigten atheistischen Traktats über die ‚drei Betrüger' – Moses, Jesus und Mohammed als Initiatoren der großen monotheistischen Religionen – gesehen hat.[103] An dieser Stelle kann Veyssière de La Croze seine eigene Verschwörungstheorie anschließen und den zusammengetragenen Indizien ebenso eine systematische Argumentation aufsetzen, wie es Hardouins Modell unternommen hat. Dass die Anstiftung zu einem so ungeheuerlichen Verbrechen einem notorischen Papstgegner unterstellt werden soll, passe nur zu gut zur bekannten Strategie der Jesuiten und belege, dass Hardouins Fälschungshypothese keineswegs das Produkt eines verrückt gewordenen Einzelgängers sei: „[C]e système est né dans une Compagnie toûjours attentive à ses interêts, la plus politique & la plus industrieuse du monde, où toutes choses sont reglées d'une telle maniere, qu'il ne s'y fait aucune demarche qui n'ait son but particulier."[104] Deshalb lassen sich – so Veyssière de La Crozes eigener verschwörungstheoretischer Coup – im ‚System Hardouin' gerade wegen seiner dissimulatorischen Absicht genau diejenigen Strategien entlarven, mit denen sich die Jesuiten ihre eigene Version der Kirchengeschichte zurechtgebastelt haben.

Mit derart geschärftem Blick entdeckt Veyssière de La Croze im Spanien des ausgehenden 16. Jahrhunderts, dem politischen und ideologischen Hauptschauplatz der gegenreformatorischen Aktivitäten und der Heimat des Jesuitenordens, zwei für seine Beweisführung relevante Simulationsunternehmen. Da ist zunächst Jerónimo Román de la Higuera, ein Jesuit aus Toledo. Er wird in den Annalen der Gelehrsamkeit als einer der „Betrüger und boßhaften Lügner" geführt, „die uns gantze falsche Bücher hinterlassen haben".[105] So habe Román de la Higuera in des Hieronymus *De viris illustribus* den Hinweis auf eine Universalgeschichte gefunden, die ein gewisser Dexter gegen Ende des vierten Jahrhunderts geschrieben haben soll, deren Spuren sich allerdings inzwischen gänzlich verloren hätten. Dies nimmt der Jesuit zum Anlass, unter Dexters Namen eine Chronik zu fabrizieren, in der er das

---

[103] Carlo Ginzburg: Holzaugen. Über Nähe und Distanz. Berlin 1999, S. 61; ebd., S. 90, Anm. 71, der Hinweis auf die Quellendokumentation von Mario Esposito: Una manifestazione di incredulità religiosa nel Medioevo: il detto dei „Tre Impostori" e la sua trasmissione da Federico II a Pomponazzi. In: Archivio Storico Italiano 89. Ser. VII. 16 (1931), S. 3–48. Zur Aktualität dieses Diskursmodells (wenn auch nicht der Zuschreibung an Friedrich II.) im 17. und 18. Jahrhundert vgl. die Einleitung von Winfried Schröder in: Anon.: Traktat über die drei Betrüger. Traité des trois imposteurs (L'esprit de Mr. Benoit de Spinosa). Kritisch hg., übers., kommentiert u. mit einer Einleitung versehen v. Winfried Schröder. Hamburg 1992, S. vii-lii.
[104] Veyssière de La Croze: Examen abregé du nouveau systeme du Pere Hardouin, S. 199. Die Seitenzahlen dieses Referats werden im Folgenden direkt im Text nachgewiesen.
[105] Mencke: Zwey Reden von der Charlatanerie oder Marcktschreyerey der Gelehrten, S. 181. – Die Darstellungen bei La Croze: Vindiciae veterum scriptorum, S. 171–195; Examen abregé du nouveau systeme du Pere Hardouin, S. 240–254 (daraus die bis zum Ende des Abschnittes mit Seitenzahlen im Text ausgewiesenen Zitate). Die ausführlichste historiographische Aufarbeitung dieser und der im Folgenden genannten spanischen Geschichtsfälschungen bietet nach wie vor die Arbeit von José Godoy Alcántara: Historia crítica de los falsos cronicones. Madrid 1981 [ND der Ausg. Madrid 1868].

supponierte Altertum „de toutes les plus fabuleuses opinions de l'Eglise Romaine" (S. 246) unterbringen kann. Diese Fälschung macht Román de la Higuera 1594 mit einer Überlieferungslegende bekannt, laut der ein weiterer spanischer Jesuit, ein Pater namens Torralba, das Manuskript in einer Wormser Privatbibliothek aufgefunden und – aufgrund gewisser illegitimer Besitzverhältnisse dieses Codex'[106] – unter erschwerten Bedingungen kopiert habe. Die Strategie ist erfolgreich. Das Machwerk findet rasche Verbreitung in Spanien, nicht zuletzt weil dort Wundererscheinungen und Reliquienfunde, die an die darin angeführten Begebenheiten anschließen, zusätzlich die falsche Chronik des falschen Dexter zu bestätigen scheinen. 1599 wird sie zum ersten Mal gedruckt, weitere Drucke – schließlich ein kommentierter Foliodruck in Lyon 1627, dessen Text noch heute in jedem anständig ausgestatteten Bibliothekslesesaal zu greifen ist[107] – folgen. Eine so erfolgreiche Strategie kann Schule machen: Unter der angeblichen Verfasserschaft eines Marcus Maximus entsteht eine Fortsetzung der Chronik bis ins Jahr 612, die neue Märtyrer und Reliquien zur Erscheinung bringt; Higuera und ein verabschiedeter Höfling namens Lorenzo Ramirez de Prado verfertigen eine ‚Luitprand-Chronik', zahlreiche weitere Werke dieser Art entstehen – allesamt auf das eine Ziel ausgerichtet, „den Hauptstrang der neuen Tradition" zu etablieren („la principale chaîne de la nouvelle Tradition"), „den die Jesuiten an die Stelle der alten setzen wollen" („que les Jesuïtes veulent substituer à l'ancienne"; S. 252).

Doch nicht nur die ‚historia scripta' wird zum Einsatzgebiet solcher Fälschungsunternehmen, die das exakte Komplementärstück zu den Überlieferungsdissimulationen des Père Hardouin bilden. Veyssière de La Croze kann mit einem weiteren Fund aus seinen Recherchen zum *Siglo d'oro* aufwarten, der gerade die von den Antiquaren favorisierten Primärobjekte materialer Überlieferung unmittelbar betrifft: „de merveilleuses choses de certains pretendus Martyrs de Grenade, enterrez dans une montagne […] auprès de la ville" (S. 247). Es handelt sich um „des lames de plomb, sur lesquelles étoient gravées des histoires & des propheties, dont une partie étoit écrite en Arabe, & l'autre en Espagnol tel qu'on le parloit dans le tems même de la decouverte de ces reliques & de ces inscriptions" (S. 247). La

---

[106] Higuera hat anfangs behauptet, sich auf ein Manuskript aus der Bibliothek von Fulda zu stützen. Um philologische Überprüfungen zu erschweren, ändert er diese Überlieferungslegende, „diciendo que un padre Torralba, jesuita de Ocaña y discípulo suyo, estando en Alemania, habia casualmente visto el original gótico de los cronicones en poder de un burgués de Worms, que le permitió sacar copia, no pudiendo recabar de él le dejase el códice, que habia sido sustraido de la biblioteca de Fulda" (Godoy Alcántara: Historia crítica de los falsos cronicones, S. 175).

[107] Diese Ausgabe ist nicht nur bibliographisch leicht zu ermitteln: Fl. Lvcii Dextri Barcionensis […] Chronicon omnimodæ historiæ […]. Nvnc demvm opera et stvdio F. Francisci Bivarii […] commentariis apodictius illvstratvm […]. Lyon 1627. Mit einer reichlich überschaubaren und ebenso lakonischen Fußnote („Chronicon a Bivario sub Dextri nomine evulgatum, spuritatis una voce arguunt nostræ ætatis bibliographi, Jesuitæ cuidam XVI sæculi illud adscribentes", Sp. 9, Anm. a) auf den Fälschungsbefund hat ihr Text samt Kommentar des Bivarius im Bd. 31 von Mignés *Patrologiae Latinae* überdauert.

Crozes Hinweis auf die anachronistische spanische Sprachform, die aus den Inschriften der Funde zu belegen ist,[108] erzählt diese nicht minder spektakuläre Überlieferungsfiktion bereits von ihrem Ende her. 1588[109] kommt bei den Bauarbeiten an der Kathedrale von Granada eine verpichte Bleikiste zum Vorschein, in der man eine kleine, mit einer Madonna *à l'égyptienne* bemalte Holzplakette, einen Fetzen grober Leinwand, ein Knochenstück sowie eine in arabischer, kastilischer und lateinischer Sprache beschriebene Pergamentrolle findet. Auf dem Pergament kann man, wie sich herausstellt, unter anderem eine apokalyptische Prophezeiung des Evangelisten Johannes entziffern; die beiden materialen Relikte offenbart es als Daumenknochen des Märtyrers Stephanus sowie als Teil aus dem Schleier der Gottesmutter – als Reliquien also, die der erste Bischof von Granada, Caecilius, samt dem Text der Prophezeiung in die Stadt gebracht haben soll.[110] Sieben Jahre später werden weitere aufsehenerregende Funde gemacht: zunächst vier Bleiplaketten (*láminas*), die Aufschluss über einige frühe spanische Märtyrer und deren Grabstätten geben, sowie schließlich 22 Bündel von doppelseitig arabisch beschriebenen Bleischeiben, die sogenannten *libros plúmbeos*. Als Hauptakteure dieser ‚Bücher' – es handelt sich um kurze Texte im Umfang von jeweils einigen Druckseiten – treten der legendäre erste christliche Missionar in Spanien, der Apostel Jakobus, mitsamt seinen Schülern sowie die Jungfrau Maria auf; man

---

[108] Offensichtlich hat man auch diesen Umstand sogleich in den Diskurs der Beglaubigung implantieren können; vgl. Hagen: Litterarische Fälschungen, S. 39: „Im fünfzehnten Jahrhundert wurde [...] in Spanien eine Offenbarung des heiligen Jakobus, vom Apostel eigenhändig geschrieben, ausgegraben: doch war diese unglücklicherweise in Neuspanisch abgefaßt. Wie sich da helfen? Der Herausgeber, Aldrete, suchte in seinen *Varias Anteguidades* schließlich diesen Widerspruch dadurch zu beseitigen, daß er dieses Neu-spanisch aus der Sehergabe des Apostels erklärt, vermöge deren er vorausgewußt, wann seine vergrabenen Schriften ans Tageslicht gelangen würden: infolge davon habe er sich derjenigen Sprache bedient, von der er im Geiste vorausgesehen, daß sie dann in Spanien gesprochen werden würde." – Für die Topoi des ‚texte trouvé' bietet reichliches Material – wenn auch nicht mehr – die Sammlung von Speyer: Bücherfunde in der Glaubenswerbung der Antike.

[109] Zum Folgenden: Grace Magnier: Sobre el pergamino y láminas de Granada. Introduction. In: Grace Magnier (Hg.): Pedro de Valencia: Sobre el pergamino y láminas de Granada. Bern u.a. 2006, S. xvii–lxi, sowie das Vorwort des Herausgebers einer (zeitgenössischen) spanischen Übersetzung der Inskriptionen auf den gefundenen Bleiobjekten von Miguel José Hagerty (Hg.): Los libros plúmbeos del Sacromonte. Madrid 1980, S. 11–51.

[110] Magnier: Introduction, S. xxix–xxx: „The story goes thus: Cecilius was returning from a pilgrimage to Jerusalem and became blind as the result of an eye infection. In Athens he was cured miraculously when ‚un varón de los perfectos' extended over his face part of the veil used by Mary to wipe away her blood and tears during the crucifixion. [...] During his stay in Athens Bishop Dionysius the Areopagite entertained him. [...] This saint gave him a prophecy of St. John the Evangelist concerning the end of the world. It had been written in Hebrew which the saint had translated into Greek, and which Cecilius duly changed into ‚Spanish.' On leaving Athens, Dionysius gave him a relic of the first martyr, Stephen, which consisted of a bone from his thumb and also part of the cloth with which Our Lady had dried her eyes." – Edition und Kommentar des Pergamentmanuskripts: Pieter Sjoerd van Koningsveld u. Gerard Albert Wiegers: The Parchment of the „Torre Turpiana": The Original Document and its Early Interpreters. In: Al-Qantara 14 (2003), S. 327–358.

1 Überlieferungsfälschung: Hardouins Altertum 93

entziffert und übersetzt daraus also beispielsweise einen *Libro del excelente bienaventurado Apostol Jacobo* oder einen *Libro de los actos de nuestro Señor Jesus y de sus milagros y de su madre, Maria la virgen*.[111] Auch die eigenartigen Überlieferungsträger, Bleischeiben mit einem Durchmesser von vier bis neun Zentimetern, erhalten ihre Legenden, in denen die üblichen Beglaubigungsformen ‚heiliger Texte' ins Spiel kommen.[112] Maria höchstselbst habe dem Apostel Jakobus in Jerusalem eines dieser Bücher anvertraut, das die eigenhändige Kopie eines ihr vom Erzengel Gabriel gleichsam aus dem himmlischen Fernleihverkehr zugestellten Textes sei; andere Texte weisen sich selbst als von den Schülern des Apostels aufgezeichnete Diktate des Jakobus aus. Die Funde von 1588 und 1595 setzen eine fast ein Jahrhundert lang anhaltende Kontroverse um ihre Authentifizierung zwischen der spanischen Kirche, vor allem den Erzbischöfen von Granada, dem spanischen König und dem Vatikan in Gang, die 1682 mit dem Kirchenbann für die Texte der *libros plúmbeos* endet. Der neueren Forschung gilt als ausgemacht, dass diese Fabrikate letztlich aus den tiefen und im Wortsinn existentiellen Spannungen zwischen *moriscos, conversos* und Altchristen zu erklären sind, von denen Spanien im Jahrhundert nach der Reconquista geprägt wird.[113]

Für Veyssière de La Croze indes ist der Fall einfacher gelagert. Die Funde aus Granada und die gefälschten Chroniken sind die beiden parallelen Stränge eines umfassenden Recodierungsunternehmens, mit dem die Jesuiten eine lückenlose ‚Tradition' nach ihren Interessen verfertigen wollen:

> Les Jesuïtes n'ont rien à desirer après cette Histoire. Toutes les Traditions fabuleuses de leur Eglise y sont établies, la Messe, le culte des Reliques & des Images, l'invocation des Saints, la Primauté du Pape, la venuë de Saint Pierre à Rome, celle de Saint Jacques en Espagne, la priere pour les morts, le Monachisme; en un mot, tout ce qu'il y a dans leur Religion de plus contraire à la parole de Dieu. (248f.)

Als ein „entsetzlicher Betrug, wie er größer niemals unter Christen bekannt geworden ist", bezeichnet Veyssière de La Croze dieses spanische Parallelunternehmen, in dem wiederum der Jesuit Higuera die Fäden gezogen habe.[114] Und zu diesen sich

---

[111] Magnier: Introduction, S. xxxv; die Titel nach Hagerty: Los libros plúmbeos del Sacromonte, S. 79 und 91.

[112] Eine narratologische und poetologische Typologie solcher Beglaubigungsformen bietet Andreas Mauz: Machtworte, Macharten. Zur Pragmatik des Begriffs des ‚heiligen Textes' und Probleme seiner poetologischen Konturierung. In: TRANS. Internet-Zeitschrift für Kulturwissenschaften 16 (2006). URL: http://www.inst.at/trans/16Nr/06_7/mauz16.htm [1.11.2016]. Motivgeschichtliches dazu bei Speyer: Bücherfunde in der Glaubenswerbung der Antike.

[113] Ein konziser Überblick über diese (religions-)politischen und kulturellen Spannungen bei Alain Milhou: Die Iberische Halbinsel. In: Die Geschichte des Christentums. Religion, Politik, Kultur. Hg. von Jean-Marie Mayeur u.a. Dt. Ausgabe hg. v. Norbert Brox u.a. Bd. 8: Die Zeit der Konfessionen (1530–1620/30). Hg. v. Marc Venard. Dt. Ausgabe bearbeitet u. hg. v. Heribert Smolinsky. Freiburg u.a. 1992, S. 662–739, zu Spanien: S. 662–726.

[114] Veyssière de La Croze: Vindiciae veterum scriptorum, S. 171: „fraus horribilis, quâ majorem nullam unquam inter Christianos auditam fuisse". Eine singuläre Auffassung und Ein-

gegenseitig beglaubigenden Simulationen der einen Überlieferung passt nichts besser als Hardouins Dissimulation der anderen. Kann es Zufall sein, dass die gefälschten Chroniken genau bis zu jenem Zeitraum reichen, in dem Hardouin die Arbeit seiner Fälscherwerkstatt beginnen lässt, und dass die *bricolage* einer jesuitisch motivierten Historie komplementiert wird durch die Delegitimation ihres Anderen unter der Maske antiquarischer Gelehrsamkeit? Zufall, dass Hardouin überdies genau jene Zweige der Bibelüberlieferung desavouieren will, anhand derer die Text- und Zitatgewebe der meisten Fälschungen als Anachronismen entlarvt worden sind? Mit einer präzisen Schlußpointe – und das ist der letzte Schritt seiner Strategie – besetzt Veyssière de La Croze die Oppositionspaare von Hardouins einschlägigen Leitunterscheidungen um, indem er sie wiederholt: „Voilà donc quelle est la *Tradition* que les Jesuïtes ont forgée, & qu'ils veulent substituer à la *vraie antiquité* Chretienne. Ils l'ont conduite jusqu'au douziéme siecle, c'est-à-dire, à-peu-près jusqu'au tems de leur Severus Archontius" (254; Hervorh. S. K.). ‚Traditio' ist eine Sache der Macht, ‚antiquitas' eine Sache des Wissens – so lautet zugespitzt die noch einmal unterstrichene Begriffsdifferenzierung, die aus dem Vexierspiel der Fälschungsvorwürfe und Entlarvungsstrategien aufblitzt, um alsbald wieder in der Latenz gelehrter Archive zu verschwinden.

Gelehrtes Wissen: Reformulierungen. – Denn jenseits des Aufsehens, das die Auseinandersetzung um Hardouins Thesen in der *Res publica literaria* zu erregen vermocht hat, erweist sich noch und gerade der differenzierteste und subtilste Einsatz antiquarischer Gelehrsamkeit mehr oder minder als Rückzugsgefecht mit atavistischen Mitteln auf einem wenn nicht geräumten, so doch neu zu bestellenden Terrain des Wissens: einem „gelehrte[n] Bereich", der „in seinen vielfältigen Grenzverschiebungen mit einhergehenden Auflösungserscheinungen" nur schwer noch abschließend beschrieben werden kann.[115] Man hat diese Umbrüche seither mit Vorliebe – und im Einklang mit der lautesten zeitgenössischen Stimme der

---

schätzung scheint dies nicht zu sein: Vgl. Mencke: Zwey Reden von der Charlatanerie oder Marcktschreyerey der Gelehrten, S. 182f., Anm. des ‚Hallischen Übersetzers': „Doch ist solches", kommentiert die Fußnote die spanischen Fälschungen, „bey einem Jesuiten nicht zu verwundern, welche Societät sich kein Gewissen zu machen pfleget, zu ihrem Vortheil entweder wahrhaffte Schrifften zu unterdrucken, oder falsche zu erdichten." – Higueras eventuelle ‚Co-Autorschaft' bei den Funden von Granada scheint bis heute nicht abschließend geklärt: „Román de la Higuera became an impassioned defender of the *plomos*, in particular against the criticisms of Juan Bautista Pérez, Bishop of Segorbe [...]. Perhaps he contributed directly or indirectly to their composition." Als Parallelunternehmen werden die beiden Fälschungen jedoch, wenn auch ohne Veyssière de La Crozes konspiratorische Note, noch immer bewertet: „Both the *plomos* and *Cronicones* were products of the great interest in an idealised, early history of Spain that had existed in the second half of the sixteenth century" (Magnier: Introduction, S. xxxvi–xxxvii).

[115] Hedwig Pompe: Zeitung/Kommunikation. Zur Rekonfiguration von Wissen. In: Jürgen Fohrmann (Hg.): Gelehrte Kommunikation. Wissenschaft und Medium zwischen dem 16. und 20. Jahrhundert. Wien, Köln u. Weimar 2005, S. 157–321, Zit. S. 276.

1 Überlieferungsfälschung: Hardouins Altertum 95

Kritik – als Symptome eines wissenschaftlichen Fortschritts verstanden. Doch um 1700 gerät die ‚alte Gelehrsamkeit' keineswegs nur unter einen Modernisierungsdruck, wie es solche Interpretationen nahelegen. Sie zieht sich vielmehr selbst einen Modernisierungsverdacht zu und wird mit der Notwendigkeit konfrontiert, sich gegen den aus theologisch-moralischer Warte erhobenen Vorwurf eines atheistischen, zumindest skeptizistischen *libertinage érudit* zu verteidigen.[116] Die Wissenspraxis selbst also, nicht nur deren von Veyssière de La Croze unterstellter ideologischer Missbrauch, gerät, wenn nicht in Verruf, so doch wenigstens in Begründungsnöte und zwischen alle Fronten. Die Geschichte dieser epistemischen Verschiebung ist in vielfältigen wissenschaftsgeschichtlichen oder sozialhistorischen *emplotments* und anhand der verschiedensten Ereignisse und Akteure erzählt worden.[117] Maßgeblich dafür ist eine Ausdifferenzierung der Zuständigkeitsbereiche auf dem Terrain des Wissens, die zur Jahrhundertmitte d'Alemberts und Diderots *Encyclopédie* gültig festschreiben wird.[118] Fortan wird, was nun erst ohne jede Spur eines epistemologischen Pleonasmus „Buchgelehrsamkeit"[119] heißen darf, nur mehr einen Bezirk des Wissbaren ausmachen, dessen Relevanz überdies zusehends zu schwinden droht. Das philologisch-antiquarische Wissen erhält mit dieser Verschiebung – wie es Cassirer mit Blick auf die frühe modellhafte Bilanzierung in Bayles *Dictionnaire historique et critique* behaupten kann – den Status

---

[116] Vgl. Leonard Forster: ‚Charlataneria eruditorum' zwischen Barock und Aufklärung in Deutschland. In: Sebastian Neumeister u. Conrad Wiedemann (Hg.): Res Publica Litteraria. Die Institutionen der Gelehrsamkeit in der frühen Neuzeit. Wiesbaden 1987. Bd. 1, S. 203–220, Zit. S. 203: „Der Gelehrte kam von zwei Seiten her unter Beschuß: von den Pietisten und den Rationalisten". – Eine exemplarische Darstellung der Legitimationszwänge und -nöte, die aus der Abgrenzung von diesem zweiten Vorwurf erwachsen, bietet Martin Mulsow: Die Paradoxien der Vernunft. Rekonstruktion einer verleugneten Phase in Reimmanns Denken. In: Mulsow u. Zedelmaier (Hg.): Skepsis, Providenz, Polyhistorie. S. 15–59, insb. S. 25–40. Vgl. auch Mulsow: Prekäres Wissen.

[117] Für einen konzisen und knappen Überblick: Anne Goldgar: Impolite Learning. Conduct and Community in the Republic of Letters 1680–1750. New Haven u. London 1995, S. 219–250. Aus der mehr als reichhaltigen Literatur zu dieser Verschiebung sei hier eine weitere Studie genannt, die das Problem dezidiert aus dem Fokus der Gelehrsamkeit und ihrer Praktiken und Selbstthematisierungen, nicht aus dem der meist fraglos behaupteten ‚großen geistes- und ideengeschichtlichen Prozesse' in den Blick nimmt: Pascale Hummel: Mœurs érudites. Études sur la micrologie littéraire (Allemagne, XVIᵉ–XVIIIᵉ siècles). Genève 2002.

[118] Als Beleg unter vielen vgl. nur den Anfang des Artikels „Erudition": Encyclopédie. Bd. 5, S. 914: „Ce mot, qui vient du latin *erudire, enseigner*, signifie proprement & à la lettre, *savoir, connoissance*", hält der Artikel etymologisch fest und trägt sogleich die entscheidende Differenzierung nach: „mais on l'a plus particulierement appliqué au genre de savoir qui consiste dans la connoissance des faits, & qui est le fruit d'une grande lecture. On a réservé le nom de *science* pour les connoissances qui ont plus immédiatement besoin du raisonnement & de la réflexion, telles que la Physique, les Mathématiques, &c. & celui de *belles-lettres* pour les productions agréables de l'esprit, dans lesquelles l'imagination a plus de part, telles que l'Eloquence, la Poésie, &c."

[119] Gotthold Ephraim Lessing: Nathan der Weise (V,6). Werke und Briefe in zwölf Bänden. Bd. 9: Werke 1778–1780. Hg. von Klaus Bohnen u. Arno Schilson. Frankfurt a.M. 1993, S. 615.

einer „rein dialektische[n] Vorübung". Die „reine Freude am Faktisch-*Einzelnen*", die darin noch ihren Platz finden mag, soll von der Ausrichtung am „Geist der *Gesetze*" und schließlich an der „empirisch-objektive[n] *Sichtbarkeit*" der Vernunft methodisch überwunden und praktisch ersetzt werden.[120] Der Antiquar – „the type of man who is interested in historical facts without being interested in history", hat ihn Momigliano vor dem Horizont dieses Umbruchs pointiert definiert[121] – muss sich einen diskursiven Dienstherrn suchen, muss also seine ausschließlich von der Kritik am Überlieferten vermittelte Beziehung zur Wahrheit, der ‚vraie antiquité', umdefinieren.

Und so gerät die philologisch-antiquarische Kritik am Ende des 17. Jahrhunderts in ein regelrechtes Dilemma: Eben erst hat sie sich aus den Banden theologischer und politischer Regulierungen zu lösen begonnen – sie versagt sich zu diesem Zweck mit einer zwar nur scheinbaren, aber dennoch überaus zweischneidigen Bescheidenheitsgeste dezidiert den wertenden Zugriff auf propositionale Gehalte der Überlieferung, behauptet aber dagegen ganz und gar unbescheiden, allen überlieferten Äußerungen ihren Platz im Wahren zu- oder absprechen zu können.

> Die Kritik, die wir lehren wollen, befasst sich nicht mit den Regeln der Grammatik, die Grundbestandteile der Rede sind; sondern setzt diese als den Lesenden schon bekannt voraus. Auch will sie nicht zur Kenntnis der Dinge selbst beitragen, sondern öffnet nur den Weg zum Verständnis jener Reden, die von den Dingen gehandelt haben. Es wird nicht so sehr versucht in Erfahrung zu bringen, was wahr sei und was falsch, und auch nicht, ob das, was wir lesen, mit der Wahrheit in Übereinstimmung sei; oder auch nur, wie wir in Erfahrung bringen können, was jene beabsichtigt haben, deren Schriften wir lesen. Mit einem Wort: es wird die wahre sprachlich bestimmte Form [*sententia*] der Äußerungen untersucht, nicht nach der Wahrheit derer gefragt, die ausgesagt worden sind [...]. Die Kritik öffnet und befestigt den Weg zu wahrer Gelehrsamkeit, das heißt: zu einer sicheren Kenntnis der Dinge; dennoch ist sie selbst nicht Teil davon.[122]

Kaum glaubt sie dank diesem Selbstverständnis eine vernunftanaloge Souveränität für sich in Anspruch nehmen zu können, sieht sich die Gelehrsamkeit schon wieder mit der drohenden Indienstnahme durch neue Meisterdiskurse oder Denkmodelle konfrontiert und auf ihren alten, rein instrumentellen Platz in der Propädeutik zurückverwiesen. Die Umstellung von einer Fundamentaldisziplin, die gerade in

---

[120] Ernst Cassirer: Die Philosophie der Aufklärung [2. Aufl. 1932]. Gesammelte Werke. Hamburger Ausgabe. Hg. von Birgit Recki. Bd. 15. Text u. Anmerkungen bearbeitet v. Claus Rosenkranz. Darmstadt 2003, S. 217, 219 und 231.
[121] Momigliano: The Classical Foundations of Modern Historiography, S. 54.
[122] Le Clerc: Ars critica. Bd. 1, S. 3f.: „Critica, quam sumus tradituri, non attingit Grammaticas Regulas, quæ sunt sermonis elementa; sed eas jam notas esse legentibus statuit. Neque etiam rerum ipsarum cognitionem suppeditat, sed viam tantùm aperit, ad intelligendum eorum sermonem, qui de rebus egerunt. Haud magis quæritur hîc quid verum sit, quid falsum, seu an id quod legimus veritati consentaneum sit, nécne; sed tantùm quî possimus intelligere quid sibi velint ii, quorum scripta legimus. Uno verbo, quæritur vera dictorum sententia, non veritatis eorum quæ dicuntur [...] Viam aperit ac munit Critice ad veram eruditionem, hoc est, rerum certam notitiam; cujus tamen ipsa pars non est."

ihrem Ausnahmestatus erst souverän geworden zu sein meint, auf die beschränkten Erkenntnismöglichkeiten einer Hilfswissenschaft läuft selbstredend nicht ohne Konflikte ab, und es ist bezeichnend, dass die auffälligeren Spuren dieser Konflikte in den Maßregelungen und Stigmatisierungen des antiquarischen Wissens und seiner Akteure hinterlassen worden sind. Zwei eng zusammengehörende Züge treten dabei besonders hervor: Zum einen wird, mehr oder minder subtil, die Zweckbindung antiquarischer Erkenntnis eingefordert – subtil etwa, wenn Walchs *Philosophisches Lexicon* das epistemische Feld der *studia antiquaria* an einem umfassenderen Orientierungsmodell ausrichtet:

> Wie weit jemand hierinnen [in der „Wissenschaft der alten Gebräuche", S. K.] seinem Fleiß Gränzen zu setzen habe, solches ist *aus dem Endzwecke, den er dabey hat, zu beurtheilen.* Denn entweder läßt jemand diese Erkenntniß sein Hauptwerk seyn, und so hat er denn ein weites Feld für sich, darinnen er sich umsehen muß, das ist, er muß die Gebräuche verschiedener Völker zusammen nehmen, und nicht nur die bekannten und gemeinen; sondern auch die ganz besondern Gebräuche untersuchen; oder er braucht sie als ein nützliches Werkzeug in den höhern Wissenschaften, da sich unter andern ein Theologe sonderlich um die Hebräischen, ein Juriste um die Römischen bekümmert.[123]

Für denjenigen, der sein Studium der ‚Alterthümer' nicht bloß als Hilfswissenschaft nutzen will, bleibt also allenfalls der neue methodische Ausweg einer breit angelegten, anthropologisch ausgerichteten vergleichenden Kulturgeschichte, will er sich nicht mit der für die „gewöhnlichen Antiquitates" typischen „Kleinkrämerei" bescheiden.[124] Zum anderen trifft, schon weit weniger subtil, denjenigen, der sich an diesen Ordnungsruf nicht hält, ein Verdikt, das während des gesamten 18. Jahrhunderts Konjunktur hat und die verschiedensten Wissenspraktiken diskreditieren soll: das der ‚Pedanterei'. Es wird deshalb das durchsetzungsfähigste und öffentlichkeitswirksamste aus einer ganzen Reihe von (ab)wertenden Synonymen für selbstzweckhafte gelehrte Tätigkeit,[125] weil es sich auch jenseits der gelehrten

---

[123] Johann Georg Walch: Philosophisches Lexicon [...], 4. Auflage in zween Theilen. Hildesheim 1968 [ND der Ausg. Leipzig 1775]. Bd. 1, Sp. 137f. (Hervorh. S. K.). – Der Lemmaeintrag stimmt, abgesehen von einigen kleineren orthographischen Modifikationen, mit dem der Erstausgabe von 1726 überein; vgl. dort Sp. 87f.

[124] So noch Wilamowitz-Moellendorff: Geschichte der Philologie. S. 17. – „Überhaupt hatte es die schlimmsten Folgen, daß neben die Ausgaben der Schriftsteller, die sich auf den Inhalt gar nicht einzulassen pflegten, sich die Kompilationen der Altertümer stellten und so einen Gegensatz von Sprachphilologie und Sachphilologie hervorriefen. Die erstere dünkte sich vornehmer, weil die Konjektur aus dem Geiste geboren sein will; zum Kompilieren schien das Sitzfleisch zu genügen. Der ganze Begriff der Altertümer mit seiner Vielwisserei hat bis in die neueste Zeit der lebendigen Erfassung des Lebens geschadet, und wo er sich noch hält [...], herrscht noch das alte Chaos, bei vielen Philologen daher ein arger Mangel an anschaulicher Kenntnis des Lebens, die vorwiegend durch die monumentale Überlieferung vermittelt werden muß. [...] Eine Schachtel Zitate, das ist das Buch der Antiquare, eine Schachtel Konjekturen, das Buch der Philologen" (ebd., S. 34).

[125] Vgl. etwa stellvertretend Johann Christian Lange: Protheoria eruditionis humanae universae: Oder Fragen von der Gelehrsamkeit der Menschen ins gemein. Gießen 1706, S. 17: „ So sind auch *Literati*, (die mit Schrifften und Büchern umbgehen/) offtermahls nur blosse *Litteratores*, *Buchstäbler* und *Buchstabierer* / die den Kern der Weißheit selbst in guten Büchern *negligiren*

Selbstverständigung über Inhalte und Verfahrensweisen der *studia antiquaria* und *historia literaria* durchzusetzen vermag. Der Gefahr des Pedantismus sehen sich, nach einer der kursierenden Definitionen solch deviánter Gelehrsamkeit, zunächst diejenigen ausgesetzt, „welche sich in dieser und jener Wissenschafft gelehrt schelten lassen / gleichwohl aber sich wenig darumb bekümmern / wie sie hinter den Endzweck und Nutzen derselben kommen". Dafür nun sind „die Herren *Philologi*" in besonderem Maße anfällig – und zwar aufgrund des drohenden Missverhältnisses von Engagement und Ergebnis, das die ungezügelte philolo-gisch-antiquarische Praxis auszeichnet: „Weilen sie nun mit solchen Sachen / die an sich selbst eben nicht von grosser *consideration* seynd / umgehen / derowegen hat man jederzeit davor gehalten / daß sich keine besser als eben die *Philologi* unter die Zunfft der Pedanten schicken / indem sie über ein eintziges Wörtgen so genau *criti*si*ren und ein unnütz Gezänck anfangen wollen / daß anderen die Ohren davon weh thun."[126] Doch bald expandiert der Pedantismusvorwurf von der immanenten Methodenreflexion und den Selbstmodernisierungsvorhaben der Gelehrsamkeit in die Globalkritik an einer Wissenspraxis insgesamt. ‚Pedant' wird bald jeder heißen, dessen Studiengegenstände und Arbeitsformen den Bezug zu den neuen anthropologischen, politisch-ökonomischen, vernunft- oder sachbezogenen Leitparadigmen des Wissens vermissen zu lassen scheinen; lästig und lächerlich erscheint er zunächst

---

und an blosser *Literali*schen Wissenschafft behangen bleiben. Dahin-gegen in der *real*en *Erudition* selbst sichs zeigen muß / wozu einem *Doctrina* und *Literatura* genützet und gedienet habe." Eine ihrerseits ganz spezielle Reihe stellt Faßmann an den Anfang der „lustigen Dedication" zu seiner Satire *Der gelehrte Narr*, um die „gelehrte[n] *Monstra*" zu titulieren: „Du Narr! du *Pavians-Physionomie*! *Visage à faire rire*, oder du lächerliches Gesichte! Du Affe! Du Haase! Du *Pedant*! Du *Ignorant*! Du Limmel! Du Tölpel! Du Pantoffel-Holtz ec." ([David Faßmann:] Der Gelehrte Narr, Oder Gantz natürliche Abbildung Solcher Gelehrten, Die da vermeynen alle Gelehrsamkeit und Wissenschaften verschlucket zu haben [...]. Freiburg 1729, ⟨ A 3^r - A 3^v ⟩). – Dahingegen erhält die diskreditierende Nomenklatur in Walchs (unter der Chiffre „Char.") Anmerkung zu Menckes erster *Rede über die Charlatanerie der Gelehrten* einen typologischen Akzent: „Cum fines Charlataneriæ non videantur satis definiti, non abs re erit, si hic discrimen Charlataneriæ, Pædantismi, Galantismi, Machiavellismi litterarii adjiciatur. Charlataneria cum Pædantismo & Machiavellismo conjuncta est, ita ut omnis Charlatania sapiat speciem Pædantismi, & Machiavellismi, licet non omnis Pædantismus & Machiavellismus speciem Charlataneriæ. Charlataneriæ proprium est: Mundus vult decipi; in cujus studio *judicium* magis corruptum est, quam *voluntas*. Pædantismus autem, qui vetustati addictus est, & in rebus nullius usus versatur, prodit eosdem cum intellectus, tum voluntatis morbos." (Johann Burkhard Mencke: De Charlataneria eruditorum declamationes duæ, S. 10f., Anm.; vgl. auch Stadels Epistel, ebd., S. 199–202).

[126] Ulrich Huber: Freye Rede von der Pedanterey / Gehalten im Jahr 1678 [...]. In: Christian Thomasius: Einleitung zur Hoff-Philosophie, Oder / Kurtzer Entwurff und die ersten Linien von der Klugheit zu Bedencken und vernünfftig zu schliessen [...]. Berlin 1712, [ND der Ausg. als: Werner Schneiders (Hg.): Christian Thomasius: Ausgewählte Werke. Bd. 2. Hildesheim u.a. 1994, S. 297–343, Zit. S. 331f. und 319]. – Als Überblick zur Pedantismuskritik: Wilhelm Kühlmann: Gelehrtenrepublik und Fürstenstaat. Entwicklung und Kritik des deutschen Späthumanismus in der Literatur des Barockzeitalters. Tübingen 1982, S. 288–473; Gunter E. Grimm: Letternkultur. Wissenschaftskritik und antigelehrtes Dichten in Deutschland von der Renaissance bis zum Sturm und Drang. Tübingen 1998, S. 183–193.

nur, zum Parasiten, ja Hochverräter an der Vernunft wird er am Ende des Jahrhunderts gestempelt werden.[127]

Wo das eine dieser Leitparadigmen der epistemologischen Verschiebungen um 1700, das politisch-ökonomisch an Nützlichkeit ausgerichtete Wissen(schaft)sverständnis, zur Messlatte der Kritik an der philologisch-antiqua-rischen ‚Buchgelehrsamkeit' wird, da kann sein anthropologisches Komplement nicht lange auf sich warten lassen. Wer „nur in den Büchern / und nicht in sich selbst studieret" – so will es der Fundamentaltopos dieser neuen Wissensorganisation, dessen Verdikt sich die Praktiken antiquarischer Gelehrsamkeit mit keiner Anstrengung je zu entziehen vermöchten –, kann allein deshalb „nichts weniger als gelehrt seyn", weil seine Erkenntnis, anstatt auf dem verlässlichen Fundament vernünftiger Selbsterkenntnis zu beruhen, von „vielerley Meynungen überhäuffet und verwirret" wird.[128] Die Überlieferung spricht nun einmal nie mit einer Stimme, und es gehört ja gerade zu den wichtigsten Tugenden der gelehrten Kritik, sich zu dieser Vielstimmigkeit zu verhalten. Doch die anthropologisch ausgerichtete Revision der Wissenspraxis macht nicht bei einer vernunftgebundenen Verurteilung der Objekte antiquarischer Wissbegier halt. Auch Ausführungsbestimmungen zum *anthropological turn* des Wissens und der Wissenspraktiken selbst folgen schnell. Bereits Langes *Protheoria eruditionis humanae universae* dekliniert, ihrem Titel getreu, die individuellen Anlagen zu den Feldern des Wissens an einem skurrilen Katalog vermögenspsychologischer Dispositionen aus, der auf guten 50 Seiten an die 300 unterschiedlicher *ingenia* „schlechthin nacheinander" versammelt und dabei keine Konfusion scheut.[129] Zur Jahrhundertmitte dann darf die Philologie – als hätten sich die noch kurz zuvor in ihrem Namen ausgetragenen Erregungen nie ereignet, als hätte sie nicht eben noch als besonders auffälliger Schauplatz nutzlosen Ge-

---

[127] Das einschlägige moralisch-anthropologische Schreckenskabinett zeichnet Bergk: Die Kunst, Bücher zu lesen., der das ‚alte' Text-Wissen unter der Kategorie des ‚Positiven' fasst: „Da nun das Positive nur eine Krücke ist, die den Schwachen zur Unterstützung dienen soll, und da die Menschen einmal mündig werden und bloß ihrer Vernunft gehorchen sollen, so handelt derjenige hochverrätherisch an der Menschheit, der sein Wissen auf das Positive einschränkt, und sich bei allen seinen Handlungen bloß durch dasselbe bestimmen läßt, weil er troz der heiligsten Gebote nicht an seiner Mündigkeit arbeitet, und dadurch zum Heile der Welt beiträgt. Er ist ein Stümper in seinen Arbeiten, weil er keine Selbstthätigkeit der Vernunft in sich erweckt hat, und also diese nicht gebrauchen kann; er ist ein Egoist, weil ihn bloß Furcht und Hoffnung zum Handeln antreibt; er ist ein Sklav, weil er bloß ein Spiel äußerer Triebfedern ist; und er ist der größten Verirrungen und Ausschweifungen fähig, weil ihn kein innerer Genius mahnt, und weil ihn die Stimme des Gewissens nicht leitet" (S. 379f.).

[128] [Anon.:] Die wahre Gelehrsamkeit, nebst beygefügter Kunst / den besten und kürtzesten Weg zu einer rechten Erkänntniß der Wissenschaften zu finden [1712]. 2. Aufl. Frankfurt a.M. 1725, S. 156.

[129] Vgl. Lange: Protheoria eruditionis humanae universae, S. 104-155 (Zit. S. 105) und das (unpaginierte) „Besonder[e] Register / Uber die mancherley Arten und Benennungen derer Menschlichen *Ingeniorum*" am Ende des Buches. – Lange verquirlt darin die disparatesten Qualitäten und Akzidentien möglicher Erkenntnisgegenstände mit *anthropologica* aus Säftelehre, Wahrnehmungspsychologie, Ethik und Astrologie.

zänks gegolten – geradewegs als Sedativum auftreten. Meiers *Theoretische Lehre von den Gemüthsbewegungen überhaupt* spricht das vergiftete Lob aus, „daß die gantze Philologie ein sehr gutes Recept wieder die Leidenschaften sey, und ich bin überzeugt, wenn die Stoicker dieses gewust hätten, so würden sie die Philologie ihre Hauptwissenschaft haben seyn lassen."[130] Ihren besonderen Status verdiene sich diese Wissenspraxis deshalb, weil in ihr zwei Hauptgründe der Affektverhinderung zusammentreffen: unermüdlicher Gelehrtenfleiß und „symbolische Erkenntniß"; vergiftet ist das Lob selbstredend, weil es Meier nicht etwa um den Kampf gegen die als „Leiden" gefassten Affekte zu tun ist, sondern um die Steuerung dieser „Handlungen" der menschlichen Seele.[131]

Gelehrsamkeit also hat sich, instrumentell gewendet, politischen und diätetischen Anforderungen zu (unter)stellen. Wie gut dieser Paradigmenwechsel mit Hardouins „raisonnemens chimeriques" zu verrechnen ist, belegen die seinen *Opera varia* gewidmeten Seiten in des Abbés Prévost Zeitschrift *Le pour et contre*.[132] Sie setzen sich zwar thematisch mit dem Fälschungsvorwurf gegen Vergils *Aeneis* auseinander, leiten diese Diskussion aber mit einer generellen Anmerkung zur Ökonomie der Gelehrsamkeit ein, in der die Einwände und Vorbehalte gegen die desavouierte Wissenspraxis gebündelt werden. Philosophen sind – so der Trommelwirbel, mit dem der Artikel beginnt – konstitutionell und habituell anfällig für Exzesse der Vernunft. Da jedem „talent superieur", jedem „génie rare" eine äußerst lebhafte Einbildungskraft zugrunde liegen muss, sind Störungen verschiedenster Art geradezu vorprogrammiert. Man darf sich also nicht wundern, wenn man entdeckt, dass sich große Geister manchmal in gewisser Hinsicht als überaus verrückt erweisen.[133] In noch höherem Maße gefährdet allerdings sind – nun der Paukenschlag, der die epistemologischen Debatten der Zeit akzentuiert – die Antiquare: Schon durch die Zeit und Gesellschaftsenthobenheit ihres Geschäfts und die beständige Inanspruchnahme, ja Überlastung ihres Gedächtnisses sind sie bedroht genug. Kommt dazu noch eine lebhafte Einbildungskraft, verwandeln sie sich leicht endgültig aus gelehrten Langweilern in gelehrte Narren.

> Les Sçavans de profession sont encore plus sujets à ces écarts. J'appelle ici Sçavans de profession, ceux qui passent leur vie à recueïllir des faits & des noms propres, & dont l'esprit

---

[130] Georg Friedrich Meier: Theoretische Lehre von den Gemüthsbewegungen überhaupt. Frankfurt a.M. 1971 [ND der Ausg. Halle 1744], § 94, S. 135.

[131] Zu Studium und symbolischer Erkenntnis als Affekthindernissen: Ebd. § 94, S. 134 und § 161, S. 282f.; zur Konzeption der Leidenschaften §§ 34–36, S. 38–42.

[132] Antoine François Prévost u. a.: Le Pour et contre (nos 1–60). Hg. von Steve Larkin. 2 Bde., Oxford 1993, Nr. 22. Bd. 1, S. 265.

[133] „Si l'on veut bien faire réflecion, qu'un talent superieur, & un génie rare, ont toujours pour principe une imagination très-vive; on sera moins surpris de voir quelquefois de grands esprits être très-fous à certains égards. Combien de Philosophes sublimes ont donné dans des travers pitoyables, ont avancé des propositions extravagantes, & ont confirmé admirablement ce que dit Ciceron avec vérité: Qu'il n'y a point d'opinion si absurde, ni de système si insensé, qui ne puisse être imaginé & soutenu par quelque Philosophe?" (Prévost: Le Pour et contre. Nr. 22. Bd. 1, S. 263).

1 Überlieferungsfälschung: Hardouins Altertum 101

s'épuise sur d'antiques minuties; ce qui les rend dédaigneux pour ceux qui les environnent; parce que n'étant que leurs contemporains, ils ne méritent pas de partager leurs égards, qu'ils réservent pour les seuls Anciens.

Les hommes de ce caractere, enorgueïllis par leurs lectures, & par la connoissance qu'ils ont acquise de plusieurs Langues Européennes & Asiatiques, anciennes & modernes, enrichis des dépoüilles d'un million d'Auteurs obscurs, ausquels ils immolent tous les jours leur sommeil, leur santé, les douceurs, & peut-être les devoirs de la societé, accoutumez enfin à ne faire usage que de leur opulente mémoire, ces hommes se croyent de bonne foi au-dessus de tous ceux qui n'ont point suivi la même route.

Or si ces Sçavans (je parle uniquement de ceux dont le jugement est d'ailleurs peu solide) s'avisent d'enfanter des opinions, & de forger des systêmes, le bon sens est toujours la chose à laquelle ils ont le moins d'égard, dans la maniere de les appuyer & de les défendre. C'est bien pis encore, s'ils ont l'imagination vive à un certain degré: alors foulant aux pieds toutes les regles de la critique, heurtant de front la vraisemblance & la raison, ils proposent & étalent hardiment les systêmes les plus absurdes. Pour les soutenir, ils s'inscrivent en faux contre les Actes les plus autentiques; ils bravent les autoritez les plus respectables; ils donnent le démenti à toute l'antiquité; ils traitent d'apocryphe tout ce qui ne leur est pas favorable, & préferent enfin à l'évidence même leurs subtiles & vaines conjectures.[134]

Die am Ende der Ausführungen zu Hardouin geäußerte Vermutung, dass wohl kaum je einer Muße finden werde, die Erzeugnisse dieser gestörten Einbildungskraft (noch einmal) ernsthaft zu widerlegen,[135] sollte allerdings täuschen. Und damit ist man bei der zweiten hier zu erwähnenden philologischen Gegenschrift zu Hardouins Thesen. Die unter der Moderation Johann Friedrich Christs gehaltene Leipziger Disputation Christoph Gottlob Sachses setzt schon im Titel genau zur Verteidigung von Vergils *Aeneis* an.[136] Wiederum erhält dieses Unternehmen einen Rahmen, der nun allerdings nicht mehr allein den Bezug zu den gelehrten Akteuren, sondern zudem zu den Handhabungen der Gelehrsamkeit schafft. Die ersten drei methodisch ausgerichteten Paragraphen der schmalen Schrift versuchen – vor der Einlösung der thematischen Absicht: der Widerlegung der 1733 in Hardouins *Opera varia* erschienenen Abhandlung *Pseudo Virgilius. Observationes in Æneidem*[137] – den argumentativen Spagat zwischen der Philologie als Fundamentaldisziplin und als Hilfswissenschaft. Hardouin wird zum expliziten Probefall und Problembeispiel dafür, wie Philologie nicht vorgehen soll. Sachses Argumentation richtet sich dabei weder an einem polemischen Bezugsmodell *ad personam* aus, wie es die auf einen Pathologieverdacht zielenden Anekdoten zu streifen pflegen,

---

[134] Ebd. S. 263f. – Zu diesem Vermögensgefüge und seinem Verhältnis zum Überlieferungswissen vgl. unten Kap. I.4.
[135] Ebd., S. 269. – Die Vermutung bezieht sich selbstredend auf die in den *Opera varia* nun in ungleich systematischerer Form als in den von Veyssière de La Croze erst mühsam zusammenzutragenden Indizien gegen die Überlieferung vorliegenden Verdächtigungen gegen Vergil und Horaz.
[136] Christoph Gottlob Sachse u. Johann Friedrich Christ: Vindiciae secundum libertatem pro Maronis Aeneide, cui manum Ioh. Harduinus nuperus assertor iniecerat. Leipzig 1737. – Zu Sachse – die Namensschreibung ist uneinheitlich: mal Saxe, meist nach der eigenen Latinisierung Saxius Gottlieb Christoph Harless: De vitis philologorum nostrae aetate clarissimorum. Bd. 1. Bremen 1764, S. 211–234.
[137] Hardouin: Opera varia, S. 280–327.

noch an dem einer Kritik *ad institutionem* wie Veyssière de La Crozes antijesuitische Komplementärverschwörungstheorie. Seine Ausführungen finden ihren Ort zur Gänze in den Konturen jener Selbstverständigung, zu der sich das philologisch-antiquarische Wissen im Zuge des epistemologischen Paradigmenwechsels seit Beginn des 18. Jahrhunderts genötigt sieht. Hardouins Œuvre taugt zu einer derartigen Auseinandersetzung in einem besonderen Maße nicht aufgrund der exzentrischen Ausrichtung der Fälschungsthese, sondern weil in ihm das skandalöse und skandalisierende Ereignis einer Grenzüberschreitung, eines Exzesses auf dem Terrain der philologischen Wissenspraxis als Krisenphänomen sichtbar wird.[138] „Das meiste in seinen Schriften birgt zwar nichts Monströses, sondern ist überaus gehaltvoll, und lässt allseits die Merkmale eines reichen Ingeniums und der Leidenschaft für den Kultus der Päpste erkennen. Doch wo er einmal die Gesetze der Mäßigung überschritten hat, da handelt er, wie es scheinen könnte, im Glauben, dass es gut und tüchtig sein müsse, unverschämt zu sein."[139] Dann treten – „wie wenn ein Feuer ausbricht, das sich bisher unter einer trügerischen Asche verborgen hat" – die zerstörerischen Qualitäten von Hardouins philologischer Praxis an den Tag: Er beginnt, „alte Münzen zu verstümmeln, aus einzelnen Buchstaben eines Wortes ganze Inschriften herauszupressen, sonderbare Bedeutungen für seinen Gegenstand zu verfertigen und die Kennzeichen der Zeiten in Verwirrung zu bringen"[140] – produziert also jene Monstren, deren Evokation zum semantischen Bestand der Auseinandersetzung mit dem ‚Hardouinisme' gehört. Auch Sachse versäumt es zwar nicht, auf die merkwürdige Koinzidenz zwischen Hardouins Dissimulation und den übrigen jesuitischen Praktiken der Simulation von Überlieferung hinzuweisen, doch dient ihm diese nur mehr als Symptom einer zügellosen antiquarischen Tätigkeit ohne Methode und Vernunft unter zahlreichen anderen. Die Folgen, die eine derartige Unbesonnenheit nach sich zu ziehen droht, haben denn auch mit dem Einzelfall Hardouin letztlich allenfalls vermittelt zu tun. Sachses Gegenschrift zielt auf mehr ab als auf ein fallbezogenes Disziplinarverfahren innerhalb der *Res publica literaria*. Sie sucht, implizit, nach einer Neubegründung für das philologische Geschäft, die sowohl den Voreingenommenheiten im mittlerweile ohnehin schon recht überlebten Streit zwischen *anciens* und *modernes* wie auch den aktuelleren (wissens)politischen Debatten um die Legitimität philologi-

---

[138] Auch diese Perspektive hat anscheinend wenig von ihrer Aktualität verloren; sie liegt etwa dem zweifellos profundesten Beitrag zum ‚Hardouinisme' zugrunde: Grafton: Jean Hardouin: The Antiquary as Pariah.
[139] Sachse u. Christ: Vindiciae [...] pro Maronis Aeneide. § 3, S. 9: „Plurima quidem eius scripta nihil alunt monstri, sed bonae frugis plenissima sunt, et passim ingenii foecundi, ardorisque erga Pontificiorum sacra, exhibent notas. At vbi semel ille modestiae leges transgressus est, ita rem gessit, vt appareret, putare, se bene ac gnauiter oportere esse impudentem."
[140] Ebd., § 3, S. 9: „Iam autem quam dicamus illius in diuinando licentiam, qua velut igne erumpente, qui adhuc sub cinere doloso latuisset, numos veteres mutilare, atque vnius verbi singulis e literis inscriptiones exsculpere, nouasque in rem suam sententias conficere, et temporum notas turbare coepit".

schen ‚Eigensinns' ein epistemologisch verlässliches Ende setzt. Der Krisendiskurs, den Hardouins Fälschungsthese provoziert, kommt Sachse zu diesem Zweck gerade recht. Vor dem Hintergrund des allgemeinen Fortschritts der Erkenntnis führt eine vernunftlose philologische Raserei, wie sie die Schriften des Jesuiten dokumentieren, unweigerlich dazu, dass der „Niedergang der Gelehrsamkeit" beschleunigt wird. Wenn deren Akteure solcher „Unbesonnenheit" nicht endlich „Einhalt gebieten, erneuern sie die Unwissenheit und Finsternis über den reichen Schätzen der Gelehrsamkeit." Dies wäre durch den Erkenntnisfortschritt der ‚modernen' Wissenschaften nicht annähernd zu kompensieren, wie die subtile Spitze gegen das „ingenium" in Sachses Verfallswarnung deutlich macht.

> Welche Eleganz hätte denn die lateinische und griechische Sprache, welche Zier die Wissenschaften, welche Sprachrichtigkeit die Rede, wenn deren Quellen durch das Verschulden ihrer Ärzte getrübt und verunreinigt würden; und allein mit der Fülle der Einbildungs- und Erfindungskraft [*ingenium*] unserer Zeitgenossen müssten wir uns beschäftigen, weil die alten Autoren saftlos und unbrauchbar wären [...].[141]

Man sieht: Hardouins eigenwillige Sichtungen des Überlieferten sind nur ein Extremwert im Spielraum eines illegitimen, da nicht vernunftgeleiteten Umgangs mit den Schriften und dem Wissen der Alten. Darüber wird man sich leicht verständigen können. Andere Einschätzungen, die Sachse vornimmt, verdienen indes mehr Aufmerksamkeit. Ausgerechnet die Praxis des Antiquars und idiosynkratischen Orthodoxen Hardouin etwa in letzter Konsequenz als die eines Radikalmodernen erscheinen zu lassen, der die Aktualität der *studia literaria* eskamotiert, mag noch eine reizvolle Pointe sein, von deren Logik auch die aktuelle Forschung gelegentlich profitieren kann.[142] Sie greift aber – von der fundamentalen theologischen Rahmung des Vorbehalts gegen die *litterae* einmal ganz abgesehen – insofern zu kurz, als der ‚Modernismus' des Jesuiten gerade nicht in seiner Generaldesavouierung der Überlieferung, sondern in der dezidierten Orientierung seiner Argumentationsschritte an den technischen Ausdifferenzierungen der antiquarischen Studien besteht.[143] Seine Praxis, die Befunde der zu den Überlieferungsbedingungen einer

---

[141] Ebd., § 3, S. 6f.: „Profecto intelligendo faciunt, vt perniciem literis accelerent, rebusque sucum, tanquam colorem ascititium, inducant. Cui temeritati si non aliquando statuant modum, barbariem et tenebras per abundantiam literarum restituent. Quinam erit linguae latinae graecaeque nitor, quod doctrinarum decus, quae dicitionis elegantia, si fontes medicantium vitio turbidos et inquinatos, et ipas ingenii nostrorum abundantia, vetustos scriptores succi et bonae frugis vacuos, habituri sumus: si tam impedita eorum lectio castigando reddetur, vt fluctuat identidem animus, et prae his mendosa desideret a barbaris olim profecta librariis exempla." – Auf die Metaphorik des ‚Arztes' wird gleich näher einzugehen sein.

[142] So etwa Sgard: Et si les anciens étaient modernes..., S. 209 („Hardouin n'en reste pas moins représentatif de la pensée ‚moderne': fort d'une double certitude sur l'infirmité de l'histoire et sur l'évidence éclatante de la vérité chrétienne, il aborde la critique d'Homère, de Virgile ou d'Horace avec la tranquille assurance d'un esprit doublement éclairé. Il est le plus intrépide, le plus radical des ‚modernes'") und S. 217.

[143] Dazu oben, S. 73–83 sowie S. 114. Das gilt, wie Grafton gezeigt hat, auch für seine editionsphilologische Tätigkeiten, etwa die Ausgabe der Konzilsakten: „As a critic, he was a

Handschriftenkultur variablen Texte als Beweis gegen deren Alter zu werten, ist hingegen in ihrer Logik entschieden im Stile der *anciens*, für die nicht antik sein darf, was nicht vollkommen ist; dem gegenüber steht dann wiederum das materialsensitive Fortschrittsbewusstsein, das im Dispositiv des Buchdrucks, dem ‚immuable multiple' der Texte, ein hochwirksames Remedium gegen Fälschungsprojekte *à la* Severus Archontius entdeckt. Auch mit Blick auf die *Querelle* erweist sich der ‚Hardouinismus' als – wenn auch diesmal minder extravagantes – Monster.[144] Bedenklicher aber ist eine weitere Pointe von Sachses Abhandlung. So wird darin unversehens, wenn auch mit aller Vorsicht, eine der Leitfiguren und, wie die Fachgeschichtsschreibung will, ein kühner Neuerer der neuzeitlichen Philologie in die Nähe des Jesuiten gerückt: „der genialste unter den am Ende des 17. und zu Beginn des 18. Jahrhunderts lebenden Philologen", Richard Bentley.[145] Er sieht sich einerseits dem unspektakulär-habituellen, wenn auch in seinem Fall zweifellos naheliegenden Vorwurf philologischer Zanksucht ausgesetzt, gerät andererseits aber wegen seiner oft allzu kühnen und von der Überlieferung nicht gedeckten Emendationsgepflogenheiten in die Kritik. „Wir wagten nicht zu fragen, ob der große Gelehrte Richard Bentley von jenem Fehler der Willkür frei sei, wenn nicht seine zu verschiedenen Autoren veröffentlichten Emendationen, vor allem die zu Phädrus und Horaz, dies mehr als ausreichend lehren würden; Emendationen, wie man sie leicht ebensosehr zu verwegen wie zu scharfsinnig finden kann."[146]

---

committed modern. In the age of the variorum editions, which piled commentary on commentary until the text to be explicated almost vanished from sight, Hardouin ruthlessly pruned away the excess scholarly apparatus that earlier editors had preserved" (Grafton: Jean Hardouin: The Antiquary as Pariah, S. 247).

[144] Zu den „latenten humanistischen Voraussetzungen", die den beiden Parteien der *Querelle* gemeinsam sind – insbesondere deren Perfektionsideal und Geschichtsbild: Hans Robert Jauß: Ästhetische Normen und geschichtliche Reflexion in der ‚Querelle des Anciens et des Modernes'. München 1964, Zit. S. 20.

[145] Timpanaro: Die Entstehung der Lachmannschen Methode, S. 10. – Diese Bewertung Bentleys als „kritische[s] Genie", wenn auch von „seltsamen, ja bizarren Gehaben", resümiert und wiederholt Rudolf Pfeiffer: Die Klassische Philologie von Petrarca bis Mommsen. München 1982, S. 179–197; sie bildet die topische Art der Bewertung von Bentleys Rolle (Zit. S. 179 und 181). Vgl. W. S. Maguinness: Bentley as Man and Scholar. In: Proceedings of the Leeds Philosophical and Literary Society 10 (1963), S. 93–103. – Eher Hagiographisches bietet dagegen Charles O. Brink: Klassische Studien in England. Historische Reflexionen über Bentley, Porson und Housman. Stuttgart u. Leipzig 1997. – Vgl. ausführlicher zu Bentleys prekärem Status Stephan Kammer: Konjekturen machen (1700–1760). Zur Genealogie eines philologischen Verfahrens. In: Anne Bohnenkamp u.a. (Hg.): Konjektur und Krux. Göttingen 2010, S. 53–84; ders.: Das Stigma des Dokumentarischen. Zum historischen *apriori* philologischer Materialverachtung. In: Wolfgang Lukas u. Rüdiger Nutt-Kofoth (Hg.): Text – Material – Medium. Berlin 2012, S. 53–63.

[146] Sachse u. Christ: Vindiciae [...] pro Maronis Aeneide. § 2, S. 4: „Ab illo licentiae vitio num immunis fuerit doctiss. *Richardus Bentleius*, quaerere non auderemus, nisi iuris publici factae in Auctores varios, *Phaedrum* et *Horatium* praesertim, emendationes eius satis hoc abundeque docerent, quibus non magis facile quidam audacius, quam acutius, reperire possis." Sachse beruft sich auf den mit Bentley als Horaz-Editor rivalisierenden Alexander Cunningham: Animadversiones in Richardi Bentleii notas et emendationes ad Q. Horatium Flaccum.

1 Überlieferungsfälschung: Hardouins Altertum

Damit wird nun noch einmal die programmatische Differenz zur Hardouin-Kritik des Veyssière de La Croze sichtbar, denn gewiss wäre niemand jesuitischer Ränke unverdächtiger als Bentley – man betrachte nur seine Rede *Upon Popery* von 1715.[147] Und gewiss kann Bentley nicht der Vorwurf gemacht werden, er hätte seinen Nachweis über die Fälschung der sogenannten ‚Phalaris-Briefe', der seinen Ruhm als Philologe begründet hat, so unbesehen verabsolutiert, wie dies Hardouin angesichts seines Misstrauens gegen einige patristische Devianzen getan hat. Es geht Sachse keineswegs um Verschwörungen und Wahn, sondern um die Methode; und der Beiläufigkeit zum Trotz, mit der Bentley dabei ins Spiel gerät, wirft die Konstellation eine ganze Reihe von Fragen auf, die sich die Abhandlung gar nicht explizit zu stellen erlaubt. Dabei brauchte man nur einen Blick auf die ihrerseits legendär gewordenen Provokationen zu werfen, mit denen Bentleys Kommentare aufwarten, um auf die unerwartete Wahlverwandschaft der beiden hinweisen zu können – so vor allem auf die einschlägige, gewöhnlich und gewiss nicht gänzlich zu Unrecht in dieser Verkürzung als Leitformel zitierte Anmerkung zu einer Emendation in der Horaz-Ausgabe: „Nobis et ratio et res ipsa centum codicibus potiores sunt".[148] Die bis heute in editorischen Fehlerdefinitionen überdauernde These, dass qualitative Argumente, die Eigenlogik des Textes und die Verstandesleistungen des Philologen, ein höheres Gewicht in die Waagschale des kritischen Urteils werfen als die versammelte Quantität der überlieferten Manuskripte es selbst in Einstimmigkeit je vermöchte, erhält durch die Korrelation mit dem ‚Hardouinisme' ihre ganze Zweischneidigkeit: Beweis und Konjektur treten in

---

London 1721, der allerdings zu einem dezidierteren Urteil kommt: „si tam multorum errorum causas quaerimus, repieriemus fere quinque; unam, quod falsas quasdam corrigendi regulas secutus est; alteram quod nonnullas ignoravit veras; deinde quod veras locis quasque suis adcommodare nescivit; tum quod ad peccandi causas eruendas sagacitate parum valuit; ad extremum, quod immoderata gloriae cupiditate incensus, & ingenii & eruditionis opinione exultans, conjecturas suas, quas gravissime expendi oportuerat, levissime perpendit" (S. 2).

[147] Richard Bentley: Upon Popery. Preached November 5, 1715. In: Alexander Dyce (Hg.): The Works of Richard Bentley, D.D. Bd. 3. New York 1966 [ND der Ausg. London 1838], S. 241–262.

[148] Q. Horatius Flaccus, ex recensione et cum notis atque emendationibus Richardi Bentleii [1711]. 2 Bde., 3. Aufl. Berlin 1869. Anm. zu c. III, 27,15. Bd. 1, S. 218; die im Satz folgende Präzisierung „praesertim accedente Vaticani veteris suffragio" nimmt, worauf auch Pfeiffer: Die Klassische Philologie von Petrarca bis Mommsen, S. 191f., aufmerksam macht, das Kategorische dieser Äußerung wenigstens teilweise zurück – aber eben nur teilweise und lokal, wie die Ausführungen zur Emendationspraxis im Vorwort anzeigen: „Plura igitur in Horatianis his curis ex coniectura exhibemus, quam ex Codicum subsidio; et, nisi me omnia fallunt, plerumque certiora: nam *in variis Lectionibus ipsa saepe auctoritas illudit*, et pravae emendaturientium pruriginem abblanditur; *in coniecturis vero contra omnium Librorum fidem proponendis et timor pudorque aurem vellunt, et sola ratio ac sententiarum lux necessitasque ipsa dominantur.* Quid quod, si ex uno alterove Codice discrepantem aliis scripturam expromas, frustra es si unico duobusve testibus adversus centum fidem facere postulas; nisi tot argumentis muniveris, que vel sola pene sine Codicis testimonio ei rei probandae sufficere possint. *Noli itaque Librarios solos venerari; sed per te sapere aude*, ut singula ad orationis ductum sermonisque genium exigens ita demum pronunties sententiamque feras" (ebd. Praefatio. Bd. 1, S. xiv; Hervorh. S. K.).

einen Widerstreit, der die Materialien der Überlieferung neu formatiert.[149] Droht aus dem philologischen Marschbefehl, man müsse die Werke der Alten in ihrer Perfektion *gegen* die Geschicke ihrer Überlieferung wiederherstellen, letztlich nicht eine ganz ähnliche Diskreditierung der Überlieferungszeugnisse zu folgen, wie sie Hardouin versucht hat? Bentleys „tiefes Mißtrauen gegen das geschriebene oder gedruckte Wort" nimmt noch eine neuere Eloge auf den englischen Philologen zur Grundlage seines kritischen Ingeniums[150] – Hardouin hat seiner eigenen Radikalbereinigung der *litterae* nichts anderes zum Ausgang gesetzt. Das Konstrukt einer *Philologia perennis* – einer philologischen Kritik als Kontingenztilgung, als Beseitigung jener der Überlieferung geschuldeten „Trübungen"[151] –, wie sie Bentley auf allen Fronten propagiert, zeitigt einen höchst ambivalenten Umgang mit den überlieferten Zeugnissen. Es spricht deren Materialität letztlich jeden positiven Eigenwert ab und eine ‚obszöne' Wertigkeit von Abfall zu, wie eine beiläufige Wendung zur Kollationspraxis im mustergültig polemischen Vorwort der zweiten Auflage der *Dissertation upon the Epistles of Phalaris* verrät: „after the Various Lections were once taken and printed, the MS. would be like a squeezed orange, and little worth for the future."[152]

Dieser gleichsam technische Exzess von Bentleys Methode, der in letzter Konsequenz und philologiegeschichtlich höchst folgenreich das ‚Werk' gegen die medialen und materialen Bedingungen von ‚Textualität' ausspielt, wird durch eine pro-

---

[149] Diese Konsequenz mag der oben zitierte Artikel aus *Le pour et contre* schon mitbedacht haben, wenn er die Ersetzung der „évidence" durch die eigensinnigen, „subtiles & vaines conjectures" als Symptom gelehrter Aberration formuliert. Prévost: Le Pour et contre. Nr. 22. Bd. 1, S. 264. – Grafton: Jean Hardouin: The Antiquary as Pariah, S. 265, erwägt die Möglichkeit einer derartigen Wahlverwandtschaft zwischen Hardouin und Bentley in der englischen Rezeption des letzteren, und zwar im der Partei der *anciens* im ‚Battle of the Books': „John Arbuthnot, a member of the circle of Swift and Pope, composed a short Latin commentary on Vergil which appeared in the variorum *Dunciad*. In this text Martinus Scriblerus, who stood for Bentley, altered Vergil at will, changing the best-known lines without reflection [...]. Arbuthnot's satirical *Virgilius restauratus* strikingly resembles Hardouin's then unpublished and much longer commentary on Vergil. It seems at least possible that the Scriblerians meant to compare Bentley to Hardouin." – Die Konjektur ist einer der wichtigen Schauplätze des gelehrten Streits um die philologisch-antiquarischen Wissenspraktiken; vgl. oben S. 32–36 sowie Kammer: Konjekturen machen (1700–1760).

[150] Brink: Klassische Studien in England, S. 65.

[151] Vgl. zu Begriff und Sache Rudolf Pfeiffer: Philologia perennis. Festrede gehalten in der öffentlichen Sitzung der Bayerischen Akademie der Wissenschaften in München am 3. Dezember 1960. München 1961, Zit. S. 5.

[152] Bentley: Works. Bd. 1, S. xix (i.O. kursiv). – Dieser *mépris* gegenüber der materialen Überlieferung ist selbstverständlich keine Erfindung, die auf Bentleys Konto zu setzen wäre; er ist, könnte man sagen, humanistisches Erbe; vgl. etwa Percy S. Allen: The Age of Erasmus. Lectures delivered in the University of Oxford and London. New York 1963 [ND der Ausg. Oxford 1914], S. 159f.; Kenney: The Classical Text. S. 82 – die Voraussetzungen dieser Materialverachtung allerdings haben sich geändert: ein Editionsverfahren, das auf das Modell des *textus receptus* resp. der sogenannten Vulgaten setzt, nimmt ein grundsätzlich anderes Verhältnis zu den Überlieferungsobjekten ein als eines, das zurück zum Ursprung der Überlieferung, zum authentischen Text gelangen will.

grammatische Setzung aufgefangen, der über den Umweg einer keineswegs zufälligen Analogie auf die Spur zu kommen ist. Man findet sie in den sogenannten *Boyle's Lectures*, einer von Robert Boyle testamentarisch begründeten Stiftungsvorlesung, die der Verteidigung des christlichen Glaubens dienen soll und deren Ausführung die Nachlassverwalter 1692 Bentley zugesprochen haben. Von März bis Dezember des Jahres – desselben Jahres also, in dem Hardouin die gesamte Überlieferung des Altertums endgültig für einen großen Schwindel erkannt haben will – ergehen in monatlichen Abständen acht Reden von der Kanzel der St Martins Church, in denen *The Folly and Unreasonableness of Atheism* vernunftgemäß und wissenschaftlich dargelegt werden soll.[153] In der fünften derselben, gehalten am 5. September, bringt Bentley seine im April begonnene *Confutation of Atheism from the Structure and Origin of Human Bodies* zu einem Ende. Das Menschengeschlecht, erinnert er zunächst noch einmal den Inhalt der vorangegangenen Vorlesungen, reicht weder in ursprungslose Ewigkeit zurück, noch verdankt es seine Form den Einflüssen von Himmelskörpern, noch ist es den gesetzmäßigen mechanischen Bewegungen der unbelebten Materie entsprungen. Als letzte Bastion des Atheismus gilt es nun noch die These zu schleifen, „that mankind came accidentally into the world, and hath its life and motion and being by mere *chance* and *fortune*."[154] Abgekürzt liest sich die Widerlegung einer kontingenten Entstehung des Menschen zunächst folgendermaßen: *Automaton* und *tyché*, wie Bentley die beiden Konzepte der Kontingenz, ‚Zufall' und ‚Schicksalsfügung', auf ihre aristotelischen Definitionen bringt,[155] sind Maßstäbe menschlichen Erkennens, Begriffe *ex post* also, die nur eine böswillige Kategorienverwechslung an den Ursprung des Menschengeschlechts schmuggeln kann: „It was man that first made fortune, and not fortune that produced man" (S. 101).[156] Bentleys Theorie des – um es auf einen

---

[153] So der Beginn des Sammeltitels, unter den die zunächst einzeln veröffentlichten Reden zu stehen kommen; vgl. Bentley: Works. Bd. 3. The Editor's Preface, S. v.

[154] Bentley: A Confutation of Atheism from the Structure and Origin of Human Bodies. The third and last part. In: Ders.: Works. Bd. 3, S. 96–118, Zit. S. 96; daraus die durch Seitenzahlen im laufenden Text nachgewiesenen Zitate bis zum Ende dieses Abschnitts.

[155] Vgl. Aristoteles: Physik. II,4–5. Hier nach der Übersetzung von Hans Günter Zekl in: Philosophische Schriften. Bd. 6, S. 34–41.

[156] „In a word, the true notion of *fortune* [...] denoteth no more than the ignorance of such an event in some knowing agent concerned about it. So that it owes its very being to human understanding, and without relation to that is really nothing. How absurd then and ridiculous is the Atheist, that would make this fortune the cause of the formation of mankind; whereas manifestly there could be no such thing or notion in the world as fortune, till human nature was actually formed! [...] And so likewise the adequate meaning of *chance* [...], (as it is distinguished from fortune, in that the latter is understood to befall only rational agents, but chance to be among inanimate bodies,) is a bare negation, that signifies no more than this, that any effect among such bodies ascribed to chance is really produced by physical agents, according to the established laws of motion, but without their conciousness of concurring to the production, and without their intention of such an effect. [...] So that in this genuine acceptation of chance here is nothing supposed that can supersede the known laws of natural motion: and thus to attribute the formation of mankind to chance, is all one with the former

anachronistischen Begriff zu bringen – ‚intelligent design' der Schöpfung setzt auf die begriffliche Spielmarke und den erläuternden Vergleich, von denen aus gute hundert Jahre später auch die Karriere der modernen Philologien ihren Ausgang nehmen wird: Schöpfung als Autorschaft, Autorschaft als Schöpfung.[157] „For let us consider the very bodies themselves. Here are confessedly all the marks and characters of design in their structure that can be required, though one suppose a *divine Author* had made them" (S. 109, Hervorh. S. K.). Wie begründungsbedürftig dieses Wechselspiel am Ausgang des 17. Jahrhunderts noch ist, belegt der Umstand, dass Bentley seinen Vergleich in guter antiquarischer Tradition fürs erste durch diejenigen materialen Artefakte stützt, in die sich institutionalisierte Autorschaft auf besonders beweiskräftige Weise eingeprägt hat: Münzen und Monumente. In einer eleganten Serie von rhetorischen Fragen verführt er deshalb zu dem Analogieschluss, dass höchstens der schiere Schwachsinn die göttliche Autorschaft für die wohleingerichtete Komplexität lebender Organismen im Namen der Kontingenz bestreiten würde, wenn doch selbst bei minder komplexen Artefakten die zufällige Koinzidenz natürlicher Ursachen mit an Sicherheit grenzender Wahrscheinlichkeit ausgeschlossen werden darf: „And yet he must be a mere idiot, that cannot discern more strokes and characters of workmanship in the structure of an animal (in an human body especially) than in the most elegant medal or edifice in the world" (S. 110).[158] Schriftlichkeit, Textualität und das Konzept des Werks kommen in Bentleys großer Schöpfungsanalogie erst auf der nächsten Stufe des Beweisgangs ins Spiel – und zwar nicht als Argumente für die Artifizialität des Überlieferten und deren nachträgliche Erkenntnis. Bentley will vielmehr den Beweis dafür führen,

---

atheistical assertion, that ascribes it to nature or mechanism; and consequently it hath received a prolix and sufficient refutation in my preceeding discourse" (S. 101f.).

[157] Die Möglichkeitsbedingungen dieses Wechselspiels – und deshalb ist Pfeiffers Begriffskombination der *Philologia perennis* treffend und folgerichtig – wird man, allen Säkularisierungsversuchen zum trotz, in jener philosophischen Tradition wiedererkennen, die Wilhelm Schmidt-Biggemann: Philosophia perennis. Historische Umrisse abendländischer Spiritualität in Antike, Mittelalter und Früher Neuzeit. Frankfurt a.M. 1998 eindrücklich rekonstruiert hat: Ihnen zugrunde liegt die Vorstellung einer „ontologische[n] und geschichtliche[n] Ursprünglichkeit des Geistes" (S. 51), angesichts derer der „Individualisierungsprozeß" nicht nur des Gattungswesens Mensch, sondern aller zeitgebundenen Wissensformen als „Verformungsprozeß" (S. 648) verstanden werden muß: „Alle tradierten Gattungen und Wissensformen werden, weil sie überliefert sind, integriert *und dem schöpfungstheologischen Konzept angepaßt*" (S. 650, Hervorh. S. K.).

[158] „When a medal is dug out of the ground, with some Roman emperor's image upon it, and an inscription that agrees to his titles and history, and an impress upon the reverse relating to some memorable occurrence in his life; can we be sure that this medal was really coined by an artificer, or is but a product of the soil from whence it was taken, that might casually or naturally receive that texture and figure; as many kinds of fossils are very oddly and elegantly shaped according to the modification of their constituent salts, or the cavities they were formed in? Is it a matter of doubt and controversy, whether the pillar of Trajan or Antonius, the ruins of Persepolis, or the late temple of Minerva, were the designs and works of architecture; or, perhaps, might originally exist so, or be raised up in an earthquake by subterraneous vapour?" (S. 109f.).

1 Überlieferungsfälschung: Hardouins Altertum

dass auch der Schöpfungsakt selbst ein Akt planvoller Autorschaft ist und nicht etwa das Zufallsergebnis eines würfelnden Gottes. Wiederum beruft er zu diesem Zweck die Unwahrscheinlichkeit, die mit der Kontingenzthese einhergeht. Allein die Überlegung, dass selbst eine hinreichend lange Serie von Kombinationen diskreter Buchstabenelementen, „cast abroad at random", ein Werk wie Vergils *Aeneis* oder die *Annalen* des Ennius ergeben könnte (S. 111), entspreche noch nicht annähernd dem Kontingenzvertrauen, das man zur Behauptung einer zufälligen Schöpfung bräuchte.[159] Denn diese Unwahrscheinlichkeit müsste sich wegen der Zweigeschlechtlichkeit der meisten lebenden Organismen für jede Art gleich (mindestens) zweimal ereignet haben und sich in der Geschlechtlichkeit ihrer Fortpflanzung endlos wiederholen – „this is not only [...] to believe a monkey may once scribble the *Leviathan* of Hobbes, but may do the same frequently by an habitual kind of chance" (S. 112f.).

Welches Gewicht diese Analogie für Bentleys Kanzelreden gegen den Atheismus gehabt haben mag, zeigt vielleicht der Umstand, dass sie zur Rekapitulation des Argumentationsgangs in der letzten Rede noch einmal bemüht wird. Fragt man nach den Prämissen seines Umgangs mit Überlieferungsphänomenen, sind dagegen vor allem die Konsequenz und eine semantische Differenzierung aufschlussreich, die er aus dem Vergleich zieht:

> Now, to pursue this comparison; as it is utterly impossible to be believed, that such a poem may have been eternal, transcribed from copy to copy without any first author and original; so it is equally incredible and impossible, that the fabric of human bodies, which hath such excellent and divine artifice, and, if I may so say, such good sense, and true syntax, and harmonious measures in its constitution, should be propagated and transcribed from father to son without a first parent and creator of it. An eternal usefulness of things, an eternal good sense, cannot possibly be conceived without an eternal wisdom and understanding (S. 200).

Überlieferung braucht Originale, Originale sind die Zeugnisse, angesichts derer man den Ruhm und das Lob ihres Schöpfers anstimmen darf. In den *Boyle's Lectures* heißt dieser Schöpfer Gott – „an intelligent Being, which was the author and contriver of that usefulness" (200), „the almighty Author of all things" (S. 118) –, in Bentleys Modell der Philologie ist es der Autor, dessen Schöpfungsplan der Kritiker zu wiederholen hat.[160] Und die Kopisten, die Schreiber? Die Akteure der

---

[159] Der einschlägige Kommentar zu dieser Problemstellung ist bekanntlich nach wie vor Jorge Luis Borges: Die Bibliothek von Babel. In: Ders.: Fiktionen (Ficciones). Erzählungen 1939–1944. Übers. von Karl August Horst, Wolfgang Luchting u. Gisbert Haefs. Werke in 20 Bden. Hg. von Gisbert Haefs u. Fritz Arnold. Bd. 5. Frankfurt a.M. 1992, S. 67–76.

[160] So auch Pfeiffer: Die Klassische Philologie von Petrarca bis Mommsen, S. 183f: „Das Überraschende an dieser Beweisführung ist, daß für Bentley das natürliche Beispiel für die vollkommene Teleologie, als Ganzes und in seinen Teilen passend und vernunftgemäß, das große klassische Gedicht ist; die Analogie geht so weit, daß der menschliche Organismus sogar seine grammatischen und metrischen Qualitäten hat, wahre Syntax und harmonische Maße wie die Dichtung; und der Bau des menschlichen Leibes ist ihm eine ‚Transkription' vom Vater zum Sohn wie die Kopien eines Textes. In beiden Fällen muß dahinter ein ‚Autor' und ein ‚Original' stehen. Der für die klassische Philologie wichtige Punkt hinter Bentleys

Überlieferung werden in der Konstruktion dieser Analogie auf die minderen Ränge von Kontingenzbewältigungsagenten verwiesen: Das kombinatorische Unwahrscheinlichkeitsargument, dem zufolge die Entstehung von Schriftstücken, so wie sie sind, nicht plausibel ohne die Mitwirkung intelligenter und souveräner Autoren zu erklären ist, verwandelt die Schreiber in eine Art von gedankenexperimentellem Gegenstück zu den kritzelnden Affen: „'Tis a mathematical demonstration, that these twenty-four [letters] do admit of so many changes in their order [...], that they could not all be exhausted, though a million million of *writers* should each write above a thousand alphabets a-day for the space of a million million of years" (S. 113; Hervorh. S. K.).

An einer Stelle nur muss der Kritiker seinen Anspruch, den Schöpfungsakt des Autors und mithin das Werk gegen die Geschicke der Kopierakte und Kopien zu wiederholen, beschränken: dort, wo die beiden Komponenten der Analogie koinzidieren und der Anspruch auf eine zweite Autorschaft blasphemische Vermessenheit bedeutete. In seinen *Proposals for Printing a New Edition of the Greek Testament* (1720) verschreibt sich Bentley für einmal die Zurückhaltung des getreuen Kopisten der getreuesten, da schöpfungsnächsten, Kopisten. „[I]n the sacred writings there's no place for conjectures or emendations. Diligence and fidelity, with some judgment and experience, are the characters here requisite." Kein Buchstabe dürfe, so die ausdrückliche Erklärung, gegen die autorisierten Zeugnisse der „most ancient and venerable MSS." geändert werden, auf dass die christliche Welt ihre textuelle „*magna charta*" erhalte, „to last when all the ancient MSS. here quoted may be lost and extinguished."[161]

Die beiläufige Anspielung auf Bentley in Sachses Methodenreflexion zeigt, dass mit der Abgrenzung von zwei divergierenden Exzessen der Kritik – einem *absoluten Urteil* über die Überlieferung, wie es Hardouins Kommentare formulieren, sowie einem *absoluten Rückgriff* hinter die Überlieferung, wie es Bentleys Wiederholung des Werkschöpfungsakts intendiert – der zeitgenössischen Delegitimation gelehrten Wissens begegnet werden soll.[162] Das Lob der Philologie, mit dem Sachses Abhandlung beginnt, darf nach außen umso offensiver vorgehen, als es auf einer rigorosen Musterung der Disziplin selbst beruht. Nicht die Rolle des Richters, sondern die des Arztes, nicht die eines sekundären Erzeugers, sondern die

---

Argumentation ist der Glaube an die ursprüngliche Harmonie klassischer Dichtung, ihre Vernünftigkeit und ihre rechten Maße, die – wenn sie durch das Abschreiben von einer Kopie zur anderen verderbt sind – durch vernünftige Kritik wiederhergestellt werden müssen."

[161] Bentley: Works. Bd. 3, S. 487–489.

[162] Abgrenzungen von genau diesen, wenn auch explizit als Grenzwerte formulierten Exzessen der Gelehrsamkeit und Kritik legt auch der Artikel „Erudition" der *Encyclopédie* nahe, der davon drei namhaft macht, weil er zur Hardouinschen Position auch deren Gegenteil anführt: „Il y a dans la critique deux excès à fuir également, trop d'indulgence, & trop de sévérité. [...] Un autre excès de critique est de donner trop aux conjectures". (Encyclopédie. Bd. 5, S. 914–918, Zit. S. 914).

eines nachträglichen Geburtshelfers soll die Kritik gegenüber den *corpora* der Überlieferung einnehmen.

> So wie bei Krankheiten, bei Wunden, bei beinahe hoffnungslosen Narben aufs glücklichste die Heilkunst angewendet wird, so werden gewiss mit Hilfe jener Kunst [der Kritik] die Makel der Texte entfernt, werden die (schriftlichen) Denkmäler, vor der Vernichtung und dem Vergessen der Menschen gerettet, auf die späte Nachwelt gebracht, werden die mit Schmutz besudelten Bücher von der maieutischen Kritik verbessert und erhalten wieder ihren früheren Glanz und Reinheit.[163]

Zwar impliziert auch Sachses Metapher des ‚philologischen Arztes' (‚medicus literatus', § 1, S. 2) die Analogie von Text und Organismus, die man in Bentleys Schöpfungserzählung beobachten kann. Der entscheidende Unterschied – und ebenso die Basis zur wissenspolitischen Offensive – aber ist, dass es dabei nicht um einen zweiten Vollzug der Entstehung und der ihr zugrundeliegenden Idee, sondern um die Diagnostik, Heilung und Pflege des Entstandenen geht. Philologie wird, gewissermaßen unter der metaphorischen Bescheidenheitsmaske ärztlicher Hilfestellung, zur Grundlagenwissenschaft für die Hinterlassenschaften jeder Provenienz – zur Basisdisziplin des Wissens überhaupt. Sie ruft sie alle auf ihren Prüfstand: die Zeugnisse der Dichter, Redner und Geschichtsschreiber, der Philosophen und Mathematiker, von Griechen und Römern. Sie ist die Disziplin, die „von allen Geburten des Geistes sachverständig urteilt, die natürlichen Geburten von den Bastarden, die verstümmelten von den unversehrten, die verfälschten von den unverfälschten unterscheidet."[164] ‚Textpflege', ‚Sinnpflege' und ‚Zensur' haben Aleida und Jan Assmann diejenigen Prozeduren genannt, die als Systemvoraussetzungen kultureller Kanonbildung, zur Sicherung und Verfügbarhaltung der verbindlichen Textbestände einer Gesellschaft vorhanden sein müssen.[165] Für genau diese Leistungen ist die philologische Kritik verantwortlich, hält Sachse den „Naseweisen" entgegen, „die mit hochtrabendem Dünkel die Kritiker herabsetzen und meinen, dass jene, da sie gleichsam nur über Worte und nicht über Sachen richten könnten, aus der Gemeinschaft der Gelehrten ausgestoßen werden müssten."[166]

---

[163] Sachse u. Christ: Vindiciae [...] pro Maronis Aeneide. § 1, S. 1: „Quot enim morbis, quot vulneribus, quot cicatricibus paene desperatis adhibetur felicissime medicina: tot certe literarum maculae illius artis [criticae] ope eluuntur, tot monumenta, ab interitu obliuioneque hominum vindicata, ad seram propagantur posteritatem, tot conspurcati sordibus suis libri obstetricante Critica emendantur, pristinum nitorem castitatem assecuti."

[164] Ebd., § 1, S. 1: „quae de omnibus ingenii foetibus scienter iudicat, genuina a spuriis discernit, mutila ab integris, interpolata a sinceris, segregat" (i.O. kursiv).

[165] Aleida u. Jan Assmann: Kanon und Zensur. In: Dies. (Hg.): Kanon und Zensur. Beiträge zur Archäologie der literarischen Kommunikation II. München 1987, S. 7–27.

[166] Sachse u. Christ: Vindiciae [...] pro Maronis Aeneide. § 1, S. 2: „Nam quis non videt, insignem librorum copiam vigiliis eorum et medicina sanatos, inque vitam a morte quasi reductos fuisse? Audax propterea et temeraria nasutulorum quorundam hominum opinio est, qui Criticos supercilio contemnunt alto, eosque, tanquam verborum, non rerum, iudices, ex eruditorum consociatione eiiciendos esse, censent. Sed hi nesciunt plane, Theologorum

1.3 Was ist Überlieferung? Rahmungen

Eine allein auf die Hauptsymptome zielende Rekonstruktion des ‚Falls Hardouin', wie sie die beiden vorangehenden Kapitel unternommen haben, gerät unweigerlich zum *voyage littéraire* durch die verschiedensten Terrains der Gelehrtenrepublik – zu einer Reise, die allerdings nicht planmäßig die prominenten Stationen antiquarischer Gelehrsamkeit besucht, sondern auch in entlegenere Gebiete gerät und dort auf Grenzziehungen und Demarkationslinien von Konflikten stößt. Alles hat bei Hardouin scheinbar harmlos als Lektüreirritation begonnen. Doch seine Fälschungsthese zeigt schon objektbezogen eine kaum zu überbietende Neigung zur Expansion, wenn sie von einem vagen Verdacht gegen einige Kirchenvätertexte zur Verwerfung beinahe der ganzen antiken und frühchristlichen *litterae* gelangt. An diesem Punkt spätestens ist kein Halten mehr. Die suspekte Propositionalität von Texten nötigt zur vergleichenden Analyse schriftlicher Überlieferungsbefunde; diese wiederum sollen transparent werden für die Gesetzmäßigkeiten, Intentionen und Akteure, die sich hinter den Umständen ihrer Verfertigung abzeichnen. Damit aber steht der gesamte Raum der Schriftlichkeit und Textualität zur Disposition. Davon ausgenommen bleibt strenggenommen nur die vom Tridentinum institutionalisierte Offenbarung der Vulgata; die Echtheit der wenigen antiken Autoren und Texte, die Hardouin behauptet, ist letztlich kontingent; zumindest erhält man nirgends eine Begründung dafür, warum ausgerechnet sie nicht aus den ominösen Schreibstuben der Fälscherwerkstatt stammen sollen.[167] Schriftliche Überlieferung wird dann mit anderen Semiophoren von Geschichtlichkeit konfrontiert – Inschriften und insbesondere Münzen werden gegen Manuskripte ausgespielt; spätestens an diesem Punkt findet sich Hardouins idiosynkratischer Verschwörungswahn im Einklang mit der methodischen Avantgarde der Antiquare um 1700. Die Basis dafür bietet ein medienstrukturelles Argument, wenn der Dissens und die Dissonanz der Singularitäten, heißen sie Manuskripte oder Monumente, der pluralen Einstimmigkeit von Numismatik und Druck gegenübergestellt werden. Die Diskursereignisse, die der Verdacht des Jesuiten zeitigt, gehorchen – wie das erste Kapitel gezeigt hat – keineswegs ausschließlich den Bedingungen eines unter Umständen devianten ‚antiquarischen Individualsystems' namens Jean Hardouin. Die

---

veterum doctrinis, Iureconsultorum placitis et legibus, Medicorum *Hippocrati, Celso* et *Galeno*, Philosophorum Coryphaeis, *Aristoteli, Sexto Empirici, Euclidi*, vt afflictis corporibus, valetudinem arte critica integritatemque conciliari, lacunas in scriptis suppleri, innumerabilia loca illustrari, quae nodo gordio intricatoria, crucem eruditis figerent, nisi Medicorum literatorum solertia accessisset."

[167] Ein Einwand, der natürlich in den Debatten auch sogleich geltend gemacht worden ist, beispielsweise bei Chauffepie: Nouveau dictionnaire historique et critique. Bd. 2. H, S. 37: „je serois curieux de savoir sur quels fondemens est appuyée l'Autorité des Livres que le P. Hardouin reconnoit pour authéntiques; je suis fort trompé, si les mêmes argumens qu'on alléguera en leur faveur, ne sont concluans pour les autres."

1 Überlieferungsfälschung: Hardouins Altertum 113

Argumente, Verfahrensweisen, Objektivierungsformen, die bei diesem Unternehmen zum Einsatz kommen, entsprechen dem gelehrten Stand der Dinge vielmehr in einem geradezu bestürzenden Maße. Doch damit nicht genug: Auch wenn die Äußerungen seiner Ordensbrüder wenig Freude darüber bezeugen und seine eigenen einen institutionellen Rückhalt offensiv negieren – Hardouin sieht sich in der Pflicht eines Glaubensstreiters, wenn er gegen die vielzüngige Gottlosigkeit der *litterae* ins Feld zieht. Dies verschiebt die Prämissen der Einstimmigkeit, die den Maßstab des Überlieferten bilden soll. Es gilt nicht, wie bei Bentley, die Ursprünglichkeit und Originalität *einer* Schöpfung, in der die wohlproportionierte poetische Gestalt eines Textes begründet liegt, gegen die Entstellungen unzuverlässiger Überlieferungsagenten zu restituieren. Auf dem Spiel steht vielmehr die Stimme Gottes selbst – diejenigen ihrer Artikulationen wenigstens, die dem Menschen in sprachlicher Form, zu den historisch variablen Bedingungen einer Textkultur zugänglich sein können, und die vollständig, unverfälscht und unverändert auf Dauer gestellt werden müssen: „Jr solt nichts dazu thun, das ich euch gebiete / Vnd solt auch nichts dauon thun / Auff das jr bewaren mügt die Gebot des HERRN ewrs Gottes, die ich euch gebiete", wie es bereits der Kanonimperativ der mosaischen Gesetzesverpflichtung formuliert hat.[168]

Einen nicht minder expansiven Zug zeigt die Kritik am ‚système Hardouin'. Man streift auf ihren Spuren die Textschauplätze der Polemik, des gelehrten Journalwesens, der philologisch-antiquarischen Kommentarformen, der enzyklopädischen Systematisierung und der universitären Abhandlung, der Gelehrtenbriefwechsel – kurz: in sämtlichen einschlägigen Textformularen, die der *Res publica literaria* zur Verfügung stehen, wird dieser Kasus zum Thema. Man gerät vom phantasmatischen Schauplatz einer (spät)mittelalterlichen Fälscherwerkstatt ins frühneuzeitliche Spanien, in die konkurrierenden, aber auch korrespondierenden Netzwerke katholischer Orden und reformierter Glaubensflüchtlinge, von Schreibtisch und Bibliothek eines exzentrischen Philologen in die einschlägigen europäischen Debatten des ausgehenden 17. und beginnenden 18. Jahrhunderts, die Anspruch und Reichweite, Voraussetzungen und Methoden der Gelehrsamkeit verhandeln. Außerdem zeichnet sich in der Rekonstruktion dieses Streits, wenn auch an seinen Rändern, die zentrale Organisationsfigur ab, die von der disziplinären Philologie des 19. Jahrhunderts als Begründungsformel ihrer Methode wiederholt werden wird: jenes seltsam ambivalente Verhältnis zum Fa(k)tum der Überlieferung nämlich, in das sich die Philologie setzt und dank dem sie sich insbesondere in ihrem editorischen Kompetenzbereich – aber bei weitem nicht nur dort – als „Sachwalter des Autors auch gegen die Überlieferung" verstehen kann.[169] Kurzum:

---

[168] 5. Mose 4,2.
[169] Diese prägnante Formulierung stammt nicht zufällig von einem Mediävisten: Karl Stackmann: Autor – Überlieferung – Editor. In: Eckart Conrad Lutz (Hg.): Das Mittelalter und die Germanisten. Zur neueren Methodengeschichte der Germanischen Philologie. Freiburger Colloquium 1997. Fribourg 1998, S. 11–32, Zit. S. 12.

Schon eine knappe Darstellung des ‚Falls Hardouin' sieht sich nicht nur mit der komplexen Unübersichtlichkeit des frühneuzeitlichen Netzes von Akteuren, Praktiken und Referenzen gelehrten Wissens konfrontiert, sondern auch mit Problemkonstellationen von geradezu unabsehbarer Reichweite, die über die Streitsache im engeren Sinn weit hinausweisen.

Lokalisierungsprobleme: Zum Ort gelehrten Wissens. – Die Komplexität dieses Diskurses nun liegt zunächst zweifellos in seinen eigenen Bedingungen begründet: dem Polymorphismus der philologisch-antiquarischen Wissenspraxis um 1700, der insbesondere „einer auf die Genealogie von Fachdisziplinen konzentrierten modernen Wissenschaftsgeschichtsschreibung fremd erscheinen muß."[170] Die daraus erwachsenden Probleme allerdings, was Methodik und Darstellungspraxis eines analytischen Zugriffs auf das Terrain der Gelehrsamkeit betrifft, sind schon den Zeitgenossen aufgefallen. ‚Historia literaria' heißt das Genre, das sich zu Beginn des 18. Jahrhunderts am polyhistorischen Verzeichnungsverfahren eines topisch gegliederten Wissens nicht mehr orientieren kann und will, das an den Systematisierungsleistungen und Erzählfiguren einer modernen Wissenschaftsgeschichte allerdings selbstredend noch nicht gemessen werden darf.[171] Mit dem Selbstanspruch, einen „Faden" zu bieten, der „durch den Irrgarten der Gelehrsamkeit führ[t]",[172] stellt die ‚Historia literaria' das Material zur habitus- und erkenntnisbezogen argumentierenden Selbstbeobachtung der Gelehrsamkeit zusammen – nicht zuletzt, um so in in die Debatten um ‚Charlatanerie' und ‚Pedantismus' der Gelehrten eingreifen zu können. Sie korrespondiert jedoch mit den Anforderungen dieser Diskussion in erster Linie darin, dass sie neben oder jenseits der geläufigen bibliographischen Archivierung der Wissensproduktionen eine paradoxe Topik des ‚Curriculären' zu entfalten sucht: ‚Historia literaria' zielt auf Gelehrsamkeit, trifft aber Gelehrte (im Plural).[173] Eine der ersten Überblicksdarstellungen dieser Art, Johann

---

[170] Helmut Zedelmaier: Aporien frühaufgeklärter Gelehrsamkeit. Jakob Friedrich Reimmann und das Problem des Ursprungs der Wissenschaften. In: Mulsow u. Zedelmaier (Hg.): Skepsis, Providenz, Polyhistorie. S. 97–129, Zit. S. 128.
[171] Vgl. Martin Gierl: Bestandsaufnahme im gelehrten Bereich. Zur Entwicklung der ‚Historia literaria' im 18. Jahrhundert. In: Thomas Behme u.a. (Hg.): Denkhorizonte und Handlungsspielräume. Historische Studien für Rudolf Vierhaus zum 70. Geburtstag. Göttingen 1992, S. 53–80; eine positive Bestimmung stellen diesem ‚Nicht-mehr' und ‚Noch-nicht' entgegen z.B. Helmut Zedelmaier: ‚Historia literaria'. Über den epistemologischen Ort des gelehrten Wissens in der ersten Hälfte des 18. Jahrhunderts. In: Das achtzehnte Jahrhundert 22 (1998), S. 11–21; Sicco Lehmann-Brauns: Neukonturierung und methodische Reflexion der Wissenschaftsgeschichte. Heumanns Conspectus reipublicae literariae als Lehrbuch der aufgeklärten Historia literaria. In: Frank Grunert u. Friedrich Vollhardt (Hg.): Historia literaria. Neuordnungen des Wissens im 17. und 18. Jahrhundert. Berlin 2007, S. 129–160.
[172] Martin Gierl: Pietismus und Aufklärung. Theologische Polemik und die Kommunikationsreform der Wissenschaft am Ende des 17. Jahrhunderts. Göttingen 1997, S. 516.
[173] Vgl. Hummel: Mœurs érudits, S. 305–314: „On comprend dès lors que l'érudit ne puisse être un type, qu'il n'existe pas au singulier, que son existence soit toujours plurielle" (306). – Leander Scholz hat darin einen Vorgriff resp. eine noch unvollständige Umstellung auf die

1 Überlieferungsfälschung: Hardouins Altertum 115

Adam Bernhards 1718 unter dem handgreiflich kontrafaktischen Titel *Kurtzgefaste Curieuse Historie derer Gelehrten* publizierte Bestandsaufnahme, zeigt denn auch beinahe auf jeder Seite die aus solcher Ortlosigkeit entspringenden Nöte.[174] Man kann sich in der Tat dem Eindruck nicht entziehen, dass man es in den 900 eng bedruckten Seiten dieses Werks mit einer „riesige[n] Anekdotensammlung, eine[m] verwilderten Zettelkasten"[175] zu tun hat, der Gelehrtenleben und Handwerk unter allen nur erdenklichen Gesichtspunkten zu archivieren in Angriff nimmt. Es ließe sich kaum ein potentielles Sinnstiftungsereignis zwischen Zeugung und Nachruhm ausdenken, das Bernhard nicht für eine tentative Ordnung in der Kontingenz von unzähligen Einzelviten und ihren Daten in Dienst zu nehmen trachtet. Geburtsumstände und Erfolg, Freizeitvergnügungen und Krankheiten, Eheprobleme und Säftehaushalt, Geisteszustand und Produktivität: Bernhard lässt nichts aus.[176] Den in kompletter Verzettelung endenden Vollständigkeitswahn dieser „Polyhisteratur"[177] – wie es ein unübertrefflicher *Lapsus termini* bezeichnet – könnte man wohl am ehesten auf den Begriff bringen, wenn man die Praeteritio als textstrukturierende Figur von Bernhards Œuvre wählt. Denn nicht minder auffällig als die systematisch gewordene Abschweifung eines „ensemble hétéroclite",[178] die Gegenstände und Darstellungsverfahren des Buches gleichermaßen prägt, ist das von der Vorrede bis zum Nachwort unaufhörlich artikulierte „Mißfallen" des Texts

---

Verfahren der Wissen(schaft)sreflexion der Aufklärung gesehen: „Die Reaktion des Gelehrtenstandes auf die Unmenge an Einzeldaten mit einer moralischen Selbstkritik ist dann als eine frühzeitige Umerziehung zur Wissensorganisation des 18. Jahrhunderts zu deuten möglich. Aufgrund fehlender logischer Selektionskriterien, wie sie die Aufklärung entwickeln wird, verfährt diese Selbstkritik zwar nicht mehr nach einem theologisch fundierten topischen Muster, bleibt aber dem Anekdotischen und Aggregatartigen verhaftet. Die Selbstbeschreibung und -kritik der Gelehrtenstände als *charlataneria eruditorum* zwischen Barock und Aufklärung verdeutlichen, wie das Anekdotische dann als Ordnung einer *historia curiosa*, eine Ordnung der Neuigkeiten, erzeugt, die, weder nach räumlich-sprachlichen noch nach logisch-zeitlichen Indizes geordnet, ein unendliches Verweisnetz mit eigentümlichen Wegen hervorbringt, das nur durch einen Verhaltenskodex des Archivars stabilisiert werden kann." (Leander Scholz: Das Archiv der Klugheit. Strategien des Wissens um 1700. Tübingen 2002, S. 35).

[174] Johann Adam Bernhard: Kurtzgefaste Curieuse Historie derer Gelehrten, Darinnen von der Geburth / Erziehung / Sitten / Fatis, Schriften etc. gelehrter Leute gehandelt, und hin und wieder angewiesen wird was in diesem unter denen Teutschen zumal so beliebten studio gantz überflüßig, zum Theil auch einer bessern Untersuchung noch benöthiget. Nebst einem unmaßgeblichen Vorschlag, wie dasselbe künfftighin in eine richtige Verfassung zu bringen seye. Frankfurt a.M. 1718. – Dazu: Hummel: Mœurs érudites, S. 39–51.

[175] Forster: ‚Charlataneria eruditorum' zwischen Barock und Aufklärung in Deutschland, S. 207.

[176] So gibt es Kapitel beispielsweise „Von gelehrten Huren-Kindern" (I.7), von Gelehrten, denen „der Lust zum *studi*ren vergehen wollen (I.20), von „heßlichen gelehrten" (II.13), von „zornigen", „zancksüchtigen", „hitzigen", „schmähsüchtigen" Gelehrten (III.1.9–12), von Gelehrten, „Die an Thieren ihre Lust gehabt" (III.2.7), von „Gelehrten die enthauptet worden" oder „welche durch den Strang das Leben geendigt" (IV.26–27), wie das zwölfseitige Inhaltsverzeichnis informiert.

[177] Bernhard: Kurtzgefaste Curieuse Historie derer Gelehrten, S. 575.

[178] Hummel: Mœurs érudites, S. 41.

an sich selbst, das heißt an Integrationsfähigkeit und Relevanz des ‚curieus'-biographischen Ordnungsmodells. „Viele unnöthige und überflüssige *Capita*" weise das Buch auf, die „meisten *Capita* im 1. und 2ten Haupt-Buch bedüncken mich so viel nicht in *recessu* zu haben", und: „Was die *Plaisir* derer Gelehrten anlangt, so habe ich davon, wenige *Capita* ausgenommen, mit geringer *Plaisir* geschrieben."[179]

Um sich solchem Missfallen, zumal unter den gänzlich unterschiedlichen und umso strukturorientierteren Bedingungen moderner Wissenschaftsgeschichtsschreibung, nicht aussetzen zu müssen, richten sich Forschungen zu den (früh)neuzeitlichen Wissenspraktiken, die sich diese Daten zu strukturieren anschicken, denn zunächst auch einmal gerne am großen Ganzen aus. Ganz abgesehen von Studien, die aus der nachträglichen Perspektive der disziplinär ausdifferenzierten Nationalphilologien – wie sie sich im 19. Jahrhundert im wissenschaftlichen Lehr- und Forschungsbetrieb institutionalisiert haben – die Wissenspraktiken der Gelehrsamkeit als Vorstufe oder als Gegenparadigma in den Blick nehmen,[180] betrifft dies Untersuchungen der *longue durée* epistemologischer Verschiebungen im Bereich des (gelehrten) Wissens, denen je nach Methode ein geistes- oder sozialgeschichtliches Fundament unterlegt werden soll.[181] Solche Gesamtentwürfe bilden sowohl Basis wie Abgrenzungsmodell für die Ausdifferenzierungen und Perspektivenverschiebungen, die den Untersuchungen der letzten Jahrzehnte zugrundeliegen. So lässt sich *erstens* eine Profilierung der primär historischen Fragestellung beobachten, die den Blick vom gesamtgesellschaftlichen Bedingungsgefüge der Wissenspraktiken auf den Habitus ihrer Agenten wendet: auf die alltäglichen „Anstandsnormen und Interaktionsrituale unter Gelehrten", aus denen sich die Partizipation an der Gelehrtenrepublik und deren immanente Organisation formieren.[182] *Zwei-*

---

[179] Bernhard: Kurtzgefaste Curieuse Historie derer Gelehrten, S. 871 und „Praefation" ⟨unpaginiert⟩.

[180] Aus germanistischer Perspektive hier einschlägig die in ihrem Materialreichtum noch immer unübertroffene Untersuchung von Sigmund von Lempicki: Geschichte der deutschen Literaturwissenschaft bis zum Ende des 18. Jahrhunderts. 2. Aufl. Göttingen 1968, sowie die systematisch klare, für die ‚Vorgeschichte' ihrem Fokus entsprechend aber knappe Studie von Fohrmann: Das Projekt der deutschen Literaturgeschichte. – Vgl. allgemein zu diesem Ausdifferenzierungsprozess: Rudolf Stichweh: Zur Entstehung des modernen Systems wissenschaftlicher Disziplinen. Physik in Deutschland 1740–1890. Frankfurt a.M. 1984; zur Philologie Pfeiffer: Die Klassische Philologie von Petrarca bis Mommsen; Hans-Josef Niederehe u. Brigitte Schlieben-Lange (Hg.): Die Frühgeschichte der romanischen Philologie. Von Dante bis Diez. Tübingen 1987.

[181] Exemplarisch und maßgebend (wie auch die Titel in den folgenden Fußnoten, die keinen Forschungsüberblick bieten, sondern die Eckpunkte der aktuellen Debatten markieren wollen): Hazard: La crise de la conscience européenne; Kühlmann: Gelehrtenrepublik und Fürstenstaat; Gunter E. Grimm: Literatur und Gelehrtentum in Deutschland. Untersuchungen zum Wandel ihres Verhältnisses vom Humanismus bis zur Frühaufklärung. Tübingen 1983; ders.: Letternkultur.

[182] Manfred Beetz: Der anständige Gelehrte. In: Neumeister u. Wiedemann (Hg.): Res Publica Litteraria. Bd. 1, S. 155–173, Zit. S. 155. – Dazu: Marc Fumaroli: The Republic of Letters. In: Diogenes 36/3 (1988), S. 129–152; Lorraine Daston: The Ideal and Reality of the Republic of

1 Überlieferungsfälschung: Hardouins Altertum 117

tens sind diejenigen Institutionen und Zirkulationsmedien des Wissens zum Forschungsgegenstand geworden, in denen sich die zur *Res publica literaria* zu rechnenden Akteure organisieren und austauschen.[183] Diese mentalitäts-, medien- und institutionsgeschichtlichen Präzisierungen haben *drittens* gleichsam prismatische Fokussierungen auf einzelne Repräsentanten und Repräsentationen der Gelehrsamkeit ermöglicht, bei denen nicht zuletzt auch Gelehrte aus der sogenannten „zweiten Reihe" der Frühaufklärung als „symptomatische Figur[en] [...] für die Umbesetzung in einer zentralen Diskursformation der frühen Neuzeit" in den Blick geraten können.[184]

All diese Zugänge erlauben nicht nur wegen der sich beinahe über ein halbes Jahrhundert erstreckenden zeitlichen Streuung der in den beiden letzten Kapiteln skizzierten Debatte um Hardouins Fälschungsthese kaum eine Systematisierung der darin verhandelten Problemstellungen. Die drei hier im Besonderen vorgestellten Protagonisten gehören drei unterschiedlichen Generationen an – Hardouin ist 1646 geboren, Veyssière de La Croze fünfzehn Jahre später, Sachse erst 1714. Sie haben einen jeweils völlig heteronomen sozialen und institutionellen Status – ein etablierter jesuitischer Gelehrter, ein königlicher Bibliothekar im preußischen Asyl, ein noch nicht promovierter, aber offenbar überaus begabter Leipziger Student. Überdies verrät die Auseinandersetzung, abgesehen vielleicht von der im Großen und Ganzen erstaunlichen Abweichungstoleranz der *Res publica literaria* angesichts von Hardouins skurrilem ‚System',[185] wenig Überraschendes über die Streit und

---

Letters in the Enlightenment. In: Science in Context 4 (1992), S. 367–386; Goldgar: Impolite Learning; Hans Bots u. Françoise Waquet: La République des Lettres. Paris 1997; Ulrich Johannes Schneider (Hg.): Kultur der Kommunikation. Die europäische Gelehrtenrepublik im Zeitalter von Leibniz und Lessing. Wiesbaden 2005.

[183] Roger Chartier (Hg.): Les usages de l'imprimé (XVe–XIXe siècle). Paris 1987; Peter Burke: Papier und Marktgeschrei. Die Geburt der Wissensgesellschaft. Berlin 2001; übergreifend: Fohrmann (Hg.): Gelehrte Kommunikation. – Augustinus H. Laeven: De „Acta Eruditorum" onder redactie van Otto Mencke. De geschiedenis van een internationaal geleerdenperiodiek tussen 1682 en 1707. Amsterdam u.a. 1986; Jean-Pierre Vittu: Le Journal des savants et la République des Lettres (1665–1714). Thèse de doctorat Paris I 1998. Mikrofiches Lille 2000; Neumeister u. Wiedemann (Hg.): Res Publica Litteraria; Hans Bots u. Françoise Waquet (Hg.): Commercium litterarium. La communication das la République des Lettres. Amsterdam-Maarssen 1994.

[184] Martin Mulsow u. Helmut Zedelmaier: Zur Einführung. In: Dies. (Hg.): Skepsis, Providenz, Polyhistorie. S. 1–11, Zit. S. 1 und 6f. – Martin Mulsow (Hg.): Johann Lorenz Mosheim (1693–1755). Theologie im Spannungsfeld von Philosophie, Philologie und Geschichte. Wiesbaden 1997; Françoise Waquet (Hg.): Mapping the World of Learning. The ‚Polyhistor' of Daniel Georg Morhof. Wiesbaden 2000; Mulsow: Die drei Ringe.

[185] Nach ernsthaften Zeugnissen für eine Exklusion des Jesuiten aus den Reihen der *Res publica literaria*, wie sie die zitierten Pathologisierungen andeuten könnten, sucht man vergeblich. Und umgekehrt scheint Hardouin seine bissige katholische Orthodoxie den Einsätzen im Feld gelehrter Textproduktion vorbehalten zu haben. Dem Basler Theologen und Bibelphilologen Johann Jakob Wettstein etwa, in Paris auf der Suche nach Manuskripten, scheint er ungeachtet aller konfessionellen Differenzen – und gemäß den Gepflogenheiten der Gelehrtenrepublik – behilflich gewesen zu sein: J. J. Wettstein an R. Bentley, 19. September 1716: „J'ai été hier voir le P. Hardouin, qui m'a très bien reçu; j'y retournerai de ce pas cy pour examiner

Kommunikationspraktiken, die Zirkulationswege und Textverfahren, über die
„proper scholarly etiquette" der Zeit.[186]

Integrationsmodelle: Überlieferung zwischen Sammlung, Archiv und Bibliothek. –
Im Fokus des gelehrten Zwists steht hingegen, zumal bei den drei Protagonisten,
auf die sich die Darstellung konzentriert hat, etwas anderes – ein Problem. Konkret
heißt das: das Bedingungsgefüge und die Konsequenzen der Überlieferung. Als
bereinigungsbedürftiges Fabrikat von Täuschungsmanövern und (Ver-)Fälschungs-
strategien hat sie Hardouin verstanden, als rettungsbedürftiges Opfer politischer
Simulations- und Dissimulationsstrategien gerät sie bei La Croze in den Blick, als
pflege- und heilungsbedürftiger (Text-)Körper erscheint sie in Sachses knappem
Selbstverständigungsversuch zur Methode philologischer Kritik. Die Auseinandersetzung mit Hardouins Fälschungshypothese in der ersten Hälfte des 18. Jahrhunderts hat deshalb einen einzigartig symptomatischen Charakter, weil sie Überlieferung als Denkfigur und Kulturtechnik, als Praxis angesichts der unhintergeh-
baren, aber prekären Medialität und Materialität memorialer Objekte zu beschreiben erlaubt.[187] Sie bietet so die Chance, ein zentrales – wenn nicht das zentrale –
Problem der Auseinandersetzung mit einem nicht mehr in die herkömmliche enzyklopädische Topik gebundenen und noch nicht im nachmaligen Fächerkanon der
historischen Disziplinen subsumierbaren, *medialiter* und *materialiter* gebundenen
Wissen zu rekonstruieren.

Überlieferung, so verstanden, ist in den Entwürfen der historisch ausgerichteten
Kulturwissenschaften, die sich doch seit den 1980er Jahren mit Vorliebe dem
Komplex des ‚kulturellen Gedächtnisses' verschrieben haben, ein begrifflich und
systematisch eigentümlich unbeleuchtetes Terrain geblieben. Die Annahme, dass
diese Form des Gedächtnisses, die in den letzten zwanzig Jahren eine beträchtliche
kulturwissenschaftliche Karriere gemacht hat, „immer auf eine spezialisierte Praxis, eine Art ‚Pflege', angewiesen" ist, hat zwar von Anbeginn zu den Ausgangs-
hypothesen der darauf abzielenden Forschungen gehört.[188] Die Forschungspraxis
hat sich dann aber beinahe ausschließlich auf die (medialen) Möglichkeitsbedingungen hin orientiert, zu denen das im kulturellen Gedächtnis Gespeicherte fixiert
und aktiviert werden kann: Schriftlichkeit, Ritual, Monument. Dementsprechend

---

de plus prés les Evangiles qui sont aux Jesuites et qui peuvent avoir mil ans." Richard
Bentley: The Correspondence. Hildesheim, New York 1977 [ND der Ausg. London 1842 in
einem Bd.], S. 521f.; vgl. Grafton: Jean Hardouin: The Antiquary as Pariah, S. 262.

[186] Goldgar: Impolite Learning, S. 227.

[187] Diesem Zuschnitt des Terminus gilt die Aufmerksamkeit meiner Arbeit. – „Hardouin und
Germon haben für uns die Bedeutung, daß sie es sind, die die Augen der gelehrten Welt
wieder mehr auf die Betrachtung der Handschriften lenken und etwas von der Vorliebe für die
Urkunden abziehen", bemerkt schon Traube: Geschichte der Paläographie, S. 35, aus der
Warte seiner Disziplinengeschichte.

[188] Jan Assmann: Kollektives Gedächtnis und kulturelle Identität. In: Ders. u. Tonio Hölscher
(Hg.): Kultur und Gedächtnis. Frankfurt a.M. 1988, S. 9–19, Zit. S. 14.

1 Überlieferungsfälschung: Hardouins Altertum

sind überwiegend stark institutionalisierte Formen solcher ‚Pflege' mit hoher kulturgeschichtlicher und/oder anthropologischer Verbindlichkeit in die Aufmerksamkeit gerückt. Die lange Zeit nur im und für den Ausnahmefall geregelten, prekären Wissenspraktiken der Überlieferung dagegen sind in dieser Ausdifferen-zierung aus dem Blick geraten: gleichsam, als ob Überlieferung zugleich zu konkret wäre für die erste Form der Thematisierungen, zu abstrakt für die zweite.[189] Erstaunlicherweise gilt dies weitgehend auch noch für so naheliegende ‚säkularisierte' Kanonisierungsformen wie die spätere Editionspraxis der disziplinären Philologien.[190]

Es sind, was wenig überrascht, vor allem die Mittelalterphilologien, die sich in den letzten Jahrzehnten intensiver um Praxis und Konsequenzen der (manuskriptgebundenen) Überlieferung bemüht haben.[191] Man könnte das vielleicht als Spätfolge jener Konfigurationen verstehen, die von der Fachgeschichtsschreibung gerne als ‚Vorgeschichte' der disziplinären Mediävistik bezeichnet werden.[192] Doch unabhängig davon ist der Komplex der Überlieferung in den letzten Jahrzehnten verstärkt als Ausgangspunkt und Grundlage gerade auch von methodischen Debatten gewählt worden. Das ist kein Zufall, denn im Gegenstandsbereich der (literaturwissenschaftlichen) Mittelalterforschung schießen viele der Komponenten dieses Problemkomplexes in einer Form zusammen, die einfache Auflösungen erschwert, ja verweigert. Trotz der relativen zeitlichen Nähe von Entstehung und dokumentierter Aufzeichnung vieler Texte liegen „gerade die besten oder einfluß-

---

[189] Symptomatisch für dieses ‚Verschwinden' der Überlieferung: Aleida und Jan Assmanns Sammelband *Kanon und Zensur* sollte ursprünglich „Überlieferung und Identität" heißen. Assmann: Kollektives Gedächtnis und kulturelle Identität, S. 16, Anm. 3, und 18; so auch in der Dialoginszenierung bei Aleida u. Jan Assmann: Der Nexus von Überlieferung und Identität. Ein Gespräch über Potentiale und Probleme des Kanonbegriffs. In: Wissenschaftskolleg/Institute for Advanced Study zu Berlin. Jahrbuch 1984/85, S. 291–302. – Die Ausnahme, die diese Diagnose bestätigt, bildet die monumentale Studie von Wolfgang Ernst: Im Namen von Geschichte. Sammeln–Speicher–Er/Zählen. München 2003, die in Teilkongruenz mit dem hier zu entwickelnden Überlieferungsbegriff „Kultur als Kombination von Speicherung, Genealogie und Transfer" (S. 560) begreift und die beiden genannten Pole Medium und Institution korreliert. Der Fokus der Abhandlung liegt allerdings auf den ‚infrastrukturellen' Bedingungen deutscher Nationalgeschichtsschreibung und Gedächtnispolitik zwischen den historischen Zäsuren 1806 und 1945.

[190] Zur Editionspraxis als Kanonisierungsstil vgl. die Ausführungen bei Stephan Kammer: Interferenzen und Korrektive. Die Problematik des Kanons in textkritischer und kulturwissenschaftlicher Perspektive. In: Rüdiger Nutt-Kofoth, Bodo Plachta, H. T. M. van Vliet u. Hermann Zwerschina (Hg.): Text und Edition. Positionen und Perspektiven. Berlin 2000, S. 303–321.

[191] Auch die folgende Darstellung erhebt selbstverständlich keinerlei Anspruch auf Vollständigkeit; völlig außer acht gelassen wird insbesondere das in den Polemiken um die ‚New Philology' offensichtlich überaus beliebte Prioritätsgerangel darum, wer denn nun als erster die philologischen, editorischen und literaturästhetischen Konsequenzen aus den Inkompatibilität zwischen den Befunden der Überlieferung und den Ansprüchen der ‚Lachmannschen Philologie' gezogen habe.

[192] Siehe unten Kap. II.1.

reichsten Literaturwerke" des Mittelalters nicht in autographer Überlieferung vor[193] – ja ist, wie man möglicherweise radikaler noch behaupten müsste, die neuzeitliche Vorstellung von Autographie mit Blick auf das mittelalterliche Bedingungsgefüge von Literatur überhaupt anachronistisch. Das in den philologischen Systematisierungen des 19. Jahrhunderts propagierte und favorisierte Dispositiv der Autorschaft und die daran gekoppelte, auf einem intentionalen Werkbegriff beruhende Vorstellung einer stemmatisch und konjektural regulierbaren Textidentität haben sich jedenfalls angesichts der Überlieferungsbefunde in vielen Fällen als unangemessen erwiesen. Bereits in den 1970er Jahren ist deshalb, im Rahmen des sozialgeschichtlichen Paradigmenwechsels in den Literaturwissenschaften, die nachhaltige Forderung nach einem ‚überlieferungsgeschichtlichen Ansatz' zunächst für die Erforschung der spätmittelalterlichen vernakulären Prosa ergangen. Verbunden ist diese methodische Akzentsetzung mit der Erweiterung der Forschungsgegenstände über die ‚Höhenkammliteratur' hinaus und mit der Perspektive auf die „Gebrauchsfunktion" von Texten.[194] Mit dem Fokus auf die Überlieferungsgeschichte rückt eine Verbreitungsgeschichte von Manuskripten an die Stelle der Verfallsgeschichte von Texten im Zuge ihrer Überlieferung – an die Stelle eines aggressiven Pessimismus, der etwa im Rahmen von Bentleys oben dargestellter Theologie der poetischen Schöpfung alles *materialiter* Folgende als Abfall vom Ursprung, als Kabinett monströser textueller Devianzen verstehen will. Was noch der (post-)lachmannschen Mediävistik als Bedrohung des seiner Bindung an den Ursprung beraubten Textes gegolten hat, wird nun zum Zeichen funktionalen Zugewinns: „Je breiter ein Werk im Sprachraum, je weitreichender in der Zeit und je vielfältiger in verschiedenen Benutzerschichten verbreitet ist – mit diesen drei Ebenen sind die Hauptindikatoren handschriftlicher Entfaltung angesprochen: der textgeographische, textchronologische und textsoziologische –, umso *reicher* wird dessen Textgeschichte."[195] Mittlerweile ist dieses Verständnis von Überlieferung auch im traditionellen Kernbereich der Mediävistik, der höfischen Epik und dem Minnesang, fruchtbar geworden;[196] vor allem aber hat es eine erweiterte und weiterrei-

---

[193] Paul Lehmann: Autographe und Originale namhafter lateinischer Schriftsteller. In: Ders.: Erforschung des Mittelalters. Ausgewählte Abhandlungen und Aufsätze. Bd. 1. Stuttgart 1959 [ND der Ausg. Stuttgart 1941], S. 359–381, Zit. S. 368.
[194] Klaus Grubmüller u.a.: Spätmittelalterliche Prosaforschung. DFG-Forschergruppe-Programm am Seminar für deutsche Philologie der Universität Würzburg. In: Jahrbuch für internationale Germanistik 5/1 (1973), S. 156–176, Zit. S. 160; Kurt Ruh: Überlieferungsgeschichte mittelalterlicher Texte als methodischer Ansatz zu einer erweiterten Konzeption von Literaturgeschichte. In: Ders. (Hg.): Überlieferungsgeschichtliche Prosaforschung. Beiträge der Würzburger Forschergruppe zur Methode und Auswertung. Tübingen 1985, S. 262–272; Werner Williams-Krapp: Die überlieferungsgeschichtliche Methode. Rückblick und Ausblick. In: Internationales Archiv für Sozialgeschichte der Literatur 25,2 (2000), S. 1–21.
[195] Ruh: Überlieferungsgeschichte mittelalterlicher Texte, S. 268 (Hervorh. S. K.).
[196] Vgl. etwa Joachim Bumke: Der unfeste Text. Überlegungen zur Überlieferungsgeschichte und Textkritik der höfischen Epik im 13. Jahrhundert. In: Jan-Dirk Müller (Hg.): ‚Aufführung' und ‚Schrift' in Mittelalter und Früher Neuzeit. Stuttgart u. Weimar 1996, S. 118–129;

chende Bestimmung aus medientheoretischer und wissensgeschichtlicher Perspektive erhalten. Zunächst über einen Umweg: Der Begriff des ‚Werks' insbesondere in der geläufigen Verrechnung mit ‚Schriftlichkeit' steht, wie Paul Zumthor ebenfalls seit den 1970er Jahren für die mittelalterliche Literatur gezeigt hat, den Produktions- und Transmissionsbedingungen einer semi-oralen Handschriftenkultur grundsätzlich entgegen und lässt sich selbst sinnvollerweise nur als „quasi-abstraction" verstehen. Die schriftliche Überlieferung bildet nur einen Teil dessen, was zum kulturellen Ensemble mittelalterlicher Literatur gerechnet werden muss – und bei weitem nicht den zentralen: ‚Stimmlichkeit', ‚Performativität' und ‚Theatralität' sind die Spezifika, mit denen die mediävistische Literaturwissenschaft konfrontiert ist und deren Spuren sie aus den überlieferten Texten zu rekonstruieren hat; als „mouvance" bezeichnet Zumthor die Konsequenz dieses intermedialen, an vielfache Formen sozialer Interaktion gebundenen Gefüges.[197] Zwar drohen damit nun die Implikationen der konkreten schriftlichen Dokumente, wie sie die Überlieferungsgeschichte fokussiert, gerade durch die dezidierte Negation des herkömmlichen mediävistischen Werkbegriffs noch einmal aus dem Blick zu geraten. Dennoch hat Zumthors Ansatz den Ausgangspunkt für Revisionen geboten, in denen die spezifische Schriftlichkeit einer Handschriftenkultur selbst in den Blick rückt. Denn die Performativität, die der Fokus auf die ‚Mündlichkeit'/Stimmlichkeit' der mittelalterlichen Literatur beschreiben und rekonstruieren will, regiert die schriftlichen Hinterlassenschaften eines Manuskriptzeitalters selbst. „Variance" heißt das Analogon, das Bernard Cerquiglini zur Bezeichnung der Eigenlogik (vor allem volkssprachlicher) mittelalterlicher Manuskripte propagiert hat und das gegen die Schriftverächter unter den Gegnern einer autor- und werkfixierten Mediävistik ins Feld geführt werden soll.[198] Einen lustvollen Exzess kleiner Vielstimmig-

---

Thomas Cramer: Mouvance. In: Helmut Tervooren u. Horst Wenzel (Hg.): Philologie als Textwissenschaft. Alte und neue Horizonte. Sonderheft Zeitschrift für deutsche Philologie 116 (1997), S. 150–181; Christian Kiening: Zwischen Körper und Schrift. Texte vor dem Zeitalter der Literatur. Frankfurt a.M. 2003; Martin Baisch: Textkritik als Problem der Kulturwissenschaft. Tristan-Lektüren. Berlin u. New York 2006.

[197] Paul Zumthor: Essai de poétique médiévale. Paris 1972. Die Definition dieses Zentralbegriffs sowohl für Zumthors Entwurf wie auch für dessen Rezeption findet man dort – bemerkenswertes *understatement* – im Sachregister: „le caractère de l'œuvre qui, comme telle, avant l'âge du livre, ressort d'une quasi-abstraction, les textes concrets qui la réalisent présentant, par le jeu des variantes et remaniements, comme une incessante vibration et une instabilité fondamentale" (S. 507). – Vgl. auch ders.: Introduction à la poésie orale. Paris 1983; ders.: La poésie et la voix dans la civilisation médiévale. Paris 1984; einen konzisen Überblick bietet ders.: Mittelalterlicher ‚Stil'. Plädoyer für eine ‚anthropologische' Konzeption. In: Hans Ulrich Gumbrecht u. K. Ludwig Pfeiffer (Hg.): Stil. Geschichten und Funktionen eines kulturwissenschaftlichen Diskurselements. Frankfurt a.M. 1986, S. 483–496.

[198] Bernard Cerquiglini: Éloge de la variante. Histoire critique de la philologie. Paris 1989, S. 54; von „variance essentielle" ist dort pointierend die Rede. – Zur Funktion als Differenzbegriff zu Zumthors ‚mouvance' vgl. die Anm. 19, S. 120: „Cette expression se distingue du beau terme de *mouvance* créé par Paul Zumthor pour décrire l'‚incessante vibration' et l'‚instabilité fondamentale' des textes médiévaux [...]. Cette notion en effet, qui a suivi l'évolution toujours plus ‚oraliste' de la réflexion zumthorienne, en vient à désigner les effets du

keiten habe die vernakuläre Aneignung der Schriftlichkeit erzeugt; die von den Ordnungsvorstellungen des einen stabilen Texts und des einen autorisierten Ursprungs oktroyierte Einstimmigkeit sei ihr ebenso fremd wie die Hermeneutik des einen Sinns unangemessen – Ordnungsvorstellungen, wie sie erst die medientechnische Zäsur des Typographeums begründet und ermöglicht habe, von der die in ihren Manifestationen jeweils singuläre Serialität der unablässigen ‚récriture' durch die einmalige Streuung eines unveränderlich vervielfachten Texts ersetzt worden sei. Einen Text nur kenne das Mittelalter: die Bibel. Der ganze Rest der schriftlichen Überlieferung sei Varianz, seien Manuskripte:

> La variance de l'œuvre médiévale romane est son caractère premier, altérité concrète qui fonde et objet, et que la publication devrait prioritairement donner à voir. Cette variance est si générale et constitutive que, confondant ce que la philologie distingue soigneusement, on pourrait dire que chaque manuscrit est un remaniement, une version.[199]

Stephen G. Nichols verschärft diese Kritik der Einstimmigkeit noch, wenn er darauf hinweist, dass die singulären Manuskripte – und zwar gerade die kompositorisch aufsehenerregenden, spektakulären unter ihnen – überdies selbst Produkte einer komplexen, ausdifferenzierten, vielleicht gar agonistischen Herstellungspraxis sind.[200] Die kritische Erschließung des Forschungsgegenstandes Manuskript, wie sie von der ‚New' oder ‚Material Philology' der 1990er Jahre entschieden eingefordert worden ist, setzt also ein Objektverständnis voraus, das den Prozess der Herstellung und Aufbewahrung von Handschriften als Kreuzungspunkt einer Vielzahl von gesellschaftlichen und technischen Kenntnissen konzipiert.[201] Die ‚neue Philologie' ist – doch das soll keinesfalls eine Parteinahme im Streit darüber

---

nomadisme de la voix, de la voix concrète et originaire, sur des textes dont l'écriture n'est plus perçue que comme seconde et réductrice. Sommé de faire entendre une voix originale, l'écrit est mis en doute, d'une façon qui n'est pas sans rappeler le geste qui fonda la philologie".

[199] Cerquiglini: Éloge de la variante, S. 57–69, Zit. S. 62. – Zum neuzeitlichen Modell von Textualität vgl. S. 17–29 (deutsche Übersetzung dieses ersten Kapitels: Cerquiglini: Textuäre Modernität).

[200] Stephen G. Nichols: Introduction: Philology in a Manuscript Culture. In: Speculum 65 (1990), S. 1–10: „The medieval folio was not raw material for text editors and art historians working separately. It contained the work of different artists or artisans – poet, scribe, illuminator, rubricator, commentator – who projected collective social attitudes as well as interartistic rivalries onto the parchment. The manuscript folio contains different systems of representation: poetic or narrative text, the highly individual and distinctive scribal hand(s) that inscribe that text, illuminated images, colored rubrications, and not infrequently glosses or commentaries in the margins or interpolated in the text. Each system ist a unit independent of the others and yet calls attention to them; each tries to convey something about the other while to some extent substituting for it" (S. 7).

[201] Stephen G. Nichols: Why Material Philology? In: Helmut Tervooren u. Horst Wenzel (Hg.): Philologie als Textwissenschaft. Alte und neue Horizonte. Sonderheft Zeitschrift für deutsche Philologie 116 (1997), S. 10–30: „That perspective requires our construing the manuscript critically as a crossroads for a variety of social and professional expertise" (S. 14).

sein, wie neu sie denn nun wirklich ist,²⁰² noch weniger ein Einwand gegen ihre Legitimität – beim Kampf gegen die Blickverengungen einer zweihundertjährigen Orthodoxie der Philologien erstaunlicherweise bei einem Verständnis der Komplexität von Überlieferung angekommen, wie es ausgerechnet Hardouins orthodoxiewillige und entrüstete Diagnose häretischer Vielfalt so eindringlich präsentiert hat.

Der Streit über das ‚System Hardouin' zeigt, dass man Überlieferung nicht allein unter dem Gesichtspunkt einer nur auf die situativen Gegebenheitsbedingungen konkreter Zeugnisse und deren (philologische respektive antiquarische) Konsequenzen beschränkten Kasuistik betrachten kann. Um Manuskripte allein geht es nicht, noch nicht einmal ausschließlich um die Sicherung von Textualität zu Bedingungen handschriftlicher Überlieferung, sondern vielmehr um den Umgang mit einer heteronomen Vielzahl von Dingen, die zu Semiophoren eines Vergangenen (gemacht) werden können. Man muss also, ohne sich noch auf deren einschlägige institutionelle Fassungen zu beschränken, der kulturellen Praktiken einer ‚Kommunikation der Aufbewahrung'²⁰³ im weitesten Sinn Rechnung tragen, wenn man der Komplexität des Erkenntnisdispositivs gerecht werden will, als das sich Überlieferung an der Schwelle zum 18. Jahrhundert zeigt. Ich will mich zunächst aber dennoch auf die schriftlichen Semiophore beschränken – und zwar nicht aus Gründen der Vereinfachung, im Gegenteil: Die Problematik der Überlieferung zeigt sich daran strukturbedingt in ihrer komplexesten Ausformung. Krzysztof Pomian hat auf den Doppelcharakter semiophorischer Gegenständlichkeit hingewiesen, die sowohl materiell wie semiotisch bestimmt ist. Wenn im Florenz des 15. und 16. Jahrhunderts ganze Generationen von Medicis beispielsweise eine Sammlung von Vasen anlegen, dann kann man diese beiden Aspekte von Objekthaftigkeit je für sich beschreiben. Der Erkenntnisgewinn aus solchen Beschreibungen mag dann wiederum unterschiedlich groß sein. Die „Vasen als Vasen, in ihrer Materialität genommen, haben [...] eine sehr dürftige Geschichte. Denn die, die keinen Scha-

---

²⁰² Denn selbstverständlich müsste sich auch die ‚überlieferungsgeschichtliche Methode', von deren Seite solche Prioritätsstreitigkeiten gelegentlich angezettelt werden (vgl. Williams-Krapp: Die überlieferungsgeschichtliche Methode), Fragen nach Vorwegnahmen stellen lassen. Zwei einschlägige Beispiele seien erwähnt: Man vergleiche nur die luziden Überlegungen zur Geschichte der klassischen Paläographie, die Ludwig Traube bereits um 1900 angestellt hat. Paläographie bietet, „verständig angewandt, ein Mittel, um die Textgeschichte der Autoren auszubeuten für eine wahrhaft geschichtliche Darstellung, die *ganz ohne Rücksicht auf die Textgestaltung dieser Autoren* Beiträge zur mittelalterlichen Kulturgeschichte bereitstellt." (Traube: Geschichte der Paläographie, S. 12f.; Hervorh. S. K.) – Giorgio Pasquali hat 1929 in seiner Rezension von Maas' *Textkritik* auf „Fälle" hingewiesen, „in denen es mit der Wiederherstellung des Originals, wäre sie auch möglich, noch nicht getan wäre. [...] [E]in kritisch minderwertiger Text kann eine solche historische Geltung erlangt haben, daß er nicht unterdrückt werden darf, sondern als für Geschichte, Kultur-geschichte, Rechtsgeschichte unentbehrliche Quelle rekonstruiert und neben dem besseren herausgegeben zu werden verdient." (Pasquali: Rez. zu Paul Maas: Textkritik. S. 914.)
²⁰³ Diese Wendung verdankt sich dem trefflichen Untertitel des Bandes: Archivprozesse. Die Kommunikation der Aufbewahrung. Hg. v. Hedwig Pompe u. Leander Scholz. Köln 2002.

den genommen haben, sind heute, am vorläufigen Ziel ihrer Reise, materiell identisch mit dem, was sie vor mehr als fünf Jahrhunderten waren [...] Die einzigen Ereignisse in der Geschichte der anderen Vasen sind Zerstörung oder Restaurierung. Das ist wenig. Wirklich interessant und reich ist dagegen die Geschichte der *Bedeutungen* [significations], mit denen die Gegenstände [...] verknüpft waren."[204]

Eine derartige Differenzierung von Materialität und Semiotizität der Objekte fällt bei schriftlichen Überlieferungszeugnissen weitaus schwerer, nicht nur mit Blick auf die ökonomische Begründungsstruktur, an die sie gekoppelt ist. Der Doppelstatus von schriftlicher Überlieferung entspringt aus deren unlängst (wieder-)entdeckter Eigenschaft, zunächst unhintergehbar in materialer Objekthaftigkeit fixiert und dann einer textorientierten Transzendierung zugänglich zu sein. So kann, wie sich zeigen wird, Überlieferung mit schieren Dingen so wenig anfangen wie mit reinen Texten. Pomians Hypothese, dass die „beiden Objektklassen", also die der Gebrauchsdinge und die der Semiophore, „heterogen und scheinbar nicht miteinander vergleichbar" sind,[205] erweist sich deshalb, zumal aus der Perspektive auf schriftliche Überlieferung, als revisionsbedürftig. Die Unterscheidung von Nützlichkeit und Bedeutung, die Pomian eine Strukturgeschichte des Sammelns erlaubt hat und die der Differenzierung von materiellem und semiotischem Aspekt eines Objekts vorausgegangen ist, muss angesichts von ‚Schriftobjekten' auf beiden Seiten der ersten Unterscheidung noch einmal eingetragen werden. Man ersetze die Vase in diesem Modell behelfsmäßig durch ein Manuskript oder das (seltene) Buch: Noch vor der Differenzierung, die eine Klassifizierung dieses Objekts als Semiophor erlaubt, steht sein Gebrauchswert, also seine Nützlichkeit. Bereits sie ist, wenn man denn einfachheitshalber davon ausgehen darf, dass der Gebrauch von Manuskripten/Büchern in ihrer Lektüre liegt, an beide Aspekte der Gegenständlichkeit gebunden: ohne Materialität keine Semiotizität, ohne Beschreibstoff und Schreibmaterial keine Schrift und keine Signifikation. Wenn der *Leser* also für einen ersten, noch ganz instrumentell-technischen Zugang zu einem Manuskript/Buch als Ding des Gebrauchs stehen kann, dann wird für ihn die Nützlichkeit dieses Manuskripts/Buchs in dessen materialgebundener Signifikanz liegen. Er muss das Geschriebene entziffern können, erst dann kann er es – sei es affirmativ oder kritisch und mit welcher Nutzungsabsicht auch immer – in seine eigene Lebenswelt einbinden. Mit der Differenzierung in Ding des Gebrauchs und Semiophor geht wiederum der Gebrauchswert des Manuskripts/Buchs keineswegs verloren. Sie eröffnet lediglich zwei Möglichkeiten des Verhaltens zum Objekt. Der „Büchersammler" ist, Walter Benjamins präziser Bemerkung zufolge, auch als Vertreter seiner Leidenschaft einer, „der seine Schätze nicht unbedingt aus ihrem

---

[204] Pomian: Für eine Geschichte der Semiophoren, S. 79.
[205] Pomian: Collectionneurs, amateurs et curieux, S. 43.

Funktionszusammenhang gelöst hat."²⁰⁶ Diese ambivalente Konfiguration von Interessen und Verhaltensweisen macht ihn zu einer Instanz, von der aus sich der Umgang mit schriftlichen Semiophoren ausdifferenzieren lässt: Der *Büchernarr* übernimmt im Zug dieser Differenzierung – historisch – die Rolle, die Pomians Modell des Sammelns zwar vollumfänglich entspricht, in den Debatten über das Verhältnis zum Buch aber seit jeher als einigermaßen anrüchig gilt. Als Büchernarr kann man topisch bezeichnen, wem das Manuskript/Buch, und infolgedessen Manuskripte/Bücher überhaupt, ‚Gegenstände ohne Nützlichkeit' sind. Das dispositionell die Struktur des Sammelns ermöglichende Zugeständnis, dass das Manuskript für ihn deshalb ein ‚Gegenstand mit *Bedeutung*' darstelle, wird man ihm aber gerade nicht machen wollen.²⁰⁷ Gerade weil er sammelnd auf den Nutzen der Bücher verzichtet, verfehlt er deren Bedeutung. Der diszipliniert-disziplinäre *Philologe* – das haben die Hinweise zu Bentley bereits gezeigt – wird die entgegengesetzte Extremposition eines Verhaltens zum Manuskript/Buch, und wiederum zu Manuskripten/Büchern überhaupt, verkörpern: ein Verhalten, das ausschließlich am Gebrauchswert dieser Semiophore interessiert ist, und das heißt nun an der objektentbundenen textuellen Signifikanz des Manuskripts. Zwar sammelt er strategisch die Überlieferungszeugnisse als Dinge mit Bedeutung (darin allein liegt ihre Nützlichkeit), sie ist aber von ihrer Dinghaftigkeit ablösbar: Einmal gedruckt oder auch nur kollationiert hat das Manuskript den Wert einer ‚ausgepressten Orange', wird also in der Systematik von Pomians Ordnung der Dinge zum Abfall.²⁰⁸ Gerade weil er ausschließlich auf die Bedeutung fixiert ist, ist für den Philologen das Manuskript kein ‚*Gegenstand* mit Bedeutung', hat es als Semiophor für ihn keinen Nutzen.

---

206 Walter Benjamin: Das Passagenwerk. Gesammelte Schriften. Bd. 5.1. Hg. v. Rolf Tiedemann. Frankfurt a.M. 1982, S. 275.
207 Zu dieser Topik, die theologisch, humanistisch und aufklärerisch formuliert sein kann – kurzum: den ganzen Raum (zumindest) vor- und frühmoderner europäischer Kulturgeschichte einnimmt, vgl. das reichhaltige Material bei Klaus Schreiner: Bücher, Bibliotheken und „gemeiner Nutzen" im Spätmittelalter und in der Frühneuzeit. Geistes- und sozialgeschichtliche Beiträge zur Frage nach der ‚utilitas librorum'. In: Bibliothek und Wissenschaft 9 (1975), S. 202–249. – Historisch allerdings scheinen die Grenzen nicht so einfach gezogen werden zu können, wie es eine derartige Typologie erlaubt: „Mancher nach der Art seiner Bücherliebhabereien und Sammlerseltsamkeiten als Büchernarr auszudeutender Mann ist ein erfolgreicher Forscher und geistreicher Gelehrter gewesen; mancher anscheinend bedachte Buchfreund ein Büchernarr, der sich spielerisch vergnügte. Da wird es schwer, den Bibliomanen und den Bibliophilencharakter auszudeuten; den Buchgenießer vom Buchnutzer zu trennen; den Bibliophilen, als den Leser[,] von dem Biblioskopen, der seine Bücher nur durchsieht; den Bibliothekar und seine Buchpflege von dem book-hunter, der Sammelsport treibt. Das alles sind fein auf den Gegensatz hin ausgedachte Unterscheidungen. Mehr nicht." (Gustav A. E. Bogeng: Die großen Bibliophilen. Geschichte der Büchersammler und ihrer Sammlungen. 2 Bde., Hildesheim, Zürich u. New York 1984 [ND der Ausg. Leipzig 1922 in 3 Bden.]. Bd. 1, S. 499f.).
208 „Les objets qui ne remplissent ni la première de ces conditions ni la seconde sont dépourvus de valeur; en fait, ce ne sont plus des objets, ce sont des déchets." (Pomian: Collectionneurs, amateurs et curieux, S. 43).

Trotz seines im Unterschied zu anderen Definitionen sinnvollerweise objektgerichteten Zuschnitts: Auf den Begriff der ‚Sammlung', wie ihn Pomian vorschlägt, lässt sich deshalb das Verhältnis zur schriftlichen Überlieferung nicht zurückführen. Aber auch entschiedener schriftorientierte Modelle des Beziehungsgefüges von Objekt, Wissen und Text, wie sie anhand der beiden einschlägigen Konzepte der ‚Bibliothek' oder des ‚Archivs' entwickelt worden sind, greifen für eine komplexitätstolerante Bestimmung des Problems ‚Überlieferung' zu kurz. Besonders das erste dieser gerne auch metaphorisch eingesetzten Modelle scheint sich zwar für die Erforschung frühneuzeitlicher Gelehrsamkeit als überaus fruchtbar erwiesen zu haben. So steht die *Bibliothek* als „Summe schriftlicher Überlieferung" im Zentrum der epistemologischen Reflexionen über Lektürepraktiken, Ordnungstechniken und Systematisierungsbemühungen, die der Paradigmenwechsel in Begriff und Sache des Wissens um 1700 nötig macht.[209] Diese Metapher scheint aber auf einen zweiten Blick erstaunlicherweise vor allem institutionell gerichtet zu sein und für die Produktivität von Wissen in Anschlag gebracht zu werden. Das heißt genauer: Sie speist den (Denk- und Arbeits-)Ort einer temporären Versöhnung von *memoria* und *ratio* in den gelehrten Diskurs. Die geordnete Bibliothek inkorporiert nicht, wie man vermuten könnte, die schiere Autorität des überlieferten Wissens und die damit verbundenen praktischen und legitimatorischen Folgelasten wissenschaftlicher Aktivität. Sie macht vielmehr eine Form des Gedächtnisses beschreibbar, die als Grundlage und Materialspender vernünftiger gelehrter Eigentätigkeit dient – anthropologisch formuliert: einer *memoria*, die aufgrund ihrer vernünftigen Ordnung nicht mit dem konkurrierenden Vermögen des *ingenium* in Konflikt gerät. Das zeigt die medientechnische Kopplung und deren arbeitstechnische Übertragung, mit denen diese institutionelle Metapher für gewöhnlich einhergeht. Man hat als wichtigsten Anlass dieser Erweiterungen, manchmal auch als Ursache einer an der neuformatierten Metapher der ‚Bibliothek' ausgerichteten Selbstverständigung, die produktions- und medientechnische Zäsur des ‚Typographeums' gewertet: Expansion und Beschleunigung des Text-Wissens, wie sie seit dem 16. Jahrhundert zum Glück und zur Verzweiflung der Gelehrten beitragen. Doch nicht nur die zu bewältigende Büchermenge, die im Gutenbergzeitalter exponentiell anwächst, wird zur Herausforderung. Auch die gleichsam handwerklichen Arbeitstechniken der Gelehrsamkeit, denen im selben Zeitraum geschärfte Aufmerksamkeit gilt, zeigen mehr als nur eine Wahlverwandtschaft mit den Systembeding-ungen der Typographie. Das gilt für die neuen, alphabetorientierten Verzeichnungstechniken, die in Gessners *Bibliotheca universalis* (1545) eine frühe Formung finden und die komplementär zur Alphabetisierung des Wissens in den neuzeitlichen enzyklopädi-

---

[209] Helmut Zedelmaier: Bibliotheca universalis und Bibliotheca selecta, S. 3. – Mit weiterer historischer Perspektive: Nikolaus Wegmann: Bücherlabyrinthe. Suchen und Finden im alexandrinischen Zeitalter. Köln, Weimar u. Wien 2000; eine topische „Geschichte der fiktionalen Bibliotheken" vorwiegend der romanischen Literaturen bietet Dietmar Rieger: Imaginäre Bibliotheken. Bücherwelten in der Literatur. München 2002 (Zit. S. 28).

schen Projekten betrachtet werden können; es gilt aber nicht minder für die gelehrtentechnischen Mikrologien des Exzerpierens und Verzettelns, wie sie beispielsweise Joachim Jungius oder Vincent Placcius propagieren. In der diesen Techniken zugrundeliegenden Basisproblematik, die einerseits den für Aneignung und Herstellung verschriftlichten Wissens unabdingbaren Operationen der Dynamisierung und Fixierung von Text-Wissensbeständen geschuldet ist, andererseits auf den Regelbedarf bei deren Verwaltung und Adressierung reagieren muss, wiederholt sich die Zeichenökonomie des Drucks mit beweglichen Lettern als Ausgangsbedingung gelehrter Selbst und Arbeitstechniken. Ohne Zweifel feiert das Dispositiv des ‚Typographeums' in diesen Diskursen und Praktiken seinen endgültigen Triumph jenseits der konkreten Buchverfertigung in den Offizinen.[210] Zur Überlieferung aber verhält es sich, ebenso wie das mit ihm korrelierte Bündel von Techniken und Praktiken, deshalb im genauen Sinne sekundär.

Das gilt auch für die Institutionsmetapher der ‚Bibliothek'. Die Bibliothek ist ein Ort für Bücher: für die Bündelung, Aufbewahrung und Verzeichnung von Büchern[211] – und für deren Mobilmachung, wenn sie durch gelehrtes *paperwork* wieder in den Produktionskreislauf des Typographeums eingespeist werden sollen. Sie dient als „suggestive[s] Ordnungsbild" aufbewahrten Textwissens und ist somit grundsätzlich und unhintergehbar *nach* der Überlieferung.[212] Der Blick auf die

---

[210] Vgl. aus der mittlerweile reichhaltigen Literatur zu diesem Komplex insbesondere Markus Krajewski: ZettelWirtschaft. Die Geburt der Kartei aus dem Geiste der Bibliothek. Berlin 2002, v.a. S. 16–31; Martin Gierl: Kompilation und die Produktion von Wissen im 18. Jahrhundert. In: Helmut Zedelmaier u. Martin Mulsow (Hg.): Die Praktiken der Gelehrsamkeit in der Frühen Neuzeit. Tübingen 2001, S. 63–94; Helmut Zedelmaier: Lesetechniken. Die Praktik der Lektüre in der Neuzeit. In: Ders. u. Mulsow (Hg.): Die Praktiken der Gelehrsamkeit in der Frühen Neuzeit, S. 11–30; ders.: Buch, Exzerpt, Zettelschrank, Zettelkasten. In: Pompe u. Scholz (Hg.): Archivprozesse, S. 38–53; mit Blick auf die Wissensproduktion und -ordnung der Enzyklopäd(ist)ik Waltraud Wiethölter, Frauke Berndt u. Stephan Kammer: Zum Doppelleben der Enzyklopädik – eine historisch-systematische Skizze. In: Dies. (Hg.): Vom Weltbuch bis zum World Wide Web. Enzyklopädische Literaturen. Heidelberg 2005, S. 1–51, v.a. S. 29–38. – Maßgeblich zu Sache und Begriff des ‚Typographeums': Michael Giesecke: Der Buchdruck in der frühen Neuzeit. Eine historische Fallstudie über die Durch-setzung neuer Informations- und Kommunikationstechnologien. Mit einem Nachwort zur Taschenbuchausgabe 1998. Frankfurt a.M. 1998.
[211] So das Lemma „Bücher-Vorrath, Bibliotheck" von Zedlers Universal-Lexicon. Bd. 4 [1733], Sp. 1803: „Erstlich und hauptsächlich bedeutet solches eine Bücher-Sammlung, von welchen Sammlungen wir unter diesem Titel handeln werden. Hernachmahls werden die Oerter Bibliothecken genennt, wo die Bücher aufgehoben werden. Drittens, so hat man gewisse *Catalogos*, von denen vornehmsten *Auctoribus*, verfertiget, und solchen Büchern den Titel einer Bibliotheck beygeleget." Darauf folgen knappe 40 Spalten mit einer Bibliothek der Bibliotheken: kommentierte (Literatur-)Hinweise zur Bibliothek überhaupt und zur geographischen Streuung der Bibliotheken, vor allem aber zu deren Beständen, in Europa (Sp. 1804–1838b). Symptomatisch für die Verrechenbarkeit von ‚Bibliothek' und ‚Büchern' steht der Kolumnentitel ab Sp. 1805, der zum adressierten „Bücher-Vorrath" schlicht das in solchem Bevorratete nennt: „Bücher".
[212] Kirsten Dickhaut: Das Paradox der Bibliothek. Metapher, Gedächtnisort, Heterotopie. In: Günter Oesterle (Hg.): Erinnerung, Gedächtnis, Wissen. Studien zur kulturwissenschaftlichen Gedächtnisforschung. Göttingen 2005, S. 297–331, Zit. S. 301. – Als „Speicher zweiten

Bibliothek und derjenige auf die Überlieferung koinzidieren positiv allenfalls da, wo erstere als Ort der Latenz Materialien (ver)birgt, die den Verzeichnungspraktiken und Katalogordnungen entgangen sein sollten, oder Materialien aufhebt, die den Distributionsmöglichkeiten des Typographeums grundsätzlich (noch) entzogen sind, wenigstens aber zu ihnen in einer vom Preis oder durch Seltenheit bedingten Verknappungsrelation stehen. Öffentliche Bibliotheken, empfiehlt deshalb das *Universal-Lexicon* zur Vermeidung solcher Irritationen – und meint damit öffentlich zugängliche, keineswegs nur öffentlich finanzierte Bibliotheken[213] –, sind gehalten, jedem Gelehrten unabhängig von seiner ökonomischen Ausstattung die notwendigen Arbeitsgrundlagen verfügbar zu machen. Sie sollen ihr Hauptaugenmerk auf „rare und grosse Wercke" richten, deren Anschaffung sich Handbibliotheken normalerweise nicht leisten können. Im Speziellen, aufgrund von Materialbedingungen, gilt dies für die besonders schutzbedürftigen, vielfältig und keineswegs nur verfallsbedingt bedrohten *manuscripta*:

> Die *MSta* gehören sonderlich vor öffentliche Bibliothecken: Nicht nur, weil dieselbe bey Anschaffung sehr viele Unkosten erfordern, sondern auch, weil es nöthig ist, dieselben vor andern sehr wohl zu bewahren. Ein gedrucktes Buch ist jederzeit wegen der Menge derer *Exemplarien* wieder zu bekommen, und es sind wenig unter denenselbigen, von denen nicht unterschiedliche anzutreffen wären; Ein *MStum* aber ist nur ein einziges, und wenn auch viele von einem Buche vorhanden sind, so sind doch dieselben unterschieden, und dienen zur Erforschung des wahren *Textes* jederzeit einiger massen.[214]

Negativ und als Konsequenz dieser beobachteten Ambiguität des ‚Bergens' von Überlieferung korrespondieren die Blicke auf Bibliothek und Überlieferung dann, wenn sich ein „Mißtrauen in die Metaphorik der Speicher und Archive als Ort allen deponierten Wissens" Gehör zu verschaffen sucht:[215] Gräber toten Wissens häuft die Bibliothek aus dieser Perspektive; nutzlos oder nicht nutzbar harren die Bücher darin ihres auch materiellen Verfalls: "I believe, it is with Libraries, as with other

---

Grades: als Speicher des Gespeicherten" hat Jan Assmann die Bibliothek in diesem Sinn bezeichnet. Jan Assmann: Bibliotheken in der Alten Welt, insbesondere im Alten Ägypten. In: Susanne Bieri u. Walter Fuchs (Hg.): Bibliotheken bauen. Tradition und Vision/Building for Books. Traditions and Visions. Basel 2001, S. 31–49, Zit. S. 31.

[213] Zur Begriffsbestimmung vgl. Schreiner: Bücher, Bibliotheken und „gemeiner Nutzen" im Spätmittelalter und in der Frühneuzeit, S. 242f.: „Als Bestimmungsmerkmale einer öffentlichen Bibliothek wurden im beginnenden 18. Jahrhundert folgende Kriterien angegeben: Obrigkeitliche Gründung und Unterhaltung zum allgemeinen Nutzen, Repräsentanz sämtlicher Wissensgebiete, allgemeine Zugänglichkeit."

[214] Universal-Lexicon. Bd. 4 [1733], Sp. 1838d; zum Begriff der ‚öffentlichen Bibliothek' und den damit verbundenen politischen, ökonomischen und moralischen Implikationen vgl. ebd., Sp. 1838c. – Dass „the deposit of a MS in a library was not necessarily a guarantee of permanent security", zeigen eindrücklich die Hinweise auf das Geschick von Manuskripten in der frühen Neuzeit – diesbezüglich „centuries of dispersion and fluidity" – bei Kenney: The Classical Text, S. 75–104, Zit. S. 84 u. 86.

[215] Anselm Haverkamp u. Renate Lachmann: Text als Mnemotechnik – Panorama einer Diskussion. In: Dies. (Hg.): Gedächtniskunst: Raum – Bild – Schrift. Studien zur Mnemotechnik. Frankfurt a.M. 1991, S. 7–21, Zit. S. 11f.

1 Überlieferungsfälschung: Hardouins Altertum 129

Cœmeteries, where some Philosophers affirm, that a certain Spirit, which they call *Brutum hominis*, hovers over the Monument, till the Body is corrupted, and turns to *Dust*, or to *Worms*, but then vanishes or dissolves: So, we may say, a restless Spirit haunts over every *Book*, till *Dust* or *Worms* have seized upon it; which to some, may happen in a few Days, but to others, later."[216]

Die Verlusterfahrungen, die von der Einsicht in die grundsätzliche Fragmentarität des Überlieferten gespeist werden, können dann in Phantasmen und Bedrohungsszenarien umschlagen, in denen Mottenfraß und der Zahn der Zeit, nachlässige Bibliothekare und Brandstiftungen fatalerweise zu den maßgeblichen Überlieferungsagenten werden.[217] Doch für gewöhnlich differieren ‚Bibliothek' und ‚Überlieferung': An eine vernunftgemäße Einrichtung und Zurichtung des (kulturellen wie individuellen) Gedächtnisses mahnt die eine, an die objektgebundene Memoria sinnstiftender Praktiken die andere.

Eine zweite gewichtige Institutionsmetapher, das *Archiv*, scheint den Problemkonfigurationen der Überlieferung auf den ersten Blick besser zu entsprechen. Die Eignung hängt zumal an der epistemologischen Sättigung, die der Terminus des Archivs im maßgebenden wissenstheoretischen Projekt des ausgehenden 20. Jahrhunderts, in Michel Foucaults historisch-systematischer Analyse der Formen des Wissens, erhalten hat. Darin erscheint das ‚Archiv' bekanntlich als diejenige Funktion, von der die „condition[s] de réalité pour des énoncés" verwaltet werden – einerseits regelt diese Funktion „la loi de ce qui peut être dit, le système qui régit l'apparition des énoncés comme événements singuliers", andererseits „ce qui fait que toutes ces choses dites ne s'amassent pas indéfiniment dans une multitude amorphe [...]; mais qu'elles se groupent en figures distinctes, se composent les unes avec les autres selon des rapports multiples, se maintiennent ou s'estompent selon des régularités spécifiques".[218] Man sieht leicht, dass dieser Funktion die Möglichkeitsbedingung von Ordnung und Produktion des Wissens gleichermaßen überantwortet wird, erkennt aber gleichermaßen, dass sowohl ‚Ereignishaftigkeit' wie ‚positive Dinglichkeit' darin lediglich strukturellen Wert haben: „*l'archive*", wie der Terminus im französisch ungebräuchlichen Singular bei Foucault heißt, „[c]'est *le système général de la formation et de la transformation des énoncés.*" Gerade dem insistierenden, so faszinierenden wie beängstigenden Wiederkehren/ Verschwinden der Objekte, das der Auseinandersetzung mit der Überlieferung um 1700 zugrundeliegt, will der epistemische Ort des Foucaultschen Archivs keine

---

[216] Jonathan Swift: A Full and True Account of the Battel Fought last Friday, Between the Antient and the Modern Books in St. James's Library. In: Ders.: A Tale of a Tub. Written for the Universal Improvement of Mankind. London 1704, S. [229]–278, Zit. S. 235f. – Einen bunten Strauß entsprechender Formulierungen versammelt Gerd Schmidt: Grabmal, Zeughaus, Apotheke: Beobachtungen zur Bibliotheksmetaphorik. In: Peter Vodosek u. Graham Jefcoate (Hg.): Bibliotheken in der literarischen Darstellung/Libraries in Literature. Wiesbaden 1999, S. 167–188, bes. S. 168–172.
[217] Dazu unten S. 190–197.
[218] Michel Foucault: L'archéologie du savoir. Paris 1969, S. 167 u. 170.

Rechnung tragen. „L'archive, ce n'est pas ce qui sauvegarde, malgré sa fuite immédiate, l'événement de l'énoncé et conserve, pour les mémoires futures, son état civil d'évadé; c'est ce qui, à la racine même de l'énoncé-événement, et dans le corps où il se donne, définit d'entrée de jeu *le système de son énonçabilité*."[219] Schon Derridas implizite Kritik an diesem Begriffsgebrauch pocht deshalb auf die „Topo-Nomologie" des Archivs, wenn sie der diskursstrukturierenden Regelfunktion die „archontische Dimension der verbindlichen Ansiedlung" an die Seite stellt: Der Begriff verlange, dass das Archiv „irgendwo auf einem festen Träger und einer legitimen hermeneutischen Autorität verfügbar deponiert" werde und so seine „*Konsignationsmacht*" ins Werk setze.[220] Dass letztere dann anderen Schauplätzen von Derridas ,dekonstruktiven' Denkgesten ähnlich sieht,[221] zeigt aber die funktionale Äquivalenz des Begriffs – Generator von Diskursen hier, Generator von *différance* dort – in den beiden unterschiedlichen Systemen. Auf die Problematik einer solchen „diskursanalytischen oder dekonstruktiven Virtualisierung", die Bibliothek und Archiv „jenseits der Analyse ihrer institutionell und medial verdinglichten Korrelate denken", hat Wolfgang Ernst in seiner großangelegten Studie zur Medien- und Institutionsgeschichte einer „Infrastruktur der deutschen Gedächtnisoperatoren" hingewiesen.[222] Es scheint also gerade im Zusammenhang mit der hier beabsichtigten Thematisierung von Überlieferung – die, wie deutlich geworden sein dürfte, gar nicht um eine Auseinandersetzung mit den ,positiven' Objektseiten ihres Gegenstands herumkommt – angebracht, der epistemologischen Fassung des ,Archivs' eine sowohl medial wie institutionell im besten Sinne konkrete zumindest an die Seite zu setzen. Der Gedächtnisordnung und dem Ordnungsgedächtnis der Bibliothek stellt das Archiv eine Verlaufsordnung dokumentierter Akte(n) gegenüber. Spezifisch für deren Verzeichnungsart ist eine Form der Nichtselektivität, die Bibliotheken in unbenutzbare, das heißt: nicht für die Wissensproduktion dienstbar zu machende Bücherlabyrinthe verwandelte.[223] Dazu

---

[219] Ebd., S. 171 u. 170.
[220] Jacques Derrida: Dem Archiv verschrieben. Eine Freudsche Impression. Berlin 1997, S. 12f.
[221] Ebd., S. 160: „Unersetzliche Einzigartigkeit eines Dokumentes, das es zu deuten, zu wiederholen und zu reproduzieren gilt, doch jedes Mal in seiner ursprünglichen Einmaligkeit – ein Archiv ist es sich schuldig, idiomatisch zu sein, und damit der Übersetzung zugleich dargeboten und unzugänglich gemacht, offen für die Iteration und die technische Reproduzierbarkeit und ihnen doch entzogen." – Exakt dieses Argumentationsgefüge trifft man etwa in Derridas Kritik des Austinschen Performativitätsmodells wieder; vgl. Jacques Derrida: Signature événement contexte. In: Ders.: Marges de la philosophie. Paris 1972, S. 365–393.
[222] Ernst: Im Namen von Geschichte, S. 47f. und 49.
[223] Ebd., S. 553–563; zur Differenz S. 757: „Die Institution der Bibliothek basiert weniger auf dem Primat der Übertragung denn auf der Funktion der Speicherung von Informationsträgern, die dann eine Schnittstelle zur Lesbarkeit (und damit zum diskursiven Wissenstransfer) bildet: Ihr Medium heißt Katalog, d.h. der Speicher mit bibliographischen Informationen zum Bestand [...]. Demgegenüber ist das Archiv vornehmlich ein nicht-diskursiver, justiziabler Speicher mit der Binnendifferenzierung von monumentaler Urkunde (als Bild und Objekt) und dokumentarischer Akte (mit dem Akzent auf Prozeß und Information) und [...] durch die Vorgegebenheit seiner Klassifikation in der Struktur der Überlieferung definiert."

kommt, dass der historische Begriff des Archivs eine spezielle Form des Speichers bezeichnet: „Ort, da die *Instrumenta publica* und andere wichtige und geheime Sachen, die den Staat und Jura des Fürsten und seines Landes anbetreffen, verwahret werden." Archive sind die Schriftspeicher staatlicher und juristischer Institutionen. In ihnen lagern staubige Akten, nicht schöne Literatur, ihre Bestände messen sich in Laufmetern, nicht in den Kategorien von Autor und Werk, in ihnen werden Dokumente abgelegt, nicht Texte zugänglich gemacht. Kurzum, Archive sind das wahllose – „[d]em technischen Speicher sind [...] alle Daten gleich bedeutend"[224] –, wenn auch nicht ungeordnete materielle Gedächtnis institutionell gebundener und geregelter Vorgänge. Das Kontingenzproblem, das von der Bibliothek per Ordnungssystem bewältigt werden muss, damit ihre wissensproduktive Funktion gewährleistet werden kann, betrifft das Archiv nicht zuletzt deshalb nicht, weil es gar nicht auf einen derartigen Umschlag zur Mobilisierung der Datenbestände hin angelegt ist. Gerade der Fokus auf die Bedingungen von Überlieferung lässt das Archiv als Differenzbegriff erscheinen – als Traum allenfalls davon, „den Zerfall der Artefakte auf der materiellen Ebene" aufhalten zu können,[225] der aber mit den Herausforderungen angesichts der prekären Materialität, Handlungs- und Interessenbezogenheit sowie der wissenspolitischen Infragestellung der Überlieferung nicht mehr kongruieren kann. ‚Katechontische' Figurationen eines nachträglichen Verhaltens zu den Gegenständen, wie sie ‚Sammlung', ‚Bibliothek' und ‚Archiv' bereitstellen, erweisen sich angesichts des Problembewusstseins, das im frühen 18. Jahrhundert für diese Bedingungen auftaucht, als unzureichend. Wie bereits die folgende Fallgeschichte zeigen wird, greifen die Figur(ation)en der Überlieferung deshalb leicht und gerne aus – bis hin zu breit angelegten kulturhistorischen und kulturanthropologischen Narrativen, die weit über das traditionelle Hoheitsgebiet der Gelehrsamkeit hinausgreifen.

2 Epochen(er)findung: Bodmers Mittelalter

2.1 Katastrophen der Überlieferung

Neben den „Liebhaber[n] des wollüstigen Essens" und den „Frauens-Personen, welche ihre blassen Wangen mahlen, sich alle Morgen neue Augbraunen, Nase, Lippen und Kinne machen",[226] trifft die Kritik der Zürcher ‚Gesellschaft der Mahler' – angetreten 1721 mit dem Ziel, sich „zu ihrem Objecte den *Menschen*" zu

---

[224] Ebd., S. 554. – Entsprechend: „Archive speisen sich aus dem Begehren nach einer (virtuellen, nur asymptotisch erreichbaren) Vollständigkeit" (S. 558).
[225] Ebd., S. 66f.
[226] [Johann Jakob Bodmer u. Johann Jakob Breitinger]: Die Discourse der Mahlern. Hildesheim 1969 [ND der Ausg. Zürich 1721–1723]. Dritter Theil. V. Discours, S. 35 und II. Discours, S. 9.

nehmen, und deshalb dem ganzen Spektrum menschlicher Artikulationen verpflichtet[227] – jene „Moralisten", deren „Artickel von der Unsterblichkeit des Nachruhms" ihre Leser von der Kontemplation über die Endlichkeit des menschlichen Lebens abzusehen verführen.[228] Solche Schriften, so der Vorwurf, drohen den in mehrerer Hinsicht verwerflichen „Wahn" zu erzeugen, „daß der Mensch, der seinen Nahmen unsterblich hat gemachet, nicht eben so gantz sterbe, als ein andrer unbekanter" (S. 17). Verwerflich ist dieser Wahn zunächst deshalb, weil sich die von ihm hervorgerufenen Taten nicht zwangsläufig am Leitfaden der Tugend auszurichten brauchen. Zwar ist es nicht von der Hand zu weisen, dass schon etliche sich in der Aussicht auf Nachruhm zu großen Taten und der Menschheit nützlichen „Verrichtungen" aufgerafft haben, doch bietet eine derartige Motivation keinerlei Gewähr für die moralische Unbedenklichkeit des von ihr geleiteten Handelns. Schließlich, so das gleichermaßen auf historische Tatbestände wie auf Kritik historischer Akteure gegründete Urteil, kann die „Unsterblichkeit des Gerüchts" ebenso gut „durch die Ausübung grosser Lastern zuwegen gebracht werden" wie durch „tugendhaffte Anschläge" (S. 17f.). Die Geschichte ist voll mit „Nahmen von hundert Narren und Lasterhafften, welche eben so wol unsterblich worden"; und noch in den geläufigen monumentalen Materialisierungen des Nachruhms – in den Enkomien der „Lob-Redner", auf „Müntzen geprägt", in „Statuen" und „Triumph-Bögen" – erscheinen die „Verwüster des Menschlichen Geschlechtes" nicht eben seltener „als seine Wolthäter" (S. 18).[229] Verwerflich ist der Wahn aber insbesondere in seiner Eigenschaft als Wahn selbst: als „leere Einbildung; oder [als] ein Urtheil, das keinen Grund hat."[230] Gleich doppelt, mittels einer unangemessenen

---

[227] Ebd., Erster Theil. I. Discours, A 3ʳ. – Der Menschen „Passionen / Capricen / Laster / Fehler / Tugenden / Wissenschaften / Thorheiten / ihr Elend / ihre Glückseligkeit / ihr Leben und Tod / ihre Relationen die sie mit andern Entibus haben / endlich alles was menschlich ist und die Menschen angehet / gibet ihr Materie an die Hand zugedencken und zuschreiben" (ebd., S. v.): So umreißt die ‚Gesellschaft' den Focus ihres diskursiven Geschäfts und nennt damit zugleich den Kern des „Gattungsmodell[s]", das für die *Moralischen Wochenschriften* verbindlich ist; vgl. Wolfgang Martens: Die Botschaft der Tugend. Die Aufklärung im Spiegel der deutschen Moralischen Wochenschriften. Stuttgart 1968 (Zit. S. 12).

[228] Ebd., Dritter Theil. III. Discours, S. 17–24, Zit. S. 17; daraus alle mit Seitenzahlen im laufenden Text nachgewiesenen Zitate in diesem Abschnitt. Verfasser der mit der Chiffre ‚Angelo' signierten Abhandlung ist Bodmer, vgl.: Theodor Vetter (Hg.): Chronick der Gesellschaft der Mahler. 1721–1722. Nach dem Manuscripte der Zürcher Stadtbibliothek. Frauenfeld 1887, S. 79.

[229] Die Produktion memorialer Artefakte steht bekanntlich gleichermaßen im Dienste der *fama* wie der *infamia*; vgl. zu letzterer Gherardo Ortalli: Pingatur in palatio. La pittura infamante nei secoli XIII–XVI. Rom 1979; Matthias Lentz: Konflikt, Ehre, Ordnung. Untersuchungen zu den Schmähbriefen und Schandbildern des späten Mittelalters und der frühen Neuzeit. Hannover 2004.

[230] So die Abbreviatur der Bestimmungen in der rationalistischen Psychologie bei Johann Georg Walch: Philosophisches Lexicon. Leipzig 1726, Sp. 2803. – Affekt und Einbildungskraft bilden das gewöhnliche Movens für einen so bestimmten Wahn: „*[W]enn jemand durch einen Affect übereilet wird:* [...] kann es kommen, daß der Mensch auch wider die sonst gewöhnlichen Regeln handelt, die er sich selbst vom Guten und Bösen gemachet hat. Das

2 Epochen(er)findung: Bodmers Mittelalter

Imagination und mit einer fehlgeleiteten Passion narrt er denjenigen, der sich den Verheißungen einer „intramundanen Postmortalität"[231] überlässt. Die Verwechslung im Bereich der Einbildungskraft betrifft die Sorge um den Namen, die von der Hoffnung auf Nachruhm motiviert ist und den Menschen zu seinen grotesken Verrenkungen treibt: „Ihr krümmet und windet euch, daß ihr zwo oder drey Sylben dem Tod entzeuhet, die euch zugehören, etliche Buchstaben, damit man euch bey Leb-Zeiten geruffen hat" (S. 24). Doch nicht der Mensch selbst, allein „etwas von ihm abgesöndertes, und ein blosser Thon" vermag, wenn überhaupt, mittels des Namens im kulturellen Gedächtnis zu überleben – Schall und Rauch. Die Ursache der fehlleitenden Leidenschaft dagegen liegt im unauflösbar paradoxen Verhältnis zwischen der Passion und ihrem Objekt: „So lange ihr noch lebet, kan euch die Unsterblichkeit des Nahmens noch kein Ergötzen machen, weil ihr sie noch nicht habet [...]; so ihr dann gestorben seyd, so seyd ihr unfähig, einiges irdisches Plaisir, es seye von was Art es seyn mag, weiter zu geniessen" (S. 23).

Wie es nach dem Gattungsmodell der moralischen Wochenschriften zu erwarten ist, trösten keine Jenseitsverheißungen über den Tod als Ende aller menschlichen Passionen und Imaginationen hinweg. Diesseitigem Handeln aber wird umgekehrt ebensowenig *sub specie mortis* die generelle Vergeblichkeit allen menschlichen Tuns zum Vorwurf gemacht, wie dies die Anlage des *Discourses* erwarten lassen könnte: „Die Konfrontation mit dem Tode" soll vielmehr „zu vernünftiger Selbstbesinnung" Anlass bieten.[232] Ebenso fehlt das Bindeglied, das üblicherweise den konkreten Vorwurf des ‚Discourses', die Problematik des Nachruhms, mit solcher Selbstbesinnung vom Tode her in Beziehung bringt: der Verweis auf die Melancholie.[233] Vielmehr rahmen die psychologisch-anthropologisch

---

deutliche Erkenntniß nämlich wird im Verstande durch allerley sinnliche Eindrückungen verdunkelt; wie sonst ein starkes Licht das schwächere dämpfet. Die Einbildungskraft kömmt auch dazu, und machet zuweilen eine Menge vormaliger Empfindungen wieder lebendig; die das Gemüth ganz einnehmen, und den Verstand nöthigen, auch wieder seinen Gewohnheit ein Scheingut zu billigen, oder ein bloßes Scheinübel für böse zu erklären." Johann Christoph Gottsched: Erste Gründe der gesammten Weltweisheit. Hildesheim u.a. 1983 [ND der 7. Aufl. Leipzig 1762]. Bd. 2. § 142, S. 77; vgl. auch ebd., § 90, S. 49f.

231 Alois Hahn: Konstruktionen des Selbst, der Welt und der Geschichte. Aufsätze zur Kultursoziologie. Frankfurt a.M. 2000, S. 168.

232 Vgl. Martens: Die Botschaft der Tugend, S. 277–284 (Zit. S. 279); Werner Schneiders: Aufklärung als memento mori? In: Das achtzehnte Jahrhundert 25 (2001), S. 83–96.

233 Die Verbindung von ‚Meditation' als Modus der Selbstbesinnung und Melancholie leistet der IX. Discours des Ersten Theils, J, mit der „Anmerckung / daß das Melancholische Temperament das beste seye zu meditiren", wie eine solche Meditation ausgehend von der „stete[n] Betrachtung des Todes" exerziert werden kann, führt der X. Discours des Zweiten Theils, S. 73–80 (Zit. S. 78) ausführlich vor. – Generell gehört das Streben nach „fame and immortality" der Klassifikation von Burtons Enzyklopädie der Melancholie zufolge zu den *necessary causes* dieser wahrlich universalen Krankheit, insbesondere deshalb, weil sich derjenige (*scil.* Gelehrte), der ihm folgt, schmerzlich mit den Konkreta der Überlieferungsbefunde konfrontiert sieht: „Of so many myriads of poets, rhetoricians, philosophers, sophisters, [...] which have written in former ages, scarce one of a thousand's works remains, *nomina et libri cum corporibus interierunt*, their books and bodies are

und historisch-exemplarisch argumentierenden Einwände gegen ein habituelles menschliches Verhalten eine ganz anders geartete, recht unerwartete Szenerie. Im Zentrum der Abhandlung nämlich steht nichts weniger als ein Katastrophenmodell des kulturellen Gedächtnisses. Bodmer ist es um die Heimsuchungen des Verschwindens und der Entstellung zu tun, die alle menschlichen Verdauerungsabsichten treffen und die das Problem des Nachruhms ungleich radikaler zur Verhandlung stellen als die moralischen Vorbehalte. „Das Leben des Namens" lässt sich diesem Modell zufolge an „keine Sache binden [...], die nicht selbst der Veränderung, der Vergessenheit, und dem Tod unterworffen seye" (S. 19). Die Evidenz dieser Behauptung stellt bereits das Motto des ‚Discourses' mittels eines philologischen Taschenspielertricks her, der die Kontingenzentzogenheit und den Unvergänglichkeitsanspruch der für die Bildtradition des dichterischen Nachruhms emblematischen Horatischen Ode 3,30[234] in ihr schieres Gegenteil verkehrt: „ – – Omnis moriar – – –" (S. 17).

So durchkreuzen noch die vom Motto präsentierten Reste des ‚monumentum' – alles, was der Gewaltsamkeit von Veränderung, Vergessenheit und Tod entgangen ist – die von der Ode behauptete Unsterblichkeit: Einfacher und eleganter ist die Ambiguität von Überlieferung nicht zu fassen. Zum weniger schlagkräftigen, doch nicht minder persuasiven Beleg für diese These trägt die Abhandlung ein ganzes Panorama von Umständen nach, an denen die metonymische Übertragung des Namens auf mögliche Erinnerungsträger zu scheitern droht: Man begegnet dem Gesetz einer statistischen Unwahrscheinlichkeit von Überlieferung, dem gemäß die größte Zahl der „Personen [...], welche durch ihre Pinsel und Meissel die Unsterblichkeit gesucht", trotzdem „in den gleichen Ruin mit ihren Wercken begraben" worden sind; man trifft die gefräßige Zeit – die noch an den solidesten Materialien nagt, aus denen die Semiophore der Erinnerung gefertigt werden – ebenso wie die blinde Kontingenz gelingender Überlieferung und die Wahllosigkeit barbarischer Ignoranz, denen auch der subtilste Sinn poetischer oder philosophischer Werke und das Vertrauen auf einen beständigen Fortschritt des menschlichen Verstandes nicht zu entkommen vermögen:

> Die Marmorsteine, in welche man sich hauen läßt, und von welchen man Corinthische, Dorische und Jonische Gebäude über einander aufführt, sind verlohren worden, und es wachset heut zu Tag Korn und Graß, wo das Mausoleum, der Tempel von Epheso, und die hangenden Garten der Stadt Babylon gestanden; das Erzt, darein man sich giessen läst, schmeltzt in der Glut, oder wird von der Zeit gefressen, die Farben, damit man sich belebet verdunckeln sich, und die Leinwand, worauf sie geworffen worden, wird zersetzet. [...] Derjenige, der ein gutes Werck schreibet, hat eben so wenig Sicherheit, daß es ihm das Leben seines Gerüchtes werde beybehalten, als ein kahler Schreiber. Es ist ein blinder Streich des Glückes gewesen, daß uns Xeno-

---

perished together." (Robert Burton: The Anatomy of Melancholy. Hg. v. Holbrook Jackson. London 1932. Bd. 1, S. 296).

[234] „Exegi monumentum aere perennius / Regalique situ pyramidum altius,/ Quod non imber edax, non aquilo impotens / Possit diruere aut innumerabilis // Annorum series et fuga temporum./ Non omnis moriar" (Horat. carm. 3,30, 1–6).

phon, Plutarchus, Horatius, Titus Livius, und diese wenige andere Philosophen und Redner des Alterthums übrig geblieben sind; diese Barbarische Secula, durch welche sie zu uns überbracht worden, hatten nicht die geringste Kentniß ihrer Meriten; ihre Raisonnemens waren ihnen Rätzel, und ihre geistreiche Schertze ungesaltzen neben des Martialis Spielen der verderbten Imagination, und neben den Wort-Spielen und Reimen. Sie haben uns die Bücher eines Empedocles, Democritus, Crates, Menanders, Cinna, Photius verlohren, die nicht weniger Recht hatten, die Unsterblichkeit zu prätendiren; also daß wir auch diese kleine Kentniß ihrer Namen von Fremden haben. Wann der Verstand etwas beygetragen hätte, uns die guten Schrifften zu erhalten, die uns noch gantz geblieben, warum haben diese Barbaren uns eine Menge schlimmer und unvernüfftiger Bücher neben selbigen abcopirt? (S. 19f.)

Das sind die bekannten Probleme, Bodmer indes lässt es dabei nicht bewenden. Die beschränkte Haltbarkeit des Materials, die gewaltsame Kontingenz des Zeitlaufs und der Verfall des antiken Wissens dienen – man denke nur an das Motto des ‚Discourses' – erst als allgemeine, gleichsam zu einer Naturgeschichte der materialen (Un-)Haltbarkeit kultureller Artefakte geronnene Matrix. Koppelt man sie an subtilere, dem Möglichkeitsspielraum menschlichen Handelns entstammenden Formen der Bedrohung, gibt dies umso nachhaltigere Verwüstungen im Reich der Überlieferung zu entdecken. Denn die Spielräume derart motivierter Eingriffe ins Überlieferungsgeschehen sind vielfältiger und auch weitaus ambivalenter als die geläufigen Klagen angesichts der Verluste und ihrer Ursachen vermuten lassen. Natürlich könnte „die Pest, der Hunger, oder eine andere Plage aus Europa eine Wüste" (S. 20) machen, in der sich die Spuren kultureller Bestände und gesellschaftlicher Institutionen verlören; doch wie, wenn ein Souverän sich – sei es aus eigennütziger machtpolitischer Willkür, sei es aus spartanisch gefärbter Sorge um die mentale Verfassung seiner Untertanen – „die Druckerey und die Bücher, als Sachen, die helffen, die Menschen scharpffsichtiger, ungehorsamer und unbendiger, oder auch weicher und weibischer zu machen" (S. 21), zu unterbinden anschickte? Zwar glaubt man die Barbarei der ‚mittleren Zeiten' überwunden; doch wie, wenn sich die Verfeinerung des Geschmacks und die Fortschritte der Vernunft selbst als Akteure des Überlieferungsverlusts erweisen sollten? So unterwirft doch erstere selbst die Sprache einer „Veränderung", „die unausweichlich ist" (S. 22),[235] während sich letztere anschicken, die etablierten Formen der Gelehrsamkeit überflüssig zu machen und noch aufgrund der geringsten logischen, rhetorischen oder stilistischen Verstöße „ein Buch in Miß-Credit" (S. 22) zu setzen. Wie also, wenn sich selbst die Verfahren philologischer Text- und Sinnpflege eines Tages nicht mehr auf Heilung und Verhinderung korrupter Überlieferungsbefunde ausrichteten, sondern angesichts solcher die davon gezeichneten Texte insgesamt dem „[V]erfaulen" (S. 22) überließen? Wie gar, wenn das allzu menschliche Bemühen um Nachruhm selbst eine verheerende Ursache solcher Entstellungen und Zerstö-

---

[235] „[M]an wird diesen Namen, den ihr verewigen wollet, bald eines Buchstabens berauben, bald wird einem delicaten ein R. zu hart seyn, bald die Consonanten zu offt kommen; man wird ihn so lange stümmlen, und wieder ergäntzen, daß er zu nichts mehr dienen wird, als mehrere Arbeit für einen künfftigen Lipsius zu geben" (21).

rungen, gar der Anlass wäre, durch den im Reich des kulturellen Gedächtnisses ein wahrer Krieg *omnium contra omnes* ausgelöst wird?[236] Die Skizze dieser Bedrohungslage umreißt, wie man bilanzieren könnte, das ‚modern'-negative, im Vergleich zu Hardouins positivem Szenario der verschwörerischen Simulation ungleich geläufigere Misstrauen gegenüber der Verlässlichkeit von Überlieferung. Zweifelsohne aber irritiert dieser begründete Verdacht Bodmers kulturanthropologische Zielsetzungen in nicht geringerem Maße als es die Fabrikate aus der angeblichen mittelalterlichen Häresienwerkstatt für Hardouins Programm der Orthodoxiesicherung vermögen.

Klaus Weimars *Geschichte der deutschen Literaturwissenschaft* hat auf den grundlegenden Statuswandel hingewiesen, der den Umgang mit poetischen Texten um die Mitte des 18. Jahrhunderts prägt und für den die Poetik der Zürcher als entscheidende Zäsur ausgemacht werden kann: „Wenn Gottsched (und die Poetiker vor ihm) einzelne literarische Texte zitieren, dann als Beispiel für etwas zu Erreichendes und als Zielvorgabe für die Nacheiferung (imitatio, aemulatio). Wenn aber Breitinger (und Bodmer mit ihm) einzelne literarische Texte zitieren, dann als Beispiel für etwas definitiv Erreichtes und als Objekt der Beurteilung." Dieser Pragmatik entspricht eine konzeptuelle Differenzierung, mit der sich erst die in der Herausbildung eines literaturbezogenen Fachwissens und dessen akademischer Institutionalisierung verfestigte „Doppelnatur des poetischen (und jedes anderen) Textes" profilieren kann: Texte sind „sowohl Produkt des Schreibers als auch zugleich Objekt des Lesers" und unterstehen in dieser ihrer Doppelnatur heteronomen Bedingungen.[237] Es gilt dennoch als ausgemacht – und bestätigt sich, bei aller gebotenen Vorsicht angesichts solcher Vorverlegungen, schon in Bodmers katastrophischem Überlieferungskonzept –, dass in den Arbeiten der Zürcher von Anbeginn nicht allein ein genuin kulturgeschichtliches Interesse *avant la lettre* am Werk ist,[238] sondern gerade dieses auf den Dienst an einer übergeordneten kultur- und anthropopoietischen Steigerungsstrategie verpflichtet wird. Darin figuriert die Lektüre ‚altertümlicher' – und schließlich auch nur auf alt getrimmter – Texte eine Überbrückung und Reversibilität des unabänderlichen Zeitlaufs. Sie ermöglicht die

---

[236] „Der Stoltz und die Ruhmräthigkeit, die sich von den nachkommenden Menschen nicht verliehren wird, läßt nicht zu, daß ein Monumentum eines Nahmens gantz bleibe, die Ehrbegierde der Nachkinder reisset wieder ein, was eine gleiche Ehrbegierde der Altvätteren gebauet hat. Ein Vater führt eine Haußhaltung, machet Geld, practicirt, er etablirt seine Kinder, den Nahmen fortzupflantzen, er ahmet die Grossen nach, indem er seine Häuser und Vorwercke nach seinem Nahmen heist, wie diese ihre Städte; ein General ebenfalls, weil er seinen Nahmen gedenckt fortzupflantzen, machet Haußhaltungen arm, raubet, reisset ein; einer zeuget Kinder, und vermehrt das menschliche Geschlecht; Cartouche erwürget die Kinder samt den Vätteren; es waltet ein ewiger Streit zwischen diesen Ruhmbegierigen" (22f.).

[237] Klaus Weimar: Geschichte der deutschen Literaturwissenschaft bis zum Ende des 19. Jahrhunderts. München 1989, S. 65f.; vgl. ders.: Enzyklopädie der Literaturwissenschaft. München 1980. §§ 79–85, S. 38–40.

[238] Vgl. Wolfgang Bender: J. J. Bodmer und J. J. Breitinger. Stuttgart 1973, S. 30f.

2 Epochen(er)findung: Bodmers Mittelalter

beglaubigte Fiktion eines „gesellschaftlichen Umgang[s] mit unseren Voreltern" in der Repräsentation ihrer überlieferten Schriften; Schriften, die für ein imaginäres chronologisches *resetting* der gegenwärtigen Lebenswelt in Anspruch genommen werden können: „indem wir sie lesen, sezen wir den Zeitraum unsers Lebens etliche Jahrhunderte zurük".[239] Die „Historische Sitten-Lehr"[240] erhält so generell den Vorzug gegenüber den Versuchen einer allein rational ausgerichteten Verbesserung des Menschen; es gilt die „Maxime", „[d]aß es von einem unendlichen grösseren Nachdruck seye / wenn man die Morale durch die Exempel erlernet / als wenn sie in blossen Regeln vorgestellet wird" – dies deshalb, weil eine „historische [Morale]" dank ihres Zugriffs auf den „Willen" und ihrer Regelung der „Emulation" allein die „augenscheinliche Wirckungen" zustande bringt, auf die man bei bloßer Erleuchtung des Verstandes nur hoffen darf.[241] Beim Programm bleibt es nicht: Die konkreten Forschungen zur (Literatur-)Geschichte des deutschsprachigen Mittelalters setzen im umfangreichen Œuvre der Zürcher[242] früh ein – und gerade die Quellen- und Texteditionen, die mediävistischen Abhandlungen insgesamt, hat man immer wieder mit Rekurs auf Strategien der *aemulatio* diskutiert. In der vergleichsweise gut untersuchten Vor- und Frühgeschichte literaturwissenschaftlicher Mittelalterforschung richten sich die Interventionen der Zürcher nicht in erster Linie an der Regelung poetischer Produktion aus, sondern an grundlegenderen Verfahren der anthropologischen Formierung – das ‚schwäbische Zeitalter' dient als Vehikel eines umfassenden Bildungsauftrags. Überlieferung wird damit auch für Bodmer zum Spielfeld durchaus gegenwartsbezogener, ja patriotischer Interventionen.[243] Ob die Diskrepanz solcher Interessen zu den nicht gerade verheißungsvollen Konturen historischen Überlieferungsgeschehens, wie sie im dritten Teil der *Discourse* gezeichnet werden, ein Weiterverfolgen der dort geleisteten Thematisierung des kulturellen Gedächtnisses erschwert hat oder ob die veränderte pragmatische Ausrichtung der Arbeiten insbesondere seit den um 1740 begonnenen

---

[239] Johann Jakob Bodmer: Altenglische und altschwäbische Balladen in Eschilbachs Versart. Zweytes Bändchen. Zürich 1781, S. 239.
[240] [Johann Jakob Bodmer u. Johann Jakob Breitinger]: Von dem Einfluß und Gebrauche der Einbildungs-Krafft; zur Ausbesserung des Geschmackes. Frankfurt u. Leipzig 1727, S. 149.
[241] Bodmer u. Breitinger: Die Discourse der Mahlern. Erster Theil. XXI. Discours, ⟨X 3ʳ⟩ .
[242] Über ihre vielfältigen Interessen gibt einen großangelegten Überblick der Sammelband von Anett Lütteken u. Barbara Mahlmann-Bauer (Hg.): Bodmer und Breitinger im Netzwerk der europäischen Aufklärung. Göttingen 2009.
[243] Vgl. nur Gonzague de Reynold: Histoire littéraire de la Suisse au dix-huitième siècle. II: Bodmer et l'école suisse. Lausanne 1912, S. 138–330; Max Wehrli: Johann Jakob Bodmer und die Geschichte der Literatur. Frauenfeld u. Leipzig 1936; Christoph Schmid: Die Mittelalterrezeption des 18. Jahrhunderts zwischen Aufklärung und Romantik. Frankfurt a.M. u.a. 1979; Felix Leibrock: Aufklärung und Mittelalter. Bodmer, Gottsched und die mittelalterliche deutsche Literatur. Frankfurt a.M. u.a. 1988; Albert M. Debrunner: Das güldene schwäbische Alter. Johann Jakob Bodmer und das Mittelalter als Vorbildzeit im 18. Jahrhundert. Würzburg 1996; Annegret Pfalzgraf: Eine deutsche Ilias? Homer und das ‚Nibelungenlied' bei Johann Jakob Bodmer. Zu den Anfängen der nationalen Nibelungen-Rezeption im 18. Jahrhundert. Marburg 2003.

Polemiken die diskursive Bündelung verhindert haben mag, bleibe dahingestellt – eine explizite ‚positive' Theorie der Überlieferung, die der Bandbreite der zu Beginn der 1720er Jahre präsentierten Faktoren gerecht würde oder auch nur Bodmers und Breitingers vielfältigen editorischen Tätigkeiten entspräche,[244] sucht man allerdings vergebens. Wohl aber lassen sich, wenn auch nur *ex negativo*, die Konturen des systematischen Ortes erraten, den eine solche Reflexion auf die Bedingungen und Gesetzmäßigkeiten, auf die Risiken und Chancen der Tradierung schriftgebundener Artefakte einnehmen müsste. Sie hätte der gleichsam blinden und kontingenten Rückseite der Kritik – und das heißt: einer auf allen Regeln der Kunst und der Unparteilichkeit des Kritikers gegründeten Kritik, wie sie die poetologischen Hauptschriften der Zürcher um 1740 entwerfen[245] –Rechnung zu tragen. Kritik nämlich, so Bodmer in seiner nun bedeutend weniger pessimistisch gehaltenen Vorrede zu Breitingers *Critischer Dichtkunst*, steuert Überlieferungswahrscheinlichkeit. Gerade die „mittelmässigen und schlechten Scribenten" sind ihr deshalb zu Dank verpflichtet. „Sie stehen zwar in der Gefahr, daß ihre Schriften die Probe der Untersuchung nicht aushalten mögen; und müssen also befürchten, daß sie den Nahmen, den sie sich erworben haben, wieder verliehren werden", doch ein grundloser Ruhm ist allemal „voller Unsicherheit". Eine regelgeleitete, unvoreingenommene Kritik hingegen bietet ihnen das „Glück", die „Nichtigkeit" ihrer Werke „zu einer Zeit zu erkennen [...], da sie noch im Stande sind, ihren Nahmen auf den Grund sicherer Verdienste zu setzen", und das heißt: bevor der Tod der „Scribenten" ihre Werke der Ungewissheit des Überlieferungsgeschehens aussetzt.

> Die Scribenten sind zwar gantz geneigt, ihre Tadler in den Verdacht der Unwissenheit oder Boßheit zu fassen, hingegen kömmt es ihnen schwer an, einem erlangten Nahmen zu mißtrauen, und den Gedancken Platz zu geben, daß eine bessere Einsicht sie desselben berauben mög-

---

[244] Diese haben bekanntlich unter anderem mit der Opitz-Ausgabe die „erste historisch-kritische Ausgabe eines modernen deutschen Dichters" gezeitigt. Lempicki: Geschichte der deutschen Literaturwissenschaft bis zum Ende des 18. Jahrhunderts., S. 282. – Die (literarischen) Editionen: Martin Opitzens von Boberfeld Gedichte. Von J. J. Bodmer und J. J. Breitinger besorget. Zürich 1745; Johann Jakob Bodmer: Proben der alten schwäbischen Poesie des Dreyzehnten Jahrhunderts. Aus der Maneßischen Sammlung. Hildesheim 1973 [ND der Ausg. Zürich 1748]; [Johann Jakob Bodmer]: *Fabeln aus den Zeiten der Minnesinger*. Leipzig 1973 [ND der Ausg. Zürich 1757]; Johann Jakob Bodmer: Chriemhilden Rache, und Die Klage; zwey Heldengedichte aus dem schwaebischen Zeitpuncte. Samt Fragmenten aus dem Gedichte von den Nibelungen und aus dem Josaphat. Zürich 1757; [Johann Jakob Bodmer u. Johann Jakob Breitinger]: Sammlung von Minnesingern aus dem schwäbischen Zeitpuncte CXL Dichter enthaltend; Durch Ruedger Manessen, weiland des Rathes der Uralten Zyrich, Aus der Handschrift der Koeniglich-franzoesischen Bibliotheck herausgegeben. 2 Thle. Zyrich 1758–59.

[245] Johann Jakob Bodmer: Critische Abhandlung von dem Wunderbaren in der Poesie und dessen Verbindung mit dem Wahrscheinlichen. Stuttgart 1966 [ND der Ausg. Zürich 1740]; ders.: Critische Betrachtungen über die Poetischen Gemählde der Dichter. Frankfurt a.M. 1971 [ND der Ausg. Zürich 1741]; Johann Jakob Breitinger: Critische Abhandlung von der Natur, den Absichten und dem Gebrauche der Gleichnisse. Stuttgart 1967 [ND der Ausg. Zürich 1740]; ders.: Critische Dichtkunst. 2 Bde., Stuttgart 1966 [ND der Ausg. Zürich 1740].

2 Epochen(er)findung: Bodmers Mittelalter

te. Alleine lasset uns setzen, daß ein Verfasser den blinden Beyfall seiner Zeiten erhalten habe; muß er nicht immerfort befahren, daß erleuchtetere diesen erschlichenen Ruhm zurücknehmen werden? An statt daß der Beyfall, der sich auf die gründliche Erkenntniß des Schönen gründet, allen Veränderungen der Zeiten und Menschen trutzen darf.[246]

Doch nicht nur latent bleibt der Problemkomplex, der expliziten Gegenwartsbezogenheit des kritischen Projekts ungeachtet, überaus wirksam. Überlieferung, soviel darf vorausgreifend behauptet werden, stellt den Grund und figuriert den Abgrund von Bodmers Einlassungen zur Poetik. Gerade in ihrem Status diesseits eines konsistenten Theoriemodells, in der ganzen Widersprüchlichkeit ihres fortgesetzten Auftauchens bilden Teile aus Bodmers zunächst katastrophischem Modell des kulturellen Gedächtnisses, zumal wenn sie mit den diskursiven Ausdifferenzierungen und den einsetzenden Disziplinierungen des Wissens von Literatur um die Mitte des 18. Jahrhunderts zu interagieren beginnen, einen festen, strategisch jedoch überaus flexiblen Bestandteil ästhetischer und literaturhistorischer Argumentation. „Die zeit hat den nahmen getilget, / Aber sein lied gerettet", wird beispielsweise eine dieser strategischen Transpositionen des Modells zu Zwecken weiterer Differenzierung in der hexametrischen Nachdichtung von *Kriemhilds Rache* lauten.[247] Die „Zeit [...] erhebet die Helden nach und nach auf einen *Piedestal*, wo sie grösser scheinen", behauptet ein anderer Einsatz des Überlieferungsarguments: Denn gerade dem Informationsverlust sei es zu verdanken, dass „das Andenken der Kleinigkeiten durch den Lauf der Jahre vertilget wird". So klärt die Zeit die Konturen eines Helden, indem sie ihn von seinen „kleinen Affekte[n], kleinen Leidenschaften" und allen anderen „kleinen Schwachheiten" reinigt, überdies „die Ungleichheit in seinem Betragen, seine verdrüßlichen Stunden" vergessen macht.[248] Den ambivalenten Konstellationen, in die sich die Einlassungen zur Problematik der Überlieferung je anders fügen, entspringt noch das scheinbare Skandalon der „vorbehaltlose[n] Ineinssetzung von Antike, Mittelalter und Anakreontik", die in Bodmers literaturgeschichtlichen Schriften spätestens der 1740er Jahre anzutreffen sein soll, die „unhistorisch" aber wohl nur nennen kann, wer die doppelt figurierte Zeitlichkeit der Überlieferung aus dem Blick verliert.[249]

Allerdings wird sich zeigen, dass unter den Prämissen von Bodmers im besten Wortsinn undiszipliniertem Überlieferungsdiskurs der scheinbar naheliegende Fokus auf (literatur-)geschichtliche und ästhetische Ansätze selbst schon zu eng gesetzt ist. Denn nicht nur in der eben dargestellten ‚moralischen' Ouverture zum Problemkomplex zeichnet sich die – obgleich in gänzlich anderen Kontexten diagnostizierte – „*Gleichursprünglichkeit*" der beiden gleichermaßen neuen wie ‚leibna-

---

246 Johann Jakob Bodmer: Vorrede. In: Breitinger: Critische Dichtkunst. Bd. 1, (Bl.)(8ᵛ -)()(ʳ).
247 Johann Jakob Bodmer: Die Rache der Schwester. In: Calliope. Zürich 1767. Bd. 2, S. 309.
248 Johann Jakob Bodmer u. Johann Jakob Breitinger: Critische Briefe. Hildesheim 1969 [ND der Ausg. Zürich 1746], S. 136f.
249 Bender: J. J. Bodmer und J. J. Breitinger, S. 112.

hen' Wissenschaften Ästhetik und Anthropologie" in aller Deutlichkeit ab.[250] Die Schaltstelle zwischen Überlieferungsproblematik und Anthropologie liegt dabei, wie zu zeigen sein wird, auch in diesem Fall an den Orten, die sich für einen – zumindest – metaphorischen Transfer vom menschlichen Vermögen zu kulturellen respektive Wissenspraktiken (und *vice versa*) geradezu anbieten: bei den psychologisch-anthropologischen Dynamisierungen von Einbildungskraft, Witz und Gedächtnis nämlich. Dies überrascht insofern nicht, als auch die epistemologischen Versuche zur Disziplinierung der Überlieferungsakteure an eben dieser Schaltstelle angesetzt haben. Bodmers Modell bildet dazu die gleichsam konsumptorische Kehrseite, indem es dezidiert auf die Vermittlungs- und Aufnahmemodalitäten des Überlieferten weist. Ob man sie als Bruch mit dem rhetorischen *memoria*-Modell oder als erweiternde Rekonfiguration desselben versteht: Die seit dem Ausgang des 17. Jahrhunderts neu formatierten Konzeptualisierungen dieser *dynamis* legen den Akzent auf die Aneignung und die Produktivität des von ihnen verwalteten Materials ebenso wie auf dessen geordnete Lagerung. Im Rückblick hat man angesichts solcher Dynamisierungsprozesse festgehalten, „daß die durch Locke eingeleitete Verzeitlichung und Extension der Gedächtnisräume durch ihre Verpflichtung auf Erfahrung von Anfang an eine Tendenz hatte, das Gedächtnis des Menschen zu überfordern."[251] Zwar teilen die Arbeiten der Zürcher solchen Pessimismus keineswegs, wenn sie von Anbeginn konsequent auf die Kartographie und Regulie-

---

[250] „Ästhetische und anthropologische Fragestellungen entstammen dem gleichen Problemfeld." So spitzt Carsten Zelle seine Beobachtungen zu dem vom Bandtitel angezeigten Gegenstandsbereich zu: Carsten Zelle: Sinnlichkeit und Therapie. Zur Gleichursprünglichkeit von Ästhetik und Anthropologie um 1750. In: Ders. (Hg.): Vernünftige Ärzte. Hallesche Psychomediziner und die Anfänge der Anthropologie in der deutschsprachigen Frühaufklärung. Tübingen 2001, S. 5–24, hier (ebenso das Zitat im Text) S. 10; die von Zelle skizzierte „hallische Konstellation" (ebd., wie auch die folgenden Zitate, S. 11) trifft – bis auf die Integration der Medizin als Teil einer „Erfahrungswissenschaft vom ‚ganzen' Menschen", die bei den Zürchern kaum anzutreffen ist – weitgehend auch auf Bodmers und Breitingers Arbeiten zu (in Klammern fortan jeweils die dort spezifische Ausformulierung): „Rückgriff auf Empirie, d.h. Erfahrung, Experiment und Beobachtung" (das leistet seit den *Discoursen der Mahler* der Rückgriff auf den englischen Empirismus sowohl wie auf die Darstellungsverfahren und -politik des *Spectator*), „Neubewertung der Sinnlichkeit [...] und voluntaristischer Prozesse" in der Auseinandersetzung mit Baumgartens Ästhetik und G. F. Meiers Affektenlehre (eine direkte und explizite Auseinandersetzung mit Baumgarten wird man zwar vermissen, die Reflexion auf die Sinnlichkeit, wie sie schon die Metapher der ‚Mahler' omnipräsent hält, aber so wenig wie den Rekurs auf Meiers Psychologie), eine „Eklektik", die Zelle auf Thomasius zurückführt (die, unabhängig von diesem Bezug, bei den Zürchern bis in die Feinheiten von Darstellungsverfahren hinein zu verfolgen sein wird: Exzesse methodischen Denkens hat man denn auch v.a. Bodmers theoretischen Entwürfen kaum je vorgeworfen), schließlich eine auf Didaxe und Anschaulichkeit angelegte „‚horazische' (prodesse/delectare)" Schreibweise, „teilweise auch ‚unordentliche', bzw. essayistische Darstellung des Wissens" (wie schon ein Blick auf Bodmers heterogene, ja geradezu heteronome Personalbibliographie zeigen kann, Kern einer – zumindest quantitativ – überaus produktiven Publikationstätigkeit).

[251] Harald Tausch: Locke, Addison, Hume und die Imagination des Gartens. In: Günter Oesterle u. Ders. (Hg.): Der imaginierte Garten. Göttingen 2001, S. 23–43, Zit. S. 26.

rung der Einbildungskraft als Steuerungsvermögen setzen. Dass allerdings ein solcher Einsatz durchaus zweischneidige Folgen haben kann, belegt nicht nur die in den kritischen Schriften allgegenwärtige Kritik an den historischen und gegenwärtigen Verirrungen derartiger Strategien: an barockem Schwulst und Leipziger Geschmacklosigkeiten; von solch ambivalenten Folgen zeugen auch, wenngleich subtiler, die Auslassungen zum Problemkomplex der Überlieferung insbesondere dann, wenn seine Bedingungen in Analogie zur anthropologischen Modellbildung verrechnet werden und infolgedessen das materiale Gedächtnis der Überlieferung plötzlich dieselben Schwächen zu zeigen droht. Dort aber, wo der figurale Transfer den umgekehrten Weg, den Weg von kulturellen Überlieferungspraktiken zu menschlichen Vermögen, einschlägt, wird eine weitere prominente Zuordnung des Bodmerschen Œuvres zumindest zu modifizieren sein: Der Fokus auf die Überlieferungsproblematik kündigt die „Liaison von Schrift und Innerlichkeit",[252] zu deren Kuppler die Zürcher gemeinhin gerechnet werden, zwar nicht auf, doch er lässt diese Beziehung als die aufgeputzte Fassade eines durchaus bedrohlichen Tilgungsprozesses erkennen.

2.2 Unterbrechungen: Überlieferungsakteure und/als Barbaren

Knappe hundert Verse und damit ein gutes Zehntel eines „der ältesten Versuche zusammenhängender historisch-kritischer Betrachtung" deutscher Literatur[253] widmet Bodmers 1734 zum ersten Mal anonym erschienene, in gereimten Alexandrinern gehaltene Abhandlung *Character der Teutschen Gedichte* dem Zeitraum vor dem aus mancherlei Gründen epochalen Einschnitt um 1500. Nachdem die Ereignislosigkeit einer jahrhundertelangen „barbarsche[n] Nacht" (v.106) die Heteronomie von kultureller und kosmischer Zeit[254] pointiert hat, tritt an dieser Zäsur Sebastian Brant als erster „Gewähr-Mann" dafür hervor, „daß auch ein teutsches Haupt / Zum denken aufgelegt, des Geistes nicht beraubt" (vv.117–18) sein kann bzw. zu sein braucht. Die Vorgeschichte des literarhistorischen Einschnitts präsentiert sich indes trotz des beschränkten Umfangs der Ausführungen, die ihr gewidmet sind, komplex genug. So macht Bodmer mit Nachdruck auf die kulturellgeographische Relativität einer ‚teutschen' Dichtung aufmerksam. Nebst den mehr oder weniger diskreten Hinweisen in Titel und Eingangspassus[255] lässt schon der *ex*

---

252 Albrecht Koschorke: Körperströme und Schriftverkehr. Mediologie des 18. Jahrhunderts. 2. Aufl. München 2003, S. 319.
253 So Jakob Baechtolds Einleitung zu seiner Edition: Johann Jakob Bodmer: Vier kritische Gedichte. Heilbronn 1883, S. iii; der Text auf den S. 1–38 (alle folgenden Zitate mit Versangabe im laufenden Text nach dieser Ausgabe).
254 „Die Sonne lief indeß den Thierkreiß auf und nieder,/ Und bracht in langer Reyh die Jahr und Zeiten wieder" (vv. 115–116).
255 „Auch Teutsche können sich auf den Parnassus schwingen,/ Und nach des Südens Kunst geschickt und feurig singen./ Erzehle Critica der Dichter lange Reyh,/ Die Teutschland aufgestellt" (vv. 1–4).

negativo-Verweis auf Dante, der auf wenigen Zeilen nicht ungeschickt den Bauplan der *Commedia* mit einem poetologischen Programm engführt, nicht den geringsten Zweifel an der keineswegs auf einem deutschen Parnass erfolgten Etablierung literaturfähiger Volkssprache.²⁵⁶ Wie es die antike ethnographische Literatur etabliert hat und wie es noch in der zweiten Hälfte des 18. Jahrhunderts zu diversen, nicht selten schon von den Zeitgenossen als obskur empfundenen Wiederbelebungsversuchen führen wird, beginnt dagegen die Geschichte der ‚teutschen' Dichtung bei den „Barden" (v.13). Gemäß den insbesondere (nach-)human-istischen Katachresen des Topos²⁵⁷ erscheinen sie in Bodmers gereimter Literaturgeschichte als im Wortsinne unkultivierte Sänger vorchristlicher Götter- und Jenseitsvorstellungen sowie eines geradewegs antizivilisatorischen Heldentums. Wie weit dieser Rekurs allerdings noch von der kaum eine Generation später florierenden positiven, gar identifikatorischen Bezugnahme auf eine „angemessener[e]" deutsche Mythologie entfernt ist,²⁵⁸ zeigt nicht allein die – kommentarbedürftige²⁵⁹ – Faktur

---

²⁵⁶ „Kein Dantes kam hernach, wie im Ausonschen Lande,/ Der den versengten Grund an Stygis schwartzem Strande / Mit frechem Fuß betrat, sich durch das Chaos drang,/ Und wiederum heraus mit mächtgen Flügeln schwang;/ Durch abentheurliche fantastisch-wilde Welten,/ Bis sich die müden Füß im Sternen-Estrich stellten,/ Da er den heisern Thon, der erst so hart erklang,/ Verkehrt in lieblichen süß-schallenden Gesang" (vv. 107-114). – Die weiteren Zeugnisse für Bodmers Wertschätzung der *Commedia* dokumentiert Max Wehrli: Johann Jakob Bodmer und die Geschichte der Literatur, S. 108–112; ausführlicher: Max Wehrli: J. J. Bodmer entdeckt Dante. In: Deutsches Dante-Jahrbuch 48 (1973), S. 24–41.
²⁵⁷ Vgl. zu deren zunächst philologischen Ursachen Erna Merker: Art. Bardendichtung. In: Reallexikon der deutschen Literaturgeschichte. 2. Aufl. Bd. 1. Berlin 1958, S. 130–134 sowie den knappen Überblick bei Hans Julius Pott: Harfe und Hain. Die deutsche Bardendichtung des 18. Jahrhunderts. Bonn 1976, S. 41–46.
²⁵⁸ Herders Rezension (1765) der deutschen Übersetzung von Paul Henri Mallets *Introduction à l'Histoire de Dannemarc* hat an die dort entworfene synkretistische, keltisch-skandinavisch-germanische Mythengeschichte solche Hoffnungen geknüpft; das Buch tauge zur „Rüstkammer eines neuen Deutschen Genies [...], das sich auf den Flügeln der Celtischen Einbildungskraft in neue Wolken erhebt und Gedichte schaffet, die uns immer angemessener wären als die Mythologie der Römer." (Herders Sämmtliche Werke. Hg. v. Bernhard Suphan. Bd. 1. Berlin 1877, S. 73–77, Zit. S. 74). Vgl. dazu Klaus von See: Deutsche Germanen-Ideologie. Vom Humanismus bis zur Gegenwart. Frankfurt a.M. 1970; Klaus Düwel u. Harro Zimmermann: Germanenbild und Patriotismus in der deutschen Literatur des 18. Jahrhunderts. In: Heinrich Beck (Hg.): Germanenprobleme in heutiger Sicht. 2., um ein Vorwort erweiterte Auflage. Berlin u. New York 1999, S. 358–395. – Bodmers Skepsis gegenüber einer solchen mythologischen Umorientierung schwindet auch in den 1770er Jahren nicht: „Sie kennen den Mimer, den Glasor, die Nornen, die Skulda – aus Klopstocks Oden. Es ist ein barbarischer Einfall des Poeten, der die teutonische Mythologie statt der griechischen einführt. Ich wollte noch zufrieden sein, wenn er Helden und Handlungen, und diese so menschlich hätte, wie Ossian. Aber er hat nur Namen ohne Geschichte, ohne Handlung, ohne Menschlichkeit, ohne Klang. Es ist erstaunlich, mit welchem Stolz er den Ruhm eines Genie in Anspruch nimmt. Man glaubt diesen Titel zu verdienen, wenn man sich vom dem Ton der Griechen, der Römer, der Franzosen von Ludwig's XIV Zeiten entfernt. Es scheinet, man fürchte sich, ihnen ähnlich zu werden. Man will original sein; man ist es wirklich, und es ist um desto schlimmer für diese, die es sein wollen und sind." (Johann Jakob Bodmer an Johann Georg Sulzer, 12. März 1773, in: Josephine Zehnder-Stadlin: Pestalozzi. Idee und Macht der menschlichen Entwickelung. Gotha 1875, S. 436f.)

2 Epochen(er)findung: Bodmers Mittelalter

dieser Passage, die eine in der kritischen Wertung programmatisch zurückhaltende Kompilation der einschlägigen, in ihrem historisch-philologischen Wert nicht eben gesicherten[260] Zeugnisse bietet:

> Die Barden sangen erst, in Ehrfurcht-vollen Gründen
> Die Götter, so daselbst verschlossen in den Rinden,
> Die nie das Beyl verwundt, das Jagd-Horn nie erschreckt;
> Das Wild gieng unbesorgt, so weit der Wald gestreckt
> Der Erden hohlen Schooß in krause Schatten hüllte,
> Und ein verruchtes Hertz mit Furcht und Schrecken füllte,
> Wo heute Saat und Trift am offnen Himmel steht,
> Der Bauer mit dem Pflug, die Heerde weiden geht.
> Sie sangen einen Held, der vor die rohen Sitten
> Und wilde Strengigkeit der Vörder-Welt gestritten;
> Der Höflichkeit und Pracht mit Abscheu von sich stieß;
> Der Kunst und Wissenschaft den Weg zur Knechtschaft hieß.
> Sie sangen die Revier, die Insuln voller Wonne,
> Wo der verblichne Geist in einer andern Sonne
> Sich auf das neue regt, so daß der fahle Tod
> Ein Weg zum Leben sey, ein Ausgang aus der Noht;
> Mit diesem schmeichelnden, politischen Aberglauben
> Den allerletzten Feind des Stachels zu berauben.
> Dann wann auch nach dem Tod das Leben in uns wohnt,
> Wer ist so weibisch-feig der dieses Leben schont?
> Wer darf nicht in den Tod mit festen Schritten gehen?
> Wer darf dem Scheusal nicht frey unter Augen stehen?
> Sie haben Rom zuerst vor Schrecken bleich gemacht,
> Wann durch ein feurig Lied die Teutschen aufgebracht
> Der Waffen strengen Sturm herunter fallen liessen,
> Um des Poeten Lob ihr Leben zu vergiessen. (vv.13–38)

Jedem einzelnen dieser Verse ließe sich eine gelehrte Fußnote beigesellen, die – von Tacitus und Lukan über die humanistische Wiederentdeckung der taciteischen *Germania* bis hin zu den anhebenden nationalpoetischen Ursprungserzählungen des Barock – die Herkünfte des in ihm versammelten Wissens über die Anfänge deutscher Dichtung, über ihre Zielsetzungen und Entstehungsbedingungen offenbaren würde. Mit anderen Worten: Tatsächlich ist nichts wahrhaftig originell in die-

---

[259] Die einschlägige Forschung geht dabei kaum je über eine im Ungefähren bleibende inhaltliche Bewertung hinaus; „recht dürftig" erscheint da etwa „Bodmers Nachweis nationalgeschichtlicher Literaturpotenz in vorklassizistischen Perioden" – so Christoph Schmid: Die Mittelalterrezeption des 18. Jahrhunderts zwischen Aufklärung und Romantik. Frankfurt a.M. u.a. 1979, S. 31, der dabei auf die literarhistorische Traditionsanbindung des Gedichts hinweist –; die „konventionelle Antwort" auf die Rolle mittelalterlicher Literatur entdeckt darin Jan-Dirk Müller: J.J. Bodmers Poetik und die Wiederentdeckung mittelhochdeutscher Epen. In: Euphorion 71 (1977), S. 336–352: Es stehe „noch unter der Perspektive einer allmählichen, wenn auch keineswegs stetigen Verbesserung des Geschmacks in Deutschland, dessen Zielpunkt die an der Antike geläuterte zeitgenössische Literatur ist" (S. 338).

[260] Vgl. dazu den zu Bodmers *Character* zeitgleichen, in geradezu Bayleschem Sinne skeptischen Eintrag „Barden". In: Universal-Lexicon. Bd. 3 [1733], Sp. 446–448, der am spekulativen Charakter des überlieferten Wissens keinen Zweifel lässt.

ser Vorgeschichte deutscher Literatur, weder die Barden noch der Sitz der germanischen Götter in heiligen Hainen, weder die schrecklichen Wälder – „langlebige[r] Topos als Kulisse barbarischen Lebens"[261] – noch das dank der Jagdlust der Germanen sorglose Wild, weder die Jenseitsvorstellungen noch die Zivilisationsfeindlichkeit der ältesten ‚Teutschen'.[262] All das ist vielmehr und vor allem den römischen Zeugnissen des ersten nachchristlichen Jahrhunderts geschuldet. Selbst jenes „heute" (v.19), von dem aus für das germanische Altertum umso prägnanter das „aufgeklärte Schreckbild frühgeschichtlicher Naturabhängigkeit"[263] aufscheinen soll, erweist sich unversehens als Topos. Mit ihm wiederholt Bodmers Überlieferungsrecycling eine kontrastive Strategie, die Enea Silvio Piccolomini in seiner zu Zwecken eines „kontrapräsentischen Mythos" auf den eben wieder-entdeckten Tacitus bezogenen, „uneingeschränkt negativen" Darstellung des germanischen Altertums[264] einsetzt, um den Unterschied zum aktuellen christianisierten ‚Deutschland' zuzuspitzen: „Nam agros ubique cultos uidemus".[265] Auch die Reinszenierung überlieferten Wissens unter literaturhistorischen Prämissen ist als solche nicht neu. Bodmers Darstellung stimmt darin mit rezenteren Aktualisierungen (national)literarischer Anfänge überein, mit Opitz' Verweis auf die theologischen Anfangsgründe der (deutschen) Dichtung[266] etwa oder mit den enzyklopädisch-digressiven Spekulationen zur Geschichte und Funktion des Bardentums in Lohensteins *Arminius*.[267] Bodmers Einlassungen zu einer Epoche, deren literarische Zeugnisse das Dunkel der Überlieferungslosigkeit bedeckt, verzichten dabei allerdings ebenso auf Ursprungsstiftung in normativer Absicht wie auf die narrative Überformung eines spärlichen Wissensbestands. Die poetischen Konkreta, Faktur

---

[261] Klaus von See: Barbar, Germane, Arier. Die Suche nach der Identität der Deutschen. Heidelberg 1994, S. 39.

[262] Die einschlägigen Belegstellen für die angesprochenen Topoi: zum Sitz der Götter Lukan. Pharsalia I, vv. 453–454: „nemora alta remotis / Incolitis lucis"; zu den Wäldern Tacitus, Germania 5,1: „[t]erra [...] silvis horrida"; zur Jagd Tacitus, Germania 15,1: „Quotiens bella non ineunt, non multum venatibus, plus per otium transigunt dediti somno ciboque"; zu den Jenseitsvorstellungen vgl. Pharsalia I, vv. 454–462; zur Unkultiviertheit: Tacitus, Germania 20,1: „dominum ac servum nullis educationis deliciis dignoscas".

[263] Schmid: Mittelalterrezeption, S. 32.

[264] Christopher B. Krebs: Negotiatio Germaniae. Tacitus' Germania und Enea Silvio Piccolomini, Giannantonio Campano, Conrad Celtis und Heinrich Bebel. Göttingen 2005, S. 147 und 206.

[265] Aeneae Sy[l]vii de Ritu, Situ, Moribus & Conditione Germaniae, descriptio. In: Aeneae Sylvii Piccolominei Senensis [...] opera quae extant omnia [...]. Frankfurt a.M. 1967 [ND der Ausg. Basel 1551], 1034–1086, hier 1052.

[266] „Die Poeterey ist anfanges nichts anders gewesen als eine verborgene Theologie / vnd vnterricht von Göttlichen sachen." (Martin Opitz: Buch von der Deutschen Poeterey (1624). Nach der Edition von Wilhelm Braune neu hg. von Richard Alewyn. Tübingen 1963, S. 7).

[267] Die Barden, bei Lohenstein „Druyden", „wiedmen aber ihm [Gott] gewisse *Bäume / die keine Axt berühren* [...] darff" und „glauben auch: daß das Ende des Menschen ein Anfang zu künfftiger Vergötterung sey". (Daniel Casper von Lohenstein: *Großmüthiger Feldherr Arminius* [...]. Hildesheim u. New York 1973 [ND der Ausg. Leipzig 1689/90]. 1. Teil, S. 973 u. 974) – Vgl. insgesamt dazu im 1. Teil S. 970–985 sowie das zu einer „Art Zwischenspiel" (Szarota: Einführung. Bd. 1, S. 17*) angewachsene 5. Buch des 2. Teils, S. 731–915.

2 Epochen(er)findung: Bodmers Mittelalter

und Form des Bardengesangs, müssen ohnehin „ewig unbekannt" (v. 41) bleiben. Aufgrund der unausgesprochenen, da selbstverständlichen Schriftlosigkeit der Epoche unterliegt der spezifische Zuschnitt potentieller Artefakte und damit dasjenige, was allein zum Gegenstand der Kritik oder zum Fundament spekulativer Formrekonstruktionen oraler Poesie[268] werden kann, den Bedingungen ruinöser Zeitlichkeit: „die grauen Stunden haben / Den Dichter und Gesang in dunckle Nacht begraben" (vv. 41–42). Nur weil nach den Gesetzmäßigkeiten literarischer Darstellungsverfahren gar nichts anderes möglich ist, vermag Bodmer aus dem lückenhaften Mosaik des tradierten Wissens auf den erhabenen Zuschnitt des „Inhalt[s]" (v. 39) jener Gesänge von Göttern und Helden zu schließen. Die von den Barden besungenen Helden situiert Bodmer, demgemäß und dem Topos treu, im Zuvor aller „Kunst und Wissenschaft", aller verfeinerten gesellschaftlichen Sitten – dies allerdings, ohne dabei ins geläufige „Büffelhorn des Teutonenlobs"[269] zu stoßen. Zu einer Disqualifizierung der heidnischen Germanen im Stile des nachmaligen Papstes Pius II. halten Bodmers Ausführungen denselben Abstand wie zu den Stilisierungen idealer germanischer Vorzeit zum „unschuldigen Beginn der Kultur",[270] die in den nachmaligen Kontroversen ums Subjekt der Dichtung so beliebt werden sollten. Die Charakterisierung der überlieferungslosen germanischen (Vor-)Geschichte verzichtet, auch wenn das angesichts der doch so deutlichen Entleihungen aus dem Arsenal der Barbaren-Emblematik zunächst erstaunen mag, gänzlich auf Beurteilung und Wertung.

Anders dagegen der Umgang mit den – wie allgemein längst bekannt ist: maßgeblichen[271] – Überlieferungsakteuren des christlichen Mittelalters. Für sie hält der

---

[268] Einschlägig dafür ist traditionell die Funktionsbestimmung des Reims; vgl. stellvertretend dafür Gottscheds Einlassungen: „Bey dem allen aber bleibt es wohl gewiß, daß die scythischen oder celtischen Völker, das ist, unsre Vorfahren, und die Barden derselben, als ihre Poeten, etwa um die Zeiten des *Tacitus*, auch wohl noch zeitiger, die Reime in ihren Liedern eingeführet haben mögen. Ihre Absicht dabey ist wohl nichts anders gewesen, als daß ihre Landesleute das Lob ihrer Helden desto leichter auswendig lernen, und es desto besser behalten möchten. Denn weil an Schreibern damals ein großer Mangel war, und das Gedächtniß des Volkes die Stelle der Chroniken vertreten mußte: so waren die gereimten Lieder sehr geschickt, das Auswendiglernen zu befördern." (Johann Christoph Gottsched: Versuch einer Critischen Dichtkunst. Darmstadt 1962 [ND der 4., sehr vermehrten Aufl. Leipzig 1751], S. 76).

[269] Alexander Demandt: Der Fall Roms. Die Auflösung des römischen Reiches im Urteil der Nachwelt. München 1984, S. 104.

[270] Vgl. Manfred Schneider: Der Barbar. Endzeitstimmung und Kulturrecycling. München u. Wien 1997, S. 105–111, Zit. S. 107.

[271] „Allein auch die wenigen müßigen Stunden", so Zedlers *Universallexicon*, verbrachten die Mönche „nicht gantz unnütze zu; sondern arbeiteten im Garten, oder waren fleißig mit Abschreiben derer Bücher, ehe die Buchdrucker-Kunst erfunden worden, beschäfftiget" (Bd. 22 [1739], Sp. 370, s.v. „Münchs-Rechte"). Die Erklärung des „Verfalls der Lateinischen Sprache sowohl, als überhaupt der Gelehrsamkeit", den das Lexikon (ebd., Sp. 343–345, s.v. „Münchs-Latein") für das „X und vier folgenden Jahrhunderten" diagnostiziert, fällt denn auch keineswegs monokausal aus: Die klösterliche Monopolisierung von „Sprachen und Wissenschafften, und überhaupt alle[r] Theile der Gelehrsamkeit" sowie von deren Lehre

Character den im Rahmen einer ästhetischen Diskurs- und Bewusstseinsbildung der Zeit „schlimmsten aller Vorwürfe" bereit: „den der *Barbarei*."[272]

> Die Mönchen kamen drauf, der Barden schlimmres Blut;
> Und erbten ihren Haß: Sie übten ihre Wuth
> Nicht an der Stadt allein und an der Römer Ländern;
> Dasselbe Schicksal solt auch den Geschmack verändern,
> Gelehrsamkeit und Witz und Künste untergehn,
> Und bey der Tyranney der Aberglauben stehn.
> Sie schlossen mit dem Leib auch die Vernunft in Bande.
> Man glaubte desto mehr je minder man verstande.
> Nach ihrer Meynung war die Dummheit Frömmigkeit.
> Sie herrschten viele Jahr in tieffer Dunckelheit. (vv. 43–52)

Im christlichen Klerus vereinen sich nach Bodmers knappen Zeilen, je für sich allein schon fatal, ein Generationszusammenhang mit und eine Degeneration von den heidnischen Barden. Als Generationszusammenhang in funktionaler Hinsicht erscheint zunächst, dass die Mönche als metonymische Abkömmlinge und gesellschafts- sowie kulturpolitische Erben des vorchristlichen Bardentums vorgestellt werden. Doch bereits in dieser Übertragung tauchen gewichtige Verschiebungen auf. Die Mönche lassen ihr Barbarenerbe, die Feindschaft gegenüber dem Imperium, auf das für Bodmers Lehrgedicht einschlägige Reich der *litterae* übergreifen, sie werden zu Ikonoklasten auf dem Territorium von „Geschmack", „Gelehrsamkeit und Witz und Künste[n]". Selbst ihre eigentliche kultische Aufgabe, in der sie den Barden zum Zwecke der Propagierung jenes „schmeichelnden, politischen Aberglauben[s]" (v. 29) der Jenseitsverheißung nachfolgen, erscheint als Radikalisierung machtpolitischer Techniken, in deren Verfestigung Schmeichelei durch „Tyranney" ersetzt und die Erhabenheit verlorener Pathosformeln, eine wirkungsästhetische Sachkompetenz also, von der Zerstörung des Wissens, der Unterdrückung der Sinne und des Sinns, kurzum: von der strategischen Generierung poeti-

---

gerät mit dem Umstand in Konflikt, dass die wenigsten Mönche „das dazu nöthige Geschicke hatten; die allerwenigsten aber den behörigen Fleiß und Sorgfalt dabey anwendeten", doch gibt der Artikel auch zu bedenken, dass „dieses, was [...] von dem schlechten Latein der Münche gesagt worden, nicht also anzunehmen [sei], als wenn entweder alle Scribenten der angeführten Jahrhunderte in solcher Finsterniß gestecket hätten", und dass – nach Vossius – „die mehresten durch die blosse Nothwendigkeit sich gezwungen gesehen, ihre Schreib-Art nach dem Begrif des gemeinen Mannes einzurichten." – Der alte Konsens über diese Funktion kirchlicher Institutionen mag denn auch dazu verführen, in Bodmers Darstellung bloß „polemische Rancune" zu entdecken (Schmid: Mittelalterrezeption des 18. Jahrhunderts, S. 33f.).

[272] Konrad Burdach: Die Entdeckung des Minnesangs und die deutsche Sprache. In: Sitzungsberichte der Königlich-Preußischen Akademie der Wissenschaften 1918, S. 845–873, Zit. S. 849. – Natürlich speist sich dieser Vorwurf aus dem humanistisch-reformatorischen Topos, der gerne bereit ist, die „bruchstückhafte Überlieferung" von Schriften „der Nachlässigkeit bildungsvergessener Ordensleute anzulasten." (Schreiner: Bücher, Bibliotheken und ‚gemeiner Nutzen' im Spätmittelalter und in der Frühneuzeit. S. 202–249, Zit. S. 219).

2 Epochen(er)findung: Bodmers Mittelalter 147

scher und rationaler Inkompetenz – „Dummheit" – abgelöst werden.[273] Das von den Barden geerbte „schlimmr[e] Blut" stellt die „München-Brut der Hunnen" (v. 157) dann ausschließlich unter das Regime einer Degeneration, mit der das präsentierte Bild einer „Illegimität des Mittelalters"[274] auch semantisch abgerundet wird.

Was für die Faktur der Ausführungen über die heidnisch-germanische Vorgeschichte gilt, das gilt, wenn auch in anderem Zuschnitt, für Bodmers Präsentation nachantiker Verhältnisse: Wie die kurze Geschichte des Bardentums, so besteht auch sie aus einer Montage vielerlei Erzähl und Erklärungsmuster. Statt zur Harmonie einer Narration mittels syntagmatischer *bricolage* fügen sich diese jedoch zum Knoten einer komplexen und widersprüchlichen, paradigmatischen Verdichtung zusammen: In Bodmers Darstellung gerät die Christianisierung zum Überlieferungsabbruch, ja zu einer politisch motivierten Überlieferungsverhinderung. Humanistische, reformatorische und historiographische Topoi verschränken sich zu einer kritischen Diagnose, die selbst im Schatten des wahrlich vielfältigen Erklärungsspektrums zum ‚Fall Roms' in der ersten Hälfte des 18. Jahrhunderts einigermaßen[275] exklusiv bleibt. Vergleichbar antiklerikale, wenngleich religionspolitisch anders konturierte Kritik ist gelegentlich in ‚Rom'-kritischen Klagen des vornehmlich cisalpinen Humanismus über die Gelehrsamkeitsfeindschaft des Frühchristentums artikuliert worden;[276] mit der Engführung der ikonoklastischen Praktiken christlicher Römer und germanischer Barbaren in den spärlichen Zeugnissen

---

273 Damit ruft Bodmer eines der zentralen Argumentationsmuster (früh)aufklärerischer Aberglaubenskritik auf; vgl. etwa Thomasius' Diagnose der ‚Dummheit', „simulacrum falsae pietatis", als Effekt u.a. der Institutionen eines „zeremoniale[n] Christentum[s]". Dazu Martin Pott: Aufklärung und Aberglaube. Die deutsche Frühaufklärung im Spiegel ihrer Aberglaubenskritik. Tübingen 1992 (Zit. S. 119f.).
274 Otto Gerhard Oexle: Das entzweite Mittelalter. In: Gerd Althoff (Hg.): Die Deutschen und ihr Mittelalter. Themen und Funktionen moderner Geschichtsbilder vom Mittelalter. Darmstadt 1992, S. 7–28, Zit. S. 14.
275 Einzuschränken wäre dies, vereinfachend gesagt, auf den ‚Mainstream' frühaufklärerischer Diskurse, wo sich allenfalls in den Naturrechtsdebatten ähnliche Bewertungsmuster finden lassen. Vgl. etwa Christian Thomasius' *Vorrede von der Historie des Rechts der Natur bis auf Grotium [...]* zur ersten deutschen Ausgabe von Grotius' *De jure belli ac pacis* (1707); dazu: Frank Grunert: Antiklerikalismus und christlicher Anspruch im Werk von Christian Thomasius. In: Jean Mondot (Hg.): Der Kampf der Aufklärung. Kirchenkritik und Religionskritik zur Aufklärungszeit. Berlin 2004, S. 39–56. – Zu den weitaus radikaleren Entwürfen im Umkreis der *littérature clandestine* vgl. die umfassende Studie von Martin Mulsow: Moderne aus dem Untergrund. Radikale Frühaufklärung in Deutschland 1680–1720. Hamburg 2002.
276 Vgl. Erasmus von Rotterdam: ΜΩΡΙΑΣ ΕΓΚΩΜΙΟΝ sive laus stultitiae. Ausgewählte Schriften lat.-dt. Hg. v. Werner Welzig. Bd. 2. Darmstadt 1995, S. 200: „Praeterea videtis primos illos religionis auctores, mire simplicitatem amplexos, acerrimos litterarum hostes fuisse." – Dass dieses Argument eine in diesem Kontext gattungsspezifische Zuspitzung ist, zeigt sein in anderer Form perspektivisches, an die Vertretung durch den Bürgermeister Guilhelmus Conradus gebundenes Auftreten in Erasmus' *Antibarbari*; vgl. Desiderii Erasmi Antibarbarorum liber primus. In: Opera Omnia X. Hildesheim 1962 [ND der Ausg. Leyden 1706], v.a. Sp. 1695f.

heidnischer Historiographen des vierten und fünften Jahrhunderts[277] steht ein im weiteren Verlauf des 18. Jahrhunderts einflussreiches Erklärungsmuster von „triumph of barbarism and religion" längst bereit;[278] die Formel vom ‚dunklen Mittelalter' schließlich teilt die Renaissance weitgehend widerspruchslos mit den folgenden Epochen mindestens bis zur Romantik.[279] Anlässe und Vorgaben dazu, die Kontinuität der *litterae* über eine epochale Ellipse hinweg behaupten zu müssen, gibt es deshalb zu Zeiten von Bodmers *Character* reichlich. So soll, um nur einen auch geographisch eng benachbarten Beleg zu nennen, Albrecht Haller in seiner Berner Probevorlesung um die Professur für Eloquenz und Geschichte von 1734 zur ‚Querelle des Anciens et des Modernes' die entsprechenden Jahrhunderte schlicht ausgespart haben: „Par les Anciens, le Savant Docteur entend ceux qui ont vecu depuis l'Origine des Belles Lettres, jusqu'à la décadence de l'Empire Romain; & il met dans la Classe des Modernes, ceux qui ont fleuri depuis le rétablissement des Belles Lettres, arivé au XV. Siécle, jusques à présent.[280] Bodmers explizite These jedoch, dass mit der christlichen Nachantike eine strategische Kontinuitätsverhinderung angesetzt werden muss, ist ebenso bemerkenswert wie seine Auslösung des Dekadenz-Arguments aus dem ‚Barbaren vs. Rom'-Antagonismus und dessen Verlagerung auf quasi ‚innergermanische' Generationsverhältnisse. Bodmers Mönche, so ließe sich der Gegensatz zu den Ausführungen über die Bardenkultur schlagwortartig zusammenfassen, tragen die Züge des ‚Endzeitbarbaren'[281] und die Stigmata der Dekadenz zugleich. Sie sorgen für eine nur von ephemeren Abschnitten „schwache[n] Licht[s]" (v. 53) wie etwa der Stauferzeit (vgl. vv. 65–68 u. 105–106) erhellten Epoche „finstrer Nacht" (v. 67). Wenige singuläre Leuchtpunkte, etwa nicht weiter spezifizierte Ansätze zur frühmittelhochdeutschen

---

[277] Vgl. François Paschoud: Roma Aeterna. Études sur le patriotisme romain dans l'occident latin à l'époque des grandes invasions. Genève 1967, der anhand einer Fülle von Detailstudien zu heidnischen (Ausonius, Ammianus Marcellinus, Symmachus, Zosimos u.a.) und christlichen (etwa Ambrosius, Hieronymus, Prudentius, Augustin) historiographischen Ansätzen feststellt: „Le problème religieux est étroitement lié au problème barbare" (S. 19).

[278] Edward Gibbon: The History of the Decline & Fall of the Roman Empire. London 1934. Kap. 71. Bd. 7, S. 347; vgl. Demandt: Der Fall Roms, S. 132–134.

[279] Vgl. Lucie Varga: Das Schlagwort vom „finsteren" Mittelalter. Baden b. Wien u. Brünn 1932; Klaus Arnold: Das „finstere" Mittelalter. Zur Genese und Phänomenologie eines Fehlurteils. In: Saeculum 32 (1981), S. 287–300.

[280] So der anonyme französische Bericht über Hallers „Sermo Academicus, ostendens quantum Antiqui Eruditione et industria antecellant Modernos" vom 31. Mai im *Mercure Suisse*, Juillet 1734, S. 59–66; ediert in Kapitza: Ein bürgerlicher Krieg in der gelehrten Welt. S. 162–166, Zit. S. 163.

[281] Vgl. zur Differenzierung der Barbaren-Topik Schneider: Der Barbar, S. 11: Im Gegensatz zum „Unschuldsbarbar[en]", der mit Bodmers Barden das „Paradies" kultureller Unbe-stimmtheit: „der Gesetzlosigkeit, der Mündlichkeit, der Bilderarmut, der ungestörten Erinnerung" zumindest in Ansätzen teilt, „feiert sein kriegerischer Zwilling, der Endzeitbarbar, die Liturgien der Abschaffung: Liquidierung der Gesetze, Ikonoklasmus [...], Schändung der Symbole."

2 Epochen(er)findung: Bodmers Mittelalter

akzentuierenden Versform[282] oder das einzige, der Faktur des *Characters* gemäß in zitierend-paraphrasierender Montage vorgestellten Exempel der ‚Winsbeckin',[283] scheinen daraus hervor und bilden das „sehr partielle Lob mittelalterlicher Dichtung" in Bodmers versifizierter Literaturgeschichte.[284]

Die Kulturkritik am Rande von Bodmers *Character der Teutschen Gedichte* scheint nicht unbeachtet geblieben zu sein. Noch 1738 in Gottscheds *Beyträgen zur Critischen Historie der deutschen Sprache* gedruckt,[285] wird dieser Teil des literaturhistorischen Lehrgedichts nur wenig später, im Rahmen des in der ersten Nummer von Johann Joachim Schwabes *Belustigungen des Verstandes und Witzes* eröffneten ‚deutschen Dichterkriegs', als „zürcherische[r] Zankapfel" (3,437)[286] zum Schauplatz der eben einsetzenden Literaturfehde zwischen Zürich und Leipzig.[287] Schwabes satirische Auseinandersetzung, deren drei ‚Bücher' sich exakt mit den soeben diskutierten Ausführungen zur bardischen Vorgeschichte und zur Literatur des Mittelalters decken, spielt denn auch sogleich die Barbarenkarte

---

[282] Vgl. Bodmer: Character, vv. 55–64; die zwölf Verse werden in der vierten Ausgabe (Johann Jakob Bodmer: Gedichte in gereimten Versen. Zweyte Aufl. Zürich 1754, S. 15–60) gar noch um ein Drittel gekürzt.

[283] Vgl. ebd., vv. 69–104. – Einschlägig für die Rezeption ist Goldasts Winsbecke-Edition vom Beginn des 17. Jahrhunderts: Dv Vvinsbekin. In: Melchior Goldast von Haiminsfeld: Paraeneticorum veterum pars I. Lindau 1604, im [Teil-]Nachdruck hg. u. mit einem Nachwort versehen v. Manfred Zimmermann. Göttingen 1980, S. 323–340, aus der die seit dem dritten Druck des *Characters* (Johann Jakob Bodmer: Critische Lobgedichte und Elegien. Zürich 1747, S. 15–62) beigefügten Anmerkungen zur Passage ausführlich zitieren. Vgl. Bodmer: Vier kritische Gedichte, S. 39f.

[284] Wolfgang Harms: Des Winsbeckes Genius. Zur Einschätzung didaktischer Poesie des deutschen Mittelalters im 17. und 18. Jahrhundert. In: Peter Wapnewski (Hg.): Mittelalter-Rezeption. Ein Symposion. Stuttgart 1986, S. 46–59, Zit. S. 48. – Eine eigentümliche Umkehrung dieser Darstellungspolitik ist es also, wenn Bender: J. J. Bodmer und J. J. Breitinger, S. 35, als Absicht des Texts den Nachweis herausstellen will, „daß der oft erhobene Vorwurf der Barbarei mindestens für das Zeitalter der Staufer unbegründet sei", denn erst danach „sei Deutschland in ‚barbarsche Nacht' versunken".

[285] Beyträge zur Critischen Historie der deutschen Sprache, Poesie und Beredsamkeit. Hg. v. einigen Mitgliedern der Deutschen Gesellschaft in Leipzig. 20. Stück. Leipzig 1738, S. 624–659.

[286] Die Satire „Der deutsche Dichterkrieg", als deren Autor laut Baechtold „ohne Zweifel" der Herausgeber Johann Joachim Schwabe gelten darf (Bodmer: Vier kritische Gedichte, S. x) erscheint 1741–1743 in drei ‚Büchern': Belustigungen des Verstandes und des Witzes 1/I (1741/42). Zweyte Aufl. Leipzig 1742, S. 49–66 (1741) [erstes Buch]; 1/II S. 518–541 (1742) [zweites Buch]; 2/II (1742/43). Zweyte Aufl. Leipzig 1744, S. 434–463 (1743) [drittes Buch]; Zitate werden im Folgenden im Text dieses Abschnitts mit Angabe des ‚Buches' und der Seitenzahl nachgewiesen. Leichter zugänglich ist das Referat, samt ausführlicher Wiedergabe einschlägiger Stellen, in Baechtolds Vorwort: Bodmer: Vier kritische Gedichte, S. x–xxxiv; einen knappen wissenschaftsgeschichtlichen Überblick dazu bietet Schmid: Mittelalterrezeption des 18. Jahrhunderts, S. 38–46.

[287] Vgl. dazu den Forschungsüberblick bei Hans Otto Horch u. Georg-Michael Schulz: Das Wunderbare und die Poetik der Frühaufklärung. Gottsched und die Schweizer. Darmstadt 1988; die differenzierteste Darstellung der jeweiligen Positionen bietet Angelika Wetterer: Publikumsbezug und Wahrheitsanspruch. Der Widerspruch zwischen rhetorischem Ansatz und philosophischem Anspruch bei Gottsched und den Schweizern. Tübingen 1981.

aus, wenn sie in fadenscheinigen Anagrammen „*Merbod*", einen „tigurinische[n] Barde[n]", sowie „*Greibertin*", einen „weise[n] Druide[n]", als Hauptprotagonisten dieses gelehrten Zwistes einführt (1,54). Damit kongruieren die Vorwürfe einer zivilisatorisch ungeglätteten „alpinischen Mundart", (1,59) sowie der „Wildheit" (1,54), die Schwabe zufolge als Restbestände alteidgenössischer Denkart in den Schriften der Zürcher hausen. Das Lehrgedicht wird zur Streitschrift umgemünzt: für seine Abfassung erhält der Barde Merbod als Schreibgerät von Eris – der Göttin der Zwietracht und Kritik, die schon sein „Dintenfaß" mit einer „kleine[n] Natter" vergiftet hat (1,57) – die Feder eines „pechschwarzen Raben". Diese „Schreibfeder" (1,64f.) bekommt ihrerseits eine Geschichte. Sie hat einst dem Scioppius, der „gemeine[n] Geissel derer Gelehrten seiner Zeit",[288] gedient und ist damit zur Erzeugung gelehrten Streits präfiguriert. Mit Schoppes Feder und einem Tintenfass voller Natterngift zu schreiben: eine exzessivere Hyperbel für die Praxis „polemische[r] Maßlosigkeit" auf dem Felde gelehrter Kritik hätte sich wohl kaum finden lassen.[289]

Eris ist es auch, die das Gedicht im „Reiche der Todten" (2,525) bekannt zu machen gedenkt. Sie tut dies in Gestalt Mauvillons, was zu einigen weiteren, beinahe das gesamte zweite Buch des ‚Dichterkriegs' einnehmenden digressiven Zwistigkeiten im Elysium führt.[290] Schließlich gelangt Bodmers Gedicht zur Verlesung vor den abgeschiedenen Dichtern, die erwartungsgemäß an Anlage, Inhalt und Form einiges auszusetzen haben. Legitimation und Autorität des Vorhabens werden in Zweifel gezogen, wobei ausgehend vom Musenanruf[291] vor allem die Frage nach der Schirmherrschaft über jenes neuartige Hybrid einer kritischen Literaturhistorie hervorsticht. Entsprechend äußert Opitz seine Bedenken gegen ‚Merbods' Vorhaben: „Hernach verstehe ichs nicht, warum er die Critik, um die bloße *Erzählung* der Dichter anruft. Dieses ist ja nur das Werk eines Historienschreibers: ist aber die Historie nicht das Werk der Clio? Warum verlangt er also von der

---

[288] Bernhard: Kurtzgefaste Curieuse Historie derer Gelehrten, S. 184.
[289] Scioppius (i.e. Kaspar Schoppe) hat sich seinen üblen Ruf als maß- und zügelloser Polemiker mit zahlreichen philologischen Invektiven gegen die verschiedensten Parteien (Scaliger, die Protestanten, die Jesuiten...) erarbeitet; vgl. Sebastian Neumeister: Kaspar Schoppe im Urteil der Aufklärung (Pierre Bayle). In: Herbert Jaumann (Hg.): Kaspar Schoppe (1576–1649). Philologe im Dienste der Gegenreformation. Beiträge zur Gelehrtenkultur des europäischen Späthumanismus. Frankfurt a.M. 1998, S. 380–390, Zit. S. 382; Ingrid A. R. De Smet: How to Make Enemies, or Kaspar Schoppe and the Might of the Pen, ebd., S. 201–230.
[290] Das überrascht nicht, bilden doch Eléazar de Mauvillons *Lettres Françoises et Germaniques, ou Réflexions Militaires, Littéraires, et Critiques sur les François et les Allemans* (1740), aus denen die *Briefe Von der Sprache und der Poesie Der Deutschen* überdies soeben im fünften Band (1742) der Zürcher *Sammlung Critischer, Poetischer, und andrer geistvollen Schriften* übersetzt worden sind, einen zweiten gewichtigen Bezugspunkt der kritisch-polemischen Auslassungen des Gottsched-Kreises. Vgl. dazu Thomas Bleicher: Literaturvermittlung, Literaturkritik, Literaturentwicklung im 18. Jahrhundert. Eléazar und Jakob Mauvillons Beiträge zur französischen, deutschen und vergleichenden Literaturgeschichte. In: Germanisch-Romanische Monatsschrift 65 (1984), S. 54–69, insb. S. 58f.
[291] „Erzehle Critica der Dichter lange Reyh,/ Die Teutschland aufgestellt" (vv. 3–4).

Critic etwas fremdes, nicht aber das, was ihr Werk ist, nämlich die Beurtheilung?" (3,438) Neben einer weitläufigen Metaphern- und Stilkritik rücken aber gerade die Züge von Bodmers Darstellung der beiden vorneuzeitlichen Dichtungsepochen in den Fokus. So weist ein „sehr ehrwürdig[er]" (3,440) Barde die Präsentation der betreffenden Kulturverhältnisse als „grob[e] Lästerung" (3,444) zurück und redet damit schon eher dem Lob einer „teutonischen Anti-Antike" das Wort, wie sie im Umkreis des deutschen Humanismus in Mode gekommen ist:[292] Die Formen von „Kunst und Wissenschaft" nämlich, die „ihnen von ihren geschwornen Feinden, den Römern, aufgedrungen" worden seien, hätten die Barden mit allem Recht zurückgewiesen (3,441). Ebenso wenig behagt dem Schwabeschen Barden ‚Merbods' Funktionsanalyse germanischer Jenseitsvorstellungen: „Hat er doch so gar die Frechheit, die Unsterblichkeit der Seelen zu leugnen. Er heißt die Lehre unsrer weisesten Druiden, daß unser Geist auch nach dem Tode lebe, und die wir itzo aus der Erfahrung für wahr befinden, *einen schmeichelnden politischen Aberglauben!*" (3,443) – der dritte Druck des *Characters* wird angesichts dieses Einwands die einschlägige Lukan-Passage in den Anmerkungen annotieren.[293]

Selbstredend bleibt auch Bodmers zugespitzte Mittelalterdarstellung nicht unwidersprochen, obgleich gerade deren brisantester Teil, die behauptete Fortsetzung bardischen Jenseitsaberglaubens mit anderen, das heißt christlichen, Mitteln erstaunlicherweise unkommentiert bleibt. Als Fürsprecher der Epoche figuriert der Verfasser des *Liber evangeliorum*, Otfried von Weißenburg:

> Ist es das alles, was er von der Poesie der Ordensbrüder saget, rief Ottfried, der weißenburgische Mönch [...]. Hat der boshafte Scribent nichts weiter von den Verdiensten der Klöster gewußt, als das er uns der Barden schlimmres Blut nennt, und uns die schändliche Absicht beyleget, alle Wissenschaft Vernunft und Kunst auszurotten? Haben wir denn sonst nichts gethan, als daß wir den Aberglauben befördert, und die Dummheit für Frömmigkeit erkläret haben? (3,446f.)

Schwabes Otfried schließt daran eine von jüngeren Gewährsleuten wie Schilter und Opitz sekundierte Aufzählung all des/der Vergessenen: neben der des eigenen Werks insbesondere die Nennung der herausragenden Autoren des 10. und 11. Jahrhunderts, Williram und Notker. Er insistiert des Weiteren auf dem von Bodmer böswillig verschwiegenen, ja ins Gegenteil verkehrten Befund monastischer Überlieferungsleistung, angesichts dessen sich in aller wünschenswerten Deutlichkeit der Argumentationszusammenhang von Überlieferung und Generation ausstellen lässt und für den exemplarisch die hochmittelalterlichen Kulturzentren Corvey und St. Gallen ins Spiel gebracht werden. Deren Mönche „haben zuerst Wissenschaften und Künste nach Deutschland gebracht, und auch mitten in den barbarischen Zeiten in den Klöstern erhalten; die Schriften der Römer *durch fleißi-*

---

[292] Vgl., mit Hinweisen insbesondere auf Conrad Celtis und Ulrich von Hutten, Demandt: Der Fall Roms, S. 104–113, Zit. S. 110.
[293] Vgl. Bodmer: Vier kritische Gedichte, S. 39.

ges Abschreiben aufbehalten, und also auf die Nachwelt fortgepflanzet" (3,447; Hervorh. S. K.). Doch nicht nur die klerikalen Überlieferungsagenten und Literaturproduzenten fühlen sich vernachlässigt, auch ein „großer Haufen von Rittern und Edlen, die sich in damaliger Zeit im Dichten hervorgethan hatten" (3,451). Einige mediaevale „Sterne der ersten Größe" sowie „viel andre kleinere Dichter" drängen „mit Ungestüm" zum Schauplatz der Lesung und verlangen Auskunft über ihr literarhistorisches Nachleben (3,452) – Folge davon ist, erwartungsgemäß, ein „verwirrtes Geschrey vieler hundert Stimmen" (3,462), aus dem als Refrain die drängenden Fragen der Vergessenen – „wo bin ich geblieben", „wo sind meine Gedichte" (3,461) – hervortönen: „Wie aber? ist es auch wohl zu begreifen, daß die Nachwelt so undankbar seyn kann?" (3,460).

Die Klagen der vergessenen Dichternachwelt im Jenseits sind also mit Blick auf die mittelalterliche Überlieferung quantitativ an der ‚antiquarischen' Form listenhafter Vollständigkeit ausgerichtet, qualitativ am Überlieferungs- und Generationszusammenhang christlicher Kulturleistungen. Damit verfehlen sie zunächst – oder unterlaufen doch zumindest – die erste programmatische Pointe von Bodmers literaturgeschichtlicher Skizze. Denn die von der Satire zur Hilfe gerufene „Antiquarik arbeitet als diskrete Datenverarbeitung und ist insofern strukturell unwillig zur kohärenten Geschichtsschreibung".[294] Bodmers schon von der Titelwahl angezeigte Anleihe bei der ‚Charakteristik' hingegen annonciert eine typisierend-exemplarische Form der Beschreibung, die weder auf empirische Vollständigkeit noch auf die umfassende Katalogisierung komplexer Vielfältigkeit abzielt, die aber dem artikulierten Kritiker-‚Ich' des Gedichts einen besonderen, mit der Form seiner Darstellung korrespondierenden Status verleiht. Pointiert hat Bodmer bereits in den *Discoursen der Mahler* auf eine notwendige Klassifikation historiographischer Arbeit nach dem Modus ihrer Darstellungsverfahren hingewiesen – eine Differenzierung, die den „Copisten" von den „Critici" und beide wiederum von den „Originalen" trennen soll.[295] Die Anforderungen an die erste Klasse der Historiographen, die Kopisten, sind einigermaßen elementar: „Die Requisita von einem solchen Historico sind diese / daß er könne lesen und schreiben / daß er gerne sitze / daß er neubegierig seye", außerdem Sorgfältigkeit und Fleiß. Denn seine Beschäftigung beschränkt sich darauf, „alles auf einen Hauffen" zu tragen, was ihm vor die Feder kommt. Er kopiert „die Zeitungen / die Zeit-Kalender / die Tage-Register / die Manifeste / die Mandate / ohne Veränderung" und „ohne Underscheid und Undersuchung". Was der Kopist zusammenliest und -schreibt, das prüft die nächste Klasse der Kritiker mit „Verstand und [...] Witz" auf Wahrheits-

---

[294] Wolfgang Ernst: Im Namen von Geschichte. Sammeln–Speicher–Er/Zählen. München 2003, S. 99.
[295] Bodmer u. Breitinger: Die Discourse der Mahlern. Erster Theil. V. Discours, E; ebd. die im folgenden zitierten Charakteristika entsprechender Historiographie.

fähigkeit und Überlieferungsrelevanz.[296] Den „Original-Historicus" schließlich, Vertreter der dritten Klasse, zeichnet Augenzeugenschaft für die von ihm geschilderten Geschehnisse aus, besser aber noch ist er selbst maßgeblicher Akteur, „Haupt-Person", der Begebenheiten, die er erzählt. Solche Originalhistoriker „bringen nichts auf das Pappier / was sie nicht in eigener Person belebet / gesehen / tractirt und eigentlich recognoscirt haben", wodurch ihre Darstellung in anderer Weise selektiver und unvollständiger sein wird als die des Kritikers. Die vornehmste Gattung solcher Originalhistorie bilden die ‚Charactere', die „subtilen und ordenliche[n] Beschreibungen aller derjenigen Qualiteten" also, „durch welche sich eine gantze Nation oder eine Person unterscheidet." Folgt man dieser Typologie, so sieht sich die Darstellungs- und Wertungsinstanz des *Characters* unversehens einer Aufgabenstellung verpflichtet, die sich nicht auf antiquarische oder kritische Sichtung der Überlieferung beschränken darf, sondern vielmehr aktiv am Ereigniskontext des Präsentierten teilhaben muss: der (ersten) Figuration einer gleichsam lebendigen Literaturgeschichte, in der die historische Serialität des antiquarisch-kritischen Befunds geschichtsenthoben vor den Richterstuhl der poetischen Urteilskraft tritt.[297] Dieser Figuration arbeiten die paargereimten Alexandriner des Gedichts ebenso zu wie die damit erschriebene Formverwandtschaft mit einer langen Reihe poetischer Poetiken, deren Aktualität die von Gottsched programmatisch an den Anfang seines *Versuchs einer Critischen Dichtkunst* gestellte Horaz-Übersetzung einmal mehr behauptet hat. Den Verzicht auf die prospektive Normativität der Poetiktradition kompensiert Bodmers kritisches Gedicht durch seine Anleihe *per analogiam* beim insbesondere im Umkreis der moralischen Wochenschriften des frühen 18. Jahrhunderts gängigen, nicht nur in den *Discoursen der Mahler* ausgiebig benutzten Typus des Charakterporträts, das seit La Bruyères Theophrast-Übersetzung eine wohl kaum geringere Aktualität genießt.[298] Dabei ist die Vorstellung einer Kombination von historiographischen Personendarstellungsverfahren mit Sach- und das heißt hier: Literaturbeschreibung offensichtlich selbst nicht ohne diskursfördernden Reiz – gerade der umgekehrte Weg, den die „Dichterkrieg"-Satire einschlägt, indem sie die abgeschiedenen Poeten zu den Artikulationsinstanzen ihrer Einwände macht, verdeutlicht das figurative Potential solcher wechselseitigen Übertragungsmöglichkeiten. In der exemplarisch-meto-nymischen Präsentation von Autorennamen, die Bodmers Gedicht für die Literatur nach 1500

---

[296] Ebd.: „Die Critischen Historici / welche ich in die zweyte Classe rangirt habe / sind solche / welche über der rohen und ungestalten Materie der Copisten arbeiten. Sie brauchen ihren Verstand und ihren Witz dasjenige auszulesen / was werth ist daß mans auf die Nachwelt bringe; und die Wahrheit unter zwey Erzehlungen die wieder einander lauffen / zuentdecken."
[297] Vgl. zur Fortsetzung und Modifikation dieses Programms Kap. I.2.4.
[298] Vgl. zu dieser Gattung und der musterbildenden Funktion der *Discourse* J. W. Smeed: The Theophrastan ‚Character'. The History of a Literary Genre, Oxford u. New York 1985, insb. S. 82–100. – Die Tragweite von Bodmers Character-Konzepten rekonstruiert Jesko Reiling: Die Genese der idealen Gesellschaft. Studien zum literarischen Werk von Johann Jakob Bodmer. Berlin u. New York 2010, S. 25–62.

freilich ohne den bibliographischen Gestus antiquarischer Buchführung bietet, sind allerdings höchstens in Ansätzen die für die Gattung erforderlichen „Sequenz[en] von Einzelhandlungen" dingfest zu machen. Ein Figurenensemble, dessen Vertreter „explizit oder implizit in Relation zu einer Charaktereigenschaft oder zu einem Komplex von Charaktereigenschaften gesetzt werden" und so den „kohärenten Charakter(kern)"[299] der Ausgestellten: der deutschen Literatur zeichnen könnten, wird man in dieser Reihung letztlich kaum finden.

Doch vor allen derartigen Differenzierungen stellt dem Text das Verfahren der Charakteristik ein Modell für Geschichtsschreibung schlechthin dar, dessen pragmatische Akzentuierung auf die zweite, von den krittelnden Barden und verschmähten Meistersängern übersehene, aber zentrale Pointe in Bodmers literaturgeschichtlicher Revue verweist: „Die Histori samlet die principalsten und seltensten Portraits, welche die Menschen in dem Gedächtnuß ihrer Nebenmenschen gerissen haben, und copiert dieselben. Sie entreisset sie der Vergessenheit und transponiert sie mit Hülff ihrer Feder und des Papiers auff die allerspähtste Nachwelt", heißt es in einem nachgelassenen Manuskript *Vom Wert der Schweizergeschichte*,[300] in dem sich der mit Quellenforschungen zur Stadtgeschichte beschäftigte Volontär der Zürcher Staatskanzlei zu Beginn der 1720er Jahre der Voraussetzungen und Bedingungen seiner Arbeit vergewissert. Fundament und Fokus von Bodmers Darstellung des Anfangs und Neuanfangs deutscher Dichtung bietet demgemäß schlicht die dichotomische Zuspitzung der (Bedingungen von) Überlieferungsgeschichte selbst – und zwar in einer kulturelles Gedächtnis und Medientechnik verknüpfenden Reformulierung der wiederum auf Tacitus zurückgehenden These, der zufolge bei den Germanen Gesänge die einzige Form von Erinnerungsbildung und Geschichtsschreibung darstellen.[301] Zwar wird resümierend über den Memorialgestus dieser Barden vermerkt, der „Inhalt ihres Lieds" könne „nicht erhabner [gewesen] seyn", einer kritischen Bewertung jedoch fehle heutzutage die Grundlage – „Ob auch der Ausdruck groß, das Maß der Sylben rein,/ Bleibt ewig unbekannt, die grauen Stunden haben / Den Dichter und Gesang in *dunckle Nacht begraben*" (vv. 39–42; Hervorh. S. K.). Doch damit bietet die fehlende *Überlieferung* der ursprünglichen Bardendichtung – zu deren Erklärung mit dem vertrauten Tableau der Unterbrechungsmöglichkeiten aufgewartet werden kann[302] und die, wie der Mangel an germanischen Historiographen generell, Ge-

---

[299] Thomas Koch: Literarische Menschendarstellung. Studien zu ihrer Theorie und Praxis. Tübingen 1991, S. 93.
[300] Johann Jakob Bodmer: Vom Wert der Schweizergeschichte [1721]. In: Max Wehrli (Hg.): Das geistige Zürich. Texte und Dokumente von Gotthard Heidegger bis Heinrich Pestalozzi. Zürich 1943, S. 60–64, Zit. S. 61.
[301] So Tacitus' *Germania* 2,2 über den Bardengesang, „quod unum apud illos memoriae et annalium genus est".
[302] Vgl. etwa Daniel Georg Morhof: Unterricht von der Teutschen Sprache und Poesie [...]. 2. Aufl. Lübeck u. Frankfurt 1700: „Denn da so viel tausend andere Bücher zu Grunde gegangen / da Teutschland durch so viel Kriege verheeret worden / da die Nachläßigkeit letzter Zeiten

2 Epochen(er)findung: Bodmers Mittelalter

genstand zunächst humanistischer Klagen ist[303] – den semantischen Umschlagpunkt für die These vom notwendigen Verfall poetischer *Produktion* in der „tieffe[n] Dunckelheit" (v. 52) mönchischer „Tyranney" (v. 48). Der Nacht der Überlieferungslosigkeit entspricht die Nacht der Überlieferungsverhinderung – das Barbarenurteil trifft vom Standpunkt literarhistorischer Charakteristik diejenigen, denen die Techniken der Überlieferung fehlen. Aber es trifft verschärft die Akteure, denen das Inventar zumindest zur Textpflege zur Verfügung steht und die trotzdem, im Bereich der Literatur, einen Abbruch der Überlieferung geschehen lassen, wenn nicht gar politisch befördern. Das wird deutlich, wenn der *Character* den Neuaufschwung der Dichtung am Ende des 15. Jahrhunderts beschwört und zu dessen Erklärung das Ende des katholischen Kulturmonopols in Humanismus und Reformation bis in die Feinheiten syntaktischer Anordnung mit der medientechnischen Innovation des Buchdrucks verschränkt:

> Eraßmus hatte längst die München-Brut der Hunnen
> Vom Schauplaz weggeschreckt, die Kunst war schon ersonnen,
> Dadurch man Wort und Red in Erzt und Meßing gießt,
> Dadurch die Wissenschafft der Vorwelt sich entschließt.
> So weit kam teutsche List. (vv. 157–161)

Diese Markierung ist umso auffälliger, als sich darin eine erste kapitale Revision jenes katastrophischen Überlieferungsmodells manifestiert, dem noch der Buchdruck keineswegs als privilegiertes Mittel für die quantitative und qualitative Steigerung der Überlieferungswahrscheinlichkeit gegolten hat. „Man sollte meinen, daß die Erfindung der Druckerey ein Mittel wäre, die Unsterblichkeit all derjenigen Namen zu versichern, deren Besitzer sich besinnen, dieselben in Bücher zu verfassen", wie der *Discours* das erwartbare Urteil etwas umständlich referiert hat, „aber man ist sehr betrogen, wann man es für gewiß nimmt."[304] Die technische Innovation des Buchdrucks allein, nun überlieferungsgeschichtliche *epoché* schlechthin, hat im komplexen Agon der Faktoren und Interessen um die Verdauerung kultureller Leistungen keine Hegemonie zu erlangen vermocht. Das ist nun anders. Der Buchdruck, eine gesteigerte Schrift gewissermaßen, die als Machina-tion zur Verfestigung des flüchtigen Wortes und zur Entbergung des latenten Wissensthesaurus dient – ein solches Lob des Typographeums mag bis in seine metaphorischen Verästelungen geläufig sein.[305] Als diskrete Kippstelle von Bodmers versifizierter

---

diese alten Lieder geringschätzig gehalten / da sie anfänglich nicht auffgeschrieben. Wie solte es nicht möglich seyn / daß sie vergehen könnten? [...] Man findet hergegen bey den unsrigen wohl so unartige Leute / die die alten Schrifften lieber die Motten und Mäuse verzehren lassen / als daß sie jemand ihre *Ar[c]hiven* und *Bibliotheken* durchsehen lassen" (S. 258 u. 265).

303 Krebs: Negotiatio Germaniae, S. 228, zitiert Heinrich Bebels für die Klage über die *inopia scriptorum* einschlägiges Dictum, „daß es den Germanen niemals an Mut, aber an Schreibern gefehlt habe", vgl. ebd., S. 241.
304 Bodmer u. Breitinger: Die Discourse der Mahlern. Dritter Theil. III. Discours, S. 19f.
305 Vgl. Michael Giesecke: Der Buchdruck in der frühen Neuzeit. Eine historische Fallstudie über die Durchsetzung neuer Informations- und Kommunikationstechnologien. Frankfurt a.M.

Literaturgeschichte separiert es die strategische Montage der überlieferten Wissensbruchstücke, Diskurs aus dritter Hand, grundsätzlich von der charakterisierenden Autopsie der Dichterreihe und schließlich vom Vorausblick auf jenes noch ungeschriebene Epos der Moderne, in dem dann die dritte epochale Zäsur um 1500 nachzutragen wäre: „Colombi Schiff" und Fahrt, die Invention des „vor der Zeit nur fabelhaffte[n] Land[s]" Amerika (vv. 884–885).[306]

2.3 Die Invention des ‚schwäbischen Zeitalters'

So eingängig der Hinweis auf die grundsätzlich verschiedenen Überlieferungsverhältnisse der Medien von Textualität, Handschrift und Druck[307] auch sein mag, seine Plausibilität als literaturgeschichtliches Argument in der Form, wie es der *Character* genutzt hat, beginnt spätestens in den 1740er Jahren endgültig zu schwinden. Auf die Behauptung einer undurchdringlichen Nacht der Überlieferungslosigkeit vom Fall Roms bis zu Reformation, Buchdruck und Humanismus lässt sich fortan keine Argumentation mehr bauen, selbst eine zuspitzend-charakterisierende nicht, wie sie in Bodmers Gedicht vorliegt. Die deutsche Literatur des Mittelalters rückt in den Blick eines erneuerten – mag man es auch noch ‚vorwissenschaftlich' nennen[308] – historischen, kritischen und schließlich auch editorischen Interesses; und gerade im Gottsched-Kreis, zunächst in den *Beyträgen*

1998, S. 150f.: „Die ‚*ars impressoria*' wird als eine Maschine beschrieben, die Wissen erzeugen, speichern und verbreiten kann. [...] Nicht mehr nur Gott und die menschliche Vernunft gelten als Erkenntnisorgane, ‚*lumen supranaturalis*' bzw. ‚*lumen naturalis*' als Erkenntnismedien, sondern auch die Druckerei wird zu einem Erkenntnisorgan, welches mit einem eigenen Licht, man könnte sagen, einem ‚*lumen artificalis*', der Finsternis Schätze der Erkenntnis entreißt. [...] Nicht nur die Kopisten, auch die Magister und Priester, die bislang besonders für die gesellschaftliche Wissensvermittlung privilegiert waren, werden durch die neue Technologie ersetzt. [...] Wie ein Scheinwerfer richtet der Buchdruck sein Licht auf die schon vergessen geglaubten Worte und auf die Handschriften, die in den düsteren Winkeln der mittelalterlichen Schatzkammer verstaubten."

[306] Bodmer wird dieses Epos auf „die neue welt, die grosse gabe der vorsicht", später höchstpersönlich zu Papier bringen: Die Colombona. In: Calliope. Bd. 1, S. 405–508, Zit. S. 419.

[307] Die Notwendigkeit einer kategorialen Differenzierung der beiden Medien ist längst im Gefolge der sogenannten New Philology neu auf die Tagesordnungen v.a. der mediävistischen Diskussion gebracht worden. Vgl. als Initialtexte Cerquiglini: Éloge de la variante. Nichols: Introduction: Philology in a Manuscript Culture., sowie die übrigen Beiträge dieses Zeitschriftenbandes.

[308] Vgl. Bernd Neumann: Die verhinderte Wissenschaft. Zur Erforschung Altdeutscher Sprache und Literatur in der ‚vorwissenschaftlichen' Phase. In: Peter Wapnewski (Hg.): Mittelalter-Rezeption. Ein Symposion. Stuttgart 1986, S. 105–118. Volker Mertens hat aus (fach-)wissenschaftsgeschichtlicher Perspektive unlängst deutlich zwischen Bodmerscher Selbstdarstellung und seiner literarhistorischen Leistung unterschieden: Volker Mertens: Bodmers Murmeltier. Möglichkeiten und Grenzen der Minnesangrezeption im 18. Jahrhundert. In: LiLi. Zeitschrift für Literaturwissenschaft und Linguistik. Heft 151 (2009): Wolfgang Haubrichs u. Manfred Engel (Hg.): Erfindung des Mittelalters, S. 52–63. Auch hier ist es mir dagegen eher um die Figurationen einer Reflexion auf Überlieferung zu tun als um deren Einordnung in große fachgeschichtliche Zusammenhänge.

2 Epochen(er)findung: Bodmers Mittelalter

zur critischen Historie der deutschen Sprache, Poesie und Beredsamkeit (1732–1744), setzen die vor allem sprachgeschichtlich ausgerichteten Sondierungen des ‚mittleren Zeitalters' ein.[309] Die von den Leipzigern längerfristig verfolgte Absicht, „möglichst viele literarische Quellen des Mittelalters zu sichten und zu sammeln, um sie dann zu systematisieren und schließlich auf dieser Grundlage eine umfassende deutsche Sprach- und Literaturgeschichte zu schreiben",[310] zwingt Bodmer zu einer strategischen Neuausrichtung, die nicht im Rahmen des kompetitiven antiquarischen Sammelns bleiben wird. Wie flexibel auch dabei wieder zentrale Argumente aus den früheren literarhistorischen Skizzen, selbst das scheinbar so dichotomische Medienpaar Handschrift und Druck, umbesetzt werden können, zeigt, fernab noch von der Beschäftigung mit mittelalterlicher Literatur, die Vorrede von Bodmers *Critischer Abhandlung von dem Wunderbaren in der Poesie*. Unter wirkungsästhetischen Gesichtspunkten werden da die gängigen argumentativen Standards, die der exklusiven Rezeptionssituation einer Handschriftenkultur die expansive Vervielfältigung des Typographeums entgegensetzen, unversehens gegeneinander getauscht – und zwar, indem Bodmer die Vorgaben einer durchaus rhetorisch modellierten, in der gemeinschaftlichen Rezeption wirksamen Affektsteuerung gegen die unberechenbare Selbstaffektion beim individuellen Leseakt ins Feld führt:

> Das Mittel ein Werk durch den Druck bekannt zu machen, ist etwas langsam, insonderheit in Deutschland, wo wir keine Hauptstadt haben, in welcher der Ausbund der Nation bey einander versammlet wäre, und in ihren Gedanken die Gedanken der gantzen Nation ausdrükete. Bey den Alten geschah dieses ungemein leichter durch ein einziges Exemplar, also iezo durch die tausendfältige Vermehrung derselben, indem gantze Gemeinden sich an einem Orte versammelten, und in einem Haufen ein Gedichte zugleich vorlesen höreten, da die Eindrucke und Würckungen desselben sich in deutlichen Kennzeichen offenbareten; statt daß solche Werke iezo in der Einsamkeit des Cabinets ohne Zeugen gelesen werden, mit leiser Stimme, und ohne Bemühung, daß ihnen durch die Ausspache die gehörige Anmuth und der rechte Nachdruck

---

[309] Vgl. den Überblick bei Lempicki: Geschichte der deutschen Literaturwissenschaft, S. 247–257. – Bekanntlich haben beide nachmaligen Parteien des Streits dieses Interesse schon in Zeiten gegenseitigen Einvernehmens durchaus geteilt, wie der Brief von Bodmer an Gottsched vom 28. März 1735 zeigt: „Neulich ist mir ein zerrissenes Blatt von Pergament in die Hände gefallen, auf welchem ich hier beygelegte Zeilen gelesen habe. Ich setze es über Friederich des II. Zeiten hinaus. Man siehet leicht, daß es ein Stück von einem Romanze ist, mit welchem Nahmen man die *poemata Epica* derselben Zeit belegete. Ich wünschte, daß ich ein gantzes Werck von dieser Art zu sehen bekäme; damit ich die Regeln eines solchen daraus erkennen könte. Ist nichts dergleichen in Sachsen dem Untergange entronnen? Ich entsinne mich, daß in der königlichen Bibliotheck zu Paris etliche *Codices Mssc.* von dergleichen poetischen Ritterbüchern noch vorhanden sind; und zweifle nicht, daß die Erlaubniß leicht zu erhalten wäre, eine Abschrift davon am Ohrte selbst zu nehmen. Vielleicht könten Ew. HochEdl. einen geschickten jungen Menschen, der seiner Lust halben nach Paris gienge, schon dazu bereden, daß er sich Mühe gäbe, einen von diesen *Codicibus* abzuschreiben. Dadurch würde gewiß dem *studio Etymologico, Grammatico*, und insgemein der Teutschen Sprache und Poesie ein vielfältiger Nutzen zuwachsen." (Eugen Wolff (Hg.): Briefwechsel Gottscheds mit Bodmer und Breitinger. In: Zeitschrift für den deutschen Unterricht 11 (1897), S. 353–381, Zit. S. 359f.).

[310] Leibrock: Aufklärung und Mittelalter, S. 66.

mitgetheilet werde; wenn auch gleich eine besondere Person auf eine empfindliche Weise davon gerühret worden, so fehlet es ihr an Eifer, den Eindruck, den sie in der Brust fühlet, weiterhin andern Leuten beyzubringen.[311]

Bei derart exemplarischen Modifikationen im Voraussetzungsgefüge textueller Überlieferungs- und Distributionsbedingungen indes bleibt es nicht. Vielmehr werden die Register selbst neu sortiert. Zuerst verlagert Bodmer den Argumentationsrahmen, in dem bisher von der Möglichkeit und den Behinderungen literarischer Überlieferung gehandelt worden ist, auf die Entstehungsbedingungen eminent überlieferungswerter Artefakte: Seine Überlegungen wenden sich vorläufig wieder der anderen Seite eines Textbegriffes zu, in den er eben noch eine neue systemische Differenzierung eingetragen hat. Der ‚Text als Produkt des Schreibers' wird noch einmal zum Thema, dies jedoch unabhängig von jeder produktionsleitenden Poetik unter einer umfassenden historischen Perspektive.[312] Mit einem publizistischen Doppelschlag stellt Bodmer das Rüstzeug bereit, mit dessen Hilfe sich die „kurze Pracht"[313] zufälliger Lichtblicke während der Nacht mittelalterlicher Barbarei unversehens in nichts Geringeres als eine hochrangige literarische Epoche verwandeln wird. Als Heuristik zu seiner Invention des ‚schwäbischen Zeitalters' dient Bodmer ein Umweg zum Ursprung abendländischer Dichtung schlechthin – zu Homer, genauer: zu Thomas Blackwells *Enquiry into the Life and Writings of Homer*.[314] Nach dem „wichtigen Antheil, den das Glück beytragen muß, einen Epischen Poeten zu formiren",[315] erlaubt dieser Umweg zu fragen, weil nirgends sonst ein so reichhaltiges und zugleich detailversessenes Bündel mögli-

---

[311] Bodmer: Critische Abhandlung von dem Wunderbaren in der Poesie und dessen Verbindung mit dem Wahrscheinlichen, S.)(2ᵛ -)(3ʳ). – Zum Ausgangspunkt einer sozialgeschichtlichen und in Ansätzen auf die Medienproblematik eingehende Darstellung der ‚Wirkungsästhetik' der Zürcher nimmt diese Stelle Friedrich Schlegel: Sich „von dem Gemüthe des Lesers Meister" machen. Zur Wirkungsästhetik der Poetik Bodmers und Breitingers. Frankfurt a.M. u.a. 1986; eine medientheoretische Zuspitzung erfährt sie bei Koschorke: Körperströme und Schriftverkehr, S. 302: „Bodmer und Breitinger reagieren [...] auf die Folgen der Verschriftlichung des Literaturkonsums in einer Phase, in der sich Schriftlichkeit als stummer und anonymer Kommunikationsmodus noch nicht vollständig durchgesetzt hat, sondern mit surrogathaften Anleihen bei älteren Interaktionsweisen behilft."

[312] Zur systembegründenden Differenzierung von ‚Text als Produkt des Schreibers' und ‚Text als Objekt des Lesers' vgl. noch einmal Weimar: Geschichte der deutschen Literaturwissenschaft, v.a. S. 65–67. Von einer „Abkoppelung der Literaturgeschichtsdarstellung von der Theorie der schönen Wissenschaften", wie sie Weimar als Effekt dieser Differenzierung für die zweite Hälfte des 18. Jahrhunderts diagnostiziert, kann bei Bodmers spezifischem Fokus des Diskurses allerdings keineswegs gesprochen werden.

[313] Bodmer: Character, v. 105.

[314] Thomas Blackwell: An Enquiry into the Life and Writings of Homer. Hildesheim u. New York 1976 [ND der 2. Ausg. London 1736].

[315] [Johann Jakob Bodmer:] Von dem wichtigen Antheil, den das Glück beytragen muß, einen Epischen Poeten zu formiren. Nach den Grundsätzen der *Inquiry into the live and the Writings of Homer*. In: Ders.: Sammlung Critischer, Poetischer, und anderer geistvollen Schriften, Zur Verbesserung des Urtheils und des Witzes in den Wercken der Wohlredenheit und der Poesie 7 (1743), S. 3–24.

2 Epochen(er)findung: Bodmers Mittelalter 159

cher Antworten darauf bereit liegt wie in der 1735 erstmals anonym erschienenen Homer-Studie des schottischen Philologen.[316] „Von den vortrefflichen Umständen für die Poesie unter den Kaisern aus dem schwäbischen Hause" wird am Ende gehandelt werden können:[317] Die gelehrte Ausschweifung dient als Ausgangspunkt für die nachhaltige „Übereinkunft darüber, daß Literatur und Kunst in Deutschland um 1200 ein Zeitalter der Klassik erlebt hätten"[318] und dass „mit einem mehr als nur äußerlichen Recht" von einer „staufischen Literaturepoche" gesprochen werden darf.[319] ‚Texte als Objekt des Lesers‘, auf die sich solcher *common sense* ja allererst zu stützen hätte, sind dieser Argumentation zunächst gar nicht oder doch nur in rudimentärer und entstellter Form zuhanden.

Die Wahl von Blackwells Abhandlung als Ausgangspunkt einer doppelten Neukonfiguration von Literaturgeschichte wäre allein deshalb schon bemerkenswert genug, weil sich die darin artikulierten Problemstellungen zu den beiden Traditionssträngen der Homer-Debatten des ausgehenden 17. und des 18. Jahrhunderts, dem „großen Federkrieg"[320] der *Querelle* und dem „Homerkult"[321] der anbrechenden Genie-Epoche, gleichermaßen in souveräner Distanz halten. Auf der Suche nach einem „Idealbild des epischen Sängers"[322] – die dem von den späteren Auseinandersetzungen über die ‚homerische Frage‘ informierten Rückblick natürlich kurios genug anmuten darf[323] – will Blackwell die historische Person Homer auf ein Ensemble von Gelingensbedingungen zurückführen, die allein natürlichen und historischen Gründen geschuldet und auf keinerlei übernatürlichen Enthusias-

---

[316] „Freylich mußte die Materie sehr dünn auseinander gesponnen werden, nachdem sich der V. vorgenommen hatte, aus allem was auf und unter und über der Erde ist, zu beweisen, warum das Wunderding Homer einmal da sey", vermerkt dazu Johann Heinrich Merck in seiner Rezension (in: Der Teutsche Merkur 1777. 1. Vierteljahr, S. 192–195, Zit. S. 193) zu Voß' Übersetzung (Untersuchung über Homers Leben und Schriften. Aus dem Englischen des Blackwells übers. v. Johann Heinrich Voß. Eschborn 1994 [ND der Ausg. Leipzig 1776]).

[317] [Johann Jakob Bodmer:] Von den vortrefflichen Umständen für die Poesie unter den Kaisern aus dem schwäbischen Hause. In: Ders.: Sammlung Critischer, Poetischer, und anderer geistvollen Schriften 7 (1743), S. 25–53. – Zu Bodmers Blackwell-Rezeption und Adaption vgl. Dorothy Knight: Thomas Blackwell and J. J. Bodmer: The Establishment of a Literary Link between Homeric Greece and Medieval Germany. In: German Life and Letters 6 (1952/53), S. 249–258; Pfalzgraf: Eine deutsche Ilias?, S. 68–84.

[318] Hartmut Boockmann: Stauferzeit und spätes Mittelalter. Deutschland 1225–1517. Berlin 1987, S. 136.

[319] Helmut de Boor: Die höfische Literatur. Vorbereitung, Blüte, Ausklang 1170–1250. 11. Aufl. München 1991, S. 1.

[320] Gottsched: Versuch einer Critischen Dichtkunst, S. 470.

[321] Jochen Schmidt: Die Geschichte des Genie-Gedankens in der deutschen Literatur, Philosophie und Politik 1750–1945. 2 Bde., 2., durchges. Aufl. Darmstadt 1988. Bd. 1, S. 27.

[322] Burdach: Die Entdeckung des Minnesangs, S. 872.

[323] Deren Auslöser bekanntlich Friedrich August Wolf: Prolegomena ad Homerum [1795]. Hildesheim 1963 [ND der 3. Aufl. Halle 1884]; vgl. Manfred Fuhrmann: Friedrich August Wolf. Zur 200. Wiederkehr seines Geburtstages am 15. Februar 1959. In: Deutsche Vierteljahrsschrift für Literaturwissenschaft und Geistesgeschichte 33 (1959), S. 187–236; Anthony Grafton: Prolegomena to Friedrich August Wolf. In: Journal of the Warburg and Courtauld Institutes 44 (1981), S. 101–129.

mus³²⁴ angewiesen sind. Auf diesem Weg soll geklärt und erklärt werden, „[b]y what Fate or Disposition of things it has happened, that None have equalled him in *Epic-Poetry* for two thousand seven hundred Years, the Time since he wrote; Nor any, that we know, ever surpassed him before."³²⁵ Nicht weniger als zehn solcher ‚Happinesses' – unter diesem Lemma führt die Studie die entsprechenden Gelingensbedingungen³²⁶ – macht Blackwell aus, deren Matrix die Phasen krisenhaften oder doch zumindest einschneidenden kulturellen Wandels in den religiösen, sprachgeschichtlichen und politischen Zuständen des homerischen Zeitalters bilden: die noch frische allegorische Produktivität der von ihrer ursprünglichen Funktion als ägyptische Herrschaftsreligion entbundenen und in den griechischen Kulturraum transferierten orphischen Geheimlehren; der damit einhergehende allegorisch-fabelhafte und anthropomorphe Zuschnitt des Weltwissens; eine Sprache, deren Ausdrucksfähigkeit in einem Kulturzustand „verfeinerte[r] Wildheit"³²⁷ die Balance von archaischer Kraft und differenzierter Präzision hält; die zu Innovation motivierende, ja zu Improvisationen zwingende Gewaltsamkeit eines permanenten politischen Ausnahmezustandes, in dem die segmentäre Organisation der Gesellschaft durch den Widerstreit der griechischen Kleinstaaten und die Wanderungsbewegungen einzelner Völker bedroht, aber deshalb auch durchlässig wird.³²⁸ Zu diesen historischen Strukturbedingungen kommen, der Tradition einer physika-

---

[324] Vgl. zu diesem Modell der Entstehung von Dichtung aus den Anweisungen einer „celestial Instruction" (Blackwell: Enquiry, S. 3); Heinz Schlaffer: Poesie und Wissen. Die Entstehung des ästhetischen Bewußtseins und der philologischen Erkenntnis. Frankfurt a.M. 1990, S. 26–44; Axel Gellhaus: Enthusiasmos und Kalkül. Reflexionen über den Ursprung der Dichtung. München 1995, S. 32–88.

[325] Blackwell: Enquiry, S. 2 [i.O. kursiv].

[326] Vgl. das (unpaginierte) Register der *Enquiry*, s.v. „HOMER". – Einen knappen Überblick über die Anlage der Abhandlung bietet der sechste von Blackwells ‚Briefen, die Mythologie betreffend'. Blackwell: Letters concerning Mythology. New York u. London 1976 [ND der Ausg. London 1748], S. 35–40. – Als eine „zur äußersten Konsequenz" getriebene „Milieutheorie" ist denn auch, allerdings um den Preis eines begriffs- und wissenschaftsgeschichtlichen Anachronismus', Blackwells Ansatz bezeichnet worden (Georg Finsler: Homer in der Neuzeit von Dante bis Goethe. Leipzig u. Berlin 1912, S. 333); vgl. die differenziertere Darstellung bei Duane Coltharp: History and the Primitive: Homer, Blackwell, and the Scottish Enlightenment. In: Eighteenth Century Life 19/1 (1995), S. 57–69.

[327] Debrunner: Das güldene schwäbische Alter, S. 82.

[328] Vgl. zur Orphik: „This Allegorical Religion [...] took deep root in the Minds of the *Greeks*, who [...] made Additions to it of their own, and in a few Ages it was incorporated with their *Manners*, mixed itself with their Language, and gained *universal Belief*." (Blackwell: Enquiry, S. 51) – Das Wissen: „The Powers of Nature, and Human Passions were the Subject; and they described their various Effects with some Analogy and Resemblance to *Human Actions*." (S. 102) – Die Sprache: „the *Greek* language was brought to express all the best and bravest of the human Feelings, and retained a sufficient Quantity of its *Original, amazing, metaphoric* Tincture" (S. 47) – Der Ausnahmezustand: „the Times of such Struggles have a kind of *Liberty* peculiar to themselves: They raise a free and active Spirit, which over-spreads the Country [...]. It was when *Greece* was ill-settled, when Violence prevailed in many Places, amidst the Shock and Confusion of the wandering Tribes, that *Homer* produced his immortal Poem." (S. 65f.).

2 Epochen(er)findung: Bodmers Mittelalter 161

lischen Konstitutionstheorie menschlicher Vermögen getreu,[329] die auch das Geschäft des Dichtens befördernden klimatischen Bedingungen des Mittelmeerraums, das heißt jener gemäßigten Klimazonen, die, „lying under the benign Influences of a genial Sky, have the best Chance for a fine Perception, and a proportioned Eloquence."[330] Zu diesen Struktur- und Naturbedingungen kommen überdies die eminent produktiven individuell-ökonomischen Voraussetzungen: Homer, Sohn eines armen Mannes, hätte sich auf keine andere Art eine umfassende Bildung zu verschaffen vermocht als durch das Leben eines wandernden Barden, das einem poetischen Ingenium außerordentlich förderliche Verhältnisse bietet.[331] Der Modus, in dem diese Vorteile verrechnet werden können, ist der eines austarierten Spiels der Beeinflussungen, das mit Blick auf Homers dichterische Produktivität alle erdenklichen Lebensumstände und Arbeitsbedingungen berücksichtigt. Zugunsten des täglichen Umgangs mit Menschen, deren Art und Sitten den von ihm beschriebenen Helden entsprechen, und einer reichen Vielfalt von Ereignissen, Zuständen und Gebräuchen, mit denen ihn das Umherziehen in Berührung bringt, verhindert Homers Bardenleben die beschränkende Bindung an das soziale und ökonomische Ordnungsgefüge eines bestimmten Gemeinwesens. Als willkommener Gast der vornehmsten Häuser kennt er alle Verfeinerungen einer luxuriösen Lebensführung, ohne deren auf Dauer verweichlichenden Einflüssen erliegen oder zu deren Subsistenz beitragen zu müssen. Die Bedingungen der höfischen *Performance* sorgen für das rechte Maß von Wahrscheinlichkeit und Wunderbarem in seiner Dichtung und verbieten poetische Exzesse in jeder Hinsicht, darf doch das Publikum weder gelangweilt noch durch allzu komplexe Erzählung und Darstellungsweise überfordert werden.[332] Die physischen Strapazen des Wanderlebens werden durch die Gastfrei-

---

[329] Vgl. exemplarisch die Ausführungen beim Abbé Du Bos: Réflexions critiques sur la poësie et sur la peinture. Genève 1967 [ND der 7. Aufl. Paris 1770], S. 202–215. Einen erschöpfenden Überblick über die Tradition der klimatheoretischen Diskurse gibt die Fallstudie von Waldemar Zacharasiewicz: Die Klimatheorie in der englischen Literatur und Literaturkritik von der Mitte des 16. bis zum frühen 18. Jahrhundert. Wien u. Stuttgart 1978; der Stellenwert der klimatischen Bedingungen in Blackwells *Enquiry* wird allerdings in dieser Darstellung (vgl. S. 580–582) deutlich überbetont, wenn man sich die diesbezüglich doch deutlich relativierten Einlassungen vergegenwärtigt: „Good Sense is indeed said to be the Product of every Country, and I believe it is; but the richest Growths, and fairest Shoots of it, spring, like other Plants, from the happiest Exposition and most friendly Soil." (Blackwell: Enquiry, S. 6f.). Vgl. außerdem die materialreichen, aber methodisch ebenfalls unergiebigen Untersuchungen von Gonthier-Louis Fink: De Bouhours à Herder. La théorie française des climats et sa réception Outre-Rhin. In: Recherches germaniques 15 (1985), S. 3–62; ders.: Von Winckelmann bis Herder. Die deutsche Klimatheorie in europäischer Perspektive. In: Gerhard Sauder (Hg.): Johann Gottfried Herder. Hamburg 1987, S. 156–176.
[330] Blackwell: Enquiry, S. 6.
[331] „I am upon the matter about to assert, ,*That* Homer's *being born poor, and living a wandering indigent Bard, was, in relation to his Poetry, the greatest Happiness that cou'd befall him.*"' (Blackwell: Enquiry, S. 105).
[332] Dass diese Beschreibung an die Poetik der Zürcher – man vergleiche etwa nur Bodmers Definition des ‚epischen Gedichts' und dessen Rezeption in der *Critischen Abhandlung von dem Wunderbaren in der Poesie* (S. 41f. u. 20f.) – überaus anschlussfähig ist, braucht nicht

heit der Fürstenhöfe und das Glück einer im besten Sinne des „Golden Age"[333] anökonomischen Existenz ausgeglichen; schließlich formen dank des ständigen Wechsels von Einsamkeit und Eindrucksreichtum weder die Melancholie des Eremiten noch die oberflächliche Betriebsamkeit des Vergnügungsreisenden die Psyche des wandernden Barden. Sein schon durch die klimatischen Bedingungen begünstigtes Wahrnehmungsvermögen wird, da die Phasen rasch wechselnder äußerer Einflüsse mit denen einer zu kontemplativer Introspektion veranlassenden Wandereinsamkeit aufeinander folgen und miteinander kontrastieren, bedeutsam gesteigert; dies wiederum befördert die Imagiationskraft bei seiner poetischen Tätigkeit. Die temporäre Flucht aus der Gesellschaft „is the short Retreat of a chearful Mind, whose Business it is *to please*"; ein Rückzug, den es als Möglichkeit zur Selbstkorrektur des rhapsodischen Literatursystems zu nutzen gilt: „not only to study the *Passions* of his Hearers while he recited; to observe their *Features*, watch every Motion of their *Eye* and *Turn* of Thought; but to look around him when *alone*, and lay up store of such Images, as Experience told him wou'd have the strongest Effect."[334]

Eins mag nach diesem knappen und keineswegs vollständigen Resümee von Blackwells Abhandlung hervorgehoben werden: Der produktionsorientierte Erklärungsansatz einer – anachronistisch gesprochen – *histoire totale*, wie er am zu Beginn des Jahrhunderts noch naheliegenden Fall Homer vorgestellt wird, bietet sich nicht nur dank seiner poetologischen Grundlagen als Wahlverwandter für

---

eigens hervorgehoben zu werden: Der Dichter-Barde „is under a happy Necessity of making no *fanciful Conceits*, or profound Verses in an uncommon Language: But if he would succeed, he must entertain his wondering Audience in a simple, intelligible Stile. He might indeed tell wonderful Stories of strange Performances, and Places strange: but they must be *plainly* told, and with a constant eye to *natural Manners* and *human Passions* [...]. The more we consider its [der Vortragsbedingungen] Influence upon Poetry, the stronger and wider it appears: To this Necessity of pleasing his Audience, I wou'd ascribe that *just Measure* of *Probability and Wonder* which runs thro' the greatest part of his Works. The People must be entertained: that is, they must be kept at *a gaze*, and at the same time must comprehend the Dangers, and feel the Passions of the Description. The Adventure must be such as they can understand; and the Method in which it is brought about, must surprize their Imagination, draw forth their Attention, and win their Heart." (Blackwell: Enquiry, S. 121). – Vgl. Knight: Thomas Blackwell and J. J. Bodmer, S. 250: „It seems clear that when [...] Bodmer read the *Enquiry*, [...] he must immediately have been struck by the fundamental agreement between his view of the nature of poetry and its relation to life and that expounded by Blackwell." – Nach einer Beobachtung von Finsler müsste man allerdings bei Breitinger, der Homer in seiner *Critischen Abhandlung von der Natur, den Absichten und dem Gebrauche der Gleichnisse* (Zürich 1740) als „Original-Geist" und „ersten Urheber" feiert (S. 277), ein kritischeres Verhältnis zu Blackwells Ansatz, ja eine Vorwegnahme der Genie-Emphase vermuten: „Breitinger ist meines Wissens der erste, der in Deutschland dieses Wort ausgesprochen hat. Es bedeutet höchst wahrscheinlich eine Polemik gegen Blackwell: den er kannte, wenn er so stark betont, daß Homer alles sich selbst und seiner ungeheuren Wißbegierde zu verdanken gehabt habe" (Finsler: Homer in der Neuzeit, S. 403). Indes lässt aber auch Blackwell ungeachtet seines nuancierten Kausalitätengerüsts keinen Zweifel an der Einzigartigkeit Homers.

[333] Blackwell: Enquiry, S. 124 [i.O. kursiv].
[334] Ebd., S. 125f.

2 Epochen(er)findung: Bodmers Mittelalter

Bodmers Neuausrichtung einer auf die Gelingensbedingungen von Überlieferung eingestellten Literaturgeschichte an. Die komplexe Instabilität[335] eines Verhältnisses von vielfältigen und heteronomen Faktoren ähnelt aus produktionsgeschichtlicher Perspektive einem Befund, mit dem Bodmers Einlassungen zur Überlieferungsproblematik konfrontiert sind: gelingendes Entstehen von Dichtung und glückende Überlieferung scheinen demselben Gesetz zu gehorchen: dem der Ausnahme. „[I]T IS NO WONDER, if a *Production* which requires the CONCOURSE of so many dissimilar CAUSES, so many rare CHANCES, and uncommon INGREDIENTS, to make it excel; (the Absence or Alteration of any *one* of which would spoil it) That *such* a Production should appear but *once* in three or four thousand Years".[336] Man wird in diesem Satz, berücksichtigt man die bereits in den *Discoursen* benannte Vielzahl der zu bedenkenden Überlieferungshindernisse, ohne größere Bedenken *production* mit *transmission* vertauschen – oder besser: ergänzen – dürfen.

Mit einer Thematisierung der Seltenheit, damit aber zugleich mit entscheidender Modifikation, setzt das Kondensat ein, das Bodmer in mehr oder minder wörtlicher Übersetzung und zunehmend atemlos den Kapiteln von Blackwells Ausführungen folgend in der *Sammlung* präsentiert.[337] Noch die Einsicht in die betreffenden Zusammenhänge scheint dem rhetorischen Profil von Bodmers Eingangssatz zufolge dem Gesetz der Verknappung, nun aber seitens der Kritiker, zu gehorchen: „Jedermann" werde zugestehen, dass „eine Menge zufälliger obgleich natürlicher Ursachen" konvergieren müsste, um „einen solchen starken und mächtigen Geist zu formieren, wie Homers oder Virgils gewesen sind". Die daraus zu ziehenden Konsequenzen, „was vor Zufälligkeiten dieses seyn, wie wichtig und selten sie seyn" und welchem Bündel von „eigentlichen ganz verschiedenen Ursachen" sie sich verdanken, seien aber wohl nur den „wenigsten" bewusst.[338] Die emphatische Identifizierung jedoch, die Blackwells „It is HOMER"[339] der Einzigartigkeit solcher Konvergenz vorangestellt hat, hat sich zum Bedingungsgefüge einer Seltenheit verschoben. Es beruht auf der Behauptung, „daß in etlichen tausend Jahren nicht mehr als zween oder drey Menschen in dergleichen glükliche Zufäl-

---

[335] Vgl. zum angemessenen Umgang mit der Komplexität seines Modells – und Objekts – die Leseanweisung in Blackwell: Letters concerning Mythology, S. 39f.: „Most People read Books as Children visit a Flower-Garden: They amuse themselves with this or t'other gaudy Knot; the Colour calls their Eye from one Border to another; the Sight of the present banishes the last. It is the Man of real Taste, who takes in the Flower- and other Gardens at one View, who considers the Cast of the Grounds, the crossing Lines, the Disposition of the Walks, the Arrangement of the Trees, and the Conveniency of the Shades and Arbours, the Propriety of the Statues, and perceives the Symmetry resulting from the Whole."
[336] Blackwell: Enquiry, S. 346.
[337] Den größten Teil der Übersetzung (S. 3–21) bilden Ausschnitte aus den ersten vier ‚Sections' (Ebd., S. 1–57), der Rest (S. 21–24) ist eine Montage aus dem siebten und achten Kapitel der Enquiry (S. 81f., 117 u. 123–126). – Vgl. den hilfreichen, wenn auch nicht ganz fehlerfreien Detailüberblick bei Pfalzgraf: Eine deutsche Ilias?, S. 69–76.
[338] Bodmer: Von dem wichtigen Antheil..., S. 3.
[339] Blackwell: Enquiry, S. 2.

ligkeiten gerathen sind".³⁴⁰ Bodmer bemüht nicht mehr den Nachweis, dass „*nur* Homer' den glücklichen Zufall einer übereinstimmenden Vielzahl von ‚Happinesses' verkörpert. Solche Konvergenz soll nun vielmehr die Bedingungen anzeigen, unter denen ein Autor „*wie* Homer"³⁴¹ auftauchen kann. Homers Name erscheint deshalb auch nur noch beinahe beiläufig im Text, als ein Beispiel unter wenigen gewissermaßen, das die Grundzüge einzelner ‚Ursachen' illustrieren soll; allein der Status des umherziehenden Rhapsoden bleibt ihm exklusiv und explizit vorbehalten. Mit Vergil ist einer der weiteren „starken und mächtigen" Geister bereits in den Eingangssatz gerückt, zwei weitere Namen, die mit ihm bei Blackwell in der Funktion des Exempels auftauchen, böten sich an: Dante und Milton als Belege für gelingende Dichtung in Zeiten des politischen Ausnahmezustands³⁴² und bekanntlich in Bodmers Kanon ganz oben angesiedelt; sie fallen aber dem Zug zur abstrahierenden Generalisierung zum Opfer, der die Auswahlübersetzung kennzeichnet.

Das Exemplarische der monographischen Abhandlung, so ließe sich Bodmers Übersetzungs- und Auswahlstrategie auf den Punkt bringen, wird getilgt; Homer verwandelt sich zum (wenngleich privilegierten) Exempel für das Zusammenspiel der vielfältigen Gelingensbedingungen großer Dichtung, und das heißt hier wie dort zunächst noch: von Epen.³⁴³ Dieses Bedingungsgefüge erscheint jetzt in der Abstraktion eines Bauplans, der sämtliche bei Blackwell zum einmaligen Gefüge homerischer ‚Happinesses' individualisierten Faktoren zum Transzendental poetischer Vortrefflichkeit ummünzt – vom Klima der „gemässigten Gegenden", von „Zucht, Pflege und Auferziehung" des potentiellen Dichters und den Sitten, die dieser antrifft, über die teils gewaltsamen, teils an den Ordnungsgewinn politischer Stabilisierung gebundenen „Glükesveränderungen" einer historischen Entwicklung und die daraus entspringende Vielfältigkeit des sozialen Lebens bis hin zur Spra-

---

[340] Bodmer: Von dem wichtigen Antheil..., S. 3. – Dieses Bedingungsgefüge der Seltenheit wird Bodmer auch gegen Herders Auffassung der homerischen Epen als erste Volksdichtung verteidigen; vgl. Johann Jacob Bodmer: Herders Meinung. In: Ders.: Der Gerechte Momus. Frankfurt u. Leipzig 1780, S. 16.

[341] Bodmer: Von dem wichtigen Antheil..., S. 24 (Hervorh. S. K.). – Von einer „ahistorische[n] und auf andere Zeiten übertragbare[n] Theorie zur Erklärung der dichterischen Größe", wie sie Reiling in Bodmers Blackwell-Adaptation konstatieren zu können glaubt, kann deshalb natürlich keine Rede sein. Reiling: Die Genese der idealen Gesellschaft, S. 44.

[342] Vgl. Blackwell: Enquiry, S. 66f.: „[I]t was when *Italy* was torn in pieces, when the little States were leagued against each other; in a word, in the Heat of the Struggle and Bloodshed of the *Guelfe* and *Ghibelline* Parties, that *Dante* withdrew from his Country, and made the strongest Draught of Men and their Passions, that stands in the Records of modern Poetry. The Author of the *Eneïd* lived in a Time of Disorder and publick Ruin [...]. And still, *My Lord*, it was when unhappy *Britain* was plunged in all the Calamities of *Civil Rage*, that our high-spirited Poem [i.e. Miltons *Paradise Lost*] took its birth."

[343] Vgl. Pfalzgraf: Eine deutsche Ilias?, S. 70: „Indem [Bodmer] nur die systematischen Passagen des Werks übernimmt, die breiten kulturgeschichtlichen Recherchen zu Homer und seinem Zeitalter hingegen ausblendet und Aussagen, die Blackwell nur bezüglich der Person Homers trifft, in einen allgemeineren Kontext stellt, entsteht ein dichtes Argumentationsgeflecht, das sich ganz auf die Beantwortung der Frage konzentriert, welche äußeren Umstände zusammentreffen müssen, um – wo und wann auch immer – herausragende Dichtkunst zu ermöglichen."

che, die „alle die besten und stärkesten Empfindungen des Menschen ausdrüket, und ihre ursprüngliche, wunderreiche, metaphorische Tinctur in einem zulänglichen Masse behalten hat".[344] Dabei wird auch der strategische Rahmen keineswegs vergessen, in dem die Neukonfiguration von Bodmers literaturgeschichtlichen Überlegungen vonstatten gehen soll. Die Vielfältigkeit einer Sprachgemeinschaft, in deren einzelnen „Provintzen" wie in den griechischen Staaten „the same Tongue, but in different Dialects" gesprochen und die dadurch mit „new Words, Phrases, and Metaphors" bereichert wird,[345] bietet Anlass zu polemischer Wendung am Seitenrand:

> Unser Deutschland bestehet aus einer Menge solcher Provintzen, welche von einander gar nicht, oder in wenig Stüken abhängen, die Regierungen in denselben sind von sehr verschiedener Art, und es herrschet in einigen keine geringe Freyheit; alle dieselben aber reden die einzige deutsche Sprache. Was vor Vortheile sollte man daher in dieser Sprache und allen ihren Mundarten für den Gebrauch, und das Bedürfniß der Poesie mit Recht vermuthend seyn? Sie wären auch in der That darinnen, wenn nicht zum Unglüke gewisse eigensinnige Puritaner sich die schädliche Mühe gäben, die Wörter, Redensarten, und Metaphern, welche die Einwohner gewisser Provintzen für ihre eigene Nothwendigkeit eingeführet, und von ihren Umständen, Sitten und Gebrauchen hergenommen haben, zu verwerffen und auszumustern; ohne Betrachtung ob sie mit der Natur der Dinge, der Sprache-Aehnlichkeit, den Stamm- und Wurzelwörtern, übereinkommen oder nicht; ob sie sich überdas mit einem ansehnlichen Alter rechtfertigen können, oder erst von gestern oder vorgestern her sind.[346]

Es versteht sich, dass diese Kritik des Sprachpurismus im Namen der Vielfalt gegen das Gottschedsche Sprach- und Stildiktat gerichtet ist, das in „Provinzialwörtern" ebenso wie in – den „eklen Ohren" eines geschmackssicheren Publikums missliebigen – „altfränkisch[en]" Ausdrücken allein Symptome der *obscuritas*, einer rhetorisch ‚schlechten Schreibart' also, diagnostiziert[347] und an ihnen eine allein noch kontrastiv-kontrafaktisches Interesse verdienende Grammatik der Devianz ausbuchstabiert.[348] Bodmer wird sich denn auch angesichts des philologischen

---

[344] Bodmer: Von dem wichtigen Antheile..., S. 4, 5, 7 und 17.
[345] Blackwell: Enquiry, S. 37; vgl. Bodmer: Von dem wichtigen Antheile..., S. 15: „und wenn in einem weiten Land viele dergleichen Provintzen sind, die eine und dieselbe Sprache reden, aber in verschiedenen Mundarten, so wird der Ausdruk seinen Vortheil dabey machen, und mit neuen Worten, Redensarten und Metaphern, nach dem Temperament und Naturelle der verschiedenen Völker bereichert werden: Da inzwischen ein jedes seinen eigenen gutheissen wird, weil er in ihrem eigenen freyen Staat von ihren Regenten gebrauchet wird."
[346] Bodmer: Von dem wichtigen Antheile..., S. 15, Anmerkung.
[347] Johann Christoph Gottsched: Ausführliche Redekunst. 5. Aufl. 1759. Ausgewählte Werke. Bd. VII/1. Hg. v. P. M. Mitchell. Bearbeitet v. Rosemary Scholl. Berlin u. New York 1975, S. 364 u. 303.
[348] Vgl. die einschlägigen Ausführungen in der Einleitung zu Johann Christoph Gottsched: Vollständigere und Neuerläuterte Deutsche Sprachkunst. 5. Aufl. 1762. Ausgewählte Werke. Bd. VIII/1. Hg. v. P. M. Mitchell. Bearbeitet v. Herbert Penzl. Berlin u. New York 1978, S. 37–63 sowie S. 136f. (§ 18, 15. Regel). – „Doch ist es einem Sprachlehrer sehr nöthig, neben der besten Mundart seiner Muttersprache, theils die abweichenden schlechtern Mundarten der übrigen Provinzen; theils auch die ältern Schriften der Sprachlehrer, und überhaupt die ältesten Bücher seines Vaterlandes zu kennen. Die mannichfaltigen Stuffen, die

Befunds, dass die „Mundart deren sich die Poeten des XIII. Jahrhundert bedient haben, [...] durchgehends die Schwäbische" gewesen ist, eine polemische Spitze nicht versagen können: Diese angeblich deviante Sprachform sei es, die „damahls auch die Sachsen vor die beste erkennt und gebraucht haben."[349]

Doch bleibt solcher Tribut an die aktuellen poetologischen Zwistigkeiten nicht nur im Layout des Textes oder aufgrund beiläufiger Hypotaxen ephemer. Der zweite Teil des publizistischen Doppelschlags schickt sich nämlich an, „in kühner Verallgemeinerung die Probe aufs Exempel zu machen",[350] oder, wie man Wehrlis leicht windschiefe Fügung präzisieren müsste, vom soeben ‚abgezogenen' Transzendental großer Dichtung her eine historische Epoche von Literatur zu errechnen; eine Epoche allerdings, deren Zeugnisse Bodmer „*vor* seinen großen Handschriftentdeckungen"[351] und damit angesichts einer ganz und gar unhomerischen Überlieferungslage so gut wie gar nicht zuhanden sind: ‚ – – Omnis moriar – – – '. „Von den vortrefflichen Umständen für die Poesie unter den Kaisern aus dem schwäbischen Hause", so der Titel dieses „Programm[s] der für die classische Zeit des Mhd. wiedererweckenden Thätigkeit",[352] mögen zwar die „Scribenten" der Stauferzeit profitiert haben; die unter überlieferungsgeschichtlichen Vorzeichen kühne Rede davon hat aber im kontrafaktischen Modus der „Hoffnung" und unter den Bedingungen des Verlusts zu ergehen.[353] Die mitgeteilten Textkenntnisse haben sich nämlich, da ist der Poetenaufstand von Schwabes *deutschem Dichterkrieg* folgenlos geblieben, im Vergleich zu den Arbeiten der 1730er Jahre kaum geändert. Nach wie vor sind es die in den antiquarischen Studien des 17. Jahrhunderts, vor allem bei Schilter und Goldast erwähnten Autorennamen und Titel, die aufgezählt werden. Und nach wie vor gilt folgerichtig „Winsbeckes Gedichte", das bereits der *Character* paraphrasiert hat, als das „ächteste, das wir aus dem Schwäbischen Weltalter haben".[354] Doch die Argumentationsstrategien für den Umgang mit den Befunden der Überlieferung – und seien es nur die Inventare des Verlusts – sind ausdifferenziert worden. Im ersten Drittel des Aufsatzes spielt, dem Publikationskontext der vorangehenden Teilübersetzung und der gleich in einer Anmerkung zur ersten Zeile wiederholten Nennung[355] der *Enquiry* getreu, die Überlieferungsproblematik denn auch scheinbar nicht die geringste Rolle. Die

---

eine Landessprache allmählich bestiegen hat, geben ein großes Licht in den Ursachen der Regeln, und in denen Veränderungen, die sie erlitten haben" (S. 44).

[349] Bodmer: Von den vortrefflichen Umständen, S. 36.
[350] Wehrli: Johann Jakob Bodmer und die Geschichte der Literatur, S. 81.
[351] Müller: J. J. Bodmers Poetik und die Wiederentdeckung mittelhochdeutscher Epen, S. 342.
[352] Johannes Crueger: Briefe von Schöpflin und anderen Strassburger Gelehrten an Bodmer und Breitinger. In: Strassburger Studien 2 (1884), S. 440–498, Zit. S. 443.
[353] Bodmer: Von den vortrefflichen Umständen, S. 26. – Einen Überblick über den Argumentationsgang wiederum bei Pfalzgraf: Eine deutsche Ilias?, S. 76–84.
[354] Ebd., S. 34.
[355] Ebd., S. 25, Anm. Die Nennung erfolgt auch hier, der Publikation der *Enquiry* entsprechend, ohne Angabe des Verfassernamens.

2 Epochen(er)findung: Bodmers Mittelalter 167

‚Hoffnung', die der Verfasser für die Dichter dieser an Blackwells Prämissen zu überprüfenden Epoche hegt, erweist sich als ganz der Vorgabe der Gelingensbedingungen für die Entstehung von Literatur geschuldet.[356] Aber im Zuge der Ausdifferenzierung haben sich die Umstände, die noch im *Character* zur Erklärung lediglich ephemerer und den widrigen Verhältnissen abgetrotzter Lichtblicke in dunklen Zeiten herbeigezogen worden sind, zu reellen Chancen für glückende literarische Produktion verschoben:

> Damahls that die deutsche Freyheit ihr äusserstes, sich des sclavischen Jochs zu entschütten, das ihr von Rom angedrohet war. Die Deutschen waren nicht mehr diese rohen und halbwilden, die aller Gemächlichkeiten des Lebens, und politischen Veranstaltungen beraubet waren. Sie hatten friedliche Zeiten, zwischen langen und zweyträchtigen Versuchen, gehabt, wo sie es in den Künsten und Wissenschaften auf einen gewissen Grad gebracht hatten. Doch waren sie von Zucht, Höflichkeit und Ceremoniel nicht zu enge eingethan. Sie hatten noch vieles von ihrem unbändigen und ungezähmten Geist behalten, und die Schranken der Religion oder der Policey hatten die natürlichen und einfältigen Bewegungen ihres Hertzens nicht eingezwänget. Sie liessen ihren angebohrnen Neigungen insgemein den vollen Zügel und verstellten sich nicht sonderlich, daß sie anders schienen, als sie waren. Man kan sagen, daß jeder Staat sein eigener Herr war, wiewohl sie durch gewisse schwache Bande des Lehenrechtes ec. verbunden waren. Ihr Gehorsam kam allzusehr auf ihren Willen an; und eine Nation von so kriegerischem Naturell konnte diesen Willen nicht lange behalten. Die Waffen waren im Ansehen, und die Stärcke setzte einen in Besitz. Ein jeder Staat eiferte auf den andern, und versuchte, was sein Geist im Frieden, und noch lieber was seine Stärcke im Kriege vermöchte.[357]

Die zuvor aus der Blackwellschen Fallstudie abstrahierten Konturen einer produktionsbegünstigenden Umbruchzeit, die zwischen ursprünglicher Wildheit und disziplinierter Verfeinerung anzusiedeln ist, erhalten sogleich eine neue historische Ausfüllung. Diese führt zu einer knappen kulturhistorischen Skizze der Stauferzeit, in deren Zügen sich, wiewohl natürlich zu anderen Darstellungszwecken verwendet, die Eckdaten noch aktueller Epochenerzählungen wiederfinden lassen.[358] Dazu gehören die andauernden Auseinandersetzungen der staufischen Kaiser mit der päpstlichen Macht ebenso wie die landwirtschaftstechnischen und siedlungspolitischen Innovationen des zwölften Jahrhunderts, die forcierten Stadtgründungen ebenso wie die Herausbildung von Territorialfürstentümern. Eine nicht geringere Rolle spielen die Chancen eines Sprach- und Gebietsgrenzen überschreitenden

---

[356] Vgl. ebd., S. 26: „Diese Betrachtungen und andre, auf welche mich der eben erwehnte geschikte Mann geführet hat, haben mich die beste Hoffnung von den Scribenten, welche unter den Kaisern aus dem schwäbischen Stamme gelebet haben, fassen heissen."
[357] Ebd., S. 26f.
[358] Vgl. etwa Boockmann: Stauferzeit und spätes Mittelalter, S. 13–177. – „Im 12. Jahrhundert wandelte sich die Welt so rasch und vielfältig wie im Mittelalter niemals zuvor", wie Boockmann seiner Darstellung summarisch vorausschickt (S. 14). Wenn Wolfdieter Haas Gedichte Walthers von der Vogelweide zum Fokus und Anlass für eine enzyklopädische Historiographie des ausgehenden 12. Jahrhunderts nimmt (Wolfdieter Haas: Welt im Wandel. Das Hochmittelalter. Stuttgart 2002, S. 14–17), um so die „gestreckte Entwicklung" (S. 368) einer Epoche des vielfältigen Umbruchs zu beschreiben, dann entspricht dies noch, *vice versa*, dem Dispositiv der Bodmerschen Epochenkonstruktion und der Funktion, die Literatur darin zugeschrieben wird.

Kulturaustauschs durch die Mobilität des Hofes, die den Poeten mit einer „wunderbaren Mannigfaltigkeit von Sitten, Manieren, Religionen ec." konfrontiert, ihn außerdem mit den „der Deutschen martialisch[e] Geister" besänftigenden „gemässigten Landschaften Italiens" und den „lekern Früchten ihrer Felder und Gärten" bekannt macht.[359] Kurzum: Gleichsam maßgeschneidert auf die Verhältnisse der Stauferzeit aktiviert Bodmer noch einmal die ganze, zum Teil von Gewaltsamkeit, zum Teil bukolisch geprägte Dynamik, die Blackwells ‚Homeric Age' als Zeit einschneidenden gesellschaftlichen Wandels sowie glückender großer Literatur auszeichnet. Dennoch trifft es wohl kaum ins Schwarze, wenn man Bodmers Reimplementierung von Blackwells Kriterien allein an der Vorgabe misst, sie strebe danach, eine eigenständige nationalliterarische Klassik streng nach antikem Vorbild zu installieren.[360] Natürlich provoziert Bodmers Verfahren einen solchen Verdacht geradezu, ein Verfahren, das auch am Beginn des zweiten Aufsatzes scheinbar beliebig unmarkierte Übersetzungen aus der *Enquiry* zu reihen scheint und dies ausgerechnet da tut, wo der Aufsatz auf den Zustand der Sprache oder den der „Beredtsamkeit" förderlichen „politische[n] *Stylus*" der Zeit Bezug nimmt.[361] Aber genaugenommen handelt es sich bei der in den beiden Aufsätzen zu Tage kommenden Strategie gerade nicht um eine bloße Adaption des von der *Enquiry* verwendeten diagnostischen Inventars, in deren Zug Homers Name und seine Epen nur gegen die vielfach gestörte mittelalterliche Überlieferungslage ausgetauscht würden.[362] Genauso wenig hat man es mit einer eher intuitiven denn methodischem

---

[359] Bodmer: Von den vortrefflichen Umständen, S. 29f.
[360] Dieses Fazit zieht, wenn auch abwägend, Müller: J. J. Bodmers Poetik und die Wiederentdeckung mittelhochdeutscher Epen, S. 342: „Wieder muß die Autorität der Antike den Rang mittelalterlicher Dichtung begründen. Freilich: in letzter Konsequenz würde diese Umbesetzung der Blackwellschen Geschichtskonstruktion deren ursprüngliche Geltung aufheben: nicht mehr die einmalige Bedeutung Homers würde erklärt, sondern ein ‚homerisches' Zeitalter wäre eine Stufe der Entwicklung prinzipiell jeden Volkes [...]. Bodmer bleibt bei der Parallele stehen." Erst mit Herder wäre die Umbesetzung mit allen ihren Konsequenzen vollzogen.
[361] Bodmer: Von den vortrefflichen Umständen, S. 28: „Indessen war diese Sprache noch nicht so sehr auspoliert, daß sie dadurch wäre abgeschliffen und geschwächet worden. Durch die Ausputzung wird manches Wort weggeworfen, sie stekt den Menschen gleichsam in einen Sack, gestattet ihm nur eine gewisse Zahl von üblichen Redensarten, und beraubt ihn vieler nachdrucksreichen Wörter, und starker schöner Ausdrüke, welche er wagen und dabey in Gefahr stehen muß, daß sie veraltert und platt scheinen." Vgl. Blackwell: Enquiry, S. 60 u. 45f. (dort zur Beförderung der „Eloquence").
[362] Die Forschung bezeichnet Bodmers Verfahren fast einhellig als ‚Applikation' oder ‚Übertragung'; vgl. Volker Mertens: Bodmer und die Folgen. In: Gerd Althoff (Hg.): Die Deutschen und ihr Mittelalter. Themen und Funktionen moderner Geschichtsbilder vom Mittelalter. Darmstadt 1992, S. 55–80, Zit. S. 61; Schmid: Die Mittelalterrezeption des 18. Jahrhunderts, S. 60–65, der darin gar „das klassizistische Vorurteil geringer nationaler Literaturfähigkeit" am Werk sieht; Leibrock: Aufklärung und Mittelalter, S. 24; Pfalzgraf: Eine deutsche Ilias?, S. 76. Vorsichtiger ist Debrunner: Das güldene schwäbische Alter, S. 84, der von einer ‚Suche' resp. von ‚Schlüssen' spricht.

2 Epochen(er)findung: Bodmers Mittelalter

Kalkül verpflichteten Vorgehensweise zu tun.³⁶³ Der Doppelschritt von dekontextualisierender Abstraktion und rekontextualisierender Applikation, der im Ausgang von Blackwells Studie unternommen wird, verrät ein genuines, wenn auch vergleichsweise ‚kühnes' philologisches Interesse: das einer inventorischen Kompensation fehlender Überlieferung – das historische Vorhandenseinkönnen einer Literatur von Rang soll sich, ohne philologische Deckung, gleichsam ‚errechnen' lassen.³⁶⁴ Eine solche Literaturgeschichte im Potentialis trägt Bodmer denn auch sogleich nach. Nachdem er das Blackwellsche Tableau entfaltet und mit dem Hinweis auf den hohen gesellschaftlichen Stand einiger Dichter der Zeit ergänzt hat,³⁶⁵ hält er die einer derartigen Absicht zugrundeliegende Differenz von „Möglichkeit" und „Wirklichkeit" der Dichtung explizit fest:

> Man wird mit mir nicht zufrieden seyn, daß ich bloß die Möglichkeit, darinnen dieses Weltalter gestanden, auf eine vortreffliche Art zu poetisieren, angezeiget habe; man wird sagen, es sey von der Möglichkeit noch ein weiter Schritt zur Wirklichkeit [...] Aus dieser Ursache wird man von mir begehren, daß ich würkliche Muster von Schriften anzeige, welche die Würkung und Frucht meiner obigen Anmerkungen gewesen seyn.³⁶⁶

Aus der doppelten Verarbeitung ihrer altphilologischen Vorlage ziehen Bodmers Aufsätze eine Konjekturalphilologie großen Stils. Mit der ‚Möglichkeit' taucht als deren Grenzwert unversehens ein Zentralbegriff der Zürcher Ästhetik auf; als Grenzwert deshalb, weil die „Wahrheit, welche die möglichen Dinge haben", zwar Anlass für poetische Nachahmung ist, aber nicht als Regulativ für die Beschreibungen von „Geschichtschreibern und Naturkündigern" taugt, dem die philologischen Rekonstruktionen unterstellt sein müssen.³⁶⁷ Zwar wird diese Grenzfigur schon bald als Anlass für weitere und andere Figurationen mittelalterlicher Litera-

---

363 So Leibrock: Aufklärung und Mittelalter, S. 34: „Bodmer [...] gelangte durch dieses Vorgehen mehr intuitiv denn rational-empirisch zu weitreichenden und größten Teils zutreffenden Aussagen zur deutschen Literatur des Mittelalters".
364 So schon Wehrli über den „genialen Aufsatz", mit dessen Hilfe „Bodmer ein vergangenes Zeitalter errechnet wie der Astronom einen unsichtbaren Planeten". Max Wehrli (Hg.): Das geistige Zürich im 18. Jahrhundert. Zürich 1943, S. 346. – Zum wissensgeschichtlichen Umfeld dieses ‚konjekturalen Verfahrens' vgl. nochmals Kammer: Konjekturen machen (1700–1760).
365 Vgl. Bodmer: Von den vortrefflichen Umständen, S. 30f.: „Meine Hoffnung zu den poetischen Schriften dieser Zeiten hat noch einen absonderlichen Grund in der Gewohnheit derselben, welche die Poesie zu einer Profession gemachet, und zwar zu einer solchen, welche sich Freyherren, Fürsten und Grafen vor keine Schande hielten, indem sie nicht nur dieselbe schützeten und die Poeten in ihre Schlösser und Gastgebothe aufnahmen, Wettstreite unter ihnen anstellten, sich ihre Wercke öffentlich in Gegenwart der vornehmsten Gesellschaften von beyderley Geschlechte vorlesen ließen, sondern sich selber damit bemüheten, und um den Preiß sangen. Eine Gewohnheit, die sie vielleicht eben aus Sicilien, wo die Trovadori unter den neuern die frühesten gewesen, die zur Poesie ein natürliches Geschick gewiesen, herüber geholet haben."
366 Ebd., S. 32f.
367 Bodmer: Critische Abhandlung von dem Wunderbaren in der Poesie, S. 32; vgl. die maßgeblichen Ausführungen zum Wirklichen und Möglichen als ‚Gattungen des Wahren' bei Breitinger: Critische Dichtkunst. Bd. 1, S. 56–60 u. 277–282.

tur dienen, doch vorerst bleiben Bodmers Ausführungen innerhalb des von ihr umschlossenen epistemischen Territoriums.

Erst an diesem Punkt verlässt die Abhandlung *Von den vortrefflichen Umständen für die Poesie unter den Kaisern aus dem schwäbischen Hause* den eingeschlagenen Umweg über die Produktionsbedingungen von Literatur und beginnt, sich wieder – endlich – den Daten der Überlieferung zu stellen. Zur Verhandlung steht dabei nichts Geringeres als das „Recht", aus den „wenigen guten Stücken, die uns übrig geblieben sind, zu schliessen, dass noch so gute verlohren gegangen seyn",[368] und damit eine auf die Geschicke der Überlieferungskontingenz reagierende „Literaturgeschichte aus Dunkelziffern", von der die Mediävistik immer wieder umgetrieben wird.[369] Wie weit Bodmers Umbesetzung sich damit von Blackwells Programm der Erklärung homerischer Einmaligkeit entfernt hat, müsste spätestens an dieser Stelle auffallen. Das vorhandene philologische Textwissen wird zu diesem Zweck, abgestuft nach den Graden seiner Wirklichkeit, sortiert in das Verlorene, von dem allein einige Namen und Titel geblieben sind, in das Entstellte, das zwar „in dem fünfzehnten Jahrhundert im öffentlichen Druck das Licht gesehen hat", aber von den „Herausgeber[n]" durch „wichtige Veränderungen" in „Lesarten, den Wörtern und gantzen Redensarten" kontaminiert worden ist, und in jene wenigen „ächteste[n]" Belege der Literatur „aus dem Schwäbischen Weltalter".[370] Das sind zunächst, wie erwähnt, noch einmal die schon bei Goldast zu findende Winsbecke-Edition, dann der bereits im Brief an Gottsched vom 28. März 1735 angesprochene „pergamen[e] *Codex*" aus der „Königlichen Biblotheck zu Paris", von dem nun die Signatur mitgeteilt wird,[371] und schließlich zwei neue Handschriftenfunde. Dabei handelt es sich zum einen um „ein paar Hundert Zeilen auf einem zerrissenen Pergament", das Bodmer von „ungefehr in die Hände gefallen ist", und das er als Erstveröffentlichung sogleich zum Druck bringt: die im nachmals so benannten Zürcher Pergamentfragment A$_2$ überlieferten Verse aus einem höfischen Roman des Konrad von Würzburg, *Partonopier und Meliur*,[372] oder – mit Bodmers Worten – die Geschichte „von der schönen Meliure, welcher die grössesten Fürsten von Europa und Asia aufwarteten". Bereits in dem „kleinen erretteten Stücke" entdeckt das geschulte Poetikerauge „Erfindung, Sitten, und poetische Farben" sowie weitere Züge von Darstellung und Dargestelltem, die dem Suchbild des konjizierten Epos gerecht zu werden versprechen:

---

[368] Bodmer: Von den vortrefflichen Umständen, S. 34.
[369] So die großartige Formulierung von Max Wehrli: Literatur im deutschen Mittelalter. Eine poetologische Einführung. Stuttgart 1984, S. 25.
[370] Bodmer: Von den vortrefflichen Umständen, S. 33f.
[371] Ebd., S. 35: „gestalten nicht unbekannt ist, daß in der Königlichen Bibliotheck zu Paris *Num.* 7266. ein pergamener *Codex* ist, worinnen eine grosse Anzahl Poesien aus dem hohenstaufischen Weltalter zusammengeschrieben sind."
[372] Zürich, Zentralbibliothek Cod. C 184, Bl. 28. Vgl.: Konrads von Würzburg „Partonopier und Meliur". Aus dem Nachlasse von Franz Pfeiffer u. Franz Roth hg. v. Karl Bartsch. Berlin 1970 [ND der Ausg. Wien 1871].

Erfindung in Meliurens Worte, einen von den christlichen oder den saracenischen Fürsten zum Gemahl zu erwehlen, welches einige Aehnlichkeit mit Penelopens Versprechen hat, und vielleicht mit gleichmässigem Zwang, Bedingung, und Umständen, wie bey dieser begleitet gewesen; in Partenopiers heimlichen Abschied, und heimlicher Wiederkunft, welche uns einen Knotten in dem Gedichte zu vermuthen giebt; in der freundlichen Vermischung der Saracenen und der Christen, welche etwas neues und seltsames in sich hat. Sitten haben wir in eben dieser Vermischung, und ferner in dem freundschaftlichen Betragen Partenopiers und Gaudins, in des Kerlinger-Königs Hasse gegen Meliuren, un[d] Meliurens Furcht vor demselben. Poetische Farben finden sich in der Beschreibung der Gegenden, der Kleidungen, der Zurüstungen, der Eintheilung des Turnieres. Die Sprache zur Ausdrükung aller dieser Dinge fehlte dem Verfasser nicht, und wann wir sie als eine fremde oder gar als eine todte Sprache ansehen, und die Begriffe mit den Wörtern verknüpfen, welche zur Zeit, als sie noch geredet ward, damit verknüpfet waren, so werden wir keinen schlechten Geschmack darinnen finden.[373]

Zum anderen bietet der Aufsatz zwei Fabeln, mithin das gattungspoetische Elementarstück im Vergleich zum erhabenen und großangelegten Epos, aus einem in der „Bürgerbibliothek zu Zürch" aufbewahrten „*Codex* von Papier", angesichts dessen anstelle einer Emphase der Invention bereits knappe Vorausdeutungen auf die bodenständigeren Kommentierungstechniken philologischer Kritik entfaltet werden. Bodmer lokalisiert ihn in der Gattungstradition, markiert die Differenz zwischen der Datierung des Codex – 1424, wie der in der Vorrede der *Fabeln aus den Zeiten der Minnesinger* zitierte Passus verrät[374] – und dem errechneten Entstehungsdatum (eine Hypothese von beschränkter Haltbarkeit, die Lessings Kritik an der Frühdatierung dieser Fabeltradition bekanntlich als nicht „historische[n] Beweisgrund", sondern als „Decision des Geschmacks"[375] entlarven wird) und merkt die Fehleranfälligkeit handschriftlicher Überlieferungsverhältnisse an, um dann die Eignung dieser Sammlung, den Prämissen der Poetik getreu, aufgrund der in ihr zutage tretenden „natürlichen Einfalt und ungekünstelten obgleich nachdrücklichen Erzehlung" im Lektürepensum „neuangehend[er] Scribenten" herauszuheben.[376]

---

[373] Bodmer: Von den vortrefflichen Umständen, S. 36f., Textabdruck S. 38–46. – Vgl. für einen Detailüberblick zu den wiedergegebenen Versen Pfalzgraf: Eine deutsche Ilias?, S. 79–81.

[374] „Das Alter desselben ist am Ende mit diesen Worten angezeigt: *Explicit Esopum theuthunicalem rigmatice nec non prosayce scriptum per me Volricum Buolman Anno Domini Millesimo quadrincentesimo vicesimo quarto, hora decima die nona post festum sancti Vodalrici Deo gratias.*" (Bodmer: Fabeln aus den Zeiten der Minnesinger, S. *4).

[375] Gotthold Ephraim Lessing: Über die sogenannten Fabeln aus den Zeiten der Minnesinger. Zweite Entdeckung. In: Werke und Briefe in zwölf Bänden. Hg. v. Wilfried Barner u. a. Bd. 10: Werke 1778–1781. Hg. v. Arno Schilson u. Axel Schmitt. Frankfurt a.M. 2001, S. 105–138, Zit. S. 130.

[376] Bodmer: Von den vortrefflichen Umständen, S. 48: „In der Bürgerbibliothek zu Zürch wird ein *Codex* von Papier aufbehalten, worinnen eine ziemliche Anzahl Fabeln aus Avienus [sic!] und andern in deutschen Versen enthalten ist. Der Sprache und Orthographie nach hat der Verfasser des Wercks zu den Zeiten Kaiser Rudolfs des ersten aus dem Hause Habsburg gelebt, wiewohl das Buch zu hundert Jahren später, und zwar nicht von dem geschicktesten Abschreiber geschrieben ist. Es verdiente wegen seiner natürlichen Einfalt und ungekünstelten obgleich nachdrücklichen Erzehlung von unsern neuangehenden Scribenten gelesen zu werden." – Als „lehrreiches Wunderbares" definiert bekanntlich Breitinger: Critische Dichtkunst. Bd. 1, S. 166, die Fabel. Sie erlaubt Einübung (poetischer) Tugenden im Kleinen, denn ihre „Moralität […] ist eben dieselbe wie in den grossen Gedichten, der Tragödie und der

2.4 Vergegenwärtigungsprogramme (1): Barden und Rhapsoden

Eine Zwischenbilanz für Bodmers bisher dargestellte Auslassungen zur Programmatik literarischer Überlieferung fiele bedenklich aus, müssten sich ihre Ergebnisse über den Leisten einer theoretischen Systematisierung oder konsistenten Modellbildung schlagen lassen. Vom moraldidaktisch gefärbten Misstrauen gegenüber den kontingenten Geschicken eines memorialen Fortlebens, wie es die *Discourse der Mahlern* artikulieren, über die unterschwellige Klage des *Characters* angesichts der Nachlässigkeit und Böswilligkeit potentieller Überlieferungsagenten zu einer Epochenrekonstruktion, die den Kontrast zwischen den Entstehungsbedingungen möglicher und den Überlieferungsbefunden vorhandener Literatur allein noch zum Anlass inventorischen Kalküls nimmt, führt kein argumentativ konsistenter Pfad – ja mehr noch: Über diese heteronomen Etappen kann kein solcher führen. Was sich in den Sprüngen der diskursiven Einsätze abzeichnet, in denen sich Bodmer auf dem Territorium des kulturellen und literarischen Gedächtnisses bewegt, ist denn auch alles andere als der beständige Gang einer historisch gesättigten Theorie der Texttradierung, die etwa die konkreten editorischen Unternehmungen der Zürcher in den 1740er und 1750er Jahren zu unterfüttern oder auch nur vorzubereiten hülfe. Das wird sich – es sei vorausgeschickt – auch in den weiteren einschlägigen Arbeiten nicht ändern. Im Gegenteil: Das bereits außerordentlich bewegliche Heer der Aussagen zur Überlieferung wird fortan womöglich noch flexibler eingesetzt, die Umstände seines Erscheinens in den poetischen Debatten der Zeit werden noch überraschender, und selbst die epistemischen Grenzen der Historie, die es bis dato noch eingehalten hat, wird es alsbald überschreiten. Gleichzeitig werden – um im Bild zu bleiben – aber auch die bereits diskursiv befestigten Orte, an denen sich gerade in der Auseinandersetzung mit der deutschen Literatur des Mittelalters die Frage nach der Überlieferung erst gestellt hat, weiter ausgebaut; insbesondere gilt dies für die epochale Eigenständigkeit des ‚schwäbischen Zeitalters' und die dadurch historisch zu legitimierende und gegen die aktuellen Hegemonieansprüche der Leipziger zu verteidigende sprachliche Diversität.

Betrachtet man allerdings die implizite funktionale Diversifizierung, die das Argument der Überlieferung in den betreffenden Ausführungen erfahren hat, so kann man dennoch von einer reflektierten Verschiebung sprechen – oder ihr zumindest mit guten Gründen eine Serie geschickter strategischer Umakzentuierun-

---

Epopee, sie bestehet in der Ausbildung des Charakters, der in dem Begegniß vorgestellet wird; es ist nur der Unterschied, daß sie in der äsopischen Fabel in kleinen Zügen und Stücken des Charakters befindlich ist, anstatt daß sie sich in jenen grossen Werken in dem ganzen Umfange eines Charakters, nach dessen verschiedenen Gesichtspunkten, erzeiget." Damit ist sie vorzüglich „für die Kinder gewiedmet [...], sie seyns an Alter oder an Verstande" – oder eben an Übung (Bodmer u. Breitinger: Critische Briefe, S. 179 u. 171).

2 Epochen(er)findung: Bodmers Mittelalter 173

gen unterstellen. Dem *Discours* von der eitlen Vergeblichkeit der menschlichen Bemühungen um Nachruhm haben vor allem anderen der Lauf der Zeit und deren an allen Materialien nagende Gefräßigkeit als natürlicher Verhinderungsgrund überliefernder Bewahrung gegolten. Das auf genuin kulturelle Verhinderungsleistungen fixierte Gegenstück dazu bildet die Erzählung von den mönchischen Postbarbaren im *Character*. Vermitteln lässt sich dies epistemologisch durch den Perspektivenwechsel weg von der Aufmerksamkeit für Überlieferungsverhinderung hin zu den Bedingungen von Überlieferungsfähigkeit. Diese Verschiebung wird vollzogen, indem Bodmer sich in der Auseinandersetzung mit Blackwells Thesen eine Abkehr von seinem anfänglich jeweils monokausalen Bedingungsgefüge ermöglicht und damit seine Interessen auf grundlegende Weise von der Deskription des Singulären auf die Erklärung des Seltenen verlagern kann: Überlieferung ist nun, im Rücken der auf dem sichereren Fundament einer anthropologischen Ästhetik bauenden Kritik, die Grundlage von (ebenfalls) anthropologischer Erkenntnis, die man natürlichen und kulturellen Unsicherheitsfaktoren gleichermaßen abzutrotzen wie zu verdanken hat. Dabei rangiert das Gefüge der Gelingensbedingungen als Verlustdrohung und Verheißung von Findeglück zugleich. Glückende Überlieferung im engen philologischen Sinne bietet – das wird die hier aktualisierte Formulierung ihrer Doppelzeitlichkeit sein – die Chance einer historisch-diachron gedeckten Wahrheit vom Menschen in der seltenen Synchronie ihrer textuellen Gegenwärtigkeit. Glückende Überlieferung in weiterem Sinne beansprucht, wie die Vorrede von Bodmers *Historischen Erzählungen die Denkungsart und Sitten der Alten zu entdecken* festhält, nichts Geringeres, als anhand „kleiner, nacketer, das Herz verrathender, Geschichtgen" aus dem Fundus der (dort vornehmlich alteidgenössischen) Geschichte „den Menschen in Umständen und Stunden" zu zeigen, „wo er nichts ist als der Mensch, Er selbst und kein andrer, in der wahren Gestalt seines Herzens und seines Kopfes erscheinet."[377] Überlieferung arbeitet so dem bereits bekannten Programm der Charakteristik zu, dessen Ausgangsbedingung der Augenzeugenschaft sich nun aber ebenso gut auf Schriften wie auf Sitten beziehen kann und dessen restriktiver Zuschnitt sich damit entscheidend entschärft hat. Entsprechend kommt auch das ansonsten allenthalben diskreditierte staubige Gelehrtenhandwerk des Philologen zu neuen anthropologischen Ehren: „Was für so manchen blosse Handarbeit ist", so bringt es das Lob eines Schülers für Bodmers philologisch-historische Arbeiten auf den epistemologisch entscheidenden Punkt, „war für ihn Experimental-Seelenlehre; Muth genug hatte er, unter dem Urkundenstaube die Ahnen und die Vorwelt gleichsam aus dem Grabe zu wecken, indem er

---

[377] Johann Jakob Bodmer: Historische Erzählungen die Denkungsart und Sitten der Alten zu entdecken. Zürich 1769, S. ix u. v.

ihre Sitten und Gesetze, ihren Geist und ihre Sprache in jeder noch so verblichenen Farbenmischung studirte."[378]

Der Modus, in dem die Aufbereitung dieser Überlieferungsereignisse ergeht, heißt denn auch – fernab vom historistischen wie vom differenzbewusst hermeneutischen Imperativ der sich zwei Generationen später ausdifferenzierenden Literaturwissenschaften und dem eben erwähnten Titelprogramm getreu – Vergegenwärtigung.[379] Das sich darin artikulierende Präsenzbegehren richtet sich allerdings keineswegs primär auf den Text, sondern zuallererst auf die Überlieferungsträger selbst. Genauer heißt das bei Bodmer: auf eine philologisch naheliegende Figuration dieser Überlieferungsträger in Form von Codices und die eher ungewöhnliche Vorstellung einer inkorporierten Überlieferung in der Figur des Rhapsoden. Dass dabei, vor allem in der zweiten dieser Figurationen, nicht immer die philologische Seriosität des post-Lachmannschen Zeitalters waltet, kann kaum überraschen. So treibt, will man den Berichten der *Freymüthigen Nachrichten* vom Mai 1745 Glauben schenken, auf dem St. Galler Markt ein „Bänkelsänger" sein Wesen, der in geradezu penetranter Durchsichtigkeit alle Details eines Blackwellschen Homer-Wiedergängers in sich zu vereinen scheint und der dementsprechend „seit etlichen Wochen eine Gemüthslust" erzeugt, „von der ich zweifle, daß man seit Homers Zeiten dergleichen gehabt habe" (S. 140):[380]

> Es ist ein Mann unter dreyssig Jahren, wohlgewachsen, mit einer edeln Mine, feurigen Augen, langen Haaren von Kastanienfarbe, die in krausen Locken auf die Schultern fallen. Er hat sich auf einer Bühne, die ungefehr sechs Schuhe hoch ist, ein kleines Gezelte von grünen wollenen Zeuge aufschlagen lassen; wenn die Vorhänge an demselben aufgezogen werden, so sieht man innerhalb einen breiten Sessel von schwarzgebeiztem Holze, mit zierlich geschweiften Ausschnitten; danebst steht ein Tischgen von Japanischer Arbeit auf einem Fußgestelle mit drey Löwenpfoten; darauf liegt ein Cimbal von einer besondern Art, wie ein Hakbrett, das aber Darmsaiten hat, und zwar in einer erstaunenden Menge und Länge. Zu beyden Seiten des Sessels sind hervorwärts zwo wohlgemachte Statuen von Marmor in Lebensgrösse hingestellt, eine ist Homers, die andere des Alzeus [sic!]. Der Barde ist in einen langen orientalischen Talar gekleidet, und trägt auf dem Haupte allein einen grünen Lorberkranz. (S. 140)

Die im Ortlosen bleibende Herkunft des Barden korrespondiert mit dieser wahrlich synkretistischen Aufmachung. Das unabhängige Leben als fahrender Sänger ist in seinem Fall *contra* Blackwell nicht Folge armer Geburt, sondern wird „aus freyer Wahl" (S. 141) geführt, ermöglicht durch einen rätselhaften Wohlstand, dank wel-

---

[378] Leonhard Meister: Ueber Bodmern [...]. Nebst Fragmenten aus seinen Briefen. Zürich 1783, S. 21.

[379] Vgl. die Einleitung oben S. 3f., sowie Hans Ulrich Gumbrecht: Die Macht der Philologie. Über einen verborgenen Impuls im wissenschaftlichen Umgang mit Texten. Frankfurt a.M. 2003, S. 16–19.

[380] Vgl. Freymüthige Nachrichten von Neuen Büchern, und andern zur Gelehrtheit gehörigen Sachen. 2 (1745). 18. bis 21. Stück. 5. bis 26. Mai, S. 140f., 148f., 157–159 und 163–165, daraus in den nächsten beiden Absätzen die Seitenzahlen im fortlaufenden Text. – Zu Bodmers diversen ‚Rhapsoden'-Projekten vgl. die Überblicke bei Leibrock: Aufklärung und Mittelalter, S. 128–132 und Debrunner: Das güldene schwäbische Alter, S. 122–124.

chem der Bänkelsänger nicht mehr nur in höfischen Versammlungen, sondern ebenso auf dem bürgerlichen Marktplatz seine Vortragszelte aufschlagen kann. Man hat es in politischer und ökonomischer Hinsicht mit einem aufgeklärten Bardenexemplar zu tun, das gleichwohl alle rhetorischen Kniffe einer bewegenden Vortragsart kennt und zum Einsatz bringt. Wenn er auf der Bühne „seine Gedichte stehend hersaget, oder vielmehr hersinget", dann setzt dieser Barde auf wirkende Form anstatt auf poetisches Regelgerüst: „[W]iewohl er die Sylben eben nicht nach den Noten dähnet, und trillert, so weiß er doch der Stimme durch ihren hellen Klang und dessen unbeschreibliche Veränderungen eine musicalische Symphonie mitzutheilen." Seine „Beredtsamkeit" erhält überdies durch „geschickt nach der Materie seiner Gedichte eingerichtet[e]" Mimik und Gestik ein „zweytes Leben". Die aufgeführten Gedichte halten sich nicht minder auf der Höhe der Zeit; sie sind „Erzehlungen moralischer und physicalischer Stücke, die aber auf eine poetische und allegorische Art ausgebildet sind." Entsprechend lebhaft ist ihre metrische und syntaktische Gestaltung: „Die Verse sind zehnsylbigte, welche die Pause auf keinem beständigen Sitze haben, die Sätze aus einer Zeile in die andere hinüber werfen, und den Reim mit der Sorgfalt vermeiden, mit welcher ihn die gedrückten Poeten suchen" (S. 140).[381] Weitere Gründe und Folgen der bardischen Existenzwahl allerdings sind exakt die, die man nach Blackwells *Enquiry* erwartet: die Suche nach dem imaginationssteigernden Ausnahmezustand in „Begegnissen [...], welche die Affecten in Feuer setzeten, Ueberfälle, Fluchten, Belägerungen, Auszüge, Befreyungen" (S. 148), sowie die Kenntnis fremder Sitten aus erster Hand und der daraus gewonnene unmittelbare Eindruck von allerlei menschlichen Dingen und Verhältnissen. Natürlich genießt auch der vorgeblich in St. Gallen aufgetauchte Bänkelsänger gerne den Kontrast von einsamer Reise und festlichen Vorträgen, natürlich erfreut auch er sich der gesundheitsfördernden Begleiterscheinungen seiner Lebensweise. Seine enzyklopädische Kenntnis aller menschlichen Verrichtungen und Techniken hat ihm eine „unendliche Wissenschaft aller Wörter" verschafft, „so dienen die absonderlichsten Arten der Bewegungen und Stellungen auszudrucken; und er weiß daher ganz neue und eben so deutliche Metaphern herzuleiten" (S. 149). So schwer die geographische Herkunft des Barden dem Berichterstatter auch zu bestimmen zu sein scheint, umso einfacher ist die literarisch-poetologische Heimat dieses posthomerischen Revenants zu erkennen. Sie ist in allen nur erdenklichen Belangen an den Programmen der Zürcher bemessen und

---

[381] Darauf, dass Bodmers Barden-Figurationen keineswegs „den Schluß" erlauben, „sein Poesiebegriff negiere die modernen Literaturverhältnisse grundsätzlich", hat bereits Schlegel: Sich „von dem Gemüthe des Lesers Meister" machen, S. 22, hingewiesen. Vielmehr sei er als Ausdruck „einer zwischen den literaturgesellschaftlichen Konstellationen der Moderne und Vormoderne vermittelnden Position" zu verstehen (ebd.). Befreit man sich noch ein Stück weiter von den Fortschrittserzählungen traditioneller Literaturgeschichte, so erweist sich die Vergegenwärtigungsfunktion der Barden-Figurationen leicht als Projekt einer Steigerung gerade der ‚modernen Literaturverhältnisse' durch Implementierung ‚vormoderner' Komponenten und Strukturen.

expliziert somit die potentielle Wahlverwandtschaft, die zwischen diesen und Blackwells Ausführungen bereits bestanden hat. Seinen spezifischen „Doppelstatus" erhält dieses Journal-Fake[382] damit als Figuration einer überlieferungsfunktionalen Vergegenwärtigung, die eine Aktualität historischer Einsicht beim Wort nimmt und nicht als Ergebnis philologischer Mühe, sondern als aufmerksame Wahrnehmung eines gelehrten Wochenschriftkorrespondenten präsentiert – mit anderen, das heißt, den Worten eines Beobachters nächster Ordnung: dadurch, dass es die Funktion der Überlieferung über den Grenzwert der Möglichkeit hinaustreibt. Einer *mise en abyme* gleich wiederholt sich diese Vergegenwärtigungsstrategie in der Erzählung selbst, wenn der Bänkelsänger über seine Reise in die Schweiz – die ja nun gerade in den patriotischen Imaginationen des 18. Jahrhunderts ganz und gar ohne das Blackwell-Bodmersche Privileg eines politischen Ausnahmezustands auskommen muss – berichtet, „daß er jetzo auch mit Völkern Bekandtschaft suchete, die im Schoosse des Friedens sässen, und in der Freyheit lebeten; welche sich mit der Viehzucht, der ersten Lebensart der Menschen, nähreten, und übrigens mit guter Policey und Ordnung versehen wären" (S. 148). Nirgends sonst wären solche Verhältnisse eher anzutreffen als bei den „edlen Wilden in den Alpen",[383] die spätestens seit Scheuchzers Naturgeschichte gleichsam als lebendig inkorporierte, zugleich natürliche und kulturelle Überlieferungszeugnisse gelten dürfen; in einer Schweiz, die dem Rhapsoden „zugleich durch ihre Lage und Berge eben so seltsame Phänomena der Natur vor Augen legete, als in dem moralischen und politischen Wesen vorhanden wären" (S. 148). An dieser Stelle verbindet sich das Vergegenwärtigungsphantasma eines kulturgeschichtlichen Überlieferungsdesigns ganz zwanglos mit der Überlieferungsgeschichte der (alpinen) Natur, die Bodmers Landsmann und Namensvetter Johann Jacob Scheuchzer wenige Jahrzehnte zuvor angefertigt hat.[384]

Konsequenterweise erkundet denn auch der „wackere Fridolin", die nächste und nun explizit in ein literarisches Spiel der Referenzen eingebettete Präsentation eines solchen Wanderpoeten, nicht nur die Schweiz, sondern stammt ebendaher. Ort seines Erscheinens ist der wohl von Bodmer und Wieland gemeinsam verfasste, 1755 aus guten Gründen anonym publizierte poetologische Briefroman *Edward Grandisons Geschichte in Görlitz*.[385] Dort, so das formal zumindest im Verhältnis

---

[382] Vgl. zu diesem Begriff und seiner Spezifik Stefan Römer: Künstlerische Strategien des Fake. Kritik von Original und Fälschung. Köln 2001, S. 9–18, Zit. S. 17.

[383] So die Formel von Debrunner: Das güldene schwäbische Alter, S. 7–20, für diesen zweiten großen Vergegenwärtigungsdiskurs (nicht nur) in Bodmers Œuvre. Vgl. dazu auch Hans Trümpy: Die Entdeckung des ‚Volkes'. In: Ernest Giddey (Hg.): Préromantisme en Suisse? – Vorromantik in der Schweiz? Fribourg 1982, S. 279–293.

[384] Vgl. Johann Jakob Scheuchzer: Beschreibung der Natur-Geschichten des Schweizerlands. 2 Bde., Zürich 1706–07 und unten Kap. II.2.

[385] [Johann Jakob Bodmer u. Christoph Martin Wieland:] Edward Grandisons Geschichte in Görlitz. Berlin 1755, S. 51. Zitate daraus werden bis zum Ende dieses Abschnitts mit Seitenzahlen im fortlaufenden Text nachgewiesen. – Zu Verfasserfrage und Faktur des Texts

2 Epochen(er)findung: Bodmers Mittelalter

zum Wiederaufguss der altbekannten Streitpunkte zwischen den Zürchern und der Gottsched-Schule – denen die Briefe ansonsten kaum eine neue Volte beizufügen vermögen[386] – einigermaßen originelle Ausgangsarrangement, trifft ein junger Schweizer namens Martin Kreutzner auf den Freiherrn von Schönaich, *Hermann*-Verfasser und erklärter Leipziger Parteigänger,[387] und den Titelhelden, den intertextuell in jeder Hinsicht „erstgebohrne[n] Sohn" (S. 2) des Charles Grandison, seinerseits Titelheld von Richardsons eben erschienenem Briefroman.[388] Der besagte Rhapsode Fridolin und später Gottsched stoßen dazu, und es entfacht sich der zu erwartende Grundsatzstreit *in poeticis*, von dem Martin Kreutzner seinem Zürcher Briefpartner Heinrich Fischer in fünf Briefen Bericht erstattet. Ein sechster Brief des Edward Grandison an einen in Italien weilenden Vertrauten mit dem Namen Patridge Sawnders, eine weitere Reverenz an *Grandison*, spielt die Rolle des Schiedsrichters, die zum erwarteten, immerhin weitgehend auf polemische Überzeichnungen verzichtenden[389] Ausgang führt; der siebte und letzte Brief bietet,

---

vgl. Fritz Budde: Wieland und Bodmer. Berlin 1910, S. 103–129, sowie die akribische, Budde widersprechende Aufarbeitung bei Arthur Hordorff: Untersuchungen zu „Edward Grandisons Geschichte in Görlitz". In: Euphorion 18 (1911), S. 68–89, 381–406, 634–657 und 19 (1912), S. 66–91; allgemein zum Verhältnis von Bodmer und Wieland Egon Freitag: ‚Welch ein himmlischer Affekt ist die Freundschaft? Wie schön kann sie edle Seelen bilden?' Christoph Martin Wieland und Johann Jakob Bodmer. In: Ferdinand van Ingen u. Christian Juranek (Hg.): Ars et amicitia. Beiträge zum Thema Freundschaft in Geschichte, Kunst und Literatur. Amsterdam u.a. 1998, S. 535–549.

[386] „Das ganze Werkchen", so annonciert Wieland in einem Brief an Gleim das Programm und die Absicht des Texts, „enthält zusammengenommen eine ziemlich vollständige Aufklärung der meisten streitigen Puncte, und greift viele Hindernißte des guten Geschmaks kühnlich an; und die Art der Einkleidung wird es, wie ich hoffe auch solchen Lesern empfelen, die sonst über Streitschriften hinwegzusehen pflegen." (Christoph Martin Wieland an Johann Wilhelm Ludwig Gleim, 21. Januar 1755. In: Hans Werner Seiffert (Hg.): Wielands Briefwechsel. Bd. 1: Briefe der Bildungsjahre (1. Juni 1750–2. Juni 1760). Berlin 1963, S. 223). Dem entspricht, wie Hordorff: Untersuchungen, gezeigt hat, die Faktur des Texts, ein „kunstvolle[s] Mosaik", in das „nicht nur Anklänge an und Auszüge aus alten Bodmerschen Briefen, Aufsätzen, Rezensionen, Vorreden, poetischen und prosaischen Werken, aus Gottscheds Lehrbüchern, aus seinen Vorreden und Rezensionen, aus Wieland, Pope, Richardson, sondern auch Auszüge aus den Zeitschriften der Schweizer und der Leipziger" (S. 72f.) eingearbeitet sind.

[387] Vgl. Christoph Otto Frhr. von Schönaich: Hermann oder das befreyte Deutschland. Ein Heldengedicht, Leipzig 1751; ders.: Die ganze Aesthetik in einer Nuß, oder neologisches Wörterbuch [...], [1754]. Mit Einleitung und Anmerkungen hg. von Albert Köster. Nendeln 1968 [ND der Ausg. Berlin 1900].

[388] [Samuel Richardson:] The History of Sir Charles Grandison. In a Series of Letters. Published from the Originals. 7 Bde. London 1753–54; Edward Grandisons Geschichte erscheint quasi gleichzeitig mit der ersten deutschen Übersetzung: Geschichte Herrn Carl Grandison. In Briefen entworfen von dem Verfasser der Pamela und der Clarissa. 7 Bde. Leipzig 1754–55.

[389] Vgl. Lessings Rezension in der *Berlinischen privilegirten Zeitung* vom 29. Mai 1755. In: Ders.: Werke und Briefe in zwölf Bänden. Hg. v. Wilfried Barner u. a., Bd. 3: Werke 1754–1757. Hg. v. Conrad Wiedemann unter Mitwirkung von Wilfried Barner u. Jürgen Stenzel. Frankfurt a.M. 2003, S. 394f., zur „kleine[n] Geschichte des Geschmacks unter den Deutschen", die er „nirgends so kurz, so deutlich, so bescheiden, als in diesen wenigen Bogen,

das Adressierte kommentierend, Fischers Antwort aus dem Appenzellischen Trogen, wo sich der Schreiber samt einigen Freunden zu Kurzwecken „aus dem sanftsiedenden Kessel" die „dünn[e], süss[e], bluterfrischend[e] Molken" (S. 105) kredenzen lässt und wo schließlich Bodmer und Wieland die metaleptische Inszenierung der Romanfiguren komplettieren.[390] Der Ort dieser Molkenkur, eine „rußig[e] Cabane" auf dem Gäbris, ist Fridolins „Geburtsort", der dort residierende „eißgrau[e] Senne" (S. 74f.) sein Vater. Allein schon die Genealogie dieses Barden bietet also Gewähr für den „abtruck der alten Schweizerischen und redlichen Einfalt",[391] den der helvetisch-patriotische Vergegenwärtigungsdiskurs des 18. Jahrhunderts in alpinen Sennhütten auszumachen behauptet und der nun explizit das Präsenzbegehren von Bodmers Überlieferungsfiguration mitmotiviert. Doch auch die anderen Kriterien aus dem Gelingensmodell, das eine glückende, nun aber ausschließlich rhapsodische Leistung garantieren soll, dürfen nicht fehlen. Eine „gewisse Schnelligkeit der Sinnen" (S. 40), Gedächtnis und Stimme gehören zu den Vermögen des jungen Rhapsoden ebenso wie eine „natürlich[e] Geschicklichkeit im Erzählen" (S. 76). Kriegserlebnisse und Unterrichtung „in allen adelichen Exercitien", die er in Diensten eines ausgerechnet „Sächsischen Cavalier[s]" (S. 75) erhalten hat, speisen seinen Erfahrungsschatz. Auf diesen Grundlagen erfolgt die Programmierung zum Rhapsoden durch Philokles[392] – sie komplettiert die Herausbildung jenes in jedem nur erdenklichen Wortsinn „wohlgemachte[n] junge[n] Mann[s]" (S. 39f.), als der Fridolin zur Görlitzer Versammlung stößt. Philokles vermittelt dem angehenden Barden Einsicht in poetische Grundsätze, füllt den Gedächtnisspeicher mit „etlichen tausend Versen" aus Bodmers Patriarchaden und anderen Werken „aus Zürich" (S. 78f.), sorgt schließlich für die Ausstaffierung: „Damit er ihm schon durch das Aeusserliche ein Ansehen machte, ließ er ihm einen morgenländischen Talar und Unterkleider machen, die zugleich die orientalischen Character seiner Poesien und ihre eigene Denkungsart und Sitten verkündigten" (S. 78).

In Fridolins Präsentation aber wird, so ähnlich sein Erscheinungsbild dem St. Galler Bänkelsänger auch sein mag, eine gewichtige Verschiebung des Paradigmas

---

vorgetragen" sieht. Noch Budde: Wieland und Bodmer, nennt den *Grandison* die „beste aller Streitschriften, die zwischen Zürich und Leipzig gewechselt worden sind" (S. 103).

[390] Ein weiterer, achter Brief (Martin Kreuzner an Heinrich Fischer), der für die hier zu diskutierenden Aspekte des Texts allerdings ohne Belang ist, wird in den Freymüthigen Nachrichten 13 (1756) erscheinen.

[391] So Scheuchzers Definition des Sennen: Beschreibung der Natur-Geschichten des Schweizerlands. Bd. 1, S. 31.

[392] Eine weitere Figurenmetalepse, wie etwa aus Wielands Brief an den im Zürcher Kreis eben so genannten Laurenz Zellweger, in dessen Trogener Haus man sich zwecks der einschlägigen Molkenkuren versammelt hat, deutlich wird; vgl. Christoph Marin Wieland an Laurenz Zellweger, 27. Juni 1753, in: Wielands Briefwechsel. Bd. 1, S. 169f. sowie den Kommentar, Wielands Briefwechsel. Bd. 2: Anmerkungen zu Band 1. Hg. v. Hans Werner Seiffert. Berlin 1968, S. 184f., sowie Peter Faessler: Die Zürcher in Arkadien. Der Kreis um J. J. Bodmer und der Appenzeller Laurenz Zellweger. In: Appenzellische Jahrbücher 1979, S. 1–47.

2 Epochen(er)findung: Bodmers Mittelalter

kenntlich, die neben Blackwell und dessen Modellierung durch Bodmer einen weiteren Bezugstext mitsamt neuen Kategorien zuerst andeutet und schließlich benennen wird (vgl. S. 52f.):

> Meine Herren, sie haben von Rhapsodisten gehört, einem Geschlecht Menschen, das in den glücklichen Zeiten, da die Wissenschaften in den freyen griechischen Staaten in der schönsten Blüthe standen, in grossem Ansehn waren, und nicht unverdient, wenn es die Wahrheit war, was sie sich rühmten, daß sie, wie die Poeten, deren Gedichte sie hersagten und erklärten, von den Musen begeistert wären, und daß ihnen von Geschäften und Künsten zu reden gegeben würde, welche sie niemals gelernet hätten. Ich bin kein Dichter; keine Muse hat mich gewürdiget, einen geheimen Umgang mit mir zu haben, und mir Geschichten oder Gedanken der Engel und Geister zu offenbaren, welche gewöhnlichen Menschen unerforschlich wären. Aber der Vater aller Menschen hat mir bey der Geburt ein biegsames Herz, eine gewisse Schnelligkeit der Sinnen, Gedächtniß und Stimme gegeben; ich kan den Werken der Muse, die sie ihren Lieblingen geschenket hat, in alle Schwünge ihrer Neigungen und Gedanken, und in die feinsten Züge ihrer Vorstellungen nachfolgen, ich kan ihre erhabnen Gedichte ohne Mühe auswendig lernen, und mit einiger Anmuth recitiren. Und mein göttlicher Schutzengel, der über mich wachet, hat mir die Gunst von ein paar Lieblingen der Muse zugewandt, welche mir die Gedichte, die sie allererst von der begeisternden Göttin gehört haben, zu meinem Gebrauche mittheilen. Mit ihrem Geschenke ausgerüstet, habe ich mich unterstanden, die Lebensart der Rhapsodisten nach einem Untergang von vielen Jahrhunderten wieder zu versuchen, wiewohl mit geringern Gaben als denen, die sie sich rühmten, von den Göttern empfangen zu haben. (S. 40f.)

In aller Deutlichkeit behauptet Fridolin die Wiederbelebung einer Rezitationskunst, die sich allerdings nicht mehr, wie es des Sokrates Einwände gegen die von Ion erhobenen Ansprüche einer „Kunst und Wissenschaft" ($\tau\acute{\epsilon}\chi\nu\eta$ $\kappa\alpha\grave{\iota}$ $\dot{\epsilon}\pi\iota\sigma\tau\acute{\eta}\mu\eta$) des Rhapsoden[393] dargelegt haben, auf die „Ausnahmezuständ[e] des Enthusiasmus",[394] sondern auf das ‚individuelle Allgemeine' seines Vermögens beruft. Der Text wiederholt somit Blackwells programmatische Zurückweisung übernatürlicher Erklärungsmodelle für die andere Seite in der herkömmlichen Differenzierung von Dichter und Rhapsoden – eine Differenzierung, die von der *Enquiry* bei ihrer Erklärung homerischer Einzigartigkeit ohne Schaden vernachlässigt worden ist. Während aber der Bänkelsänger auf dem St. Galler Markt noch „*seine* Gedichte [...] hersinget"[395] – seine gesamte Existenz ist ja auf die Anreize zu dichterischem Schaffen ausgerichtet –, beruft sich Fridolin auf eine Arbeitsteilung, die zwischen Dichtung und Vortragskunst nicht nur strikt trennt, sondern erstere zugleich in der Intransparenz der Rede von den inspirierten ‚Musenlieblingen' zu belassen und somit hinter die Einsichten von Bodmers Umweg über die Thematisierung textueller Produktionsbedingungen zurückzufallen scheint. Nur als halbwegs Eingeweihter und Parteigänger kann etwa Martin Kreutzner „[n]ach allen Anzeigen" darauf schließen, dass es sich bei den Dichtern um „keine andere[n]" handeln kann „als unsre Freunde in Zürich B. und W." (S. 52); rätselhaft bleibt ihm allein der

---

[393] Vgl. Platon, Ion 532c.
[394] Schlaffer: Poesie und Wissen, S. 27.
[395] Freymüthige Nachrichten 2 (1745). 18. Stück. 5. Mai, S. 140 (Hervorh. S. K.).

„Canal", auf welchem die Gedichte zum Rhapsoden laufen, bis er Fridolin dieses „Geheimniß" (S. 74) durch das Bekenntnis seiner eigenen Initiation in die zürcherisch-appenzellische „Molkenbrüderschaft"[396] entlockt:

> Ich erzählte ihm, daß ich vor etlichen Jahren mit dem Verfasser des Noah einen goldenen Monath in des Philokles förener Hütte gelebt, daß wir alle Morgen auf des Gaberius Höhe gestiegen wären und da in einer rußigen Cabane Molken getrunken hätten, die ein eißgrauer Senne uns eingeschenkt hätte. Fridolin ward darüber ganz aufgeweckt, er küssete mir die Hand, und entdeckte mir, daß diese Cabane auf dem Gaberius sein Geburtsort wäre, daß der Senne, bey dem wir die Molken getrunken, sein Vater wäre, und er dem Philokles seine itzige Lebensart und seine ganze Erkenntniß zu verdanken hätte. (S. 74f.)

Wie deutlich wird, nutzt der Briefroman solche Intransparenz eher als Spielmarke, als dass er sich ernsthaft auf die Paradigmen göttlicher oder genialer Inspiration beriefe: So etwa, wenn Fridolin als Probe seines Könnens ausgerechnet die hexametrische Hymne anstimmt, die Wieland 1753 als Auszug aus einem Heldengedicht „von dem ersten *Hermann*, oder *Irmin* das alten Celten und seinem Feldzug gegen den Persischen König *Ormisdas*" mit einem anonymen Schreiben an Gottsched geschickt und die bei diesem zwar kein allzu großes Wohlgefallen erregt hat, immerhin aber in der Dezembernummer des *Neuesten aus der anmuthigen Gelehrsamkeit* veröffentlicht worden ist.[397] Dem Freiherrn von Schönaich des *Edward Grandison* hingegen hat das „ungereimt[e] Lied" des „Bänkel-Sänger[s]" schier die „Ohren [...] zerrissen" (S. 47) – und er wiederholt genau jene Kritik der verdächtigen „Schreibart", die der Artikel im *Neuesten* dem poetischen Kassiber hintanstellt.[398]

Die überlieferungsfunktionale Dimension des ‚Canals', auf dem die zu memorierenden und aufzuführenden Werke von den Zürchern zu Fridolin verkehren, bleibt damit in der Anlage des Briefromans der glücklichen Konstellation einer Herkunft aus den Appenzeller Bergen, in der Pragmatik der Streitschrift den Anforderungen der Parteinahme geschuldet. Die Überlieferungsfunktion des Rhapsoden selbst allerdings stellt der Text auf ein weitaus weniger kontingentes Fundament. Dabei wird – und daran artikuliert sich die Umbesetzung des Barden-Paradigmas im Vergleich zu Blackwells Modell des fahrenden Dichters ebenso wie zum Bänkelsänger auf dem St. Galler Marktplatz ein weiteres Mal – der Rhapsode

---

[396] Hordorff: Untersuchungen, S. 69f., Anm. 2.
[397] Vgl. Christoph Martin Wieland an Johann Christoph Gottsched, 14. September 1753, in: Wielands Briefwechsel. Bd. 1, S. 174–177 u. Bd. 2, S. 188–191; „Nachricht von einem neuen Heldengedichte", auf den ältesten Hermann der celtischen Völker; dessen Herr von Leibnitz in der Theodicee gedenkt. In: Das Neueste aus der anmuthigen Gelehrsamkeit (1753), S. 920–929, Auszug aus der Hymne S. 923–925. Es handelt sich um den Auszug einer ersten Fassung von Wielands „Hymne auf die Sonne", vgl. Christoph Martin Wieland: Gesammelte Schriften (Akademie-Ausg.). 1. Abt.: Werke. Bd. 2: Poetische Jugendwerke. 2. Teil. Hg. v. Fritz Homeyer. Berlin 1909, S. 175–183.
[398] Vgl. „Nachricht von einem neuen Heldengedichte", S. 928f.: „Uns dünkt immer, der Herr Verfasser hat den Meßias zu fleißig gelesen, und ist ihm so feind nicht, als er sich stellet", lautet dort das Resümee des natürlich überaus zutreffenden Verdachts.

2 Epochen(er)findung: Bodmers Mittelalter

selbst gleichsam zum Kanal oder, wie man medientheoretisch genauer sagen müsste: zum Relais von Überlieferung, das nun die Vergegenwärtigung in der Vortragsperformance ganz und gar auf Wirkungsästhetik einzustellen scheint. Und so wie der fahrende Sänger in ausgewählten Kleinstädten, auf Adelssitzen und bürgerlichen Landhäusern den Multiplikator Zürcher Dichtungen gibt,[399] so speist er umgekehrt, in einem „beständigen Briefwechsel" mit dem „einsiedlerischen Weisen" im Appenzell stehend, seinen Lehrer Philokles mit Neuigkeiten aus der weiten Welt: „[I]hm begegnet kein Abentheuer, und er macht keine Erfahrung von seltsamen Charactern und Sitten der Menschen, welches er nicht alles genau und sorgfältig melden sollte" (S. 79).

So unzeitgemäß – als Rückgriff auf göttliche Inspirationslehren ebenso wie als Vorgriff auf geniale Begeisterung – nun eine Beanspruchung dichterischen Enthusiasmus' für die Vorgänge der Textproduktion auch erscheinen müsste, sein Einbezug in die Formierung des Rhapsoden mit Blick auf die Bedingungen der Textrezeption ist gleichermaßen *à jour* wie die dadurch gezeitigten Effekte in Fridolins Performance. Philokles versäumt nicht, auf die anthropologische Fundierung aufmerksam zu machen, die den „Enthusiasmus der Poeten" prägt. Dieser hat, so Philokles etwa mit Georg Friedrich Meier oder schon mit Bodmers und Breitingers Schrift über die Einbildungskraft,[400] „seinen Ursprung von den Leidenschaften", von denen „die Ideen über einander hin" gewälzt werden. Diese Ideen „zeigeten sie" deshalb in einer „scheinbaren Unordnung, welche die plötzlichen und die häuffigen Anreden an lebendige und leblose Dinge so sehr liebte" (S. 76). Wenn auch die Klassifizierung der Apostrophe als Pathosfigur rhetorischer Standard ist und der von ihr erzeugte Effekt eines ‚beau desordre' exakt dem beschriebenen Tumult entsprechen soll, den die Leidenschaften im Ideenhaushalt anrichten,[401] so zeigt des Philokles Unterricht dennoch bereits jene „Überkreuzung von Affektenlehre und Expressionstechnik", als die sich die weitere anthropologische Umgestaltung der Rhetorik im Lauf des 18. Jahrhunderts erweisen wird.[402] Zunächst einmal

---

[399] „Es sind zwey Jahre daß er aus seinem Vaterlande weg ist. Er ist mehr den kleinen Städten nachgezogen, und meldet sich insgemein nur in den Schlössern Vornehmer von Adel und auf den Landhäusern angesehener Bürger an. Er ist sehr behutsam daß er allemal gute Kundschaft von dem sittlichen Character der Leute einziehe, welchen er seine Dienste anbieten will" (S. 79).

[400] Vgl. Georg Friedrich Meier: Theoretische Lehre von den Gemüthsbewegungen überhaupt. Frankfurt a.M. 1971 [ND der Ausg. Halle 1744]; Bodmer u. Breitinger: Von dem Einfluß und Gebrauche der Einbildungs-Krafft, wo der dichterische Enthusiasmus definiert ist als „der äusserste Schwung / den sich eine belebte Einbildungs-Krafft geben kan / und von solchem Nachdruck / daß es scheinet / als ob sie sich selbst übersteigen wolle" (S. 239). – Vgl. allgemein Matthias Luserke: Die Bändigung der wilden Seele. Literatur und Leidenschaft in der Aufklärung. Stuttgart u. Weimar 1995.

[401] Vgl. Albert W. Halsall: Art. Apostrophe. In: Historisches Wörterbuch der Rhetorik. Bd. 1. Hg. v. Gert Ueding. Tübingen 1992, Sp. 830–836, insb. Sp. 833f.

[402] Vgl. Rüdiger Campe: Affekt und Ausdruck. Zur Umwandlung der literarischen Rede im 17. und 18. Jahrhundert. Tübingen 1990, Zit. S. 209. – Vgl. Meier: Theoretische Lehre von den Gemüthsbewegungen überhaupt. § 13, S. 14f, wo die Differenz von rhetorischer Ausdrucks-

gehört Philokles offensichtlich zur „Parthey der Harmonisten",⁴⁰³ was das bei der Rhapsodenschulung unbedingt und in doppelter Weise zu berücksichtigende Verhältnis von Gemütsbewegung und Körperausdruck betrifft. Er lehrt dementsprechend Fridolin, „wie jede Regung der Seele eine Bewegung der Gliedmassen, einen Gesichtszug, einen Ton der Stimme, die ihr eigen wären, hervorbrächten, und daß einige Gemüthsbewegungen zum Tanzen und [S]ingen⁴⁰⁴ ermunterten". Auch darin der Schematik von Meiers Affekttheorie getreu, setzt Philokles also, aufbauend auf die knapp skizzierte theoretische Einsicht in die Ursache und die Auswirkungen der Leidenschaften, beim ästhetischen Teil und insbesondere bei der „*Characteristik der Leidenschaften*", das heißt: den „Zeichen der Gemüthsbewegungen" an.⁴⁰⁵ Anders als Meier, dem Ausbildungsziel jedoch überaus angemessen, ist es dem Lehrer des Barden ebenso um die willkürlichen Affektzeichen zu tun wie um die natürlichen. Nur durch ein Semikolon unterbrochen und unter dem Regime desselben Hauptsatzes stehend – „Er lehrte ihn" –, hält seine Unterweisung fest, „daß die Füsse, das Sylbenmaß, die Strophen der Verse, Sachen wären, welche die Rede in eine gewisse Gleichförmigkeit mit den Bewegungen der Gliedmassen und den verschie[de]nen Tönen der Stimme setzten" (S. 76).⁴⁰⁶ Mit diesem Unterricht ist das Nötige dazu getan, dass Fridolin „einen ungemeinen Geschmack" an den Erzeugnissen des dichterischen Enthusiasmus, genauer an Klopstocks und Bod-

---

technik und Affektpsychologie am poetischen Enthusiasmus ausbuchstabiert wird: „Ein Redner und Dichter, muß nicht nur wissen, die Gemüther seiner Leser und Zuhörer zu entzünden, und nach seinem Gefallen, bald diese, bald jene, Leidenschaft zu erregen, zu vermehren, zu lindern, zu unterdrucken, nachdem es seine Absicht erfodert; sondern er muß, vor allen Dingen, entweder die Maske einer Leidenschaft auf eine geschickte Art annehmen, oder, welches besser ist, sich selbst erregen und entflammen können. [...] Das ist die oratorische Begeisterung oder Enthusiasmus bey einem Redner, und die poetische Wuth eines Dichters [...]. Ein dergestalt begeisterter Redner, und wüthender Dichter, kan die Sprache der Leidenschaften reden."

⁴⁰³ Meier: Theoretische Lehre von den Gemüthsbewegungen überhaupt. § 220, S. 391. Vgl. zu den von dieser Partei vertretenen Korrespondenzeffekt das gesamte siebte Hauptstück, § 220–231, S. 390–407.

⁴⁰⁴ Von mir emendiert aus „Ringen".

⁴⁰⁵ Vgl. Meier: Theoretische Lehre von den Gemüthsbewegungen überhaupt. § 9, S. 9: „Zu diesen Zeichen der Gemüthsbewegungen, gehören die Veränderungen des Körpers, als da sind die Veränderung der Farbe des Gesichts, und der Minen desselben, nebst tausend ausserordentlichen Bewegungen in dem Körper. Es müssen ferner dahin die Worte gerechnet werden, die Figuren der Rede, und die Veränderungen der Stimme, in so fern die Leidenschaften dadurch bezeichnet werden."

⁴⁰⁶ Hierbei einschlägig sind, wie schon Meier festgehalten hat, eine neuausgerichtete Rhetorik – wie sie Bodmer und Breitinger: Von dem Einfluß und Gebrauche der Einbildungs-Krafft, S. 109–116 bereits skizziert haben – und vor allem Poetik; vgl. also Alexander Gottlieb Baumgarten: Meditationes philosophicae de nonnullis ad poema pertinentibus [1735]. Übers. u. mit einer Einleitung hg. v. Heinz Paetzold. Hamburg 1983. §§ XCVIII–CV und CVII, S. 72–78, sowie die entsprechenden Aufsätze in Friedrich Gottlieb Klopstock: Gedanken über die Natur der Poesie. Dichtungstheoretische Schriften. Hg. v. Winfried Menninghaus. Frankfurt a.M. 1989; vgl. dazu Frauke Berndt: ‚Mit der Stimme lesen' – F. G. Klopstocks Tonkunst. In: Waltraud Wiethölter, Hans-Georg Pott u. Alfred Messerli (Hg.): Stimme und Schrift. Geschichte und Systematik sekundärer Oralität. München 2006, S. 149–171.

mers hexametrischen Epen, findet. Mehr noch: Dieses Geschmacksurteil erhält auch seine rechte Grundlage: „[D]ie sittlichen Sprüche in denselbigen, die patriarchalischen Character, die gottseligen Handlungen, das Lob Gottes und der Tugend, die eingestreuten Lehren der Religion, und die Weissagungen, die darin vorkommen, machten durch ihre sinnliche Vorstellung den lebhaftesten Eindruck auf sein Gemüth" (S. 77). Alles Weitere dagegen kann getrost den Anlagen des angehenden Rhapsoden – Gedächtnisgabe, Organisation der Sinne, Herz, Stimme sowie der Empathie für die „Werk[e] der Muse" (S. 40) – überlassen werden, mit denen sich Fridolin der Görlitzer Versammlung präsentiert hat, und bedarf allenfalls noch der perfektionierenden Rückkopplung.[407]

Das Relais Fridolin tut denn auch seine Wirkung, wie Edward Grandison zunächst vermutet und anschließend sogleich überprüfen lässt. „Saget mir, Fridolin", wendet er sich an den Rhapsoden, „ist es euch oft begegnet, daß ihr die Affecten eurer gottseligen Personen in die Minen und die Geberden eurer Zuhörer verpflanzet gesehen habt?"[408] Natürlich kann Fridolin solche Effekte nur bestätigen; tatsächlich gebe es unter seinen Gedichten „einige Fragmente", die gleichsam als Affektdetektoren dienten, indem sie „einen sichtbaren Eindruck, in den Augen, den Wangen und allen Gliedmassen meiner Hörer, entdecken". Dies allerdings nur unter der Bedingung, dass die Adressaten seiner Performances nicht zu denjenigen gehören, „die Profeßion vom Witz und vom Reimen machen." Insbesondere der Reim, so nun das zugespitzte Statement der Zürcher Poetik zur aktuellen ästhetischen Affektprogrammierung, stehe nämlich der Übertragungswirkung der rhapsodischen Überlieferungssituation im Wege. Reimgeschulten Witzlingen sei es geradezu „unmöglich sich über den Reim wegzusetzen, und sich von Sitten, Tugend, Affecten, in einem Gedichte rühren zu lassen, wenn sie nicht zugleich von dem Reime gerührt werden." (S. 55) Als ideale Versuchsobjekte für die Erprobung solcher Übertragungswirkungen fährt das Arrangement des Briefromans „zwey Geschwister" auf, „ein Knabe und ein Mädchen, von vierzehn und funfzehn Jahren, die ihre gantze Gemüthsbildung und Wissenschaft von einer zärtlichen Mutter, und zwey oder drey Büchern [...] empfangen haben" (S. 66). Kinder also, deren Verstandes-, Herzens- und Sittenbildung mangels Herkunft aus der alpinen Natur-

---

[407] „Das erstemal da Philokles wieder in die Sennhütte kam, recitirte er sie mit einer acteurmäßigen Geberde. Philokles half ihm bey einigen delicaten Situationen auf den Schwung des Affects, und den eigensten Ton, den dieser erfoderte. Er zeichnete dann aus der Meßiade, dem Noah, dem Frühling etliche affectreiche Reden aus, und gab ihm unterschiedliche Erinnerungen wegen der Denkungsart der Personen, denen sie zugeschrieben waren, und des sonderbarsten in ihrem Ausdrucke. Fridolin faßte ihn mit einer ungemeinen Leichtigkeit, er schlug in jeden besondern Zug einer Leidenschaft ein, und nahm augenblicklich die Mine, die Stellung und die Geberde, die derselbige erfoderte, an sich. Sie trieben dieses Geschäft eine Zeitlang zur blossen Kurtzweile mit einander; Fridolin bracht es darin zum höchsten Grade der Vollkommenheit" (77).

[408] Zu dieser Übertragungsfiguration vgl. als Überblick die materialreiche Untersuchung von Alexander Košenina: Anthropologie und Schauspielkunst. Studien zur ‚eloquentia corporis' im 18. Jahrhundert. Tübingen 1995.

wüchsigkeit einer Sennhütte durch Mutterliebe und sorgsam ausgewählte Lektüre präpariert ist: die erstens mit Johann Georg Sulzers *Unterredungen über die Schönheit der Natur* (1750) in der „Schule der Natur" zur Einsicht in die „ursprüngliche Werkstäte aller Künste" und in den „Charakter" Gottes gelangt sind;[409] Kinder, denen zweitens Johann Joachim Spaldings *Betrachtung über die Bestimmung des Menschen* (1748) den Begriff der Unsterblichkeit als wahren Fluchtpunkt einer wohleingerichteten Ordnung der Welt vorgestellt und die darauf fokussierten „Grundregeln" eines vernunftgeleiteten, von der Sinnlichkeit zur Religion progredierenden Gebrauchs der menschlichen Vermögen gewiesen hat;[410] und Kinder schließlich, deren Affekthaushalt und Einbildungskraft drittens durch Elizabeth Rowes *Friendship in Death* (1728) bereits die Vorstellung von der Unsterblichkeit der Seele eingeprägt worden ist.[411] Bei diesem Idealpublikum bleibt denn auch die vermutete Wirkung nicht aus:

> Es schien als ob diese unschuldigen Kinder den Fridolin unter dem Recitiren verschlingen wollten, ihre Augen waren auf seinen Mund geheftet. Sie folgten ihm in jedem Affect nach, alle Züge seines Angesichts zeichneten sich mit ungemeiner Lebhaftigkeit und Schnelligkeit auf ihren eigenen. Wir gaben ihnen einige Stücke nach Hause; sie lasen sie unaufhörlich; sobald sie einmal damit fertig werden, so fangen sie von neuem wieder an. Jedes von ihnen wählet sich in einem Gedicht einen Liebling, dessen Neigungen, Sitten, Sprüche und Worte es an sich nimmt und bey allen Gelegenheiten ausdrückt. (S. 66)

Was die Metapher des ‚Verschlingens' anzeigt, ist nichts anderes als die Tatsache, dass die Vergegenwärtigungsstrategie des Überlieferungsmodells wie beabsichtigt funktioniert: als Distanzvermeidung und Differenzunterdrückung, die zunächst dem historischen Abstand zu den „patriarchalen Character[en]" (S. 56) entgegenwirken sollen, von denen aus aber weit radikaler, in einem individuelle wie mediale Grenzen überschreitenden Kommunikationsverbund die partikularen Defizite der

---

[409] Hier zitiert nach der zweiten Auflage: Johann Georg Sulzer: Unterredungen über die Schönheit der Natur nebst desselben moralischen Betrachtungen über besondere Gegenstände der Naturlehre. Berlin 1770, S. 140, 38 und 130.

[410] Vgl. Johann Joachim Spalding: Betrachtung über die Bestimmung des Menschen. Greifswald 1748, ediert nach der verbesserten und vermehrten, unter dem Titel Die Bestimmung des Menschen gedruckte Auflage Leipzig 1768. In: Norbert Hinske (Hg.): Die Bestimmung des Menschen. Hamburg 1999, S. 69–95, hier S. 71; vgl. dazu Hans Adler: Die Bestimmung des Menschen. Spaldings Schrift als Ausgangspunkt einer offenen Anthropologie. In: Das achtzehnte Jahrhundert 18 (1994), S. 125–137; Clemens Schwaiger: Zur Frage nach den Quellen von Spaldings Bestimmung des Menschen. Ein ungelöstes Rätsel der Aufklärungsforschung. In: Hinske (Hg.): Die Bestimmung des Menschen, S. 7–19.

[411] Als „writings [...] addressed to the affections and imagination", als Briefe also aus dem Jenseits, adressiert ans Jenseits der Schrift, beschreibt die Verfasserin dieses Bestsellers die Wirkungsabsicht des Texts, hier zitiert nach der Ausgabe: Elizabeth Rowe: Friendship in Death: In twenty Letters from the Dead to the Living. To which are added, Letters Moral and Entertaining, In Prose and Verse. [London] 1752, S. vi. – Das Programm: „The drift of these letters is, to *impress* the notion of the soul's immortality; without which, all virtue and religion, with their temporal and eternal good consequences, must fall to the ground" (S. v; Hervorh. S. K.).

2 Epochen(er)findung: Bodmers Mittelalter

Literaturmedien Stimme und Schrift durch die vortragstechnische Verschaltung von Körpern austariert werden sollen. Von den Lippen lesendes Zuhören, mimische Affektübertragung und unaufhörliches Lesen, Ansinnehmen und Ausdrücken zeugen vom Medienchiasmus glückender Überlieferung, von der mit allen Sinnen und in jedem Sinn ‚verschlingenden' Reproduktion eines unablässig und ununterbrochen zirkulierenden Textverkehrs, der von der ausgeklügelten Performancetechnik des Rhapsoden in Gang gesetzt und von den Resonanzkörpern seines kindlichen Publikums geregelt und perpetuiert wird.[412] Das Fazit, das aus der Bardenepisode des *Edward Grandison* gezogen wird, bringt diese neu gewendete Gelingensfiguration auf den Punkt, wenn es sie einmal mehr in der Semantik des Lebens fasst und also in der Katachrese von Tradition und Generation verankert: „Die Kunst der Rhapsodisten wäre schon vorzüglich schätzbar, wenn sie auch nichts anders thäte, als den Sitten und Empfindungen in einem Gedichte durch die laute Aussprache, durch die Inflexionen der Stimme, durch die Bewegungen des Körpers, durch die Veränderungen der Gesichtszüge ein Licht mitzutheilen, gegen welches das Leben, das von dem blossen Lesen im Cabinet noch entstehen kann, nur ein embryonisches Leben ist." (S. 82)

Als 1776 die Fama eines an Klopstock adressierten und im *Deutschen Museum* anonym veröffentlichten Briefes einen schwäbischen Rhapsoden zum Leben erweckt, der „zu Augsburg öffentlich auf dem dasigen Konzertsaale" vor den Augen und Ohren eines großen und begeisterten – sowie in Folge zum Bücherkauf bereiten – Publikums Klopstocks *Messias* „deklamirt" haben soll,[413] als kurz darauf Ähnliches aus Straßburg berichtet wird, wobei die „Zuhörer [...] die thränen im auge, einander die hände gedrückt, sich selig gefunden" hätten,[414] verschafft sich das entsprechende Präsenzbegehren, als wüsste es nicht (mehr) um den Inszenie-

---

[412] Noch einmal also: Auf den Nenner einer Literatur-, Medien- oder Diskursgeschichtsschreibung, von der die Differenz von ‚Stimme' und ‚Schrift' als Kategoriale gesetzt wird, lässt sich das hier skizzierte Programm so wenig reduzieren, wie es etwa als „subjektzentriertes Komplement zur Medienanalyse", d.h. für sprach- und schriftkritische Leiblichkeitsemphasen sinnhafter Präsenz taugen würde (Georg Braungart: Leibhafter Sinn. Der andere Diskurs der Moderne. Tübingen 1995, S. 338).

[413] Aus einem Briefe an Klopstock. In: Deutsches Museum 1776, S. 855–857, Zit. S. 855: „Erst fing ich mit einigen Auserwählten an, denen gefiel's. Die Gesellschaft wurde für mein Stübchen bald viel zu groß, und nun räumte mir der Magistrat einen öffentlichen Plaz ein, und die Anzahl meiner Zuhörer stieg bald auf einige Hunderte. Alle Exemplare der Messiade, ächter Druck und Nachdruck, wurden bald aufgekauft. [...] Hohe und Niedre, Geistliche und Weltliche, Katholische und Lutherische kamen mit Messiaden unterm Arm in die Vorlesung. O das war ein festlicher Anblick, wie alles so in feyerlicher Stille da saß, wie die Empfindung auffuhr, und in Verwunderung und Thränen ausbrach. *Klopstock! Klopstock!* scholl's von allen Lippen, wenn eine Vorlesung geendigt war" (S. 855f.). – Es handelt sich beim Rezitator um Christian Friedrich Daniel Schubart, beim Brief: Schubart an Klopstock, 22. Mai 1776. In: Friedrich Gottlieb Klopstock: Briefe. Historisch-kritische Ausgabe. Bd. VII/1. Hg. v. Helmut Riege. Berlin u. New York 1994, S. 30f.

[414] Johann Jakob Bodmer an Johann Heinrich Schinz, 25./26. September 1777, zit. nach Leibrock: Aufklärung und Mittelalter, S. 131.

rungscharakter seiner Artikulationen, sogleich neuen Ausdruck. Wenn schon ein namenloser Schwabe den zwanzigjährigen „Einfall" von „fridolin, de[m] Rapsodisten", zu realisieren vermag... Bodmer setzt sogleich Schinz und andere Freunde auf „einen bauerknaben von declamatorischen qualitäten" an, „der die ersten anlagen [...] hat, schallende Stimme, starkes gedächtniß, gute gestalt. Wir wollten ihn dann formieren." Freilich haben sich die Umstände, unter denen ein solches Projekt verwirklicht werden soll, von den Imaginationen eines wandernden Barden noch einmal ein beträchtliches Stück entfernt. Was Bodmer nun vorschwebt, ist ein „Etablissement" nach dem Muster von Klopstocks Hamburger Vorlesegesellschaft, für das er auch gleichwertige, wenn nicht noch geeignetere Vortragspartituren als die „schwere poesie Klopstoks"[415] auf Lager hätte: „nämlich Dramen von Bodmer."[416] Neben allem Präsenzbegehren schlägt damit bei dieser Überlieferungsfiguration des alten Bodmer endgültig das zeitgemäß alphabetisierte Andere von alten höfischen Barden-performances an. Fernab von aller Courtoisie hat die „recitationsgesellschaft" nach Bodmers Vorstellung „einen bestellten recitator, dem die damen der reihe nach das stük aus dem Messias, Abel, der Noachide –, welches er zu lesen habe auswählen. die mehrere male [...] recitiren die herrn und selbst die damen, dlse zeigen noch ein besseres geschik dazu."[417] Am Ende des vielgestaltigen Spiels mit der zentralen Gelingensbedingung großer Dichtung steht mit der bürgerlichen Vorlesegesellschaft die Dämmerung des ‚Aufschreibesystems von 1800'.[418]

2.5 Vergegenwärtigungsprogramme (2): Schrift-Körper

Im Gegensatz zunächst zu dem mit den Modellierungen des Rhapsoden oder Barden verbundenen Vergegenwärtigungsprogramm stehen jene Entwürfe, die sich auf die schriftliche Materialisierung von Überlieferung beziehen. Wie deutlich geworden ist, partizipiert die Figuration des Rhapsoden als Überlieferungsgarant nur von fern an der Doppelzeitigkeit eines philologischen Textverkehrs: Sie aktualisiert zwar eine aus der Auseinandersetzung mit den Bedingungen der antiken und mittelalterlichen Literatursysteme – der Literatur vor der bereits im *Character* thematisierten Zäsur des Buchdrucks – gewonnene Produktions-, dann Vermittlungsinstanz, doch dient diese Instanz dabei nicht zu Zwecken diachroner Textüberlieferung. Schon der St. Galler Barde, vor allem aber Fridolin und dessen

---

[415] Johann Jakob Bodmer an Johann Heinrich Schinz, 1. Dezember 1776, zit. nach Leibrock: Aufklärung und Mittelalter, S. 130f.
[416] Leibrock: Aufklärung und Mittelalter, S. 131.
[417] Johann Jakob Bodmer an Johann Heinrich Schinz, 5. September 1778, zit. nach Leibrock: Aufklärung und Mittelalter, S. 132.
[418] Vgl. Leibrock: Aufklärung und Mittelalter, S. 132, Anm. 511: „Bodmers Plan ist einzuordnen in den Bereich der im 18. Jh. aufkommenden Lesegesellschaften, die zu einer bedeutenden Institution des literarischen Lebens avancierten".

2 Epochen(er)findung: Bodmers Mittelalter 187

imaginäre und reale Konsorten stehen im Dienst einer synchronen Textübertragung, wenn sie, programmiert mit Techniken des Vortrags und der Rezeptionslenkung auf allerneuestem ästhetisch-anthropologischen Stand, zum Relais einer Literatur werden sollen, die endlich wieder auf der Höhe ihres Vermögens angekommen ist. Sie sind somit dem Kosmos jener mit Blackwell errechneten ‚schwäbischen' Epoche enthoben, aus dem sich ihre figurative Generierung gespeist hat. Beinahe scheint es, als etabliere der Fluchtpunkt des Anthropologischen, auf den hin die Faktur des Rhapsoden Fridolin angelegt ist, auch in diesem Fall die für den ästhetischen Diskurs typische Aktualitätsform der Zeitlosigkeit und Ungeschichtlichkeit, worin die Markierung einer historischen und kulturellen Differenz allenfalls noch als Staffage ihren Platz behält: als atavistisch-‚orientalistische' Kostümierung mit Talar und Lorbeerkranz.

Anders beschaffen ist die komplementäre Figuration jener konkreten schriftlichen Überlieferungsträger, für die Bodmers Modell des ‚schwäbischen Zeitalters' das Suchprogramm entworfen hat. An ihnen artikuliert sich die doppelte Zeitlichkeit der Überlieferung, der Modus des archivalischen Vorhandenseins ebenso wie der eines präsentischen Zuhandenseins, noch einmal in der ganzen Bandbreite von Bedrohung und Verheißung, Scheitern und Glücken: So, wenn die *corpora* der Überlieferung einer Körpersemantik von Vergänglichkeit und Auferstehung unterstellt werden, wie es die chronologisch letzte dieser Figurationen mit aller Beharrlichkeit unternimmt; so, wenn die vom philologischen Entdeckerglück zutage geförderten Codices selbst in das Individualisierungsprogramm der Charakteristik überführt werden; so schließlich, wenn sich eine Imagination des Textaustauschs die historische Distanz zwischen Mittelalter und Gegenwart zu überbrücken anschickt.

Es sind Narrationen der materialen Irreduzibilität von Überlieferung, die sich in Bodmers Allusionen auf die Körperlichkeit einer – potentiellen oder latenten – Literatur entfalten. Narrationen mithin, die sich im Unterschied zur Rhapsoden-Figuration auffällig quer zu den ästhetischen Programmen insbesondere der vierziger Jahre stellen: wird doch diesen für gewöhnlich und nicht ohne Berechtigung nachgesagt, maßgeblich an der Austreibung medialer ‚Dinglichkeit' aus der Literatur zu partizipieren.[419] Gleichsam unsystematischer, aber umso materialitätsbewussterer Vorschein auf jene Theorien des Archivs, die vom 19. Jahrhundert an das dort Gespeicherte als Rohmaterial für Historiographie und Philologie zu fassen beginnen,[420] entwerfen sie Szenerien des Todes, der Zerstückelung und der Ver-

---

[419] So, um nur die theoretisch und diskursgeschichtlich avancierteste Studie zu nennen, Koschorke: Körperströme und Schriftverkehr, S. 273–321.
[420] Vgl. zum Archiv als „nichtnarrative[r] Hardware" Ernst: Im Namen von Geschichte, Zit. S. 560; Sven Spieker: Die Ver-Ortung des Archivs. In: Ders. (Hg.): Bürokratische Leidenschaften. Kultur- und Mediengeschichte im Archiv. Berlin 2004, S. 7–25: „Die Historiker und Archivtheoretiker des 19. Jahrhunderts werden nicht müde, Archive als

nichtung, der Rettung und der Wiederbelebung – und damit Schauplätze einer ‚Korporealität' der Literatur. Das Projekt, das in den 1740er und 1750er Jahren als Schatzsuche begonnen hat, bei der es den misstrauischen und inkompetenten Hütern der Klosterbibliotheken die verborgenen Manuskripte einer gerade dem Vergessen entrissenen Epoche abzutrotzen gilt,[421] verändert sein Bezugsmodell und damit das Feld der daran gebundenen Metaphern radikal. Nicht Text-Träger werden es schließlich sein, die in den Krypten des materialen Gedächtnisses lagern, sondern Schrift-Körper, an denen der Zahn der Zeit und seiner irdischen Helfershelfer nagt; nicht Philologe ist, wer sich um diese Schrift-Körper bemüht, sondern Arzt und Auferstehungsgehilfe. Dabei ist auffällig genug, dass derartige Narrationen gerade zu einem Zeitpunkt einsetzen, zu dem die konkrete philologische Arbeit der Zürcher an den Codices der mittelalterlichen Literatur erste editorische Früchte zu tragen beginnt, ja dass sie zu einem großen Teil gar erst Jahrzehnte nach den initiierten Suchzügen durch die Bibliotheken zu datieren sind. Nie, so scheint es, droht die Zerstörungsgefahr für diese Schrift-Körper so sehr wie nach den Rettungen des Texts durch die Philologie – entsprechend jener neuerdings für das „Motiv

---

organische Körper zu preisen, denen sich der Archivar nähert wie ein sorgfältig operierender Chirurg" (S. 19).

[421] „[D]ie Hunde ligen auf dem Schatze, oder vielmehr die Drachen", schreibt Bodmer an Laurenz Zellweger, 24. September 1752, zit. nach Johannes Crueger: Der Entdecker der Nibelungen. Frankfurt a.M. 1883, S. 22; vgl. den Bericht, den Zellweger wenige Monate darauf über einen Besuch in der St. Galler Stiftsbibliothek gibt: „Je fus l'un de ces jours à St.G., je proposais notre affaire à mon apothicaire, qui pour toute réponse me montra le père Bibliothécaire là présent, ajoutant, qu'il avait été professeur en poësie six ans durant. Je tressaillis de joie, en apprenant cet avis, mais j'étais bien loin de mon compte; j'entamais d'abord la conversation (qui dura près de deux heures) sur la poësie en général, et tombais peu à peu sur les poëtes allemands anciens et modernes; il me dit, qu'il n'aimait point la poësie allemande; j'insistais sur les anciens, en lui demandant des nouvelles sur leurs poëmes manuscripts, dont on trouvait surement des pièces à Ochsenh. Weingarten et en d'autres Convents des Benedictius en Allemagne, où résidaient, lui dit-je, toutes les sciences, pendant les siècles d'ignorance, et principalement aussi à St.G. le priant en même temps, d'en prendre les informations nécessaires pour contenter ma curiosité; je lui alleguais aussi le poëme sur St Anno dans Opitz etc.; il me replique qu'à la vérité St Anno lui était connu par l'histoire, mais qu'il ne connaissait ni le dit poëme, ni Opitz; (jugez de sa connaissance en fait des poëtes allemands) que ces prétendus informations seraient fort inutiles, puisque l'on ne trouvait nul part des manuscripts plus antiques qu'à St.G.; qu'il était actuellement occupé à les ranger en ordre et à les enrégistrer, qu'il avait rencontré entre autres Ovide de arte amandi, et son remedium amoris, traduits en allemand dépuis le 8 ou 9 siècle; [...]. Je le remis encore sur le chapitre des poëtes anciens en lui demandant quels poëtes et de quel siècle il avait donc trouvé etc.; et j'obtins pour réponse que son enrégistrement n'était pas avancé encore jusqu'à la recherche et dénombrement des poëtes, et qu'il me donnera information dans son temps, et c'est de quoi je lui témoignais de l'obligation, reprenant cependant de nouveau, que je savais de très bonne part qu'il y avait des manuscripts poëtiques de l'11. 12. 13 ou 14 siècle dans les couvents des Bénédictins de l'Autriche de de la Suabe (je n'ai pas nommé Cremsm.) et s'il n'y avait point de père (à St.G.) qui eût correspondance avec quelqu'un des dits couvents? Il me répéta la précédente réponse: que toute information ou recherche serait absolument infructueuse, ainsi je m'en désistais et lui ai recommandé de me donner dans son temps avis de trouvailles à St.G." (Laurenz Zellweger an Johann Jakob Bodmer, 21. Dezember 1752, in: Zehnder-Stadlin: Pestalozzi, S. 364f.).

der Rettung" in Anspruch genommenen „katastrophische[n] Phantasie", die den Philologen dem kategorischen Imperativ unterstellen will: „Ediere so, als erlösche mit Deinem Blick aufs Manuskript die Schrift."[422] Noch die Anzeige des ersten Teils der *Codex Manesse*-Edition in den *Freymüthigen Nachrichten* hat ohne weitere Problematisierungen den neuerweckten „Eifer für die Erhaltung der schwäbischen Schriften" konstatieren können, durch den – nachdem einmal der Minnesang wieder bekannt gemacht worden ist – wohl „noch manches gutes Gedicht aus demselbigen Zeitpunkte aus dem Moder heraus gerettet und den Motten unter den Zähnen hinweggerissen" werden wird.[423] Der ebendort publizierte Hinweis auf die *Fabeln aus den Zeiten der Minnesinger* kann ein Jahr zuvor mit einiger Emphase auf die Rettungsarbeit der „Beförderer der alten deutschen Literatur" aufmerksam machen, hält sich aber in bemerkenswerter Distanz zu jedem philologischen Katastrophenbewusstsein oder gar Erlösungsanspruch. Rühmenswert seien die Leistungen der Retter nämlich deswegen, „weil sie eben keine Titel-Gelehrte sind, die sich aus verlegenen Handschriften, aus zerfressenen Pergamenten, aus Sprachsachen und Lesarten, eine Amts-Arbeit macheten", sondern Kulturhistoriker im weitesten und aktuellsten Sinne – epistemisch modernisierte Antiquare gleichsam: „[S]ie erkennen den Nutzen, den die politische Geschichte, die Geschichte und die Lehre der Sitten, die Geschichte des menschlichen Verstandes und Geistes, die Diplomatik, das Landrecht und Lehenrecht, die Wapenkunst, die Poesie, die Etymologie, die Wolredenheit, aus den Schriften dieser alten verabsäumten Verfasser ziehen können." Nicht die Unbedingtheit philologischer Rettung wünscht sich der Artikel, sondern „eine verständige Wahl" aus „den Handschriften, die in den alten Bibliotheken nach der Errettung seufzen", eine Wahl, die quantitative Seltenheit von Überlieferung nicht vorbehaltlos mit deren qualitativer Erlesenheit verwechselt und deshalb noch ohne Verlustangst an die anstehenden Aufgaben geht: „Die Handschriften von witzigen Werken aus dem schwäbischen Zeitpunkte sind eben nicht unerschöpflich; wir verlangen nicht alle die noch in dem Moder und Staube verborgen liegen; wir können einen Theil davon ohne Mißvergnügen untergehen sehen, wie wir den weit grössern Theil der Kopfarbeiten unserer Zeitgenossen ohne Schmerzen in dasselbe Schicksal verwickelt sehen möchten; mit den verdienstvollen und beträchtlichen könnte man in wenig Jahren zu Ende kommen."[424] Knappe zwei Jahrzehnte später jedoch hat sich die Rede von den mittelalterlichen Schriftcorpora/-körpern gründlich, das heißt: zu einem vielschichtigen Tableau von Rettungsphantasmen und Zerstörungsimaginationen gewandelt. So fordert, nachdem Johann Georg Schulthess und Breitinger Fragmente von Konrads von Würzburg Roman *Partonopier und Meliur* aus Einbänden nicht näher spezifizierter „skarte-

---

[422] Roland Reuß: ‚genug Achtung vor der Schrift'? Zu: Franz Kafka, Schriften Tagebücher Briefe. Kritische Ausgabe. In: Text. Kritische Beiträge 1 (1995), S. 107–126, Zit. S. 126.
[423] Freymüthige Nachrichten 15 (1758), S. 158. – Vgl. Bodmer u. Breitinger: Sammlung von Minnesingern.
[424] Freymüthige Nachrichten 14 (1757), S. 300f.

ken" gewonnen haben, Bodmer seinen Briefpartner und Vertrauten – gerade auch in *philologicis medii aevi* – Johann Heinrich Schinz zu ähnlichen schriftarchäologischen Taten auf: „wollten Sie nicht der dritte seyn, der auch ein glied davon aus dem grabe hervorzöge? doch ist keine hoffnung daß wir so viele glidmassen zusammenbringen, aus denselben ein Skelet zusammenzusezen."[425] Bodmers Absicht, „die altschwäbischen Epiker von dem untergang zu entfernen", rechnet mit dem Radikalfall der faktischen Zerstückelung eines Codex, dessen *membra(na) disiecta* aber noch im System skripturaler Praktiken zirkulieren und die deshalb den Suchbefehlen antiquarischer Totengräberei unterliegen können. Wenn das lebende Gedächtnis der Literatur von solch allzu menschlichen Missetaten heimgesucht worden und einem zweckentfremdenden Materialrecycling anheimgefallen ist, das Gedichte in Codexeinbände verwandelt, so gibt das Bodmer wieder „eine schlechte meinung von dem geschmak unserer alten", die sich leicht einer Semantik der Anklage bedienen kann: Ein Geschmack, der nicht verhindert hat, dass zur paratextuellen Rahmung von allerlei ‚Scharteken' Werke der Literatur „gemordet, gestümmelt, zerfleischet" worden sind, muss sich den Vorwurf eines Kapitalverbrechens an der Überlieferung gefallen lassen.[426] Aber auch weniger zurechnungsfähigen und berechenbaren Agenten der Überlieferungsunterbrechung muss das Handwerk gelegt werden, bevor die „membranen der altschwäbischen Poesie" durch Bibliotheksbrände oder „schaben und maden"[427] endgültig dem auch materialen Jenseits des Vergessens anheimfallen. Ganz und gar dahingeschieden scheinen die Text-Körper in der Latenz des Archivs normalerweise jedoch noch nicht. So kann die Bemühung um Überlieferung ein regelrecht philanthropisches Programm figurieren – aus dem anklagenden Totengräber wird der philologischantiquarische Arzt: „Ist es weniger menschenliebe sie im leben zu erhalten, als einen Ertrunknen oder Erfrornen wieder ins leben zurükzubringen? war es nicht wärme des guten herzens, womit ich die minnesinger, den poeten der Chriemhilde, Wernike, opitz von der pforte des tödtlichen Vergessens, wie Herkules die Alkeste, auf die Erde zurükgebracht habe?"[428] Also ist es, nach Bodmers Selbsteinschät-

---

[425] Johann Jakob Bodmer an Johann Heinrich Schinz, 12. Januar 1778, zit. nach Leibrock: Aufklärung und Mittelalter, S. 28. – Zu den Briefen an Schinz vgl. Bodmer's Tagebuch (1752 bis 1782). Hg. v. Jakob Baechtold. In: Turicensia. Beiträge zur zürcherischen Geschichte. Zürich 1891, S. 206: „In diesen letzteren Jahren wechselte ich wöchentlich Briefe mit Schinz von Altstätten, in welchen ich von meinen poetischen, politischen, persönlichen Gedanken, die mir gleichsam durch den Kopf gingen, gleichsam ein Tagbuch schrieb" [1777] und Leibrock: Aufklärung und Mittelalter, in dessen Studie diese und die folgenden Briefausschnitte erstmals publiziert sind, S. 69–79.

[426] Johann Jakob Bodmer an Johann Heinrich Schinz, 12. Januar 1778, zit. nach Leibrock: Aufklärung und Mittelalter, S. 71.

[427] Johann Jakob Bodmer an Johann Heinrich Schinz, 31. Dezember 1779 und 12. März 1776, zit. nach Leibrock: Aufklärung und Mittelalter, S. 72 u. 70.

[428] Johann Jakob Bodmer an Johann Heinrich Schinz, 22. März 1779, zit. nach Leibrock: Aufklärung und Mittelalter, S. 69. – Vgl. auch Bodmer an Schinz, 3. März 1779: „Ich habe die freude einen autor vom untergange zu retten, welche man haben würde einen todten oder

2 Epochen(er)findung: Bodmers Mittelalter 191

zung, allein seiner „wärme" und „Menschlichkeit" zu verdanken, dass „vermoderte parcifaliaden vom untergange" gerettet worden sind.[429] Die neue Selbstbeschreibung philologischer Rettungs- und Vergegenwärtigungspraxis kämpft damit im Namen eines dezidierten *habeas corpus* der Literatur gegen die Vergänglichkeit der Überlieferungsmaterialien schlechthin. Sie „aus dem grabe zu ziehen", „aus der gruft zu nehmen", ist die Aufgabe der mittlerweile namen- und noch institutionslosen philologischen Praxis, dank derer die Schrift-Körper, „aus dem moder gerettet", ihre Wiederauferstehung feiern dürfen.[430]

Was der kurze Abriss aus knappen zwei Jahren des Briefwechsels mit Schinz zeigt, könnte man leicht als Folge einer einigermaßen resignativen Rückschau auf ein umtriebiges, ja allzu umtriebiges Gelehrtenleben missverstehen, dessen innovatorische Produktivität und Bedeutsamkeit im Diskurs der Zeit zugleich zu schwinden im Begriff sind. Wenn Konrad Arnold Schmid Anfang 1778 in einer beiläufigen Bemerkung auf die Eigenart „alte[r] Leute" zu sprechen kommt, die sich „selbst wiederholen, oder gar ausschreiben", dann kann er Bodmer geradewegs als Beleg für solche Praktiken anführen: „Bodmer und Voltaire reimen und dichten jetzt ja sichtbarlich aus der Memoire, und wiederkäuen nur."[431] Ende der 1770er Jahre hat sich, so wird aus der Perspektive literarhistorischer Fortschrittsgeschichte einhellig konstatiert, „die Literaturfehde zwischen Zürich und Leipzig längst überlebt",[432] der Einfluss auch der letztlich obsiegenden Protagonisten damit entsprechend verflüchtigt. Gilt dies für die literaturtheoretischen und -ästhetischen Schriften der Zürcher generell, so gilt es insbesondere auch für die editorischen Bemühungen um und das literaturgeschichtliche Werben für die Texte des ‚schwäbischen Zeitalters', die – ein gutes Vierteljahrhundert nach ihrer philologischkritischen Rettung – zur Überlieferung „im Halbschatten zwischen Erinnerung und Vergessen" geworden sind.[433] Die psychologisch-biographische Deutung und Ein-

---

  todtgeglaubten menschen wieder ins leben zurük gebracht zu haben" (zit. nach Leibrock: Aufklärung und Mittelalter, S. 75).
[429] Johann Jakob Bodmer an Johann Heinrich Schinz, 7. Oktober 1779, zit. nach Leibrock: Aufklärung und Mittelalter, S. 71.
[430] Johann Jakob Bodmer an Johann Heinrich Schinz, 16. Oktober 1779, zit. nach Leibrock: Aufklärung und Mittelalter, S. 69f.
[431] Konrad Arnold Schmid an Gotthold Ephraim Lessing, 28. Januar 1778, in: Werke und Briefe in zwölf Bänden. Hg. v. Wilfried Barner u.a. Bd. 12: Briefe von und an Lessing 1776–1781. Hg. v. Helmuth Kiesel unter Mitwirkung von Markus Reppner sowie Antje Büssgen u. Kirsten Burmeister. Frankfurt a.M. 1994, S. 124f., Zit. S. 125.
[432] So das knappe Resümee in Wolfgang Benders Nachwort zu Breitinger: Critische Dichtkunst. Bd. 2, S. 19*. Vgl. exemplarisch für dieses Narrativ von Aufstieg und Fall noch Uwe Hentschel: Der Fall Bodmer[s]. In: Wirkendes Wort 50 (2000), S. 5–16.
[433] Max Wehrli: Im Schatten der Überlieferung. In: Beiträge zur Geschichte der deutschen Sprache und Literatur 107 (1985), S. 82–91, Zit. S. 84. – Vgl. Johann Jakob Bodmer an Johann Heinrich Schinz, 6. September 1780: „Wie kömmt es, dass ich dieser Begierde [der Rettung der altschwäbischen Literatur] nicht widerstehen kann, ungeachtet ich die Eitelkeit dieser Bemühungen lebhaft erkenne? Ich sehe zuvor, dass den Motten und Maden gearbeitet

ordnung eines entsprechenden, wenn auch in seiner Auferstehungssemantik ambivalenten, so doch grundsätzlich missmutig gefärbten Pessimismus' schiene denn auch recht plausibel. Und in der Tat liefert Bodmer solcher Lesart einige Argumente, wenn er „die Schweizer", die „Gottscheds nam' [...] verdrängten", selber dem Progress eines literarischen Verdrängungskampfs überantwortet, in die lange Liste der „Namen" also stellt, die „izt selbst nicht gelesen" werden,[434] ja mehr noch: wenn er die bedrohlichen Kontingenzen der Überlieferung, denen die Text-Körper der mittelalterlichen Literatur ausgesetzt sind, mit der Missachtung der eigenen Leistungen engführt. „Aber mir blutet das Herz, daß Maden und Schaben zur Speise / Werden die Lieder gegeben, des selbsterfindenden Dichters,/ Der mit der Kraft *Homers*, mit *Ossians* Schalle die Schwester / Sang", merkt *Der gerechte Momus* zum Nibelungenlied an, um diesen melancholischen Schmerz auf das neuerliche Vergessen seiner Wiederentdecker zu übertragen: „den Namen des Dichters umhüllt die Vergessenheit ewig; / Aber die Lieder [...] Hub aus der Gruft, worinn sie modernd lagen ein Edler / Späte hervor, sie standen nun da, den Deutschen gegeben; / Aber sie wurden verkannt, verläugnet, von neuem begraben".[435] Andernorts werden derartige figurale Übertragungen zwischen Körper und Text, Leben und Schrift noch deutlicher ausbuchstabiert. So halten Aufzeichnungen aus dem Jahre 1777 eine angesichts des geläufigen Bodmer-Bildes einigermaßen verblüffende, beinahe schon an Lichtenbergs Metapher von den ‚gelehrten Zeugungsgliedern' erinnernde katachretisch-erotische Besetzung des literarischen Schreibens fest, wenn dieses einmal nicht unter dem Bedingungsgefüge von Überlie-ferung und drohendem oder überwundenem Tod, sondern im Namen lustvoller Produktion thematisiert wird: „Ich habe diese Geistesgeburten mit nicht weniger angenehmer Empfindung gezeugt, als die mit der Zeugung der leiblichen Geburten verbunden ist, das ist die Wollust, die den geistigen Geschmack kützelte, der für Ordnung, Harmonie und Schönheit empfindlich ist."[436] Am Ende jener Aufzeichnungen aber

---

wird" (zit. nach Johannes Crueger: Die erste Gesammtausgabe der Nibelungen. Frankfurt a.M. 1884, S. 62).

[434] Johann Jakob Bodmer: Untergang der berühmten Namen. In: Literarische Pamphlete. Aus der Schweiz. Zürich 1781, S. 173–195, Zit. S. 178; vgl. auch, thematisch wie zeitlich benachbart, ders.: Bodmer nicht verkannt. In: Gotthold Friedrich Stäudlin (Hg.): Briefe berühmter und edler Deutschen an Bodmer, Stuttgart 1794, S. 311–337. Als „grämlich[e] Erzeugnisse" hat Jakob Baechtold diese späten Produktionen bezeichnet: „Bodmer ist längst von der Zeit überholt und jammert nun mit hämischen Seitenblicken auf die jüngere Generation darüber, dass die guten alten Dichternamen verschollen, dafür aber schlechte neue aufgekommen sind, die übrigens auch nicht von dauerndem Klange sein werden, und schliesslich besorgt er vorsichtshalber vor Thorschluss seine Apotheose noch selbst" (Bodmer: Vier kritische Gedichte, S. iii–iv).

[435] Johann Jakob Bodmer: Das verschmähte Gedicht, Chriemhildens Rache. In: Ders.: Der Gerechte Momus [S. 3].

[436] Bodmer's persönliche Anekdoten. Hg. v. Theodor Vetter. In: Zürcher Taschenbuch auf das Jahr 1892. N. F. 15 (1892), S. 91–131, Zit. S. 120. Vgl. ebd., S. 110: „Da ich schon ein halbes Jahrhundert gelebt hatte, und die Hoffnung verschwunden war, daß meine Frau mir noch Kinder gebähren würde ,– – – – gab mir die Muse die Gabe / Kinder des Geistes zu zeugen,

steht die Diagnose eines Überlieferungsabbruchs, die sich einmal noch der Zeugungssemantik bedient, um diesen dann als Empfängnisverhinderung zu beschreiben: „Niemand hat seinen poetischen Sinn von meinem empfangen",[437] klagen die *Persönlichen Anekdoten*, und die *Manuscripte über die altschwäbische Literatur* sollen, wie es ein Brief an Schinz aus dem Jahre 1780 formuliert, „in einen besondern Coffre" gelegt den Tag ihrer Auferstehung erwarten, wenn „einmal ex nostris ossibus einer entsteigt, der meine Wärme für sie hat".[438] Spricht also in Bodmers später Sorge um die ‚Membranen', die beschriebenen Häute der mittelalterlichen Literatur, hinterrücks – und Nietzsches Metapher per Analogie antizipierend – die eitle Sorge um den eigenen Nachruhm mit, jene „Haut der Seele", von der die „Regungen und Leidenschaften [...] umhüllt" werden?[439]

Doch denunziatorische Hinweise auf die Eitelkeit des greisen Bodmer, der sich selbst in den Fangstricken des bereits in den *Discoursen* herausgearbeiteten *double-bind* allen Nachruhmbegehrens verheddert und darüber die einst propagierten Maximen vergisst,[440] greifen zweifellos zu kurz. Um einiges plausibler wird die Insistenz der materialgebundenen Sorge um den Schrift-Körper, wenn man sie als Wiederkehr des „Dasein[s] der Signifikanten" in das Bewusstsein versteht, die sich der Perspektive auf die Konstituenten der Überlieferung verdankt. Sie ist mithin Verschiebung und Modifikation jenes seit den 1720er Jahren von den Zürchern skizzierten Programms der Einbildungskraft, dem zufolge der Dichtung als einer von „keine[n] medialen Irritationen und Energieverluste[n] gemindert[en]" Kunstform das wirkungsästhetische Primat im Reich der Künste zugesprochen worden

---

    die mir das Schiksal versüssen, / Da die Kinder von meinem Fleische vom Stengel gebrochen." (Zum Selbstzitat vgl. Bodmer: Calliope. Bd. 1, S. 318) – Zu Lichtenbergs Metapher vgl. u. a. Georg Christoph Lichtenberg an Georg Heinrich Hollenberg, 31. Juli und 7. August 1780, in: Georg Christoph Lichtenberg: Briefwechsel. Im Auftrag der Akademie der Wissenschaften zu Göttingen hg. v. Ulrich Joost u. Albrecht Schöne. Bd. 2. München 1984, S. 101 sowie Stephan Kammer: Reflexionen der Hand. Zur Poetologie der Differenz von Schreiben und Schrift. In: Davide Giuriato u. Ders. (Hg.): Bilder der Handschrift. Die graphische Dimension der Literatur. Basel u. Frankfurt a.M. 2006, S. 131–161, insbes. S. 150–156.

[437] Bodmer's persönliche Anekdoten, S. 131.
[438] Johann Jakob Bodmer an Johann Heinrich Schinz, 13. November 1780, zit. nach Crueger: Die erste Gesammtausgabe der Nibelungen, S. 62.
[439] Vgl. Friedrich Nietzsche: Menschliches, Allzumenschliches. I. 2. Hauptstück. Aph. 82. Sämtliche Werke. Kritische Studienausgabe. Hg. v. Giorgio Colli u. Mazzino Montinari. München 1985, Bd. 2, S. 86: „Haut der Seele. – Wie die Knochen, Fleischstücke, Eingeweide und Blutgefässe mit einer Haut umschlossen sind, die den Anblick des Menschen erträglich macht, so werden die Regungen und Leidenschaften der Seele durch die Eitelkeit umhüllt: sie ist die Haut der Seele."
[440] „[M]eine Freude ist / daß ich das Gute und das Böse / das ich sehe / auf einen Bogen Papier zusammentrage / und dem Caprice des Glückes überlasse / ihn in der Welt belobt zu machen / oder in *Lindinners* Boutique vermodern zu lassen; gleich achtend / daß man wisse oder nicht / wann ich nicht mehr lebend bin / daß ich Discourse gemachet habe" (Bodmer u. Breitinger: Die Discourse der Mahlern. Erster Theil. XXII. Discours, Y 4ʳ; vgl. zur Thematik des Nachruhms oben Kap. I.2.1.

ist.⁴⁴¹ Denn unter den Bedingungen der Überlieferung wird die Vorstellung, dem Dichter sei die „Phantasie des Lesers [...] das Tuch, auf welchem er sein Gemählde aufträgt", so obsolet wie „das Wunder [e]iner Kunst", die „ein Gemählde durch die Worte, die nicht nur unfühlbar sondern auch unsichtbar sind, verfertiget". Überdies relativieren sie die dem Paradigma des Typographeums entsprungene Magie der Vervielfältigung, die „auf einmahl eine Menge solcher Gemählde in Stand bringt, indem [sie] mit einer Schrift in die Phantasien aller [...] Leser mahlet."⁴⁴² Solcher Magie setzt eine zweite Figuration schriftlicher Überlieferungsträger nun doch auch die Programme einer radikalen Individualisierung entgegen. Noch einmal können zu diesem Zweck die Konstituenten der Charakteristik in Dienst genommen werden, die bereits als Folie von Bodmers erster literarhistorischer Skizze Verwendung gefunden hat. Dort allerdings hat sich die Charakteristik als Darstellungsmodell erst für jene *epoché* der Literatur etablieren sollen, in der bewegliche Lettern für die Prägung ihres Gegenstandes zuständig geworden sind: „die Kunst [...],/ Dadurch man Wort und Red in Erzt und Meßing gießt,/ Dadurch die Wissenschaft der Vorwelt sich entschließt", wie es der *Character* in kausaler Parallelführung von Medieninnovation und Überlieferungsgelingen formuliert hat.⁴⁴³ Nun aber erhalten die Codices selbst Charakter zugesprochen. Dass die Begriffsgeschichte des ‚Charakters' von jeher zwischen Schriftzeichen und Individuum, zwischen Produkten dichterischer Einbildungskraft und Prozeduren der Persönlichkeitsbildung pendelt, steht einem solchen Vorhaben natürlich keineswegs entgegen.⁴⁴⁴ So mögen zwar die Semantik des Lebenden, die sich angesichts der mittelalterlichen Pergamenthandschriften, den ‚membranenen' Codices geradezu aufdrängt,⁴⁴⁵ und die singuläre Schrift-Körperlichkeit der handschriftlichen

---

⁴⁴¹ Vgl. Koschorke: Körperströme und Schriftverkehr, S. 273–321 (Zit. S. 283 u. 287). – Das verbreitete kategoriale Urteil, Bodmer und Breitinger ginge es „nie [...] um eine sprachlich-sinnliche Rezeption der Dichtung, sondern immer wieder soll[e] der Sprachkörper transzendiert und zu der eigentlichen bildlichen Bedeutung vorgedrungen werden" (Gerhard Schäfer: „Wohlklingende Schrift" und „rührende Bilder". Soziologische Studien zur Ästhetik Gottscheds und der Schweizer. Frankfurt a.M. u.a. 1987, S. 95), ist also von diesem Fokus aus zu korrigieren. Eine „abstrakte Virtualität der Sprache" (ebd., S. 121) gibt es für die Dispositive der Überlieferung nicht. Vgl. auch Schlegel: Sich „von dem Gemüthe des Lesers Meister" machen, S. 205: „Bodmers und Breitingers [...] aufklärerisches Literaturprogramm bleibt [...] wirkungsästhetisch noch relativ konkret, durch Gesichtspunkte der Erfahrung [und der empirischen Wahrnehmung] orientiert."
⁴⁴² Bodmer: Critische Betrachtungen über die poetischen Gemählde der Dichter, S. 39 und 33f.
⁴⁴³ Bodmer: *Character*, v. 159–161; vgl. dazu oben Kap. I.2.2.
⁴⁴⁴ Vgl. die vorzüglichen Darstellungen von Louis van Delft: Littérature et anthropologie: le *caractère* à l'âge classique. In: Marc Fumaroli (Hg.): Le statut de la littérature. Mélanges offerts à Paul Bénichou. Genève 1982, S. 97–115, sowie Thomas Brenner: Charakter/charakteristisch. In: Ästhetische Grundbegriffe. Hg. v. Karlheinz Barck u.a. Bd. 1, Stuttgart u. Weimar 2000, S. 772–794.
⁴⁴⁵ Dass Bodmer solche Katachresen keineswegs exklusiv hat, zeigt die folgende Passage aus Joseph Jérôme François de la Lande: Die Kunst Pergament zu machen. In: Schauplatz der Künste und Handwerke. In das Teutsche übers. und mit Anmerkungen versehen v. Johann Heinrich Gottlob von Justi. 2. Bd. Berlin u.a. 1763, S. 255–316, Zit. S. 258f.: „Herr Morand,

Überlieferungszeugnisse den ersten Bezugspunkt solcher Figuration bieten. Den entscheidenden Anknüpfungspunkt aber bietet das Charakterkonzept da, wo es die Bestimmungsregeln des „Personal-Character[s]", der individuellen Differenz des Menschen, aus dem Zusammenspiel von Physis, kultureller Prägung und Lebensgeschichte ableitet: „Aller Unterschied den man zwischen eintzeln Personen wahrnimmt / rührt eintweder von der Natur / oder von der Kunst / oder von dem Glück her." Die Natur nun trägt zur Differenzierungsarbeit der Charakteristik wenig mehr bei als die Unterschiede, die sich aus der „natürliche[n] Disposition und Beschaffenheit des Leibes" – aus Kraft und Motilität der Glieder, aus den Eigenschaften des Blutes „und anderer flüßigen Materie" – ergeben. Damit sorgt die natürliche Anlage vor allem für die Beschaffenheit der Inskriptionsfläche, auf der sich die distinkten Charakterzeichen eintragen können: „Die Seele eines Kindes / das allererst aus der dunckeln Werckstatt / allwo es von der Natur gebildet worden / an das frohe Tages-Licht vorkömmt / hat noch keine Kräffte auf einige Weise zu wircken. Die Einbildung und der Verstand sind noch leer und öde / und einem reinen Papier oder einer polirten Taffel gleich / so allerley Figuren erst anzunehmen fähig sind", wie es die *Abhandlung zur Einbildungs-Krafft* mit Locke formuliert.[446] Federführend im Aufzeichnungsprozess, in dem der „Character sich allgemach fixirt / oder befestiget", ist dann die „Kunst", Begriff für all jene Umstände der Erziehung, der

---

in einem bey der Academie im Jahr 1738 abgelesenen *Memoire*, [...] merket an, daß die Haut, von welcher das Pergament gemacht wird, ein besonderes Gewebe von kleinen in einander gehenden Fäsergen sey. Diese durch einander gehende Zusammenfügung ist es, welche macht, daß sich die Haut ganz leicht mit der größten Schmeidigkeit, wie man nur will, auf allerhand Art ausdehnen läßt, und bey der lebendigen Creatur sich nach allen Bewegungen der Muskeln richtet; es kann auch die Wirkung der Hitze und der Kälte, indem sie das Gewebe enge zusammen ziehet, die Schweißlöcher der Haut verstopfen. Eine Pergamenthaut, so bey dem Brand der Rechnungscammer gerettet worden, hatte durch die Hitze eine ganz besondere Gestalt angenommen, welche die Aufmerksamkeit des Herrn Morand an sich gezogen, und diesem berühmten *Anatomico* Gelegenheit gegeben hatte, dessen Gewebe zu untersuchen. Der Rand dieses Pergaments war auf derjenigem [*sic!*] Seite, wo die Linien der Schrift anfangen, durch das Feuer kürzer geworden, da er hingegen auf der rechten Seite bey seiner natürlichen Größe geblieben war. Die linke Seite ist um ein gut Drittheil kürzer; die Buchstaben sind daselbst kürzer, und die Linien sind um die Hälfte näher beysammen. Die Vergleichung zwischen der verbrannten und der andern Seite zeigt genugsam, was vor eine Veränderung dasselbe durch das Feuer erlitten habe. Die Zusammen-schiebung der Buchstaben, der Worte und Linien, ist nach gleicher Verhältniß geschehen, und scheinet es, daß die Schrift von daher nur lesbarer geworden. [...] Durch [...] Einwäs-serungen kann man denen durch das Feuer zusammen gezogenen Fäsergen beynahe die nehmliche Ausdehnung wieder geben, welche sie zuvor gehabt, und Herr Morand war der Meynung, daß man wirklich auf solche Art eine große Menge solcher aus dem Brand der Rechnungscammer geretteten Pergamentstücken würde haben wieder zurecht bringen können."

[446] Bodmer u. Breitinger: Von dem Einfluß und Gebrauche der Einbildungs-Krafft. Zitate hier und im weiteren Verlauf des Absatzes S. 179–183. Die einschlägige Bezugsstelle ist: Locke: An Essay concerning Human Understanding. II.i § 2. Bd. 1, S. 121: „Let us then suppose the mind to be, as we say, white paper, void of all characters, without any ideas". – Vgl. F. Andrew Brown: Locke's *Essay* and Bodmer and Breitinger. In: Modern Language Quarterly 10 (1949), S. 16–32.

Erfahrung und der sozialen Interaktion, die als kulturelle Prägungen umschrieben werden können; für die Implementierung der so – und notwendigerweise[447] – fixierten Charaktere in der Ökonomie des menschlichen Zusammenlebens schließlich sorgen die Kontigenzen der Lebensgeschichte: die „Güter des Glückes" also, die individuelle Charakteristika zum Guten wie zum Schlechten ausschlagen lassen und ihnen überindividuelle Dauer und Wirksamkeit verschaffen können. Dieses Konzept des Charakters, das mit der Metaphorik der Inskription und der Fixierung programmatisch auf Individualität hin rechnet, ist (wie gleich zu belegen sein wird) so gut auf die Überlieferungsbedingungen von Literatur im Zeitalter der Manuskripte hin einzurichten, wie es – was die *Abhandlung zur Einbildungs-Krafft* mitsamt den dort aufgerufenen Bezugstexten zeigt – anthropologisch zentriert werden kann. Doch darauf beschränkt sich sein Potential noch nicht: Es fungiert überdies als semantische Schaltstelle, an der zwischen dem an den Vermögen der Imagination und des Gedächtnisses ausgerichteten Diskurs der Anthropologie, dem auf die Wirkungen ‚malerisch'-poetischer Inskriptionen fokussierenden Diskurs der Ästhetik sowie den Figurationen des Überlieferungsdispositivs beinahe beliebig gewechselt werden kann. Damit verwandelt sich das Rettungsunternehmen einer anthropologischen Disziplinierung antiquarischer Wissenspraktiken, die ein austariertes Spiel der Vermögen als wissenspolitische Deeskalationsstrategie beworben hat, zumindest vorübergehend – aber eben auch nur vorübergehend – in das generalisierte Relais von überlieferten Dingen und Zeichen und den menschlichen Kulturpraktiken des Wahrnehmens und Deutens.

Die grammatologische Urszene einer Charakterschrift steht zunächst in den Diensten der ‚poetischen Mahlerey' und damit unter der Regie der Einbildungskraft, die in der Abhandlung von 1727 das anthropologische Fundament dieser spezifischen Inskriptionsform stellt. In exakter Korrespondenz erklären die *Discourse* und, zwanzig Jahre später, Bodmers *Betrachtungen über die Poetischen Gemählde* diese Szene zum Schauplatz einer interdiskursiven Konstellation, in der sich, mit verschwimmenden Konturen, die Vermögen der Imagination und des Gedächtnisses mit den ästhetischen Verfahren der Aufzeichnung, die Präsentationsverfahren materialer Überlieferung mit den textpragmatischen Strategien der *persuasio*, eine kategoriale Anthropologie mit den Spektakeln instrumentell-empirischer Sichtbarmachung verschränken:

> Ein Schreiber erklärte sich Rubeen, bearbeitet sich, daß er die Imagination seiner Lesern mit Gedanken anfülle, das will sagen, wenn wir uns in dem Cartesianischen Stylo ausdrüken wol-

---

[447] „Rien n'est plus dangereux dans la société qu'un homme sans *caractere*, c'est-à-dire dont l'ame n'a aucune disposition plus habituelle qu'une autre", warnt die *Encyclopédie*. Ein solcher nämlich infiziert die soziale Interaktion mit schierer Kontigenz: „On se fie à l'homme vertueux; on se défie du fripon. L'homme sans *caractere* est alternativement l'un & l'autre, sans qu'on ne puisse le deviner, & ne peut être regardé ni comme ami, ni comme ennemi; c'est une espece d'anti-amphibie, s'il est permis de s'exprimer de la sorte, qui n'est bon à vivre dans aucun élément." Art. charactere (*en morale*). In: Encyclopédie, Bd.2, S. 666.

2 Epochen(er)findung: Bodmers Mittelalter 197

len; daß er in ihre Imagination Bilder der Sachen mahle. Die Imagination des Lesers ist der Plan oder das Feld, auf welchem er seine Gemählde entwirft. Sie ist in der Geburt des Menschen leer wie ein Stück weisses Zeug oder ein gehobeltes Brett, aber fähig, alles dasjenige zu fassen was ihr darauf vorstellen wollet; sie ist so geraum daß sie fassen mag, was immer die Natur hervorbringt, ja auch daneben eine Menge Chimeren, grotesque Figuren, und Caprizzi. Die Feder des Schreibers ist der Pinsel, mit dem er in dieses grosse Feld der Imagination mahlet, und die Worte sind die Farben, die er so wohl zu vermischen, zu erhöhen, zu verdunckeln und auszutheilen weiß, daß ein jeder Gegenstand in derselben seine lebhafte und natürliche Gestalt gewinnet. Ein Object, das auf diese Weise mit der Feder und den Worten in der Imagination abgebildet worden, heißt eine Idee, Deutsch, ein Bildniß, ein Gemählde. Der Schreiber ist denn ein curieuser Mahler, der durch blosse Worte ein Gemählde verfertiget! [...] Auf diesen Fuß, wie Rubeen von der Imagination redet, als von einer geraumen Taffel, die von mannigfaltigen Bildnissen angefüllet ist, sehe ich die Wissenschafft eines Menschen nicht anderst an, als wie den gemahleten Tisch von des Holbeins Arbeit der auf der Wasser-Kirche stehet, auf welchem hundert Geschöpffe, Gestalten, Figuren, und Stellungen, abgeschildert sind. Ich bekenne, daß ich die närrische Curiosität habe, die Imagination des gelehrten Charlatans VORANUS durch einen Tubum opticum zu sehen. Ich stelle mir die schönen Sachen oft in der Einbildung für, di[e] ich dannzumahlen würde zu sehen bekommen. „Dorte ist eine ruinirte Stadt gemahlet, wie mich bedünket, denn ich entdecke daselbst grosse Stücke von Mauern, zerbrochene Säulen, niedergeworffene Portal, halbe Amphitheatra, und zuweilen einen Tempel der noch unzerstöret stehet. Es sind Uberschrifften auf diesen Rudera gehauen, die billich in des Gravii Thesauro Antiquitatum copiert worden. Diejenige ist merckwürdig, die uns den Tod einer Eselin verkündiget, die Cincia genennet worden. Der Boden dieser Stadt ist von tausenderley gefärbten Steinen, Muscheln, Schneck-Häusern, versteinerten Krebs-Scheren, Schuppen, Schalen, Zähnen, Fisch-Hörnern, Rohren, Gräsern, gleichsam durch Mosaische Arbeit zusammen gepflastert. Es scheinet, daß die Leute dieser Stadt an jeder Ecke ihr altes Hauß-Geräthe auf einen Hauffen geworfen haben. Denn man siehet da Figuren von Bader-Würffeln, Schach-Steinen, alte Schauben, Schuhe, die vielleicht des Cicerons gewesen, Tische, Bette, zusammen gerollte Bücher, Deos Lares und Vejoves, wo es nicht Gothische Kinder-P[u]ppen sind, Griechische und Syrische Rechen-Pfenninge. Darüber her fliegen zerfetzte Blätter Papier, von denen die einen mit Characteren überschrieben sind, die scheinen von einer Bären-Tatzen gezogen zu seyn; Auf den andern sind gantze Stellen ausgeschrieben, aus dem Strabo, dem Suida, dem Salmasius und anderen. Aber auf den meisten sind blosse Register zu lesen. Ich vermuthe daher, daß Voranus hier seine Memoriam Localem habe. Nicht weit davon ist ein schönes Monstrum gemahlet, das die Haare von Seiden, die Augen von Sternen, die Nase von Helffenbein, die Lippen von Corallen, und den Hals von Alabaster hat. Es ist wahrscheinlich daß dieses ein Conterfey von des Voranus Maitresse seye, weil er gewohnt ist, sie auf diese Weise zu beschreiben.["]⁴⁴⁸

Das wilde und im Wortsinn undisziplinierte Spektakel des Menschen, das diese *mise en abyme* des ‚Charakter'begriffs in ihrer ganzen Ambiguität bietet, ließe sich nachgerade als Emblem des (früh)aufklärerischen anthropologischen Diskurses verstehen. Dieser sieht sich dem Konflikt zwischen der rationalen Architektur menschlicher Vermögen und einer durch die instrumentelle Verstärkung der Sinne sowie durch den präsentierenden Zugriff auf die Dinge noch gesteigerten, potentiell chaotischen Empirie ausgesetzt – er ist mithin, wie es der *Discours* ja explizit benennt, zwischen Cartesianismus und Wunderkammer gespannt.[449] Daraus ent-

---

[448] Bodmer u. Breitinger: Die Discourse der Mahlern. Dritter Theil. XXI. Discours, S. 163–167. Vgl. Bodmer: Critische Betrachtungen über die Poetischen Gemählde der Dichter, S. 38–40.
[449] Diesem konfliktgeladenen Schauplatz und den daraus entspringenden Disziplinierungsverfahren verdankt man bekanntlich nicht wenige der interessantesten anthropologie- und

steht erneut Regelungs- und Disziplinierungsbedarf – nicht von ungefähr wird die Abhandlung zur Einbildungskraft zwecks methodisch angeleiteter Menschenerkenntnis auf die Wolffsche Ethik verweisen, die allen Aporien zum Trotz an einer geradezu syllogistischen Mathesis jener der Menschen „Thun und Lassen" motivierenden „Maximen oder allgemeine[n] Regeln" festhält.[450] Doch solche Maßregelungen nimmt der *Discours* selbst mit einer lakonischen Schlusswendung vorweg, deren noch ironischen Zuschnitt allerdings die weiteren Schriften (nicht nur) der Schweizer aufs Hartnäckigste auszutreiben bestrebt sind: „Wenn demnach meine Discourse studiert und meine Ideen angenommen werden, so muß geschehen, daß nach Verlauff etlicher Jahren die Imagination meiner Lesern, so sie durch einen solchen Tubum könnte gesehen werden, eben diejenigen Schildereyen vorstellen würde, welche jetzt in der meinen gemahlet sind. Ein sonderbares Glück, das überaus bequem ist einen Autor zu kitzeln!"[451] Gänzlich ohne solche Koketterie wird in den 40er Jahren „die Weißheit des Verstandes" in ihrer Rolle eines „Leitsternes der Phantasie" bestätigt, wird dabei in um so drastischeren Zügen vorm „ungeheuren Abgrunde" einer überhitzten Einbildungskraft und von deren Nachbarschaft zum „öde[n] Reich des Unmöglichen" gewarnt, „wo immerwährender Krieg und Widerspruch herrschet."[452] Geblieben allerdings ist jene Wunderkammer, als die sich die Phantasie des ‚gelehrten Charlatans' beschreiben lässt, geblieben ist auch der Vergleich menschlicher Imagination mit dem sogenannten ‚Holbein-Tisch' aus der Zürcher Kunstkammer in der Wasserkirche.[453]

Dass zwischen den Topiken der Wunderkammer und jenen der menschlichen Vermögen ein reziprokes Verhältnis besteht, ist zunächst wenig überraschend: Bereits Lockes *Essay* ist, neben der einschlägig bekannten und in der Schrift zur

---

wissen(schaft)sgeschichtlichen Forschungen der letzten Jahrzehnte; vgl. nur Barbara Maria Stafford: Body Criticism. Imaging the Unseen in Enlightenment Art and Medicine. Cambridge, Mass. u. London 1991; dies.: Artful Science. Enlightenment Entertainment and the Eclipse of Visual Education. Cambridge, Mass. u. London 1994; Lorraine Daston u. Katharine Park: Wonders and the Order of Nature 1150–1750. New York 1998, bes. S. 255–363. – Zur ‚Einbildungskraft' als anthropologischem Relaisbegriff: „als Grenzgänger und Überläufer" vgl. Gabriele Dürbeck: Einbildungskraft und Aufklärung. Perspektiven der Philosophie, Anthropologie und Ästhetik um 1750. Tübingen 1998, Zit. S. 4.

[450] Bodmer u. Breitinger: Von dem Einfluß und Gebrauche der Einbildungs-Krafft, S. 183f.; dort der Verweis auf Christian Wolff: Vernünfftige Gedancken von der Menschen Thun und lassen. Hildesheim u. New York 1976 [ND der 4. Aufl. Frankfurt u. Leipzig 1733]. Gesammelte Werke. Hg. v. Jean École u.a. Bd. I.4. Hg. u. mit einer Einleitung versehen v. Hans Werner Arndt, S. 116–142, Zit. S. 117.

[451] Bodmer u. Breitinger: Die Discourse der Mahlern. Dritter Theil. XXI. Discours, S. 167f.

[452] Bodmer: Critische Betrachtungen über die Poetischen Gemählde der Dichter, S. 14f. und 24.

[453] Vgl. dazu Claudia Rütsche: Die Kunstkammer in der Zürcher Wasserkirche. Öffentliche Sammeltätigkeit einer gelehrten Bürgerschaft im 17. und 18. Jahrhundert aus museumsgeschichtlicher Sicht. Bern 1997; Christine Barraud Wiener u. Peter Jezler: Die Kunstkammer der Bürgerbibliothek in der Wasserkirche in Zürich. Eine Fallstudie zur gelehrten Gesellschaft als Sammlerin. In: Andreas Grote (Hg.): Macrocosmos in microcosmo: Die Welt in der Stube. Zur Geschichte des Sammelns 1450 bis 1800, Opladen 1994, S. 763–798.

Einbildungs-Krafft zitierten Metapher des ‚white paper, void of all characters', den umgekehrten Weg gegangen und hat „die Füllung eines Sammlungsraumes mit der Selbsterzeugung des zunächst leeren menschlichen Geistes" verglichen.[454] „The senses", so formuliert es bereits das grundlegende, da gegen die Auffassung von ‚innate speculative principles' anschreibende erste Kapitel des ersten Buches, „at first let in *particular* ideas, and furnish the yet empty cabinet, and the mind by degrees growing familiar with some of them, they are lodged in the memory, and names got to them." Damit sind die ersten entscheidenden Schritte eines Sammlungs-, Speicherungs- und Ordnungsprozesses getan, an dessen Ende „the mind comes to be furnished with ideas and language, the *materials* about which to exercise its discursive faculty".[455] Dass beide Topiken gar zu einem heilsgeschichtlichen – und dabei unter den Prämissen des Überlieferungsdispositivs mit Verlust und Wiedergewinn von Wissen rechnenden – Narrativ kurzgeschlossen werden können, zeigt bereits einige Jahrzehnte vor Bodmers Korrelierung das *Unvorgreiffliche Bedencken von Kunst- und Naturalien-Kammern* (1674) des Kieler Gelehrten und Arztes Johann Daniel Major. Durch Adams Sündenfall seien „gleichsam von der Taffel seines Gehirns / so viel schön- und herrliche darin-aufgezeichnete Dinge / vorsetzlich / ja grausam und thöricht außgelöscht" worden, dem nachadamitischen Menschen allein „itzt-gedachte geblößte Taffel" übriggeblieben, auf „daß wiederumb und aufs neu was darauf-notiret werden kan"[456] – ein von der Einrichtung der Wunderkammern, der geordneten Präsentation überlieferter Naturalia und Artefakte, beförderter Prozess der Reinskription, der „die gelöschte Weisheit des Paradieses allmählich zurückgewinnt."[457] Auffällig allerdings ist, dass die Topik sowohl in den *Discoursen* der 1720er Jahre wie in Bodmers Abhandlung von 1741 bereits auch zur Beschreibung einer exemplarisch ungeregelten Einbildungskraft, der nämlich des antiquarischen Scharlatans Voranus herangezogen wird. Die Wunderkammer, die der *tubus opticus* des kritischen Anthropologen im Schädel des Gelehrten fokussieren will, erscheint als Vorwegnahme jener Anhäufungen von „totem Gerümpel", als die Naturalienkabinette am Ende des Jahrhunderts und mithin nach ihrer ausdifferenzierenden Auflösung nur mehr verstanden werden

---

[454] Horst Bredekamp: Antikensehnsucht und Maschinenglauben. Die Geschichte der Kunstkammer und die Zukunft der Kunstgeschichte. Überarbeitete Neuausg. Berlin 2000, S. 44.
[455] Locke: An Essay concerning Human Understanding. I.i § 15, S. 48f.
[456] Johann Daniel Major: Unvorgreiffliches Bedencken von Kunst- und Naturalien-Kammern ins gemein. Kiel 1764, A4ʳ⁻ᵛ, zit. nach Bredekamp: Antikensehnsucht und Maschinenglauben, S. 43.
[457] Bredekamp: Antikensehnsucht und Maschinenglauben, S. 44. – Als „naturwissenschaftliches Komplement" zur *Querelle* hat Wolfgang Braungart: Die Kunst der Utopie. Vom Späthumanismus zur frühen Aufklärung. Stuttgart 1989, S. 143, Majors Wissen-(schaft)skonzept denn auch bezeichnet – zur Position der *modernes* darin, wäre zu präzisieren. Vgl. zu ‚naturgeschichtlichen' Überlieferungsmodellen, bei denen diese Konfiguration ganz explizit im Zeichen antiquarisch-historischer Zeugenschaft steht, die folgenden Kapitel dieser Arbeit (II.1 und II.2).

können;⁴⁵⁸ der Gelehrte, dessen Imagination sie abbilden soll, weist sich als würdiger Repräsentant jener „Epoche höchst verkauzter philologischer Gelehrsamkeit" namens Polyhistorismus aus, gegen den die frühaufklärerische Kritik seit den ersten Jahrzehnten des Säkulums die satirische Geißel schwingt.⁴⁵⁹

Auffällig ist ferner, dass neben diesem Beispiel eines in Unordnung geratenen inneren Bildersaals eine zweite, nun aber anscheinend generalisierbare Figuration der Imagination zu stehen kommt, der man nach einem flüchtigen Blick kaum eine qualitative Differenz zur ironisierten ersten zugestehen würde: der sogenannte ‚Holbein'-Tisch – überdies selbst Teil einer Sammlung, deren Geschicke den Prozess der Umstrukturierung und Ausdifferenzierung des Inventars gleichsam verkörpern: Die Zürcher Kunstkammer in der Wasserkirche folgt zwar bis zu ihrer Auflösung ab 1779 dem Sammlungs- und Präsentationskonzept der Wunderkammer, wie es eine Beschreibung noch aus der Mitte des 18. Jahrhunderts belegt.⁴⁶⁰ Die Sammlung, Teil der 1629 gegründeten Bürgerbibliothek, wird aber bereits ab 1718 von den wachsenden Büchermassen unters Dach gedrängt,⁴⁶¹ ihre Naturalien-

---

⁴⁵⁸ Jean Paul: Hesperus oder 45 Hundspostage. Eine Lebensbeschreibung. In: Norbert Miller (Hg.): Jean Paul: Sämtliche Werke. Abt. I. Bd. 1. München 1960, S. 596. – Vgl. zum Missverhältnis zwischen „Komplettierungswahn und Neuheitssucht" einerseits, fehlender Systematik andererseits, die die Kritik an solcher Präsentationsform undifferenzierter Überlieferungsbefunde veranlasst hat, Wolf Lepenies: Das Ende der Naturgeschichte. Wandel kultureller Selbstverständlichkeiten in den Wissenschaften des 18. und 19. Jahrhunderts. München u. Wien 1976, S. 52–77, zit. S. 57.

⁴⁵⁹ Vgl. Conrad Wiedemann: Polyhistors Glück und Ende. Von Daniel Georg Morhof zum jungen Lessing. In: Heinz Otto Burger u. Klaus von See: Festschrift Gottfried Weber. Bad Homburg u.a. 1967, S. 215–235, Zit. S. 229. Das einschlägige zeitgenössische Kompendium der gelehrten Abartigkeiten aller Fakultäten, in dem selbstredend auch die „Antiquitäten-Krähmer" nicht fehlen dürfen, ist Mencke: Zwey Reden von der Charlatanerie oder Marcktschreyerey der Gelehrten, Zit. S. 101.

⁴⁶⁰ Vgl. die bei Rütsche: Die Kunstkammer in der Zürcher Wasserkirche, S. 161 zitierte Beschreibung von Johannes Leu: „Der oberste Boden ist gewidmet von der Natur und Künste Sachen. Von der Ersternen Gattung ist vorhanden ein schöner Vorrath von Mineralibus, Metallis, Lapidibus figuratis, variis petrificatis, Terris, Salibus, Sulphuribus, Chrystallis, Crustaceis, Testaceis, Vegetabilibus, Plantis Marinis, Animalibus, Piscibus, Crocodilis, Serpentibus, Testudinibus, piscibus marinis, sceletis humanis, et animalium etc. Von der anderen Gattung ist sehens würdig, der grosse Landtafelen Züricher-Gebieths, von Herrn Hans Conrad Geiger aufgetragen [...]. Ein grosser Stammbaum von allen Regimentsstellen lobl. Stadt Zürich seith a°. 1336. Von Hrn. Hans Heinrich Schweitzer Flachmahler. Viele Mathematische Instrument. Ein zierliches Tischblatt von dem berühmten Holbein kunstlich gemahlet. Ein grosser Magnet. Ein grosser Brennspiegel von Metall-Stahel, Spiegel mixtur genant, gegosen und sauber poliert [...]. Ville Urnas Sepulchrales et Lachrimales, heidnische Götzen, Opfergeschir, Inscriptionen" (Geschichte der Wasserkirche und der Bibliothek bis ca. 1750. Zentralbibliothek Zürich, Ms L 443.1, S. 96–98). Abgebildet ist die Kunstkammer: Neujahrsblatt der Burgerbibliothek auf das Jahr 1688 (Zentralbibliothek Zürich, Graphische Sammlung).

⁴⁶¹ Vgl. Barraud, Wiener u. Jezler: Die Kunstkammer der Bürgerbibliothek in der Wasserkirche in Zürich, S. 766 und 786: „Im frühen 18. Jahrhundert war der Bücherbestand soweit angewachsen, daß 1718 die Bibliothek um ein Galeriegeschoß erweitert werden mußte. Um die nötige Beleuchtung zu gewährleisten, schnitt man aus dem oberen Boden ein großes Oval

2 Epochen(er)findung: Bodmers Mittelalter 201

bestände werden schließlich vollends abgestoßen und den jeweiligen disziplinären Spezialisten überantwortet. Der bemalte Tisch,[462] der in den beiden Bodmerschen Texten zum Leitbild menschlichen Wissens erhoben wird, zeigt im Mittelfeld, um ein Allianzwappen herum zerstreut, eine Unzahl von teilweise als Trompe-l'œil gestalteten Dingen des täglichen Gebrauchs, die auf zwei nach den Längsseiten des Tisches hin ausgerichteten Sequenzen verteilt sind. Die eine gruppiert sich um einen schlafenden Krämer, dessen Habseligkeiten von einer Horde Affen gefleddert werden, die andere versammelt um den auf einem Zuber sitzenden ‚Heiligen Niemand' eine Menge zerbrochener Gerätschaften – zwei Motive aus dem Inventar frühneuzeitlicher Schwank- und Volkskunst. Drei der Tischseiten nehmen Darstellungen von Fischerei, Jagd und Vogelfang ein – kleine Bildenzyklopädien profaner Tätigkeiten, die zum Teil wiederum auf Schwankmotive anspielen –, die vierte Seite schließlich zeigt eine Turnierszene. Wenn also die thematischen Konstellationen des Dargestellten so wenig zu einer paradigmatischen Allegorie menschlicher Imagination taugen mögen wie deren Provenienz, was vermag den bemalten Tisch dann als wenn nicht positive, so dann doch zumindest neutrale Kontrastfigur zu jenem ungeregelten Sammelsurium wunderlicher Gelehrsamkeit auszuzeichnen? Es ist zunächst das subtil organisierte Tableau seiner geordneten Heterogenität, das zwar „hundert Geschäfte des menschlichen Lebens in einer unzehligen Menge von Bildern, Figuren und Gestalten" präsentiert, dies aber im Gegensatz zum bloßen Neben- und Durcheinander ebenso wie zur starren topischen Strukturierung so leistet, dass deren „Verbindung überaus zart und schier unvermercklich ist".[463] Vor allem aber lässt die Darstellungstechnik selbst den Tisch als materialisierten Aufzeichnungscorpus, als Verdinglichung gleichsam jener metaphorischen „polirten Taffel" der Seele erscheinen, auf die nun tatsächlich ein Maler „allerley Figuren" aufgetragen hat:[464] „Der ziemlich dunkle Allgemeinton" des Tischgrundes „könnte einen in der Meinung bestärken, dass dem Künstler die Wiedergabe einer Schiefertafel vorschwebte"[465] – der Tisch erhält seinen beiläufigen Auftritt als handgreiflich und augenfällig gewordene Charakterschreibfläche, die, ähnlich der historischen oder literarischen Charakterschilderung, gleichsam in Balance zwischen Vielfalt und Ordnung gehalten ist und damit die Ambivalenz der Einbildungskraft vorübergehend sistiert.[466]

---

heraus [...], was eine räumliche Verkleinerung der Kunstkammer zur Folge hatte und den Anfang ihres Auflösungsprozesses bezeichnet" (766).
[462] Das Folgende nach der akribischen, graphischen und deskriptiven Erschließung von Lucas Wüthrich: Der sogenannte „Holbein-Tisch". Geschichte und Inhalt der bemalten Tischplatte des Basler Malers Hans Herbst von 1515. Zürich 1990.
[463] Bodmer: Critische Betrachtungen über die Poetischen Gemählde der Dichter, S. 40.
[464] Bodmer u. Breitinger: Von dem Einfluß und Gebrauche der Einbildungs-Krafft, S. 180.
[465] Wüthrich: Der sogenannte „Holbein-Tisch", S. 36.
[466] Vgl. zu diesen Facetten der Charakterdarstellung Bodmer: Vom Wert der Schweizergeschichte, S. 61: „Die große Taffel auff welche ein Historicus so vile differente Contrefaits zusamen stellt, nennet sich eine *Chronica* oder Gedenkung und stellet uns nit weniger

Wie, unter Maßgabe der Charakteristik, die Risiken und Chancen der Einbildungskraft mittels der Ikonologie der Überlieferung: als *corpus* von Aufzeichnungen und als Kuriositätenkabinett figuriert werden können, so werden umgekehrt die Schrift-Körper der Überlieferung selbst als ‚Personal-Charactere' vorstellbar. Noch einmal ist in diesem Zusammenhang an die drei Faktoren ‚Natur', ‚Kunst' und ‚Glück' zu erinnern, deren Zusammenspiel den „Personal-Character" ebenso formieren, wie ihre Analyse zu einer den „Abständefn] von einer Person zu der andern" gerecht werdenden Beschreibung unabdingbar ist.[467] Und genau diesem Beschreibungsraster begegnet man in den Vorreden zu Bodmers Editionen mittelalterlicher Codices wieder. Seinen Auftritt hat, exemplarisch für diese Strategie, der „pergamen[e] *Codex*" aus der „Königlichen Bibliotheck zu Paris *Num*. 7266.",[468] der schon seit den 1730er Jahren durch Bodmers Schriften geistert. Den daraus edierten *Proben der alten schwäbischen Poesie*, in denen dieser Schrift-Körper in Teilen[469] zum ersten Mal den Augen einer weiteren Öffentlichkeit präsentiert wird, ist eine „Geschichte der Manessischen Handschrift, aus welcher gegenwärtige Proben der Schwäbischen Poesie entnommen sind", vorangestellt. Diese richtet sich exakt, wenn auch mit einer dramaturgisch geschickt vorgenommenen Umstellung, an der Topik des ‚Personal-Characters' aus.[470] Überdies wird der Schrift-Körper getauft und erhält so den bis heute gängigen, aber „zuvor nimmer gehörten Namen der Manessischen Handschrift" (S. iii), wird das Präsenzbegehren des künftigen Herausgebers in semantisch treffende, und das heißt: im Code der Intimität sprechende[471] Worte gebracht: „Mein Verlangen ihn einzusehen", so Bodmer, „schien mich

---

Gesichter vor die Augen, als der Saal eines Edelmanns, der alle seine Ahne biß auff den Vater Adam darein logirt hat." – Bodmer: Critische Betrachtungen über die Poetischen Gemählde der Dichter, S. 390f.: die „persönliche Character [...] sind von den moralischen Charactern darinnen unterschieden, daß sie nicht so abgezogen sind, wie dieselben, denn sie geben uns den Menschen nicht in einer einzigen absonderlichen Gemüthes-Beschaffenheit zu sehen, welche ihn zu einer gewissen Tugend oder einem Laster lencket [...]; sie sind viel vermengter und aus mehrern Gemüthes-Eigenschaften zusammengesetzt; sie begreifen in ihrem Umfange den gantzen Menschen mit allen seinen Tugenden, Neigungen, und Gebrechen, welche sie aus einander lesen, und einer jeden ihre Grad von Stärcke anweisen."

[467] Bodmer u. Breitinger: Von dem Einfluß und Gebrauche der Einbildungs-Krafft, S. 182f.
[468] Bodmer: Von den vortrefflichen Umständen, S. 35.
[469] So dass die Rede von der Zerstückelung selbstverständlich postwendend an ihren Absender zurückgeschickt werden kann: „nur lauter verstümmelte und schlechte Brocken" erblickt Gottsched in den publizierten Auszügen. Johann Christoph Gottsched: Auszug aus des Herrn Batteux, öffentlichen Lehrers der Redekunst zu Paris, Schönen Künsten, aus dem einzigen Grundsatze der Nachahmung hergeleitet. Zum Gebrauche seiner Vorlesungen mit verschiedenen Zusätzen und Anmerkungen erläutert. Leipzig 1754, S. 160.
[470] Bodmer: Proben der alten schwäbischen Poesie, S. iii-xvi; daraus die im fortlaufenden Text nachgewiesenen Zitate dieses Abschnitts. Die Umstellung betrifft den zweiten und dritten Bestandteil der Topik: ‚Kunst' und ‚Glück', bringt es doch das Schicksal des *Codex* mit sich, dass erst nach der Rekonstruktion seiner Geschicke die Umstände seiner ‚Bildung' offenbart werden können.
[471] Zur Temporalisierungs- und Steigerungsfunktion der Hoffnung in der Liebessemantik vgl. Niklas Luhmann: Liebe als Passion. Zur Codierung von Intimität. Frankfurt a.M. 1982, S. 92f.

desto heftiger quälen zu wollen, je weniger Hoffnung v[o]rhanden war, daß ich es jemals würde zufrieden stellen können" (S. iii-iv). Die glücklichen Umstände, die den „Anblick" (S. v) des begehrten Schrift-Körpers dann schließlich ermöglichen, kulminieren bekanntlich in der königlichen ‚Lettre de cachet' – sie steht für einmal nicht im Dienst jener „Praxis der Festsetzung",[472] für die diese Dokumente nachmals berüchtigt geworden sind: Der *Codex* reist mit königlicher Legitimation in und als diplomatische(r) Mission. Dem Blick zeigt sich zunächst die Physis des Manuskripts, *per analogiam* zur Personalcharakteristik das ‚natürliche' Merkmal: das ‚Angesicht' des *Codex*, das ihn von allen anderen Codices unterscheidbar macht.[473] Format, Schreiberhände, Seiteneinrichtung, die paratextuellen und zur ‚Semiotik der Textgestalt'[474] gehörigen Charakteristika des Manuskripts geraten dabei ebenso zum Gegenstand der Beschreibung wie Schrift- und Schreibereigenschaften oder die Illuminationen der Handschrift, wobei Kniffe wie die der ungefähren Umfangsangabe die Illusion einer unmittelbaren Begegnung, eines Sehens und Zählens gleichsam der ersten Blicke, unterstreichen:

> Er ist in Groß-Folio geschrieben von mehr nicht als zwo verschiedenen Händen. Die Columnen sind ordentlich gespalten, und die Linien nach dem Cirkelmasse eingetheilet. Die Poesien sind in Strophen unterschieden, und jede fängt mit einem Capital-Buchstaben an. Die Verse sind nicht nach den Zeilen abgesetzt, sondern laufen von einer Zeile in die andere fort: Nur werden sie schier durchgehends durch ein Pünktgen von einander gesondert; oder vielmehr ist hinter jedes Reimwort ein Pünktgen gesetzt. Von andern Unterscheidungs-Zeichen weiß der *Codex* nichts; an einigen wenigen Orten sind auch diese weggelassen, und einigemal sind sie unrichtig gesetzt. Er ist sonst sehr nett, leserlich, und sorgfältig geschrieben. Und man wird selten Lituren oder am Rande bezeichnete Verbesserungen antreffen, wodurch die Fehler des Schreibers hätten gehoben werden müssen. [...] An einigen wenigen Stellen ist die Schrifft beynahe gänzlich verblichen. Von der Grösse dieses Buches kan man sich die sicherste Vorstellung daraus machen, daß derselbe hundert und vierzig verschiedene Poeten in sich begrifft, deren einige biß dreyhundert Strophen haben. Der ganze *Codex* mag nach einer flüchtigen Ueberrechnung über sechstausend Strophen in sich fassen. Die prächtigen Mahlereyen, die vor jedem Poeten stehen, machen das Werk besonders kostbar und ansehnlich. Die Zeichnung ist zwar nach dem übeln Geschmack der damaligen Zeiten sehr schlecht, aber das Colorit ist überaus hoch und lebhaft. Zu desselben Erhaltung mag nicht wenig beygetragen haben, daß jedes Gemählde mit einem Vorhange von Taft, von verschiedenen Farben, verwahret war. (S. v)

Dient den philologischen Praktiken die Handschriftenbeschreibung gemeinhin als Verfahren, das die Tilgung der skipturalen und materialen Oberflächenphänomene im edierten Text supplementieren soll, so setzt sich Bodmers Charakteristik das gegenteilige Programm, wenn sie die „Neugierigkeit" befriedigen will, die „nach

---

[472] Arlette Farge u. Michel Foucault (Hg.): Familiäre Konflikte: Die „Lettres de cachet". Frankfurt a.M. 1989, S. 285.
[473] „Der offenbarste Unterscheid / den die Natur unter den Menschen gestifftet hat / ist die mannigfaltige Bildung ihrer Angesichter / als woran allein man schon einen Menschen vor dem andern erkennen kan", halten Bodmer u. Breitinger: Von dem Einfluß und Gebrauche der Einbildungs-Krafft, S. 181, fest.
[474] Vgl. Wolfgang Raible: Die Semiotik der Textgestalt. Erscheinungsformen und Folgen eines kulturellen Evolutionsprozesses. Heidelberg 1991.

der ersten Erblickung dieser Proben auf das geschriebene Werk fällt" (S. iii): Sie lenkt den Blick vom Text zur Physis des Schrift-Körpers, um dann auch der beiden anderen Charakterbildungskomponenten, ‚Glück' und ‚Kunst' Rechnung zu tragen. Es erstaunt bei der ereignisreichen und bis heute nicht lückenlos rekonstruierten Überlieferungsgeschichte des *Codex*[475] nur wenig, dass die Erzählung vom „Schicksal" (S. xi) der Handschrift dabei geradezu trivialromanhafte Züge von unmäßigem Verlangen, Gefangensetzung und Befreiung annimmt. So trägt die „starke Begierde" des Kurfürsten Friedrich IV., des Manuskripts „für seine Bibliothecke habhaft zu werden" (S. vii), alle Anzeichen einer unmäßigen, ja illegitimen Leidenschaft, als deren Folge der *Codex* unkopiert „von dem Churfürsten zu seinen geheimsten Archiven eingeschlossen" (S. x) wird und fortan daselbst „wie im Gefängnisse" liegt.[476] Doch auch auf den Szenen frühneuzeitlicher Gelehrsamkeit, wo das Manuskript seine ersten Spuren hinterlassen hat, spielen sich Intrigen und Täuschungsversuche ab, die von ähnlich ausartenden Formen des Begehrens zeugen: „Die gelehrte Leidenschaft führt zur Hinterziehung von Handschriften – sozusagen einer elementarsten Form der Rezeption."[477] So soll der St. Galler Jurist und Bibliophile Bartholomäus Schobinger, der „selbst Hoffnung haben möchte, den Besitz davon zu erlangen" (S. viii), dem vom Kurfürsten mit der Suche nach dem Manuskript beauftragten Marquard Freher vorgetäuscht haben, „daß es in einem entstandenen Brand zu Grund gegangen wäre", um so verhindern zu können, „daß es so weit weg käme" (S. vii-viii).[478] Die gelehrte Leidenschaft führt ebenso – wie es das Vorwort zum ersten Band der *Sammlung von Minnesingern* vermelden wird – zu Auszehrung und Tod, wenn Schobingers fehlgeschlagener Täuschungsversuch ihn zur Ersatzbefriedigung einer eigenhändigen Abschrift zwingt, über deren Strapazen er dann, wie kolportiert wird, im Jahre 1604 noch vor Vollzug und nur 38-jährig stirbt.[479] Ob diesen „Zufällen", deren vorerst letzter den *Codex* in die Be-

---

[475] Dargestellt bei Wilfried Werner: Die Handschrift und ihre Geschichte. In: Walter Koschorreck u. Wilfried Werner (Hg.): Codex Manesse. Die große Heidelberger Liederhandschrift. Kommentar zum Faksimile des Codex Palatinus Germanicus 848 der Universitätsbibliothek Heidelberg. Kassel 1981, S. 15–39, insbes. S. 25–34; Max Wehrli: Zur Geschichte der Manesse-Philologie. In: Ebd., S. 145–165.

[476] „Der Churfürst konte sich jezt in seinem Verlangen nach demselben nicht mehr mässigen; er schrieb deßwegen in dem Jahr 1607. selbst an die Wittib von Hohensax, und zugleich an den Zürcherischen Gottesgelehrten Stuki, und er schrieb in einem Tone, als ob er ein gewisses Recht auf den *Codex* hätte. [...] Woher er dieses bekommen haben möchte, ist mir unbekannt" (viii) – so ‚perverse' Gegenstück zu Bodmers Verlangen nach Einsicht.

[477] Wehrli: Zur Geschichte der Manesse-Philologie, S. 148.

[478] Vgl. die vorsichtigere Einschätzung Ebd., S. 149: „Ob aus den vielzitierten Briefstellen [...] auf einen Versuch Schobingers, die Handschrift bei sich zu verheimlichen, zu schließen ist, bleibe dahingestellt."

[479] So die modifizierte Darstellung zu Schobinger in der Vorrede zur zweibändigen Ausgabe: „Dieser vvakere Mann hætte das Werk gern in unsern Gegenden behalten, und noch lieber durch den Druk an das Licht gegeben; er fyrchtete, vvenn es einmal in die Bibliothek des Churfyrsten kæme, daß es darinnen so gut als verschlossen bleiben vvyrde. Er machete *Frechern* vveis, daß das Buch in dem Brande des Schlosses Forsteck ybel gelitten hætte, und

2 Epochen(er)findung: Bodmers Mittelalter

stände der Pariser *Bibliothèque royale* geführt hat, ist letztlich seine „Bekantmachung" trotz der vormaligen „Hochachtung" der „berühmtesten und gelehrtesten Männe[r]" (S. xi) verhindert worden: Zwar ist sein neuer Aufenthaltsort:

> „nichts vveniger als den Gelehrten verschlossen, aber die grosse Entfernung von Deutschland entzog ihn den Augen der deutschen Gelehrten so sehr als sein voriger Kerker. Er kam gänzlich ins Vergessen, und beynahe hundert Jahre verflossen, ohne daß seiner mit einiger Achtung vväre gedacht vvorden. Er lag lebendig begraben; die grossen Nachforscher der deutschen Alterthymer *Conring* und *Schilter* haben ihn nicht gesehen."[480]

Mit der offiziellen und vorübergehenden Ausreise nach Zürich nun scheint diese jahrhundertelange Einsperrung beendet. Damit ist auch die Darstellung der ‚Glücks'umstände für den vormaligen Pariser *Codex* abgeschlossen, und es darf der dritten Charakterbildungskategorie, der ‚Kunst', Rechnung getragen werden. Denn erst mit der königlich legitimierten Ausreise, so die mit allem *suspense* inszenierte Pointe der Charakterisierung, kann das Manuskript endlich seine philologisch legitime, am Anfang der ‚Geschichte' bereits vorweggenommene Taufe erhalten, kann die Nachforschung über die im Dunkel liegende Kindheit des Schrift-Körpers hinaus ihre Aufgabe als Wiedergeburtshelferin erfüllen:

> In den ältern Zeiten finden wir nicht die geringste Spur mehr von demselben, weder bey Geschichtsschreibern, noch bey Moralisten, noch bey Poeten. Wir müssen von da biß zu seinen Geburts-Jahren zurück kehren, eine Zeit von zwey Jahrhunderten, bevor wir das Buch wieder erwehnet finden, oder nur einen von den Gesängen, die es in sich hält, entdecken. Wir müssen es selber haben, und ihm bey ihm selbst nachfragen. Da wird uns aber die Mühe unsers langen Suchens auch treflich bezahlet. Denn wir vernehmen zu unserer grösten Verwunderung, daß unser Zürich der Geburtes-Ort dieses Werkes ist, daß es Züricher gewesen sind, die auf das Vorhaben gefallen die schwäbischen Poeten zu sammeln, dieses mit vielfältiger Bemühung und grossen Kosten ausgeführt, und die unsre Vaterstadt dadurch schon zu ienen Zeiten zu einer Wohnung der Musen, und ihr Haus zu einem Parnasse gemacht haben. Es war eine wunderbare Vorsehung, welche den *Codex* nach einem herumwallen von drey bis vier Jahrhunderten, durch einen seltsamen Labyrinth hindurch, wieder in seine väterliche Stadt zurück geführt hat, damit er an dem Ort, wo er den Tag zuerst gesehen hatte, das Licht zum andernmal, und auf eine Art, welche der Dunkelheit weit weniger unterworffen wäre, wieder erblickte. Herr *RUEDGER MANESSE* war der erste, der die ruhmwürdige Sorge gehabt hat, die Lieder und Oden der besten Poeten seines Welt-Alters aus allen Ecken Deutschlands in einem Werke zu sammeln[.] (S. xiii)

An diesem Punkt, in dieser einzigartigen, individuellen Handschrift, deren Charakter so zum ersten Mal dargestellt werden kann, fallen Überlieferungskontingenz und literarhistorische Programmatik, Wunder und Kalkül für einmal unauflösbar und unanfechtbar, ja ganz ohne die Taschenspielereien semantischer Verschie-

---

behielt es indessen in seiner Vervvahrung. Weil er doch besorgete, daß er es einer ernstlichen Nachfrage nicht entziehen kœnnte, so entschloß er sich mit eigener Hand eine vollstændige Abschrift davon zu nehmen. Er mochte aber kaum den dritten Theil davon vollendet haben, als der Tod seine Arbeit unterbrach, vvievvol er damit so sehr eilete, daß *Goldast* zu verstehen giebt, er hætte durch den Eifer, vvomit er diesem Werke oblag, seine Tage verkyrzet." (Bodmer u. Breitinger: Sammlung von Minnesingern. Bd. 1, S. xvi.).

[480] Ebd. Bd. 1, S. xix.

bungsarbeit zusammen. Die Suche nach dem *Codex* hat sich – zur „Entzykung unserer Herzen", wie es Bodmer und Breitinger noch einmal in der Sprache der Leidenschaften formulieren werden[481] – für jeden nur erdenklichen Aspekt des Vergegenwärtigungsbegehrens bezahlt gemacht: mit Blick auf die legitimatorische Genealogie der Sorge um die Überlieferung ebenso wie als Einlösung von Bodmers Epochenkonstruktion, für den patriotischen Vorbehalt gegen sächsische Hegemonieansprüche *in poeticis* wie als Anlass für die Proliferation kulturgeschichtlicher Erkenntnisse[482] und typographisch-editorischer Präsentationsweisen.[483] Dass das weitgehende Desinteresse an dieser einzigartigen Konstellation – die Schwierigkeiten, mit denen die zweibändige und (nahezu) vollständige Edition des *Codex* von 1758/59 verbunden war, legen davon Zeugnis ab – Reflexe auch und gerade im oben dargestellten Phantasma der Sorge um den Schriftkörper werfen wird, ist damit nichts weniger als überraschend. Im Vergleich zu allen allein ästhetisch-anthropologisch ausgerichteten Projekten der Geschmacksverbesserung, denen die entsprechenden Normen und Regeln aus der gesicherten Latenz des kulturellen Gedächtnisses in produktiven und rezeptiven Praktiken zu rekonfigurieren aufgegeben ist, erscheint Bodmers Dispositiv außerordentlich prekär: Es hat sich zusätzlich zu dieser Absicht und in deren Rahmen an Konfigurationen der Aktualisierung ausgeliefert, die der konkreten Singularität von Überlieferungsdokumenten verpflichtet sind. Latenz bedeutet deshalb nicht nur eine gegen temporäre Verirrungen

---

[481] Ebd. Bd. 1, S. xx.

[482] Zu erinnern ist dabei etwa an die zahlreichen Beiträge in den *Neuen Critischen Briefen* über ganz verschiedene Sachen, von verschiedenen Verfassern. Zürich 1749, in denen Bodmers mediävistische Thesen und Themen noch einmal versammelt resp. auf der Basis des erarbeiteten Textwissens erweitert werden; vgl. nur die Briefe X und XI: Moralische und physicalische Ursachen des schnellen Wachsthums der Poesie im dreyzehnten Jahrhundert, S. 58–75; die Briefe XIII und XIIII: Von der Aehnlichkeit zwischen den schwäbischen und provenzalischen Poeten, S. 78–98; Brief XLV: Von der Artigkeit in den Manieren der Mädchen, die von den schwäbischen alten Poeten besungen worden, S. 342–349, sowie Brief LIII: Von einer fanatischen Liebesprobe der Minnesinger, S. 379–383.

[483] So ist der Zürcher vielbespottete „capriciöse Vorliebe für Antiqua-Buchstaben" (Budde: Wieland und Bodmer, S. 7) Schibboleth solcher Vergegenwärtigungsstrategie: ebenso bewusste Anbindung an skripturale und philologische Traditionen – vgl. das Plädoyer für die ‚lateinischen Buchstaben' in den *Freymüthigen Nachrichten* 10 (1753), S. 299f. („In den Zeiten der *Minnesinger* war er [der Buchstabe der deutschen Schreibschrift] noch ziemlich rund; das Deutsche und das Lateinische ward mit demselben Buchstaben geschrieben. Erst hernach gaben ihm die deutschen Schreibmeister, die in diesem Stücke immer ausschweifend gewesen sind, seine Dicke, seine Ecken und Schwänze."), sowie die typographische Präsentationsform bei Goldast: Paraeneticorum veterum pars I – wie selbstbewusstes Distinktionsmerkmal, das seinerseits in der Fiktion einer Überlieferungsverheißung figurieren kann; vgl. die in Crito. Eine Monat-Schrift. Zürich 1751, S. 171–173 abgedruckte, aus einem „Stück verlegenen Pergaments [...] aus den poetischen Zeiten der schwäbischen Kaiser" gezogene „Prophezeyung" von lateinischer Schreibschrift, Reimlosigkeit, deutschen Hexametern und Zürcher Dominanz im „Reiche der Wissenschaften". Christoph Heinrich Myller, der erste *Nibelungen*-Herausgeber, wird schließlich die Verantwortung für den Druck der dank Bodmers Manuskriptsuchbefehl aufgefundenen Handschrift zum Preis der typographischen Signatur seines Namens (er)tragen müssen.

oder korrekturbedürftige Verfallserscheinungen zu aktualisierende Instanz – die sichere Bank des bewährten ästhetischen Regelkanons, dem es ein erneuertes, womöglich gar optimiertes Design zu verleihen gilt. Bezogen auf die materiale Singularität der Dokumente stellt diese Latenz eine akute Bedrohung dar, deren Agenten in ganz und gar unbelehrbaren und also auch mit aller ästhetisch-anthropologischen Erkenntnis nicht zu berechnenden Mottenmäulern, Bibliotheksbränden und anderem unvorgreiflichem Risikopotential zu finden sind: im gefräßigen Zahn der Zeit.

Das Programm, das der *Codex Manesse* als ein einzigartiges Artefakt samt ungewöhnlicher Geschichte einlösen soll, liegt auch der kleinen, von der Forschung nicht ohne Irritation zur Kenntnis genommenen Geschichte vom „Erdmännchen" aus den *Neuen Critischen Briefen* zugrunde.[484] Ein Freund weist den namenlosen Briefschreiber, so die Inszenierung des Texts, auf einen „dunklen Wald" hin, wo einst „die Helveter den Geistern, die darinnen lebeten, geopfert haben" sollen. Dort höre man in schönen Nächten Gesänge „in einer alten deutschen Mundart", die aus einer „Spalte [...] zwischen zwo engegeschlossenen Klippen" hervortönen (S. 475f.). Der Berichterstatter selbst begibt sich in der Nacht darauf vor Ort und stimmt an der besagten „gespaltenen Klippe" anakreontische Gesänge an, die umgehend von Minnesang-Liedern respondiert werden – als ob „die Stimme mit mir eifern wollte" (S. 480f.), wie der Korrespondent bemerkt. Der poetische Wechselgesang aber bringt noch weiteres zur Erscheinung: das Erdmännchen nämlich, das mit dem Erzähler sogleich ein mediävistisches Kolleg zu halten beginnt,[485] diesen

---

[484] Johann Jakob Bodmer u. Johann Jakob Breitinger: Neue Critische Briefe. 74, über ganz verschiedene Sachen von verschiedenen Verfassern. Zürich 1749. Brief, S. 474–506 (daraus im folgenden mit Seitenzahlen im laufenden Text nachgewiesenen Zitate). – Eine „allegorisch-idealisierend[e]" Darstellung der Entdeckung des Minnesangs und des *Codex Manesse* nennt sie, einigermaßen nüchtern, Leibrock: Aufklärung und Mittelalter, S. 44; Debrunner: Das güldene schwäbische Alter, bezeichnet sie als Kunstmärchen. Die ältere Forschung wertet sie eher ambivalent. Burdach: Die Entdeckung des Minnesangs und die deutsche Sprache, S. 341f., Anm. 2, setzt zu einer nicht ganz unzweideutigen Verteidigung an, die deshalb aufschlussreich ist, weil sie den Text gerade nicht an die Figurationen von Überlieferung bindet, sondern als epochalen Vorgriff auf romantische Erzählverfahren versteht: „Man hat dieses Märchen von 1749 abgeschmackt gefunden. Aber es ist sehr reizvoll: drollig und rührend. Diesen Vorklang Tieckscher Phantasiespiele, in dem des Rokoko Grazie, Empfindsamkeit und Schulzöpflein so wunderlieblich erglänzen vom ersten Frühlicht der noch fernen Romantik, sollten unsere Schullesebücher aufnehmen als ein höchst anschauliches und darum auch lehrreiches Beispiel für den leise sich vorbereitenden Aufgang neuer geistiger Epochen." Max Wehrli: Johann Jakob Bodmer und die Geschichte der Literatur, S. 27, schwankt zwischen dem Urteil einer „peinlich-eitle[n] Allegorie" und der „liebenswerten Selbstdarstellung", liest die Erzählung aber als Symptom für Bodmers „Geschichtserlebnis": „das Heraufholen eines Schatzes, der auf den treuen und kundigen Erben gewartet hat". Mertens hat Bodmers Erzählung aus dem Blickwinkel des germanistischen Wissenschaftshistorikers und den „Murmeltier-Topos" als kontrafaktische (Selbst)Inszenierung gelesen: Mertens: Bodmers Murmeltier, S. 54.

[485] „Das Erdmännchen erweist sich als Literaturkenner, der die Unterschiede von alter und neuer Minnepoesie fachmännisch beurteilt, von dem der Erzähler Nachricht vom kulturellen Leben unter den Staufern und von der Geschichte der Handschrift erhält und mit dem er die

schließlich in ein unterirdisches Gewölbe und zu einem „grosse[n] Buch" führt, das „in feines Leder gebunden, mit güldenen Pukeln an den Eken beschlagen, und mit Clausuren von demselben Metalle" versehen ist (S. 497). Natürlich handelt es sich, wie der weitere Verlauf erhellt, dabei um die manessische Handschrift, die das Erdmännchen zu ihrer Rettung vor den „Zähnen der Milben und Motten" nach dem Ende des ‚schwäbischen Zeitalters' „den Augen aller Menschen entzogen" hat – mit Ausnahme der einschlägigen frühneuzeitlichen Gelehrten selbstredend, die erste Ansätze zur Auseinandersetzung mit der mittelalterlichen Literatur unternommen haben. Das Gefängnis gelehrter, fürstlicher und königlicher Bibliotheken ersetzt die Fiktion also durch die Schatzhöhle des sorgsamen Zwerges. Dem Briefschreiber überantwortet dieser die Schutzherrschaft über den *Codex*, worauf sich jener „mit vieler Ehrerbietung" (S. 503) verabschiedet und sich schließlich bei Morgengrauen mit dem Manuskript unterm Arm an der Erdoberfläche wiederfindet.

Hat die Sorge um die Schrift-Körper der Überlieferung ihr figurales Potential aus der in der Latenz des Archivs bedrohten materialen Existenz der Manuskripte speisen können, sind durch die Individualisierungsstrategie des ‚Charakters' die beiden Objekte ästhetisch-anthropologischer Lektüreabsichten, Schrift-Körper und Mensch, programmatisch verwechselbar geworden, so setzt die Narration vom „Erdmännchen" die Akzente noch einmal anders. Sie figuriert die glückende Aneignungsgeschichte des *Codex Manesse* als ‚unearthing the past', dessen Modellierung nicht von ungefähr und trotz aller sagenhaft-allegorischen Maskerade mit humanistischen Wiedergewinnungsvorstellungen verglichen worden ist.[486] Die Erzählung versucht, mit anderen Worten, die Doppelzeitigkeit der Überlieferung in der fiktionalen Gleichzeitigkeit eines dialogischen Austauschs kurzzuschließen: in einer Prosopopoiie der Überlieferung, die in verteilten Rollen die erarbeiteten – und andernorts bereits ausgiebig diskursivierten – Konturen mittelalterlicher Minnelyrik noch einmal in andere Worte bringt.[487] In verteilten Rollen – das gilt für die

---

literarische Situation der eigenen Zeit ebenso erörtern kann wie die Qualität von Goldasts mittelhochdeutschen Editionen" (Müller: J. J. Bodmers Poetik und die Wiederentdeckung mittehochdeutscher Epen, S. 339).

[486] Vgl. Leonard Barkan: Unearthing the Past. Archeology and Aesthetics in the Making of Renaissance Culture. New Haven u. London 1999. – „Die Wiedergewinnung des Minnesangs wird [...] nach dem Modell humanistischer *renovatio* verstanden; bis in die Metaphorik hinein ist das Vorbild greifbar: Rettung der alten Dichter vor Staub und Motten, Wieder-herstellung der alten Poesie *in dem vorigen Glanz*; in dem Modell zyklischer Wiederkehr fehlen nicht die zwischen dem alten und dem neuen Gipfelpunkt die *barbarischen Jahrhunderte*, die die altdeutsche Poesie mit *ewigem Vergessen* bedrohten; erst nach einer *Verdunkelung von etlichen Jahrhunderten* ist die Zeit für eine Wiederentdeckung reif, in der sich zugleich die Gegenwart erneuern kann" (Müller: J. J. Bodmers Poetik und die Wiederentdeckung mittelhochdeutscher Epen, S. 339).

[487] Vgl. zu dieser Figur und ihren Effekten im Rahmen solcher Strategien Barkan: Unearthing the Past, S. 211: „[W]e are dealing with objects set in specific and separable time frames. The result is a more complex interplay of tropes and realities, of rhetoric and history. The voices that

2 Epochen(er)findung: Bodmers Mittelalter 209

Akteure der Erzählung, das Erdmännchen, den Gutsbesitzer Demaratus und den Briefschreiber, das gilt aber auch für den spezifischen Zuschnitt der vergegenwärtigenden Auseinandersetzung mit den Beständen der mittelalterlichen Dichtung. Das Erdmännchen hat in seiner Doppelfunktion als Schatzhüter und Mandatar unter diesen Akteuren das prägnanteste Profil. Während man von Demaratus immerhin erfährt, dass er „in den deutschen Urkunden der mittlern Zeiten wol bewandert" ist, „ihre Sprache genugsam" versteht und – was immerhin als Metalepse zu erkennen ist[488] – „den *Richtebrief der Stadt Zürich* aus dem dreyzehnten Jahrhundert zum Druck beföderdt", dass er sich aber „niemahls viele Arbeit mit der zärtlichen Poesie gemachet" hat und deshalb der selbständigen Erfindung der dem Gesang aus den „Klippen" abgelauschten „anacreontischen Bilder" gänzlich unverdächtig ist (S. 478f.), bleibt der briefschreibende Berichterstatter selbst weitgehend konturlos: Er ist einigermaßen *au courant*, was die aktuellen poetologischen Zwistigkeiten betrifft, kennt einige Strophen aus Hagedorns *Oden und Liedern* sowie Gleims *Versuch in Scherzhaften Liedern*[489] und fällt in die bekannte patriotische Entzückung, wenn ihm die Provenienz des *Codex* enthüllt wird. Das Erdmännchen dagegen strickt sich, wie es seiner Rolle als Überlieferungsagent zukommt, eine ausführlichere, zumindest ansatzweise im Wortsinn sagenhafte Legende:

> Das kurze Männchen versetzte: Ich bin von irdischem Geschlechte und dem Tode unterworfen, aber mein Geblüt ist lebhafter und mein Fleisch zäher als der Menschen. Die Leute von meinem Stamme bringen ihr Alter auf tausend und mehr Jahre. Wir wohnen in den Gebirgen unter der Erden, und haben die Erzgänge und Steingruben in unserm Besize. Wir studieren da die Kräfte der Metalle und der Steine; tiefe Geheimnisse von ihrer Natur und Tugend sind uns bekannt. Wir kennen einen edlen Stein, wer den in einem Ringe am Finger trägt, der bekömmt die Stärke von zwölf Männern. Wir wissen auch durch Zauberkünste eine Kappe von Nebel zuzubereiten; wer sie über sich wirft, der verbindet sich dardurch dergestalt, daß man ihn nicht mehr siehet. [...] Eine solche Nebelkappe hatte vor tausend Jahren unser König *Laurin* in dem holen Berge zu *Tirol Wolfdieterichen* und seinen Gefährten angeschwungen. Zuvor war unser Geschlecht überaus zahlreich, aber damals litt es einen gewaltigen Riß; denn nachdem *Laurin* an *Dietleben* und andern Helden vielfältige Untreue begangen, erschlugen sie durch Anleitung der fürstlichen *Sinilde*, *Dietlebens* Schwester, den besten Theil meiner Nation; der kleine *Laurin* ward selbst gefangen, und muste nach diesem an *Wolfdieterichs* Hofe der Harlekin seyn. Sie verschoneten meiner Jugend; *Sinilde* nahm mich in ihren Schuz, weil ich in der Zeit, da sie bey dem König *Laurin* in dem Berge war, täglich vor ihrer Tafel gesungen hatte. Ich hielt mich nach diesem an ihrem Hofe auf, und diente ihr mit singen so lange sie lebete. Hernach kam ich zu den Fürsten aus dem hohen Stamme von Staufen, und machte da mit den werthen *Minnesingern* Bekanntschaft, die ich meinen Gesang und meine Künste lehrete, und von ihnen hinwieder tausend süsse *Minnelieder* lernete. Damals war mein Leben ein beständiger Gesang. Als

---

reconstruct ancient art objects will turn into dialogues; whoever is speaking, the conversation will be both historical and transhistorical."

[488] Vgl. Der Richtebrief der Burger von Zuerich. In: Helvetische Bibliotheck, Bestehend in historischen, politischen und critischen Beyträgen zu den Geschichten des Schweitzerlandes. [Hg. v. Johann Jakob Bodmer u. Johann Jakob Breitinger.] Bd. 2. Zürich 1735, S. 3–128.

[489] Daraus die von ihm rezitierten Strophen: Friedrich von Hagedorn: Versuch in poetischen Fabeln und Erzählungen. Hamburg 1738; ders.: Oden und Lieder in fünf Büchern. Hamburg 1747; Johann Wilhelm Ludwig Gleim: Versuch in Scherzhaften Liedern [Bd. 1]. Berlin 1744.

nach ihrem Tode die unharmonischen Zeiten der Barbarey einfielen, gieng ich in die Gebürge zurüke. Ich war eine Zeitlang an dem Hofe des Königs *Sinnels*, der ein Bruder des Königs *Laurins* war; der Berg Palakers, der bey dem Lebermeere liegt, war sein eigenes Reich; er herrschete über ein zahlreiches Heer Zwerge; aber er kam mit ihnen unversehens in grosse Noth. Lindwürme und Schlangen überfielen seinen Berg, und Krokodillen trugen ihm eine grosse Menge von seinem Volke hinweg. Das war Ursache, daß ich wieder nach Deutschland zurükegieng. Ich halte mich hier in diesem Tane in der Nebelkappe versteket auf; bis daß der Liebesgesang wieder in Werth und Hochachtung kommen wird. (S. 484–486)

So offensichtlich in dieser Legende, mit der sich der Überlieferungsagent versieht, die Leitlinien philologisch-historischen Wissens belanglos werden, so deutlich zeigen sich darin die Konturen des Montageverfahrens, wie es auch der *Character* schon zur Präsentation seiner gereimten Vorgeschichte deutscher Literatur benutzt hat. Dies mit dem Unterschied allerdings, dass die verwendeten Textbausteine nun eine ganz andere Qualität aufweisen: Hat der *Character* mit seiner Pointierung montierten Wissens explizit die Überlieferungslosigkeit eines barbarischen Zeitalters behauptet und so das Fehlen konkreter Überlieferungsdaten in poetisches Kalkül verwandelt, so funktioniert die Montage im Fall des Erdmännchens genau umgekehrt. Das Erdmännchen versieht sich mit einer Legende aus der Überlieferung, die es hütet – oder die, wenn auch außerhalb seiner Schatzkammer, wenn auch nicht ohne Schaden, gleich dieser aller Unbill der gefräßigen Zeit getrotzt hat. Die Geschicke des Überlieferungshüters speisen sich demnach aus jenen Gedichten der „heroischen Gattung", den Heldenbüchern, deren „Ruinen, in verderbten Abdrücken, noch vorhanden" sind, sie speisen sich aber nicht zuletzt aus dem Codex, den es verwahrt.[490] Hat also das Montageverfahren im *Character* angesichts der propagierten produktions- oder überlieferungsbedingten Lakunen Wissen aus zweiter Hand in die Darstellungsstrategie der programmatisch mit Anspruch auf Einsicht verbundenen Charakterisierung überführt, so scheint es nun seine figurale Maske tatsächlich unmittelbar aus dem Fundus des Überlieferten sprechen zu lassen – mit dem Nebeneffekt natürlich, dass die dem Erdmännchen in den Mund gelegten literaturgeschichtlichen Darstellungen und Wertungen, ihrerseits allesamt aus dem Korpus von Bodmers mediävistischen Arbeiten, nun selbst mit der Stimme eines Wissens aus erster Hand zu sprechen beginnen. Dabei entsteht die *mise*

---

[490] Freymüthige Nachrichten von Neuen Büchern, und andern zur Gelehrtheit gehörigen Sachen. 13 (1756), S. 381. – Der *Kleine Rosengarten*, auf den sich die Passagen zum Zwergenkönig Laurin, der Gefangensetzung von Sinilde und dem daraus entspringenden Zwist mit Dietleben und Wolfdietrich beziehen, muss – wie der Figurenname der Sinilde zeigt – wohl im vom ersten Straßburger Druck (1477) ausgehenden Überlieferungsstrang Verwendung gefunden haben (vgl. Der klein rosegarte oder der klein könig Laurin. In: Das deutsche Heldenbuch. Nach dem mutmaßlich ältesten Drucke neu hg. von Adelbert von Keller. Hildesheim 1966 [ND der Ausg. Stuttgart 1867], S. 693–763); die weitere Ausschmückung der Erzählung: König Sinnel und der Zwergenhof im Berg Palakers, der von den „Lindwürme[n]" und „Krokodillen" dezimiert wird, stammt aus dem *Codex Manesse* selbst: aus der ‚Sängerkrieg'-Strophe 84 des „Klingsor von Ungerlant" (vgl. Die Große Heidelberger Liederhandschrift (Codex Manesse). In getreuem Textabdruck hg. v. Fridrich Pfaff. 2., verb. u. erg. Aufl., bearbeitet von Hellmut Salowski. Heidelberg 1984, Sp. 744, Z. 4–24).

en abyme einer prekären Legitimation: Diese bringt den Überlieferungsagenten als Prosopopoiie jenes Überlieferungswissens zur Erscheinung, dessen Grenzen der Text, der solche Legitimation hervorgerufen hat, erst überschreiten muss, um sie hervorrufen zu können; die Doppelzeitlichkeit der Überlieferung wird so, für den Moment dieser Inszenierung, reversibel.

Die abgründige Rollenverteilung der Akteure jedoch ist nur eine Facette dieser voraussetzungsreichen Reinszenierung mediävistischer Kompetenz. Überdies nämlich arbeitet sich der performative Wettstreit – „[e]s bedünkete mich daß die Stimme mit mir eifern wollte" (S. 481) – zwischen dem Erzähler und dem Erdmännchen am überlieferungsstrategischen Effekt des Mangels ab, den die Eigendynamik der Rhapsoden-Narrationen implizit hervorgerufen hat. Der Rekurs auf die Funktion des Texte aufführenden Barden wird ja, wie oben gezeigt, zuletzt beim Relais einer medial gesteigerten Kommunikation zeitgenössischer Literatur ankommen, steht mithin gerade nicht mehr im Dienst einer auf Überlieferung als Aktualisierung zweizeitiger Textgeschichtlichkeit ausgerichteten Zirkulation. Das wird nun ersichtlich anders – ersichtlich zunächst schon allein deshalb, weil eine typographische Differenzierung den Wechsel von Minnesangstrophen und Anakreontik vor Augen stellt: Während die Hagedorn- und Gleim-Strophen, die der anonyme Berichterstatter in „der süssesten Melodie" (S. 480) zum Vortrag bringt, dem typographischen Layout der *Neuen Critischen Briefe* entsprechend in Fraktur gesetzt sind, wird das *Codex Manesse*-Potpourri des Erdmännchens in der für die editorischen Aufbereitungen mittelalterlicher Texte der Zürcher ebenso typischen Antiqua präsentiert. Im Druckbild augenfällig wird somit der Unterschied zwischen der historischen und der aktuellen Sprachstufe, der vom schatzhütenden Zwerg nicht minder als vom Sprachhistoriker Bodmer zur Erklärung von Blüte, Verfall und Wiederaufleben eminenter (Liebes-)Dichtung herbeigezogen wird, und dessen Beobachtung *sub specie* der Grammatik, Lexikalik und Syntax sowie der daraus zu ziehenden poetischen Effekte das Erdmännchen folgendermaßen resümiert: „Es ist ein deutliches Zeichen der Barbarey, die zwischen den gegenwärtigen Zeiten und dem Alter des güldenen Liebesgesanges geherrschet hat, daß die Sprache einen so starken Abgang an Bestimmung, an Kürze, an Geschmeidigkeit, an Mannigfaltigkeit, erlitten hat" (S. 495).[491] In Kontrast zu dieser Darstellung von Differenz steht die Anordnung der korrespondierenden Strophen, die in einer geschickt arrangierten Parallelmontage eine literaturgeschichtliche Paarbildung gelingender Liebesdichtung suggeriert. Was aus der „Klippe" tönt, wird so zum vorzeitigen Echo

---

[491] Dies der Tenor auch von Bodmers sprachhistorischen Beiträgen: vgl. nur den 12. und 13. Brief in Bodmer u. Breitinger: Critische Briefe, S. 198–218; Neue Critische Briefe 10–11: Moralische und physicalische Ursachen des schnellen Wachsthums der Poesie im dreyzehnten Jahrhundert, S. 58–75; Johann Jakob Bodmer: Die Sprache des XVten und XVIten Jahrhunderts eine todte Sprache. In: Ders.: Literarische Pamphlete, S. 157–166.

anakreontischer Liebestopik.⁴⁹² Die Erzählung vom ‚Erdmännchen' figuriert so bis in die Finessen des Erzählarrangements und der Textinszenierung die ambivalente Doppelzeitlichkeit der Überlieferung, die in der Übergabe des Codex und genauer: in der dabei vorgenommenen Engführung von Überlieferungsgeschick und Aktualisierungsmandat kulminiert.⁴⁹³ „Izt habe ich", beschließt das Erdmännchen seine kurze, die Manuskriptcharakterisierung auf die Erfordernisse der Bergungsfiktion umschreibende Geschichte, „nach einem langen Zeitraume dich gewürdiget, daß ich dir es zeigete, denn ich hoffe du seyst von dem Schiksal verordnet, daß du es unter der Erde, in welcher es zwar vorm Untergange sicher aber unbekannt lag, hervor zögest, und jenen vortrefflichen Männern überliefertest, welche sich zu deinen Zeiten des *Minnesanges* mit angebohrnen Gaben annehmen." Die *fata libelli*, so erlaubt es diese Fiktion darzustellen, gehorchen fortan dem Kontingenzentzug interessierter Vermittlung, den die Umprogrammierung des Textaustauschs von der zufälligen, aber folgenreichen Konstellation galanten Wechselgesangs zur Parole für die Initiierung textgeschichtlichen Unterrichts erlaubt:

> Nimm es darum mit dir, und mache einen Gebrauch davon, wie es dir deine Liebe zu dieser göttlichen Kunst und die Vortrefflichkeit seines Innhalts befehlen. Ich vertraue dieses Kleinot deiner Fürsorge, und verlasse mich auf deine Anstalten. Die Höflichkeit, die Munterkeit, die Artigkeit und der beste Witz des schwäbischen Weltalters sind iezo unter deinem Schuze. Ich werde mich zuweilen in meinem Nebelkleide an die helle Sonne hervor begeben, der Arbeit zuzusehen, die du damit vornehmen wirst. Hättest du aber meines Beystandes oder meiner Berichte nöthig, so darfst du nur in einer heitern Nacht unter den Eichen bey diesen Klippen eines von deinen artigen Liedern singen, dann wirst du mich bald durch die unsichtbare Thür des Felsens zu dir hervorkommen sehen. (S. 500f.)

---

⁴⁹² Für den seit Burdach beharrlich wiederholten Einwand, dass die höfische Minnekonzeption der Stauferzeit nicht das Mindeste mit der von der Anakreontik geleisteten „medialen Neuorganisation erotischer Wünsche" (Albrecht Koschorke: Die Verschriftlichung der Liebe und ihre empfindsamen Folgen. Zu Modellen erotischer Autorschaft bei Gleim, Lessing und Klopstock. In: Paul Goetsch (Hg.): Lesen und Schreiben im 17. und 18. Jahrhundert. Tübingen 1994, S. 251–264, Zit. S. 255) zu tun hat und die anakreontische Minnesan-grezeption eine unangemessene „Umdeutung höfischer Gesellschaftskunst zur Verherrlichung eines neuen bürgerlichen Ideals" (Mertens: Bodmer und die Folgen, S. 69) bietet, gibt es gute (literatur-)geschichtliche Gründe, betrifft aber die Strategie dieser Inszenierung nicht im Geringsten.

⁴⁹³ Keineswegs kann deshalb der Dichotomie zugestimmt werden, die noch neuerdings zwischen ‚alter' und ‚neuer' Poesie gerade anhand dieser Erzählung behauptet worden ist: „Wenn anakreontische Lieder um 1750 als ideale Antwort auf mittelhochdeutsche Minnelieder aufgefaßt werden, geht es [...] nicht vorrangig um das quellenkritische Erschließen älterer Lyrik, sondern um die produktive Aneignung fremder Poesie bzw. um das Aufsuchen von neuen Inspirationsquellen für die zeitgenössische Lyrik" (Joh. Nikolaus Schneider: Ins Ohr geschrieben. Lyrik als akustische Kunst zwischen 1750 und 1800. Göttingen 2004, S. 22). Zunächst gilt es festzuhalten, dass die Inszenierung des ‚Erdmännchens' *gerade nicht* als Antwort auf, sondern zur Pro-Vokation der Minnelieder anführt; dann verfehlt die Gegenüberstellung von ‚quellenkritischer Erschließung' und ‚produktiver Aneignung' die komplexe Figuration von Überlieferung ums Ganze. Und nicht ‚neue Inspirationsquellen' sollen sich der zeitgenössischen Lyrik so eröffnen; diagnostiziert doch das Erdmännchen, dass die „heutigen Dichter ihre Bilder und Empfindungen" aus „eben den Quellen geschöpfet haben, aus welchen meine *Minnesinger* sie holeten": nämlich aus der „schöne[n] Natur" (Neue Critische Briefe, S. 494).

2 Epochen(er)findung: Bodmers Mittelalter 213

Nicht trotz seiner Hybridität, vielmehr gerade wegen ihr vermag das Erdmännchen als treffende Personifikation der von Bodmer unternommenen Funktionalisierungen und Fiktionalisierungen von Überlieferung zu dienen: Es erscheint ein zäher, doch nicht unsterblicher, gewitzter, doch nicht unfehlbarer, kompetenter, doch nicht unparteiischer Sachwalter des Schriftcorpus/-körpers, das/den er in der Latenz des Archivs vor unbefugten Augen und dem Zahn der Zeit birgt, den wenigen Würdigen aber zeigt und zur fürsorglichen Vermittlung überantwortet. Mit vielfachen Vermittlungsschritten und Aktualisierungsformen, „mit schwerer Arbeit" und in „viel Zeit" (S. 495) erst wird eine Vergegenwärtigung des von ihm geborgenen Schatzes möglich – eines Schatzes überdies, angesichts dessen die Frage nach der Ausnahmestellung des Bewahrten gar nicht erst gestellt wird. Bodmers Figurationen von Überlieferung sind keineswegs, wie in einer fortschrittsorientierten germanistischen Wissenschaftsgeschichtsschreibung gerne behauptet worden ist,[494] noch nicht-disziplinierter und nicht-disziplinärer, zugleich dilettantischer und genialer Vorgriff auf die bald einsetzende wissenschaftliche und diskursive Ausdifferenzierung einer Philologie, die, durch Strenge der Methode und Lebensführung gewappnet, mit den korrumpierenden Einflüssen des Zeitverlaufs zum Duell um den reinen, ursprünglichen Text antritt – sie sind Ausdruck einer kognitiven Leidenschaft, die Überlieferung in der ganzen Komplexität und Widersprüchlichkeit ihrer Bedingungen und Effekte zu greifen versucht und deshalb ihre Akteure zu Agenten auf den unterschiedlichsten Schauplätzen des Diskurses zu machen bestrebt ist.

---

[494] „Bodmer war trotz allem kein Gründer und kein Vollender, sondern ein Vermittler. Es ist das Los aller Ahner und Vermittler, daß sie zwiespältig sind, zwischen den Räumen und Zeiten stehen und gerade dann überholt sind, wenn sie gewirkt haben. In dieser Mittlerrolle liegen Bodmers Größe und Grenzen", hat bereits Wehrli kritisch zu solcher Sortierung – und sich dabei wohl nicht zufällig der Semantik der Überlieferung bedienend – festgehalten. Wehrli: J. J. Bodmer entdeckt Dante, S. 41.

III Fossilien

1 ‚Fossilien': Medien der Überlieferung

Gespannt zwischen einer Katastrophentheorie individualitätsbezogener, von Vergessen und Tilgung des ‚Namens' heimgesuchter Memoria und dem Katastrophenphantasma materialbezogener Verlustdrohungen, heraufgerufen von der durchaus konkreten Überlieferungsfeindschaft von Moder, Motten und Bibliothekaren, hat sich Bodmers Auseinandersetzung mit den Praktiken, Problemen und Politiken der Überlieferung entfalten können. Im Rahmen von Katastrophenszenarien oder doch zumindest Verfallsgeschichten bewegen sich auch die Überlieferungsdiskurse, die ich in diesem Kapitel skizzieren will. Allerdings setzen diese Szenarien ihre katastrophische Reichweite und damit auch ihr überlieferungsbezogenes Rettungsprogramm in ungleich größerem Stil an: Bei der bloßen *fama* von Individuen und ihren Hervorbringungen, auch bei den schon in ihrer Existenz vor aller Überlieferung unwahrscheinlichen ästhetischen Höchstleistungen allein halten sie sich nicht auf. Als Problematisierungsrahmen für das Dispositiv von Überlieferung wird nichts Geringeres ins Spiel gebracht als die Geschichte und Geschicke der Erde und des Menschen selbst, insoweit sie sich in Überlieferungszeugnissen (oder in der Fähigkeit zur Hinterlassung von solchen) dokumentieren lassen. Gemeinsam ist den Diskursen, mit dieser Verschiebung verbunden, ein zweites: Sie konzentrieren ihre Einsätze nicht auf das perse fragile Medium beschriebenen Papiers, dem als prekärer Träger etwa einer Literaturblüte des ‚schwäbischen Zeitalters' Bodmers Sorge gegolten hat; sie beschäftigen sich vorwiegend mit dem scheinbar um so vieles beständigeren semiophoren Material des Steins, in dem die „ältesten würdigsten Denkmäler der Zeit" verfasst sind, wie es (nicht nur) Goethe – er angesichts der granitenen „Grundfeste unserer Erde" – am Ende des Jahrhunderts formulieren wird.[1]

---

[1] Johann Wolfgang Goethe: [Granit, Gebirgsbau und Epochen der Gesteinsbildung. 1784–1785]. In: Sämtliche Werke. Briefe, Tagebücher und Gespräche. Hg. v. Hendrik Birus u.a. [im Folgenden zitiert unter der Sigle FA]. Bd. 25: Schriften zur allgemeinen Naturlehre, Geologie und Mineralogie. Hg. v. Wolf von Engelhardt u. Manfred Wenzel. Frankfurt a.M. 1989, S. 313f. – In Goethes geologischen Schriften ist dieser Topos säkularisiert; von der unmittelbar aus der „Hand des Schöpfers" hervorgegangenen „ursprüngliche[n] Materie selbst", die den „gemeinschaftlichen Kern" und „gleichsam das Skelet des ganzen Erdkörpers ausmacht", spricht beispielsweise noch der Berner Anthropologe Johann Samuel Ith: Ueber die Perfectibilität des Menschengeschlechts. In: Magazin für die Naturkunde Helvetiens 3 (1788), S. 1–52, Zit. S. 18f., angesichts des Granits. Zu Ith – Verfasser eines *Versuchs einer Anthropologie oder Philosophie des Menschen nach seinen körperlichen Anlagen* (Bern 1794) und einer Abhandlung *Über Menschenveredlung* (Bern 1797) – vgl. Walther Hugi: Professor Johann Samuel Ith von Bern 1747–1813. Beitrag zur Bernischen Schul- und Gelehrtengeschichte. Langensalza 1922.

1 ‚Fossilien': Medien der Überlieferung

Diese materialbezogene ‚Medienverschiebung' könnte, zumal wenn dabei, wie in Scheuchzers Sintflutzeugnissen, nicht etwa menschliche Artefakte, sondern Naturphänomene zur Verhandlung kommen müssen, auf den ersten Blick überraschen. Ist es angebracht, so möchte man zunächst fragen, den Problemkomplex der Überlieferung so zu erweitern, dass er selbst für Befunde Zuständigkeit erhält, deren Entstehung nicht auf die kulturelle Produktivität des Menschen zurückzuführen ist? Strapaziert man nicht die altvertraute Metapher einer ‚Lesbarkeit der Natur' über Gebühr und in Verkennung eben ihres spezifischen metaphorischen Potentials, wenn man Objekte der Natur – gar aus einer Sphäre, die als „das dem Menschen Fremdeste" bezeichnet worden ist, als „Inbegriff des Anderen der Natur"[2] – mit einem Konzept korreliert, das geradezu fundamental auf die kulturellen Selbstvergewisserungen menschlicher Produktion und deren prekäre Dauerhaftigkeit zielt? Und dann umgekehrt: Ist es legitim, die antiken Artefakte, wie sie seit den ersten gezielten Suchaktionen der Renaissance zutage getreten sind und im 18. Jahrhundert eine kulturgeschichtlich maßgebliche Neubestimmung erfahren haben, unter dem Lemma ‚Fossilien' mitzuführen, das ja der gelehrte Diskurs der Zeit selbst vornehmlich den *naturalia* vorzubehalten scheint? Eine erste Antwort auf solche Einwände fällt pragmatisch aus: Die Gelehrten des ausgehenden 17. und beginnenden 18. Jahrhunderts haben sich um diese Unterscheidung schlicht nicht geschert. *Naturalia* wie *artificalia* gehören in aller Selbstverständlichkeit zum Dispositiv des Antiquarischen.[3] Sie teilen ihr semiophorisches Potential unter den Prämissen der Seltenheit und des ‚Curieusen'; sie wecken so das gelehrte Interesse am Besonderen und präsentieren sich gemeinsam im Symbolischen von Buchtiteln, im Imaginären von historiographischen Projekten oder Bildprogrammen und im Realen der Wunderkammer-Bestände, dort getrennt nur subkategorial durch Anordnung, Aufbewahrung und Beschriftung.[4] Und so wird auch, wenn um 1700 von

---

2 Hartmut Böhme: Das Steinerne. Anmerkungen zur Theorie des Erhabenen aus dem Blick des „Menschenfremdesten". In: Christine Pries (Hg.): Das Erhabene. Zwischen Grenzerfahrung und Größenwahn. Weinheim 1989, S. 119–141, Zit. S. 128.

3 So hat der Biograph Gassendi die Interessenlagen des exemplarischen Archivars Peiresc folgendermaßen resümieren können: „nihil exstare accepit ex mirabilibus, seu artis, seu naturæ operibus, quod non studiosè spectaverit, veluti ædificia, opificia, machinas, plantas, animalia, fossilia, omnia denique observatu digna." (Pierre Gassendi: Viri illustris Nicolai Claudij Fabricij de Peiresc, senatoris aquisextiensis, vita. Den Haag 1655, S. 50). – Gleichsam wider Willen muss auch Schnapp bei seinem Ausdifferenzierungsversuch von Naturgeschichte und Gelehrsamkeit festhalten: „les naturalistes convient leurs collègues à construire une histoire naturelle sur le modèle de l'histoire antiquaire." (Alain Schnapp: La Conquête du passé. Aux origines de l'archéologie. Paris 1993, S. 282).

4 Einschlägig dazu etwa Katalog und Sammlung des dänischen Gelehrten Olaus Worm: Museum Wormianum, seu Historia Rerum Rariorum, Tam Naturalium, quam Artificialium, tam Domesticarum, quam Exoticarum, quæ Hafniæ Danorum in ædibus Authoris servantur. Leyden 1655. Vgl. dazu die ausführliche Darstellung bei H. D. Schepelern: Museum Wormianum. Dets Forudsætninger og Tilblivelse. Kopenhagen 1971; generell zum epistemischen Paradigma des ‚Wunders' und seinen unscharfen Grenzen zwischen natürlichen und künstlichen Hervorbringungen: Daston u. Park: Wonders and the Order of Nature 1150–

‚Fossilien' die Rede ist, der Begriff zuallererst etymologisch und nicht klassifikatorisch verwendet: Fossilien sind bis zur einschlägigen Lamarckschen Neudefinition Anfang des 19. Jahrhunderts und vor aller Klärung ihrer Herkunft und Beschaffenheit schlicht aufmerksamkeitsheischende Dinge, die man aus der Erde gegraben hat: „objects dug up".[5] Und umgekehrt kann sich noch Buffon in den ersten Zeilen seiner *Époques de la nature* mit aller Selbstverständlichkeit auf die Verfahrensweisen der Antiquare beziehen, wenn er denjenigen der Naturgeschichte ein pragmatisches Profil geben will:

> Comme dans l'Histoire civile, on consulte les titres, on recherche des médailles, on déchiffre les inscriptions antiques, pour déterminer les époques des révolutions humaines, & constater les dates des évènemens moraux; de même, dans l'Histoire Naturelle, il faut fouiller les archives du monde, tirer des entrailles de la terre les vieux monumens, récueillir leurs débris, & rassembler en un corps de preuves tous les indices des changemens physiques, qui peuvent nous faire remonter aux différens âges de la Nature.[6]

Als Beispiel für diesen Zusammenhang von kategorialer Nichtdifferenzierung und pragmatischer Binnendifferenzierung mag die noch ganz und gar aus der Epoche der Antiquare stammende *Anleitung zum rechten Begriff und nützlicher Anlegung der Museorum, oder Raritäten-Kammern* des Hamburger Kaufmanns und Sammlungsliebhabers Caspar Friedrich Jenckel dienen. Sie präsentiert zwar eine reichhaltige Nomenklatur unterschiedlicher Sammlungsformen: Naturalien-, Kunst-, Münzkabinett, Gemäldesammlung und Bibliothek, Antiquitäten- und Anatomiekabinett. Jenckel eröffnet seine Benennungspolitik auch mit der Provenienzdifferenzierung von „*Naturalibus*, oder denjenigen Dingen, so die Natur hervor bringet", und „*Artificiosis*, oder was die Kunst durch Menschen verfertigt". Aber solche Präzisierung, weiß er, dient allenfalls zur Orientierung für den Hauptteil seiner Abhandlung, eine ausführliche alphabetische Auflistung von Sammlungen und Bibliotheken mit wahrhaft globalem Anspruch.[7] Denn die Integrationsbegriffe, die

---

1750, S. 255–301. – Rhoda Rappaport: When Geologists Were Historians, 1665–1750. Ithaca u. London 1997, hat auf Robert Plots *Natural History of Stafford-shire* (1686) hingewiesen, für die der Umstand, dass auch die künstlichen Zeugnisse aus natürlichen Materialien verfertigt zu werden pflegen, Grund genug ist, erstere ins Programm einer Naturgeschichte aufzunehmen (S. 87f.), und kann für den Zeitraum ihrer Untersuchung eine Vielfalt weiterer Interferenzen zwischen ‚natural' und ‚civil history' präsentieren (S. 83–104).

[5] Vgl. Martin J. S. Rudwick: The Meaning of Fossils. Episodes in the History of Palaeontology. London u. New York 1972, S. 1f. So definiert den Begriff beispielsweise das *Museum Wormianum*: „Fossilia ita dicta, quod major eorum pars fodiendo e terra eruatur" (S. 1). Das ist umgekehrt wiederum ein weiterer Grund dafür, dass für die fossilen *naturalia* die Konsequenzen memorialer Rekonstruktion gelten, die auch das ,digging up' der kulturellen Hinterlassenschaften beispielsweise der Antike betroffen haben; vgl. dazu Barkan: Unearthing the Past, sowie das folgende Kapitel dieser Arbeit.

[6] Georges Buffon: Époques de la nature [1778]. Œuvres de l'Histoire naturelle. Nouvelle éd. en quarante volumes. Bd. 8. Bern 1792, S. 1.

[7] Das unter dem schon in Kanolds Vorrede als solches markierten Pseudonym ‚Neickel' publizierte Werk: [Caspar Friedrich Jenckel, gelegentlich auch: Jencquel:] Museographia oder Anleitung zum rechten Begriff und nützlicher Anlegung der Museorum, oder Raritäten-

all diese Ausdifferenzierungen und Verzeichnisse erst notwendig machen und ihrerseits weder quantifizierende noch ontologische, sondern allein relationale Geltung beanspruchen dürfen, heißen ‚Rarität' auf Objektseite, ‚Curiosität' als Einrichtungs- und Benutzungsmodus: „Da [...] ein *Curiö*ser sein Vergnügen und Lust sowol in *Naturalibus*, als Kunst-Sachen, *Antiquitä*ten, Müntzen, *Medaill*en u.d.g. findet, so kan er auch gar wohl seine Kammer oder *Cabinet* also einrichten, daß er von allen obbesagten etwas darinnen sammlen und aufheben möge; und da denn vielerley Dinge in einem Schrancke bey einander sind, so nennet man ein solch Behältniß eine *Raritäten-Kammer* oder *Cabinet*."[8] Gerade aus der Perspektive auf die Problemgeschichte der Überlieferung ist festzuhalten, dass die übergeordnet kategoriale Trennung zwischen Natur und Kultur selbst sowie die damit verbundenen historiographischen Aufgaben einer Ausdifferenzierung von Zuständigkeitsbereichen entspringen, die ihr Profil gleichsinnig und simultan mit den Statuszurichtungen und -disziplinierungen des Überlieferungswissens gewinnt. Nirgends wird dies deutlicher als im ersten Band von Buffons *Histoire naturelle*, deren Kritik, was die naturgeschichtlichen Arbeiten der Vorgänger betrifft, zuallernächst eine Kritik der Arbeitsweise ist und mit dieser ihrer Zielrichtung zugleich die Unterscheidung der „zwo Hauptclassen", „bürgerliche Historie" und „Historie der Natur", definitiv festschreibt:

> Ich erstaunete bey Durchlesung seiner [d.i. Aldrovandis] Schriften über einen gewissen Fehler, den man fast in allen Büchern von hundert und zwey hundert Jahren findet, und den die Gelehrten in Deutschland noch jetzt an sich haben. Ich rede von der großen Menge unnützer Gelehrsamkeit, mit welcher sie ihre Schriften mit Fleiße erweitern, so daß die Sache, die sie abhandeln, durch die Menge von fremden Materien erstickt wird, von welchen sie mit so großer Gefährlichkeit und mit so weniger Behutsamkeit in Ansehung ihrer Leser, vielerley vorbringen, daß es bisweilen scheinet, als ob sie das, was sie uns sagen wollten, vergessen hätten, damit sie

---

Kammern [...]. London 1999 [ND der Ausg. Leipzig u. Breslau 1727], Zit. S. 2; das Reprint löst – was seine Spuren in den Bibliothekskatalogen hinterlässt – das Pseudonym allerdings fälschlicherweise zu ‚Einckel' auf. – Beschränkt sich die Aufzählung der ‚Raritäten-Kammern' geographisch zunächst noch ausgewiesenermaßen auf Europa (S. 18–137), schweift sie in einem zweiten Teil in zeitliche und räumliche Ferne: Dieser nennt „*Museis*, so in vorigen Zeiten bekandt gewesen, itzo aber meist unbekannt und vielleicht gar nicht mehr vorhanden" sind, ebenso wie „in den andern Theilen der Welt befindlich[e] Raritäten-Gemäch[er]" (S. 179–216, Zit. S. 179 und 181).

[8] [Jenckel:] Museographia, S. 406–412 und 7 (Zitat). – Zur Relationalität des ‚Raritäts'-Begriffs vgl. ebd. S. 406f.: „Was für Sachen aber eine Rarität können gennenet werden, davon lassen sich keine gewiß *determin*iren, sondern da kommts drauf an, und bleibt darbey[,] was jener Weltweise sagt: *Quot capitum vivunt, totidem studiorum millia.*" Entsprechend schillernd – respektive tautologisch – Jenckels Definitionsversuch der ‚Rarität' „an und vor sich": „1) Welches aus allen dreyen Reichen der Natur entweder bey uns selbst sparsam und selten gefunden, oder in weit von uns entlegenen Ländern gesammlet, und [2] was durch die Hand eines künstlichen Meisters ausgearbeitet und verfertiget wird. Beyde haben überdem noch ihre besondere *Observationes*, denn z.E. ie weniger diß oder jenes Stück aus der Natur uns vor Augen kommt, und vornemlich die aussernatürliche oder *monströse* Geschöpffe, *item* wann sie bey ihrer Seltenheit auch ein äusserlich prächtiges Ansehen haben, [...] desto höher steiget die Hochachtung und Rarität eine iegliches Dinges." Rarität ist, was rar ist und/oder sich rar macht.

uns nur dasjenige erzählen könnten, was andere gesaget haben. Ich stelle mir einen Mann, wie den *Aldrovandus*, in den Gedanken vor, der einmal den Entschluß gefasset hat, ein vollständiges Werk über die Historie der Natur zu schreiben. Ich sehe ihn in seinem Bücher-saale, wo er nach und nach, die Alten und Neuern, die Philosophen und Theologen, die Rechtsgelehrten und Geschichtsschreiber, die Reisebeschreiber und die Poeten durchlieset, und alles dieses zu keinem andern Endzwecke, als daß er alle Wörter und Redensarten, die sich viel oder wenig zu seinem Vorhaben schicken, auffangen möge. Ich sehe ihn, wie er alle diese Anmerkungen abschreibet, oder durch andere abschreiben läßt, und wie er alles nach alphabetischer Ordnung leget; und nachdem er nun viele Hefte, voll von mancherley Anmerkungen, gesammlet hat, die er bisweilen ohne Prüfung und ohne Wahl zusammen getragen hat, wie er alsdenn anfängt, an einer besondern Materie zu arbeiten, dabey er denn von allem, was er zusammen gelesen hat, nichts umkommen lassen will, so daß er bey Gelegenheit der natürlichen Historie des Hahnes oder des Ochsen, uns alles dasjenige erzählet, was jemals vom Hahne oder vom Ochsen ist gesaget worden, alles, was die Alten davon gedacht haben, alles, was man sich von ihren Tugenden, von ihrer Gemüthsart, von ihrem Muthe eingebildet hat, alle diejenigen Sachen, wozu man sie hat gebrauchen wollen, alle Mährchen, welche die Weiber davon erzählet haben, alle Wunder, die man ihnen in gewissen Religionen hat thun lassen, alle Gelegenheit, die sie zum Aberglauben gegeben haben, alle Gleichnisse, so die Poeten davon hergenommen haben, alle Eigenschaften, die ihnen etliche Völker beygeleget haben, alle Vorstellungen, die zu hieroglyphischen Bildern, und zu Wapen angewendet worden sind, mit einem Worte, alle Geschichte und Fabeln, dazu jemals die Hähne und die Ochsen den geringsten Anlaß gegeben haben. Man kann hieraus selbst beurtheilen, wie viel man eigentlich von der natürlichen Historie in dergleichen zusammen gerafften Schriften antreffen wird.[9]

Das sind, wie man unschwer erkennen kann, die Topoi der Pedantismuskritik, mit der die Antiquare schon seit Beginn des Jahrhunderts konfrontiert werden: überflüssige Buchgelehrsamkeit und mangelnde Sachkompetenz, Exzerpte statt Empirie, dokumentarische Vollständigkeit statt kritischer Beschränkung des Wissens – vor allem aber die grundsätzlich falsche epistemologische Einstellung auf das bunte Gewimmel des Überlieferten statt auf die Dinge selbst, auf die Singularitäten der ‚Wunder' statt auf die Gesetzmäßigkeiten einer Ordnung.[10] Und entsprechend einfach fällt der Gegenimperativ aus, den Buffon dem Naturhistoriker mit auf den Weg gibt: „Man muß [...] den Anfang damit machen, daß man vieles siehet, und öfters wieder siehet."[11] Es wird sich allerdings in der Rekonstruktion der um 1700

---

[9] Georges Buffon: Histoire naturelle, générale et particuliére, avec la description du Cabinet du Roi. Bd. 1. Paris 1749, S. 26–28, zit. nach der dt. Übers.: Allgemeine Historie der Natur nach allen ihren besondern Theilen abgehandelt; nebst einer Beschreibung der Naturalienkammer Sr. Majestät des Königes von Frankreich. Erster Theil. Hamburg u. Leipzig 1750, S. 18f.; zur Differenzierung zwischen ‚Histoire Civile' und ‚Histoire Naturelle' und der Privilegierung letzterer ebd., S. 28f. (dt. S. 19f.): „toutes les inventions des hommes, soit pour la nécessité, soit pour la commodité, ne sont que des imitations assez grossières de ce que la Nature exécute avec la dernière perfection."

[10] Vgl. zu diesem letzten Punkt Christian Gottlob Heyne: Historiae naturalis fragmenta ex ostentis, prodigiis et monstris. Commentatio prior. In: Ders.: Opuscula academica collecta et animadversionibus locupletata. Bd. 3. Göttingen 1788, S. 198–215. „Interea, vt in rebus humanis fieri solet, cum his ipsis prauis opinionibus, quas superstitiones disseminarunt, via parata est meliori sapientiae prolusumque philosophiae, quod ab insolitarum ac mirarum rerum contemplatione tandem processum est ad ordinem moremque naturae sollennem et consuetum, cuius diligenti consideratione, quae multo magis stupenda rerum miracula offerre poterat ac debebat" (Ebd., S. 207).

[11] Buffon: Histoire naturelle. Bd. 1, S. 6; dt.: Allgemeine Historie der Natur. Bd. 1, S. 5.

stattfindenden, bis ins Detail dem antiquarischen Paradigma verpflichteten Debatten über die Fossilien einmal mehr zeigen, dass diese Frontstellung aus der Jahrhundertmitte die Episteme der Überlieferung nur bedingt trifft. Der Autopsieauftrag ist eher eine – wenngleich wichtige – wissensstrategische Positionierung als ein Indiz für den modernisierenden Traditionsbruch im Feld der Wissenschaften, da die epistemischen Objekte der beiden Produktionsmodi von Wissen selbst von Grund auf verschieden sind – zu verschieden, als dass sie ohne weiteres ins diskursive Gebäude eines wissenschaftsgeschichtlichen Fortschrittmodells passen könnten.

Aus einem ganz anderen Grund erstaunen mag dann die Wahl von ‚Winckelmanns Antike' als korrespondierendes Thema zu Scheuchzers Fokus auf die Geschehnisse und Spuren der Sintflut. Nicht nur trennt die beiden Gegenstände grob veranschlagt ein halbes Jahrhundert, außer der Medialität des Steinernen als (partiellen) Ausgangspunkt ihrer Arbeit scheinen diese beiden Modelle des Überlieferungsdiskurses auch sonst kaum eine Schnittmenge zu bilden. Mit Winckelmanns Œuvre verbunden sei – so lautet ein dort selbst lautstark artikulierter, von den Zeitgenossen und Nachfolgern fast vorbehaltlos unterstützter Anspruch – der Bruch mit dem Paradigma des Antiquarischen, wie es für den in dieser Arbeit veranschlagten Status der Überlieferung konstitutiv ist. Folgt man den großen kultur- und wissensgeschichtlichen Erzählungen, dann wird mit Winckelmann gemeinhin jener Paradigmenwechsel angesetzt, der sich im Studium der Antike nicht mehr auf bloße „Anleihen aus dem Überlieferungsschatz der Vorwelt" beschränken will, sondern für den „die Antike Leib, Geist und Wort" geworden ist.[12] Das Terrain der Gelehrsamkeit, auf dem sich die Debatten um die Überlieferung bewegen, soll nach diesem epistemischen Bruch wenn nicht verlassen, so doch wenigstens durchgreifend rekonfiguriert sein; dem seit Beginn des Jahrhunderts erhobenen Pedantismusvorwurf an die ‚tote' Materialhuberei der philologisch-antiquarischen Wissenschaften habe Winckelmann gleichsam in einem kühnen Streich zum Recht verholfen, gerade indem er deren Objekte in einer dezidiert ästhetisch-anthropologischen Wende und mit nachhaltigen Wirkungen neu zu thematisieren vermocht habe: „Winckelmann hat den Übergang vom ‚diskursiven' Buchgelehrten zum ‚schauenden' Kenner am eigenen Leib vollzogen" – so bilanziert etwa eine neuere Abhandlung zur Rezeptionsgeschichte der Kunst nicht nur den biographisch authentifizierten Umbruch im Umgang mit den Hinterlassenschaften der Antike zum diskursivitätsbegründenden und protodisziplinären „Schwellenphänomen", sondern zugleich auch gute zwei Jahrhunderte geradezu topisch geronnener

---

[12] Friedrich Gundolf: Anfänge deutscher Geschichtsschreibung von Tschudi bis Winckelmann. Aufgrund nachgelassener Schriften Friedrich Gundolfs bearbeitet u. hg. v. Edgar Wind. Mit einem Nachwort zur Neuausgabe v. Ulrich Raulff. Frankfurt a.M. 1992, S. 100f. – Ihren monumentalen Ausdruck erhält diese große Erzählung im kulturgeschichtlichen Panorama von Justis Winckelmann-Biographie: Carl Justi: Winckelmann und seine Zeitgenossen [1866–1872]. 3 Bde. 3. Aufl. Leipzig 1923.

Wertschätzung dieses Paradigmenwechsels.[13] Die philologisch-antiquarische Arbeit wird in dieser Engführung zur Fron, zur stolz ertragenen Prüfung, die es biographisch wie konzeptuell zu überstehen, zu bestehen gilt. „Gelehrsamkeit, Bücher und Steine", der Modus und die Materialien der Überlieferung, entfalten ihr Potential allein dank der idealisch-genialischen Anlage, die Winckelmann von den Pedanten seiner Zeit unterscheide.[14]

Zwei Konsequenzen aus diesem Ansatz eines Paradigmenwechsels hin zum „Pathos der eigenen Beobachtung"[15] werden bereits zu Beginn des 19. Jahrhunderts, also noch vor der endgültigen Disziplinierung der gelehrten Praxis als Hilfswissenschaft, deutlich: Die erste besteht darin, Winckelmann zu einer epochalen Figur und die ihm zugesprochene methodische Überwindung des Antiquarischen zur Matrix der Kunstgeschichtsschreibung zu machen – und damit einfach Winckelmanns selbst formuliertem „Anspruch auf Begründung der Kunstgeschichte" zu folgen.[16] „Von den Geheimnissen der alten Kunst ha[t] Winckelmann den Schleier weggezogen und gleichsam eine neue Welt entdeckt", heißt es programmatisch in der 1805 unter Goethes Federführung publizierten, die Zielrichtung aufs Epochale mit der aufs Exemplarische verschränkenden Sammlung *Winckelmann und sein Jahrhundert*.[17] Das Muster hat Schule gemacht, selbst wenn – wie man weiß – Goethes „janusköpfig[e]" Darstellung zu den für Winckelmanns (Selbst-)Inszenierungen aufmerksameren gehört.[18] „Zum Teil bis zum Ende des 20. Jahr-

---

[13] Robert Trautwein: Geschichte der Kunstbetrachtung. Von der Norm zur Freiheit des Blicks. Köln 1997, S. 93 u. 16. – Die Genealogie dieses schnell fertigen Topos ist bekannt; die Anbindung ans Genie-Modell der 1770er Jahre hat das ihrige getan, um ihm zu seiner Durchsetzung zu verhelfen: „Über die Alten schreiben, sie dolmetschen und kommentieren, ohne Gefühl für sie, für ihre Tugenden und *Lebensweise*, kurz ohne auch praktisch etwas von ihrem *Sinne* zu haben, gibt bei aller Gelehrsamkeit und Wortkenntnis ewig-dumme Sophisten und Pedanten", hält Herder dieses notwendige *plus* des Genialen *ex negativo* fest (Johann Gottfried Herder: Denkmal Johann Winkelmanns, S. 634f.).

[14] Johann Gottfried Herder: Winkelmann, Lessing, Sulzer [1781]. In: Ders.: Werke in zehn Bänden. Bd. 2, S. 676–712, Zit. S. 682.

[15] Wolf Lepenies: Autoren und Wissenschaftler im 18. Jahrhundert. Buffon, Linné, Winckelmann, Georg Forster, Erasmus Darwin. München 1988, S. 93.

[16] Ebd., S. 105.

[17] FA 19, S. 156.

[18] Eckart Goebel: Charis und Charisma. Grazie und Gewalt von Winckelmann bis Heidegger. Berlin 2006, S. 31. – Mit Blick auf Winckelmanns Selbstinszenierungen gilt dies vor allem für die Freiheitsemphase der Briefe aus Rom: „er bemerkte nicht, daß hinter dieser Vertraulichkeit sich doch das orientalische Verhältnis des Herrn zum Knechte verbirgt", kommentiert Goethe Winckelmanns inszenatorisches Kalkül eines vertrauten Umgangs mit dem „dortigen [...] Großen" (FA 19, S. 207) – genau dieses aber hat die Publikation mit den abgedruckten Briefen an Berendis auch bereits in der womöglich drastischsten Form zu Wort kommen lassen: „Nichts hat [...] so sehr das spätere Bild Winckelmanns in Rom geprägt wie seine von Goethe [...] publizierten Briefe an Berendis, die in ihrer Mischung aus adressatenbezogener Renommage, aus gehäuften Euphemismen und gezielter Desinformation das größte Beispiel deutscher Rom-Euphorie im 18. Jahrhundert darstellen." (Ernst Osterkamp: Winckelmann in Rom. Aspekte adressatenbezogener Selbstdarstellung. In: Conrad Wiedemann (Hg.): Rom –

hunderts blieb Winckelmann das humanistische Gesamtkunstwerk, das Goethe und seine Freunde aus ihm geformt hatten."[19] Die zweite, praktische und deshalb unauffälligere Konsequenz liegt in einer Bemessung von Winckelmanns Arbeiten an den Ansprüchen des eigenen Paradigmenwechsels. Denn an der Tatsache, dass vieles von Winckelmann Publizierte oder Geplante eben doch ganz dem Dispositiv des Philologisch-Antiquarischen zuzuschlagen ist, kommen auch die entschiedensten Anwälte dieses Paradigmenwechsels nicht vorbei. Es gilt für sie also, nach den Qualitätsgesichtspunkten der neukonfigurierten Altertumswissenschaft zu sortieren – oder mit anderen Worten: das propagierte Winckelmann-Programm über Winckelmanns eigene Arbeiten laufen zu lassen. So vertritt etwa Herders Nekrolog – ungeachtet aller kritischen Einwände, die dem Verfasser gegen die konkreten Ausführungsbestimmungen einer Nachahmung der Antike angebracht scheinen[20] – ganz entschieden das Privileg der *Geschichte der Kunst des Altertums*, deren „einzig wahren Gesichtspunkt", den „hohen *Begriff vom Schönen*" er vor aller antiquarischer Kleinkrämerei, ja vor den Ansprüchen des Überlieferten überhaupt retten will:

> Können wir den Genius der Kunst bewegen, daß er uns wieder herstelle, was durch die Hand der Araber, Türken und Barbaren fiel, – daß er uns Nachricht gebe, von dem, was auch in Schriften untergegangen ist, oder hie und da verborgen liegt – daß er uns zeige in welches Zeitalter jedwedes Kunstwerk, welchem Künstler es zugehöre? von wem Etrurien, Griechen lernten? und welcher kleine Umstand hie oder dahin einfloß? u.s.f. Wohlan, wir wollen unsre Gebete vereinigen, daß dieser Genius des Lichts, der Schutzgeist ganzer Weltalter und Nationen, erscheine und uns Aufschlüsse gebe. Ja noch mehr, wir wollen ihm helfen, berichtigen und zusammentragen, was in der Welt zusammen zu tragen ist – – die Geschichte der Kunst des Altertums wird damit ansehnlich erweitert; ich zweifle aber, ob, notwendig und wesentlich, *Winkelmanns* Kunstgeschichte. Bei dieser ist solcher gelehrte Vorrat nur Außenwerk oder Beiwerk; nicht Hauptgebäude. Dies beruht auf wenigen, aber großen, und wie mich dünkt, ewig festen Ideen so wohl vom *Wesen* des Schönen selbst, als von den genetischen *Ursachen* desselben; die Veranlassung mag hier und da im Kleinen geändert werden wie sie will. Das Werk selbst, samt den Epochen seiner Kunst, so viel Mangelhaftes diese im Detail haben mögen, im idealischen Ganzen, worauf er arbeitete, ists richtig; denn es ist in der *Ordnung der Zeiten*, in der Natur der *Sache* selbst gegründet.[21]

Paris – London. Erfahrung und Selbsterfahrung deutscher Schriftsteller und Künstler in den fremden Metropolen. Ein Symposion, Stuttgart 1988, S. 203–230, Zit. S. 214).

[19] Mathias René Hofter: Die Sinnlichkeit des Ideals. Zur Begründung von Johann Joachim Winckelmanns Archäologie. Stendal 2008, S. 10. – Hofters ausführliche und gründliche Rekonstruktion des kunstliterarischen und antiquarischen Bezugshorizonts von Winckelmanns Arbeiten bildet eine der wenigen Ausnahmen, die diesem Entwurf nicht folgen wollen.

[20] Am deutlichsten wird die Differenz – der entscheidende *anthropological turn*, der Herders Gelehrsamkeit von der aller Antiquare sondert – in seiner eigenen Verlustbilanz: „Die *Natur* ist von uns gegangen, und hat sich verborgen", lautet sie in der *Plastik* (1778) (Herder: Werke in zehn Bänden. Bd. 4, S. 302; Hervorh. S. K.).

[21] Herder: Winkelmann, Lessing, Sulzer, S. 683 und 684f. – Dem Antiquarischen zugeschlagen wird dabei etwa die „vorgenommene Schrift von *Ergänzung der alten Bildsäulen* und dergleichen" (S. 683); über die umfangreichen Kommentar und Katalogisierungsarbeiten oder die Fundberichte verliert der Nachruf kein Wort; auch das ausführlichere „Denkmal Johann

Dass ich dieser Akzentsetzung und ihren Voraussetzungen nicht folgen werde, liegt schon in der Fragestellung und Themensetzung meines Buches begründet. In Vorwegnahme der Ausführungen ließe sich behaupten: Gerade das ‚Insistieren der Steine' ist es, das Winckelmanns Schriften ihr Profil verleiht – gerade ein ganz und gar undialektisch zu fassendes, keineswegs ‚idealisch' überwundenes Aufmerken oder Aufgehaltensein bei den materialen Grundlagen aller geschichtlicher Rekonstruktion, der Überlieferung und deren Konsequenzen. Dies teilt Winckelmanns Antike mit Scheuchzers Diluviana; und sie teilt darüber hinaus mit ihnen ein zweites: die epistemische Erweiterung der antiquarischen Praxis durch den konsequenten Einbezug der Autopsie. Archivgänge, wie sie aus Scheuchzers Alpenexkursionen und Winckelmanns Übersiedlung nach Rom resultieren, folgen – bei allen Unterschieden – dem durch die Krise der Wissensordnung zu Beginn des 18. Jahrhunderts motivierten Korrektiv des ‚Selbersehens', das zunächst den naturgeschichtlichen und einige Jahrzehnte später den um die nicht den Bedingungen schriftlicher Überlieferung unterliegenden Hinterlassenschaften der Antike besorgten Antiquarianismus geprägt hat.[22] Dass schließlich auch in Winckelmanns Projekt einer Geschichte der Kunst sich die epistemologische Grenzziehung zwischen Natur und Kultur gerade erst anzubahnen beginnt, zeigen die für seinen Argumentationsgang gewichtigen naturgeschichtlich-anthropologischen Einlassungen: Sowohl die Erstlingsschrift als auch das erste Kapitel der *Geschichte der Kunst des Alterthums* gehen beispielsweise so selbstverständlich wie Bodmers Epochenkonstruktion des ‚schwäbischen Zeitalters' auf klimatheoretische Erwägungen ein – genauso wie umgekehrt Scheuchzer nicht zögert, seine naturgeschichtlichen Daten mit den Zäsuren der biblischen Chronologie zu korrelieren.[23]

Winkelmanns" widmet ihnen nur einen einzigen kurzen Abschnitt, um sich dann sofort wieder der Reihe der Schriften zuzuwenden, in denen „Winkelmann [...] ganz Er selbst ist" (S. 649).

[22] Von einem „Werk aus dem Geist der Naturgeschichte" hat Lepenies angesichts der *Geschichte der Kunst des Alterthums* gesprochen und das auf das Primat von Beobachtung und Beschreibung in Buffons Methodologie bezogen (Lepenies: Autoren und Wissenschaftler im 18. Jahrhundert, S. 95). Der Blick auf Scheuchzers antiquarische Naturgeschichte wird deutlich machen, dass dieses Primat der Autopsie bereits in den Praktiken einer reflektierten Gelehrsamkeit zu Beginn des 18. Jahrhunderts bereitliegt.

[23] Vgl. Johann Joachim Winckelmann: Gedancken über die Nachahmung der Griechischen Wercke in der Mahlerey und Bildhauer-Kunst [1755], im Folgenden mit der Sigle GN (zitiert nach der Ausgabe in: Walther Rehm (Hg.): Johann Joachim Winckelmann: Kleine Schriften, Vorreden, Entwürfe. 2. Aufl. mit einem Geleitwort v. Max Kunze u. einer Einleitung v. Hellmut Sichtermann. Berlin u. New York 2002, S. 27–59); Johann Joachim Winckelmann: Geschichte der Kunst des Alterthums. Dresden 1764, bes. S. 19–30. – Die Untersuchung von Thomas Franke: Ideale Natur aus kontingenter Erfahrung. Johann Joachim Winckelmanns normative Kunstlehre und die empirische Naturwissenschaft. Würzburg 2006, bleibt bedauerlicherweise weitgehend in den Bahnen traditioneller Ideengeschichte und verfügt zudem nicht über das nötige wissensgeschichtliche Differenzbewusstsein, um die präsentierten Diskursbefunde angemessen werten zu können; ein Beispiel dafür nur: Winckelmanns Begriff des ‚schönen Geblüts' wird ohne Umstände mit „Genmaterial" gleichgesetzt (S. 100 u. ö.).

2 Sintflut, antiquarisch

2.1 Natürliche Überlieferung — überlieferte Natur

Die Debatten um ‚natürliche' Steine (im Folgenden vor allem Fossilien in der post-Lamarckschen, paläontologischen Terminologie) als Zeugen der Vergangenheit – und in dieser These manifestiert sich der relevante epistemische Bruch, der derartige Zeugnisse vor allen Ansätzen zu einer eigenständigen, disziplinierten Naturgeschichte erst einmal als solche und damit unter den Bedingungen von Überlieferung thematisierbar macht[24] – sind zu den im geläufigeren Sinne antiquarischen Diskursen hin nicht einfach semantisch und metaphorisch außerordentlich durchlässig. Vielmehr gehören sie unmittelbar zum Überlieferungsnarrativ, das zu Beginn des 18. Jahrhunderts als Modell kultureller Gedächtnisbildung entworfen und erprobt wird. Sie unterstehen dem Dispositiv, das die vorangehenden Kapitel als Ausgangspunkt für die Reflexion der Überlieferung namhaft zu machen versucht haben; ihre Neukonfiguration im Gebäude der disziplinären Wissenschaften gegen Ende des Jahrhunderts folgt denselben Verwerfungslinien gegenüber dem antiquarischen Paradigma, wie sie in den neuen philologischen oder altertumswissenschaftlichen Fächern virulent werden. Die Entkoppelung hin zu einer eigenständigen Erdgeschichte respektive Geologie, deren relevante Zäsuren und Objekte dann trotz ihrer anfänglichen epistemologischen Verankerung in diesen Paradigmata weder an die Vorlagen der *historia sacra* noch an die Beschreibungsmodelle des antiquarischen Überlieferungsdiskurses gebunden bleiben, hat Martin J.S. Rudwick unlängst in einer wahrlich atemberaubenden wissensgeschichtlichen Studie rekonstruiert. Durchaus auch im Sinne einer umfassenden, differenzierten Rehistorisierung eines Prozesses, der herkömmlicherweise als wissenschaftliche Fortschrittsgeschichte gelesen wird, verankert sie diese Abgrenzungs- und Ausdifferenzierungsprozesse im *Age of revolutions* (1776–1848); sie lässt diese Prozesse mithin an der chronologischen und konzeptuellen Stelle beginnen, die am Ende der in diesem Buch untersuchten *epoché* steht. Rudwicks Bilanz zu dem Bündel von Wissenspraktiken, das sich nach dem ersten epistemischen Bruch einer

---

[24] Dieser Bruch ist bisher fast ausschließlich auf seine Konsequenzen für die Ausdifferenzierung der Geschichtskonzepte im späten 18. Jahrhundert hin befragt worden; vgl. etwa Arno Seifert: Cognitio historica. Die Geschichte als Namengeberin der frühneuzeitlichen Empirie. Berlin 1976, S. 130: „[S]pätestens seit Leibniz' ‚Protogaea' tat sich hinter diesem zeitlosen Totalobjekt der Naturgeschichte eine wirkliche Natur-Geschichte auf, um den Historia-Begriff in Verlegenheiten zu stürzen, die [...] noch Kant zu schaffen machen sollten." Ausführlich dazu Paolo Rossi: The Dark Abyss of Time. The History of the Earth and the History of Nations from Hooke to Vico. Chicago u. London 1984, S. 3–120. Selbstverständlich gilt es also auch hier – wie für die Problematisierung der Überlieferungsdebatten des 18. Jahrhunderts generell –, Zurückhaltung zu üben, was eine fraglose Verallgemeinerung des ‚modernen' Dispositivs Geschichte betrifft.

‚Antiquarisierung' der Naturgeschichte, aber vor der Verbannung des Überlieferungsparadigmas aus dem *bel étage* der historischen Wissenschaften mit den Daten der Erdgeschichte befasst, hält eindringlich die Verschränkung mit dem gelehrten Wissen generell und so mit den Konfliktfeldern und Umperspektivierungen fest, in denen die Debatten um Status und Funktion der Überlieferung in diesem epistemologischen Interregnum verankert sind:

> The sciences of the earth, like the natural sciences generally, were divided rather sharply into natural history and natural philosophy: sciences of description and classification and sciences of mathematical analysis and causal explanation. The museum science of mineralogy (which included the study of fossil specimens), the field science of physical geography, and the field and subterranean science of geognosy were all regarded as branches of natural history. The science of earth physics, in contrast, was equally clearly a branch of ‚physics' or natural philosophy, and so was the more ambitious genre of geotheory that was based on it. The scene was one of diverse and flourishing activity. Certainly it was not a scene of ‚pre-paradigmatic' confusion, for each of these sciences had its own well-defined tradition of methods, norms, and genres and its own set of ‚paradigms' or exemplary achievements [...]. None of the sciences of the earth, therefore, nor the overarching genre of geotheory, aimed to construct a true *history* of the earth and its life, in all its unpredictable and contingent particularity. The few savants who did try to do so recognized that they were exploring a *new kind of science*, which was distinct from the ahistorical causal explanation of phenomena as it was from the description and classification of atemporal natural diversity. Their inspiration came either from the sciences of human history, and particularly from the burgeoning practices of antiquarianism and erudite scholarship, or–ironically–from the profoundly historical perspective embodies in traditional Christian (and Jewish) theology. From the former, these savants derived a powerful set of metaphors and analogies, which clarified how the deep past could be recovered from its traces in the present, even if that past had not been witnessed or recorded by any human beings. From the latter, they [...] derived a sense of the deeply contingent character of history [...] and a conviction that the history of nature must somehow overlap and be continuous with the history of humankind. In either case, these tentative essays in geohistory were based on the bottom-up reconstruction of specific past events from the observable traces of what *in fact* had happened, rather the top-down formulation of what ‚must' or ‚ought to' have happened, given certain principles or laws of nature.[25]

Präzisiert für die Befunde, mit denen sich die beiden ersten Abschnitte dieses Kapitels beschäftigen, heißt das: Eine Differenzierung in kulturelle und natürliche Überlieferungszeugnisse wird zwar in der antiquarischen Praxis vorgenommen – sie ist aber keine übergeordnet kategoriale, die etwa Zeugnisse der Natur den Zugriffen der Gelehrsamkeit entzöge, sondern eine nach den Bedingungen des Überlieferungsmodells je eigens zu verhandelnde Feinsortierung, aus deren Unterscheidungspotential die gelehrten Diskussionen Gewinn zu schlagen verstehen. Die

---

[25] Martin J. S. Rudwick: Bursting the Limits of Time. The Reconstruction of Geohistory in the Age of Revolution. Chicago u. London 2005, Zit. S. 289f. – Zur ‚gelehrten Geschichte der Erde' vgl. die aufschlussreiche Darstellung bei Rappaport: When Geologists Were Historians; einen knappen, sowohl in der Quellenauswahl als auch hinsichtlich der berücksichtigten Forschungsliteratur allerdings bedenklich selektiven Überblick gibt Martin Schmeisser: Erdgeschichte und Paläontologie im 17. Jahrhundert: Bernard Palissy, Agostino Scilla, Nicolaus Steno und Leibniz. In: Herbert Jaumann (Hg.): Diskurse der Gelehrtenkultur in der Frühen Neuzeit. Ein Handbuch. Berlin u. New York 2011, S. 809–858.

2 Sintflut, antiquarisch

225

Unterscheidung entspricht jenen oben beschriebenen Differenzierungen, mit denen die Antiquare in ihren Debatten beispielsweise Manuskripte gegen Münzen oder Monumente auszuspielen pflegen. Wenn auch jüngere kulturwissenschaftliche Forschungen zur Gelehrsamkeit, insbesondere zur Sammlungstätigkeit der Kabinette und Wunderkammern um 1700 nachdrücklich und völlig zu Recht auf den nicht nur diskursiven, sondern auch manifest ordnungspraktischen Transfer zwischen Museum und *litterae* hingewiesen haben,[26] so ist also streng genommen – und trotz der notwendigen Korrekturen an der von der ‚Zwei-Kulturen'-Ideologie provozierten wissensgeschichtlichen Blindheit – selbst dieser Hinweis insofern noch anachronistisch, als die semantische und konzeptuelle Zirkulation zu dieser Zeit nicht zwischen zwei getrennten Formen der gelehrten Geschichte stattfindet, sondern innerhalb eines situativ differenzierenden, aber nicht disziplinär differenzierten, mithin insgesamt durchaus konsistenten Gefüges von Wissenspraktiken, das dieses Buch unterm Terminus der ‚Überlieferung' versammelt.[27]

Im Zuge der Vorbereitungen zu einer Audienz, bei der er seinem Dienstherrn Herzog Ernst August von Braunschweig-Lüneburg zu Beginn des Jahres 1691 über den Fortgang und vor allem die Verzögerungen der Arbeiten zur Geschichte der Welfen berichten soll, setzt Gottfried Wilhelm Leibniz den Ausgangspunkt seiner historischen Darstellung konzeptuell bei „denen entfernsten antiqvitäten dieser Lande" an. Dabei gelte es zu zeigen,

> wie [...] solche allem ansehen nach vom Meer biß wenigstens am Harz unter waßer gestanden; wie sich zu Lüneburg die so genanten Natterzungen wie in der Insul Malta finden, so nichts anders seyn, als Zähne von gewißen Meerwundern, wie sich in der Bumanshöhle und Scharzfeldischen loch knochen unbekannter thiere ereignen [...]; wie ganze seen verschüttet, und zu steinen worden, die gestalt der fische in dem stein geblieben, wie der fliegen in dem Agtstein, und sich in die löcher hernach Metallische materi geleget.

Leibniz versäumt es nicht, damit zu werben, daß „dergleichen curiose dinge [...] dem werck nicht wenig Zierde geben können."[28] Erst nach der Klärung der Frage,

---

26 Vgl. etwa Robert Felfe: Einleitung. In: Ders. u. Angelika Lozar (Hg.): Frühneuzeitliche Sammlungspraxis und Literatur. Berlin 2006, S. 8–28, hier S. 23: „Texte und Publikationen bilden somit in gewisser Weise ein Widerlager musealen Sammelns: Informationen und Ordnungsentwürfe wurden ihnen entliehen, die Kunstkammer selbst wurde vielfach zum literarischen Motiv, das Sammeln und Arrangieren wurde zur Textform bzw. zum poetischen Verfahren."
27 Vgl. Krzysztof Pomian: Sammlungen – eine historische Typologie. In: Andreas Grote (Hg.): Macrocosmos in Microcosmo. Die Welt in der Stube. Zur Geschichte des Sammelns 1450 bis 1800. Opladen 1994, S. 107–126, hier S. 113: „Wenn sie [die Kunst- und Wunderkammern der frühen Neuzeit] [...] sichtbare Spuren übernatürlicher Einwirkung mit Naturdingen und Kunstwerken vereinen, so sind sie [...] Ausdruck einer enzyklopädischen Wißbegier, die darauf zielt, die ganze Schöpfung der Erkenntnis zu öffnen, den Makrokosmos in den Mikrokosmos zu projizieren, das gesamte Universum in den Raum eines Studios zu fassen, das hierzu durch seine Architektur und mehr noch durch seine Ausschmückung besonders geeignet ist."
28 Gottfried Wilhelm Leibniz: Entwurf der Welfengeschichte. Mitte Jan. 1691. In: Sämtliche Schriften und Briefe. Reihe I: Allgemeiner politischer und historischer Briefwechsel. Bd. 6:

ob es sich bei den „ältisten einwohnern" Niedersachsens um „riesen" gehandelt habe, „wie einige aus gewißen Monumentis schließen wollen", erst nachdem die Bevölkerungs- und Sprachgeschichte des Landes gezeichnet sowie dessen durch römische Kolonisation und Völkerwanderungswirren komplizierte Legitimations- und Gründungserzählung erstellt ist, wird die Geschichte „auff die Welffen und deren ursprung" zu sprechen kommen können.[29] Seine „Historische arbeit", auf deren Beschleunigung der Herzog drängt, verzögere sich also, wie Leibniz in einem zweiten, kürzeren Konzept festhält, nicht etwa aufgrund mangelnden Fleißes, sondern wegen der „weitleüfftigkeit und difficultät" dieser Arbeit selbst. Kurz: Es gelte dabei nicht einfach eine Genealogie des welfischen Geschlechts zu liefern, sondern auch die Vorgeschichte des Landes Braunschweig zu schreiben, „biß dies Geschlecht hinein kommen." Und noch einmal entfaltet Leibniz den Katalog der Gegenstände, die einer derartigen Historiographie obliegen:

> Mus derowegen erstlich von den naturalibus und antiqvissimis des Landes handeln[,] beweisen daß solches einsmahls unter mehr gestanden, auch vermuthlich zuvor schohn vom feüer veränderung gelitten. Hernach von den antiqvissimis habitatoribus und harum gentium migrationibus[,] ob sie aus Norden kommen oder vielmehr Norden aus Niedersachsen peuplirten. Item von den alten beherrschern aus Thulen vor der Griechen und Römer Histori soviel alte traditiones und carmina geben. Von der alten Sachsen Sprache, davon die ältesten Bücher aus England kommen. Dann komt eine schwehre inqvisition von Cimbris, Teutonibus, Chaucis, Cheruscis, von zeit an daß die Römer hierein gedrungen. Dann von dieser Völcker expeditionen gegen die Römer, und daß die Francken an der Bode Sale und Weser gewohnet so legem Salicam gemacht. Daß die Longobarden an der Elbe gewesen. Wie die Sachsen aus diesen landen nach England über gangen, item ⟨–?⟩ die Longobarden nach Italien übergezogen, wie ihnen unter kriegen mit den Schwaben. Hernach von dem alten krieg zwischen den Francken und Sachsen eines und den Thüringern andern theils, und Nordthüringen[,] wie hernach die Francken sich gegen diese Niedersachsen selbst gewendet, solche bekrieget und endtlich sub Carolo M. zum Christl. glauben bezwungen. Ut et von den Sächs. Kaysern. Hernach komt die Gvelfische Histori. [...] Eine iede von dieser Materi scheinet fast ein eigen groß werck zu erfordern.[30]

Die abschließende Bemerkung ist, wie man sich vorstellen kann, nicht nur ein rhetorischer Kniff, mit dem Leibniz die eingeforderten Verbesserungen seiner Arbeitsbedingungen begründen will. In der Tat hat er seine Welfengeschichte nicht

---

1690–1691. Hg. v. der Deutschen Akademie der Wissenschaften zu Berlin. Berlin 1957, Nr. 21. 1. Konzept, S. 22–29, Zit. S. 23; 2. Konzept, S. 30f. – Das analoge Argument findet sich bereits im Briefkonzept zur Wissensoffensive – Einrichtung einer Bibliothek, Galerie, Sammlung, Druckerei, eines Laboratoriums und eines Archivs –, die Leibniz Anfang 1860 Franz Ernst von Platen nahelegt: das Lemma ‚curieus' zieht sich als roter Faden durch seine Empfehlungen. Sämtliche Schriften und Briefe. Reihe I: Allgemeiner politischer und historischer Briefwechsel. Bd. 3: 1680–1683. Hg. v. der Preußischen Akademie der Wissenschaften. Leipzig 1938. Nr. 17, S. 16–21.

[29] Leibniz: Entwurf der Welfengeschichte. 1. Konzept, S. 23 und 25.
[30] Leibniz: Entwurf der Welfengeschichte. 2. Konzept, S. 30f.; Klammerzusätze (abgesehen vom Auslassungszeichen) der Edition. – Zu den ‚klassisch'-historiographischen Dimensionen von Leibniz' antiquarisch/philologischer Praxis vgl. den Überblick von Nora Gädeke: Die Werkstatt des Historikers Leibniz: Quellenbegriff – Quellensuche – Quelleneinsatz. In: Dies. (Hg.): Leibniz als Sammler und Herausgeber historischer Quellen. Wiesbaden 2012, S. 7–31, sowie die weiteren Beiträge dieses Bandes.

2 Sintflut, antiquarisch

zum geplanten Ende gebrachte, eine Abhandlung von den „naturalibus und antiqvissimis des Landes", bei der dann aber diese geographische Anbindung selbst nur noch recht kontingent erscheint, ist erst aus dem Nachlass erschienen: 1749 hat sie sein seit einem Jahr amtierender Nachfolger an der Landesbibliothek, Christian Ludwig Scheidt, gleichzeitig in einer lateinischen Edition und seiner eigenen deutschen Übersetzung „den Motten und dem Staube entzogen", also vom Manuskript zum Druck befördert.[31]

Mir ist es im Folgenden weniger um die Spezifika von Leibniz' Historiographie[32] zu tun, sondern vielmehr um die Spuren jener – wie aus dem *ex post* geschichtswissenschaftlicher Ausdifferenzierung formuliert werden kann – selbstauferlegten „Doppelaufgabe, die Geschichte des Volkes und des Landes auf der einen, der fürstlichen Dynastie auf der andern Seite zu schreiben". Bereits Werner Conze hat angesichts der *Protogaea* auf den Umstand aufmerksam gemacht, dass „Naturgeschichte (Geologie) und die prähistorischen Überreste" als „Grundlage einer solchen Landes und Volksgeschichte" namhaft gemacht werden müssen.[33] Indes ist die Verschränkung von *historia naturalis* und *historia civilis* gerade in der ‚erdge-

---

[31] Gottfried Wilhelm Leibniz: Protogaea, Oder Abhandlung von der ersten Gestalt der Erde und den Spuren der Historie in den Denkmaalen der Natur. Aus seinen Papieren Hg. [und übers.] v. Christian Ludwig Scheid [sic!]. Leipzig, Hof 1749. Vorrede des Herausgebers, S. 13; Summi Polyhistoris Godefridi Guilielmi Leibnitii Protogaea sive de prima facie telluris et antiquissimae historiae vestigiis in ipsis naturae monumentis dissertatio, ex Schedis manuscriptis viri illustris in lucem edita a Christiano Ludovico Scheidio. Göttingen 1749. Im Folgenden wird Leibniz' Text zitiert aus der zweisprachigen, neu übersetzten Ausgabe: Gottfried Wilhelm Leibniz: Protogaea. Werke. Hg. v. W. E. Peuckert. Bd. 1. Übers. v. W. v. Engelhardt. Stuttgart 1949; daraus stammen die mit Seitenzahlen im Text nachgewiesenen Zitate dieses Abschnitts, die deutsche Übersetzung allerdings habe ich beinahe durchgehend modifizieren müssen. – Eine knappe Skizze hat Leibniz im Januar 1693 in den *Acta eruditorum*, S. 40–42, veröffentlicht; sie umreißt vor allem den geogonischen Rahmen seiner Abhandlung.

[32] Zu Leibniz' historischen Arbeiten vgl. die kurze Problemskizze von Yvon Belaval: Leibniz comme historien. In: Albert Heinekamp (Hg.): Leibniz als Geschichtsforscher. Symposion des Istituto di studi filosofici Enrico Castelli und der Leibniz-Gesellschaft. Ferrara, 12.–15. Juni 1980. Wiesbaden 1982, S. 30–38; außerdem die nach wie vor ausführlichste, quellennahe Darstellung von Louis Davillé: Leibniz historien. Essai sur l'activité et la méthode historiques de Leibniz. Aalen 1986 [ND der Ausg. Paris 1909]; Werner Conze: Leibniz als Historiker. Leibniz zu seinem 300. Geburtstag 1646–1946. Hg. v. E. Hochstetter. Lfg. 6. Berlin 1951.

[33] Conze: Leibniz als Historiker, S. 13, entsprechend seine Einordnung der *Protogaea*: „Zwar handelt es sich bei dieser nicht um eine historische, sondern um eine naturgeschichtlich-geologische Schrift. Doch muß sie an erster Stelle genannt werden, weil sie für Leibniz im Zusammenhang seiner großen Arbeit stand. Die Notwendigkeit einer erdgeschichtlichen Grundlage für sein Geschichtswerk hatte er schon in den Programmentwürfen hervorgehoben. Das Streben, die Origines im Gang der Entwicklung und in der Kette der Ursachen immer weiter zurück zu verfolgen, leitete Leibniz über die menschliche Geschichte hinaus zum Versuch einer Rekonstruktion der Naturvorgänge vor dem Erscheinen des Menschen. Die menschliche Geschichte erscheint so eingefügt in einen großen Vorgang, der auch als Geschichte erscheint; sie geht als jüngste Stufe aus der umfassenderen Geschichte der Natur hervor (Historia naturalis)" (S. 23f.). – Vgl. die konzise Darstellung von Bernhard Sticker: Leibniz' Beitrag zur Theorie der Erde. In: Sudhoffs Archiv 51 (1967), S. 244–259.

schichtlichen' Abhandlung komplexer, als es die uns geläufige Sortierung der Zuständigkeitsbereiche von ‚Natur' und ‚Prähistorie' sowie Geschichte vermuten lässt. Die Herausforderung, vor die sich Leibniz bei der Rekonstruktion des „ältesten Zustand[s] unseres Landes" (7) gestellt sieht, liegt weniger in den – wie man heute sagen würde – interdisziplinären Kompetenzansprüchen, die mit diesem Projekt verbunden sind. Sie besteht vielmehr darin, dass das Unterfangen auf die Spuren und Zeugen von Geschehnissen angewiesen ist, die vor aller schriftlichen oder andersweitig menschlich geformten Überlieferung liegen.

Mehr noch als für landesgeschichtliche Forschungen, wie sie Leibniz aufgegeben sind, gilt dies für einen ganz spezifischen, in jedem Sinne universalgeschichtlichen Komplex mit einer besonderen Überlieferungslage: für jene Phase der Schöpfung, die in den ersten Büchern der *Genesis* in verbindlicher Einstimmigkeit, aber eben nur als ‚compendiosissimum compendium' dokumentiert,[34] in dieser ihrer Überlieferungsform aber im späten 17. Jahrhundert in die Fänge der philologischen Kritik geraten ist. Insbesondere die Gedächtniskatastrophe der Sintflut und das Nachdenken darüber, was diese nebst den bekannten Auswirkungen auf das irdische Leben mit den Beständen eines antediluvianischen Wissens angerichtet haben könnte, bilden den Brennpunkt dieser Reflexionen.[35] Zu Leibniz' Zeiten sind Spekulationen darüber, ob bereits die vorsintflutliche Gesellschaft über Formen der Schriftlichkeit verfügt hätte, auf welchem Stand des Wissens Adam und seine Nachkommen gewesen seien oder wie man sich gar – wenn überhaupt – deren Bibliotheksbestände vorzustellen hätte, gang und gäbe.[36] Eine ganze *Historia literaria antediluviana* etwa hat Jakob Friedrich Reimmann 1709 zum Druck befördert;[37] sowohl Bayle wie Morhof diskutieren, mehr oder minder skeptisch, in ihren enzyklopädischen Wissensinventarisierungen die mögliche Schriftkompetenz und

---

[34] Diese Beurteilung von Christoph August Heumann (1716) hier zitiert nach Helmut Zedelmaier: Der Anfang der Geschichte. Studien zur Ursprungsdebatte im 18. Jahrhundert. Hamburg 2003, S. 114.

[35] Als „Katastrophe des kollektiven Erinnerungsverlustes", bei der das „Gedächtnis der Menschheit [...] sozusagen durch das Nadelöhr der Reduktion auf ein einziges Menschenpaar" passiert, hat Martin Mulsow im Vorwort zu: Jan Assmann u. Ders. (Hg.): Sintflut und Gedächtnis. Erinnern und Vergessen des Ursprungs. München 2006, S. 7, diesen Diskursanlass bezeichnet.

[36] Die einschlägige Referenzstelle dafür ist die zu Eingang dieses Buches als Urszene einer Problemgeschichte der Überlieferung herangezogene Passage aus Flavius Josephus' *Jüdischen Altertümern*; vgl. oben S. 1–6.

[37] Jakob Friedrich Reimmann: Versuch einer Einleitung in die Historiam literariam antediluvianam, d. i. in die Geschichte der Gelehrsamkeit und derer Gelehrten vor der Sündfluth [...]. Halle 1709, der eine gelehrte Geschichte des vorsintflutlichen Wissens rekonstruieren will – dazu Zedelmaier: Aporien frühaufgeklärter Gelehrsamkeit; zu Spekulationen über die konkreten Bestände dieses Wissens vgl. den Literaturbericht bei Joachim Johann Mader: Epistola [...] de scriptis et bibliothecis antediluvianis. In: De bibliothecis atque archivis virorum clarissimorum libelli et commentationes. Cum Praefatione de scriptis et bibliothecis antediluvianis. Ed. Joachim Johann Mader. Helmstedt 1702 [separate Paginierung].

Autorschaft Adams: „Wer wagte darüber, bei der so großen Dunkelheit der Verhältnisse des entferntesten Altertums, ohne Zögern etwas Gewisses vorzutragen?", fragt Morhof und gibt zu bedenken, dass wohl keine allzu große Zeitspanne zwischen dem Anfang des Menschengeschlechts und der Invention der Schrift liegen dürfte; dezidierter tut Bayle die Vorstellungen adamitischer Autorschaft ebenso als Fabeln ab wie etwa die Erzählungen von seiner riesenhaften Statur.[38] Das Problem ist, kurz und schlicht: Allfällige kulturtechnisch geformte Antediluviana sind nicht überliefert; auf diesem Weg gibt es, wie gerade Leibniz aus seinen sprachwissenschaftlichen Studien weiß,[39] kein Zurück zur adamitischen Kultur. Das daraus mit einiger Zwangsläufigkeit entstehende Dilemma wird deutlich in Reimmanns litterärgeschichtlichem *Versuch*. In Form eines enzyklopädisch geordneten Lehrgesprächs wird da auf guten 170 Oktavseiten von vorsintflutlicher Theologie und Musik, Mathematik und Rhetorik, Schreibkunst und Landwirtschaft sowie vom vielfältigen heutigen Nutzen des Wissens über all dieses Wissen gehandelt – wo allerdings der dritte Teil der Abhandlung zur Quellenkritik ansetzt, sind es dann doch die „Schrifften des Mosis / welche unter allen andern Schrifften / die heutiges Tages noch vorhanden / billig vor die allerältesten besten und glaubwürdigsten gehalten werden" müssen. Gott selbst, „dem vornehmsten Urheber" des Schöpfungsberichts, habe es zwar „beliebet [...] / in die ersten 6. Capitel auch einige kleine Nachrichten von der *Historia Literaria Antediluviana* als Blumen in einen grünen Krantz mit einzuflechten."[40] Eine sich darauf beschränkende Blütenlese allerdings fördert nur einen recht kümmerlichen Strauß zutage. Und so gilt streng genommen für fast alle Abschnitte von Reimmanns Unternehmen die seine Zwecksetzungen nicht gerade ermunternde Mahnung, die das Kapitel über die antediluvianische „*Chemia*" eröffnet hat: „Wenn wir den Fußstapffen des Geistes GOttes in denen H. Schrifften nachgehen / und uns in der Erörterung der *Historiæ Antediluvianæ* nicht weiter einlassen wollen / als wir in denen ersten sechs Capiteln des ersten Buchs Mosis davon Nachricht finden / so werden wir diese Frage mit Stillschweigen beantworten müssen / weil die Feder Mosis dieselbe in denen angeregten Schrifftstellen nicht mit berühret hat".[41]

---

[38] Daniel Georg Morhof: Polyhistor, literarius, philosophicus et practicus [...], 2 Bde., Aalen 1970 [ND der 4. Aufl. Lübeck 1747]. Bd. 1, S. 721–723, hier S. 723: „Et quis, in tanta rerum ultima antiquitatis caligine, certi quid absque hæsitatione proferre ausit? Interim non tamen dubitandum videtur, quin haud procul ab origine generis humani scripturæ inventum accessendum sit." Auf das zweite Argument wird sich Reimmann berufen: Versuch einer Einleitung in die Historiam literariam antediluvianam, S. 27; Pierre Bayle: Dictionaire historique et critique. 4 Bde. Rotterdam 1697. Bd. 1, s.v. Adam, Anm. D, S. 93; zu Adams Autorschaft: „Rangeons aussi parmi les contes ce que l'on a dit de [...] ses livres" (ebd., S. 96).
[39] Vgl. Umberto Eco: Die Suche nach der vollkommenen Sprache. München 1994, S. 277.
[40] Reimmann: Versuch einer Einleitung in die Historiam literariam antediluvianam, S. 178.
[41] Ebd., S. 62.

Man ist also, will man sich nicht gänzlich auf das theologisch wie epistemisch heikle Terrain der Konjekturen begeben oder das Untersuchungsfeld gleich ganz preisgeben,[42] bei der Ergründung der antediluvialen Geschichte – genauso wie, bei allen Unterschieden, Leibniz im speziellen Fall seiner Rekonstruktion der ‚entferntesten antiqvitäten' des Hauses Braunschweig – auf andere Überlieferungszeugnisse angewiesen: auf die ‚natürlichen' Hinterlassenschaften, denen in doppelter Beziehung der Vorzug gegenüber den zumal schriftlichen Materialien gelehrter Geschichte zukommt: Zunächst einmal sind sie, ganz im Unterschied zu authentischen oder auch nur verlässlichen Schriften aus der betreffenden Epoche, überall vorzufinden. Es geht, wie es Leibniz' *Protogaea* mit systematischer Absicht ausführt, nur darum, das Archiv der Natur überhaupt erst als solches wahrzunehmen und die darin bewahrten Einträge zu entziffern:

> Auf diesem Boden haben wiederholte Überschwemmungen und *[Einstürze so viele]* Schichten von *[Mergel]* und Sand herbeigeführt, während in Zwischenzeiten die Erdablagerungen entstanden *[sind]*. So hat sich das zurückgedrängte Meer allmählich entfernt; schließlich aber, auf seinem Recht bestehend, hat es die Dämme wieder zerbrochen, das Land überschwemmt und die Wälder *[nieder]*gestreckt, deren *[Trümmer [ruinae]]* jetzt von den Bergleuten* entdeckt werden. So *[zeigt sich für uns die Natur der Dinge gleich wie die – und anstelle der [vicem] – Historie]*. Unsere Geschichtsschreibung aber erwidert diese Gnade der Natur, *[damit]* ihre herrlichen Werke, die uns *[bis jetzt offen]* vor Augen liegen, der Nachwelt nicht unbekannt bleiben.[43]

Dann haben die neu erschlossenen Materialien neben diesem nicht unbeträchtlichen quantitativen Vorzug einen qualitativen: Als Überlieferungszeugnisse sind sie im Unterschied zu allen potentiellen oder vorhandenen Archivalien einer *historia*

---

[42] Vgl. die Begründung dieser letzteren Konsequenz bei Antoine Yves Goguet: L'origine des loix, des arts, et des sciences; et de leurs progrès chez les anciens peuples. Bd. 1: Depuis le Déluge jusqu'à la mort de Jacob. Paris 1758, S. xiii–xiv: „L'Histoire des siècles antérieurs au Déluge fournit très-peu de matiere à nos recherches. Moïse a supprimé tous les détails qui n'étoient propres qu'à satisfaire une vaine curiosité. Il a rapporté seulement les grands événemens dont il nous importoit d'être instruits. D'ailleurs quelqu'ait pû être alors l'état du genre humain, il doit fort peu nous intéresser. Les ravages causés par le Déluge, joint à la confusion des langues, & à la dispersion des familles, ont renouvellé presque entièrement la face de la terre. On peut donc regarder les premiers siècles qui se sont écoulés après cette affreuse catastrophe, comme on envisageroit à peu près les premiers siècles de l'enfance du Monde." – Das singuläre Gegenmodell einer dezidiert kulturgeschichtlichen Archäologie des Sintflutgeschehens aus den Memorialinstitutionen der Mythologie und Religion hat allerdings Boulanger zu dieser Zeit bereits geliefert: Nicolas Antoine Boulanger: L'antiquité dévoilée par ses usages, ou Examen critique des principales Opinions, Cérémonies & Institutions religieuses des différens Peuples de la Terre. Amsterdam 1756. Bd. 1, S. 1–268.

[43] Leibniz: Protogaea, S. 169–171 (modifizierte Übersetzung): „Huic fundo reciprocatae inundationes, ruinaeque tot strata argillae arneaeque invexere, dum interim terrae sedimenta interjecti temporis mora nascebantur. Sic repulsum mare cessit ad tempus, sed postea juris sui tenax, sese iterum ruptis aggeribus in terras infudit, sylvasque prostravit, quarum nunc ruinae a fodientibus deteguntur. Ita rerum natura praestat nobis Historiae vicem. Historia autem nostra hanc contra gratiam naturae rependit, ne praeclara ejus opera, quae nobis adhuc patent, posteris ignorentur" (S. 170). Zu den Aus- und Umformungen des ‚Lesbarkeits'-Modells bei Leibniz: Hans Blumenberg: Die Lesbarkeit der Welt. Frankfurt a.M. 1986, S. 121–149.

scripta, deren befragensbedürftiges Gemachtsein seit der philologisch-kritischen Methodenreflexion des ausgehenden 17. Jahrhunderts und ihrer Kodifizierung in den Kompendien von Mabillon und Le Clerc ja außer Zweifel steht und selbst für den ‚heiligen Text' der Bibel zunehmend zum Ansatzpunkt der Kritik geworden ist, einfach gegeben und „nicht durch menschliche Überlieferung verfälscht".[44] Dieser dankenswerten Gunst der Natur gilt es für den Historiker Rechnung zu tragen, indem er das schiere, wenn auch noch rätselhafte oder zumindest semiotisch umstrittene Gegebensein der natürlichen Zeugnisse in ein kulturell überlieferbares und kulturgeschichtlich verwertbares verwandelt. Er muss die Dinge zum Sprechen bringen, sie epistemologisch verorten, die Akteure und Vorgänge namhaft machen, deren Zu- und Eingriffen ihre Beschaffenheit geschuldet ist. Die Auswertung der natürlichen Fundorte und die Organisation der Kunstkammern – samt den damit verbundenen Katalogisierungs- und Kommentierungsverfahren – bilden dabei die komplementären Strategien, um die evidente, aber (noch) stumme Selbstarchivierung der Natur in ein Wissensdispositiv zu überführen.[45]

Diese Aufgabe nun beginnt man, so Leibniz, vorzugsweise sogleich am Boden, auf dem man steht. „Denn wenn nur jeder in seiner Gegend seine Wißbegier [*curiositatem*] beisteuert, so wird man leichter die allgemeinen Ursprünge erkennen" (S. 7). Der große Rahmen, in den die einzelnen Befunde eingeordnet werden müssen, ist schließlich bekannt: die (je nach Bedarf gemäß den Prämissen einer rationalistischen Kosmologie umgeschriebene) Erzählung des Schöpfungsberichts.[46] Im

---

[44] Ralph Häfner: Noah, Deukalion und das fossile Seepferdchen. Spurensuche im Schwemmland frühneuzeitlicher Komparatistik. In: Mulsow u. Assmann (Hg.): Sintflut und Gedächtnis, S. 225–248, Zit. S. 235.

[45] Noch einmal: Dass dabei der epistemische Bruch von der ‚Naturgeschichte' topischer Prägung zu den Verzeitlichungsstrategien einer ‚Geschichte der Natur' keineswegs reibungslos erfolgt, hat Lepenies: Wandel kultureller Selbstverständlichkeiten in den Wissen-schaften des 18. und 19. Jahrhunderts. München u. a., gezeigt, obwohl auch seine Argu-mentation auf eine Kontinuität, zumindest Entwicklung von gelehrter Naturgeschichte zur Geschichte der Natur hinauszulaufen scheint: „Empirische Daten, insbesondere die Funde der Paläontologie, sprechen ebenfalls immer stärker für eine veränderte Konzeption des Universums, das nicht in seiner Unveränderlichkeit geschaffen, sondern in stetem Fortgang begriffen scheint. [...] Hooke und Steenson (Steno) entwickeln schon im 17. Jahrhundert das erdgeschichtliche Denken in seinen Grundzügen – eingezwängt in die Grenzen der traditionellen Chronologie bleiben ihre Argumente aber relativ wirkungslos" (S. 42). – Die spezifische ‚Relativität', die angesichts der Fossilien mit Blick auf Verzeitlichungsmodelle resp. auf eine gelehrte Historiographie der Natur im frühen 18. Jahrhundert wirksam ist, hängt, wie zu zeigen sein wird, unmittelbar mit der Funktion erdgeschichtlicher Phänomene im Rahmen eines Überlieferungsdispositivs zusammen.

[46] Leibniz: Protogaea, S. 7–31. Vgl. dazu Hans-Joachim Waschkies: Die Protogaea von Leibniz. Ein Beitrag zur rationalen Ausdeutung des Schöpfungsmythos und der Ausarbeitung des Cartesischen Programms zu einer rationalen Kosmologie. In: Manfred Büttner (Hg.): Religion/Umwelt-Forschung im Aufbruch. Bochum 1989, S. 60–100; ders.: Leibniz' geologische Forschungen im Harz. In: Herbert Breger u. Friedrich Niewöhner (Hg.): Leibniz und Niedersachsen. Tagung anläßlich des 350. Geburtstages von Gottfried Wilhelm Leibniz Wolfenbüttel 1996. Stuttgart 1999, S. 187–210. – Zu den metaphysischen Setzungen, die für

Detail kann man dann dazu übergehen, die Bausteine zu einer *Geographia naturalis* (S. 18) überlieferungskritisch namhaft zu machen. Von ‚spolia', ‚ruinae', ‚reliquiae' und ‚vestigia' spricht die *Protogaea* angesichts der Befunde, auf die sich die Rekonstruktion des „ältesten Zustand[s]" (S. 7) des Landes zu stützen hat. Das ist ein deutlicher semantischer Beleg dafür, dass eine kategoriale Trennung in kulturelle Artefakte und natürliche Hinterlassenschaften für die Modellierungen des Überlieferungsdiskurses zu Beginn des 18. Jahrhunderts wenig sinnvoll wäre; darauf aber beschränkt sich diese epistemische Nichtdifferenzierung keineswegs. Die Archivierungspraxis der Erde selbst nämlich macht keinen Unterschied bei all den „Reste[n] von alten Dingen",[47] die sie nach den von Niels Stensen erarbeiteten Gesetzmäßigkeiten des Einschlusses ‚fester Körper in festen Körpern' speichert.[48] Vielmehr läuft die Hauptverwerfungslinie zwischen den medialen Überlieferungsmöglichkeiten, ganz wie es den antiquarischen Debatten um 1700 entspricht. Auch in Leibniz' *Protogaea* werden die Zeugnisse einer ‚monumentalen' und der schriftlichen respektive sprachlich verfassten Überlieferung einander gegenübergestellt – letztere unter Ausnahme der Bibel.[49] Das scheint das Programm einer ‚ältesten Geschichte' natürlich insofern nur am Rande zu betreffen, als schriftliche Primärzeugnisse neben dem Schöpfungsbericht eben gar nicht vorliegen, ist aber dennoch nicht nebensächlich. Denn einerseits kann mit Hilfe dieser Differenzierung die Wahrheit des Schöpfungsberichts nicht nur mittels physikalisch-kosmologischer *ratiocinatio*, sondern auch mit dem Sukkurs empirisch erfassbarer natürlicher Überlieferungszeugnisse gegen die Verdächtigungen der Bibelkritik und gar deren Radikalisierungen verteidigt werden.[50] Andererseits kann man diese Monumente selbst noch einmal neu gegen ältere, falsche Entzifferungsversuche, Lesarten und Transkriptionen ins Feld führen, wie sie seit den neoplatonischen Naturvorstellungen der Renaissance kursieren.[51]

Leibniz zur Bedingung der Möglichkeit einer Erdgeschichte erforderlich sind, vgl. Rossi: The Dark Abyss of Time, S. 49–56.

[47] Leibniz: Protogaea, S. 8f.: „Sed et rerum veterum spolia passim extant, plantarum, et animalium, et arte factorum, sub novo et lapideo involucro."

[48] Das in dieser Hinsicht „schlechthin grundlegend[e] klein[e] Werk" (Helmut Hölder: Geologie und Paläontologie in Texten und ihrer Geschichte. Freiburg u. München 1960, S. 24) ist: Nikolaus Steno [Niels Stensen]: De solido intra solidum naturaliter contento dissertationis prodromus. 2 Bde., Berlin 1988 [ND der Ausg. Florenz 1669 mit der Übersetzung von Karl Mieleitner: Vorläufer einer Dissertation über feste Körper, die innerhalb anderer fester Körper von Natur aus eingeschlossen sind (1923) und einem Essai von Eginhard Fabian]. Leibniz erweist ihm auf der ersten Seite der *Protogaea* bereits Reverenz, wenn er den Titel zitierend aufnimmt: „solida intra solidum clausa" (S. 6).

[49] Vgl. Momigliano: Ancient History and the Antiquarian, sowie oben Kap. I.1.1.

[50] „Wie weit auch die menschliche Erkenntnis zurückreichen kann, sei es auf Grund vernünftiger Überlegung, sei es gemäß der Überlieferung der Schriften (*scripturarum traditione*), der erste Schritt zur Bildung der Dinge ist die Trennung des Lichtes von der Finsternis" (Leibniz: Protogaea, S. 9).

[51] Vgl. zur epistemologischen Rahmung dieses Programms Rappaport: When Geologists Were Historians, S. 41–82.

2 Sintflut, antiquarisch

Mithilfe der ersten Strategie erhält die biblische Überlieferung noch einmal, aber anders: nicht theologisch, sondern naturgeschichtlich begründet, den Status einer gleichsam ‚monumentalen' Form von Schriftlichkeit; dies nicht nur lexikalisch im Rahmen des Oppositionspaars, das Leibniz anführt – ‚sacra monumenta' vs. ‚antiquae gentium narrationes' –, sondern epistemisch, insofern die kosmologischen Spekulationen einer „rational überformten Bibelexegese"[52] unterschwellig mit der Statushierarchie von Überlieferungszeugnissen verbunden werden:

> Wie nun aber zu Anfang das Feuer alles ergriffen hat, bevor sich das Licht von der Finsternis geschieden hatte, so glaubt man, daß später nach gelöschtem Brande alles im Wasser versank. Dies Ereignis wird durch unsere *heiligen Denkmäler* überliefert. Es stimmen damit die *alten Erzählungen* der Heiden überein. Doch bieten die *Spuren* des mittelländischen Meeres den *sichersten Beweis* dafür. Denn Muscheln *[sind auf die Berge gewandert und – um unsere Heimat zu erwähnen –]* der Bernstein, den man sonst an Meeresküsten zu sammeln pflegt, wird manchmal fern vom *[Meer auch]* in unserer Gegend aus der Erde gegraben.[53]

Halten die ‚Monumente' unter den Prämissen der Glaubwürdigkeit in den antiquarischen Debatten grundsätzlich die Mitte zwischen den prekären schriftlichen Zeugnissen und den beweisfähigen ‚Spuren', ist ihre Beweiskraft zwar in diesem speziellen Fall durch die Konvergenz aller Überlieferungstypen gesichert. Gerade für die natürlichen Überlieferungszeugnisse, die aus Steinbrüchen und Bergwerken ans Licht – und in die Sammlungen[54] – der gelehrten Öffentlichkeit treten, gilt allerdings, dass sie zu einer privilegierten Liaison mit dem Schöpfungsbericht des Alten Testaments befähigt sind und so noch einmal die „zeitliche und sachliche Exklusivität"[55] der *historia sacra* behaupten helfen können. Die Neugruppierung der Überlieferungsbefunde, die damit möglich wird, ist nicht mehr nur an eine mediale Funktionslogik gebunden, wie in den übrigen antiquarischen Debatten der Zeit. Sie darf sich am Verlässlichkeitskriterium einer Koinzidenz ausrichten, in der sich natürliche Beweise, das dokumentierte Gotteswort und die Fabeln der Heiden in material- und medienunabhängiger Einstimmigkeit versammeln. Diese starke Koalition ist für die Rekonstruktion der frühesten Geschichte der Erde und der Menschen umso willkommener, als das Unternehmen sich seit der Mitte des

---

52 Waschkies: Die Protogaea von Leibniz, S. 65.
53 Leibniz: Protogaea, S. 22f. (modifizierte Übersetzung; Hervorh. S. K.): „Quemadmodum autem omnia initio ignis corripuit, antequam lux a tenebris secessisset; ita restincto incendio omnia deinde aquis mersa censentur. Res sacris nostrorum monumentis traditur; consentiunt antiquae gentium narrationes, sed maxime mediterranea maris vestigia adjuvant fidem. Nam et cochleae in montibus peregrinantur, et ut nostra attingam, succinum, quod in marinis legi solet, nonnunquam procul a pelago et in nostris quoque oris effossum est."
54 Vgl. zur „Bedeutung des Sammelns für die Gemeinde der Wissenschaft" des ausgehenden 17. Jahrhunderts Paula Findlen: Die Zeit vor dem Laboratorium: Die Museen und der Bereich der Wissenschaft 1550–1750. In: Grote (Hg.): Macrocosmos in Microcosmo, S. 191–207, hier S. 201: „Der Besitz war zum paradigmatischen Beweis geworden. Es reichte nicht länger hin, ein Argument durch Logik und Gelehrsamkeit zu beweisen; man hatte ein konkretes Beispiel beizubringen, um die Folgerung glaubwürdig zu machen."
55 Zedelmaier: Der Anfang der Geschichte, S. 19.

17. Jahrhunderts vor eine Herausforderung gestellt sieht, vor der selbst die häretische List von Hardouins imaginärer Fälscherbande zu verblassen scheint. Der französische Gelehrte Isaac La Peyrère hat 1655 eine nachhaltig skandalisierende, mit allen Wassern des philologischen Kommentars und der exegetischen Kunst gewaschene Abhandlung zum Druck befördert, in der die Genesis, wohl zum ersten Mal und für die Entwicklungen der philologisch-historischen Bibelkritik *à la longue* wegweisend, zur Historiographie des jüdischen Volkes umdeklariert wird. Seine Ausführungen über die ‚Präadamiten' vertreten bereits mit ihrem Titel die These, dass die „ersten Menschen vor Adam geschaffen" worden sind.[56] So sollen nicht zuletzt die Divergenzen zwischen der biblischen und anderen, nach und nach bekannt und lesbar gewordenen schriftlichen Überlieferungen, in denen eine längere chronologische Kulturtradition behauptet wird, „auf wundersame Weise" aus dem Weg geräumt werden.[57] Die erste Konsequenz daraus ist eine Statusmodifikation, die den mosaischen Bericht an zentraler Stelle, nämlich in seinen Ausführungen über die Erschaffung des Menschen betrifft: Die Genesis wird zum historiographischen Legitimationsdokument einer Partikulargeschichte, verfasst als Gründungsgeschichte eines Volkes – an dessen *heils*geschichtlichem Sonderstatus La Peyrère keinen Zweifel hat, ganz im Gegenteil, dessen *universal*geschichtliche Exklusivität er allerdings für hinfällig erklärt. Entsprechendes gilt für die einschlägigen Passagen des Sintflutberichts. Wie La Peyrères im selben Jahr erschienenes *Systema Theologicum, ex Prae-Adamitorum Hypothesi* ausführt, hat auch dieses göttliche Strafgericht nur eine geographisch beschränkte Reichweite. Zwar suggeriere die Darstellung der Genesis, die vom Aufbrechen „alle[r] Brünne der grossen Tieffen" und der „Fenster des Himels" spricht (1 Mos 7,12), tatsächlich eine globale Katastrophe – das allerdings sei Effekt eines „high stile", dessen hyperbolische Rhetorik man nicht mit den tatsächlichen Geschehnissen verwechseln sollte: „[I]f we will take notice of the thing and not of the words, it will appear, that the Deluge

---

[56] Isaac la Peyrère: Praeadamitae. Sive Exercitatio super Versibus duodecimo, decimotertio, & decimoquarto, capitis quinti Epistolae Epistolae D. Pauli ad Romanos. Quibus inducuntur Primi Homines ante Adamum conditi. o. O. 1655, zit. nach der zweisprachigen Ausgabe I preadamiti / Praeadamitae (1655). Hg. v. Giuseppe Lucchesini u. Pina Totaro. Macerata 2004. – Zu La Peyrère vgl. ebd. die Einleitung von Pina Totaro sowie, ausführlich insbesondere zu der Rezeption und Weiterverarbeitung der Thesen bis ins 19. Jahrhundert, Richard H. Popkin: Isaac La Peyrère (1596–1676). His Life, Work and Influence. Leiden u.a. 1987.

[57] La Peyrère: I preadamiti / Praeadamitae. Cap. VIII, S. 58: „Adde, quod expositione hac, quae statuit primos homines ante Adamum creatos, clarior multo apparet historia Geneseos. Conciliatur eadem cum se ipsa. Conciliatur item miris modis cum monumentis omnibus prophanis, sive antiquis sive recentioribus; Chaldaeis puta, Aegyptiis, Scythis, et Sinensibus [*sic!*]. Conciliatur vetustissima rerum creatio, quae exponitur capite primo Geneseos, cum hominibus Mexicanis quos non ita diu Columbus penetravit. Conciliatur eadem cum hominibus illis Australibus et Septentrionalibus, qui nondum cogniti sunt. Quos omnes, sicut et illos primae et vetustissimae creationis rerum, quae enarratur cap. 1. Geneseos; probabile est creatos fuisse cum terra ipsa in terris omnibus, neque ab Adamo propagatos."

came only upon the Land of the Jews, and not upon the whole world."⁵⁸ Deshalb betreffe auch die postdiluviale Geschichte des irdischen *redesign* und der Wiederinbesitznahme durch Noah und seine Nachkommen allein „those Countries of the Holy [L]and, and the Countries round about it."⁵⁹ Die Diluvialhypothese der Entstehung und Verbreitung der Fossilien dient, dank ihrer epistemischen Neu- und Umsortierung der relevanten Überlieferungszeugnisse, nicht zuletzt als Kampfinstrument gegen eine solche häretische Rekonfiguration der *historia sacra* – nämlich als Lieferantin materieller Beweise dafür, dass die Lektüre der Genesis als Partikulargeschichte des jüdischen Volks nicht nur theologisch, sondern auch aus physikalischen Gründen unhaltbar ist: Die Allgegenwärtigkeit der Fossilienfunde bezeugt die Universalität der Sintflut und damit auch die Verlässlichkeit des mosaischen Berichts.

Die zweite Strategie wird relevant, wenn über die zentrale Streitfrage entschieden werden soll, zu der Fossilien um 1700 provozieren: „If these be originally Stones, or primary Productions of Nature in imitation of Shels and Fishes Bones, and not the Shels and Bones themselves petrified", wie John Ray die zur Verhandlung stehende Fundamentalopposition auf den Punkt bringt.⁶⁰ Leibniz lässt keinen Zweifel daran, was er von den seit der Renaissance kursierenden, auf aristotelische und/oder neoplatonische Konzepte rekurrierenden Deutungen der Phänomene als Ergebnisse (außer-)natürlicher Autopoiesis hält: Nichts als „gehaltlose Benennungen von Philosophen" seien angesichts der exakten Übereinstimmung der Fossilien mit den Pflanzen oder Tieren und der statistisch auffälligen Verteilung der Funde solche Interpretationsversuche, die auf eine *natura ludens* oder „ich weiß nicht

---

⁵⁸ Hier zitiert nach der über ‚Early English Books Online' (URL: http://eebo.chadwyck.com) zugänglichen englischen Übersetzung: Isaac La Peyrère: A Theological Systeme Upon that Presupposition, That Men were before Adam. The first Part. London 1655, S. 243. – Auch dabei verspricht La Peyrère, mit seinem *Systeme* einen Überlieferungskonflikt zu lösen: den nämlich zwischen den unterschiedlichen Formen der biblischen und der heidnischen Sintflutberichte. An die Stelle des Gegensatzes zwischen der einen universalen und den vielen partikularen Überflutungen tritt die Konvergenz von mehreren lokalen Fluten (ebd., S. 248–258) – „why should we not grant to *Palestine* their particular deluge?" (255), fragt La Peyrère sarkastisch. Popkin sieht in den (englischen) Kosmogonien der zweiten Jahrhunderthälfte eine direkte Reaktion auf La Peyrères provozierende Thesen – „The particular case that aroused the most opposition was La Peyrère's explanation of what happened during Noah's Flood" – und erwähnt dabei neben Matthew Hale und Stillingfleet auch Burnets *Telluris theoria sacra* als Entwurf einer „geological theory to meet La Peyrère's view" (Popkin: Isaac La Peyrère, S. 51f.).

⁵⁹ La Peyrère: A Theological Systeme, S. 248f.

⁶⁰ John Ray: The Wisdom of God Manifested in the Works of the Creation. Hildesheim u. New York 1974 [ND der Ausg. London 1691], S. 68. – Beide Positionen, die ‚Originalstein-' wie die Versteinerungs-These ziehen überdies eine Vielzahl von sekundären Erklärungsmodellen nach sich; vgl. etwa den Überblick über die Thesen bei Anton-Lazzaro Moro: Neue Untersuchung der Veränderungen des Erdbodens, Nach Anleitung der Spuren von Meerthieren und Meergewächsen, die auf Bergen und in trockener Erde gefunden werden [ital. Orig. Venedig 1740]. Ann Arbor 1980 [ND der Ausg. Leipzig 1751], S. 11–16, dazu Rossi: The Dark Abyss of Time, S. 5f.

welche seminalen Ideen" rekurrierten.[61] Es gibt in seinem Entwurf der Naturgeschichte keinen Platz mehr für die seit einigen Jahrhunderten geläufige Auffassung, die Fossilien seien die Hervorbringungen einer *vis formativa*, die sich ebenso gut und nach den selben Gesetzmäßigkeiten im Medium des Steins wie in organischer Materie artikulieren kann und dann die sogenannten ‚Figurensteine' hervorbringt; so wenig wie für die nicht minder verbreitete Annahme, die steinernen Fische, Pflanzen und Muscheln zeugten von der spielerisch-scherzenden Nachahmungskraft einer produktiven Natur.[62]

Denn die Natur bespielt ihr Archiv gesetzmäßig – aber nicht in Form irgendwelcher Exzentrizitäten, die steinerne Fische oder Schlangenzungen, die sogenannten *glossopetrae*, als Erzeugnisse *sui generis* erlaubten: So lautet der Beitrag der *Protogaea* zur „Emanzipation der Naturgeschichte von der Fabel".[63] Den Prozeduren natürlicher Autorschaft kann man deshalb nur ohne Rekurs auf eine derart entgrenzte, zweck- und regellose Bildungskraft auf die Schliche kommen. Es wäre deshalb der Mühe wert, so Leibniz, diese Hervorbringungen der Natur sorgfältig mit den Produkten der Laboratorien, den „Werkstätten der Chemiker", zu vergleichen, da sich bei genauerem, vor allem aber unvoreingenommenem Hinsehen oft genug eine auffallende Ähnlichkeit zwischen „natürlichen und künstlichen Dingen" (*natis et factis*) zeige.[64] Die Natur habe, wie es weiter in (al)chem(ist)ischer Semantik heißt, „nicht minder als die Kunst ihre Sublimationen" (S. 53),[65] denen es mit dem Elementarwissen über Verbindungen und Reaktionen sowie mit der instrumentell aufgerüsteten Beobachtungspraxis neuzeitlicher Wissenschaft (*oculi armatura*, S. 10) nachzuspüren gilt. Angesichts dieser Überlieferungszeugnisse trifft man auf anderem und zunächst überraschendem Schauplatz eine Argumentationslogik wieder, die aus Bentleys Forderung bekannt ist: Die philologische Praxis

---

[61] Leibniz: Protogaea, S. 64–66 (Übers. S. K.): „Tanta piscium simulatorum cum veris convenientia est [...]; tantaque imaginum frequentia in eodem loco visitur, ut manifestiorem constantioremque causam suspectemus, quam aut casum ludentem aut seminales nescio quas ideas, inania philosophorum vocabula".

[62] Vgl. dazu Rudwick: The Meaning of Fossils, S. 18–35; Paula Findlen: Jokes of Nature and Jokes of Knowledge: The Playfulness of Scientific Discourse in Early Modern Europe. In: Renaissance Quarterly 43 (1990), S. 292–331; einige Anmerkungen zur *Protogaea* in diesem Zusammenhang bei Johan Redin u. Gabor Bora: Fossils and Terrestrial Philosophy: Leibniz' Protogaea and Aesthetics. In: Cardanus. Jahrbuch für Wissenschaftsgeschichte 6 (2006): Naturspiele. Beiträge zu einem naturhistorischen Konzept der Frühen Neuzeit. Hg. v. Marie-Theres Federhofer, S. 75–85; zur Relevanz dieser Debatten für die Diskussion ‚diluvialer Überlieferung' unten Kap. II.2.2.

[63] Lepenies: Das Ende der Naturgeschichte, S. 25.

[64] Leibniz: Protogaea, S. 40–41: „Operae pretium autem facturum arbitror, qui naturae effecta ex subterraneis eruta diligentius conferet cum foetibus laboratoriorum, sic enim Chemicorum officinas vocamus, quando mira persaepe in natis et factis similitudo apparet."

[65] Vgl. Protogæa Autore G. G. L. In: Acta eruditorum 1693, S. 41, wo das Verhältnis zwischen den Werkstätten der Natur und des Chemikers gar mehr als nur eine vage Familienähnlichkeit erhält: „Porro inter ignis indicia habet non tantum salem fixum maris, sed & multiplicia naturæ subterranea opera, effectis laboratoriorum Chemicorum *gemina*; fusioni, sublimationi, solutioni, præcipitationi Vulcaniæ tribuenda" (Hervorh. S. K.).

2 Sintflut, antiquarisch

solle sich auf den Nachvollzug des auktorialen Schöpfungsvorgangs ausrichten.[66] Daraus folgt aber auch, dass in dieser Modellierungsform der ‚natürlichen Überlieferung' die künftige Interessenverlagerung von Antiquarik zu Geologie, von den Überlieferungszeugnissen weg zu einer konjizierten Geschichte der Natur genau so angelegt ist, wie in Bentleys philologischem Modell die Überlieferung hinter den regulativen Verbund von Autor und Werk zurücktreten muss. Das ist insofern kein Zufall, als Leibniz genau wie Bentley auf der allen Naturgesetzen voranstehenden Planmäßigkeit des ursprünglichen Schöpfungsakts besteht: In „regelmäßiger Gestalt" sei der „Erdball [...] aus den Händen der Natur hervorgegangen", denn „Gott erschafft nichts Regelloses".[67] Wenn auch Distanz und Proportionalität dieser auf die Spuren der Schöpfung angesetzten Naturerforschung im Verhältnis zu den ‚originalen' Hervorbringungen für die *Protogaea* erwartungsgemäß verbindlicher bleiben als für Bentleys Programm der kühnen Konjekturen, so verblüfft doch die Analogie der Argumentation den am Bedingungsgefüge der Überlieferungsproblematik geschärften Blick. So wie Bentley zufolge der Philologe die Verfertigungslogik des Werks nachvollziehen muss, dem er seine kritische Aufmerksamkeit widmet, so trachtet der Naturforscher „die Natur selbst bei der Hervorbringung [...] ihrer Früchte zu ertappen" (S. 43); gilt es für diesen, die Überformungen und Ablagerungen zu erkennen und zu beseitigen, die das Werk im Laufe des Überlieferungsprozesses erfahren hat, so hat jener die Aufgabe, hinter den von den Dingen angenommenen „Masken" ihre „Natur" zu entdecken.[68] Und dennoch ist diese Korrespondenz zwischen Leibniz' Divinatorik der Naturgesetze und Bentleys Divinatorik des Autorwillens nicht vollständig. Denn daneben tritt – im Rahmen der Maßgaben für die angemessene Lektüre und Deutung der natürlichen Zeugnis-

---

[66] Vgl. Richard Bentley: A Confutation of Atheism from the Structure and Origin of Human Bodies. The third and last part. In: Ders.: Works. Bd. 3, S. 96–118; dazu oben Kap. I.1.2. Wer angesichts der Fossilien die Primärproduktionsthesen (*lusus naturae, vis formativa*) vertritt, müsste – nach Maßgabe dieser Analogie – die Produktion von Werken nicht dem Autor, sondern den Schreibern zugestehen.

[67] Leibniz: Protogaea, S. 6 (modifizierte Übers.): „Globum terrae, ut omnia nascentia, regulari forma e naturae manibus exiisse sapientibus placet: Nam nec deus incondita molitur". – Vgl. Rossi: The Dark Abyss of Time, S. 54f.; zu Gott als ‚sçavant auteur' Blumenberg: Die Lesbarkeit der Welt, S. 140f. Diese Prämisse macht Bentley seinen Lehrpredigten gegen ‚the Folly of Atheism, and (what is now called) Deism' ebenfalls zur Grundlage, wenn sie nach den Einlassungen über den Menschen von der Gestalt und der Einrichtung der Erde zu handeln beginnen: „All the arguments that can be brought, or can be demanded, for the existence of God, may, perhaps not absurdly, be reduced to three general heads; the first of which will include all the proofs from the vital and intelligent portions of the universe, the organical bodies of the various animals, and the immaterial souls of men. Which living and understanding substances, as they make incomparably the most considerable and noble part of the naturally known and visible creation, so they do the most clearly and cogently demonstrate to philosophical inquirers the necessary self-existence, and omnipotent power, and unsearchable wisdom, and boundless beneficence of their Maker." (Bentley: Works. Bd. 3, S. 119).

[68] Leibniz: Protogaea, S. 46: „Cum ergo plerumque res magis larvas sumant, quam naturam deponant, minus mirum est, tam multa laboratoriis et fodinis communia prodire", hält Leibniz angesichts der ‚metallischen Körper' fest.

se – bei Leibniz das zentrale Argument, mit dem sich die Antiquare gegen die konjekturalen Übergriffe auf den Bestand des Überlieferten verteidigen: Die Auffassung darüber, wie die Beschaffenheit der Fossilien erklärt werden kann, ist nach Leibniz exakt dem vermögenspsychologischen Störungspotential ausgesetzt, das die philologische Arbeit bei jeder Entfernung von den überlieferten Daten heimzusuchen droht: Wer von der *vis formativa*, von der Bildungskraft der Natur fabelt, der gibt sich – und damit das Wirken der Natur selbst – den Vorspiegelungen einer ungezügelten Einbildungskraft anheim.[69] Gegen diese wiederum wird das Remedium berufen, das auch der philologischen Kritik hilft: akribische Analyse der Gegenstände und fundierte Kenntnis ihrer Regularitäten. „[J]e sorgfältiger sie in der Beobachtung und je vertrauter sie mit der Natur" sind, desto weniger neigen die Naturforscher zur Überzeugung, „daß organische Körper ohne Vorbild und ohne Nutzen, ohne Samen und gegen die Gewohnheit der Natur im Schlamm oder im Gestein, einem ungeeigneten Mutterschoß, durch irgendeine plastische Kraft erzeugt worden sind."[70] Je genauer man die vorliegenden Befunde ins Auge fasst, desto deutlicher geben sie sich als Überlieferungszeugnisse, als „wirkliche Ablagerungen" (*verae exuviae*) zu erkennen, desto überzeugender sperren sie sich gegen die „anti-definition"[71] als Produkte einer *natura ludens*. Leibniz beruft sich zum Beleg dafür zwar ausgerechnet auf das Gesetz der Ähnlichkeit, das die neoplatonische Signaturenlehre für ihre naturphilosophischen Deutungen zu bemühen pflegt, er passt es aber in eine mikroskopisch-technische Episteme ein, in der sich Ähnlichkeit unter den Prämissen der Wahrscheinlichkeit in Entsprechung verwandeln

---

[69] Zumindest in einschlägigen englischsprachigen Publikationen zu den *lusus naturae* lautet auch die Bezeichnung für die „Kraft der Natur, die Bilder von Tieren oder Pflanzen beispielsweise einem Felsen oder einem Brocken Bernstein" einzuprägen, ‚imagination'; vgl. Christoph Heyl: *Lusus Naturae* und *Lusus Scientiae* im ältesten öffentlich zugänglichen Kuriositätenkabinett Englands. In: Cardanus. Jahrbuch für Wissenschaftsgeschichte 6 (2006), S. 23–44, Zit. S. 24 (mit Beleg aus John Jonstone: History of the Wonderful Things of Nature, 1657).

[70] Leibniz: Protogaea, S. 6 (modifizierte Übers.): „Et sane plerumque video, quantoquisque in observando diligentior, et cum natura familior fuit, eo proniorem in nostram sententiam visum, ut peritissimi viri merito animalium exuvias, aut aliarum rerum reliquias putent obrutas, nec facile persuaderi sibi patiantur, organica corpora sine exemplo, sine usu, sine seminiis, praeter naturae consuetudinem in limo saxove, ineptis matriculis, nescio qua plastica facultate natas." Leibniz kann sich dabei – so Rossi: The Dark Abyss of Time, S. 23 – auf die 1670 erstmals in italienischer Sprache erschienene Abhandlung des Malers und Gelehrten Agostino Scilla: De corporibus marinis lapidescentibus quæ defossa reperiuntur [...], 2. verbesserte Aufl. Rom 1759, beziehen, die konsequent (sachbezogene) Empirie gegen (anthropomorphe) Imagination ausgespielt hat: „Mihi constanter proposui, puriorem philosophiam eam esse, quæ magnum interesse putat discrimen inter humanas cogitationes, ac inter naturæ opera circa verum rerum omnium principium" (S. 14) – ‚vana speculationis sensus moderator' lautet, mit aller wünschenswerten Deutlichkeit, die Inschrift seines Titelkupfers.

[71] Findlen: Jokes of Nature and Jokes of Knowledge, S. 292.

2 Sintflut, antiquarisch

darf.⁷² Den Vertretern der *lusus naturae*-Theorien wird das zentrale Argument dabei gerade dadurch entrissen, dass Leibniz' Beweisführung einmal mehr auf die formale Nichtdifferenzierung von natürlichen und künstlichen Produktionsvorgängen setzt:

> Wenn man ihnen nämlich mit dem Argument zusetzt, daß außerhalb eines Tieres vernünftigerweise höchstens rohe Scheinbilder tierischen Wesens entstehen könnten, so berufen sie sich auf unsere Steine, wo man zugeben muß, daß dem Abbild an Vollkommenheit nichts hinzugefügt werden kann. Denn meistens kann man die Art des Fisches auf den ersten Blick erkennen, und weder weicht das Tier jemals von seinem Ebenmaß ab noch hat es nicht seine richtige Größe. Doch fürchte ich, daß, wie allzu kräftige Schläge auf *[ihren]* Urheber zurückfallen, so auch das Argument der allzugroßen Ähnlichkeit für das Gegenteil spricht. So groß ist die Übereinstimmung der nachgeahmten Fische [*pisces simulati*] mit den wirklichen*[,]* [...] selbst Flossen und Schuppen sind bis ins einzelne ausgebildet*[;]* eine so große Anzahl von Bildern sieht man am selben Ort, daß wir *[auf]* eine *[evidentere]* und beständigere Ursache sehen wollen als *[auf das Spiel des Zufalls oder ich weiß nicht welche seminalen Ideen, die gehaltlosen Benennungen]* der Philosophen. Wie aber, wenn wir sagen, daß ein großer See mit seinen Fischen durch ein Erdbeben, durch *[die Gewalt des Wassers]* oder durch eine andere mächtige Ursache mit Erde verschüttet wurde; *[diese bewahrte]* dann zu Stein erhärtet die *[Spuren]* der eingepreßten Fische [...], die *[sich wie bei Reliefen]* der zuerst weichen Masse eingeprägt *[hatten und dann, als nach langer Zeit]* die tierischen Überreste [...] zerstört waren, mit metallischem Stoff angefüllt wurden? [...] Etwas Ähnliches *[finden wir bei den Kunstfertigkeiten der Goldschmiede – ich vergleiche nämlich gerne die Geheimnisse der Natur mit den deutlich zu erkennenden Arbeitspraktiken der Menschen]*. Sie überziehen eine Spinne oder ein anderes Tier mit *[einem geeigneten Material, lassen dabei aber eine kleine Öffnung aus; dieses Material brennen sie im Feuer zu Stein, dann treiben sie durch eingefülltes Quecksilber die Asche des Tieres durch die Öffnung heraus und gießen zuletzt auf demselben Weg Silber hinein. Wenn dann die Hülle entfernt wird, bekommen sie ein erstaunlich ähnlich gemachtes silbernes Tier mit der ganzen Pracht seiner Füßchen, Härchen und Fäserchen.]* (S. 65f.; modifizierte Übers.)

Ein Stein, der bis ins letzte Detail aussieht wie ein Fisch, ist ein Fisch, den die Erde zu ihren Bedingungen archiviert hat, und keine steinerne Nachahmung eines Fisches. Unangemessene Produktionsvorstellungen werden durch angemessene Überlieferungsgeschichte(n) ersetzt – so könnte man die Operation formelhaft fassen, mit der Leibniz in einer kosmologischen Ouvertüre den Anfangspunkt seines historiographischen Projekts macht. Für den Umgang mit den Befunden dieser rekonstruierbaren Speicherung bleibt dies nicht ohne Folgen. Wenn der Philologe die Tätigkeit seines Verstandes- und Imaginationsvermögens mit den Regeln der Grammatik und der Faktizität seiner Semiophoren auszubalancieren hat, so muss der antiquarische Naturforscher seinen Blick auf die überlieferten Dinge, von denen keine menschliche Überlieferung zeugen kann, an den Gesetzen der Physik und deren durch Versuchsanordnungen offenbarten Effekten auf die Gegenstände justieren. Sonst tappt er in die Falle jener „Fabeln" (*narratiunculae*), in denen „eitle Schreiberlinge" (S. 94) die gehaltlosen Ideen der Philosophen von den *lusus*

---

72 Vgl. Horst Bredekamp: Die Fenster der Monade. Gottfried Wilhelm Leibniz' Theater der Natur und Kunst. Berlin 2004, S. 116–128, der die „Brisanz dieser Schrift" darin sieht: „daß sie die kunsttheoretische Deutung der Erdgebilde bewahrt" (S. 122).

naturae und der *vis formativa* mit schönen Worten aufgeputzt haben. Was hat man nicht alles in den natürlichen Überlieferungszeugnissen tierischen und pflanzlichen Ursprungs entdecken wollen: „Historien und Fabeln, Christus und Moses an der Wand der Baumannshöhle, Apollo mit den Musen im Achat des Pyrrhus, den Papst und Luther im Eislebenschen Gestein und die Sonne mit Mond und Sternen." Ganze Felder, die mit Knochen von Riesen besät seien, werden präsentiert; die sogenannten Donnersteine, die bei Gewittern vom Himmel gefallen sein sollen, hätten wohl, wie Leibniz ironisch bemerkt, ihre Gestalt in Form einer Keule oder einer Axt deshalb, damit sie besser träfen. „Erdichtetes" und bestenfalls „Halberkanntes" (S. 94) ist dies alles, vergleichbar den Spekulationen über die Signatur der Dinge, wie sie der alchemistischen Phantasien eines Croll entsprungen sind: „Urteile der Einbildungskraft und nicht der Augen" (S. 97).[73]

> „Von der grossen Geschicht hat in den Tafeln der Zeiten
> Wenige Spuren der Schwamm, der sie durchwäschet, gelassen;
> Schier unmerkbare Spuren"[74]

Spuren der Sintflut. – Dem von fabelhafter Voreingenommenheit und exzessiver Imagination gelösten Blick gelten Petrefakte als Semiophore, die bei Leibniz – mit durchaus ambivalenten Effekten für den Status dieser Zeugnisse – generell von den Geschicken und Veränderungen der Erdkugel,[75] im Speziellen aber, und darin deutlicher den Prämissen des antiquarischen Paradigmas gehorchend, noch lange nach der *Protogaea* vom maßgeblichen Ereignis in ihrer Geschichte zeugen. Denn allein durch den epistemologischen Appell, der vernunftgemäßen Einrichtung und der Autorschaft der Natur Rechnung zu tragen, wie ihn Leibniz' Abhandlung gleichsam mühelos ausspricht, lässt sich diese konzeptuelle Neuausrichtung der Naturgeschichtsschreibung an den Bedingungen des Überlieferten in der Regel nicht bewerkstelligen. Es bedarf dazu eines Integrationsmoments – des Ereignisses schlechthin, angesichts dessen die Überlieferungen der Natur und die kulturellen Zeugnisse konvergieren und an dem sich eine reichhaltige, besonders eindrücklich

---

[73] Vgl. Oswald Croll: Tractat von den jnnerlichen Signaturn / oder Zeichen aller Dinge. Oder Von der wahren vnd lebendigen Anatomia der grossen und kleinen Welt [...]. Frankfurt a.M. 1623: „Dann die *Characterismi* vnd *Signaturatæ naturales* der Natur / welche auß der Creation oder Erschaffung nicht mit Dinten / sondern mit dem Finger GOttes in allen Creaturen eingegraben oder angeschrieben sind [...] (sintemal ein jede Creatur Gottes Buch) sind der beste Theyl der wahren Litteratur / durch welche alle verborgene Dinge werden gelesen und erforschet" (S. 17). Zu Croll – noch am Ende des 19. Jahrhunderts gilt er der einschlägigen Literatur als einer der großen Initiierten in Sachen esoterischen Wissens (Éliphas Lévi [=Alphonse-Louis Constant]: Histoire de la magie. Paris 1860, S. 369–371) – vgl. die Einleitung der Herausgeber in: Oswaldus Crollius: De signaturis internis rerum. Die lateinische Editio princeps (1609) und die deutsche Erstübersetzung (1623). Hg. u. eingeleitet v. Wilhelm Kühlmann u. Joachim Telle. Stuttgart 1996, S. 1–40.
[74] Johann Jakob Bodmer: Der Noah. In zwölf Gesängen. Zürich 1752, S. 4.
[75] Protogæa Autore G.G.L., S. 41: „Autor arbitratur, globum terræ multo majores passum mutationes quam quisquam facile suspicetur."

zugleich auf die konzeptuelle Ungeschiedenheit und die situative Differenzierungsbedürftigkeit dieser beiden Zeugnisarten setzende diskursive Produktivität entfalten kann: Als dieses Ereignis gilt „der universale Einbruch der Sintflut", in dem sich katastrophische Destruktivität und monumentale Nachlassstiftung verschränken.[76] Christian Ludwig Scheidt, der Erstherausgeber von Leibniz' Manuskript, beruft sich noch in der Mitte des 18. Jahrhunderts auf diese Zäsur, festgehalten in der biblischen Überlieferung von der „allgemeinen noachischen Sündfluth", um die Plausibilität von dessen Fossilieninterpretation zu unterstreichen; und er führt dazu noch einmal die ganze Parade der Deutungsansätze vor, jenes „abgeschmackt[e] Zeug", das von der Diluvialhypothese nicht nur an Wahrscheinlichkeit, sondern auch an argumentativer Eleganz übertroffen wird.[77] Vor allem aber

---

[76] Mader: Epistola [...] de scriptis et bibliothecis antediluvianis, S. 1: „diluvialis irruptio universa". – Das gesamte Spektrum dieser Produktivität präsentieren die Beiträge in Mulsow u. Assmann (Hg.): Sintflut und Gedächtnis; einen konzisen Überblick zur Ideengeschichte der Sintflut bietet Norman Cohn: Noah's Flood. The Genesis Story in Western Thought. New Haven u. London 1999. Dass diese Zäsur noch weit im 18. Jahrhundert exakt mit Überlegungen zu Überlieferungslage und universalgeschichtlichen Skansionen korreliert ist, mit dem Ereignis der Sintflut also sowohl eine neue Zeitrechnung als auch eine neue Epoche der Geschichte und ein aufgrund der unterschiedlichen Überlieferungslage anderer Status der Historiographie angesetzt werden kann, zeigt Zedelmaier: Der Anfang der Geschichte, S. 143–163, anhand von Siegmund Jacob Baumgartens ab 1744 erscheinenden deutscher Übersetzung und Kommentierung der englischen *Universal History from the Earliest Ac-count of Time to the Present*: „Die Verfasser der *Algemeinen Welthistorie* orientieren sich bei dieser Differenzierung an dem antiken, auf Varro, den Prototyp des antiquarischen Gelehrten, zurückgehenden dreigliedrigen Epochenmodell, nach dem die Frühgeschichte teilweise schon in der Frühen Neuzeit hinsichtlich der Gewißheit der über sie überlieferten Berichte in eine ‚unbekannte', ‚fabelhafte' und ‚historische' Zeit unterschieden wurde. [...] Die unbekannte Zeit reicht [...] vom Beginn der Zeit bis zur Sintflut, die fabelhafte der Sintflut bis zur ersten Olympiade, die historische Zeit von der ersten Olympiade bis zu[r] Gegenwart" (S. 151). Den Sintflutrekurs der Naturhistoriker in der frühen Neuzeit als bloßes Konvenienzphänomen oder als theologische Schutzbehauptung zu ‚entlarven' (so noch Schmeisser: Erdgeschichte und Paläontologie im 17. Jahrhundert), greift deshalb methodologisch und historisch gleichermaßen ins Leere.

[77] Leibniz: Protogaea, Oder Abhandlung von der ersten Gestalt der Erde und den Spuren der Historie in den Denkmaalen der Natur. Vorrede des Herausgebers, S. 16–18: „Wieder auf unsere foßilien zu kommen: so halte ich die Meinung derer für besser, welche die Ursache versteinerter Thiere von der Sündfluth herleiten, als die Einbildung anderer, welche vorgeben, die merglichte Erde sey entweder blos durch ein Spiel der scherzenden Natur figurirt; oder die den verborgenen Qualitäten, dem gemeinen Schlupfwinkel der Aristotelischen Unwissenheit, das ganze Geheimniß zuschreiben; oder die sich auf den Archäum und allgemeinen Weltgeist beruffen, der Steine hervor bringen könnte, die der Figur nach, den Gebeinen der Thiere ähnlich wären, und also gleichsam eine Unternatur (*naturam naturantem*) annehmen, die von dem Verstande des weisesten Schöpfers abhängt, und nach der Absicht des mächtigen Regierers auf seinen Befehl solche zu Stande bringt. Andere schreiben mit eben so wenig Recht das Geheimniß der Brechung, Ausdehnung und Vermischung des Lichtes zu, dem sie eine wirkende und plastische Kraft beylegen, die Bilder der Körper, durch welche sie selbst modificirt ist, in geschickte Materien zu drücken, die leimicht, schlammicht, sandicht und weich ist, aber nach und nach hart wird. Sie suchen eine Aehnlichkeit zwischen dem Leib einer schwangeren Frau, in deren Frucht man gar öfters monströse Mäler bemerkt hat, und dem Leibe der Erde, die unser aller Mutter ist, und wollen daraus die Sache erklären. [...]

hebt er den überlieferungsbezogenen Zugewinn hervor, den diese Neuwertung abwirft. Zwar gehört, so konzediert er den Erkenntnissen der historischen Bibelkritik, der Genesis-Bericht über die Sintflut an sich nicht zu den eigentlichen „Grundarticke[n] des christlichen Glaubens", kann also dessen historische Verlässlichkeit nicht zum Maßstab für die Glaubenswahrheit des Christentums genommen werden. Aber Scheidt hat die Lektion der Antiquare gelernt:

> Wenn man nun den Gemälden, Münzen und Bildhauer-Arbeiten in der alten Historie mit recht Glauben beymißt; wie wollen wir denn dem grossen Vorrath von Schnecken, Muscheln und sonderlich den mit allerley Seefischen gebildeten Steinen, die wir in so viel Cabinetten antreffen; alle Glaubwürdigkeit absprechen, da wir doch in ihnen die Spuren dieser strengen Strafe Gottes über die Sünder nicht undeutlich antreffen?[78]

Scheidts Akzentverschiebung auf die Sintfluttheorie hin hat Konsequenzen für den Status der Fossilien: Sind sie, wie in Leibniz' Text, organische Hinterlassenschaften, deren aktuelle Gestalt auf das regelhaft-vernünftige Wirken der Natur zurückgeführt werden kann, dürfen sie als beweiskräftige Zeugnisse gelten; wird ihnen, wie in Scheidts Vorrede, die Plausibilisierung der mosaischen Sintfluterzählung zugemutet, spielen sie die Rolle eines monumentalen Prüfsteins der *historia scripta* – ganz so, wie es die antiquarischen Debatten des frühen 18. Jahrhunderts mit den weniger prekären, geduldigen oder flüchtigen Materialien der Überlieferung handhaben. Die Fossilien bilden, wie es Michael Kempe formuliert hat, „die eigentlichen Gedächtnismedien der Sintflutforscher."[79]

Diese doppelte Funktion ist, wie erwähnt, keinesfalls eine Besonderheit von Leibniz' historiographischem Projekt; im Gegenteil: Auf die Signifikanz einer „allgemeinen Sintflut" und damit auf ein strenges Korrespondenzmodell von *historia naturalis* und Überlieferungsparadigma wird darin selbst, im Unterschied zu Scheidts Vorrede, nur am Rande angespielt.[80] Generell aber erlaubt es, und zwar bis weit ins 18. Jahrhundert hinein, die Plausibilisierungsleistung des diluvialen

---

> Viele halten mit eben so wenig Wahrscheinlichkeit die unterirdischen Geister für die Maler und Bildhauer versteinerte Sachen [...]; Andere träumen: es würden dergleichen figurirte Steine aus dem Saamen, den verdorte Körper zurück lassen, und der mit ihnen durch alle Welt zerstreuet würde, erzeugt. Manche erdichten eine plastische Kraft, der in der Erde verborgenen Salze, oder nehmen ihre Zuflucht zu den himmlischen Körpern mit ihrem Einflusse in die Erde; oder bilden sich ein, mit den Dünsten des Meers und dem Regen würde der Saame der Schnecken und Fische auf die Erde gebracht, und daselbst nach Beschaffenheit des Landes und Schicklichkeit des Geburtsorts bald in ganze Fische, bald nur in Züge derselben, bald in Beine, Zähne, Kinbacken, Ribben gebildet. Und ich weiß nicht, was sie sonst für abgeschmacktes Zeug vorbringen, damit sie doch in Erklärung einer schweren Sache etwas mögen gesagt haben."

[78] Leibniz: Protogaea, Oder Abhandlung von der ersten Gestalt der Erde und den Spuren der Historie in den Denkmaalen der Natur. Vorrede des Herausgebers, S. 18f.
[79] Michael Kempe: Die Gedächtnisspur der Berge und Fossilien. Johann Jakob Scheuchzers Sintfluttheorie als Theologie der Erdgeschichte. In: Mulsow u. Assmann (Hg.): Sintflut und Gedächtnis, S. 199–222, Zit. S. 216.
[80] Protogæa Autore G. G. L., S. 41: „Aliqua [strata ruinarum] autem non tantum universali diluvio, sed & magnis quibusdam inundationibus privatis esse attribuenda."

Integrationsereignisses, die argumentative und figurative Engführung naturgeschichtlicher und kulturgeschichtlicher Zeugnisse noch dort zu entfalten, wo der Doppelcharakter und das Changieren der steinernen Überlieferung zwischen Beweis und Monument gar nicht eigens zu thematisieren wäre – im Zitat einer Bildformel beispielsweise, von der die situativen Konvergenzen und Differenzen in der Thematisierung dieser Überlieferung gleichermaßen zur Darstellung gebracht werden.

Eine der ersten deutschsprachigen Publikationen, die sich voll und ganz der Interpretation von Versteinerungen in diesem Dispositiv verschrieben haben, ist David Sigmund Büttners 1710 erschienene Abhandlung *Rudera Diluvii testes*, deren nachgereichte Titelübersetzung das verfolgte Vorhaben in aller Deutlichkeit auf den Punkt bringt: Als „Zeichen und Zeugen der Sündfluth" will der Querfurter Diakon Büttner seine Fossilien betrachtet haben.[81] Er entwirft demzufolge eine regelrechte Semiotik der Sintflutüberreste, die von der Allgegenwärtigkeit des Zeichenmaterials – „Uberall wird sich etwas finden / so zum Zeichen der verschwemten und verderbten Erde seyn kan" – bis zur emphatisch illustrierten Ausschließlichkeit seiner kausalen Herleitung kaum einen Aspekt außer Acht lässt:

> Eben diese Schrifft hat die Absicht / dergleichen Striemen und Narben / ja dergleichen Knochen von denen boßhafften Menschen und ihren Thieren auf der Schedelstätte vor Augen zulegen / um hierdurch der sichern Welt glaubbar zu machen: *wie GOtt wahrhafftig die erste Welt durch Wasser gestrafft und die andre durch Feuer hinrichten werde.* Und ob zwar sonst aus einer Ursache die Würckungen zu schlüssen seyn; will ichs doch *um der verkehrten Scepticorum willen hier umkehren* / und *aus der Würckung / nemlich aus dem itzigen Zustande der Erden / sonderlich aus den verschwemmten Thieren und Gewächsen zumahl an solchen Orten / in unsern Hochländern / da nimmermehr eine besondere Fluth statt finden kan / die allgemeine Fluth glaublich genung machen.*[82]

Die metonymische Verschiebung von den ‚Narben' zu den ‚Knochen' figuriert den Sprung von einer allegorischen theologischen Rede, die das Andenken an Gottes Strafgericht beschwört, zur Beweisführung anhand von dessen präsenten Spuren, zu dem anzusetzen Büttners Schrift die Zeugenschaft der Fossilien erlaubt: Evidenz, nicht Pathos sorgt dafür, dass die Erinnerung an Gottes Reaktion auf „die Erde [...] vol freuels" (1 Mos. 6,13) wachgehalten werden kann.

Meine Aufmerksamkeit allerdings soll etwas anderem gelten: dem Titelkupfer, das Büttners Abhandlung vorangestellt ist (Abb. 1). Seine Bildmitte nimmt eine in

---

[81] David Sigmund Büttner: Rudera Diluvii testes, i.e. Zeichen und Zeugen der Sündfluth / In Ansehung des itzigen Zustandes unserer Erd- und Wasser-Kugel / Insonderheit der darinnen vielfältig auch zeither in Querfurtischen Revier Unterschiedlich angetroffenen / ehemals verschwemten Thiere und Gewächse / Bey dem Lichte natürlicher Weißheit betrachtet / Und nebst vielen Abbildungen zum Druck gegeben. Leipzig 1710. – Knappe biographische Informationen bei Christian Gottlieb Jöcher: Allgemeines Gelehrten-Lexicon. Darinne die Gelehrten aller Stände [...] in alphabetischer Ordnung beschrieben werden. 1. Theil. Leipzig 1750, Sp. 1467f.; ihnen zufolge soll Büttner außerdem „im Manuscript *physicam diluvianam*" hinterlassen haben (Sp. 1468).

[82] Büttner: Rudera Diluvii testes, S. 100 und Vorrede, b^v.

klassischen Linien- und Flächeneinteilungen aufgebaute architektonische Memorialkonstruktion ein, auf der die allegorischen Figuren der Pax und der Justitia thronen und die den Titel von Büttners Buch zur Inschrift hat. Dieser gestaltete Stein – auf dessen Artifizialität besonders die Girlande an der linken vorderen Seitenwand hinweist, indem sie die Differenz von Natur und Kultur eigens ausstellt – wird gerahmt von einer Inszenierung der Übergänge und Grenzen zwischen natürlichen und künstlichen Zeichen. Der Sockel, auf dem das Monument steht, scheint das zunächst deutlichste Indiz einer derartigen Transitorik zu sein. Während seine Oberfläche kulturell begradigt und geglättet ist, zeigen die Vorderseite und vor allem die Kante letzte Spuren anorganischer Unregelmäßigkeit. Zum Bildhintergrund hin erblickt man eine ungestaltete und, wie Büttners Text in seinen Ausführungen über die Berge unterstreichen wird,[83] ungestalte Felsmasse, die dem Betrachter aber gleichsam eine Mauerschau auf die Szenen im Hintergrund des Monuments ermöglicht. Links scheint sich dort eine weitere Felsanhäufung im Bildsinne bis an den Himmel zu türmen, rechts fällt der Blick auf das Sintflutgeschehen: auf das Jammern und Klagen der zum Untergang Verdammten und ihre unbeholfenen Rettungsversuche, Mensch und Tier schon halb verschlungen von den herabstürzenden Wassermassen, sowie auf die Arche. Es liegt nun nahe, diese Bildaufteilung im Hintergrund als narrativ zu bezeichnen: Während rechts Justitia allegorisch und die Sintflutdarstellung szenisch auf die Strafgerechtigkeit Gottes verweisen, wäre – wie die Taube mit dem Ölzweig, die Pax als Attribut begleitet, pro- und metaleptisch andeutet – die Gebirgsmasse links als Ort des Endes und des Wiederbeginns, als Schnittstelle zwischen Sintflutgeschehen und noachitischer Rekolonisation der Erde zu betrachten. Im linken Bildvordergrund schließlich erblickt man die aktuellen Überreste dieses Geschehens: vier Blöcke mit tierischen und pflanzlichen Versteinerungen. Diese rahmenden Komponenten erhalten ihr Sinnzentrum durch die Geste, auf die hin der Stich geradezu angelegt zu sein scheint. Chronos zeigt auf eine Affiche, die am Monument angeschlagen und auf der einer jener die Naturhistoriker der Jahrhundertwende umtreibenden Muschelsteine abgebildet ist – eine indexikalische Selbstmonumentalisierung allerneuester Forschungsergebnisse steht in der Mitte all dieser Inszenierungen. Damit wird die Titelaussage, durch Büttners Übersetzung ohnehin schon allem Missverständnis enthoben, allegorisch bekräftigt: *Rudera Diluvii testes* – was als diluvialer Schutt auf und unter der Erde zu finden ist, hat einen in jedem Wortsinn super-monumentalen Zeugniswert.

Als wäre das subtile Verweisspiel der Zeichenhaftigkeiten zwischen biblischer Erzählung, antiker Allegorie und Naturgeschichte, zwischen artifizieller Monumentalität und empirischer Beweisführung, das der Stich zur Schau stellt, für sich

---

[83] Vgl. Büttner: Rudera Diluvii testes, S. 44f.

2 Sintflut, antiquarisch 245

Abb. 1: Titelkupfer aus David Sigmund Buttner: Rudera Diluvii testes, i. e. Zeichen und Zeugen der Sündfluth [...]. Leipzig 1710

noch nicht aussagekräftig genug,[84] hat sich der Illustrator Taucher für diese Inszenierung bei einer Bildvorlage bedient, die letzte Zweifel am formalen Zuschnitt des

---

[84] Eine Funktionsvielfalt resp. ein Transgressionspotential bezüglich funktionaler Ausdifferenzierung kommt dem Stich auch zu, wenn man ihn unabhängig vom Dargestellten nach der Klassifikation wissenschaftlicher Illustrationen zu beurteilen versucht, wie sie Alain-Marie Bassy vorgeschlagen hat. Bassy unterscheidet zwischen allegorischen, ‚wörtlichen' und objektbezogenen Illustrationen („illustration allégorique", „illustration littérale", „illustration objectale") und macht diese Differenzierung am Verhältnis zwischen Bild und Diskurs fest: Allegorische Illustrationen ersetzen tropisch das vom Diskurs Gesagte, ‚wörtliche' Illustrationen können als visuelle Transkriptionen des Diskurses bezeichnet werden, objektbezogene Illustrationen schließlich nehmen bei ihrem Zugriff auf die Dinge keinen Umweg mehr über den Diskurs (Alain-Marie Bassy: Typographie, topographie, ‚outopo-graphie'. L'illustration scientifique et technique au XVIIIe siècle. In: Die Buchillustration im 18. Jahrhundert. Colloquium der Arbeitsstelle 18. Jahrhundert, Gesamthochschule Wuppertal / Universität Münster, Düsseldorf, 3.–5. Oktober 1978. Heidelberg 1980, S. 206–233, hier v.a. S. 206f.). Es

damit verbundenen Überlieferungsdispositivs ausräumt. Hauptakteur und Blattaufteilung des Stiches zitieren nämlich exakt das Titelkupfer von François Perriers *Segmenta nobilium signorum et statuarum* von 1638 – einer epochemachenden Sammlung von 100 Kupferstichen, von der die prominentesten Überreste der römischen Antike ins Bild gebracht werden (Abb. 2).[85] Auch in Perriers Frontispiz bildet eine Monumentalinszenierung das Zentrum. Auf einem Piedestal sitzt, gerahmt von heraldischem Zierat, der Torso schlechthin, den ein gutes Jahrhundert später Winckelmann zur Matrix seiner Überlieferungsreflexion nehmen wird: der sogenannte *Torso Belvedere*. An ihm nagt Chronos, der allegorische Hauptakteur auch des Taucherschen Stiches; der Sockel zeigt wie in den *Rudera Diluvii testes* eine Inskription, die neben der Widmung an Roger du Plessis den Titel des Werks wiederholt respektive in die (graphische) Form eines Gedichts bringt:

Auorum pace belloque præstantium
　Et æui melioris decora referenti;
SEGMENTA nobilium signorum e[t] statuarum,
　Quæ temporis dentem inuidium euasere
Vrbis æternæ ruinis erepta
　Typis æneis ab se commissa
Perpetuæ uenerationis monumentum.

Wie Tauchers Stich deutet das Titelkupfer im rechten Bildhintergrund den ursprünglichen Zustand an, von dem die Reste zeugen; man erblickt zwei von einem umfriesten Raum architektonisch eingefasste Statuen – die weibliche wohl eine Hera, die von ihr halbverdeckte männliche ist am Kerykeion als Hermes zu identifizieren –, die ein Davor des zentral figurierten Aktes repräsentieren. Analog ist auch die Darstellung der Überreste am vorderen Bildrand, wo den Gesteinsbrocken mit Fossilien die fragmentarischen Körper- und Säulenteile als gleichsam ‚nackte', (noch) kontextlose Zeugnisse entsprechen.

Bei aller kompositorischen Analogie lassen die beiden Illustrationen im Vergleich aber eine gewichtige Differenz erkennen, die den allegorischen Hauptakteur betrifft: Hat Chronos auf der einen seine Sense aus der Hand gelegt, ist sein Vernichtungswerk auf der anderen in vollem Gange. Taucher weist ihm einen demonstrativen Gestus auf die natürlichen Überlieferungszeugnisse zu, in dem man, wenn nicht Mitautorschaft an den affichierten Fossilien, so doch zumindest eine

---

　　wird leicht zu bemerken sein, dass Tauchers Stich alle drei Funk-tionen von Illustration verwendet: Allegorie (Chronos), visuelle Transkription (Sintflutgeschehen), Objektbezogenheit (Fossilien).
[85]　François Perrier: Segmenta nobilium signorum et statuarum, quae temporis dentem invidium evasere urbis eternae ruinis erepta [...]. Paris 1638. – Zur memorialen Figur Roms und zum *Torso Belvedere* s. Kapitel II.3.1.

2 Sintflut, antiquarisch

Abb. 2: Titelkupfer aus François Perrier: Segmenta nobilium Signorum et Statuarii [...]. Paris 1638

positive Mitverantwortung an deren gegenwärtigem Zeugniswert vermuten darf:

Als „Records of time" hat Robert Plot bereits 1677 Fossilien und vergleichbares geologisches Datenmaterial bezeichnet.[86] Bei Perrier dagegen ist Chronos in Sachen Überlieferung auf geradezu drastische Weise als Agent des Negativen aktiv. Den „allzu missgünstigen Zahn der Zeit", den der Titel der Sammlung beklagt, sieht man in aller Deutlichkeit am Werk – bis hin zur paradoxen Pointe, dass der Stich dem Torso mehr an Überresten des linken Armes zugestehen muss, als je ein Antiquar daran erblickt hat, um das unaufhaltsame, letztlich auch durch Ausgrabung und Abbildung nicht zu stoppende Vernichtungsgeschäft der Zeit vor Augen zu stellen. Perriers Darstellung artikuliert einen handfesten Konflikt zwischen historischer und kosmologischer Zeit, wie der über das Säulenfragment triumphierende Uroboros als *mise en abyme* der allegorischen Inszenierung deutlich macht.[87] In Tauchers Stich dagegen erscheinen die zeitlich indizierten Zeichen der Sintflut als ein Supplement des Monumentalen, durch das Überlieferungszeugnisse erst zu solchen und als solche beweisfähig werden.

Aus dem Spannungsverhältnis dieser Zeitkonzepte entfaltet sich der in der ersten Hälfte des 18. Jahrhunderts außerordentlich verbreitete Diskurs, entfaltet sich auch eine Bildpolitik zu den Archiven und überlieferten Daten des Sintflutereignisses. Kaum ein Verfasser hat sich eingehender damit auseinandergesetzt als der Zürcher Arzt und Gelehrte Johann Jakob Scheuchzer. Die Beschäftigung mit den „Ueberbleibselen der Sündflut" erstreckt sich nicht nur über seine gesamte wissenschaftliche Biographie, sie macht auch paradigmatisch die epistemische Verschiebung sichtbar, als deren Folge die Rede von ‚Überbleibseln' angesichts natürlicher Zeichen erst geführt werden kann.[88]

---

[86] Zitiert nach Rappaport: When Geologists Were Historians, S. 94.

[87] Zur Genealogie dieser beiden Zeitkonzepte, deren Differenzpotential gerade in den geogonischen und erdgeschichtlichen Modellen seit Ende des 17. Jahrhunderts akut wird, vgl. die eingängige, wenn auch etwas zu einfach gestrickte Darstellung bei Stephen Jay Gould: Die Entdeckung der Tiefenzeit. Zeitpfeil und Zeitzyklus in der Geschichte unserer Erde. München u. Wien 1990. Zu bedenken ist nämlich bei dieser Entgegensetzung der Umstand, dass die Antiquare des frühen 18. Jahrhunderts damit keineswegs auf einen Konflikt zwischen dem extrem langen Zeitraum einer geologischen Erdgeschichte und der dazu extrem kurzen Kulturgeschichte der Menschheit abzielen, sondern dass sie diese Differenz ohne weiteres in den Rahmen der biblischen Chronologie einzupassen vermögen: Was sie als ‚Vorgeschichte' verstehen, ist ausschließlich mit den Befunden einer lückenhaften, schwer zugänglichen Überlieferungslage verknüpft. Vgl. Rappaport: When Geologists Were Historians, S. 189–199; Zedelmaier: Der Anfang der Geschichte, S. 143–163.

[88] Johann Jakob Scheuchzer: Helvetiae Historia naturalis Oder Natur-Historie des Schweitzerlandes. Bd. 1: Helvetiae Stoicheiographia, Orographia et Oreographia, Oder Beschreibung der Elementen / Grenzen und Bergen des Schweitzerlandes. Zürich 1716, S. 109. – „In the long run [...] Scheuchzer's assumption that all fossils originated at the Deluge was less important than his emphasis on their status as *witness* to a past event", hat Rudwick sogar aus (fach)wissenschaftsgeschichtlicher Perspektive festgehalten (Martin J. S. Rudwick: Scenes from Deep Time. Early Pictorial Representations of the Prehistoric World. Chicago u. London 1992, S. 16).

2.2 Scheuchzers ‚Diluviana': Datenverarbeitung

„Es spricht für uns in der Tat die gesamte Natur. In Bergen und Tälern, in unterirdischen Gewölben und auch in den tiefsten Bodenschichten, bis zu denen sie vordringen konnten, liegen unzählige Überreste aus dem ersten Zeitalter der Erde, allesamt Zeugen der Sintflut."[89]

Um „Mit-Arbeit und Beyhülff Gelehrter / *curios*er und erfahrner Männeren des ganzen Schweitzerlands" bittet Johann Jakob Scheuchzer mit einem 1699 sowohl in deutscher als auch in lateinischer Sprache verschickten *Einladungs-Brief*, der die naturgeschichtliche Erforschung der Schweiz auf ganzer Breite neu und noch einmal in Gang setzen will.[90] Zu diesem Zweck lässt er einen wahrlich bunten Strauß von 189 Fragen zirkulieren, an denen die Aufmerksamkeit seiner quer durch alle Stände zu rekrutierenden Mitforscher ausgerichtet werden soll. Nebst erwartbaren Interessen und Fragekomplexen – etwa zu Luftbeschaffenheit und Witterungsverhältnissen, Flora und Fauna, zur Kulturtechnik alpiner Überlebensstrategien angesichts von Lawinen und großer Kälte – finden sich darin auch überraschendere Auskunftsbegehren: Stimmt es, „daß die Reisenden durch hohe und mit Schnee bedeckte Alpen grösseren *Appetit* haben?"[91] Gibt es tatsächlich Gewässer mit sympathetischen Fischen, deren Tod das nahe Ende ihrer „Besitzeren" ankündigt, oder

---

[89] Johann Jakob Scheuchzer (Praes.) u. Johann Kaspar Scheuchzer (Resp.): Theses de Diluvio, Publico & placido Eruditorum Examini. Zürich 1722, S. 9: „Tota quoque pro nobis loquitur Natura. Jacent in Montibus, jacent in Vallibus, jacent in Cryptis, Stratis etiam, quousque hactenus penetrare licuit, profundissimis, primævæ Terræ Reliquiæ innumeræ, tot Diluvii Testes."

[90] Johann Jakob Scheuchzer: Einladungs-Brief / zu Erforschung natürlicher Wunderen / so sich im Schweitzer-Land befinden. Zürich 1699, S. 2; vgl. ders.: Charta invitatoria, quaestionibus quae historiam Helvetiae naturalem concernunt praefixa. Zürich 1699. – Das Vorläuferprojekt ist Johann Jacob Wagners (seines Amtsvorgängers als Waisenhausarzt und Curator der Bürgerbibliothek sowie der Kunstkammer in der Wasserkirche) *Historia naturalis Helvetiae curiosa* (Zürich 1680), der „frühest[e] Versuch einer umfassenden Naturgeschichte der Schweiz." (Eduard Fueter: Geschichte der exakten Wissenschaften in der schweizerischen Aufklärung. Aarau, Leipzig 1941, S. 62).

[91] Scheuchzer: Einladungs-Brief, S. 7 (Nr. 44). Wie viele der im *Einladungs-Brief* – der wohl Aufsehen erregt, aber nicht im erhofften Maß zur Forschungsinitiative angeregt hat – gestellten Fragen wird diese einige Jahre später von Scheuchzer selbst beantwortet: „Ubrigens ist ein Reisender der seiner gesundheit wil pflegen / zuwahrnen / daß er sich nicht mit Wein / oder vilen Speisen belade / sondern mässig lebe. Um so vil eher / und mehr / ist dise Regel einzuschärffen / weilen in denen Berg-Reisen der Essenslust allezeit grösser / als in anderen / so auf der Ebene / oder in Thäleren / und in warmen Ohrten vorgenommen werden [...]. Die natürliche ursach diser seltsamen begebenheit bestehet kurz darinn / weilen nach obeingeführten [physiologischen, S. K.] Grundsätzen von der Bergkälte die Leiber der Reisenden von allen seiten her enger eingezogen / das Geblüt / und die Geister hineinwerts getriben werden / und deßnahen die Sinnliche Geister häuffiger und ungehinderter durch die Magen-Sennaderen in die Werkstätte des Appetits / und der däuung einfliessen können. Oder deutlicher ist die Eigentliche ursach dises mehreren Appetits herzuleiten von verstärkter Ziehekraft der im Winter zusamen gezogenen / oder verkürzten Mäußlein" (Johann Jakob Scheuchzer: Beschreibung der Natur-Geschichten des Schweizerlands. 1. Thl. Zürich 1706, S. 76).

„geflüglete Drachen [...] / mit oder ohne Füß"?[92] Zwei weitere Suchaufträge motivieren zur Beschäftigung mit einer ganz bestimmten Gruppe von Fundstücken, von denen die voralpinen und alpinen Landschaften der Schweiz nachgerade zu wimmeln scheinen:

> 168. Ins besonder sind anmerckenswürdig die von Natur *figurier*te oder sonderbar *curios* gestaltete Stein / deren unser Land zimlich voll / als da sind Scheerhörner / Erbsenstein / Luchs- oder Zincken-Stein / Schnecken- und Muschelstein / Rogen-Stein / steinernen Schwammen / Nägelinstein / steinerne Schlangen oder Nater-Zungen / Blätter- und Kümi-Stein / Kristall Juden-Stein / oder steinerne Oliven / Krebs-Augen-förmige Stein / Zahn-förmige Stein / steinerne Austern / Krotten- oder Donner-Stein / Sternstein / Tropfstein / Taugstein / so voller *petrificierten* Blätteren von Bäumen / allerhand in Marmor und Schifern abgebildete Figuren von Menschen / Heiligen / Bäumen / Kräutern / allerhand auf den Kißlingen stehende Figuren von Buchstaben / Blätteren / Kreutz etc.
>
> 174. Ob nicht hin und wider angetroffen werden einiche *Reliquien* oder überbleibselen von der Sündfluth oder anderen dergleichen Ueberschwemmungen / gleich *Baptista Fulgosus Collect. S. Dictor. & Factor.* l.l.c.6. zeuget / daß A. 1460. nicht weit von Bern seye 100. Klaffter tieff herauß gegraben worden ein Schiff mit gebrochnen Ruderen / Segelbäumen und Anckern / nebst 40. Menschen-Cörperen?[93]

Scheuchzers Fragestellungen lassen – wie nach den bisherigen Bemerkungen zu den *documenta naturalia* klar geworden sein dürfte – weniger irgendeine Verschrobenheit frühneuzeitlichen Wissensbegehrens an den Tag treten; vielmehr dienen sie zu einer ersten Standortbestimmung seines wissenschaftlichen Interesses in Sachen Fossilien.

Die beiden Fragen des *Einladungs-Briefs* überantworten der gelehrten Neugier in parallelen Registern und ohne jede Verknüpfungs- oder Trennregel zweierlei: einerseits die „sonderbar *curios* gestaltete Stein", in denen scheinbar regellos die Ordnungen von natürlichen Dingen, Artefakten und Zeichen zutage treten, andererseits die Überreste der Sintflut (und von anderen Überschwemmungen). Beides führt eine 1740 von Jacob Theodor Klein und Moritz Anton Kappeler wohl aus Scheuchzers Nachlass zusammengestellte Memorialgabe dann unter ein und derselben Fragestellung und in disziplinierender Bändigung zusammen.[94] Zwar treiben die gut 60 Seiten ihres ‚lithologischen' Nomenclators die möglichen Erscheinungsformen der nur noch im Titel so genannten, ansonsten aber jeder Naturspiel-

---

[92] Scheuchzer: Einladungs-Brief, S. 7 (Nr. 58) und 14 (Nr. 166). – Zu den Drachen vgl. Claude Reichler: Draco helveticus. Scheuchzer et Saussure: du merveilleux à l'étude ethnologique. In: Patrick Coleman, Anne Hofmann u. Simone Zurbuchen (Hg.): Reconceptualizing Nature, Science, and Aesthetics. Contribution à une nouvelle approche des Lumières helvétiques. Genève 1998, S. 43–55.

[93] Scheuchzer: Einladungs-Brief, S. 15f.

[94] Jacob Theodor Klein u. Moritz Anton Kappeler: Sciagraphia lithologica curiosa, seu: Lapidum figuratorum nomenclator. Danzig 1740. – Die Publikation scheint sich auf das in Scheuchzers Nachlass dokumentierte, aber verschollene Manuskript *Nomenclatura lapidum figuratorum* zu beziehen; vgl. Rudolf Steiger: Verzeichnis des wissenschaftlichen Nachlasses von Johann Jakob Scheuchzer (1672–1733). Sonderdruck aus der Vierteljahrsschrift der Naturforschenden Gesellschaft in Zürich 78 (1933), S. 38, Nr. 134.

Theorie entzogenen ‚figurierten Steine' weit über den ein halbes Jahrhundert zuvor skizzierten Katalog hinaus, doch hinter dem terminologischen Wildwuchs zeichnet sich das Programm einer lemmatischen Ordnungspolitik ab: Die Publikation bildet so etwas wie eine Konkordanz für zwei Epochen der Fossilienkunde. Wenn Scheuchzers Forschungsauftrag noch ohne ersichtliches Sortierbegehren nach ‚Scheerhörnern' und ‚Schneckensteinen', nach ‚Luchs-' oder ‚Donnersteinen' fragen kann, dann verzeichnet der alphabetisch geordnete Nomenclator diese Bezeichnungen zwar allesamt – aber nur, um von ihnen auf klassifikatorische Sammelbegriffe weiterzuverweisen. Unter das übergeordnete Lemma ‚Belemnites' etwa, das die Definition „in Pfeilform zugespitzter Stein" (*Sagittæ formæ lapis acuminatus*) erhält, werden unter anderem die Bezeichnungen „Luchsstein, Alpschoß, Alpstein, Schoßstein, Rabenstein, Rappenstein, Donnerstein, Donnerkeil" subsumiert. Gelegentlich allerdings scheint diese doppelte Buchführung an ihre Grenzen zu gelangen. Zu der Gruppe der ‚Bufonita', der „Krotten"-Steine aus Scheuchzers *Einladungs-Brief*, findet man den taxonomischen Stoßseufzer: „Leere, unscharfe und wahrheitswidrige Bezeichnungen, die eher verboten als benutzt werden sollten; aber wer wird ihren Gebrauch aus dem Verkehr ziehen können!"[95] Mit Kleins und Kappelers Publikation scheint die Fossilienkunde im *age classique* angekommen. Die klassifikatorische Ordnung, in die der Nomenclator den phänomenalen Wildwuchs der ‚Figurensteine' und Versteinerungen zu bringen sucht, ermöglicht jenen „savoir des *êtres*", als den Michel Foucault die Taxonomie bestimmt hat:[96] das Tableau eines Wissens, das auch für komplementäre Fragestel-

---

[95] Klein u. Kappeler: Sciagraphia lithologica curiosa, S. 20 und 34: „nomina vana, vaga & veritati adversa, potius proscripenda qvam usurpanda; sed, qvis usum revocaverit!" – Die Reduktion nomenklatorischer Mannigfaltigkeit, insbesondere die Tilgung unnützer Bezeichnungen gehören zur wissensstrategischen Standardrhetorik der großen Klassifikationsunternehmen seit dem ausgehenden 17. Jahrhundert: „Il seroit inutile de charger sa memoire de tous les sinonimes qu'on leur a donnez; on les trouve aisément dans les Auteurs. Pour ce qui est des noms superflus, il faut les rejetter hardiment, ainsi que les noms équivoques; ou si l'on retient ceux qui sont équivoques, il ne leur faut laisser qu'une seule signification", empfiehlt Tournefort, weist aber ebenso darauf hin, dass man überlieferungsverfestigte Missbezeichnungen so einfach nicht loswird: „Les noms des plantes paroissent quelquefois étranges, à cause qu'ils sont presque tous tirez d'une langue assez ignorée aujourd'hui; mais comme il n'est pas possible d'en donner qui soient du goût de tout le monde, il vaut mieux se servir de ceux qui sont en usage, & qui ont esté presque tous donnez par les Grecs, dans le tems que cette nation étoit la plus polie. Si les plantes n'avoient point encore de noms, on pourroit en faciliter la connoissance en les désignant par des noms simples, dont les terminaisons marqueroient les raports qui sont entre les plantes du même genre, & de la même classe; mais il faudroit pour cela renverser tout le langage de la Botanique. Il n'étoit pas possible de garder cette exactitude dans les premiers commencemens de cette science, à cause que l'on étoit obligé de donner des noms aux plantes à mesure que l'on en découvroit les usages." (Joseph Pitton de Tournefort: Elemens de botanique, ou Méthode pour connoître les plantes. 3 Bde. Paris 1694. Bd. 1, S. 3).

[96] Michel Foucault: Les mots et les choses. Une archéologie des sciences humaines. Paris 1966, S. 88.

lungen anschlussfähig ist – gemäß Kappelers einleitender Epistel beispielsweise zur Vervollständigung der Naturgeschichte der Meerestiere dienen kann.[97]

Auf den ersten Blick scheint man es also angesichts der Unterschiede der beiden Texte von 1699 und 1740 mit dem Anzeichen einer wissenschaftlichen Modernisierung, einer regelrechten „taxinomischen Offensive" zu tun zu haben.[98] Die dazu gehörende große Erzählung ist insbesondere von älteren wissenschaftsgeschichtlichen Arbeiten zu Scheuchzer gerne in Anspruch genommen worden. Gleichsam im Prisma einer Biographie soll sich am Zürcher Arzt die Abkehr von hermetischen Naturvorstellungen und von aristotelischer Physik sowie die Adaptation neuer Denkstile und Wissenspraktiken abbilden. Wie kaum ein zweiter, so eine Lesart dieser Entwicklung, stehe Scheuchzer als inkorporierter eklektizistischer Paradigmenwechsel in einem „Zwiespalt von Altem und Neuem", für den symptomatisch die im Zürich des beginnenden 18. Jahrhunderts nach wie vor einflussreiche protestantische Orthodoxie auf der einen, Scheuchzers Verbindungen zur frühaufklärerisch-fortschrittlichen Gelehrtenrepublik auf der anderen Seite anzusetzen sei: An Scheuchzers wissenschaftlichem Werdegang könne „die Emanzipation in ihrem Übergangsstadium am augenfälligsten und gleichsam wie durch die Zeitlupe betrachtet" werden.[99] Dafür hat man sogar eine regelrechte, überdies

---

[97] Klein u. Kappeler: Sciagraphia lithologica curiosa, S. 6: „necesse est, ut ipsa Historia Animalium marinorum [...] a fossilibus hisce incrementa sua capiat".

[98] Robert Felfe: Naturgeschichte als kunstvolle Synthese. Physikotheologie und Bildpraxis bei Johann Jakob Scheuchzer. Berlin 2003, Zit. S. 61: „Wenngleich Foucault dieses komplementäre Gefüge hinsichtlich naturgeschichtlicher Autoren konstatiert, bei denen die Folge der Ereignisse nicht mehr der mosaischen Chronologie folgt, so hatte auch für den Diluvialtheoretiker Scheuchzer das Tableau der botanischen Ordnung nach Tournefort eine ähnliche Funktion. Dessen Ausdehnung auf die Versteinerungen ist als methodisch durchaus moderner Versuch zu sehen, die Kontinuität der Natur gerade in Bezug auf jenen katastrophalen Einbruch in die Ordnung der Schöpfung taxinomisch zu sichern, für den die Objekte selbst wiederum Zeugnisse sind" (S. 64).

[99] Eduard Fueter: Geschichte der exakten Wissenschaften in der schweizerischen Aufklärung. Aarau u. Leipzig 1941, S. 56. – Zu Scheuchzers Eklektizismus vgl. Arthur Dürst: Johann Jakob Scheuchzer und die Natur-Histori des Schweitzerlands. Begleittext zur Faksimileausgabe in drei Bänden. Zürich 1978, S. 6: „Von [Johann Christoph] Sturm hat Scheuchzer auch den Eklektizismus übernommen, der seiner inneren Überzeugung, daß die Erfahrung und die Vernunft die beiden Grundpfeiler der Naturwissenschaft seien, entsprach". Das Zitat aus der Vorrede der *Physica*, das Dürst zum Beleg dafür in Auszügen anführt, verrät allerdings, dass diese Entscheidung für die Eklektik zuallererst eine wissensstrategische gewesen ist: „Aber auch gehen die Hässere der *Aristoteli*schen Welt-Weißheit in ihrer ange-stelten *reformation* zuweit / in dem sie die Schriften des *Aristotelis*, und anderer alten Natur-Weisen gäntzlich verwerffen / selbst nit lesen / und anderen zu lesen mißrahten; denen allein *Cartesius*, oder ein anderer scharffsinniger Neuer Natur-Forscher gefallet / und derohalben derer Schriften als *Oracula* ansehen. Am sichersten gehen die so genante *Eclectici*, welche keinen Alten als Neuen Scribenten verachten / dise und jene mit unum-fangenem Gemüht lesen / ihre Lehr- oder Grundsätze nach der Vernunft- und Wahrheits-Waag abwägen / und gantz unpartheyisch bald disem / bald jenem beypflichten / auch selbs Hand anlegen / nach- und außdencken / wie dise oder jene Wahrheiten zu erforschen / die in der Natur vorkommende Begebenheiten aufzulösen?" (Johann Jakob Scheuchzer: Physica, Oder Natur-Wissenschaft. Zürich 1701. Erster Theil. Vorrede [unpaginiert]).

ins symbolische Datum des Jahrhundertwechsels eingepasste Konversion in Anschlag bringen wollen. Nachdem Scheuchzer in seiner „erste[n] naturwissenschaftlichen Abhandlung, die den Druck gesehen hat", und in einer vor dem Zürcher ‚Collegium der Wohlgesinnten' gehaltenen Vortragsserie *Von denen durch die natur gebildeten steinen* die Figurenstein-Theorie – von der ja noch der Suchauftrag im *Einladungs-Brief* zeugt – selbst vertreten habe, sei er im Zuge seiner lateinischen Übersetzung von John Woodwards *Essay towards a Natural History of the Earth* gleichsam auf den Pfad des naturgeschichtlichen Modernisierungsprozesses eingeschwenkt und hätte sich im Widmungsschreiben dieser Übersetzung zum „Widerruf" seiner früheren Deutungsansätze überwinden können.[100]

Das mag sachlich richtig sein, ist aber nicht entscheidend. Denn erstens ist die Verbindung von wissenschaftlicher Modernisierung und Abgrenzung von der ‚Figurenstein'-Theorie aus zwei Gründen keineswegs so einsinnig, wie man annehmen könnte. Zunächst lässt sich die Ausrichtung epistemischer Verschiebungen am Leitfaden der Biographie bei genauerem Hinsehen kaum halten. So hat das Forum, vor dem Scheuchzer 1694 und 1695 seine Vorträge von den „durch die natur gebildeten stein[en]" hält, mit alter protestantischer Orthodoxie so gut wie gar nichts zu tun. Das Zürcher ‚Collegium der Wohlgesinnten', eine der „städti-

---

[100] Rudolf Steiger: Johann Jakob Scheuchzer (1672–1733). I. Werdezeit (bis 1699). Zürich 1927, S. 100 und ebd., Anm. 61. – Die Publikation, eine Epistel an seinen akademischen Lehrer Johann Christoph Sturm: Epistola de Generatione Conchitarum. In: Miscellanea curiosa sive Ephemeridum medico-physicarum germanicarum Academiæ Cæsareo-Leopoldinæ naturæ curiosorum. Dec. III. Annus quartus. Frankfurt u. Leipzig 1697, Appendix S. 151–166; zu den vier zwischen September 1694 und September 1695 gehaltenen Vorträgen vgl. die Nachweise bei Michael Kempe u. Thomas Maissen: Die Collegia der Insulaner, Vertraulichen und Wohlgesinnten in Zürich 1679–1709. Die ersten deutschsprachigen Aufklärungsgesellschaften zwischen Naturwissenschaften, Bibelkritik, Geschichte und Politik. Zürich 2002, S. 367–374; die Übersetzung von Woodwards *An Essay toward a Natural History of the Earth: and Terrestrial Bodies, Especially Minerals: As also of the Sea, Rivers, and Springs. With an Account of the Universal Deluge: And of the Effects that it had upon the Earth* (London 1695): John Woodward: Specimen Geographiae physicae quo agitur de Terra, & corporibus terrestribus speciatim mineralibus: Nec non mari, fluminibus & fontibus. Accedit Diluvii universalis effectuumque ejus in terra descriptio. Zürich 1704. – Scheuchzers ‚Konversion' wird Woodward im Vorwort zur erweiterten Auflage nicht ohne eine gewisse Selbstgefälligkeit zum Anlass für die Autorschaftsbehauptung an diesem epistemischen Bruch nehmen: „Indeed, before the publishing of that Work, Naturalists were generally of Opinion, that the Shells, found in Stone, and digged out of the Earth, were not the Produce of the Sea, but meer Stones form'd in the Earth, and of terrestrial Origin. But, I am persuaded, there are now very few, if any, who dispute their being the real Spoils of the Sea, and left behind, by the Deluge, at Land. This is certain, that of those who have made the most accurate Search into these Things, with a View to discover their true Nature, not a few, rejecting their former Opinion, have imbraced mine: and even publickly defended and maintain'd it. Of the many I could name, I shall mention only one, whose Authority is equal to that of many, I mean Dr. Scheuchzer [...] who is deservedly ranked among the first Naturalists of Europe." Scheuchzer habe seine ursprüngliche Hypothese aufgegeben „upon a carefull Perusal of my Book". (John Woodward: The Natural History of the Earth, Illustrated, and Inlarged: As also Defended, And the Objections against it, Particularly those lately publish'd by Dr. Camerarius, answered. London 1726, S. 4f.).

schen Selbstbildungsgesellschaften", ist vielmehr eine sowohl politisch wie wissenspolitisch außerordentlich innovative Einrichtung. Michael Kempe und Thomas Maissen haben in ihrer minutiösen Rekonstruktion der Zürcher Collegien gar von den „ersten aufklärerischen Gesellschaften überhaupt im deutschsprachigen Raum" gesprochen, und dies bezogen „sowohl auf die Kommunikationsstruktur als auch auf das Spektrum an verhandelten Themen."[101] Im Zusammenhang mit seiner Mitgliedschaft bei den ‚Wohlgesinnten' übernimmt Scheuchzer dann 1698 das Kuratorium der Kunstkammer in der Wasserkirche und beginnt mit der Katalogisierung der Sammlung – er richtet sich damit an einem strukturell privilegierten Ort naturgeschichtlicher Wissensbildung ein,[102] dessen *naturalia* insbesondere er zum Gegenstand einer antiquarischen Bestandsaufnahme macht.[103] Von diesen Arbeiten

---

[101] Der Nachweis des Vortragstitels vom 30. Oktober 1694 bei Kempe u. Maissen: Die Collegia der Insulaner, Vertraulichen und Wohlgesinnten in Zürich, S. 368, Zit. ebd., S. 285 und 11. „Bei der Behandlung von naturwissenschaftlichen Fragestellungen vollzieht sich in den Collegien eine stille Reform der Naturphilosophie, indem die Vormachtstellung der aristotelischen Physik in Zürich aufgebrochen wird. [...] In der eigentümlichen Kombination von Ethik, Ökonomie, Naturwissenschaft, Medizin, Politik, Recht und Geschichte konstituieren das Collegium der Wohlgesinnten und seine Vorgänger einen eigenen Typus sozietärer Aufklärung: ein privat organisiertes Forum gebildeter Bürger zum eigenen um-fassenden Wissenserwerb und -austausch, ausserhalb etablierter Institutionen wie der Hohen Schule oder der offiziellen Collegia für Theologen und Mediziner. Die polyhistorischen Selbstbildungscollegien um 1700 repräsentieren damit eine spezifische Gesellschaftsform, die bislang in den Sozietätstypologien der Aufklärungsforschung fehlte" (ebd., S. 13).

[102] Vgl. Findlen: Die Zeit vor dem Laboratorium, S. 192f.: „Noch vor der und gleichzeitig mit der Definition des 17. Jahrhunderts für das Laboratorium hat das Museum der Renaissance auch einen auffällig anderen und ‚besseren' [als die freie Natur] Bereich für die Wissenschaft errichtet. Die Erfahrungen, welche innerhalb dieser Wände gemacht wurden[,] schufen, verbürgten und formulierten Wissen neu. Die Naturgeschichte hatte mehr als jede andere Wissenschaft – sie war eine vom Sammeln von Fakten immer stärker abhängige Disziplin – ihre Parameter mittels der expandierenden materiellen Kultur definiert, welche die Sammler zu bewältigen trachteten. Die Kontrolle dieser Informationen wurde in der Protokollierung von ‚Erfahrungen' sichergestellt, welche die Naturforscher überall dort sammelten, wo sie sie vorfanden und im Museum reproduzierten. Besitz war der erste Schritt der Beobachtung. So wurde der Ort der Sammlung zu dem ersten, an welchem man die Eigenschaften der Natur erproben, und wo die Naturgeschichte mittels der näheren Inspektion ihrer kanonischen ‚Bücher' neu geschrieben werden konnte."

[103] „Statt sich [...] auf eine bloße Aufzählung zu beschränken, beschloß er, jedes Objekt in diesem Katalog eingehend zu würdigen und hier möglichst alle einschlägige Literatur zu zitieren", bemerkt Steiger: Johann Jakob Scheuchzer, S. 105f. zu dieser Inventarisierung. Ende des 17. Jahrhunderts beginnt überdies, wie Barbara Segelken anhand der von Friedrich III. angeordneten Neukatalogisierung und -ordnung der kurfürstlichen Sammlungen zu Berlin gezeigt hat, ein Paradigmenwechsel, in dessen Folge die Objekte nicht mehr nach „ihrer Position im kosmischen Gefüge", sondern „nach ihrer materiellen Beschaffenheit" klassifiziert werden (Barbara Segelken: Sammlungsgeschichte zwischen Leibniz und Humboldt. Die königlichen Sammlungen im Kontext der akademischen Institutionen. In: Horst Bredekamp, Jochen Brüning u. Cornelia Weber (Hg.): Theatrum naturae et artis – Theater der Natur und Kunst. Wunderkammern des Wissens. Essays. Berlin 2000, S. 44–51, Zit. S. 45). – Dass schon eine nächste Generation diese Form gelehrter Praxis ganz ungeachtet ihrer Objekte dem weiten Feld des Pedantismus zuschreiben wird, zeigt der erste Discours des vierten Teils der *Mahler*: In ihm spricht – wohlgemerkt: ein Jahrzehnt *vor* Scheuchzers Ableben – Diogenes im

2 Sintflut, antiquarisch

her erst wird die Aufforderung zu einer nicht mehr an die Räumlichkeiten der Sammlung gebundenen Wissensproduktion verständlich, wie sie der *Einladungs-Brief* kurz darauf ausspricht und wie sie spätestens Scheuchzers eigene *Natur-Historie des Schweitzerlandes* einzulösen behaupten wird; von daher nur ist die Wendung gegen die „bisher nachlässige / mehr Hirn- als Natur-*Philosophie*" zu verstehen, die mit dieser Expansion gelehrter Empirie einhergeht.[104] Schließlich darf man generell den Umbruch in der Organisation des Wissens, durch den das Dispositiv der ‚ressemblance' von demjenigen der Ordnung ersetzt wird, nicht ohne weiteres mit der Ablösung von einer figurativen Konzeption der Fossilienentstehung gleichsetzen. Das belegen die Publikationen des Luzerner Arztes Karl Niklaus Lang, der 1708 eine umfangreiche *Geschichte der Figurensteine der Schweiz* und ein Jahr später eine an die Preußische Akademie der Wissenschaften adressierte Abhandlung über den Ursprung der Figurensteine zum Druck gibt.[105] Lang fasst unter die Figurensteine jene „Körper, die sich von der gewöhnlichen Form (*forma*) der Steine unterscheiden und die aus einer speziellen bestimmenden Ursache, mag diese denn innerlich oder äußerlich sein, in die Gestalt (*figura*) eines Steines überführt worden sind."[106] Trotz dieser recht vorsichtigen Definition und obwohl er bei seinem Klassifikationssystem – was ihm allerdings nicht ganz gelingt – von größtmöglicher Komplexitätsreduktion aufs Formale hin ausgeht,[107]

Totenreich unter anderem auch über den Lebenslauf eines „Schatten" Recht, der seiner Lebtage „auf die Berge geklommen / Steine zu suchen / die Gestalten von Fischen / Schnecken / Muscheln / Kräutern und andere Sachen vorstelleten. Ich habe sie in kleine Cellen aufgehoben / und mich beflissen ihnen Nahmen außzufinden." Das Urteil des Kynikers lautet wie folgt: „Wußtest du nicht / daß du nur ein Reisender auf der Erde warest. Warum verweilest du dich die bunten Steine aufzulesen / die du an dem Wege fandest. Gehe in den Tartarus suchen / ob er nichts habe deine Cellen außzufüllen. Wie! Die Menschen dörffen sich noch beklagen / daß ihre Lebens-Zeit so kurtz seye / und wissen sich doch derselben nicht besser zu gebrauchen." (Johann Jakob Bodmer u. Johann Jakob Breitinger: Die Discourse der Mahler. 4. Thl., S. 8).

[104] Scheuchzer: Helvetiae Historia naturalis Oder Natur-Historie des Schweitzerlandes. Bd. 1, S. 75.

[105] Karl Niklaus Lang: Historia lapidum figuratorum Helvetiæ, ejusque viciniæ [...]. Venedig 1708; ders.: Tractatus de origine lapidum figuratorum in quo diffuse disseritur, utrum nimirum sint corpora marina a Diluvio ad montes translata, & tractu temporis petrificata vel an a semino quodam e materia lapidescente intra terram generentur [...]. Luzern 1709. – Einen knappen Überblick zu Langs (der dort allerdings konsequent falsch als „Karl Nikolaus Lange" geführt wird) ‚Figurenstein'-Schriften bei Häfner: Noah, Deukalion und das fossile Seepferdchen, S. 228–233.

[106] Ebd., S. 17: „Per Lapides Figuratos intelliguntur corpora figuræ à vulgari lapidum formâ diversæ inductæ à causâ peculiari lapidis figuram determinante, sive postea hæc sit interna, sive externa."

[107] Man erkennt in seinen die *Historia lapidum figuratorum Helvetiæ* strukturierenden Klassen das Bemühen, die Figurensteine gleichsam im *esprit géometrique* zu gruppieren: neben den Kristallen, den ‚lapides picti' (die eine Figur auf ihrer Oberfläche tragen) und den nach anderen Formen gestalteten Steinen (etwa nach Pflanzen oder Tieren, aber auch kulturellen Artefakten) definiert er als weitere und umfangreichste Gruppen ‚Gewundene' (*intorti*), ‚gewundene Kegelförmige' (*intorti turbinati*), ‚Kegelförmige ohne Helix' (*turbinati helicem non habentes*), ‚Zweiflüglige' (*bivalves*; Muscheln) und ‚Röhrenförmige' (*tubulosi*).

erweist sich Lang als dezidierter Anwalt der Seminalthese. Die Figurensteine seien auf Zeugungsvorgänge zurückzuführen, also weder als Produkte einer *vis plastica* noch als Sintflutüberreste zu betrachten. Zur Plausibilisierung seiner revidierten aristotelischen Naturphilosophie zieht er die Vielfältigkeit der Zeugungsformen im Tier- und Pflanzenreich heran und nimmt diese zum Anlass, auch für die Fossilien mit einer Generationsthese aufzuwarten. Schließlich sei bekannt, dass Befruchtungsvorgänge beispielsweise bei Fischen auch körperextern erfolgen könnten, ebenso bekannt sei, dass gerade Muscheln und Krustentiere im Normalfall – also im maritimen Lebensraum – am besten auf Stein wüchsen. Daraus erkläre sich, weshalb die Berge geradezu Idealbedingungen für die Generation der Figurensteine böten. Die große räumliche Distanz zwischen dem gewöhnlichen Habitat der Meeresorganismen und den Erscheinungsorten schweizerischer Figurensteine verursacht Lang wenig Kopfzerbrechen. Das Erdinnere sei durchzogen von Kommunikationswegen, auf denen die seminale Materie proliferieren könnte – hätte man nicht auch auf dem Gipfel des Vesuv sowohl Meerwasser als auch Meereslebewesen gefunden, die auf eben diese Weise dorthin gelangt seien? Insgesamt also führt Lang für seine Form der Figurenstein-Hypothese ein Bündel von Argumenten an, die man längs der angesetzten großen Entwicklungsgeschichten wissenschaftlicher Naturerschließung als durchaus ‚modern' bezeichnen müsste: Sie sind empiriegestützt und auf Gesetzmäßigkeiten ausgerichtet; und unter diesen Gesichtspunkten scheinen sie als Einsätze im naturgeschichtlichen Begründungs-zusammenhang jedenfalls ‚moderner' als Scheuchzers theologisch verankertes Katastrophenmodell der Sintflut. Ein Bewusstsein für die Verwerfungslinien dieser Argumentationsgänge zeigt auch Lang, wenn er anführt, dass der einzige Vorzug der Diluvialthese in ihrer *ratio moralis* läge – nämlich im Memorialeffekt, den Fossilien als Überlieferungszeugnisse für das Sintflutgeschehen hätten –, dass aber zur Erklärung von Naturvorgängen vorteilhaft beitragende Alternativen in ihr kaum auszumachen wären.[108]

---

[108] Lang: Tractatus de origine lapidum figuratorum; die Argumente für die Seminalthese S. 36–66. – Lang gelingt es mit einem 1735 veröffentlichten Anhang zur *Historia lapidum figuratorum Helvetiæ*, anhand eines angeblich das Passionsgeschehen Christi abbildenden Achats diese *ratio moralis* mit seiner eigenen Figurenstein-Hypothese zu verknüpfen. Solche Steine seien Schöpfungen zum höheren Lob und zur Erinnerung von Gottes Allmacht: „Nemini dubium erit Naturam naturatam, seu cunctas res naturales ideo potissimum a Deo summo Creatore esse institutas, & productas, ut nimirum per eas omne ens intellectuale in indubitatam, & quasi palpabilem ejus existentiæ, sapientiæ, ac infinitæ bonitatis cognitionem, sincerum amorem, & humillimam adorationem deducatur, & commoveatur; cum autem hoc nullo modo facilius exequi queat, quam per frequentem, & seriam tam Creationis, quam Salvationis nostræ exhibitionem, & contemplationem, utpote quæ sunt duo primaria, & præcipua Amoris erga nos, & Misercordiæ divinæ opera; propterea Deus teroptimus, & salutis nostræ summe cupidus plurimas manifestas, & ubique quasi obvias suppedit occasiones oculis quasi perlustrandi sanctissima hæc duo mysteria, intimisque cordis nostri penetralibus ea insinuandi, præsertim infelici hoc tempore incredulo, in quo repetitis, & non modice urgentibus ad credendum egemus stimulis; siquidem præter mundana pauca sapimus, & ad hæc cuncta, vel saltem potior cogitatio cordis nostri unice intenta est, ut nimirum super terram

2 Sintflut, antiquarisch 257

Zweitens aber reagiert die Zäsur, auf die jene vielfältigen und die produktive Einbildungskraft ihrer Entdecker lange zu den kühnsten Benennungen und Deutungen provozierenden Fossilienfunde antworten, auch und gerade bei Scheuchzer deshalb nicht auf eine naturwissenschaftliche Umorientierung oder einen entsprechenden Modernisierungsschub, sondern genau auf den mit dieser *ratio moralis* verbundenen Überlieferungskomplex: die Datenhinterlassenschaften des Sintflutgeschehens.[109] Allgemein formuliert: Der Paradigmenwechsel erweist sich als überlieferungsbezogene Konsequenz einer zwar durch und durch theologischen Einbettung der Naturerkenntnis, wie sie insbesondere in den einschlägigen und einflussreichen englischen Kosmogonien der Jahrhundertwende angelegt ist.[110] Die

---

in diebus nostris gigantes evadamus, & potentes a seculo viri famosi neglectis plerumque omnibus, quæ æternam patriam, ac salutem respiciunt, vel mentem nostram ad sincerum Dei amorem allicere, humillimam ejus adorationem, mandatorumque observationem promovere apta nata sunt: verum cum, si hi tacuerint, lapides clamabunt, nullus inficias ibit, e singulari Dei decreto, si non voce vocali, saltem stupendis signis, ac a Natura plurifariam hujusmodi in casibus divinas vices, quandoque subeunte miris." (Karl Niklaus Lang: Appendix ad Historium Lapidum figuratorum Helvetiæ, ejusque viciniæ, de miro quodam Achate in coloribus suis Imaginem Christi in cruce morientis repræsentat [...]. Einsiedeln 1735, S. 1).

[109] Die wichtigsten Publikationen dazu: Johann Jakob Scheuchzer: Von denen im Schweizerland befindlichen überbleibselen der Sündfluth. In: Seltsamer Naturgeschichten / Des Schweizer-Lands / Wochentliche Erzehlung. Nrn. 23–29. 15. Juli bis 26. August 1705; aufgenommen in: Ders.: Beschreibung der Natur-Geschichten des Schweizerlands. 1. Thl., S. 89–116; ders.: Bildnissen verschiedener Fischen / und dero Theilen / Welche in der Sündfluth zu Grund gegangen. Zürich 1708; ders.: Piscium Querelae et Vindiciae. Zürich 1708; ders.: Herbarium Diluvianum. Collectum a Johanne Jacobo Scheuchzero. Zürich 1709; ders.: Museum Diluvianum quod possidet Joh. Jacobus Scheuchzer. Zürich 1716; ders.: Herbarium Diluvianum. Editio Novissima, duplo Auctior. Leyden 1723; ders.: Homo diluvii testis et ΘΕΟΣΚΟΠΟΣ Publicæ συζητήσει expositus. Zürich 1726. – Vgl. zu Johann Jakob Scheuchzer neben den älteren, vor allem biographisch ausgerichteten Arbeiten (Steiger: Johann Jakob Scheuchzer, und Hans Fischer: Johann Jakob Scheuchzer (2. August 1672–23. Juni 1733). Naturforscher und Arzt. Neujahrsblatt auf das Jahr 1973 als 175. Stück von der Naturforschenden Gesellschaft in Zürich. Zürich 1973), den Überblicksartikel – mit ausführlicher Bibliographie vor allem auch der unselbständigen Publikationen – von Claus Bernet: Johann Jakob Scheuchzer. In: Biographisch-Bibliographisches Kirchenlexikon. Begründet und hg. v. Friedrich Wilhelm Bautz. Fortgeführt von Traugott Bautz. Bd. 21. Nordhausen 2003, Sp. 1312–1355; insbesondere aber die beiden parallel entstandenen – und auch in mancher Hinsicht komplementären – Monographien von Felfe: Naturgeschichte als kunstvolle Synthese und Michael Kempe: Wissenschaft, Theologie, Aufklärung. Johann Jakob Scheuchzer (1672–1733) und die Sintfluttheorie. Epfendorf 2003, in denen die für meine Fragestellung erforderlichen Hintergründe mustergültig aufgearbeitet sind.

[110] Vgl. neben Woodward etwa die *en général* korrespondierenden – da allesamt „Versuche, die Divergenzen zwischen ‚Physiologia' und ‚Theologia' zu beseitigen" (Petri: Die *Urvolkhypothese*, S. 40) –, *en détail* konkurrierenden Publikationen von Thomas Burnet: The Sacred Theory of the Earth (2. Aufl. London 1691). With an Introduction by Basil Willey. Carbondale, Ill. 1965; John Ray: Miscellaneous Discourses Concerning the Dissolution and Changes of the World. Hildesheim 1968 [ND der Ausg. London 1692]; William Whiston: A New Theory of the Earth. London 1691. – Dazu allgemein: Ruth u. Dieter Groh: Religiöse Wurzeln der ökologischen Krise. Naturteleologie und Geschichtsoptimismus in der frühen Neuzeit. In: Dies.: Weltbild und Naturaneignung. Zur Kulturgeschichte der Natur. Frankfurt a.M. 1991, S. 11–91; Peter Harrison: Newtonian Science, Miracles, and the Laws of Nature. In: Journal of the History of Ideas 56 (1995), S. 531–553; eine akribische, Scheuchzers unpublizierte

Diluvialhypothese ist dabei aber, genau betrachtet, weder Effekt noch Hindernis einer epistemischen Modernisierung in Richtung neuzeitlicher Naturwissenschaft – sie ist ein Relais hin zur Möglichkeit einer antiquarischen Historiographie der Erde.[111] Wenn man sie überhaupt im groben Raster ideengeschichtlicher Entwicklungen verorten wollte, dann erwiese sie sich als Kombination einer durchaus traditionellen, beispielsweise bereits in Isidors frühmittelalterlicher Enzyklopädie kodifizierten Auffassung mit einer überaus aktuellen Problematik: Die alte These, dass (versteinerte) Meeresbewohner, die nun fernab von allen Küsten im Landesinneren anzutreffen sind, die mosaische Sintfluterzählung belegen,[112] wird mit der neuen Frage nach dem Status und dem Erkenntnispotential von Überlieferungszeugnissen gekreuzt. Diese auf den ersten Blick skurrile Kombination strukturiert Scheuchzers naturgeschichtliche Beschäftigung mit den Fossilien. Natürlich produziert, nebenbei bemerkt, eine solche Kreuzung nicht nur neue Aufmerksamkeiten, sondern ebenso neue blinde Flecke. Denn die Verschiebung hin zur Diluvialhypothese betrifft nicht nur die pflanzlichen oder tierischen Fossilien, denen die größte Aufmerksamkeit sowohl in den einschlägigen Schriften als auch in kultur- und wissensgeschichtlichen Rekonstruktionen von deren Bezugssystem gewidmet wird – sie betrifft zugleich auf ganz spezielle Weise das fossile Zeugnis, das der *Einladungs-Brief* als Resultat „andere[r] dergleichen Ueberschwemmungen" erwähnt hat.[113] Battista Fregoso hat in einer Exempelsammlung des ausgehenden 15. Jahrhunderts den wundersamen Fund erwähnt: Ein 1460 bei Bern aus einem Stollen geborgenes Objekt, das „einem Meerschiff sehr ähnlich sieht", ist für ihn schon deshalb ein umso größeres Wunder, „da dieser Teil der Alpen weit vom Meer entfernt liegt" und deshalb die Provenienz des Fundstücks nicht definitiv geklärt werden kann. Ist es vom Sturm und bei einer großen Überschwemmung an den

---

Briefwechsel berücksichtigende Rekonstruktion von dessen Übernahme der Sintfluthypothese bei Kempe: Wissenschaft, Theologie, Aufklärung, S. 56–109, der im Diluvianismus wohl mit Recht ein „eigene[s] Kommunikationssystem" (S. 107) innerhalb der *Res publica literaria* ausmacht.

[111] Deshalb greifen auch die in der Regel von der Wissenschaftsgeschichtsschreibung angemahnten Spekulationsvorwürfe oder Erkenntnishindernisse angesichts der Diluvialhypothese zu kurz. Eine differenzierte Auseinandersetzung bietet Rappaport: When Geologists Were Historians, S. 136–172. – Zumindest in einem Brief von Scheuchzer an Karl Niklaus Lang (8. Mai 1705) erscheint die Adaption der „Hypothesi de ortu pleronumque Figuratorum à Diluvio, deren zwahr ehemals in meinen Schriften entgegen gewesen, nun aber mit allen modernis der wahrheit zu gefallen beypflichte", gleichsam als Voraussetzung zur ‚Modernität' (zit. nach Kempe: Wissenschaft, Theologie, Aufklärung, S. 105): Die Frontverläufe der Modernisierung des Wissens erweisen sich einmal mehr als komplexer, als einsinnige Entwicklungsgeschichten vermuten ließen.

[112] Isidor von Sevilla: Etymologiae sive origines libri XX. XIII, xxii, 2: „Primum diluvium exstitit sub Noe, quando hominum sceleribus offensus Omnipotens, toto orbe contecto, deletis cunctis, unum spatium caeli fuit ac pelagi. Cuius indicium hactenus videmus in lapidibus quos in remotis montibus conchis et astreis concretos, saepe etiam cavatos aquis visere solemus." – Zit. nach der zweisprachigen italienischen Studienausgabe: Isidor von Sevilla: Etymologiae sive origines libri xx. Hg. von Angelo Valastro Canale. 2 Bde., Torino 2004. Bd. 2, S. 160.

[113] Scheuchzer: Einladungs-Brief, S. 15.

nachmaligen Fundort verbracht worden? Ist es auf geheimnisvollen Seewegen in der Tiefe der Erde an seinen Platz gelangt?[114] Das versteinerte Schiff entschwindet – obwohl es ja für die Etablierung eines Diskursmodells, das aus dem Erdboden geborgene Funde als Überlieferungszeugnisse thematisieren will, an sich bestens geeignet wäre – bei Scheuchzer samt den 40 Mann versteinerter Besatzung schlicht der Aufmerksamkeit. Denn ein Argument für die Sintfluthypothese als antiquarisches Erklärungsschema lässt sich daraus nicht gewinnen, ganz im Gegenteil. Bereits die Frage nach vergleichbaren Überschwemmungen, wie sie der *Einladungs-Brief* ausspricht, ist ja mit dem Diluvianismus schlechthin inkompatibel. Genau diesen Widerstreit übrigens wird das Wiederauftauchen des versteinerten Gefährts im Fossiliendiskurs aufgreifen und ausnutzen: „Dieses Schiff [...] stößt allein das woodwardische Systema um", hält Anton-Lazzaro Moro fest, dessen diluvianismuskritische Abhandlung es 1740 wieder ausgräbt. Vor der Sintflut habe es laut Woodward keine Schifffahrt gegeben, ein diluviales Überbleibsel könne es deshalb nicht sein; „dieses Schiff" also, „welches doch so gut im Meere gewesen ist, als die Seemuscheln, zeiget augenscheinlich, daß dergleichen Veränderungen des Erdbodens zwar vor sehr langer Zeit, jedoch erst nach der Sündfluth geschehen seyn müssen."[115]

Was nun bedeutet es für die (memoriale) Befragbarkeit der Petrefakte, dass sie in den Problemhorizont physikotheologischer Debatten geraten? Was sind die Folgen der konzeptuellen Verlagerung, die diese Gegenstände der Produktivität einer *natura naturans* entzieht? War diese doch entweder kontingent beziehungsweise rein mechanisch erklärbar und stand dann im Verdacht atheistischer respektive deistischer Gottlosigkeiten,[116] oder sie wurde im Sinn platonischer Naturphilosophie gedacht, widersprach dann aber der von der Schöpfung wohleingerichteten Planmäßigkeit der Natur.[117] Einen ersten Zugang zum Problemkomplex der Diluvi-

---

[114] Battista Fregoso: Exemplorum, hoc est, dictorum factorumque memorabilium [...] Lib. IX [...]: Basel 1567, S. 198: „Id salutis anno quadringentesimo sexagesimo supra millesimum, in cuniculo per quem metalla effodiuntur, centum brachijs sub terram, apud Heluetiorum pagum Bernam inuenta. In qua nauis quæ maritimæ persimilis erat (quod magis mirum, cum ea pars Alpium longe absit a mari) quadraginta hominum corpora cum uelis effractis anchorisque inuenta fuerunt. Quam rem plurimi graues uiri perspexerunt, & nos ab ijs accepimus, qui in re præsenti fuere. Arbitrati autem sunt nonnulli, magni diluuij tempestate immersam eam nauem, temporis successu aucta humo montibusque sepultam in ea profunditate mansissse, in qua est inuenta. Alij per subterraneas aquarum uenas, quæ per terre concaua loca largius fluunt, mari demersam aliquo casu nauem in eum locum perlatam. Cæterum utcunque res fuerit, admirationis non mediocres relinquit causas." – Als Beweis für die Existenz von Wasserströmen im Erdinneren beruft das Schiff noch zu Beginn des 18. Jahrhunderts Edmund Dickinson: Physica Vetus & Vera: sive Tractatus de Naturali veritate hexaëmeri Mosaici. London 1702, S. 104f.
[115] Moro: Neue Untersuchung der Veränderungen des Erdbodens, S. 178f.
[116] Exemplarisch dazu noch einmal Bentley: A Confutation of Atheism.
[117] Vgl. Büttner: Rudera Diluvii testes, S. 116f.: „Aber so wenig sich das Wort: *Natur-Spiel* / in scharffen Verstande / rechtfertigen lässet; so übel schickt sich auch in der besten Deutung auf unsere verschüttete *Fossilia*. Die Natur / wenn sie ordentlich handelt / hat diß / was sie

alhypothese und dem Stellenwert des Überlieferungsdispositivs darin erlaubt wiederum eine paratextuelle Inszenierung: die Vorsatzseiten von Scheuchzers 1716 publiziertem Inventar seiner eigenen, recht ansehnlichen Fossiliensammlung, des *Museum Diluvianum*. Titelkupfer und Motti skizzieren sowohl den philologisch-antiquarischen Rahmen, in den Scheuchzer seine Forschungsarbeit an den diluvialen Überresten stellt, als auch das wissenspragmatische Selbstverständnis, das mit dieser Kontextualisierung einhergeht. Die dem Kupfer gegenübergestellten Textausschnitte bilden gleichsam eine literale Ahnengalerie aus Bezugstext – „funffzehen Ellen hoch gieng das gewesser vber die Berge / die bedeckt wurden. Da gieng alles Fleisch vnter / das auff Erden kreucht / an Vogeln / an Vieh / an Thieren / vnd an allem das sich reget auff Erden / vnd an allen Menschen" (1 Mos 7,20–21) – und frühen jüdischen respektive christlichen Belegen aus der *historia scripta*, die das in der mosaischen Erzählung und den heidnischen Überlieferungen berichtete Geschehen durch Aufnahme und Wertung natürlicher Zeugnisse bestätigen. Als erstes findet man ein Theophrast-Referat aus [Ps.-]Philons Schrift *Über die Unzerstörbarkeit des Weltalls* (I, 23): „als Zeichen des vormaligen Mereszustandes seien in diesen Länderstrichen Meerkiesel zurückgeblieben und Muscheln und was sonst dergleichen an die Meereskünsten gespült zu werden pflegt."[118] Das zweite Zitat ist ein Passus aus Tertullians ansonsten thematisch nicht gerade einschlägiger Frühschrift über den Mantel der griechischen Philosophen, *De pallio*, die im Zuge ihrer Ausführungen über die Ubiquität der Veränderungen in der Welt beiläufig auf die Hinterlassenschaften einer universalen Überflutung hinweist: „Einst hat sich auch die ganze Erde verändert, indem sie ganz mit Wasser bedeckt war. Noch immer halten sich in den Bergen Meeresmuscheln und -schnecken auf".[119] Beide Passagen dienen als Bausteine eines philologischen Kontinuitätsgerüsts, in das sich Scheuchzers sintfluttheoretisch gestützte antiquarische Fossilienkunde eintragen will. Genau zu diesem Zweck gilt es die kontinuitätsstörende Unterbrechung zu beseitigen, die von den seit der Renaissance geläufigen Naturspiel und Figuren-

---

würcket / zur einigen und gewissen Absicht. Ja ihre Würckung zu diesem Zweck ist nothwendig und unänderlich / wenn sie in den würckenden Ursachen ungehindert und in Kräften bleibt. Weiß daher durchaus von keinem Spiel. Vielmehr sind die Dinge / so wir Spiel der Natur nennen / ein *Spiel unserer Gedancken* / wenn Auge und *Phantasie* uns die Wercke der Natur / als Mahler- und Bildhauer-Arbeit vorstellet. In solchem Verstand möcht es ein Spiel heissen / denn also blieb Gott / als *natura naturans*, aus dem Spiele."

[118] Jacob Bernays: Die unter Philon's Werken stehende Schrift ‚Ueber die Unzerstörbarkeit des Weltalls' nach ihrer ursprünglichen Anordnung wiederhergestellt und ins Deutsche übertragen. In: Philologische und historische Abhandlungen der Königlichen Akademie der Wissenschaften zu Berlin (1876), S. 209–278, Zit. S. 265.

[119] Tertullian, *De pallio*, 2,3. Der Satz fährt dort fort: „cupientes Platoni probare etiam ardua fluitasse" – wie der Kommentar von Vincent Hunink nachgewiesen hat, eine Anspielung auf die These in Platons *Timaios*, bei göttlichen Strafgerichten per Überschwemmung wären „die Rinder- und Schafhirten auf den Bergen" in Sicherheit (22d). Hunink wertet in seiner kommentierten Ausgabe diese Stelle denn auch insgesamt als Auseinandersetzung primär mit den nicht-biblischen Flutberichten. Tertullian: De pallio. A commentary by Vincent Hunink. Amsterdam 2005, S. 104–107.

2 Sintflut, antiquarisch

stein-Modellen provoziert worden ist und die den Blick auf den Zeugniswert der Fossilien verstellt hat. Mit anderen Worten: Es gilt, all jene Auffassungen zu verabschieden, nach denen Fossilien „primary Productions" der Natur sind.[120]

Das avisierte Kontinuitätsmodell bringt das Kupfer (Abb. 3) eindringlich zur Darstellung. Die Illustration bedient sich auch in diesem Fall einer pointierenden Figuration überlieferungsbezogener Doppelzeitlichkeit. Man sieht im Bildvordergrund einmal mehr die deiktische Geste auf die fossilen Funde; doch kein allegorischer Chronos ist es, der auf die dauerhaften Hinterlassenschaften der Sintflut hinweist, sondern ein ganz und gar unallegorischer zeitgenössischer Naturforscher, der so auf die von einem Gehilfen aus dem Felsen gehauenen Objekte seiner „Observationen", seiner „autopsias" deutet.[121] Von da führt, wie der Stich wiederum gegenläufig zu aller Allegorie, nämlich in einer Bildinszenierung des Literalsinns dieser Wendung deutlich macht, ein direkter Weg zum Endpunkt des mosaischen Sintflutberichts zurück: zu der auf dem Berge Ararat gestrandeten Arche. Natürlich kann man die Richtung dieses epochenüberbrückenden Kommunikationsgeschehens genauso gut umkehren. Vom zweiten Beginn der menschlichen Geschichte, der Inbesitznahme der Erde durch Noah und seine Familie, führt dann ein direkter Weg zu einer Naturforschung, wie sie Scheuchzer und seine Zeitgenossen betreiben.

So entspricht die Tafel, die in Scheuchzers *Kupfer-Bibel* den durch den Regenbogen besiegelten Bund Gottes mit Noah illustriert – Gottes Versprechen also, „[d]as nicht mehr hin furt eine Sindflut kome / die alles Fleisch verderbe" (1 Mos 9,15) – in ihrem Bildaufbau wiederum exakt dem Titelkupfer des *Museum Diluvianum* und bestätigt damit diese doppelsinnige Lesbarkeit der Bildinszenierung.

---

[120] Ray: The Wisdom of God, S. 68.
[121] Scheuchzer: Helvetiae Historia naturalis Oder Natur-Historie des Schweitzerlandes. Bd. 1, S. 75: „Und fanget man erst sint einichen Jahren auf diesem rechten Weg der *Observation*en einer zu gehen: es wird auch verhoffentlich die gelehrte Welt hieraus nach Verlauff 50. oder 100. Jahren mehr Nutzen schöpfen / als vorher durch den Ablauff etlicher 1000. Jahren"; Johann Jakob Scheuchzer an Theodor Zwinger, 24. Januar 1701: „Revera *Theou bia* opus est, herculei labores insumendi, imo res ipsa domestica in discrimen est conjicienda, publico saltem postponenda, si ex una parte velim elaborare aliquid solidi, quo orbi eruditio, et ipsi mihi satisfacere queam, ab altera excursiones, itinera, *autopsias*, examina ocularia instituere, id quod unum fere, saltem praecipuum est medium, in tanta collaborantium inopia ad scopum deveniendi." (Die Korrespondenz von Th. Zwinger III mit J. J. Scheuchzer 1700–1724. Mit Übersetzung ausgewählter Partien hg. v. Marie Louise Portmann. Basel u. Stuttgart 1964, S. 32f.).

Abb. 3: Titelkupfer zu: Museum Diluvianum quod possidet Joh. Jacobus Scheuchzer. Zürich 1716

Den Platz, den im Frontispiz der Naturforscher und seine Überlieferungszeugnisse einnehmen, halten in der *Kupfer-Bibel* die Überlebenden der Sintflut und ihr Dankopfer für die aktuelle Errettung und künftige Verschonung vor den Verheerungen einer großen Flut.

2 Sintflut, antiquarisch

In dieser Rahmung liegt das Spezifikum von Scheuchzers antiquarischen Studien zu den aus der Erde gegrabenen Zeugnissen – in einer Rahmung mithin, die sich der geläufigen Dichotomie zwischen theologisch-ideologischer Voreingenommenheit und naturwissenschaftlicher Modernität entzieht. Selbst wenn nicht das großangelegte Unternehmen der *Kupfer-Bibel* im Wortsinne unübersehbar für die programmatische Verbindung von Naturwissenschaften und Theologie einstünde,[122] könnte man die betreffenden Interferenzen aus Scheuchzers Œuvre rekonstruieren. Naturgesetze nämlich, so hat es Scheuchzer mit einem prägnanten Vergleich zur chronikalischen Historiographie schon in seiner *Physik* deutlich gemacht, sind bei weitem nicht für alle Fragestellungen einer gelehrten und zugleich theologisch fundierten *historia naturalis* die richtige Auskunftsinstanz. Gerade die maßgeblichen Eckdaten, Schöpfung und Apokalypse, lassen sich über den Weg der Physik so wenig erschließen wie mittels säkularer Geschichtsschreibung. Wer mit den Maßstäben der letzteren die „Aelte / oder den Anfang der Welt" bestimmen, also die von Scheuchzer durchaus geteilte These einer dezidierten Anfänglichkeit der Schöpfung vertreten wollte, der könnte „bey gedencken der Historien" leicht in Versuchung geraten, diese nach den kulturtechnischen Inventionen der Menschheit, den Erfindungen der „Künste", zu takten.[123] Und in der Tat führt das zu einer geschichtsspekulativen Argumentation, die gelegentlich zum Sukkurs der biblischen Chronologie herbeigezogen worden ist: Gegen die Ewigkeit der Welt spräche allein schon der Umstand, dass alles, was man von diesen Inventionen wisse, in einem relativ beschränkten historischen Rahmen zu situieren sei; geradezu unvorstellbar aber sei es, dass während eines zeitlich unmessbaren Vorlaufs zu diesen Ereignissen die Menschheit gleichsam im kultur- und deshalb überlieferungslosen Dunkel ihrer nackten Existenz gelebt habe.[124] Wer allerdings so argumentiert,

---

[122] „Pour attirer l'Amour aussi bien que la Foy / Aux sublimes beautés de nôtre sainte Loy / SCHEUCHZER leur prete icy la voix de la Nature", formuliert Gabriel Seigneux' Widmungsgedicht in etwas holprigen Versen das Erkenntnisprogramm dieses Unternehmens. (Johann Jakob Scheuchzer: Kupfer-Bibel / in welcher die Physica sacra oder geheilgte Natur-Wissenschafft derer in Heil. Schrifft vorkommenden natürlichen Sachen deutlich erklärt und bewähret [...]. Bd. 1. Augsburg, Ulm 1731, ⟨ fol. (c) ⟩). – Zur Publikations-, Druck- und Illustrationsgeschichte des Werks vgl. Irmgard Müsch: Geheiligte Naturwissenschaft. Die Kupfer-Bibel des Johann Jakob Scheuchzer. Göttingen 2000; knappe, aber konzise Bemerkungen zu seinem ‚enzyklopädistischen' Programm bei Jonathan Sheenan: From Philology to Fossils: The Biblical Encyclopedia in Early Modern Europe. In: Journal of the History of Ideas 64 (2003), S. 41–60, insb. S. 50–60.

[123] Scheuchzer: Physica, Oder Natur-Wissenschaft. Bd. 2, S. 58.

[124] Die Argumentation fällt in der frühen Neuzeit in der Regel mit Überlegungen zum Stand des vorsintflutlichen Wissens zusammen; vgl. die Anmerkungen dazu oben S. 232–234. Der Topos der ‚Erfindung der Künste' führt auf Polydorus Vergilius' überaus verbreitete Abhandlung *De Inventoribus rerum* (1499) zurück: „bis zum 18. Jahrhundert erscheinen über hundert Ausgaben, darunter auch Übersetzungen in die meisten europäischen Sprachen." (Zedelmaier: Der Anfang der Geschichte, S. 14). Vgl. dazu die Studie von Catherine Atkinson: Inventing Inventors in Renaissance Europe. Polydore Vergil's ‚De inventoribus rerum'. Tübingen 2007.

verstrickt sich rasch in Debatten über die Wahrscheinlichkeit von Überlieferung – dies Scheuchzers ohne Zweifel von der Kenntnis der Spekulationen über das antediluviale Wissen gesättigter Einwand gegen eine übereilig säkularisierte Plausibilisierung der Weltgeschichte als Schöpfungsgeschichte. Von der dokumentierbaren und relativen Zeitlichkeit kultureller Zeugnisse nämlich führe überhaupt kein Weg zur absoluten Zeitlichkeit der Welt; nicht minder plausibel sei deshalb das korrespondierende Gegenargument, dass „durch die Sündfluth / Feuersbrunsten / Krieg / Zerstörungen / so vil Geschichts-Beschreibungen seyen zugrund gegangen / das wol in selben wir mehrere nachricht hetten finden können von weit ältern Zeiten / als uns aber bekant sind." So wenig dieses Kalkül auf die Bedingungen und Möglichkeiten von Überlieferung zur Gewissheit über den Anfang der Welt führen kann, so wenig taugen die naturgesetzlichen Modellbildungen zur Bestimmung ihres Endes. Physikalische Degenereszenzvorstellungen von der „je mehr und mehr an kräften abnehmenden Natur" gelten Scheuchzer nicht mehr als das vergangenheitsselige Geschwätz „alte[r] Baursleuthe / wann die Jahrgänge nimmer so gut sind / als bey ihrem gedencken." Wer „gewisses wil so wol des Anfangs / als Endes der Welt halben", muss deshalb als Historiker genauso wie als Physiker einsehen, dass die dazu erforderlichen Daten „einig und allein herzuholen [sind] auß Göttlichen Schriften / welche uns das Ende zwahr in gemein und gewiß vorstellen / aber der Zeit halben nichts bestimmen / von dem Anfang aber / Weise / und Ordnung der Erschaffung gantz genau underweisen / worinn wir uns müssen / und können vergnügen."[125] Umso wichtiger wird unter diesen Gesichtspunkten ein Datenabgleich, der die schiere Zuhandenheit auch disparater Überlieferungszeugnisse in das Gewebe eines möglich konsistenten Gesamtgefüges zu überführen erlaubt.

2.3 Scheuchzers ‚Diluviana': das alpine Archiv

> „hath any writ of the Origins of the *Alps*? In what year of *Rome*, or what *Olympiad* they were born? or how they grew from little ones? how the Earth groan'd when it brought them forth, when its bowels were torn by the ragged Rocks? Do the Chronicles of the Nations mention these things, or ancient fame, or ancient Fables?"[126]

---

[125] Scheuchzer: Physica, Oder Natur-Wissenschaft. Bd. 2, S. 58f. – Dass Scheuchzer die Spekulationen über das Wissen Adams, die er mit diesen Ausführungen in ihre diskursiven Zuständigkeitsbereiche zerfällt, bestens vertraut sein müssen, erhellen die 1667 erstmals erschienenen Ausführungen „de lingua et literis Patriarcharum" des Zürcher Theologen Johann Heinrich Heidegger: De historia sacra Patriarcharum exercitationes selectae. 2 Bde., Utrecht 1683. Bd. 1, S. 440–490, dort auch der Hinweis zum konjekturalen Status allen Wissens um dieses Wissen: „Missis igitur sublestæ fidei documentis, paucis me defungi posse arbitror, si conjectando (quid enim pro certo & explorato asseri potest in re obscurissima?) eruam, quod verò simillimum esse videatur" (S. 485).

[126] Thomas Burnet: The Sacred Theory of the Earth, S. 124.

„Es haben die Berge / so zureden / zweyerley *Epochas*, von welchen die Rechnung ihres Alterthums anfanget: die einte reichet hinauf zu den Zeiten der Erschaffung; die andere zur erneuerung der Erde in- und nach der Sündflut."¹²⁷

Wo aber sind Daten zu finden, für deren Vorhandensein nicht die Möglichkeit und Wahrscheinlichkeit menschlicher Kulturleistungen beansprucht werden müssen? Scheuchzer eröffnet einen Archivraum,¹²⁸ der zu Beginn des 18. Jahrhunderts gerade als erhaben genug betrachtet zu werden beginnt, um dem mit dieser Datenkorrelation verbundenen Gewissheitsanspruch in Sachen Weltgeschichte gerecht werden zu können – und überdies den Vorzug hat, den patriotischen Implikationen seiner ‚Naturgeschichten des Schweizerlands' das Wort zu reden: die Alpen. Nicht um die ästhetische Konstruktion der Berge geht es dabei, die – „ungeheuer schön" – im Laufe der folgenden Jahrzehnte zum bevorzugten Artikulationsort eines rezeptionspsychologischen Faszinationszusammenhangs von Lust und Schrecken werden.¹²⁹ Zwar mag im Zuge dieses Dispositivs der Weg ins Archiv, wenigstens bei alpinophoben Frühneuzeitlern *à la* Burnet oder Büttner, denen Berge als monströse, ja lebensgefährliche Ruinen gelten, allein schon lektürevermittelt einen regelrechten *mal d'archive* hervorrufen.¹³⁰ Scheuchzer beruhigt aber seine Zeitge-

---

¹²⁷ Scheuchzer: Helvetiae Historia naturalis Oder Natur-Historie des Schweitzerlandes. Bd. 1, S. 108.
¹²⁸ Der Begriff des ‚Archivs' wird hier und im Folgenden aufgrund der spezifisch autorisierenden Definition verwendet, mit der in diesem Lemma von Zedlers *Universal-Lexicon* Dokument und Ort miteinander verschränkt werden: „Mit eins", fasst der Eintrag die ausführliche Diskussion verschiedenster rechtlicher und politischer Sachverhalte zusammen, „*Archiv* heißt ein Behältniß von Sachen und Briefschafften, welchen man, des Ortes halben, Glauben beyzulegen" hat (Bd. 2, Sp. 1244).
¹²⁹ Barthold Hinrich Brockes: Die Berge. In: Ders.: Irdisches Vergnügen in Gott, bestehend in Physicalisch- und Moralischen Gedichten. Erster Theil [...]. 6. Aufl. Hamburg 1737, S. 268–275, Zit. S. 268: „Die so ungeheuer schön, / Daß sie uns zugleich ergetzen, / Und auch in Erstaunen setzen. / Ihre Gröss' erregt uns Lust, / Ihre Gähe schreckt die Brust." Vgl. dazu allgemein Ruth u. Dieter Groh: Von den schrecklichen zu den erhabenen Bergen. In: Dies.: Weltbild und Natureignung. Zur Kulturgeschiche der Natur. Frankfurt a.M. 1991, S. 92–149; zu Scheuchzer Kempe: Die Gedächtnisspur der Berge und Fossilien.
¹³⁰ Vgl. z.B. Büttner: Rudera Diluvii testes, S. 45f.: „Die Haare würden uns über den Bergen zu Berge stehen / wenn wir die *Andes*, *Caucasum*, Mond-Gebürge [...] besteigen und mit reinen Gemüths-Augen sehen solten. Die Beschreibung und Abzeichnung / welche uns der so gelehrt / als mühsame Herr *Scheuchzer* von dem Berg *Gemmi* in der Schweitz giebt / wird dißfalls [...] zeugen. Er ist gegen der Walliser-Seite jäh abstürzend und gleichwohl 1600. Zürcher-Schuh hoch. Der darauff- oder herabgehende Weg trägt dennoch nicht mehr als 10110. Schuh / woraus man vernünfftig ausmessen kan / mit was Gefahr / Angst und Zittern / der Reisende / zumahl Furchtsame solchen betreten werden. Die meisten von besagten Gebürgen sind zerborsten / zerbrochen / als Mauern abschüssig / abstürtzend / überhangend / durchlöchert / unersteiglich / verbrannt / mit Schnee und Eiß bezogen / schädlich / tödlich. Viele sind nur Wohnungen der Trachen / Schlangen / Nattern / *Scorpion*en / vielleicht auch *Basilisken* [...]. Gewisse Gebürge in *Chili* haben eine solch durchdringende Lufft / daß die Reisende starr todt / als versteint / darnieder fallen. Etliche rücken fort und *ruinir*en das Land / so die Menschen / nach der ausdrücklichen Verordnung Gottes / angefüllet und unterthan gemacht haben. [...]. Solten wohl diese in solchem Zustande und Eigenschafften unmittelbar und nach dem Willen des gütigen und klugen Werckmeisters kommen?" Zu solchem ‚mal d'archive' – das aber

266   *III Fossilien*

nossen über die Fährnisse alpiner Empirie. Aus „vielfaltiger eigener Erfahrung / und vielen Berg-Reisen" kann er bezeugen, dass ihn „keine Mühe weniger gereuet / als diese / obgleich sie mit vielem Ungemach / Sorg und Gefahren begleitet ist / und [ihm] manches mahl den Schweiß ausgetrieben." Und gerade die Antiquare unter den Zeitgenossen können seiner Meinung nach gar nicht anders, als diesem eindrücklichen Archiv ihre Bewunderung zu zollen:

> Liebet einer die *Antiquiteten* / so siehet er mit gröster Lust an die vielfaltig gebrochene / in ordentliche Lager abgetheilte obere Erden-Rinde / als traurige überbleibselen der Sündfluth / wilde und steile Felsen / tieffe Hölen / einen ewigen Schnee / und berghohe Eisberge in mitten des heissesten Sommers: mit einem wort / ein *Theatrum* oder Schauplatz der unendtlichen Macht / Weißheit und Güte GOTTES. Da zeiget sich so zu reden ein kleiner Schatten einer Unendtlichkeit / dessen Grösse unsere ausseren und inneren Sinne überall anfüllet."[131]

Es ergibt sich daraus, dass die Alpen keineswegs ausschließlich als Imaginationsort einer synchronen kulturellen Ursprünglichkeit gelten, wie ihn Bodmers Bardentrainingsprogramm ein knappes halbes Jahrhundert später bemühen wird. Obgleich in seiner Datensammlung Ausführungen zur Lebensweise und zu den Kulturtechniken der Alpenbewohner ihren selbstverständlichen Platz und diese letzteren eine unzweideutige Wertschätzung finden,[132] ist es primär der Archivstatus der Gebirge, der Scheuchzer interessiert – ein Archivstatus, der zunächst an der äußeren Gestalt der Gebirge auffällt: „Das Zeugniß der Sünd-Fluth ist in die harteste Felsen eingeschrieben; Beschaue die in ordentliche Lager getheilte, und aus denselben gleichsam aufgebaute Berge, so sind sie augenscheinlich von irrdischen Theilen entstanden, welche durch eine sehr hohe Wasser-Säule sich anfänglich gesetzet, so dann aber wieder gebrochen und aufgehoben worden".[133] Insbesondere die Zeitentho-

---

keinesfalls nur von der schreckenden Alpenlandschaft herrühren muss (siehe dazu Kap. II.3.1) – vgl. Ruth u. Dieter Groh: Von den schrecklichen zu den erhabenen Bergen.

[131] Scheuchzer: Helvetiae Historia naturalis Oder Natur-Historie des Schweitzerlandes. Bd. 1, S. 99f.

[132] Vgl. zu Scheuchzers alpiner (Kultur-)Anthropologie Kempe: Wissenschaft, Theologie, Aufklärung, S. 291–301.

[133] Scheuchzer: Kupfer-Bibel. Bd. 1, S. 64 (Kommentar zu 1 Mos 7,21–23 und Tafel XLVI). Scheuchzer teilt nicht Burnets Auffassung, die Berge seien an sich Zeugnisse einer ruinierten Erde, wie sie Gottes erstes Strafgericht hinterlassen habe, während deren erste Oberflächengestalt in ebener Gleichförmigkeit beschaffen gewesen sei. Das zeigt die Tafel VI des ersten Bandes der *Kupfer-Bibel*, die das Gebirge als Produkt des „Dritte[n] Tagwerck[s]" präsentiert. Daran, dass das Verhältnis ante- und postdiluvialer Berge derselben Logik von ‚Schöpfung' und ‚Redaktion' unterstellt ist wie die Erde überhaupt, besteht allerdings kein Zweifel: „Es haben die Berge / so zureden / zweyerley *Epochas*, von welchen die Rechnung ihres Alterthums anfanget: die eine reichet hinauf zu den Zeiten der Erschaffung; die andere zur erneuerung der Erde in- und nach der Sündflut." Die spezifische Erscheinungsform aktueller Gebirge, „der Bergen gestaltsame / Abtheilung in gewisse / gebrochene / *Strata* oder Lager", sind Effekte der Sintflut wie die anderen „innert diesen Lageren / ja innert den hartesten Felsen eingeschlossen liegende[n] undisputierliche[n] Ueberbleibselen der Sündflut / Schnecken / Muschelen / Fische / Kräuter etc." (Scheuchzer: Helvetiae Historia naturalis Oder Natur-Historie des Schweitzerlandes. Bd. 1, S. 108f.); dort auch die mit den einschlägigen Bibelstellen unterlegte Kritik an Burnets Geogonie. – Die Positivierung der

benheit dieses Archivs, die nach Scheuchzers Erschließungsberichten für das 18. Jahrhundert geradezu topisch werden wird,[134] stellt ein in Sachen Überlieferung naheliegenderweise gar nicht hoch genug zu schätzendes Privileg. Den Doppelcharakter der Zeit mit ihrer auf die Materialien der Überlieferung bezogen sowohl destruktiven als auch konservierenden, ja katechontischen Funktion, deren Wirkungsweisen die in dieser Hinsicht gegenläufigen Titelkupfer von Perrier und Büttner je für sich präsentiert haben, kann der Fossilienkundler in eine amphibolische Gleichzeitigkeit überführen: „Die Zeit zerstört die Dinge und das Gedächtnis der Dinge, sie bewahrt sie aber auch", hält Scheuchzer an einer in mehrfacher Hinsicht exponierten Stelle, im ersten Paragraphen seiner Abhandlung zum *Homo Diluvii testis* fest.[135] Unter den Prämissen des Überlieferungsdispositivs erklärt sich diese zweisinnige Rolle der Zeit dadurch, dass sie im Falle der Fossilien eben nicht ausschließlich als die übliche Bedrohung betrachtet werden muss, die unaufhaltsam an den Materialien nagt. Gerade umgekehrt entziehen die physikalischen Gesetzmäßigkeiten der Petrifikation im Lauf der Zeit die organischen Gegenstände den Geschicken des Verfalls; mithin ist es trotz – oder besser: in – dem von Scheuchzer gesetzten schöpfungsgeschichtlichen Rahmen, mit Cassirer formuliert, die Zeit selbst, „die das Netz spinnt", in das sich die von ihr produzierten Daten eintragen können.[136] Der Lauf der Zeit wird zum Garanten dafür, dass die versteinerten Objekte den Materialstatus erhalten, der für ihre Doppelfunktion als Spuren organischen Lebens und Zeugen des Sintflutgeschehens unabdingbar ist. Die Zeit selbst tritt damit als Überlieferungsagentin auf, die sowohl für die Verdauerung als auch für die Konservierung der fossilen Archivalien verantwortlich ist. Die Alpen zeichnen sich, wie es ein nützliches Archiv erfordert, deshalb keineswegs nur in ihrer äußeren (ruinen-)ästhetischen Pracht als Schauplatz göttlicher Gestaltungsmacht aus. Es sind die Bestände, eingelagert nach den von Stensen beschriebenen,

---

Alpenwahrnehmung hat selbst eine archivalische Rückkopplung bewirkt: Ein Gipfel in den Berner Alpen heißt seit 1840 ‚Scheuchzerhorn'.

[134] Vgl. Brockes: Die Berge, S. 269: „So viel Jahre, so viel Zeiten / Nagen auf der Berge Rumpf: / Doch wird auf den schroffen Seiten / Der Verwesungs-Zahn selbst stumpf, / Und es will ihr steiffer Rücken / Sich vor keiner Aenderung bücken: / Aller Elementen Macht / Wird von ihnen nichts geacht't." – Die diachrone Dimension dieser Zeitenthobenheit bildet nur eine Facette; naturgeschichtlich nicht weniger relevant ist die scheinbare Synchronizität, die sich in der Alpenerfahrung einstellt und die den Naturforscher „offt in einem Tag alle 4. Jahrszeiten" beobachten lässt (Johann Jakob Scheuchzer: Jobi Physica sacra, Oder Hiobs Natur-Wißenschafft, verglichen mit der Heutigen. Zürich 1721, S. 85). Auch diesen Umstand hat Brockes in seinen *Pysicalisch- und Moralischen Gedichten* nicht unberücksichtigt gelassen; vgl. seine *Betrachung des Blanckenburgischen Marmors, in einem Hirten-Gedichte*. In: Ders.: Irdisches Vergnügen in Gott. 4. Theil [...]. 2. Aufl. Hamburg 1735, S. 218–233, hier S. 226: „So, daß man hier nicht nur die Tages-Zeiten; gar / Die Jahres-Zeiten auch zugleich, und zwar / Auf einmahl, fühlt und sieht."

[135] Scheuchzer: Homo Diluvii testis, S. 3: „Delet res, rerumque memorias, Ætas, sed & conservat." – Auf diesen zentralen Text gehe ich am Schluss des Kapitels ausführlicher ein.

[136] Ernst Cassirer: Philosophie der symbolischen Formen. Bd. 3: Phänomenologie der Erkenntnis. 2. Aufl. Darmstadt 1954, S. 191.

von Woodward in die Diluvialhypothese überführten und modifizierten Gesetzmäßigkeiten des Einschlusses von festen Körpern in feste(n) Körpern,[137] von deren Aussagekraft die gelehrte Naturgeschichtsschreibung in jeder Hinsicht und im höchsten Maße profitiert – und das heißt: aufgrund ihrer gegenstandsbezogenen Forschungsinteressen so gut wie mit Blick auf deren ‚moralische' Einbettung. Die Statusänderung, dank der die Materialien der Überlieferung kulturpragmatisch und semiotisch verwandelt, von Gegenständen des worauf immer ausgerichteten Gebrauchs zu Semiophoren werden – diese Statusänderung findet bei den Fossilien unter der Regie physikalischer Konversionsgesetze und unter dem irreversiblen Diktat des Zeitverlaufs statt.

Entsprechend, und verbunden mit der durch die amphibolische Rolle der Zeit einhergehenden Kontingenzbändigung, gibt das Archiv der Alpen da Auskunft, wo andere semiophore Medien aus den verschiedensten Gründen versagen müssen. Scheuchzers Propädeutik der antiquarischen Praxis versäumt es deshalb nicht, auf die Vorzüge, ja den einzigartigen dokumentarischen Zugewinn hinzuweisen, der mit der Berücksichtigung der fossilen Monumente verbunden ist:

> Höchstlöblich ist es an einem Liebhaber der Welt- sonderbar aber der Vatterländischen Histori / wann er sowol auß allerhand Geschichtschreiberen / als alten aufgerichteten Denk-Säulen / *Jnscription*en / oder Uberschriften / Münzen / Edelgesteinen hervor sucht den alten Stand der Monarcheyen / Königreichen / Republiquen; einem Eidgnoß ins besonder / wann der jezt erzelter hin und wider in dem Schweizerland anzutreffenden Hülfsmitlen / den alten Stand des Helvetierlands / und alle dessen abenderungen bis auf gegenwertige Zeiten zu erforschen / und selbs einen ansehenlichen Schatz samlet von geschribenen / und getrukten Bücheren / von alten Verträgen / Pündtnussen / Abscheiden / Münzen / und andern Monumenten / so di Histori unsers Lands betreffen. Wie fleissig aber einer immer ist / so findet er in denen mittleren Jahrhunderten vor Caroli *M.* Zeiten bald nichts als Finsterheit / und kan endlich höher nicht kommen / als zu den Zeiten der alten Römeren / und deren gethane Züge in unsere Helvetische Lande. Das / was dißmal zubelieben vorhabe / gehet nicht an die Politische / sondern Natürliche / Beschaffenheit des Schweizerlands / welche sich nicht nur erstrecket zu der Römeren Zeiten / sondern in die 2000. Jahr weiter hinauf zu dem Sündfluß [*sic!*].[138]

Wenn in diesen Ausführungen die Versteinerungen ganz selbstverständlich in die Reihe der herkömmlichen Klassen von Überlieferungszeugnissen – Monumente, Dokumente und Materialien der *historia scripta* – treten dürfen, belegt das noch einmal aufs deutlichste, dass die Benutzung und Auswertung der Petrefakte in der ersten Hälfte des 18. Jahrhunderts gänzlich anderen Zielsetzungen folgt als der Etablierung einer genuinen Erdgeschichte. So wenig, wie die philologische Thema-

---

[137] Vgl. Sulzers ausführliche Anmerkung d) in Johann Jakob Scheuchzer: Natur-Geschichte des Schweitzerlandes, Samt seinen Reisen über die Schweitzerischen Gebürge. Aufs Neue Hg. und mit einigen Anmerkungen versehen von Johann Georg Sulzern, 2 Thle. Zürich 1746. Bd. 1, S. 148f., die den Stand der Forschung noch einmal resümiert: „[...] so ist zu mercken / daß es Sachen gibt / die würklich / da sie vorher aus einer andern Materie bestanden / in Steine verwandelt worden sind; Andere sind nur ausgehärtet worden / das ist / die steinerne Materie ist / da sie noch flüßig war / in die holen Schalen der Schnecken / Meer-Igeln / etc. hinein geflossen / und nachher hart worden" (S. 148).

[138] Scheuchzer: Beschreibung der Natur-Geschichten des Schweizerlands. 1. Thl., S. 89.

tisierung der Erscheinungsformen und Bedingungen von Überlieferung auf eine bloße Vorgeschichte der disziplinären Philologien oder Bodmers kulturhistorische Modellbildung auf eine noch nicht gänzlich bei sich angekommene Literaturgeschichtsschreibung zu reduzieren sind, so wenig tritt in Scheuchzers Ausführungen zu den diluvialen Zeugnissen deshalb einfach eine noch nicht vollständig von den Schlacken theologischer Voreingenommenheiten gereinigte Vorstufe geologischer und paläontologischer Wissensbildung zutage. Wenn etwa Paolo Rossi die in den Jahrzehnten um 1700 zirkulierenden Debatten um die „Frage" zentriert sieht, „ob es überhaupt möglich sei, diese Art von Geschichte zum Gegenstand wissenschaftlicher Forschung zu machen",[139] dann erscheint in diesem Resümee die geradezu verzerrende Perspektive einer kontinuierlichen Wissenschaftsentwicklung; dieser Fokus diagnostiziert von einem epistemologischen Standpunkt *ex post* Diskussionen, die Scheuchzer und seine Zeitgenossen so gar nicht hätten führen können: Sie haben nicht eine neue Form der Geschichte erfunden oder erfinden wollen, sondern vielmehr der antiquarisch-gelehrten Historiographie einen neuen Arbeitsort und eine neue Klasse von Datenmaterial erschlossen, wenn sie die Fossilien nicht länger als natürliche Primärprodukte, sondern als *antiquitates*, als ‚Zeugen', kurz: als Semiophore der Überlieferung betrachten. In Leibniz' *Protogaea* ist es anfangs die überlieferungslose Vorgeschichte der welfischen Territorien, bei Scheuchzer der weiter gefasste Rahmen des im mosaischen Schöpfungsbericht verbindlich, aber eben doch spärlich dokumentierten Anfangs der Welt, der von den Fossilien gedeckt oder supplementiert werden soll. Angesichts der neuen Quellenlage erkühnt sich Scheuchzer denn auch im unmittelbaren Anschluss an die eben zitierte Parade antiquarischer Medien zu einem Gedankenexperiment des Überlieferungsverlusts, das die Aussagekraft der fossilen Zeugnisse unterstreicht und dessen geradezu unerhörte Radikalität sogleich von den daraus zu ziehenden moralischen Konsequenzen übertönt wird – für einen Moment nämlich überlässt er sich der Vorstellung, dass Moses, „der Geheim-Schreiber Gottes", seine Sekretärsaufgabe nicht recht erfüllt haben oder dass das von ihm angefertigte Aktenkonvolut verloren gegangen sein könnte:

> Ich kan keklich sagen / daß wann keine H. Bibel were / welche uns diser Sach halben einen Göttlichen Bericht ertheilte / wir auß blosser Natur-betrachtung unserer Landen / und dessen / was darinn ist / ganz gewiß könten schliessen / daß selbige einsten von dem Meer / daß doch so weit von uns ist / und so tief under uns ligt / seyen überschwemmet worden. Ich preise die Allweise Vorsehung [Got]ttes / welche uns nicht nur in H. Schrift berichtet / *Gen. VII.* 19. Daß die Wasser der Sündfluth über die höchsten spitzen der Bergen gangen / sondern auch im immerwährende Däncksäulen dessen vorstellet auf unseren Alpgebirgen / welche die grösten und höchsten sind von ganz Europa. Wer wil hieran zweiflen / wann er auf den obersten Bergfirsten

---

[139] Paolo Rossi: Die Geburt der modernen Wissenschaft in Europa. München 1997, S. 252. – Eine solche Äußerung verblüfft erst recht, wenn man berücksichtigt, dass sie aus der Feder eines Forschers geflossen ist, der neben Martin J. S. Rudwick zu den ersten gehört, die eben diese Möglichkeiten der gelehrten Historiographie der Erde detailliert untersucht haben; vgl. Rossi: The Dark Abyss of Time.

unserer Landen ansihet ganze Felsen / die von lauter zerbrochenen / auf ein ander gehäuften / und in Stein verwandelten Meer-Muschelen / und Schneken zusamen gesetzet sind? Kommet hieher ihr Verächter der H. Schrift / die ihr vor eine eitele Fabel haltet / das was in den Bücheren Mosis von der Sündflut aufgezeichnet stehet; lehrnet hier ihr Gotteslaugner / die stummen Felsen werden euch predigen / die Maurharte Berge werden euch / wann ihr je zu biegen seyt / weich machen[.][140]

Auch Scheuchzers *historia naturalis* der Diluvialzeugnisse also erweist sich als Erscheinungsform jenes epistemischen Interregnums zwischen ‚alten' enzyklopädischen Wissensordnungen und ‚neuer' disziplinärer Wissensdifferenzierung, als das die ersten Jahrzehnte des 18. Jahrhunderts wissensgeschichtlich zu beschreiben sind. Zwar überdauern erstere noch in den Topoi der theologischen Strukturierungsangebote einer *historia sacra*, auf das Ordnungspotential dieses Angebots aber beschränkt sich die Auseinandersetzung mit dem Material keineswegs. Deutlich sichtbar wird dies an den Geschicken der Überlieferung von Scheuchzers *Natur-Geschichten* selbst, in die sich zur Jahrhundertmitte die ersten Anzeichen der nachmals gültigen Zuständigkeitsverteilung für Wissensbestände einzutragen beginnen. Johann Georg Sulzers Neuausgabe von 1746 sorgt mit ihren Paratexten nicht nur im Titel für Einstimmigkeit, indem sie an die Stelle der Vielzahl von ‚Geschichten' den Kollektivsingular einer *Natur-Geschichte* setzt und damit sozusagen an der Druckgeschichte dieses Œuvres die wissensgeschichtlich festzustellende Verschiebung namhaft macht. Die Anmerkungen des Herausgebers relativieren, was Scheuchzers Ausführungen zum diluvialen Rahmen der Fossilien betrifft, mit Nachdruck die theologische Einbindung der Zeugnisse,[141] seine Editionspraxis tilgt schließlich all das, was zum nun monologischen Dispositiv der konzeptuell revidierten ‚Naturgeschichte' nicht mehr recht passen will: „[H]istorische, politische und die Alterthümer betreffende Nachrichten" habe er in der Neuausgabe schlicht weggelassen, kündigt Sulzer an, da „dieses ein Buch ist, worin man solche Sachen nicht suchet".[142]

Von Ähren, Fischen und Menschen. – Blickt man allerdings auf die Zäsur zurück, die Scheuchzers Diluviana selbst bedeuten, ergibt sich ein anderes Bild. An der Eigenständigkeit der Artikulationsformen, am „darstellerische[n] Apparat"[143] von Scheuchzers Œuvre macht sich in erster Linie die Differenz zu den herkömmlichen topischen Ordnungsmodellen des Wissens bemerkbar, die in Scheuchzers Arbeiten angesichts der ‚Überbleibsel der Sintflut' zu konstatieren ist. Diese letzteren treten

---

[140] Scheuchzer: Beschreibung der Natur-Geschichten des Schweizerlands. 1. Thl., S. 92 und 89f.
[141] Sulzer merkt an, es sei „eben so gewiß nicht [...] / daß diese versteinerte Sachen von der Sündfluth herkommen", sie böten aber den „weit gewissern Nutzen", dass man an ihnen „die ehemalige Beschaffenheit des Erdbodens erkennen" kann, von ihnen „zimlich genau von dem Ursprung und Wachsthum der Steinen unterrichtet" und über die Entwicklungen der Fauna informiert wird. Scheuchzer: Natur-Geschichte des Schweitzerlandes. Bd. 1, S. 154, Anm. e).
[142] Ebd. Bd. 2. Vorrede d. Herausgebers, ( ):(3).
[143] Felfe: Naturgeschichte als kunstvolle Synthese, S. 61.

2 Sintflut, antiquarisch

eben keineswegs ausschließlich als Exemplifizierung der einen heiligen Geschichte auf, wie Sulzers Anmerkungen diskret bemängeln; sie erscheinen vielmehr durchaus und gleichberechtigt als antiquarische Wissensobjekte *sui generis* – um es noch einmal mit der prägnanten Eleganz von Büttners Titel zu formulieren: als *rudera* und als *testes* zugleich. Generell und insgesamt, heißt das, zeugen sie von der Sintflut, *en détail* aber erfordern sie adäquate Formen der Darstellung, Beschreibung und Verzeichnung, in denen ihre Spezifika präsentiert und kommentiert werden können. Wie nun bringt man diese Überlieferungszeugnisse als solche zum Sprechen?

Eine erste Form der Standardisierung, am ehesten noch anschlussfähig an die wissenschaftsgeschichtlichen Innovationserzählungen oder zumindest an die den *age classique* kennzeichnenden epistemischen Brüche, besteht – wie oben bereits angesprochen – in der Klassifikation der Befunde. Zum Tragen kommt diese Systematisierung aber nicht nur in der Organisation des Wissens, sondern auch in den konkreten Darstellungsstrategien der Schriften. Die *Helvetiae Historia naturalis* etwa benutzt zur „Vorstell- und Betrachtung" der ‚im Schweitzerland befindtlichen Uberbleibselen der Sündfluth' pflanzlicher Herkunft das Ordnungsschema von Tourneforts *Elemens de botanique*.[144] Die Gliederung nach Pflanzenklassen, wie sie in diesem System geboten wird, macht die Anordnung der Diluviana allerdings recht unübersichtlich; die Fossilien geraten dadurch in eine Sekundärklassifikation, in der sich natürlich zu vielen Klassen und erst recht Arten keine vorsintflutlichen Belege finden lassen. Die Darstellung wird auch dadurch nicht gerade transparenter, dass Scheuchzer in die von seinen „Beweisthümer[n]" belegten Klassen die mit dieser Klassifikationslogik nicht korrelierten Nummern seines eigenen *Museum Diluvianum*, seine eigenen Benennungen und Provenienzbemerkungen sowie gegebenenfalls eine Vielzahl von gelehrten Annotationen einträgt – die ihrerseits wiederum Zuordnungsprobleme auslösen können, wenn die Beschreibungen nicht präzise genug sind oder Abbildungen fehlen.[145] Erst zur Jahrhundertmitte wird dieses Darstellungsproblem dadurch gelöst werden, dass Naturhistoriker wie Gessner, Titius und Waller Modelle einer Primärklassifikation entwerfen und diese

---

[144] Vgl. Scheuchzer: Helvetiae Historia naturalis Oder Natur-Historie des Schweitzerlandes. Bd. 3, S. 203–247, Zit. S. 203f: „Damit ich eine so wichtige Materi in gewisser Ordnung verhandle / habe mir vorgenommen den Anfang zumachen von denen Pflanzen / und zwahren dieselben betrachten nach derjenigen Ordnung / welche Herr *Tournefort* eingeführet / um anbey zuzeigen / was von jeder Art gewächsen übergeblieben seye."

[145] Ebd., S. 204. Vgl. ebd., S. 227: „Was der *Scolopendrites Rumph. Amb. Rarit. p. 308* oder *Mestica Kacki Sariboes* der *Malaba*ren seye / kan ich nicht wissen / weilen der *Author* keine Figur beygesetzet." – Einer etwas anderen, eigenständigeren Darstellungspolitik folgt übrigens die Präsentation der Fossilien tierischer Provenienz: die Grunddifferenz zwischen Schnecken und Muscheln (inklusive der verschiedenen Unterklassen), die quantitativ die Mehrzahl der Befunde abdeckt, scheint zunächst handhabbar genug, dass auf klassifikatorische Konsequenz verzichtet werden kann – dazu kommen aber nun ca. 170 Abbildungen, auf die der Text mit Marginalie verweist (S. 248–336).

Praxis zur „vornehmlichen Grundlage" ihrer von den *differentia specifica* der Petrefakte ausgehenden Systematisierungen erklären.[146]

Klassifikation und Überlieferungsbezogenheit der Fossilien scheinen auf den ersten Blick reichlich heterogene, ja einander ausschließende Erkenntnisinteressen zu sein. Muss man nicht mit einem der großen, von Scheuchzer ja auch benutzten Gründungstexte der klassifikatorischen Methode, Pitton de Tourneforts *Elemens de botanique*, einen expliziten Konflikt zwischen einer als konstant und unveränderlich gedachten Produktivität der Natur und einer als variabel und kontingent erscheinenden Serie von Redeweisen über deren Produkte konstatieren? Die botanischen Traktate der Renaissance verlieren, so Tournefort mit dem pedantismuskritischen Standardvorwurf frühneuzeitlicher Empirie, viel von ihrem Wert – beziehungsweise: Sie haben vornehmlich philologischen, nicht aber sachbezogenen Wert, weil deren Autoren, statt die Pflanzen selbst zum Gegenstand ihrer Auslassungen zu machen, allein in den „livres des anciens" nach Aufschlüssen gesucht hätten.

> On auroit pu, ce semble, faire de la Botanique une science fort utile & fort agréable, si l'on eust joint à l'étude des livres anciens une exacte recherche de la nature; & sur tout, si l'on eust commencé par établir les genres, & les classes des plantes sur des principes assurez.
> Mais bien loin de donner dans ce dessein, il semble que l'aplication de la plûpart des Auteurs de ce tems-là n'alloit qu'à ramasser les bons & les mauvais endroits des livres anciens dans lesquels ils croyoient entrevoir l'ombre, pour ainsi dire, de la plante qu'ils cherchoient. Leurs plus grands efforts se terminoient à retrancher du texte, ou à y ajoûter quelques mots, suivant qu'ils favorisoient ou qu'ils détruisoient leurs conjectures; & pour donner plus de poids à leurs sentimens, ils suposoient souvent d'anciens manuscrits bien differents de communs.[147]

Allenfalls die tintenschwarzen Schatten der betreffenden Pflanzen also trifft man in den überlieferten Schriften. Aber selbst diese Schatten nehmen dank der Verfahrensabläufe philologischer Überlieferungspflege eine verwirrende Vielfältigkeit an, die Tournefort zu einem sarkastischen Kommentar in Sachen Texttreue und Kommentarwissen verleitet: „J'ai peine à croire que les Anciens se reconnussent aujourd'hui dans les ouvrages qui portent leurs noms. Peut-être que Theophraste, &

---

[146] Johannes Gessner (Praes.): Dissertatio physica de petrificatorum differentiis et varia origine. Zürich 1752, S. 11: „Primarium sane fundamentum hujus distributionis petendum erit ex ipsa differentia Corporis cujus exemplum referunt; reliquæ verò differentiæ, innumeræ quæ apud Auctores proponuntur, ex varia mutatione, miscela, colore, loco aliisque adventitiis causis natæ ad varietates referendæ, quarum primarias prætermittere non possumus, cum ad illustrandam horum corporum originem plurimum facere videantur." – Vgl. zum Vereinfachungspotential einer derartigen Neuordnung auch Johann Daniel Titius (Praes.) u. Daniel Gotthilf Berthold (Resp.): De rebus petrefactis earumque divisione observationes variae. Wittenberg 1766, wo ein dreiklassiges Tableau (*Phytolithi, Zoolithi, Litho-* resp. *Lithectypi*) samt entsprechenden Ordnungen und Genera entworfen wird, sowie die Eingliederung in die naheliegenderweise voll und ganz von den Ordnungen des Steinernen ausgehende Klassifikation der Mineralien bei Johann Gottschalk Waller: Systema mineralogicum, quo Corpora mineralia in classes, ordines, genera et species suis cum varietatibus divisa, describuntur [...]. 2 Bde., Stockholm 1772–1775. Bd. 2, S. 398–640.

[147] Pitton de Tournefort: Elemens de botanique. Bd. 1, S. 10f.

que Dioscoride ne conviendroient pas avec leurs commentateurs sur soixante ou quatre-vints plantes".¹⁴⁸

Dieser Konflikt allerdings entschärft sich für die Fossilienkundler dadurch, dass ihr Objekt selbst erst das Ergebnis einer epistemischen Innovation ist: Überlieferungszeugnis statt natürliches Primärprodukt. Sie brauchen deshalb gar nicht erst in Versuchung zu geraten, die Differenz von Sache und Wörtern in ihre Gegenstände zu tragen und damit gelehrte Arbeits- und Darstellungsformen zu desavouieren. „The Relations of the Site and Circumstances of the Fossils", hält Woodward fest, „are no other than so many Histories of Fact." Die gelehrten Vermittlungsformen machen deshalb, ganz wie in den antiquarischen Darstellungs-praktiken üblich, die Wissensobjekte zum Gegenstand sinn(en)fälliger Evidenz: „The Accounts of all Things observable in the Fossils themselves, will carry with them Evidence of Sense, which is the highest Certainty. These Fossils will be so many standing Monuments, that give perpetual Attestation to this: & there can need no other Proof of those Accounts than only a simple View of the Things set forth in the Catalogues."¹⁴⁹ Ganz entsprechend dominiert in Scheuchzers fossilienkundlichen Abhandlungen sowie in den einschlägigen Passagen seiner gelehrten Naturgeschichte als Textverfahren neben der klassifikatorischen – an einer Taxonomie oder am Inventar einer Sammlung ausgerichteten – Bestandsaufnahme und der Nomenklatur jene Form, die wir bereits als den exemplarischen philologisch-antiquarischen Diskursmodus kennengelernt haben: der Kommentar. In die 15. Klasse des Tournefortschen Systems, die „*Herbæ & Suffrutices floribus Apetalis seu Stamineis*", in Scheuchzers Eindeutschung „Pflanzen / deren Blumen nicht aus Blättlein / sondern aus lauter dünnen Härlein oder Stängelein bestehen", fällt ein sowohl im *Museum Diluvianum* als auch im *Herbarium Diluvianum* an erster Stelle verzeichnetes, aus eigener Sammlung stammendes Überlieferungszeugnis: „Ein Gerstenähre auf schwarzem Glarner-Schiefer."¹⁵⁰ Einen solcherart privilegierten Platz erhält das Fossil erst durch eine Reihe von kommentierenden Annotationen. Die fossile Ähre samt ihrem steinernen Speicher ist, wie man aus der Rekonstruktion des Versteinerungsvorgangs und der Beschaffenheit des Petrefakts schließen kann, erstens ein „ganz sicherer *authentischer* Zeug jener grossen Wasserfluth".

---

¹⁴⁸ Ebd., S. 11.
¹⁴⁹ Aus einem in Scheuchzers Nachlass exzerpierten unveröffentlichten Manuskript John Woodwards (Zentralbibliothek Zürich, MsZ VIII 601c, fol. 238ʳ), zit. nach Felfe: Naturgeschichte als kunstvolle Synthese, S. 60f.
¹⁵⁰ Scheuchzer: Helvetiae Historia naturalis Oder Natur-Historie des Schweitzerlandes. Bd. 3, S. 209–211 (dort auch die folgenden, nicht eigens ausgewiesenen Zitate in diesem Absatz). – Bei dem Stück, das „eines der am meisten abgebildeten Fossilien in seinen Werken" ist, handelt es sich, wie man heute weiß, nicht um eine Gerstenähre, es zeigt „in Wahrheit den Schwanz einer Schnabelmakrele". Urs B. Leu: Geschichte der Paläontologie in Zürich. In: Paläontologie in Zürich. Fossilien und ihre Erforschung in Geschichte und Gegenwart. Zoologisches Museum der Universität Zürich. Zürich 1999, S. 11–76, Zit. S. 30 (mit Abbildung).

Scheuchzer schickt sich an, die zu dieser Behauptung erforderliche immanent-selbsterklärende Entstehungsweise des Zeugnisses zu beschreiben, und stellt fest, „daß die Materi / woraus die Schiefer bestehen / zu der Zeit / da das Aehre dahin kommen / gleich einem Lett weich gewesen / dann sonsten eine Pflanze ihre Gestalt nicht hätte eintrucken können" – das entspricht exakt der zentralen physikalischen Erklärungsprämisse, dem „Zustand der Weichheit bey erster Gestaltung der Erdlageren", von Woodwards *Essay*.[151] Dann will Scheuchzer mit detaillierten Beobachtungen nachweisen, dass der versteinerte Gegenstand nicht nur ein authentisches Sintflutzeugnis, sondern gleichermaßen ein richtig wahrgenommenes und botanisch korrekt klassifiziertes Objekt ist. Ein „spannenlange[s] Aehre mit seinen Körnlein" ist zu sehen, dann „der oberste Theil des Halms / auf welchem das Aehre steht", außerdem „ein kleiner Knote gerad unter dem Aehre / dergleichen ins besonder oben an dem Gerstenhalm wahrgenommen werden", sowie einige weitere botanische Details, „welches alles überzeugende Beweisthümer sind / daß dieses ein wirkliches Aehre eines Gewächses gewesen". Zweitens erlaubt das Zeugnis einen präzisierenden Beitrag zum Referenzmodell der biblischen Chronologie, einem der zentralen Diskurseinsätze also der gelehrten Historiographen des ausgehenden 17. und beginnenden 18. Jahrhunderts. Die in den Glarner Schiefer eingelassene Ähre ist „in einem noch nicht vollkommenem reiffen Stand / sondern / wie es bey uns gemeiniglich in dem Meymonat ist; woraus ich auch / nebst anderen aus der Natur gezogenen Beweisthümeren schliesse / daß die Sündfluth ihren Anfang genommen im Meyen / und also verhoffentlich ein neues Liecht gibet jener schweren *Chronologischen* Streitfrag / ob die Sündfluth entstanden im Frühling / oder im Herbst?" Denn zwar bestimmt die Genesis (1 Mos 7,11) auf den Tag genau den Beginn des göttlichen Strafgerichts, aber aufgrund des doppelten, einmal am Frühlings-, einmal am Herbst-Äquinoktium ausgerichteten jüdischen Kalenders haben die Chronologen sich nicht über eine eindeutige Korrelation mit der christlichen Zeitmessung verständigen können. Scheuchzer beruft nun angesichts des Entwicklungsstands seines pflanzlichen Fossils die Naturgeschichte zur Entscheidung dieser strittigen Frage und trägt zum Sukkurs seines ‚Leitfossils' ein providentielles Argument vor, dass die zeitliche Bestimmung des Sintflut-Anfangs von deren Ende her denkt: Zweifellos sei es „der Vernunfft ähnlicher / daß GOTT dem Noah habe befohlen aus der Arch zugehen nicht gegen dem Winter / da die Menschen und Thier wenig Nahrung gefunden hätten / da die Pflanzen nicht wol hätten können einwurzlen / und wachsen"; außerdem benötigte die Erde nach dem Rückgang

---

[151] Vgl. z.B. Woodward: An Essay toward a Natural History of the Earth. Preface, unpaginiert: „It will perhaps at first sight seem very strange, and almost shock an ordinary *Reader* to find me asserting, as I do, that the whole Terrestrial Globe was taken all to pieces and dissolved at the Deluge, the Particles of Stone, Marble, and all other solid Fossils dissevered, taken up into the Water, and there sustained together with Sea-shells and other Animal and Vegetable Bodies: and that the present Earth consists, and was formed out of that promiscuous Maß of Sand, Earth, Shells, and the rest, falling down again, and subsiding from the Water."

des Wassers eine „neue / und von Graden zu Graden zu- nicht abnemmende Wärme / durch welche die noch überflüssige Feuchtigkeit hat müssen ausrauchen".[152] So entspricht Scheuchzers Kommentar zu der in Schiefer eingelassenen Ähre in zentralen Teilen der philologischen Episteme: Entstehungsgeschichte und Datierung sind, wie man nicht nur aus den antiquarischen Traktaten der Zeit weiß, darin zentrale Bestandteile; sie stehen im Dienst der kritischen Prüfungsstrategien, mit deren Hilfe es die verlässlichen Überlieferungszeugnisse ebenso vor den (notwendigen) skeptischen Einwänden gegen ihre Authentizität und Legitimität zu bewahren wie gegen die Zumutungen gefälschter, untergeschobener Fabrikate zu verteidigen gilt.

Als ganz anders gearteter Kulminationspunkt des Kommentars aber dient eine von Scheuchzer „zu mehrerer Bekräftigung" herangezogene Passage aus einer prominent plazierten Rezension zum *Herbarium Diluvianum*.[153] Interessant ist die Anzeige im Jahresbericht der *Académie royale* nicht nur, weil sie Scheuchzers Erklärungsmodell zu den ‚Überbleibseln der Sintflut' und seinem Datierungsvorschlag für den Flutbeginn aufgrund ihres Publikationsorts eine beträchtliche institutionelle Anerkennung verschafft, also mit Nachdruck jenen Paradigmenwechsel im Diskurs über die Fossilien anzeigen soll, dem die Publikationen des Zürcher Gelehrten so nachhaltig zugearbeitet haben. Ins Auge fällt darüber hinaus die Selbstverständlichkeit, mit der diese Fossilien – „les restes du Déluge, qu'on pourroit appeler Reliques" – unter die Semiophoren der Überlieferung gereiht werden: „Voilà de nouvelles especes de Medailles, dont les dates sont & sans comparaison plus anciennes, & plus importantes, & plus sûres, que celles de toutes les Medailles

---

[152] Eine ausführliche Diskussion dieser chronologischen Frage nach Maßgabe der „Natur" und „Vernunfft" bietet auch Scheuchzer: Kupfer-Bibel. Bd. 1, S. 57f. – auch dort erhält die Gerstenähre „aus meinem eigenen Cabinet" eine prominente Stellung in der Argumentation.

[153] Scheuchzer: Helvetiae Historia naturalis Oder Natur-Historie des Schweitzerlandes. Bd. 3, S. 210f.; die Rezension in: Histoire de l'Academie royale des sciences. Année 1710. Amsterdam 1713, S. 27-30 (Scheuchzer zitiert die ersten beiden Sätze und die oben im Text folgende Passage): „Cet herbier extraordinaire n'est composé que de Plantes, qui au temps du Déluge ayant été ensevelies dans des matieres molles, ont laissé l'empreinte de leurs figures sur ces mêmes matieres lorsqu'elles sont venuës ensuite à se petrifier. Ce ne sont que de simples figures sans substance, mais si parfaites & si exactes, jusque dans les plus petites particularités de ce qu'elles représentent, qu'il est impossible de l'y méconnoître. Parmi un grand nombre de Plantes, qui sont toutes de ces Païs-ci, il y en a une *Indienne*, dont la Pierre a été trouvée en *Saxe*, ce qui s'accorde avec une observation déja faite dans l'Hist de 1706. L'étrange bouleversement que le Déluge a dû causer sur la surface de la Terre, rend fort possible le transport d'une Plante des *Indes* en *Allemagne*. Selon la maniere dont l'Ecriture Sainte s'explique, on peut également mettre le commencement du Déluge ou au Printemps ou en Automne, mais M. *Scheuchzer* leve cette incertitude par quelques-unes des Plantes de son Herbier, & principalement par un Epi d'Orge. Leur âge n'est que celui qu'elles ont ici à la fin de Mai. Cela se confirme encore par un Insecte ou deux, dont on connoît assez la Vie, & qui ne sont plus âgés." (S. 27f.) – Noch die *Kupfer-Bibel* wird mit den Materialien dieses „Zeugnis des hochberühmten Verfassers der Sammlungen der Königlich-Frantzösichen Gesellschafft der Wissenschafften" zur Unterstützung der Scheuchzerschen Sintflut-Thesen herbeiziehen; vgl. Scheuchzer: Kupfer-Bibel. Bd. 1, S. 58.

Grecques & Romaines."[154] Die unvorgreifliche Antiquität, von der die naturgeschichtlichen Abhandlungen allesamt ausgehen, sichert den Versteinerungen die Dignität als Objekte der Erkenntnis.

Neben, oder konkreter: über die durch diese Kommentarstrategien vermittelten Ausführungen zu den fossilen Überlieferungszeugnissen lagert sich bereits 1708 eine zweite, ganz auf die Inszenierung einer „emphatische[n] Zeugenschaft" zielende Form des ‚Sprechen-Machens'.[155] Erstaunlicherweise – mit Blick auf Scheuchzers ansonsten dezidiert vernakulär ausgerichtete Publikationspolitik – findet man sie nur in der lateinischen Version seiner Ausführungen über die „in der Sündfluth zu Grund gegangen[en]" Fische.[156] Das Bändchen enthält, neben den fünf Bildtafeln, die für Scheuchzers *Diluviana* typische Sammlung gelehrten Wissens über die fossilen Zeugnisse. Doch dabei verzweigt sich seine Darstellungspragmatik in zwei recht heterogene Modi. Zwar weist es schon der Titel als Vertreter jener Tradition philologischer Streitschriften, der *Vindiciae*, aus, als deren Muster man die Verfahren der Überlieferungskritik in Bayles *Dictionnaire* ausgemacht hat und deren Prominenz in den antiquarischen Debatten bereits anhand der kritischen Reaktionen auf Hardouins Verschwörungstheorie sichtbar geworden ist.[157] Den Unterschied sowohl zu den Textpräsentationsverfahren der gelehrten Naturgeschichte als auch zu den Standards der philologischen ‚Rettungen' aber macht die rhetorische Strategie, die Sprechmaske gewissermaßen, in der dieses Wissen auftritt. Die Überlieferungszeugnisse selbst nämlich, „Sündfluth-Fisch[e]" und „Sündfluth-Fischlei[n]",[158] erhalten in einer ausführlichen Prosopopoiie das Wort, die in einem zwischen Gerichtsverhandlung, Schlacht und Theater, zwischen Literatur und Wissen, Diskursivität und Performativität oszillierenden Schrift-Raum angesiedelt sind. Die Überreste erheben Anklage vor dem „Richtstuhl der Wahrheit", um sich ihren rechtmäßigen Platz im dreigeteilten Reich der Natur zu verschaffen; einen Platz, von dem sie bisher – „entweder durch eine beschränkte Philosophie oder vom Neid der nach Alleinherrschaft strebenden Mineralien oder von der Gewalttätigkeit der Zeit selbst oder gar aufgrund des Vorurteils wegen unserer Stummheit, die zu unserer großen Schande sprichwörtlich geworden ist" –

---

[154] Histoire de l'Academie royale des sciences. Année 1710, S. 29 und 28.
[155] Vgl. Felfe: Naturgeschichte als kunstvolle Synthese, S. 65–67 (Zit. S. 65).
[156] Scheuchzer: Bildnissen verschiedener Fischen; Scheuchzer: Piscium Querelae et Vindiciae. – Auf die Differenz macht die Vorrede „An den geneigten Leser" der deutschen Abhandlung aufmerksam: „Gegenwärtiger Bogen ist nit eine Uebersetzung des Lateinischen Tractätleins / sondern nur ein Rodel oder Verzeichnuß derjenigen Fischen / und anderen Uberbleibselen der Sündfluth / welche in denen V. Kupfer-Tafelen anzutreffen" (S. 3). – Zur lateinischen Abhandlung vgl. Jean Gaudant u. Geneviève Bouillet: Aux sources de la paléoichtyologie: Les *Doléances et revendications des poissons* (*Piscium Querelae et Vindiciae*) de Johann Jakob Scheuchzer (1708). In: Gabriel Gohau (Hg.): De la géologie à son histoire. Ouvrage édité en hommage à François Ellenberger. Paris 1997, S. 37–59, die auch die fünf Tafeln der beiden Abhandlungen wiedergeben und kommentieren (S. 44–54).
[157] Vgl. die exemplarische Darstellung zu Veyssière de La Croze und Christ, oben Kap. I.1.2.
[158] Scheuchzer: Bildnissen verschiedener Fischen, S. 4f.

zu Unrecht vertrieben worden sind.¹⁵⁹ Auch in dieser Matrix, die eine ganze Serie von vornehmlich gerichtsrhetorischen Pathosformeln mit der Wortspielpointe der stummen, aber dennoch beredten Fische verschränkt, wird deutlich: Die Umstellung der Episteme, dank der die bisher entmündigten Fossilien als sprechende Semiophore der Überlieferung zu Wort kommen dürfen, beseitigt Erkenntnisverzerrungen, wie sie im Umgang mit solchen Zeugnissen von den antiquarischen Debatten der Zeit generell thematisiert und moniert werden – Fehlinterpretationen, falsche Zuordnungen, überlieferungsbedingte Materialverluste, mangelnde Deutungskompetenz. Die fossilen Fische haben dabei ein doppelt ungerechtes Schicksal zu beklagen. Nicht nur, dass ihr trauriges Schicksal als unschuldige Opfer des göttlichen Strafgerichts, also ihr Beweiswert für die Diluvialhypothese, auf den ersten Blick nicht recht überzeugen will – was hätten denn die Wasserbewohner von der Sintflut zu leiden gehabt? Dieses Vorurteil wird schnell zurechtgerückt: „in der halb salzigen, morastigen, verdickten Flüssigkeit [...] sind beinahe alle von uns zugrunde gegangen, die Süßwasser bewohnt haben; diejenigen von uns, die in schnell fließenden Gebirgsgewässern von kristallener Klarheit gelebt haben, noch schneller als die andern".¹⁶⁰ Natürlich hätten die anderen Tiere, mit Ausnahme derjenigen Paare, die zur Arche zugelassen worden sind, ein nicht minder schweres Los als Kollateralschäden der menschlichen Sünden zu beklagen (weshalb auch noch die Schwanz- oder Flügelfeder eines Vogels sowie ein Käfer mit in die Parade der Fische rücken dürfen¹⁶¹). Doch die Fische wollen nun für sich selbst sprechen – nicht etwa, um mit dem Urheber dieser ersten Ungerechtigkeit zu hadern, sondern um desto nachhaltiger für die Beseitigung des zweiten Unrechts zu sorgen. Angeführt von einem diluvialen Hecht,¹⁶² der gewissermaßen den Kronzeugen der Klage gibt und imstande sein soll, das ganze Heer der „*Archæi*" und Seminalisten, „*Mechanici*" und Naturspiel-Theoretiker in die Flucht zu schlagen,¹⁶³ ziehen die versteinerten Fische im Ganzen, als Skelette und in Teilen durch Scheuchzers Ausführungen, um sich einen gleichberechtigten Platz in den Naturtheatern und Wunderkammern zu sichern. An der Konjunktur der antiquarischen Studien, die sich mit den Sintflutüberbleibseln beschäftigen, wollen auch sie ihren Anteil haben: „Es gibt in der Tat viele Männer mit großem Namen, die, zum Studium der

---

¹⁵⁹ Scheuchzer: Piscium Querelae et Vindiciae, S. 3: „Nos nunc, muta natantium turma, querelas deponimus coram Throno veritatis, vindicaturi quod nostrum est, & injustè rapuit vel malesana Philosophia, vel progressiva ad Monarchiam Mineralium invidia, vel temporum ipsorum injuria, vel ipsa de muta nostra conditione præjudicia, magno nostro opprobrio in Proverbium versa."
¹⁶⁰ Ebd., S. 14: „Dabatur quidem natare, sed in fluido semisalso, cœnoso, crasso [...] periissemus sanè omnes, qui Aquas in habitamus dulces, ii præ aliis citiùs, qui aquis vivimus montanis, crystallinæ pelluciditatis, levissimis".
¹⁶¹ Ebd., S. 14f. und Tafel II.
¹⁶² Ebd., S. 5: „Mensurate proportionem partium, rem ipsam contemplamini, non rei umbram; non Piscis qualem qualem effigiem a Natura pictrice elaboratam, sed Piscem, sed Lucium", und Tafel I.
¹⁶³ Ebd., S. 6: „In fugam ecce datum ab unico Pisce integrum exercitium!"

diluvialen Antiquitäten berufen, von diesen letzteren Sammlungen eingerichtet haben, Denkmäler einer göttlichen Rettung, die dauerhafter als alles Erz sind. Mit diesen Antiquitäten wollen auch wir, stumme und zugleich beredte Zeugen der allerschwersten Überschwemmung, auf gleichem Fuß stehen". Und deshalb treten zum Schluss der Verteidigungsschrift, auf zwei Tafeln präsentiert, Zeugen auf, die ihren Platz in solchen Sammlungen bereits gefunden haben: ‚Sintflut-Butte' und andere Fische aus dem Kabinett des Holländischen Gesandten Pieter Valckenier beispielsweise, Christian Maximilian Speners 1710 der Berliner Akademie präsentiertes versteinertes Krokodil, ein fossiler Fisch aus der Woodwardschen Sammlung.[164] Scheuchzer selbst scheint vom darstellungspolitischen Mehraufwand seiner *Piscium Querelae et Vindiciae* in Sachen Evidenzerzeugung – ganz im Unterschied übrigens zu prominenten Kritikern schon wenige Jahrzehnte später[165] – noch in den frühen 1720er Jahren so angetan gewesen zu sein, dass er in Vertragsverhandlungen mit dem Leydener Verleger Pieter van der Aa darin ein Muster für eine ausführlichere Abhandlung über diese Sintflutüberbleibsel gesehen hat: „Je me suis proposé d'augmenter tellement mes Piscium Querelæ qu'il sortira un traitté complet de sette matiere, & assurement un de plus curieux que j'ai fait. Il y'aura de descriptions exactes & plaisantes parce que ce sont les poissons mesmes qui parleront." Die Zeugnisse selbst sprechen zu machen – das erscheint, über die „performative Qualität" eines „imaginären Gerichtsprozesses" respektive eines „theatrale[n] Aufzug[s]" hinaus, als Möglichkeit, die diluvialen Überlieferungszeugnisse zu edieren.[166]

---

[164] Ebd., S. 24: „Sunt equidem multi magni nominis viri, qui studio Antiquitatum Diluvianarum allecti passim ex iis Musea extruunt, Monumenta Divinæ vindictæ omni ære perenniora. Hæc inter comparemus & nos, muti & tamen diserti Inundationis gravissimæ testes" und S. 24–35 (Ausführungen der auf den Tafeln IV und V abgebildeten Fossilien). – Valckenier sind die *Piscium Querelae et Vindiciae* gewidmet, Speners Abhandlung erscheint zwei Jahre nach Scheuchzers Publikation: Christian Maximilian Spener: Disquisitio de Crocodilo in Lapide scissili expresso aliisque Lithozois. In: Miscellanea Berolinensia ad incrementum scientiarum, ex scriptis Societati Regiæ Scientiarum exhibitis edita 1 (1710), S. 99–118 samt einem durchaus wohlwollenden Brief von Leibniz an den Verfasser (ebd., S. 118–120).

[165] Gaudant u. Bouillet: Aux sources de la paléoichthyologie, S. 37, zitieren Buffons *Histoire naturelle* (1749), denen die Schrift als „abgeschmackte[r] Spaß" gilt (Buffon: Allgemeine Historie der Natur. Bd. 1, S. 112), und Cuvier, der allein die Abbildungen „de fort beaux ichthyolites" für erinnerungswürdig hält.

[166] Johann Jakob Scheuchzer an Pieter van der Aa, 31. [sic!] Juni 1721 (Zentralbibliothek Zürich, MsH 150c, S. 289f.), zitiert – mitsamt offensichtlich falscher Datierung – nach Felfe: Naturgeschichte als kunstvolle Synthese, S. 67; ebd. seine Einschätzung des Verfahrens: „Die in diesem Buch entfaltete theatrale Inszenierung […] war offenbar ein Grund für das Vorhaben, gerade diese Publikation zu einem umfassenden Werk über die Versteinerungen zu erweitern." Ob Felfes Interpretation, Scheuchzer habe daraus die Matrix zu einem ‚traitté complet' über die Diluviana insgesamt gewinnen wollen, stichhaltig ist, lässt sich anhand des Briefausschnitts kaum beurteilen. Dass „sowohl der szenische Auftritt der Versteinerungen im Text, als auch die bildlich-mimetische Anbindung des Kommentars an die Dinge, als Darstellungsform etwas leisteten, was weder die Diluvialhypothese als Entstehungstheorie, noch die Bildtafeln mit externen Legenden oder taxinomische Ordnungen darzustellen vermochten", steht außer Frage; diesen Verfahren allein die Verantwortung für die

2 Sintflut, antiquarisch

In der zweiten Hälfte der 1720er Jahre veröffentlicht Scheuchzer dann das Beweisstück, das seinen gelehrten Einsatz für die Sintfluthypothese in jeder Hinsicht krönen soll: die Überreste des *Homo Diluvii testis*, zweier Exemplare[167] genauerhin jener Spezies, die nicht den Anspruch des unschuldigen Opfers erheben kann, sondern die als sündiger Auslöser der Katastrophe im Gedächtnis gehalten werden muss. „Mit dem vermeintlichen Menschenfossil aus Öhningen glaubte Scheuchzer den Wettlauf der Gelehrten um das Aufspüren glaubwürdiger Funde menschlicher Sintflutfossilien für sich entschieden zu haben."[168] Kein Hybridtext mit einer beträchtlichen darstellungspolitischen Funktionsvielfalt bildet deshalb, wie im Fall der Fische, das Forum für diesen spektakulären Fund. Scheuchzer bespielt damit ein denkbar breites Publikationsspektrum, setzt also auf Mediendiversität, um diesen herausragenden Zuwachs seiner Sammlung bekannt zu machen und ihm den gebührenden Rang im Gebäude seiner gelehrten Naturgeschichte der Sintflut zu verschaffen. So erscheinen kurze Hinweise auf „das berühmteste Fossil der Schweizer Paläontologiegeschichte"[169] in einschlägigen Akademiepublikationen – die Abhandlungen der *Royal Society* und das *Journal des Sçavans* drucken je einen Ausschnitt aus Briefen von Scheuchzer, die Breslauer *Sammlung von Natur- und Medicingeschichten* eine von Scheuchzer „überschickte lateinische *Relation*".[170] Außerdem legt Scheuchzer „der gelehrten und curiosen Welt" einen auf das „Jahr

---

Aktualisierung des „Sintflutgeschehen[s] im Gedächtnis der Zeitgenossen" zu erteilen, greift angesichts des umfassenden überlieferungstheoretischen Rahmens von Scheuchzers Naturgeschichte allerdings zu kurz.

167 Vgl. Leu: Geschichte der Paläontologie in Zürich, S. 38–48: „Zwei […] Funde ‚menschlicher Fossilien' gelangten während des Jahres 1725 in Scheuchzers Besitz. Die eine Platte wies einen Schädel mit wenigen Rückenwirbeln auf, die andere einen Schädel mit 16 Wirbeln samt einer kleineren Gegenplatte der Schädelpartie. Beide stammten aus dem bekannten, etwa elf Stunden Fussmarsch von Zürich entfernten Steinbruch von Oehningen am Untersee (D)" (S. 39). Vor allem der größere zweite Fund ist Gegenstand von Scheuchzers Publikationen. – Cuvier wird zu Beginn des 19. Jahrhunderts die These aufwerfen, dass es sich bei dem Skelett nicht um ein menschliches, sondern um das eines Riesensalamanders handle; in den 1830er Jahren erhält es dann einen Namen, der selbst wiederum in doppelter Hinsicht die Geschichte seiner gelehrten Überlieferung an sich trägt: *Andrias scheuchzeri*. Vgl. zur Geschichte des *Homo Diluvii testis* Kempe: Wissenschaft, Theologie, Aufklärung, S. 128–135, und Stephan Kammer: 1726 – Johann Jakob Scheuchzers doppelte Erfindung einer Naturgeschichte der Sintflut. In: Sandro Zanetti (Hg.): Improvisation und Invention. Momente, Modelle, Medien. Zürich u. Berlin 2014, S. 533–547.
168 Kempe: Wissenschaft, Theologie, Aufklärung, S. 130.
169 Leu: Geschichte der Paläontologie in Zürich, S. 43.
170 Johann Jakob Scheuchzer: Sceletum duorum Humanorum petrefactorum pars. Ex Epistola Joh. Jac. Scheuczer [sic!] […] ad Dom. Hans Sloane […]. In: Philosophical Transactions of the Royal Society of London 34 (1728), S. 38f. (der gesamte Brief ist gedruckt bei Kempe: Wissenschaft, Theologie, Aufklärung, S. 345f.); Extrait d'une lettre écrite de Zurich à M. l'Abbé Bignon, par. M. Scheuchzer, Docteur en Medecine, &c. au sujet des restes d'un homme noyé dans le Déluge universel. In: Journal des Sçavans 1726, S. 378f.; Johann Jakob Scheuchzer: Hominis in Diluvio submersi Reliquiæ. In: Sammlung von Natur- und Medicinwie auch hierzu gehörigen Kunst- und Literatur-Geschichten 32 (1725), S. 406–408 (Zit. aus dem deutschen Einleitungstext S. 406).

nach der Sündflut MMMMXXXII" datierten Einblattdruck „zum Nachdencken" vor, der in Bild und Text das humane Überlieferungszeugnis präsentiert. Schließlich erscheint eine mit einem anthropotheologischen Anhang versehene lateinische Abhandlung, von der die Textstrategie der Scheuchzerschen Diluviana weitergeführt wird;[171] den letzten Auftritt hat der *Homo Diluvii testis* dann auf der Klimax des Sintflut-Kapitels in der *Kupfer-Bibel*, wo er noch einmal in der ganzen Pracht seines exzeptionellen Status' erscheinen darf (Abb. 4):

> Nun schreiten wir gerades Wegs zu denen Menschen / der eigentlichen Sünd-Fluths-Ursache / deren Sünden unzehlich andere unschuldige Opffer mitbüssen mußten; Indessen ist verwunderlich daß vom Menschlichen Geschlechte so wenig übrig geblieben / also daß ich in meinem sonsten weitläufftigen Cabinet mehr nicht unter diesen Titul setzen können / als 2. gantz versteinte / kohlschwartze / gläntzende Rückgrad-Wirbel / welche *Fig.* 14. zusehen. Zu besonderm Glück aber ist mir *A.* 1725. aus dem Oeningischen Steinbruch ein *Monument* zugekommen / welches um so mehr aufmerckungs-würdig / weil es unstritt von der Sünd-Fluth abstammet / gestalten es nicht nur einen Theil / sondern ein halbes Bein-Gerüste vorzeiget / ingleichen nicht nur die obenhin aus- oder eingedruckte Figur ist / woraus die hochfliegende Einbildung einen Menschen bilden könnte / sondern das Wesen der Gebeinen / ja des Fleisches und anderer weichen Theilen selbsten darleget / und das in ordentlicher [/] eines erwachsenen Menschen Bein-Gerüst ähnlichen Art und Ebenmaß; Kurtz: ein recht seltenes Denckmal jenes verfluchten Menschen-Geschlechts der ersten Welt / dessen drey Ab- oder Eindrücke in verschiedenen Steinen vorhanden; einer allein mit dem Kopf und 6. Halßwirbeln in einem Durchschnitt von dem hintern Theil des Leibes. Zwey andere, welche just aufeinander gelegen / und des Menschen vordern Theil vorstellen / und welchen / als den vollkommnern in verkürtzter Maß auf gegenwärtiger Tafel habe entwerffen lassen / wie *Fig.* 15. zeuget[.][172]

---

[171] Scheuchzer: Homo Diluvii testis.
[172] Scheuchzer: Kupfer-Bibel. Bd. 1, S. 66 und Tafel XLIX.

2 *Sintflut, antiquarisch*

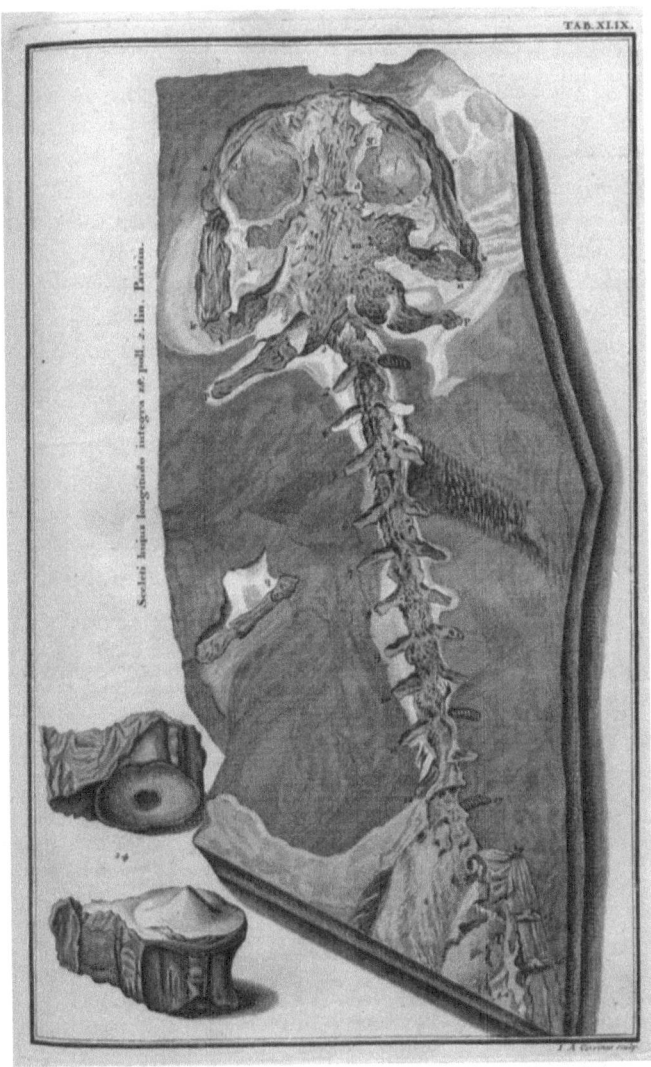

Abb. 4: Johann Jakob Scheuchzer: Kupfer-Bibel / in welcher die Physica sacra oder geheiligte Natur-Wissenschafft derer in Heil. Schrifft vorkommenden natürlichen Sachen deutlich erklärt und bewährt [...]. Bd. 1. Augsburg, Ulm 1731. Tafel XLIX

So unterschiedlich die Publikationsforen sind, auf denen Scheuchzer seinen *Homo Diluvii testis* präsentiert, so geübt Scheuchzer deren jeweilige Erfordernisse bedient – alle diese Publikationen vereint die Akzentuierung der Seltenheit und zugleich Authentizität des Überlieferten, die auch in der zitierten Passage zentral ist. Die kontemplative und memoriale Vergegenwärtigung des göttlichen Strafgerichts steht, auch wenn die plakative Datierung *post Diluvium* dies zu suggerieren scheint,[173] noch nicht einmal im illustrierten Flugblatt, dem Medium mit der erwartungsgemäß breitesten Streuweite und mit einer aufgrund der Medientradition am ehesten für einen Aufruf zu religiöser Besinnung geeigneten Ausrichtung,[174] im Vordergrund. Vielmehr ist es die gelehrte Beweisführung und damit das Anliegen, das Scheuchzers Naturgeschichtsschreibung allenthalben mit den anderen antiquarischen Debatten seiner Zeit teilt, was die verschiedenen Texte organisiert und strukturiert. Die „verwunderlich[e]" Seltenheit menschlicher Überbleibsel, die in der *Kupfer-Bibel* in Kontrast zur bekannten und unbestrittenen Tatsache gesetzt wird, dass der Mensch als die „eigentlich[e] Sünd-Fluths-Ursache" betrachtet werden muss, erklärt der Einblattdruck so beispielsweise aus den Abläufen des Sintflutgeschehens: Die Menschen „schwammen tod auf der obern Wasser-Fläche / und verfaulten / und läßt sich von denen hin und wider befindlichen Gebeinen nicht allezeit schliessen / das sie von Menschen seyen." Um so bedeutender, so das Flugblatt weiter, ist ein Überlieferungszeugnis, dessen Status als menschlicher Überrest nicht auf den Entgleisungen einer produktiven Einbildungskraft beruht,[175] sondern auf der mess- und berechenbaren, also beweisfähigen Mathesis der Übereinstimmung:

> Dieses Bildnuß / welches in sauberem Holtz-Schnitt der gelehrten und curiosen Welt zum Nachdencken vorlege / ist eines von sichersten ja ohnfehlbaren / Uberbleibselen der Sünd-Flut; da finden sich nicht einige *Lineament*, auß welchen die reiche und fruchtbare Einbildung etwas / so dem Menschen gleichet / formieren kan / sondern eine grundliche Ubereinkunfft mit denen Theilen eines Menschlichen Bein-Gerüsts / ein vollkommenes Eben-Maß / ja selbs die in Stein (der auß dem Oningischen Stein-Bruch) eingesenckte Bein; selbs auch weichere Theil sind in *Natura* übrig / und von übrigem Stein leicht zu unterscheiden.

---

[173] Die Zäsur der Sintflut aber hat eben nicht nur eine theologische, sondern eine histor(iograph)ische Funktion: Sie markiert den Übergang von der frühesten, ‚unbekannten' zur ‚neuen' Geschichte; vgl. Zedelmaier: Der Anfang der Geschichte, S. 151f.

[174] Illustrierte Einblattdrucke haben in dieser Hinsicht gerade auch am Modell der ‚Prodigien'-Literatur, dem organisierten Aufmerken auf das Seltene, Monströse teil, das Scheuchzers Flugblatt im neuen Paradigma der Naturgeschichte noch zitiert. Vgl. Michael Schilling: Bildpublizistik der frühen Neuzeit. Aufgaben und Leistungen des illustrierten Flugblatts in Deutschland bis um 1700. Tübingen 1990, S. 116–125.

[175] Diesen Umstand hebt auch der Briefauszug im *Journal des Sçavans* hervor: „Cette pétrification n'offre point aux yeux ces traits obscurs & équivoques, dont une imagination féconde forme des châteaux, des murailles, des ruines, des croix, des montagnes, des bois, des mousses, des lettres, &c. [...]: mais elle est composée de differentes parties si semblables à celles de la tête, qu'un œuf ne ressemble pas mieux à un autre œuf" (Extrait d'une lettre écrite de Zurich à M. l'Abbé Bignon, par. M. Scheuchzer, S. 379).

2 Sintflut, antiquarisch 283

Dementsprechend werden erstens die Abbildungen des *Homo Diluvii testis* mit einem Raster von Indizes überzogen, deren Legenden die anatomische Struktur des Fossils ausbuchstabieren, und von einem Maßstab begleitet, der die Größe des versteinerten Gegenstands deutlich macht – und eine Hochrechnung erlaubt, die das Überlieferungszeugnis in dezent-unterschwelligem Präsenzbezug gleichsam zum Spiegelbild seines aktuellen Agenten werden lässt und umgekehrt: „Aus den Proportionen dieses menschlichen Fossils, so wie es sich zu einem ganzen Menschen verhält, schließe ich, dass die Statur dieses Menschen ungefähr dieselbe gewesen ist wie meine: 58 ½ Pariser Zoll, was fünf Zürcher Fuß und 9 7/17 Dezimal-Zoll entspricht."[176] Dementsprechend werden zweitens andere menschliche Überbleibsel der Sintflut, selbst die noch in der *Kupfer-Bibel* als solche abgebildeten „kohlschwartze[n] / glänzende[n] Rückgrad-Wirbel" aus Scheuchzers Sammlung,[177] in ihrer Geltung relativiert, wenn nicht preisgegeben: „Sollte jemand bei diesen selbst darauf bestehen, dass sie etwa Fischwirbel seien", hält die lateinische Abhandlung fest, „wollte ich mit ihm deswegen keinen hitzigen Streit vom Zaun brechen".[178]

Das menschliche Skelettüberbleibsel wird damit zum Überlieferungszeugnis schlechthin, in dem Beweiskraft, Lesbarkeit und Alter kulminieren – das, mit den Worten des Zürcher Flugblatts, „alle andere Römische und Griechische / auch Egyptische / oder andere Orientalische *Monument* an Alter und Gewußheit übertrifft". Der *Homo Diluvii testis* liefert nicht allein den evidenten Schlussstein in der Beweisführung zur Sintfluthypothese,[179] sondern krönt vor allem auch die Legitimation jener antiquarischen Spielart einer Naturgeschichtsschreibung, der sich Scheuchzer in der Bibliothek, den einschlägigen Sammlungen und im Feld zeitlebens befleißigt hat. Dies ist Anlass genug dafür, dass der lateinischen Abhandlung Grundsätzliches vorausgeschickt werden kann; ihren ersten Paragraphen nimmt eine Überlegung ein, in der noch einmal die Medien und Glaubwürdigkeiten der Überlieferung, das drohende Schwinden aller Geschichte, die dokumentarischen Chancen der unterschiedlichen Zeugnisse und die institutionellen Absicherungsversuche des kulturellen Gedächtnisses auf den Plan gerufen werden:

> Die Zeit zerstört die Dinge und das Gedächtnis der Dinge, aber sie bewahrt sie auch. Ganz so wie Rauch werden Wissen und Überlieferungen aufgelöst, wenn sie nicht von den Denkmälern der Schrift bewahrt werden. So wie der Rost das Eisen, so zerfrisst die Zeit die Wörter, die Ta-

---

[176] Scheuchzer: Homo Diluvii testis, S. 12: „Ex proportione hujus Sceleti, qualis sese habet ad integrum Hominem, colligo, Hominis hujus fuisse Staturam eandem, quæ circiter mea est, 58 1/2. Digitorum Parisiensium, qui respondent Pedibus decimalibus Tigurinis 5. 9 7/17 l." – Die Größenangabe im Einblattdruck muss ohne diesen Übertrag zum Verfasser auskommen.
[177] Scheuchzer: Kupfer-Bibel. Bd. 1, S. 66 und Tafel XLIX [Fig. 14].
[178] Scheuchzer: Homo Diluvii testis, S. 7: „De quibus ipsis tamen si quis contenderet, forsan esse Ichtyospondylos, cum eo serram contentionis reciprocare nollem."
[179] „M. Scheuchzer assûre, qu'il n'y a personne, qui du premier coup d'œil, ne reconnoisse que la pétrification, dont il s'agit, est un reste du Déluge" (Extrait d'une lettre écrite de Zurich à M. l'Abbé Bignon, par. M. Scheuchzer, S. 379).

ten und Geschehnisse. Die Schranke gegen dieses Verderben bilden schriftliche Monumente der göttlichen und menschlichen Geschichte, Obelisken, Pyramiden, Münzen, Inschriften, balsamierte Körpern, übriggebliebene Dinge selbst in ihrem ursprünglichen oder auch nur gleichsam ursprünglichen Zustand. Gesetze werden aus dem Gedächtnis getilgt, wenn sie nicht durch die höchste Autorität Gottes oder die der Fürsten und Beamten ins Gedächtnis zurückgerufen werden. Wohltaten werden vergessen, die allein schon der Anblick der Wohltäter wieder erregt. Die historische Wahrscheinlichkeit schwindet allmählich, die einmal durch das lebendige Wort, dann durch schriftliche Zeugnisse übertragen wird. Und was bitte wäre aus den vom Alten und Neuen Testament festgehaltenen Geschehnissen geworden, wenn die unzweifelhaften Zeugnisse der von Gott inspirierten Schriften nicht aufs beste begründete Wahrheit wäre, an der auch eine noch so lange Dauer schwindender Jahrhunderte nichts mindern kann? Was wäre mit der Sintflut, würde nicht – neben dem allerkräftigsten Zeugnis der Heiligen Schrift – eine neue Erforschung und Entdeckung der Überbleibsel täglich die Gewissheit darüber zeigen und Erinnerung an sie wiederauffrischen? Wer etwas über das Schwinden jeder möglichen Geschichte wissen will, der möge John Craigs *Mathematische Elemente der christlichen Theologie* (London 1699) zu Rate ziehen.[180]

Die Antwort, die der *Homo Diluvii testis* stellvertretend für all die anderen Überbleibsel der Sintflut auf diese Problemlage gibt, hebt in subtiler antiquarischer Dialektik die Katastrophe des Gedächtnisses durch das Gedächtnis der Katastrophe auf. Epistemologisch gewendet, bieten die *rudera Diluvii* einen beweiskräftigen steinernen Widerhalt gegen den Kalkül des Verschwindens, den Craigs Formeln des Überlieferungsverlusts über die sprachgebundenen Möglichkeiten der Weitergabe von Wissens- und Glaubensinhalten haben laufen lassen. Diese Profilierung der philologisch-antiquarischen Debatten um 1700 ist es, die das Spezifikum von Scheuchzers naturgeschichtlichen Arbeiten ausmacht – bis hin zu den konkreten Praktiken seines *paperwork*, in denen sich die allenthalben propagierte funktionale Äquivalenz von natürlichen und kulturellen Überlieferungszeugnissen noch einmal neu wiederholt. Im Nachlass erhalten hat sich „eine mehrbändige Sammlung von Bildmaterial", bestehend „aus Drucken und Handzeichnungen verschiedener Minerale und Fossilien, allegorischer Figuren, sowie von Ruinenlandschaften und diversen antikisierenden Motiven", die zu einem langjährig verfolgten Arbeitsprojekt

---

[180] Scheuchzer: Homo Diluvii testis, S. 3: „Delet res, rerumque memorias, Ætas, sed & conservat. Fumi adinstar dissipantur Historiæ, & Traditiones, ni conserventur Literarum monumentis. Corrodit, ut Rubigo Ferrum, ita Tempus dicta, acta, facta. Repagulo huic corruptioni sunt Literarum, Divinarum, Humanarum, Monumenta, Obelisci, Pyramides, Numi [sic!], Inscriptiones, Balsamationes, res ipsæ in Statu quo, vel quasi, residuæ. Delentur memoriâ Leges, nisi authoritate supremâ DEI, Principium Magistratuum renoventur. Excidunt beneficia, quæ vel solus benefactorum aspectus refricat. Evanescit sensim Probabilitas Historica, tum quæ viva voce, tum quæ per Testimonia Scripta transmittitur. Et quid, quæso, fieret de rebus in Veteri Novoque Testamento actis, nî fundatissima esset Veritas indubia Scriptorum Θεοπνεύσων Testimonia, cui nîl derogat quantumvis longa Seculorum elapsorum Ætas? Quid de Diluvio, nî, præter validissimum Sacrarum Literarum Testimonium, certitudinem illius exhiberet, memoriamque refricaret nova indies λειψάνων inquisitio, atque detectio? De Historiarum quarumcunque evanescentia si quis desideret Mathematicum Calculum, consulat is *Joh. Craige Theologiæ Christianæ Principia Mathematica*. Lond. 1699." – Zu Craigs Mathesis des Überlieferungsverlusts vgl. die Bemerkungen in der Einleitung dieser Arbeit.

eines *Lexicon Diluvianum* gehören.[181] Hinweise darauf sind in die gelehrte Öffentlichkeit gedrungen – so annonciert beispielsweise das *Journal des Sçavans* gleichzeitig mit dem Überbleibsel des *Homo Diluvii testis*: „M Scheuchzer a fait un ample Dictionnaire des *Antiquitez du Déluge*; où il a rassemblé, sous certaines classes, toutes les singularitez de ce genre";[182] in der Korrespondenz mit Johann Andreas Pfeffel, dem Augsburger Verleger der *Kupfer-Bibel*, finden sich Belege dafür, dass Scheuchzer dieses Projekt durchaus zur Publikation vorgesehen hat. In – gelehrtentypischer[183] – *cut and paste*-Technik montiert er darin antikes und christlich-allegorisches Bildmaterial mit Fossilienabbildungen gleichsam zu einem ‚Mnemosyne-Atlas' der Sintflut als Katastrophen- und Gründungsereignis zugleich, auf das wissenschaftlich nur durch antiquarische Sorge für die Semiophore reagiert werden kann.[184]

Dem in Scheuchzers unterschiedlichsten Arbeiten verfolgten Programm der gelehrten Spurensicherung wird man deshalb kaum gerecht werden, wenn man es nur als noch in den Verstrickungen der Theologie verhaftete Vorgeschichte der Paläontologie[185] oder als naturgeschichtlich aufgerüsteten Beitrag zu einer theologischen Gedenkpolitik begreift. Scheuchzers Diluvianismus ist bis ins Detail Teil des Überlieferungsdiskurses, der seine Erkenntnisobjekte als „Ueberbleibsel und Zeugen"[186] gleichermaßen konzipiert. Er erschließt dem philologisch-antiquarischen Paradigma neue Gegenstände, die allein in einem, allerdings wichtigen Punkt von den übrigen Medien und Objekten der Überlieferung unterschieden sind: darin nämlich, dass an der strukturellen Position des Überlieferungsagenten derselbe Akteur steht wie an derjenigen, die als kulturell ungebundene Bedrohung für alle Überlieferung gelten muss – die Zeit. Eine Entzerrung der katastrophischen Ereignisse in die

---

[181] Felfe: Naturgeschichte als kunstvolle Synthese, S. 173–218, hat diesem Nachlassmaterial eine sorgfältige Analyse gewidmet (Zit. S. 173).

[182] Extrait d'une lettre écrite de Zurich à M. l'Abbé Bignon, par. M. Scheuchzer, S. 378.

[183] Vgl. zur ‚Materialität von Exzerpt und Zitat' Anke te Heesen: Der Zeitungsausschnitt. Ein Papierobjekt der Moderne. Frankfurt a.M. 2006, S. 25–45.

[184] Es ist deshalb nicht richtig, wenn Felfe in seinem Kommentar zu einer der Collagen, die ein fossiles Ammonshorn mit einer römischen Ruinenvedute montiert, bemerkt: „Es sind die antiken Ruinen, die in der Retrospektive des Blattes den Horizont von Geschichtlichkeit überhaupt eröffnen. Die Reflexion historischer Zeit wird mit der Vedute und das heißt über eine Kunstform in die Collage eingebracht. [...] Die Ruine wird gleichsam zum Gravitationszentrum der zeitlichen Semantik der Collage – sie bietet das paradigmatische Vorbild zur Deutung der Versteinerungen als Zeugnisse der Vergangenheit aus ihrer Form" (Felfe: Naturgeschichte als kunstvolle Synthese, S. 186; abgebildet ist das Blatt ebd., S. 184). Für die Matrix der Sintflut als Überlieferungsereignis braucht Scheuchzer antikes Material keineswegs; die Collagen des geplanten *Lexicon Diluvianum* stellen nur her und aus, was konzeptuell im Diluvianismus von Beginn an am Werk ist.

[185] So schon Buffon: Allgemeine Historie der Natur. Bd. 1, S. 112: „Dieser Schriftsteller hat mehr, als alle andere, den Fehler gehabt, die Naturlehre mit der Theologie zu vermischen, und ohnerachtet er uns einige gute Beobachtungen mitgetheilet hat, so ist gleichwol der systematische Theil seiner Werke noch schlechter, als aller derer, die vor ihm gewesen sind."

[186] Moro: Neue Untersuchung der Veränderungen des Erdbodens, S. 18.

longue durée einer geologischen ‚Tiefenzeit',[187] wie sie die Grundlage der erdgeschichtlichen Theoriebildung stellen wird, bleibt undenkbar, solange deren Ambiguität als *überlieferungsbezogene* antagonistische Simultaneität am Werk ist.[188] Als geologische Dinge werden die Fossilien dann gerade auch historiographisch betrachtet wieder Primärprodukte der Natur sein, keine Überlieferungszeugnisse mehr. Noch einmal sei – gewissermaßen als Klammer meiner Ausführungen über die Diluviana – Buffons *Naturgeschichte* berufen, die sich nicht scheut, den Begriff des Wunders ins rhetorische Feld zu führen, um der Sintfluthypothese entgegenzuarbeiten: „Die Sündfluth ist [...] ein Wunderwerk, so wohl in ihren Ursachen, als in ihren Wirkungen", untersteht deshalb ausschließlich der „übernatürliche[n]" Einwirkung Gottes und nicht den „Gesetzen der Naturlehre". Geradezu blasphemisch sei es deshalb – ein beinahe schon Hardouinsches Argument –, wenn die Diluvialisten den Effekten dieses Wunders mit den Beschreibungsmodellen der Physik und der antiquarischen Naturgeschichtsschreibung zu Leibe rücken und so „gefährliche Naturlehre mit der Reinigkeit der heiligen Schrift vermischen":

> Woodward, Scheuchzer und einige andere nennen diese versteinerten Muscheln Ueberbleibsel der Sündfluth, und sehen sie als Denkzeichen [*comme les médailles & les monumens*] an, die Gott von diesem erschrecklichen Vorfalle den Menschen nachgelassen habe, damit er ewig unvergessen bleiben möchte. Sie haben diesen Satz mit so vieler Ehrerbiethigkeit, ich will nicht sagen mit Verblendung, angenommen, daß sie mit nichts so sehr beschäfftiget gewesen zu seyn scheinen, als die Mittel auszufinden, die heilige Schrift mit ihrer Meynung einstimmig zu machen; und da sie ihre Beobachtungen hätten anwenden sollen, mehrere Einsichten zu erlangen, so haben sie sich vielmehr in die physikalische Theologie verwickelt, deren Dunkelheit und Schwachheit der Klarheit und Würdigkeit der Hoheit der Religion nachtheilig ist, und den Un-

---

[187] Vgl. zu dieser Entzerrung James Hutton: Theory of the Earth, with Proofs and Illustrations. 2 Bde., Lehrte 1972 [ND der Ausg. Edinburgh 1795]. Natürlich sind auch für Hutton die Dinge Archive ihrer Geschichte und Zeugnisse von zerstörenden Umgestaltungen. Die Ambiguität, die daraus resultiert, ist aber nicht mehr die von *Überlieferung und Zerstörung*, sondern die von *Produktion und Zerstörung*, die beide den selben naturgesetzlichen Maßgaben verpflichtet sind: „these two operations necessarily go hand in hand" (Bd. 1, S. 183). Daraus nun, aus dem Verhältnis von der Unermesslichkeit der für diesen Prozess zu veranschlagenden Zeiträume und der Kleinteiligkeit der relevanten Ereignisse resultiert eine in jedem Wortsinne unspektakuläre Naturgeschichte: „But how shall we measure the decrease of our land? Every revolution of the globe wears away some part of some rock upon some coast; but the quantity of that decrease, in that measured time, is not a measurable thing. Instead of a revolution of the globe, let us take an age. The age of man does no more in this estimate than a single year. He sees, that the natural course of things is to wear away the coast, with the attrition of the sand and stones upon the shore; but he cannot find a measure for this quantity which shall correspond to time, in order to form an estimate of the rate of this decrease" (Bd. 1, S. 189f.). – Zur zentralen Rolle dieser temporalen Entzerrung resp. Maßstabsänderung in der Genealogie der Erdwissenschaften vgl. noch einmal Rappaport: When Geologists Were Historians, S. 189–199; Rudwick: The Meaning of Fossils, S. 90–93; ders.: Bursting the Limits of Time, insbes. S. 115–131.

[188] Zu diesem Modell von Ambiguität generell vgl. Frauke Berndt u. Stephan Kammer: Amphibolie – Ambiguität – Ambivalenz. Die Struktur antagonistisch-gleichzeitiger Zweiwertigkeit. In: Dies. (Hg.): Amphibolie – Ambiguität – Ambivalenz. Würzburg 2009, S. 7–30; speziell für deren Rolle bei der diluvialen Erklärung der Fossilien vgl. oben Kap. II.2.1 sowie, mit Blick auf Winckelmanns Thematisierung der antiken *fossilia*, das folgende Kapitel.

gläubigen nichts, als einen abgeschmackten Mischmasch menschlicher Begriffe mit göttlichen Wahrheiten vor Augen leget. In Wahrheit, wenn man sich untersteht, die Sündfluth und ihre natürlichen Ursachen zu erklären, wenn man uns alle Umstände von allem, was sich in der Zeit dieser großen Veränderung zugetragen, erzählen will, wenn man errathen will, was die Wirkungen davon gewesen sind, wenn man Umstände zu denen hinzu setzet, die uns die Bibel lehret, und wenn man daraus Folgen zieht, heißt das nicht die Allmacht des Höchsten abmessen wollen? Die Wunder, die seine wohlthätige Hand in der Natur auf eine einförmige und regelmäßige Art wirket, sind unbegreiflich, wie vielmehr müssen die außerordentlichen Fälle und Wunderwerke uns zum Erstaunen und zum ehrerbiethigen Stillschweigen bewegen.[189]

Im Rücken dieses Differenzierungsgebots erst bahnt sich die epistemische Entscheidung an, mit der das antiquarische Paradigma der Naturgeschichte endet: Nicht als Zeugnis einer singulären Katastrophe, sondern als Ergebnis langfristiger, kontinuierlicher Prozesse erscheinen die Fossilien im Narrativ einer Geschichte der Natur.[190]

3 Schöne Funde, verlorene Schönheit. Winckelmanns zweideutige Antike(n)

3.1 Ein Antiquar in Halbtrauer oder: doppelte Buchführung

Sei es das Heil des Menschen nach der noachitischen Neubegründung seines Geschlechts oder der Geltungsanspruch der Zeugnisse, von denen die Spuren des göttlichen Strafgerichts überliefert werden: Die Sorge um das aus dem Untergang Gerettete, ja ihm Abgewonnene bildet die zentrale Denkfigur, wenn nicht den Motivationskern des Scheuchzerschen Diluvianismus. Sie liegt der Aufmerksamkeitssteuerung zugrunde, mit der Scheuchzer das angesichts der überlieferungsarmen, aber vom nachträglichen Bericht der ersten Genesis-Kapitel verbindlich strukturierten Frühgeschichte der Menschheit entstandene Informationsdefizit ausgleichen will. Der Vorteil, den die Fossilien als Gegenstände einer derartigen Sorge ums Überlieferte bieten, besteht in ihrem Status als ‚empirisch-antiquarische Doubletten', als Resultate physikalisch beschreibbarer Naturgesetzmäßigkeiten und als Überlieferungszeugnisse eines katastrophischen Ausnahmeereignisses zugleich.

---

[189] Buffon: Histoire naturelle. Bd. 1, S. 201–203; Allgemeine Historie der Natur. Bd. 1, S. 114f.
[190] Buffon: Histoire naturelle. Bd. 1, S. 303: „[L]'arrangement des couches horizontales & parallèles ne c'est pas fait en un instant, mais par les sédimens qui se sont amoncelés peu à peu, & qui ont enfin produit des hauteurs considérables par la succession des temps". – An der Beliebtheit von Naturalia in den Sammlungen des 18. Jahrhunderts wird dieser Umstand nichts ändern; ganz im Gegenteil. Was sich mit der epistemischen Perspektive verschiebt, ist der Modus des Sammelns selbst: von der Gelehrsamkeit zum kulturellen Kapital. Vgl. Krzysztof Pomian: Médailles/coquilles = érudition/philosophie. In: Studies on Voltaire and the Eighteenth Century 154 (1976), S. 1677–1703; ders.: Collectionneurs, amateurs et curieux, S. 249: „la nature est devenue mondaine."

Dieselbe Sorge – nun aber nicht mehr vom ungetrübten Optimismus des christlichen Heilsversprechens geprägt, der Scheuchzer antreibt[191] – scheint am Ende von Winckelmanns *Geschichte der Kunst des Alterthums* ihren prägnanten Ausdruck zu finden:

> Ich bin in der Geschichte der Kunst schon über ihre Gränzen gegangen, und ohngeachtet mir bey Betrachtung des Untergangs derselben fast zu Muthe gewesen ist, wie demjenigen, der in Beschreibung der Geschichte seines Vaterlandes die Zerstörung desselben, die er selbst erlebet hat, berühren müßte, so konnte ich mich dennoch nicht enthalten, dem Schicksale der Werke der Kunst, so weit mein Auge gieng, nachzusehen. So wie eine Liebste an dem Ufer des Meeres ihren abfahrenden Liebhaber, ohne Hofnung ihn wieder zu sehen, mit bethränten Augen verfolget, und selbst in dem entfernten Segel das Bild des Geliebten zu sehen glaubt. Wir haben, wie die Geliebte, gleichsam nur einen Schattenriß von dem Vorwurfe unsrer Wünsche übrig; aber desto größere Sehnsucht nach dem Verlohrnen erwecket derselbe, und wir betrachten die Copien der Urbilder mit größerer Aufmerksamkeit, als wie wir in dem völligen Besitze von diesen nicht würden gethan haben. Es geht uns hier vielmals, wie Leuten, die Gespenster kennen wollen, und zu sehen glauben, wo nichts ist: der Name des Alterthums ist zum Vorurtheil geworden; aber auch dieses Vorurtheil ist nicht ohne Nutzen. Man stelle sich allezeit vor, viel zu finden, damit man viel suche, um etwas zu erblicken. Wären die Alten ärmer gewesen, so hätten sie besser von der Kunst geschrieben: wir sind gegen sie wie schlecht abgefundene Erben; aber wir kehren jeden Stein um, und durch Schlüsse von vielen einzelnen, gelangen wir wenigstens zu einer muthmaßlichen Versicherung, die lehrreicher werden kann, als die uns von den Alten hinterlassenen Nachrichten, die, außer einigen Anzeichen von Einsicht, bloß historisch sind. Man muß sich nicht scheuen, die Wahrheit auch zum Nachtheile seiner Achtung zu suchen, und einige müssen irren, damit viele richtig gehen.[192]

Am Ende einer Abschiedsszene, die an die Erzählung des „gänzliche[n] Fall[s]" und der „allgemeinen Vernichtung" der Kunst anschließt,[193] findet man Anspruch und Rechtfertigung des antiquarischen Projekts: die unabschließbare und nützliche Suche nach den Positivitäten der Überlieferung – eine Suche, die „jeden Stein" umdreht, um Hinterlassenschaften dingfest zu machen, mit deren Hilfe sich die „bloß historisch[en]" schriftlichen Zeugnisse der „Alten" ergänzen und berichtigen lassen. Auch Winckelmann schreibt somit die antiquarische Binnendifferenzierung des Überlieferten fort, die sich auf das Text-Wissen allein nicht mehr verlassen will und nach der die Vielfalt semiophorischer Dinge zur kritischen Austarierung

---

[191] Wie Woodward sieht Scheuchzer in der Sintflut ja nicht nur die katastrophische Bestrafung der ersten Menschheit, sondern gleichzeitig einen „außergewöhnliche[n] Reinigungsakt", nach dem die aus den Fugen geratene Welt wieder in Balance kommt. Kempe: Wissenschaft, Theologie, Aufklärung, S. 233.

[192] Winckelmann: Geschichte der Kunst des Alterthums, S. 430f. (SN 4.1, S. 836–838).
Winckelmanns Schriften und Briefe werden nach folgenden Ausgaben zitiert: mit der Sigle SN nach Johann Joachim Winckelmann: Schriften und Nachlaß. Hg. v. der Akademie der Wissenschaften und der Literatur Mainz, der Akademie gemeinnütziger Wissenschaften zu Erfurt und der Winkelmann-Gesellschaft. Mainz 1996ff.; mit der Sigle KS nach Johann Joachim Winckelmann: Kleine Schriften, Vorreden, Entwürfe. Hg. v. Walther Rehm. 2. Aufl. mit einem Geleitwort von Max Kunze u. einer Einleitung v. Hellmut Sichtermann. Berlin u. New York 2002: mit der Sigle B und Angabe der Briefnummer nach: Johann Joachim Winckelmann: Briefe. In Verbindung mit Hans Diepolder hg. v. Walther Rehm. 4 Bde. Berlin 1952–1957.

[193] Ebd., S. 421 und 429 (SN 4.1, S. 822 und 836).

3 Schöne Funde, verlorene Schönheit. Winckelmanns zweideutige Antike(n) 289

der „hinterlassenen Nachrichten" genutzt werden soll. Allerdings ist dieses Bekenntnis zum epistemischen Paradigma der Antiquare gleichsam selbst zu einem Befund geworden, den man der figuralen Oberfläche der zitierten Passage ebenso abgewinnen muss wie den Trends einer zweihundertjährigen, voll und ganz auf die Gründungserzählungen von Winckelmann als Begründer der Kunstgeschichte, der Archäologie, der deutschen Klassik etc. fokussierten Rezeptionsgeschichte.[194] Auffällig – und entsprechend wirkmächtig geworden – ist zunächst einmal die Serie von Vergleichen, die im eben angeführten Zitat dem propositionalen Klartext der letzten anderthalb Sätze vorangeht. Die doppelte Betroffenheit eines patriotischen Historiographen, der die selbst erlebte „Zerstörung" seines „Vaterlandes" verhandeln muss; die verlassene Alcyone am Meeresstrand, die den „abfahrenden Liebhaber" Ceyx noch ins Segel des Schiffs halluziniert und der so nur ein „Schattenriß" des Objekts ihrer Begierde zurückbleibt;[195] Gespensterseher und unbefriedigte Erben – am Schluss von Winckelmanns Kunstgeschichte darf eine regelrechte Ökonomie des Trübsinns und der Sinnestrübung ihr komparatives Potential entfalten. Darin artikuliere sich, so die Diagnose, die zugleich kunsthistorische und ästhetische Begründungsfigur einer „Ruinanz der Werke", nach der von der Kunst allein noch im Modus der Nachträglichkeit gehandelt werden könne: „Sobald von der Kunst geschrieben wird, ist bereits ihr Ende angezeigt."[196] Eine „bürgerliche Wehmut nach Ursprung" sei fortan bemüht, durch allerlei diskursive, imaginative und institutionsbegründende Kniffe diese Unverfügbarkeit vergessen zu machen –

---

[194] Für die Archäologie hat die kritische Sichtung dieser Gründungserzählung geleistet die Untersuchung von Hofter: Die Sinnlichkeit des Ideals; vgl. ebenso die *habitus*-orientierten Grundlagenarbeiten von Martin Disselkamp: Die Stadt der Gelehrten. Studien zu Johann Joachim Winckelmanns Briefen aus Rom. Tübingen 1993; Urs Müller: Feldkontakte, Kulturtransfer, kulturelle Teilhabe. Winckelmanns Beitrag zur Etablierung des deutschen intellektuellen Felds durch den Transfer der Querelle des anciens et des modernes. 2 Bde., Leipzig 2005.

[195] Vgl. Ovid, Met. XI, vv. 410–748. – Es wäre reizvoll, an einigen Stellen das textuelle Beziehungsgeflecht auszuspinnen, das die Anspielung auf Ovids Metamorphosenerzählung evoziert: Ceyx' Schiffbruch, in dem vom stolzen Schiff nur Trümmer bleiben („alii partes et membra carinae / trunca tenent, tenet ipse [Ceyx] manu, qua sceptra solebat, / fragmina navigii", vv. 559–561), als Allegorie des Überlieferungsgeschehens, und außerdem: Ceyx kehrt nach dem Schiffbruch, nach seinem Tod, wieder – zunächst als Traumgesicht, mit dem Juno Alcyones Opfer um die Rückkehr des Gemahls Einhalt gebieten will, dann als Leichnam, als „corpus" (v. 716); ganz zu schweigen vom komplexen Spiel der Nachahmungen, das die Erzählung strukturiert. – Zu Narrativ und Allegorie des Schiffbruchs, die dem Dispositiv der ‚Überlieferung' eine über seinen wissensgeschichtlichen Zuschnitt hinausweisende, elementar kultursemiotische Funktion verleihen (und *vice versa*), vgl. das abschließende Kap. III. dieser Arbeit.

[196] Peter Geimer: Die Vergangenheit der Kunst. Strategien der Nachträglichkeit im 18. Jahrhundert. Weimar 2002, S. 7 und 21; eine knappe und präzise Rekonstruktion der paradoxalen Anlage von Winckelmanns *Geschichte der Kunst des Alterthums* bietet Alex D. Potts: Leben und Tod des griechischen Ideals: Historizität und ideale Schönheit bei Winckelmann. In: Winckelmann: Die Geburt der Kunstgeschichte im Zeitalter der Aufklärung. Beiträge einer Vortragsreihe im Auditorium des Louvre 1989/1990 unter der wissenschaftlichen Leitung von Édouard Pommier. Stendal 1994, S. 11–30.

zumindest solange, bis die „geschichtsphilosophische Härte" von Hegels Ästhetik (oder der ikonoklastische Gestus neuer, moderner Barbaren) die „Trauerarbeit über den Verlust des Ideals auf das Objekt" verschiebt.[197] Der Antiquar als Melancholiker also? Ein „sehr gutes Recept wieder die Leidenschaften", wie es die Aufklärungspsychologie in der antiquarischen Praxis entdecken will,[198] scheint die Beschäftigung mit dem Altertum jedenfalls nicht mehr zu bieten. Die stoische Ruhe des Philologen bzw. Antiquars ist dahin. Er ist nicht mehr „fühlloß" und unablässig „mit tiefsinnigen Betrachtungen" beschäftigt, nicht mehr nur auf ‚symbolische Erkenntniß' konzentriert, vielmehr programmiert ihn und seine Schriften der starke Affekt.[199]

Ausgerechnet die imaginativen Exzesse nun, die in der Vergleichsreihe als Symptome dieser veränderten Disposition berufen werden, sind als Gründungsbedingung sogenannter ‚Geistesgeschichte' namhaft gemacht worden: „Der eigentliche Paradigmenwechsel vom antiquarischen zum historischen Bewußtsein geschieht als emphatischer Sprung von der Beschäftigung mit manifesten, sichtbaren Dokumenten der Vergangenheit hin zur Rekonstruktion imaginärer, nur als Idee existenter ‚Originale'. Die Objekte sprechen nicht mehr für sich selbst: Der Dialog wird auf ihre Tiefendimension, ihre Abstraktion übertragen: ‚Geistesgeschichte' ward geboren."[200]

Letztere wäre also, in den Bahnen einer selbst traditionsreichen, obgleich paradoxen Argumentation, zuallererst ein Erzeugnis der Einbildungskraft, dessen Karriere

---

[197] Beat Wyss: Trauer der Vollendung. Zur Geburt der Kulturkritik. 3., durchgesehene Aufl. Köln 1997, Zit. S. 49 und 54; Schneider: Der Barbar, S. 135–165: „Das gemeinsame Motiv aller dieser Rekonstruktionen und Recyclings bildet die unglückliche Suche, das obsessive Verlangen nach dem Original, nach dem *verlorenen* Original. Wohlgemerkt: Ein Original, das es gibt, wäre hier ohne Interesse" (S. 151).

[198] Meier: Theoretische Lehre von den Gemüthsbewegungen überhaupt, § 94, S. 135. – Winckelmann scheint diesen Diskurs schon früh gekannt zu haben: „Die Gelehrsamkeit sagt einer, ist ein Ding das die Leute unempfindlich macht", schreibt er 1752 an Uden (Johann Joachim Winckelmann an Konrad Friedrich Uden, 3. März 1752. B 81. Bd. 1, S. 109).

[199] Meier: Theoretische Lehre von den Gemüthsbewegungen überhaupt. § 38, S. 44f. – Als Testexempel für seine Theorie der Genese von Leidenschaften wählt Meier einen Fall, der auch in Winckelmanns Vergleichsreihe nicht fehlt: die Gespensterseherei – als Beispiel übrigens auch dafür, „daß es bey der Erzeugung der Leidenschaften, auf die Wahrheit der Vorstellungen, nicht ankomme" (ebd., § 74, S. 96f.). – Heinrich Füssli zufolge hat Winckelmann sich auch selbst nach diesen Prämissen verhalten: „Er gerieth leicht in Heftigkeit, und bei Gegenständen seiner Bewunderung in das Pathos" (B 127, Bd. 4, S. 243).

[200] Wolfgang Ernst: J. J. Winckelmann im Vor(be)griff des Historismus. In: Horst Walter Blanke u. Jörn Rüsen (Hg.): Von der Aufklärung zum Historismus. Zum Strukturwandel des historischen Denkens. Paderborn u.a. 1984, S. 255–260, Zit. S. 256. – Aus umgekehrter Perspektive hat Friedrich Kittler diese Zäsur an den Anfang seiner Rekonstruktion der beiden ersten modernen Aufschreibesysteme gesetzt: „Die Gelehrtenrepublik ist systematische Verhinderung des Glücksfalls, daß der lebendige Geist dem Geist erscheinen kann." (Friedrich A. Kittler: Aufschreibesysteme 1800–1900 [1985]. 4. vollst. überarb. Neuaufl. München 2003, S. 11).

mit der gleichzeitigen Konjunktur dieses Vermögens einhergeht.[201] Befreit nur vom Ballast und den immanenten Bedingungen des Materials sowie jenem Bündel von Praktiken, die zu seiner Verwaltung zur Verfügung stehen, entfalten sich nach dieser Lesart die großen Erzählungen *der* Geschichte, *der* Kunst, *der* Literatur etc.[202] Dies aber ist, ungeachtet ihrer gegebenenfalls kritischen Absichten, wohl eine allzu hegelianische Lektüre dessen, was sich mit Winckelmanns Rekonfiguration des Überlieferungsdispositivs anbahnen mag; vielleicht auch nur eine, die dem Inszenierungskalkül dieser Rekonfiguration gleichsam wider Willen, aber zum Zwecke scharfer Profilierung mehr zutraut als nötig. Selbst Winckelmanns ästhetische Rekonfiguration der antiken Kunst nimmt nämlich, wie zuletzt Eckart Goebel gezeigt hat, bei genauerem Besehen ihren Ausgang von einer Mathesis des (schönen und insbesondere männlichen) Körpers eher als von der Exploration schöner Seelen.[203]

Doch um Winckelmanns Ästhetik ist es mir nicht zu tun. Die Figurationen der Abkehr vom Materialen, sei es in der Trauer um die Verluste oder als begeisterte Transzendierung, finden auf dem allereigensten Terrain des Antiquarischen statt. Aus ihm muss erwachsen, wofür Winckelmann neue Begriffe und Verfahren, Erzählmodelle und Zuständigkeiten zu entwickeln behauptet. Auf ihm nur kann er deshalb jene Operationen vornehmen, denen man mehr oder weniger bedenkenlos, wenn nicht gar wider besseres Wissen, diskurs- und disziplinbegründende Wirkungsmacht zugeschrieben hat. Melancholie oder Emphase: Wie immer man also

---

[201] Vgl. die deutlich ‚vorkritische' Definition des *beau idéal*, die ten Kate seiner Vorrede zu den Werkbeschreibungen von Jonathan Richardson (sen. und jun.) vorangestellt hat und dessen Konkretisierungen man ihm zufolge sieht sowohl „dans les plus belles Statues Antiques, & dans les principaux Ouvrages de *Raphael*": „Tout *Idéal* n'est proprement qu'une judicieuse élection & une ingénieuse representation de l'Objet, de sorte que chaque chose soit excellente en son espèce, & tellement choisie de toute la Nature, qu'elle puisse atirer les yeux; & captiver l'atention des Connoisseurs; le tout néanmoins par-tout diférent, selon l'exigence du cas & du sujet." (Lambert Hermanson ten Kate: Discours préliminaire sur le beau idéal. In: Description de Divers Fameux Tableaux, Desseins, Statues, Bustes, Bas-reliefs, &c, Qui se Trouvent en Italie; Avec des Remarques. Par Mrs. Richardson, Père & Fils [...]. Bd. 1, S. iii-lxxii, Zit. S. viii und vi). – Zum paradoxievermeidenden Relais zwischen Objekt und Ideal dient ihm jene *black box* ästhetischer Empfindung, als die das „*Je ne sais quoi*" (S. viii) gelten darf.
[202] Als „Geschichtsschreibung im eigentlichen Sinn" kann fortan die Wissenspraxis mit „normative[m] Ansatz" dingfest gemacht werden, die sich nicht auf „Chronologie oder Anhäufung antiquarischer Partikel" beschränkt. So – unter vielen – Eva Maek-Gérard: Die Antike in der Kunsttheorie des 18. Jahrhunderts. In: Herbert Beck u. Peter C. Bol (Hg.): Forschungen zur Villa Albani. Antike Kunst und die Epoche der Aufklärung. Berlin 1982, S. 1–58, Zit. S. 38.
[203] Goebel: Charis und Charisma, S. 17–33. Als Vermittlungs- und Reflexionsinstanz des Verhältnisses dient der Begriff der ‚Grazie'; dessen „Pointe [...] besteht darin, dass in ihr *erste* Natur als das erscheinen kann, wozu sie eigentlich ‚geschaffen ist'. [...] Winckelmann, reflektierter Anwalt des vernünftig Gefälligen, redet keinem Vitalismus, keiner Kapitulation der Seele vor dem Körper das Wort [...]. Winckelmann postuliert vielmehr eine vernünftige Reflexion auf das Verhältnis zwischen Seele und Körper, eine Selbstkorrektur der Seele im Interesse zuletzt beider" (S. 24). – Vgl. außerdem: Alex D. Potts: Flesh and the Ideal. Winckelmann and the Origins of Art History. New Haven u. London 1994, v.a. S. 145–181.

die vom Ende der *Geschichte der Kunst des Alterthums* mit rhetorischem Geschick ins Werk gesetzte Verschiebungslogik deuten will – man scheint um das Modell der Originalität, des (Neu-)Anfangs, nicht herumzukommen, in dessen Zeichen die in den Widmungszeilen an den sächsischen Kurprinzen Friedrich Christian angekündigten und in der Vorrede als historisch-systematisches Lehrgebäude konkretisierten „reifer[e] Frücht[e] der Kunst" stehen: „die Ersten ihrer Art, in dem Schooße der Alterthümer und der Künste erwachsen, und unter diesem mir glücklichen Himmel genähret und vollendet".[204] Neu ist daran aber keineswegs die platonische Schönheitstrunkenheit, die seit der Renaissance das Nachdenken über die Kunst organisieren darf, sondern zuallererst die Strategie der Beglaubigung, mit der Winckelmann in einer der Diskurspraxis der Antiquare völlig fremden Weise die Kontingenzen seiner Lebensgeschichte mit den Notwendigkeiten der Wissensproduktion verschränkt. „Es ist [...] schwer, ja fast unmöglich", heißt es in der Vorrede, „etwas gründliches von der alten Kunst, und von nicht bekannten Alterthümern, außer Rom zu schreiben: es sind auch ein paar Jahre hiesiges Aufenthalts dazu nicht hinlänglich, wie ich an mir selbst nach einer mühsamen Vorbereitung erfahren." Ließe sich dieses Lob der Autopsie noch ohne weiteres aus einem neuen antiquarischen Selbstverständnis herleiten,[205] wie es bei Scheuchzer bereits zu Beginn des Jahrhunderts zu beobachten ist, so akzentuiert die Vorrede im weiteren Verlauf die Grundbedingung für die Erarbeitung zuverlässigen Überlieferungswissens kurzerhand um: Nicht mehr das ‚Selber*sehen*', sondern das ‚*Selber*sehen' erscheint als erste Prämisse der Wahrheitsfähigkeit von Winckelmanns Geschichte der Kunst:

> In dieser Geschichte der Kunst habe ich mich bemühet, die Wahrheit zu entdecken, und da ich die Werke der alten Kunst mit Muße zu untersuchen alle erwünschte Gelegenheit gehabt, und nichts ersparet habe, um zu den nöthigen Kenntnissen zu gelangen, so glaubte ich, mich an diese Abhandlung machen zu können. Die Liebe zur Kunst ist von Jugend auf meine größte Neigung gewesen, und ohnerachtet mich Erziehung und Umstände in ein ganz entferntes Gleis geführet hatten, so meldete sich dennoch allezeit mein innerer Beruf. Ich habe alles, was ich zum Beweis angeführet habe, selbst und vielmal gesehen, und betrachten können, so wohl Gemälde und Statuen, als geschnittene Steine und Münzen; um aber der Vorstellung des Lesers zu Hülfe zu kommen, habe ich sowohl Steine, als Münzen, welche erträglich in Kupfer gestochen sind, aus Büchern zugleich mit angeführet.[206]

Aufwand, Disposition, ja ein „innerer Beruf" werden zur Beglaubigung der antiquarischen Wahrheitssuche in Anschlag gebracht und überführen so, mit nachhal-

---

[204] Winckelmann: Geschichte der Kunst des Alterthums, [S. vii] (SN 4.1, S. xii). Vgl. zu dieser Strategie der Originalität auch Disselkamp: Die Stadt der Gelehrten, S. 124–128.
[205] Vgl. das Fazit zur antiquarischen Altertumskunde des 16. und 17. Jahrhunderts bei Hennig Wrede: Die ‚Monumentalisierung' der Antike um 1700. Ruhpolding 2004, S. 14: „Die gelehrten Untersuchungen [...] betreffen nicht die Monumente selbst, sondern die gewöhnlich von unterschiedlicher Hand, zu verschiedenen Zeiten und in abweichender dokumentarischer Treue hergestellten Zeichnungen. Die Vermittlung erfolgte daher nur indirekt. Die Antiquare blieben in den Studierstuben."
[206] Winckelmann: Geschichte der Kunst des Alterthums, S. xxi (SN 4.1, S. xxviii).

3 Schöne Funde, verlorene Schönheit. Winckelmanns zweideutige Antike(n) 293

tiger Wirkung, die Pflege des Überlieferungswissens in das neue Dispositiv der Autorschaft. Entsprechend blendet Winckelmann den methodischen Innovationsanspruch seiner Beschäftigung mit dem Altertum über die chronologische Achse der eigenen Lebensgeschichte. Der Aufbruch nach Rom wird zur Marke einer grundsätzlichen Entscheidung und Unterscheidung, die Leben und Werk gemeinsam betreffen.[207] Nicht dass sich diese Zäsur unmittelbar mit dem Ortswechsel abzeichnen würde: In den überlieferten Briefen aus Nöthnitz und Dresden, in denen Winckelmann über die anstehende Ortsveränderung reflektiert, wird der (auf Zeit geplante) Romaufenthalt mit einer Mischung aus diätetischen und karrieretechnischen Motivationen bedacht;[208] die ersten Briefe aus Rom dann, im Dezember 1755 und Januar 1756 verfasst, erhalten vornehmlich Reiseberichte, Hinweise auf die neuen lebensweltlichen Befindlichkeiten und bald auch Bibliotheksinformationen. In die Meldungen über Weinpreise und Winckelmanns „größte Delicatesse [...] Broccoli",[209] über klimatische Vorzüge und Annehmlichkeiten des Gesellschaftslebens unter Künstlern – vor allem Mengs –, über Zugangsbedingungen und Bestände der größeren Bibliotheken mischen sich erstaunlich selten Indizien für jenes bedeutsame Erweckungserlebnis, zu dem die Übersiedlung nach Rom dann nachträglich in allen nur erdenklichen Zusammenhängen erklärt werden wird.[210] Nur beiläufig und vorsichtig, in einem Schreiben an Bianconi, zeichnet

---

[207] Ein *close reading* dieser Beglaubigungsstrategien bietet Jean-Rémy Mantion: Findet die Kunstgeschichte statt – hat die Kunstgeschichte einen Ort? Winckelmann seit Rom. In: Édouard Pommier (Hg.): Winckelmann: Die Geburt der Kunstgeschichte im Zeitalter der Aufklärung. Stendal 1994, S. 127–142.

[208] Vgl. exemplarisch Johann Joachim Winckelmann an Hieronymus Dietrich Berendis, 12. Juli 1754: „Meiner Gesundheit ist nicht anders zu helffen als durch eine Veränderung." – „Kann mich der Graf in Dahlen künftig gebrauchen, so will ich zu ihm gehen, er mag mir geben was er will. [...] Denn ich bleibe nicht in Rom, das ist gewiß. Sollte aber dieses nicht seyn, so werde ich suchen in beyden Sprachen, der Frantz. und Welschen fertiger zu werden, und kann nebst dem andern wenigen Wißen, die *opinion* von jemand, der einige Jahre in Rom gelebt hat dazu genommen, meinen Unterhalt auf einer *Universität*, oder in einer großen Stadt finden" (B 99. Bd. 1, S. 143 und 146).

[209] Johann Joachim Winckelmann an Johann Michael Francke, 29. Januar 1756 (B 128. Bd. 1, S. 206).

[210] Wohin man auch blickt: Beinahe überall ist die Winckelmann-Forschung – vor allem natürlich, aber bei weitem nicht nur die biographisch ausgerichtete – dieser nachträglich inszenierten Zäsur gefolgt. Die Oppositionspaare, die man mit ihr erzeugt, können dabei unterschiedlich ausfallen: ‚Winckelmann in Deutschland' und ‚Winckelmann in Rom' in Justis Biographie, nach ‚Knechtschaft' und ‚Dienst' vs. ‚Freiheit' und ‚Ruhm' organisieren die Paratexte von Rehms Briefausgabe ihr Material, von einer ‚Welt der Bücher' und einer ‚Welt der Bilder' sprechen diejenigen der jüngsten Winckelmann-Biographie (der dessen Lebenslauf ganz und gar am Paradigma des Homoerotischen ausrichtet): Wolfgang von Wangenheim: Der verworfene Stein. Winckelmanns Leben. Berlin 2005: „Aus den Bleiwüsten der gedruckten Bücher war Winckelmann lesend über die Dichter und die Historiker zu den antiken Kunstschriftstellern gelangt und über diese sehend vor eine Kunst, die genau dasjenige würdigte, was in der Gotik seiner Kindheit und dem Barock seiner Jugend nur als verbogen und verflattert und vor allem meist verhüllt wahrzunehmen war: den schönen nackten Mann mit seinem Gemächte" (S. 193). Solche Psycho-Biographismen ähneln, ungeachtet ihrer gegensätzlichen Wertungen, letztlich doch allzu sehr der Friedellschen

sich die Geste ab, der man dann in der vor allem in den Briefen betriebenen Aufmerksamkeitspolitik bei der Arbeit an der *Geschichte der Kunst des Alterthums* allenthalben zusehen darf: „Jusqu'ici je n'ai presque point pensé que ce que d'autres ont pensé deja: il est tems d'essayer à penser ce qui n'est pas pensé deja, s'il est possible."²¹¹ Der Anspruch, ‚etwas zu denken, was bisher nicht gedacht worden ist', ist das exakte Gegenteil dessen, was auf dem Programm eines Agenten des Überlieferungswissens zu stehen hat. „Gelehrt seyn, das ist, zu wissen, was andere gewußt haben", definiert Winckelmann das Gegenmodell zu seinem Unternehmen.²¹² Und so markiert die Ankündigung, „ich bemühe mich ein Original zu machen, in welchem alles das meinige ist", die er im Zuge der Pläne zu den Statuenbeschreibungen artikuliert hat, den Punkt, an dem er sich vom Wissensparadigma der Antiquare viel grundsätzlicher verabschiedet, als es seine Ausführungen bloß inhaltlich je vermöchten.²¹³ Wie prekär ein solcher Originalitätsanspruch im gelehrten Diskurs ist, zeigt ein gutes Jahrzehnt später noch Lessings keineswegs als Kompliment zu verstehende Bemerkung über Christian Adolf Klotz, dessen anti-

---

Sottise, die „ganze fixe Idee des ‚Klassizismus'" sei auf die „sexuelle Perversion eines deutschen Provinzantiquars" zurückzuführen (Egon Friedell: Kulturgeschichte der Neuzeit. Die Krisis der Europäischen Seele von der Schwarzen Pest bis zum Ersten Weltkrieg. Bd. 2 [1928]. Sonderausgabe in einem Bd. München 2007, S. 836). – Kritisch zur Inszenierung des ‚Mythos Winckelmann' und analytisch zu dessen Voraussetzungen Manfred Fuhrmann: Winckelmann, ein deutsches Symbol. In: Neue Rundschau 83 (1972), S. 265–283; Hellmut Sichtermann: Winckelmann in Italien. In: Thomas W. Gaehtgens (Hg.): Johann Joachim Winckelmann 1717–1768. Hamburg 1986, S. 121–160; Osterkamp: Winckelmann in Rom; zu Winckelmanns eigenen, insbesondere epistolographischen Inszenierungsverfahren Disselkamp: Die Stadt der Gelehrten, S. 301–394. Wie Winckelmanns Lebenslauf schließlich selbst zum Anlass „einer modellbiographischen Spiegelung des eigenen Lebensganges" werden kann, hat Ernst Osterkamp überdies an dessen Biographen Carl Justi gezeigt: ‚Vixi'. Spiegelungen von Carl Justis Italienerfahrung in seiner Biographie Johann Joachim Winckelmanns. In: Helmut Pfotenhauer (Hg.): Kunstliteratur als Italienerfahrung. Tübingen 1991, S. 242–261, Zit. S. 243.

211 Johann Joachim Winckelmann an Giovanni Lodovico Bianconi, 7. Dezember 1755 (B 120. Bd. 1, S. 188).
212 Winckelmann: Geschichte der Kunst des Alterthums, S. 133 (SN 4.1, S. 224).
213 Johann Joachim Winckelmann an Georg Conrad Walther, 20. März 1756 (B 137. Bd. 1, S. 216). – Das formale Relais, das Winckelmanns Publikationen und gelehrte Kommunikation an die (ihrerseits seit längerem kritisch beobachteten) Praktiken der Gelehrsamkeit bindet, bleibt komplementär zu dieser Abgrenzungsstrategie die harsche, ja polemische Kritik an den anderen Antiquaren. Ernst Osterkamp hat in einer vorzüglichen kleinen Abhandlung auf den „direkte[n] Zusammenhang zwischen der Konstituierung von Autorschaft und dem Auftreten verbaler Aggressivität" hingewiesen, den er als ein funktionales Element von Winckelmanns Polemik sieht: „In dem Moment [...], in dem Winckelmann als Autor auftritt und das Ideal der edlen Einfalt und stillen Größe formuliert, entwickelt er seine polemische Aggressivität. Sie ist nicht das ‚andere' einer sonst schönen Seele, sondern ein Instrument der Durchsetzung des gelehrten Autors auf einem schwer umkämpften literarischen Markt." (Ernst Osterkamp: Johann Joachim Winckelmanns „Heftigkeit im Reden und Richten". Zur Funktion der Polemik in Leben und Werk des Archäologen. Stendal 1996, Zit. S. 21f.). Den direkten Bezug zum Programm einer Methodeninnovation thematisiert er ebd., S. 32–35.

3 Schöne Funde, verlorene Schönheit. Winckelmanns zweideutige Antike(n)

quarische Argumente seien „ganz von seiner eignen Erfindung".[214] Bei Winckelmann jedoch ist damit der Kern einer geschickten, glückenden Schreib- und Publikationsstrategie benannt; ihr paradigmatischer Neuentwurf liegt im pragmatischen Kalkül einer Karriereplanung, die von einer ‚Geburt der Kunstgeschichte' zumindest ebenso aus dem neuen (aufmerksamkeits)ökonomischen Geist der ‚Autorschaft' wie aus dem erneuerten ästhetischen Geist eines idealisch Schönen zeugt. Die „Synthese von Mitteilung und Honorar" etwa, die Heinrich Bosse in seiner Geschichte des Autorschaftskonzepts als ökonomischen Kern des ‚geistigen Eigentums' ermittelt hat, lässt sich an Winckelmanns publikationsstrategischem Briefwechsel und dessen Erfolgen leicht nachzeichnen. ‚Originalität' wird zum Faktor, den man trefflich bei Verlags- und Honorarverhandlungen ins Spiel bringen kann.[215] Im Sommer 1762 bemüht sich Winckelmann, womöglich in Sorge über kriegsbedingte Verzögerungen und Hindernisse, darum, in Zürich oder Hamburg einen Verlag für seine Kunstgeschichte zu finden, obwohl die ersten Hefte des Manuskripts bereits in den Händen des Dresdner Verlegers Walther und wohl auch im Druck sind. „Die Ursachen meiner Aenderung", lässt er Geßner wissen, „sind hinlänglich mein Wort zurück zu ziehen. Die vornemste ist das Elend in Sachsen, welches mit dem Geld-Mangel von Tage zu Tage zunimmt, und ich muß befürchten, daß es mir mit diesem Verleger gehe wie mit dem ehrlichen Dyk in Leipzig, von welchem nichts zu erhalten ist, welches ich zu entschuldigen weiß, aber ich bin in Umständen, wo mir der verdiente Lohn unentbehrlich ist."[216] Das mit seinem

---

[214] Gotthold Ephraim Lessing: Briefe, antiquarischen Inhalts [1768]. Ders.: Werke und Briefe in zwölf Bänden. Bd. 5/2, S. 414.

[215] Heinrich Bosse: Autorschaft ist Werkherrschaft. Über die Entstehung des Urheberrechts aus dem Geist der Goethezeit. München u.a. 1981, S. 65. Zum Erfolg dieses Publikationskalküls vgl. ebd., S. 184 (Anm. 230) – ein Erfolg, der nicht allein auf die zuletzt außerordentlich üppigen Bogenhonorare von Walthers „teuerste[m]" Autor" zu beschränken ist, sondern auch die weit über das ‚Winckelmann-Format' (Hamann) hinausgehenden, dezidierten Ansprüche an die materielle Ausstattung der Publikationen zu berücksichtigen hat: „Winckelmann sorgte selbst für alles, auch für die geringfügigsten technischen Einzelheiten und Kleinigkeiten, sei es aus der Haltung des Bibliophilen, sei es aus dem Gefühl der Verantwortung heraus, sei es auch im Blick auf Unzuverlässigkeit und Unzulänglichkeit der Verleger und Drucker." (Heinrich Alexander Stoll: Winckelmann, seine Verleger und seine Drucker. Berlin 1960, S. 82 u. 22).

[216] Johann Joachim Winckelmann an Salomon Geßner, 12. Juni 1762 (B 490. Bd. 2, S. 235). Sechs Tage später bittet er Volkmann mit den selben Argumenten um Vermittlung eines Verlegers in Hamburg: „Der zunehmende Geldmangel in Sachsen [...] läßt mich befürchten, daß nicht allein der Druck werde gehemmet werden, sei es mit der Schrift von der Baukunst gegangen, welche an zwey Jahren in des Verlegers Händen gewesen; sondern daß ich auch für alle meine Arbeit ganzer sieben Jahre hindurch schwerlich das geringe *Honorarium* zu hoffen habe." (Johann Joachim Winckelmann an Johann Jakob Volkmann, 18. Juni 1762. B 491. Bd. 2, S. 236). Die reichlich verwickelte Druckgeschichte der *Geschichte der Kunst* findet man ausführlich rekonstruiert bei Stoll: Winckelmann, seine Verleger und seine Drucker, S. 48–67, der das Angebot an die Zürcher wie folgt kommentiert: „Es war gut für die Schweizer Freunde und ihr Winckelmann-Bild, daß keines seiner Bücher bei ihnen erschienen. Nach allem, was bisher gesagt worden ist, kann es kaum einen Zweifel geben, daß auch diese

Verleger vereinbarte Bogenhonorar von einem Louis d'or möge hoch sein; wenn man indes berücksichtige, dass er eben nicht das gelehrt-antiquarische Format „einige[r] Folianten" bespiele, sondern nur zwei Quartbände für seine Kunstgeschichte brauche, dann werde seine „Forderung nicht so ganz unbillig scheinen können": Gerade die „Kürze, wo jedes Wort abzuwägen ist", kostet – Geschick und Arbeitszeit den Verfasser, eine angemessene Bezahlung den Verleger.[217] Ein Jahr später, der Verlag der *Geschichte der Kunst des Alterthums* liegt längst wieder respektive immer noch in Walthers Händen, schickt Winckelmann den Anfang eines weiteren Manuskripts nach Dresden. Die *Abhandlung von der Fähigkeit der Empfindung des Schönen in der Kunst* wird begleitet von einem Schreiben, das Originalität und Marktwert ganz unverblümt koppelt: „Ich muß Ihnen aber sagen", gibt Winckelmann nach Druckanweisungen für den Text und den „Pomp unter [s]einem Namen" auf dem Titelblatt zu bedenken, „daß ein Duc. für den Bogen zu wenig [gering?] ist, zumahl[?] bey einer Schrift, die aus lauter eigenen[?] Gedancken zusammengesetzt ist [...]. Ich werde mit allem Recht und ohne Ihren Schaden 2 Duc. fordern, denn ich bin guter Aufnahme derselben gewiß, wie es ein jeder seyn kann, welcher Original-Schriften liefert, deren sehr wenig sind!"[218] Erfindung, Neuheit, Originalität – ausgerechnet Winckelmann, dessen Bemühung um eine klassizistische Ästhetik doch gemeinhin als entwicklungsgeschichtlicher Vorgänger und ideologischer Widerpart zu der seit den 1760er Jahren virulenten Genieprogrammatik gesehen wird,[219] bringt für seine eigenen gelehrten Produktionen all jene Spielmarken zum Einsatz, aus denen sich die Emphase des Genialen speist.

An diese Geste lässt sich insbesondere deshalb in verschiedenster Weise, aber stets erfolgreich anschließen. Sie scheint durch die Kontingenzen der Biographie so trefflich beglaubigt zu werden, dass man darüber Kalkül und Inszenierung der

---

idealische Freundschaft an den harten Gegebenheiten des Verlagswesens zerschellt wäre" (S. 68, Anm. 28).

[217] Winckelmann an Geßner, 12. Juni 1762 (B 490. Bd. 2, S. 235). Zur wissensgeschichtlichen Konjunktur, die sich in dem von Winckelmann bespöttelten, wenige Jahre später indes selbst bespielten Folio-Format buchtechnisch materialisiert, vgl. Wrede: Die ‚Monumentalisierung' der Antike um 1700. – Winckelmanns im Eigenverlag publizierte Folianten: Monumenti Antichi inediti, spiegati ed illustrati da Giovanni Winckelmann, Prefetto delle Antichità di Roma. 2 Bde., Roma 1767.

[218] Johann Joachim Winckelmann an Georg Conrad Walther, 4. Juni 1763 (B 566. Bd. 2, S. 324; die Klammerzusätze mit Ausnahme der Auslassung in der Ausgabe). Walther akzeptiert übrigens diesen verdoppelten Honoraranspruch, er wird drei Jahre später auch die nächste signifikante Preiserhöhung, die „drey Zecchinen" pro Druckbogen für die *Anmerkungen über die Geschichte der Kunst des Alterthums*, offenbar mehr oder minder klaglos mitmachen (Winckelmann an Walther, 1. März 1766, B 762. Bd. 3, S. 164; vgl. Stoll: Winckelmann, seine Verleger und seine Drucker, S. 82f.).

[219] Vgl. etwa Schmidt: Die Geschichte des Genie-Gedankens in der deutschen Literatur, Philosophie und Politik, Bd. 1, S. 156, der *Youngs Conjectures on Original Composition* (1759) gegen die „kurz vorher [...] noch" veröffentlichten Thesen von Winckelmanns Nachahmungs-Schrift hält.

3 Schöne Funde, verlorene Schönheit. Winckelmanns zweideutige Antike(n)   297

Geste selbst gar nicht erst zu vergessen braucht. „Ich bin nach Rom gegangen nur zu sehen": In diese griffige und oft zitierte, aber mit Blick auf seine gelehrten Tätigkeiten durchaus kontrafaktische[220] Formel fasst Winckelmann ein halbes Jahr nach seiner Ankunft die biographische Zäsur, setzt mit ihr zugleich die epistemische Differenz zwischen Gelehrsamkeit und ästhetischer Erfahrung, zwischen bibliothekarischer Repräsentation und monumentaler Präsenz, zwischen dem antiquarischen und jenem neuen, originellen, inventorischen Modus des Diskurses, den er sich fortan zu produzieren anschickt – begründet, mit anderen Worten, damit jenen ‚Mythos Winckelmann', der die diversen (deutschen) Antikensehnsüchte für gute zwei Jahrhunderte gespeist hat.[221] Schon die Zeitgenossen nehmen es zwar zur Kenntnis, halten sich mit wenigen Ausnahmen aber nicht länger daran auf, dass Winckelmann auch in Rom durchaus „zwei Federn" in Benutzung hat. Von denen ist nur die eine „in den Äther Platos" getaucht, die andere aber zieht ihre Züge mit dem „kritische[n] Scheidewasser" des Antiquars.[222] Das Interesse, das sich aus diesem Befund für die Untersuchung des Überlieferungsdispositivs ergibt, kann deshalb nicht auf den gleichsam demaskierenden Nachweis abzielen, dass in

---

[220] Élisabeth Décultot: Johann Joachim Winckelmann. Enquête sur la génèse de l'histoire de l'art. Paris 2000; dt. Übers.: Untersuchungen zu Winckelmanns Exzerptheften. Ein Beitrag zur Genealogie der Kunstgeschichte im 18. Jahrhundert. Ruhpolding 2004.

[221] Johann Joachim Winckelmann an Konrad Friedrich Uden, 1. Juni 1756. Der Satz fährt fort: „ich finde aber, Rom ist mit seinen Schätzen weder den Römern noch den Ausländern bekannt: dieses erwecket mich von neuen zu schreiben." (B 144. Bd. 1, S. 224f.). – Einen frühen knappen Überblick zur Rezeption des ‚Mythos Winckelmann' gibt Ingrid Kreuzer: Studien zu Winckelmanns Aesthetik. Normativität und historisches Bewußtsein. Berlin 1959, S. 1–15; außerdem Max Kunze: Neue Forschungen zu Winckelmann. Ein Literaturbericht. In: Gaehtgens (Hg.): Johann Joachim Winckelmann 1717–1768, S. 11–30. Dessen ungeachtet sind zentrale Elemente des Mythos offensichtlich nach wie vor benutzbar, etwa die Einschätzung, dass Winckelmann „die Bedeutung der Gelehrsamkeit in seinem Fach gering einschätzte gegenüber der teilnehmenden Begeisterung." (Hellmut Sichtermann: Kulturgeschichte der klassischen Archäologie. München 1996, S. 17).

[222] Justi: Winckelmann und seine Zeitgenossen. Bd. 2, S. 82. – Zu den Ausnahmen gehört der Göttinger Philologe Heyne, der, misstrauisch gegen alle Emphase, unverdrossen an die antiquarischen Primärtugenden gemahnt: „Daß er in der winkelmannischen Geschichte der Kunst des Alterthums, so ein klassisches Buch sie sonst ist, an historischer Richtigkeit fehlet, bemerkte man freylich in der ersten berauschenden Bewunderung nicht; und kaum wagte ich es einige Zeit nachher, mit einer Berichtigung einer Anzahl dieser Unrichtigkeiten aufzutreten. Lange Zeit spannte Recensent und Schriftsteller seine Einbildungskraft, und in Ermanglung derselben, seinen Witz an, um von alter Kunst im Tone der Begeisterung zu sprechen. Ruhige Untersuchung und Forschung schien das Geschäffte nur von trägern Köpfen zu seyn. Zuverläßigkeit und Vorsigtigkeit in Anführung der Nachrichten, Genauigkeit in Angabe der einzelnen Umstände, Vorsichtigkeit in Behauptungen, Mißtrauen bey allgemeinen Sätzen, die aus einzelnen Fällen gezogen sind, Bestimmtheit in den Zeiten, Personen und Localumständen, sind sonst Vorzüge der deutschen Schriftsteller, Vorzüge, die vielleicht in einigen Fällen, wo auf Genauigkeit wenig ankömmt, entbehrlich, und so gar übel angebracht, seyn können; aber in einer Geschichte, bey Raisonnements, Behauptungen und Folgerungen aus dem Geschehenen, wie viel kömmt nicht darauf an, was wirklich geschehen ist, und völlig so, wie man es annimmt, geschehen ist!" (Christian Gottlob Heyne: Ueber die Künstlerepochen beym Plinius. In: Sammlung antiquarischer Aufsätze. Erstes Stück. Leipzig 1778, S. 165–235, Zit. S. 165).

Winckelmanns Schriften allem Originalitätsanspruch zum Trotz noch Vieles von der ‚alten' Gelehrsamkeit eingegangen ist – damit würde man, gerade angesichts der in den letzten Jahren sorgfältig erforschten Arbeitsweise und der begonnenen editorischen Aufarbeitung des Nachlasses,[223] ohnehin wenig Überraschendes zutage fördern. Zwischen Herders komplexitätsreduzierender Leseanweisung, die Spuren dieser zweiten Feder getrost zu vergessen, weil es darauf gar nicht ankomme, und Heynes ebenso komplexitätsreduzierendem Verdacht, deren Nachlässigkeiten möchten auch die großen Entwürfe der ersten Feder allenthalben affiziert haben,[224] gilt es vielmehr genau umgekehrt nach dem Modus zu fragen, der Winckelmanns Rekonfiguration des Antiquarischen erst ermöglicht. Welche Inszenierungsstrategien, welche Erkenntnispolitik des gelehrten Wissens und seiner Erarbeitung produzieren dieses so eigentümlich ambivalent zwischen Empirie, Reflexion und Affekt oszillierende Œuvre? Wie organisieren diese Verfahren die Daten und Archive, denen sie aufsitzen?

Unvollständigkeit im Überfluss: Winckelmann und die Archive der Antike. – Winckelmanns melancholische Evokationen von Verlust, Abschied und Trauer rufen im Zentrum des antiquarischen Geschäfts als Problemkomplex auf, was für den Überlieferungsdiskurs bisher Anlass zu einer heterogenen Vielzahl überraschend liminaler Motivationen gewesen ist: die Unvollständigkeit des Überlieferten. Nicht dass den Antiquaren dieser Umstand entgangen wäre, ganz im Gegenteil: Craigs Formeln des Überlieferungsschwunds, die epistemologischen Vertei-

---

[223] „Winckelmann occupe une position ambiguë, à mi-chemin entre un modèle humaniste ancien et un schéma épistémologique plus moderne", lautet das Fazit dieser Arbeiten, dem ich – mit Ausnahme der Weg-Metaphorik – im Großen und Ganzen folge. (Élisabeth Décultot: L'art winckelmannien de la lecture. Reprise et subversion d'une pratique érudite. In: Dies. (Hg.): Lire, copier, écrire. Les bibliothèques manuscrites et leurs usages au XVIIIe siècle. Paris 2003, S. 91–110, Zit S. 99). – Hans Zeller hat in seiner literarästhetischen und textgenetischen Analyse von Winckelmanns Apollo-Beschreibung wohl zum ersten Mal systematisch auf Nachlassdokumente zugegriffen: Hans Zeller. Winckelmanns Beschreibung des Apollo im Belvedere. Zürich 1955; Rehms 1968 erstmals erschienene Edition der *Kleinen Schriften, Vorreden, Entwürfe* versammelt einige davon, das sogenannte Florentiner Manuskript schließlich ist 1994 ediert worden: Il manoscritto fiorentino di J. J. Winckelmann. Das Florentiner Winckelmann-Manuskript. Introduzione di Maria Fancelli. Hg. u. komm. v. Max Kunze. Firenze 1994. Seit 1996 erscheint die kritische Neuausgabe von Winckelmanns Schriften und Nachlaß. – Zur Arbeitsweise vgl. insbesondere Michel Espagne: Winckelmanns Pariser Werkstatt. Schreibverfahren und Image-Konstruktion. In: Zeitschrift für deutsche Philologie 105 (1986), Sonderheft, S. *83-*107; Décultot: Untersuchungen zu Winckelmanns Exzerptheften.

[224] Der „gelehrte Vorrat" sei „nur Außenwerk oder Beiwerk; nicht Hauptgebäude", lautet Herders Komplexitätsminderungsstrategie (Winkelmann, Lessing, Sulzer, S. 684f.), „[i]m winkelmannischen Werke ist, wegen der unzähligen Unrichtigkeiten in großen und kleinen Sachen nicht nur der ganze historische Theil so gut als unbrauchbar; sondern auch in dem Uebrigen läßt sich auf seine Kunstbestimmungen, Feststellungen von Stilen, Epochen und Perioden, und die denselben zufolge gefaßten Urtheile über alte Kunstwerke und ihre Meister, ohne vorgängige genaue Prüfung seiner Behauptung, wenig rechnen", lautet diejenige Heynes (Ueber die Künstlerepochen beym Plinius, S. 166).

3 Schöne Funde, verlorene Schönheit. Winckelmanns zweideutige Antike(n) 299

digungsstrategien der Philologie, Bodmers Phantasmen von Bibliotheksbränden und Mottenfraß oder Scheuchzers naturgeschichtliche Beweissuche für die mosaische Sintfluterzählung, selbst Hardouins Misstrauen gegen die Vielstimmigkeit des Überlieferten und natürlich die dadurch provozierten Rettungsunternehmungen – sie alle rechnen durchaus mit Verlusten, ja setzen diese zu respektive als Systembedingungen voraus. Doch damit und danach fängt die gelehrte Arbeit erst an. Die konzeptuelle Selbstverständigung, die den antiquarischen Diskurs des frühen 18. Jahrhundert prägt, entwirft Spielmarken, mit denen der Unvollständigkeitsbefund kalkuliert, das heißt zugleich erklärt und entschärft werden soll. Die Einsichten in die Material- und Medienbedingungen der Zeugnisse und die (Eigen-)Logik der Archive ermöglichen dieses Kalkül genau so wie das geschärfte Bewusstsein für das mehr oder minder diskrete Treiben der Überlieferungsagenten oder für die Doppelzeitlichkeit der antiquarischen Objekte. Kurz: Wenn erkannt wird, dass der Schwund der Überlieferung nicht nach Maßgabe eines Naturgesetzes erfolgt, sondern benennbaren Mängeln und feststellbaren Zäsuren in einem komplexen Dispositiv kultureller ‚Text-' (respektive ‚Ding-') und ‚Sinnpflege' zuzurechnen ist, stellt die Unvollständigkeit des Überlieferten eine Art liminales Skandalon dar, das man mit dem Übertritt zum Paradigma des Antiquarischen überwindet. Dass Winckelmann sich dieser antiquarischen Funktion der Unvollständigkeit durchaus zu bedienen weiß, zeigt das *Sendschreiben von den Herculanischen Entdeckungen*, das eine doppelte Tilgung der zunächst vom Vesuvausbruch „verschütteten Schätze" namhaft macht: „Bald hernach verlosch das Andenken dieser verschütteten Schätze gänzlich aus dem Gedächtnisse der Menschen durch die einreißende Barbarey und Unwissenheit" (SN 2.1, S. 77). Noch in der unsachgemäßen Bergung dieser Schätze lauern, wie eine im Text gleich anschließende Anekdote über den ersten Grabungsleiter von Herkulaneum, Don Roque Joachín de Alcubierre, verdeutlichen soll, entsprechende Gefahren:

> Dieser Mann, welcher mit den Alterthümern so wenig zu thun gehabt hatte, als der Mond mit den Krebsen, nach dem Welschen Sprichworte, war durch seine Unerfahrenheit Schuld an vielem Schaden und an dem Verluste vieler schönen Sachen. Ein Exempel kann an statt aller dienen. Da man eine große öffentliche Inschrift, ich weiß nicht, an dem Theater, oder an einem andern Gebäude entdeckete, welche aus Buchstaben von Erzt bestand, die an zween Palme lang sind, wurden dieselbe, ohne die Inschrift vorher abzuzeichnen, von der Mauer abgerissen, und alle unter einander in einen Korb geworfen, und in dieser Verwirrung Sr. Majestät gezeiget. Der erste Gedanke, welcher einem jeden Menschen kommen mußte, war die Frage, was diese Buchstaben bedeutet; aber dieselbe wußte niemand zu sagen. Viele Jahre standen dieselbe in dem Museo willkührlich aufgehänget, und ein jeder konnte das Vergnügen haben, sich nach seinem Gefallen Worte aus denselben zu bilden; endlich aber hat man so lange studiret, bis man sie in einige Worte gebracht hat, von welchem unter andern *IMP. AVG.* ist. (SN 2.1, S. 78)[225]

---

[225] Nach dem Kommentar der Ausgabe scheint diese Anekdote „frei erfunden" zu sein; immerhin sind Alcubierres offenbar zweifelhafte Grabungsmethoden schnell notorisch geworden (SN 2.1, S. 160f.); Winckelmann teilt außerdem die nicht minder skandalöse, aber belegte „Ge-

Mangelnde antiquarische Kompetenz verwandelt auch die lesbarsten, sichtbarsten Funde der Überlieferung in Dokumente einer Verlustrechnung, die statt monumentalen Sinn nur noch sinnlose anagrammatische Kombinatorik bilanzieren kann.

In Winckelmanns Schriften jedoch ist das Problem der ‚Unvollständigkeit', der Überlieferung als Unterbrechung in wesentlich radikalerer und durchaus komplexer zu bestimmender Weise am Werk, als es solche Auseinandersetzungen um die Deutungshoheit über die Semiophore der Überlieferung erwarten lassen könnten. Zwar tritt noch in der Erstlingsschrift, die sich als fern von den Möglichkeiten ausführlicher Autopsie verfasster kulturhistorisch-ästhetischer Programmentwurf, nicht als antiquarische Abhandlung präsentiert, der Objektmangel nur am Rande und materialspezifisch genau differenziert auf die Szene der Argumentation: dort nämlich, wo die *Gedancken über die Nachahmung* ihre ästhetischen Erkenntnisse über die „Griechischen Wercke in der Bildhauer-Kunst" per konjekturalem Verfahren auf die „Mahlerey der Griechen" übertragen. Zu diesem Schluss nach der „Wahrscheinlichkeit", den Winckelmann als solchen offen ausstellt und dessen prekäre Materialbasis er kritisch diskutiert, wird seine Argumentation von der desolaten Überlieferungslage genötigt: „Die Zeit aber und die Wuth der Menschen hat uns die Mittel geraubet, einen unumstößlichen Ausspruch darüber zu thun" (GN 53). Von dieser Offenlegung des Konjekturalstatus abgesehen aber spielt eine konkret objektbezogene Unvollständigkeit der Überlieferung in der Nachahmungsschrift nicht die geringste Rolle. Vielmehr dominiert darin der ungebrochene Appell zu den „reinsten Qvellen der Kunst", zu den „Ueberbleibsel[n] des Alterthums" (GN 29f.); die Abhandlung stimmt ein Lob des ‚unearthing' an, wie es die Fund-, beziehungsweise Objektgeschichte der „drey Vestalen" – der „drey göttlichen Stücke", deren symptomatisches Auftreten „die ersten Spuren gezeiget zur nachfolgenden Entdeckung der unterirrdischen Schätze von der Stadt Herculanum" – exemplarisch vorführt:

> Sie kamen an das Tageslicht, da annoch das Andencken derselben [„der Stadt Herculanum", S. K.] gleichsam unter der Vergessenheit, so wie die Stadt selbst, unter ihren eigenen Ruinen vergraben und verschüttet lag: zu der Zeit, da das traurige Schicksal, welches diesen Ort betroffen, nur fast noch allein durch des jüngern Plinius Nachricht von dem Ende seines Vetters, welches ihn in der Verwüstung von Herculanum zugleich mit übereilete, bekannt war.
> Diese grossen Meisterstücke der Griechischen Kunst wurden schon unter den deutschen Himmel versetzet, und daselbst verehret, da Neapel noch nicht das Glück hatte, ein eintziges Herculanisches Denckmahl, so viel man erfahren können, aufzuweisen.
> Sie wurden im Jahr 1706. in Portici bey Neapel in einem verschütteten Gewölbe gefunden, da man den Grund grub zu einem Landhause des Printzen von Elbeuf, und sie kamen unmittelbar hernach, nebst andern daselbst entdeckten Statuen in Marmor und Ertzt, in den Besitz des Printzen Eugens nach Wien.
> Dieser grosse Kenner der Künste, um einen vorzüglichen Ort zu haben, wo dieselben könten aufgestellet werden, hat vornehmlich für diese drey Figuren eine Sala terrena bauen lassen, wo sie gantz allein ihren Platz bekommen haben. Die gantze Academie und alle Künstler in Wien

---

schichte der vergoldeten *Quadriga* aus Ertz auf der Spitze des Herculanischen Theaters" mit (SN 2.1, S. 81f.).

waren gleichsam in Empörung, da man nur noch gantz dunckel von derselben Verkauf sprach, und ein jeder sahe denselben mit betrübten Augen nach, als sie von Wien nach Dreßden fortgeführet wurden.
Der berühmte Matielli [...] hat, ehe noch dieses geschahe, alle drey Vestalen mit dem mühsamsten Fleiß in Thon copiret, um sich den Verlust derselben dadurch zu ersetzen. (GN 41)

Geradezu mustergültig entsprechen die wenigen Abschnitte dem Kern dessen, was erst am Ende des 19. Jahrhunderts wieder als ‚überlieferungsgeschichtliche Methode' seine disziplinäre Fassung in der Philologie finden wird. Dieser Ansatz verzeichnet die Bedingungen und Begleitumstände der Provenienz semiophorer Objekte getrennt von einer an das Modell von Autorschaft gebundenen Entstehungsgeschichte oder von einer ästhetischen Würdigung. An die Stelle der „Kommunikation des Hergestelltseins", die für die Funktion des modernen Systems Kunst so zentral ist,[226] tritt eine ‚Kommunikation des Ausgestelltseins' – eine philologisch-antiquarische Praxis, in deren Fokus die Begründungsereignisse jener Eigenlogik und Genealogik des Überlieferungsgeschehens rücken,[227] die ich die ‚Doppelzeitlichkeit' der Semiophore genannt habe. Die Geschichten und Anekdoten, die sich als „Geschlechtsregister" an die Funde lagern, ja den Fund als Ereignis erst konstituieren, nehmen ihren Ausgang von der ‚zweiten Zeit' dieser Objekte als Semiophore, erzählen von den Kontingenzen ihrer ganz konkreten ‚Ent-Deckung' und von den vielfältigen Geschicken ihrer Aneignung, Archivierung und Exposition,[228] aus denen gelegentlich noch einmal und dann ganz spezifische Szenen des Verlusts oder der Trauer sowie Verhaltensweisen ihrer Bewältigung entspringen können. ‚Archäologie' nimmt ihren Ausgang nicht von den Objekten selbst, sondern von deren Ausgrabung, durch die sie erst zu ‚Fossilien' geworden sind.

Die Narrative, derer sich Winckelmanns ‚Archäologie' dabei bedient, weisen darauf hin, dass es längst eine (politische) Ökonomie des Sammelns und der Zurschaustellung von *antiquitates* gibt, die im Falle der schriftlichen Überlieferung meistens unauffälliger und diskreter bleibt, bei den ausgegrabenen Bildwerken dagegen ihre Dispositive gleich mit präsentiert. Die Zirkulation von Schriftfunden ist weitgehend ins Kommunikationsgefüge der *res publica literaria* integriert, das Ansprüche, Erwartungen und auch Sanktionen dieser Ökonomie regelt.[229] Monumentalartefakte wie Statuen dagegen scheinen einer integrierten, zumindest partial

---

[226] Niklas Luhmann: Die Kunst der Gesellschaft. Frankfurt a.M. 1995, S. 113.
[227] Vgl. dazu Traube: Geschichte der Paläographie, S. 1–80.
[228] Von den „Geschlechtsregister[n] der Gemälde" spricht in diesem Sinne Winckelmanns „Erläuterung der Gedanken Von der Nachahmung der griechischen Werke in der Malerey und Bildhauerkunst; und Beantwortung des Sendschreibens über diese Gedanken" (KS 98, Anm. †); vgl. für weitere Beispiele einer derartigen gelehrten Objektgeschichte auch Johann Joachim Winckelmann: *Nachricht von einer Mumie in dem Königlichen Cabinet der Alterthümer in Dreßden* (KS 90–96) und natürlich das *Sendschreiben von den Herculanischen Entdeckungen* (SN 2.1).
[229] Vgl. dazu Goldgar: Impolite Learning.

öffentlichen Zirkulation dieses Zuschnitts natürlich schon aus Materialgründen entzogen. Umso wichtiger ist deshalb die Dokumentation dieser ‚zweiten Zeit' der Artefakte, ohne die jede notwendige Autopsie sowohl für die Antiquare selbst wie mehr und mehr auch für die Künstler und deren Studium allein an die Zufälle von Ort und/oder Patronage gebunden bliebe.[230] Bezogen auf die zitierte Passage heißt das: Die geleerte „Sala terrena" in der sogenannten Marmorgalerie von Prinz Eugens Gartenpalais in Wien gehört nicht minder zum Schicksal der Überlieferungsgegenstände als das verschüttete Gewölbe in Herkulaneum, in dem die drei Statuen im Zuge von Bauarbeiten zufällig ausgegraben worden sind. Museum, Bibliothek, Archivräume und Fundstellen bilden die heteronomen, ab der Mitte des 18. Jahrhunderts ihre spezifisch ‚modernen' Konturen erhaltenden Schauplätze eines Überlieferungsgeschehens, das keine Text- oder Werkästhetik, aber auch keine antiquarische Objektkritik allein je einholen kann. Wenn dies zum einen angesichts der schriftlichen Überlieferung in der Regel eine geringere Rolle spielt,[231] dann nur, weil neben den Zirkulationsmöglichkeiten der gelehrten Kommunikation die Konzeption einer materialunabhängigen Textualität in dieser Hinsicht Entlastung verspricht: Als Texte werden die Zeugnisse in unveränderter Vielzahl greifbar, selbst wenn sie als (zumeist ohnehin nicht-originale) semiophore Primärobjekte entzogen bleiben. Diese Differenz kann dann wiederum Formen des Verhaltens provozieren, die zwischen Bentleys Abfallverachtung und Bodmers Verlustphantasmen schwanken.[232] Wenn zum anderen die Genealogie der Überlieferungszeugnisse, abgesehen von deren konzeptueller Verkennung durch irrige Gegenstandsbestimmungen, für die im vorangegangenen Kapitel diskutierten

---

[230] Neben den Studienanweisungen von Winckelmanns Nachahmungsschrift einschlägig für diesen zweiten Aspekt der Zugänglichkeit ist der Artikel ‚Gallerie' in Sulzers *Theorie der schönen Künste*: „Dergleichen Galerien sind für die zeichnenden Künste, was die öffentlichen Bibliotheken für die Gelehrsamkeit; Schätze zum öffentlichen Gebrauch der Künstler. Sie müssen deswegen den Künstlern und Liebhabern zum Studiren beständig offen stehen. In dieser Absicht aber sollten sie auch nach einem besonders dazu entworfenen Plan angelegt seyn, nach welchem jeder Theil der Kunst sein besonderes Fach hätte. Ein Theil müßte der Zeichnung; einer der Zusammensetzung; ein andrer der Haltung u.s.f. gewidmet seyn." (Johann Georg Sulzer: Allgemeine Theorie der schönen Künste in einzeln, nach alphabetischer Ordnung der Kunstwörter auf einander folgenden, Artikeln abgehandelt. Neue vermehrte zweyte Auflage. Zweyter Theil. Hildesheim u.a. 1994 [ND der Ausg. Leipzig 1792]. Bd. 2, S. 286–291, Zit. S. 287). Vgl. zur Geschichte der Institutionalisierung des Sammelns den Überblick von Kunst James J. Sheehan: Geschichte der deutschen Kunstmuseen. Von der fürstlichen Kunstkammer zur modernen Sammlung. München 2002, S. 15–71: „Der Zutritt zu einer Galerie war ebenso wie die Teilhabe an der öffentlichen Kultur als ganzer durch komplizierte Regeln und Voraussetzungen eingeschränkt […]. Die Beschränkungen für den Besuch von Galerien waren sowohl formell als auch informell, in den Reglements festgelegt oder dem Ermessen des jeweiligen Verantwortlichen überlassen" (41f.).
[231] Vgl. aber als Gegenbeispiel Bodmers Bemühungen um den *Codex Manesse*, oben Kap. I.2.5.
[232] Verhaltensformen, die übrigens spätestens mit der Disziplinierung der Philologien auch den Zuschnitt einer literarischen Topik erhalten: die Herausgeberfiktion. Vgl. Uwe Wirth: Die Geburt des Autors aus dem Geist der Herausgeberfiktion. Editoriale Rahmung im Roman um 1800: Wieland, Goethe, Brentano, Jean Paul und E.T.A. Hoffmann. München 2007.

3 Schöne Funde, verlorene Schönheit. Winckelmanns zweideutige Antike(n) 303

Überbleibsel der Sintflut kaum relevant wird, dann hat dies überlieferungs- und materiallogische Gründe: weil diese Originale mehrheitlich in beinahe beliebiger Vielzahl, in wenigen Fällen – wie der *Homo diluvianus* – als exquisite Seltenheit auftreten, nie aber dem Paradigma des Singulären unterstellt sind wie die Codices und Statuen, weil ihre naturgeschichtlichen und ihre überlieferungsgeschichtlichen Einsätze unter dem gemeinsamen Dach der Sintfluthypothese bis zur Jahrhundertmitte ein recht spannungsarmes Dasein führen, weil schließlich die Speicherbedingungen des alpinen Archivs für eine vernachlässigbar geringe Verlustquote gesorgt haben. Für das Archiv Rom allerdings – und damit den Schauplatz von Winckelmanns Neukonstitution des Antiquarischen – gilt dies alles nicht.

Das Archiv Rom. Eine kulturgeschichtliche Digression. – Was nun hat es mit dem Archiv Rom auf sich, das Winckelmanns Rekonfiguration des antiquarischen Diskursmodus zu den so ambivalenten wie zentralen Figurationen von Unterbrechung und Unvollständigkeit zwingt?[233] Generell kann man behaupten, dass Trauer über den Verlust nicht unbedingt der dominante Affekt ist, der die gelehrten Romreisenden des 18. Jahrhunderts heimsucht. Ganz im Gegenteil: Ihnen erscheint Italien – „ce grand Théatre de l'Art"[234] – allgemein, aber insbesondere Rom als unerschöpfliches Forschungsreservoir, in dem jede beendete Untersuchung der Anfang einer Vielzahl von neuen bedeutet.[235] Der Eintritt in das Archiv Rom wird in den antiquarischen Reiseberichten geradezu topisch als Ereignis einer reichlich paradoxen, da durch einen ganzen Medienverbund von Inzitamenten bereits präfigurierten kognitiven Überforderung präsentiert, für die Bewältigungsstrategien gefunden werden müssen. „Alle Träume meiner Jugend seh' ich nun lebendig, die ersten Kupferbilder deren ich mich erinnere, (mein Vater hatte die Prospekte von Rom auf einem Vorsale aufgehängt) seh' ich nun in Wahrheit, und alles was ich in Gemälden und Zeichnungen, Kupfern und Holzschnitten, in Gyps und Kork schon lange gekannt, steht nun beisammen vor mir, wohin ich gehe finde ich eine Bekanntschaft in einer neuen Welt, es ist alles wie ich mir's dachte und alles neu" – so rückt noch Goethe seine Ankunft in „dieser Hauptstadt der Welt" entsprechend zurecht und stellt einige Tage später fest: „Man müßte mit tausend Griffeln schrei-

---

[233] Vgl. komplementär zu den folgenden diachron gesetzten Schlaglichtern, deren Auswahl sich meiner Fragestellung verdankt, die vor allem auf die zweite Hälfte des 16. Jahrhunderts fokussierten, mit der kulturellen Transkription des rhetorischen Gedächtnismodells argumentierenden Ausführungen von Margaret M. McGowan: Unwillkürliches Gedächtnis – Rom-Erfahrungen in der Spät-Renaissance. In: Aleida Assmann, Monika Gomille u. Gabriele Rippl (Hg.): Ruinenbilder. München 2002, S. 17–30.

[234] ten Kate: Discours préliminaire sur le beau idéal, S. iv.

[235] „Je continue mes recherches", schreibt Jean Jacques Barthélemy nach über einem Jahr Aufenthalt, „elles se multiplient, dans le moment où je crois avoir tout fini. Il est impossible d'épuiser Rome; il faudroit aller de maison en maison, et fureter de la cave au grenier." (Voyage en Italie de M. l'Abbé Barthélemy. Hg. v. Antoine Sérieys. 2. Aufl. Paris 1802, S. 207).

ben, was soll hier eine Feder, und dann ist man Abends müde und erschöpft vom Schauen und Staunen."²³⁶ Goethe indes sieht und schreibt sich bekanntlich zunächst einmal fast vier Monate in Rom fest, wenn auch mit Mühen, von denen das vier Jahrzehnte später ziselierte Textgebäude der *Italienischen Reise* nur wenig mehr erahnen lässt. Andere Reisende verzeichnen nur eiligst ihre Ankunftsirritation und brechen – wie zum Beispiel Joseph Addison zu Beginn des Jahrhunderts oder Charles de Brosses in den 1730er Jahren – sogleich wieder auf; so als ob die erste wirkliche Begegnung mit Rom einen Schock ausgelöst hätte, der sich wiederum erst nachträglich verarbeiten lässt. Nachdem er die Besichtigung des Petersdoms und der Rotunda gerade einmal erwähnt hat, schiebt Addison den ganzen Rest der noch zu bewältigenden Datenverarbeitung auf und kommentiert dies mit einer so lakonischen wie präzisen Einsicht in die Differenz von Sinneswahrnehmung und deren Strukturierung: Er ziehe zunächst nach Neapel weiter, „leaving the rest 'till my Return [...], when I should have Time and Leisure enough to consider what I saw."²³⁷ Ähnlich de Brosses: Seine reisebegleitende Buchführung droht durch den empirischen Erstkontakt mit dem Archiv Rom uneinholbar ins Hintertreffen zu geraten, und zwar nicht nur aufgrund der quantitativen Überforderung durch die im Überfluss anzutreffenden Beschreibungswürdigkeiten, sondern auch, weil die Schreibformate des Reisenden, Journal und Briefe, der Aufzeichnung des Gesehenen schlicht nicht angemessen und von vorliegenden gelehrten Formaten immer schon eingeholt sind: „D'ailleurs, il faudrait de beaux in-folio pour donner une idée succinte de Rome, et tant d'autres l'ont déjà fait! Qu'en pourrais-je dire que vous n'eussiez déjà vu ou pu voir?"²³⁸ Selbst wer sich im Rom-Sehen eingerichtet hat oder einrichten will, ist damit der Notwendigkeit eines von der Fülle des Materials provozierten Problemmanagements nicht enthoben. Der Abbé Barthélemy, der sich knappe zweieinhalb Jahre im Gefolge des französischen Gesandten de Stainville und mit dem Auftrag zur Materialbeschaffung für das königliche *Cabinet des Médailles* in Rom aufhalten wird, hätte sich anfangs am

---

[236] Goethe: Italienische Reise, FA 15.1, S. 134f. (Rom, 1. November 1786) und 140 (7. November 1786). – Vgl. analog zum Wahrnehmungsdispositiv der adligen *grand tour* Norbert Miller: ‚Das ganze schöne, magische, klassische Land unter einem Blick...'. Die Kavaliersreisen: Wahrnehmung als Erinnerung. In: Daidalos. Architektur – Kunst – Kultur 58 (1995), S. 52–63: „Wer als Adliger nach Italien reiste, folgte einem Bildungsplan. Er brachte die Wahrnehmung mit. Auch wer dem Zauber der Lagune in Venedig erlag oder vor der Größe der antiken Trümmer in Rom zusammenbrach, hatte sein Bild von den Herrlichkeiten der Piazza und der Piazzetta, von der Erhabenheit des Pantheon, des Palazzo Farnese und des Belvedere[-]Hofs bei seiner Überquerung der Alpen unverlierbar im Gepäck. Jede erste Begegnung war immer zugleich ein Akt der Wiedererkennung. [...] Die Formel, alles sei über jeden Begriff und jede Beschreibung erhaben, wird in den Reisebeschreibungen zum Unsagbarkeits-Topos für diese Wahrnehmungs-Kontamination" (S. 53).
[237] Joseph Addison: Remarks on Several Parts of Italy, &c. In the Years, 1701, 1702, 1703. London 1753, S. 109.
[238] Charles de Brosses: Lettres d'Italie du Président de Brosses. Texte établi, présenté et annoté par Frédéric d'Agay [1986]. Paris 2005. Bd. 1, S. 412.

3 Schöne Funde, verlorene Schönheit. Winckelmanns zweideutige Antike(n)

liebsten geviertelt, um der angesichts der „unerschöpflichen Steinbrüche von Antiquitäten" geforderten Datenverarbeitungskompetenz entsprechen zu können: dem Sehen, Nachdenken, Schreiben und den gesellschaftlichen Verpflichtungen, aus denen sich seine gelehrte römische Existenz zusammensetzt.[239] Auch er zeigt wortreich und kunstvoll die affizierte Sprachlosigkeit an, zu der die in jedem Sinne monumentale Materialfülle den Gelehrten nötigt:

> Je vous ai écrit l'impression que m'avoit faite la galerie de Florence, mais j'étois alors comme le rat de la Fontaine, à qui les plus petites collines paroissoient des monts Cenis ou des Cordelières. Rome a changé toutes mes idées; elle m'accable: je ne puis vous rien exprimer.
> J'ai passé deux heures au Capitole, et je n'ai rien vu. L'amas énorme de statues, de bustes, d'inscriptions et de bas-reliefs réunis dans ce palais par les soins des derniers papes, épuise l'admiration. [...] Je rougis mille fois par jour de ces infiniment petits monumens qui sont dans notre infiniment petit cabinet des antiques; je rougis de l'avoir montré aux étrangers. Qu'auront-ils pensé de l'interêt que je prenois à tous ces bronzes de sept à huit pouces de hauteur, à ces deux ou trois têtes mutilées, dont je voulois leur faire admirer la grandeur et la rareté? Pourquoi n'ai-je pas été averti?
> Imaginez de vastes appartemens, je ne dis pas ornés, mais remplis, mais comblés de statues et de toutes sortes de monumens; un cabinet presqu'aussi grand que celui des médailles, tout plein de bustes de philosophes; un autre de bustes d'empereurs; des galeries multipliées, des corridors, des escaliers où l'on ne voit que grandes statues, grandes inscriptions, grands bas-reliefs; les fastes consulaires, un ancien plan de Rome en mosaïque, des statues colossales égyptiennes de basalte ou de pierre noire: que sais-je? on trouve ici l'ancienne Egypte, l'ancienne Athènes, l'ancienne Rome.[240]

Noch einige Monate später nennt Barthélemy es, wenn auch nun mit deutlich ironischem Einschlag, ein „Unglück, zuviel Antikes zu sehen" – der Kognitionsschock scheint verarbeitet, aber nicht vergessen.[241]

Von dem Kognitionsschock, den naturgeschichtliche Antiquare wie Scheuchzer den Wissbegierigen auszutreiben bemüht sind, also der Überforderung der Gelehrten durch das alpine Archiv, unterscheiden sich die von der Rom-Begegnung ausgelösten Irritationen allein aufgrund des gegenläufigen Archivstatus' ihres Schauplatzes, nicht etwa wegen einer epistemologischen Unterscheidung von Natur und Kultur. Zwar ist es hier wie da das Übermaß an Wahrnehmungen im weitesten Sinn sowie deren differenzierte und differenzierende Verarbeitung, die zum Problem werden – gilt es doch am Fuß der Alpen und erst recht auf ihren Gipfeln eben-

---

[239] „Je voudrois être quatre; un pour voir, un pour réfléchir, un pour écrire, et un pour les devoirs qu'il faut remplir", schreibt Barthélemy angesichts der in jedem Sinne schwindelerregenden „carrières inépuisables d'antiquités" in seinem ersten Brief an Caylus aus Rom. (Barthélemy: Voyage en Italie, S. 35 und 32). Vgl. ebd., S. 42: „Il faudroit un séjour de plusieurs années à Rome. Quelle mine pour les antiquaires!"
[240] Ebd., S. 29–31.
[241] Ebd., S. 177. Dieser Überfluss an Antikem „dessèche peut-être le goût en le rendant sévère, et l'accoutumant au simple", kommentiert Barthélemy sein recht reserviertes Urteil über Berninis barockes Grabmal des Papstes Alexander VII: „je ne vois que la mort ouvrant un gouffre profond aux humains obligés de s'y précipiter. Après ce coup de terreur que le grand seul peut produire, l'esprit fait l'application au pape, et le goût, s'exerçant sur les détails, examine si les talens de l'artiste égaloient son génie."

so wie vor den Monumenten Roms Bewältigungsstrategien zu finden, mit deren Hilfe die Gelehrten des aufkommenden Schwindels Herr werden können. Aber gemessen an den Prämissen des Überlieferungsdiskurses liegt die entscheidende Differenz in den konträren Speicherbedingungen und -effekten, die das Archiv Rom im Vergleich zur beinahe veränderungslosen *longue durée* der alpinen Landschaft bestimmen. Scheinen die Alpen ihre fossilen Überlieferungszeugnisse in geschichtsenthobener Zeitlosigkeit zu (ver)bergen, bis sie der naturgeschichtliche Antiquar dem Archiv entzieht, offenbart Rom schon und gerade an seiner Oberfläche eine geradezu fatale Geschichtsverfallenheit. Das Archiv selbst ist ein Ergebnis andauernder Um- und Überschreibungen, auf das trotz seines ersichtlichen Alters nicht „ein kleiner Schatten einer Unendtlichkeit",[242] sondern im Gegenteil das komplexe Zwielicht der Endlichkeit fällt.

> Wenn man so eine Existenz ansieht, die zwei tausend Jahre und darüber alt ist, durch den Wechsel der Zeiten so mannigfaltig und vom Grund aus verändert, und doch noch derselbe Boden, derselbe Berg, ja oft dieselbe Säule und Mauer, und im Volke noch die Spuren des alten Charakters, so wird man ein Mitgenosse der großen Ratschlüsse des Schicksals und so wird es dem Betrachter von Anfang schwer zu entwickeln, wie Rom auf Rom folgt, und nicht allein das neue auf das alte, sondern die verschiedenen Epochen des alten und neuen selbst auf einander.

Das „saur[e] und traurig[e] Geschäft, das alte Rom aus dem neuen herauszuklauben", gilt es deshalb, mit Gewinn auf sich zu nehmen, weil es die „unschätzbare Befriedigung" verspricht, den Gesetzmäßigkeiten des Überlieferungsgeschehens auf die Schliche zu kommen. Nicht den Beleg eines einmaligen, möglicherweise katastrophischen Begründungsereignisses wird man dabei finden, sondern an den „Spuren einer Herrlichkeit und einer Zerstörung" eine Vielfalt von Überlieferungsereignissen entdecken, die sich erwartbaren Zuordnungen entziehen: „Was die Barbaren stehen ließen, haben die Baumeister des neuen Roms verwüstet": So resümiert Goethe lange nach dem Ende des Jahrhunderts, was die Antiquare viele Jahrzehnte umgetrieben hat.[243] Was das Archiv Rom vor Augen führt und in den Blick rückt, ist – mit anderen Worten – die Ambivalenz der Überlieferung: das unauflösliche, endlose Ineins von Zerstörung und Bewahrung, das die Handlungen der Überlieferungsakteure, die Dauerhaftigkeit der Materialien und die Lesbarkeit der Semiophore konditionieren.

Ein Blick auf die Geschichte dieses Archivs zeigt, dass die besagte Ambivalenz erst und gerade im dezidierten Fokus auf die Hinterlassenschaften als Zeugnisse der Überlieferung im hier gesetzten Verständnis dieses Begriffs virulent wird. Denn Roms allgegenwärtige Rudimente – Trümmer, Ruinen und Torsi – provozieren selbstverständlich nicht erst zu Beginn des 18. Jahrhunderts Erklärungsbedarf.

---

[242] Scheuchzer: Helvetiae Historia naturalis Oder Natur-Historie des Schweitzerlandes. Bd. 1, S. 100.
[243] Goethe: Italienische Reise (7. November 1786), FA 15.1, S. 139f.

3 Schöne Funde, verlorene Schönheit. Winckelmanns zweideutige Antike(n) 307

Doch in wesentlichen Punkten unterscheiden sich, wie der folgende kursorische Durchlauf zeigen soll, die Deutungsmuster früherer Reaktionen von denen, die unter den Bedingungen des Überlieferungsdiskurses mit Winckelmann ihren vielleicht prominentesten, wenn auch, wie Goethes Bemerkungen zeigen, keineswegs endgültigen Abschluss finden. Dabei sind es die eben skizzierten, im Anschluss noch genauer zu bestimmenden Problemstellungen des ‚Unvollständigen', an denen die Konfiguration der römischen Hinterlassenschaften zu Zeugnissen der Überlieferung am eindringlichsten sichtbar wird.

Wendet man sich von den Konstitutionsbedingungen und epistemischen Prämissen des gelehrten Diskurses zu den Gegenständen, mit dem sich dieser beschäftigt, zeigen sich die Verschiebungen und Bruchstellen in seinen Metaphoriken des ‚Unvollständigen' am deutlichsten an den Thematisierungen des ‚Torso'. Dies ist vor allem deshalb der Fall, weil an dieser Objektkonstitution in einem einigermaßen klar zu umreißenden zeitlichen Rahmen die Genese und die Konsequenzen des ästhetischen *Doubles* zu beschreiben sind, von denen das antiquarische Objekt begleitet, konterkariert und schließlich überlagert wird.[244] Begriffsdisziplinierung *und* künstlerische Verwendung der Bildformel haben sich weitgehend als so konservativ wie konsequent erwiesen: Die Bezeichnung ist den „anthropomorphe[n] Bildungen"[245] vorbehalten geblieben, die zur Gegenstands- und Begriffsformierung Anlass gegeben haben. Als genuin *ästhetisches* Problem in Reflexion und Praxis – so hält die einschlägige Forschung einhellig fest – erscheint der Torso seit dem ausgehenden 15. Jahrhundert. Zwar hat sich auch das Mittelalter schon mit den Phänomenen der defizienten Materialität antiker Bildwerke beschäftigt. Diese Beschäftigung jedoch ist in den geregelten Bahnen einer Auseinandersetzung verlaufen, die Rom zum exemplarischen Schauplatz der Transformation von der heidnischen Antike zum Christentum macht. Entsprechend werden auch die unübersehbaren Zerstörungen, seien sie der Kontingenz äußerlicher Umstände geschuldet oder Effekt einer programmatischen Ikonoklastik, im Register der Theologie, nicht in dem der Gelehrsamkeit verbucht. So will es die Thematisierungs-strategie, die für das Verhältnis von Kontinuitäten und Brüchen angesichts antiker und christlicher Bildpraktiken in Gebrauch ist:[246] Die zerstückelten oder zerfallenen antiken

---

[244] Andere Figurationen archivalischer Unvollständigkeit, wie etwa Fragment oder Ruine, bieten diesen Vorteil nicht ohne weiteres, obwohl auch ihre Deutungsbedürftigkeit zu vergleichbaren Effekten führt. Zudem bleibt der Verdichtungseffekt der beiden konkurrierenden Zugangsweisen am Gegenstand des Torso gerade mit Blick auf die ästhetische Thematisierung deutlich überschaubarer als an den Modellen von Fragment und Ruine, deren Karriere mit dem Ende des hier verhandelten Zeitraums erst eigentlich anhebt.
[245] Werner Schnell: Der Torso als Problem der modernen Kunst. Berlin 1980, S. 9.
[246] Vgl. aus der reichhaltigen (kunst-)historischen Forschung zu diesem Thema, die mit der Epochenvorstellung eines ‚finsteren', traditionsvergessenen Mittelalters zwischen Antike und Renaissance längst gebrochen hat, Hans Belting: Bild und Kult. Eine Geschichte des Bildes vor dem Zeitalter der Kunst. München 1990.

Statuen erhalten eine „positive Bedeutungsebene".[247] Sie sind nicht defiziente Erinnerungsstücke an die Antike, sondern materielle Belege der christlichen Erfolgsgeschichte; nicht als Überlieferungszeugnisse oder Objekte ‚curieuser' Wertschätzung, Sammlung und Beschreibung werden sie betrachtet, sondern stellen als Zeichen für die gelungene Entmachtung der heidnischen Götter „paradoxerweise eine eigene Denkmals-Gattung" dar. Die zerbrochenen Antiken bilden zeitenthobene, präsenzbezogene Monumente für die überwundene Infamie des Heidentums und für den Triumph dieser Überwindung.[248] So vermelden zwei spätere Handschriften der ursprünglich wohl aus dem 12. Jahrhundert stammenden *Mirabilia Romae* über die Konstitution eines derartigen ‚Trümmerdenkmals' beim Lateran:

> [D]ornach vber lange zeit, do der chaijser Constantinus cristen waz worden, do hyes der hailig pabst Siluester den tempel Colileum [*sic!*] zerbrechen, den mon nennet dye Wunderpurck, mit andern tempeln vnd abgottern vnd lyes sy auch verwusten, vmb daz wann dye pilgreim zw Rom chomen, daz si nicht ansehen solten daz wunderlich gepaw vnd dye vppichait der abgotter, sunder daz sy mit andacht giengen zw der chirchen.
> Vnd [Papst Silvester I.] hies des apgotes haupt vnd einen arm seczen for sant Johannes zu Latran.[249]

Die fragmentierte Körperlichkeit der Monumentalstatue präsentiert so als materielles Objekt die erfolgreiche Überwindung der heidnischen Antike durch das Chris-

---

[247] Norberto Gramaccini: Mirabilia. Das Nachleben antiker Statuen vor der Renaissance. Mainz 1996, S. 45.

[248] „Damit das Gelächter nicht in Bewunderung und sogar Verehrung umschlug, mussten die ausgestellten Statuen die Zeichen ihrer Niederlage tragen: sie waren entweder beschädigt, ihres Schmuckes beraubt oder sonstwie gezeichnet. Es waren mithin Denkmäler geworden, die die Macht der Christen am Zustand des Ruinösen zelebrierten." (Gramaccini: Mirabilia, S. 45). – Eine ‚positive' Gegenstrategie christlicher Plastik dagegen fehlt weitgehend resp. steht nicht in einem Traditionszusammenhang zwischen Antike und Mittelalter; vgl. Belting: Bild und Kult, S. 331: „Die mittelalterliche Skulptur entstand nicht auf dem antiken Boden des einstigen Römerreichs, sondern gerade in Gebieten, in denen die ehemaligen Barbaren die römische Kultur angenommen hatten. Aber sie hatten ihre eigenen Traditionen nicht vergessen. Die christlichen Missionare zerstörten noch im 7. Jahrhundert hier Idole. Freilich waren es Bäume oder Steine und nicht jene menschlichen Figuren, die unter christlichen Vorzeichen später an ihre Stelle traten. So täuscht der Eindruck, daß die mittelalterliche Statue ein antikes Erbe antrat, nur weil sie Menschengestalt annahm und eine historische Person darstellte. Die Entwicklung im Osten, der viel früher christianisiert war und die antike Kultur fast bruchlos weiterführte, ist dafür der Gegenbeweis. Man entschied sich dort gegen die Statue, an welcher der Geruch des Götzenbildes hängenblieb, und für die Ikone, die ja auch ein antikes Kultbild gewesen war. Im Westen waren es wohl gerade die ehemaligen Idole der nichtantiken Kulturen, welche in christlichen Skulpturen einen Gegenentwurf fanden."

[249] Zit. nach einer Wiener Sammelhandschrift (Österreichische Nationalbibliothek, Cod. 2962) Ende 14./Anfang 15. Jh. (erster Abschnitt) und einer Sammelhandschrift des 15. Jahrhundert (Coburg, Landesbibliothek, Ms. Sche. 16) bei Nine Robijntje Miedema: Die ‚Mirabilia Romae'. Untersuchungen zu ihrer Überlieferung mit Edition der deutschen und niederländischen Texte. Tübingen 1996, S. 354f. – Selbst die unspektakulärere, zumindest zum Teil aber ebenfalls explizit refigurierende architektonische Verwendung von antiken Materialien trägt noch in ihrem Begriff die Semantik einer agonalen Beziehung: Die ‚Spolien' verweisen etymologisch (*spolium*) auf die vom Feind erbeuteten Waffen und Rüstungen, ja für die Kriegsbeute überhaupt. Vgl. Thomas Raff: Spolien – Baumaterial oder Bedeutungsträger? In: Daidalos. Architektur – Kunst – Kultur 58 (1995), S. 65–71.

tentum: Arm und Kopf der Statue bilden die Trophäen eines nicht nur territorialen, sondern ebenso seelenpolitischen Eroberungszuges, durch den die Hauptstadt des alten Imperiums zur Hauptstadt des in jedem Sinn weltumspannenden (κατ'ὅλον) Glaubens geworden ist.[250]

Ganz entsprechend spielen in der durchaus reichhaltigen Tradition mittelalterlicher Rom-Literatur selbst die unbeschädigt erhaltenen antiken Monumente kaum eine Rolle neben der erschöpfenden Registrierung von christlich-religiösen Sehenswürdigkeiten, mit deren Hilfe die Wege des Rompilgers präskribiert und kartographiert werden sollen – und schon gar keine, die über diesen Zeichencharakter im Kontext heilsgeschichtlicher Erfolgsbilanzen hinausginge.[251] Die für das Diskursmodell der ‚Überlieferung' konstitutive Dimension der Doppelzeitlichkeit kommt ihnen schlicht nicht zu. Das zeigt sich besonders deutlich in Fällen, bei denen die antiken Hinterlassenschaften über eine einfache eschatologische Zeichenfunktion hinaus deutungsbedürftig zu bleiben oder sich gar als manifestes Skandalon gegen den Legitimationsdiskurs der christlichen Zeichenpolitik zu sperren scheinen. Dann entstehen ‚Legenden' – und zwar dezidiert im Sinne von Lektürebefehlen: *legenda sunt* –, die eine symbolische Aneignung widerständiger materialer Sichtbarkeit erlauben. Ein Beispiel dafür ist die mittelalterliche Interpretation der Dioskurengruppe auf dem Quirinal, die im Zug der konstantinischen Schenkung in den Besitz der Kirche gelangt ist und so im institutionellen Sinn durchaus als Monument ihrer Erfolgsgeschichte gewertet werden kann. Die Materialität der Statuen indes und insbesondere der „nach damaligem Verständnis unerträglichst[e] Punkt der Darstellung":[252] die Tatsache, dass die beiden Rossebändi-

---

[250] Vgl. dazu Gramaccini: Mirabilia, S. 46: „Der didaktische Zweck dieser Assemblage leuchtet augenblicklich ein. Den Hausherren auf dem Lateran dienten die Trümmer dazu, die Geschichte des Idolkultes unter umgekehrten Vorzeichen zu spiegeln, um auf diese Weise einer Propaganda zur Anschauung zu verhelfen, welche die eigene siegreiche Macht, über alle historischen Anfechtungen hinweg, im Sinnbild der Zerschlagung feierte."

[251] Vgl. Martine Furno: La Descriptio Vrbis Romæ dans l'historie du latin et de la culture humaniste. In: Leon Battista Alberti: Descriptio Vrbis Romæ. Édition critique, traduction et commentaire par Martine Furno et Mario Carpo. Genève 2000, S. 108f.: „[P]our tous ces textes, cette référence antique, quand elle existe, est plus un ornement qu'une finalité: ce qui est premier, c'est la Rome chrétienne et ses monuments. On constate la présence de l'Antiquité, sans la nier: la Rome antique est le passé (un passé difficile à lire et à dater), le temps révolu, et ce sentiment, ajouté à l'idée qu'il y a un progrès chrétien, fait que l'on regarde le vestige comme la marque d'une époque moins éclairée religieusement, défaut que la ruine du temps punit, ce qui justifie qu'on se l'approprie en faisant mieux simplement parce qu'on est moderne." – Wenn man der kompliatorischen Untersuchung von Ursula Lesser-Sherman: Rom in der deutschsprachigen Literatur des Mittelalters. Diss. University of Pennsylvania 1974, S. 280 glauben darf, dann ist die „einzige Statue, die in der deutschen Literatur des Mittelalters erwähnt wird, [...] die Reiterstatue des Marc Aurel, die man für ein Standbild Konstantins hielt."

[252] Gramaccini: Mirabilia, S. 59. – Vgl. Andreas Thielemann: Roma und die Rossebändiger im Mittelalter. In: Kölner Jahrbuch 26 (1993), S. 90: „Format und Ikonographie" der Rossebändiger sperren sich gegen die propagandistische Aneignung; die Statuen sind „nackt und ohne Insignien der Macht [...]. Auch ihr kämpferisches und dabei natürlich wirkendes

ger nackt sind, fordert dennoch einen nicht unbeträchtlichen interpretatorischen Aufwand – die beiden Statuen müssen „mit einer allegorischen Interpretation gewissermaßen bekleidet werden".[253] Die ihnen von den ‚Mirabilia' zugewiesene Legende bleibt deshalb bemerkenswert, weil ihr Lektüreprogramm selbst als Allegorie einer *memoria* des Nicht-Vergangenen entziffert werden kann, wie sie die *lectio christiana* der Antiken entwirft. Diese christliche Lesart schreibt den skandalisierenden Körperbildern der beiden Nackten eine Zeichenhaftigkeit zu, der zufolge sich darin ein der Antike eigenes Wissen um ihre Überwindung durch das Christentum vorausdeutend artikulieren soll. Die Deutung entschärft die potentielle Sperrigkeit und Deutungsbedürftigkeit ihres Gegenstands, indem sie seine Unverständlichkeit an die Vergangenheit delegiert und die Evidenzeffekte der allegorischen Lektüre für die Gegenwart in Anspruch nimmt.[254] Die vergangenheitsbezogenen Fremdheitseffekte und den daraus entspringenden Erklärungsbedarf, den Überlieferungszeugnisse strukturell an sich tragen, brauchen so gar nicht mehr in den Fokus des aktuellen Blicks auf das Objekt zu geraten. Die Legende, die dies gewährleisten soll, lautet folgendermaßen: Praxiteles und Phidias, zwei junge Philosophen, kommen zur Zeit des Kaisers Tiberius nach Rom und beweisen diesem ihre an prophetische Gabe grenzende Kompetenz, die Dinge dieser Welt nackt und unverhüllt zu erkennen. Was auch immer Tiberius tags und nachts in seinen Gemächern berate, hätten sie ihm am folgenden Tag wortgetreu wiedergeben können. Als Anerkennung für diese Leistung verlangen sie kein Geld, sondern die Errichtung eines Denkmals nach ihren eigenen Vorstellungen („memoriam eorum, sicut postulaverunt"): „ungesattelte Pferde, die auf die Erde stampfen", sowie „die Halbnackten, die dicht neben den Pferden stehen und mit erhobenen Armen und zurückgefalteten Fingern das Zukünftige anführen." („equ[i] videlicet nud[i] qui calcant terram"; „seminudi qui stant iuxta equos, et altis brachiis et replicatis digitis, numerant ea quae futura erant.") Die ‚Mirabilia' tragen eilends die Auslegung dieser kryptischen Bildformel nach: Die stampfenden Pferde stehen für die mächtigen Herrscher ihres Zeitalters, die über die Menschen dieser Welt gebieten; so wie diese Pferde auf ihren Reiter warten, so erwartet die Welt den König der Könige, dessen Macht die säkulare übersteigen wird.[255] Die Moral der Fabel – so, wie die

---

Bewegungsmotiv widerspricht den zu erwartenden Standards bei einer repräsentativen Darstellung. Weder folgen Haltung und Mimik der Maßgabe einer zeremoniellen, maßvoll beherrschten – und eben deshalb herrschenden – Gestik, noch sind Blick und Haltung überhaupt auf jenen ehrfürchtigen Betrachter ausgerichtet, den eine Kult- oder Herrscherstatue als Adressat voraussetzt."

[253] Thielemann: Roma und die Rossebändiger im Mittelalter, S. 96.
[254] Vgl. den ausführlichen Kommentar zu den Legendentexten und den ihnen zugrundeliegenden Argumentationsfiguren und Problemstellungen ebd., S. 95–109.
[255] Vgl. Mirabilia urbis Romae. Codice topografico della Città di Roma. Hg. v. Roberto Valentini u. Giuseppe Zucchetti. Bd. 3. Rom 1946, S. 30f.: „Unde fecit eis promissam praelibatam memoriam eorum, sicut postulaverunt: equos videlicet nudos qui calcant terram, id est potentes principes huius saeculi, qui dominantur hominibus huius mundi. Veniet rex potentissimus qui ascendet super equos, id est super potentiam principum huius saeculi. In hoc

3 Schöne Funde, verlorene Schönheit. Winckelmanns zweideutige Antike(n) 311

beiden Philosophen selbst nackt sind, offenbart sich alles irdische Wissen ihrem Geist unverhüllt – ist das Ergebnis dieser *lectio christiana*. „Um Nacktheit und Sehertum in Einklang zu bringen", zitiert die Formulierung der ‚Mirabilia' eine Bibelstelle („Es ist aber alles blos vnd entdeckt fur seinen augen"; „omnia autem nuda et aperta sunt oculis eius", Hebr. 4, 13), mit der die ‚nackte Wahrheit' „zur Gottesschau umgedeutet" werden kann:

> Die Dioskuren galten dem älteren Guiden-Verfasser demnach als zwei heidnische Gottesschauer, die – wie Vergil – um das künftige Heil der römischen Kirche gewusst hatten, aber noch in das Zeitalter der Sünde verstrickt waren. Aus dieser Erkenntnis schien ihm alles erklärbar. Das um die Arme der Männer geschlungene Gewand im Unterschied zum ungezügelten, ungesattelten und somit gänzlich nackten Dasein der Pferde zielte auf eine höhere Dialektik. *Nuditas spiritualis* und *nuditas criminalis* stritten miteinander. [...] Auch dass sie miteinander stritten und ein Ende nicht absehbar war, galt als bedeutungsschwerer Fingerzeig: die Lösung, nach der sie strebten, stand gewissermassen noch aus. Diese unsichtbare letzte Sinnebene musste sich der zeitgenössische Interpret aus eigener Anschauung hinzudenken, wobei es genügte, wenn er logische Folgerungen aus den Prämissen zog. Die Frage lautete: wer, wenn nicht die prophetischen Philosophen selbst, ist der künftige Reiter der Pferde, für den sie gezügelt werden? Er musste so weit von den Philosophen entfernt sein, wie die Pferde es von ihnen waren. Gehörten diese dem Reich des Animalischen an (dem Zustand *ante legem*) und die Rossebändiger dem Reich des Körperlich-Geistigen (*sub lege*), dann musste der unsichtbare Reiter das Reich der Gnade (*sub gratia*) vertreten. Letzterer durfte nicht in Erscheinung treten, weil er zum Zeitpunkt der Fertigstellung der Skulpturen noch nicht geboren war: es ist Christus selbst. Alles zielte auf ihn, den Erlöser, der sich ‚über die Pferde und also der Macht der Fürsten jener Zeit erhebt'. Als die weitblickenden Steigbügelhalter Christi kündeten die Dioskuren mit ihren erhobenen Armen und gespreizten Fingern die Zeit der Kirche an, da die Menschen aus dem Zustand der geistigen Entblössung herausgeführt und mit Hilfe des christlichen Glaubens bekleidet, zivilisiert werden würden.[256]

Die paradoxe Struktur dieser *memoria* – denn erinnerungsträchtig ist allein die aus der Perspektive der Gedächtnisstiftung künftige Einlösung der Verheißung, die von den Statuen im Wortsinne indiziert wird – schreibt das überlieferte Objekt gewissermaßen in ein Denkmal der Zukunft um. Mit anderen Worten: Das antike Bildwerk muss, nach der Logik der Legende, zu Zeiten seiner Verfertigung und Auf-

---

[256] seminudi qui stant iuxta equos, et altis brachiis et replicatis digitis, numerant ea quae futura erant. Et sicut ipsi sunt nudi, ita omnis mundialis scientia nuda et aperta est mentibus eorum."
Gramaccini: Mirabilia, S. 59 und 63. – Vgl. aber die, wie mir scheint, überzeugende und vorsichtigere Interpretation bei Thielemann: Roma und die Rossebändiger im Mittelalter. Er meldet Bedenken gegen die christologische Bestimmung der Prophetie-Geste aus dem einleuchtenden Grund an, dass sie „weit mehr [...] als nur eine neue christliche Legende" produzieren würde. „Vielmehr hätte die Mirabilienlegende das ganze Monument geradezu mit einem Paukenschlag zu dem vornehmsten – weil in seiner historischen Authentizität und physischen Greifbarkeit gänzlich einzigartigen – Bildwerk und Bilddokument aus der Frühgeschichte der Christenheit erhoben. Die kultische Verehrung der Rossebändiger und ihre Aufnahme unter die Gnadenbilder Roms wären dann ebenso zu erwarten gewesen wie entsprechende Reflexe im religiösen Schrifttum des Mittelalters" (S. 97). Da dies nicht der Fall ist, zieht es Thielemann vor, die Legende in den Kontext der Endkönigsprophetien zu rücken. Der hier vorgeschlagenen strukturalen Lesart tut dies indes keinen Abbruch – auch zu dieser auf der Schnittstelle zwischen heilsgeschichtlichen und weltgeschichtlichen Modellen angesiedelten Legendenform gehört eine eschatologische Funktion.

stellung nicht nur deutungsbedürftig, sondern schlicht unverständlich gewesen sein – zwei Pferde, die von zwei halbnackten Männern gebändigt werden, taugen buchstäblich nicht zur *memoria* für die beiden Philosophen. Erst die Herrschaft Christi, auf die es nachträglich vorausgewiesen haben wird, ermöglicht die restlose Auslegbarkeit der Statuen als Denkmal; erst die christliche Gegenwart verleiht der schieren lapidaren Existenz Zeichencharakter und erschließt sie für ein allein gegenwartsbezogenes Bildprogramm.[257]

Wo solche Allegorisierung ausbleibt, entziehen sich die antiken Überreste wenn nicht einer Entzifferung, dann doch schlicht jeder Lesbarkeit. Gleichsam als Emblem dieser Paradoxie erscheint der Schluss der *Narratio de Mirabilibus urbis Romae*. Ihr Verfasser, Magister Gregorius, erwähnt dort eine bronzene Tafel, die im Portikus des päpstlichen Palastes als Teil eines Ensembles (zusammen mit der berühmten römischen Wölfin und einer wohl verschollenen Widder-Bronze) aufbewahrt werde und „worauf einige wenige Gesetzesgrundsätze geschrieben sind" („ubi pociora legis precepta scripta sunt"). Der Erzählung, einer sinnstiftenden narrativen Einbettung, die sie als Semiophore der Überlieferung erst hervorbringen würde, verweigert sich aber diese Tafel. Gregorius gesteht, er habe auf ihr vieles gelesen, aber nur wenig verstanden. Es handle sich dabei um unüberschreitbare Demarkationslinien des Nicht-Sinns – so wäre epistemisch Gregorius' Bezeichnung „afforismi" vielleicht zu umschreiben –, bei denen nahezu jedes Wort mit eigenen Gedanken unterlegt werden müsste.[258]

Die Beispiele zeigen, dass die vorhandenen Überbleibsel der Antike für die mittelalterliche Rezeption keine eigenständige Problemstellung bieten können – und zwar keineswegs nur deswegen, weil es noch kein gelehrtes oder ästhetisches Bezugsregister für eine genuine Auseinandersetzung mit diesen Hinterlassenschaf-

---

[257] Die Dioskuren waren im Mittelalter Teil einer Assemblage, mit der die heilsgeschichtliche Funktion der Legende präzisiert wird. Vor ihnen stand eine schlangenumgürtete Frauenstatue, laut ‚Mirabilia' eine Darstellung der Kirche, und eine als Taufschale verwendete, von zwei Flussgöttern flankierte Brunnenschale; vgl. Gramaccini: Mirabilia, S. 63. – Thielemann: Roma und die Rossebändiger im Mittelalter, hat auf die „komplexe Struktur dieser Antikenlegende" hingewiesen: „In ihr spielen Analyse und Synthese ebenso zusammen wie Erzählung und Prophetie. Während einerseits am Monument selbst zwischen den Statuen der Philosophen und der von ihnen entworfenen Allegorie unterschieden wird, vermag die Ursprungslegende andererseits die verschiedenen antiquarischen und allegorischen Modi der Erschließung in der Rahmenform einer Erzählung zu verbinden, die zwar in der Vergangenheit spielt, zugleich aber auf den fortschreitenden Horizont der Gegenwart und die Zukunft ausgreift" (S. 125f.) Die Vorstellung aber, es werde dadurch „die Distanz zur Antike unmittelbar überbrückt" (S. 126), scheint mir im Blick auf die paradoxe Strukturierung des Denkmals zu einfach: Dank dem radikalen und unaufhebbaren Einschnitt, den das Christentum markiert, wird für das Objekt eine solche Distanz eben gar nicht erst zugelassen.

[258] Gregorius: Narracio de Mirabilibus urbis Rome. Hg. v. R. B. C. Huygens. Leiden 1970, S. 31: „In hac tabula plura legi, set pauca intellexi. Sunt enim afforismi, ubi fere omnia verba subaudiuntur." Michael Greenhalgh: The Survival of Roman Antiquities in the Middle Ages. London 1989, nennt diese Stelle den „locus classicus" für das mittelalterliche Unverständnis für antike Inschriften (S. 177). – Das komplexe Bildprogramm dieser Assemblage, auf das ich hier nicht näher eingehen will, wird beschrieben bei Gramaccini: Mirabilia, S. 94–97.

3 Schöne Funde, verlorene Schönheit. Winckelmanns zweideutige Antike(n) 313

ten gibt. Schwierigkeiten entspringen, wenn überhaupt, dem unverfügbaren Vorhandensein dieser Gegenstände selbst. An ihnen wird das komplexe, immer wieder legitimationsbedürftige Verhältnis von Abgrenzung und überwindender Fortführung, von Kontinuität und Bruch zwischen dem alten und dem neuen Rom manifest, falls ihnen nicht, wie im Falle der Dioskuren, ein Platz auf dem Zeitpfeil der Heilsgeschichte zugewiesen werden kann. Die Frage nach der *qualitas* der Objekte stellt sich aber für diese Legitimations- und Ausschließungsdiskurse selbst dann nur im Rahmen der fraglos vorausgesetzten christlichen Heilstradition – also ungeachtet der materialen Beschaffenheit und der Überlieferungsbedingungen konkreter Bildwerke, Gebäude oder Schriften und damit genau reziprok zur philologisch-antiquarischen Perspektive, die sich seit der Renaissance abzeichnen, vor allem aber in den Jahrzehnten um 1700 vollends durchsetzen wird. Wollte man die Effekte solcher *lectio christiana* dennoch anachronistisch am Dispositiv der ‚Überlieferung' buchstabieren, wäre festzustellen: Was von der Antike geblieben ist, unterliegt nicht einem Überlieferungsverlust, sondern vielmehr einem Überlieferungs*gewinn* – vollständig und verstehbar wird, wie die Dioskuren-Legende verdeutlicht, das Hinterlassene allein durch den Zugewinn der heilsgeschichtlichen Perspektive; unvollständig ist das von der heidnischen Kultur Hervorgebrachte zeit seiner Entstehung – ihm fehlen nicht Teile, ihm fehlt die Möglichkeit, ganz zu sein.[259]

In den beiden wie die *Mirabilia* aus dem 12. Jahrhundert stammenden Rom-Gedichten Hildeberts von Lavardin allerdings, die nicht nur aufgrund ihres exzeptionellen Charakters als *ästhetische* Texte gemeinhin als für ihre Zeit singuläre Dokumente eines sich ändernden Umgangs mit der antiken Tradition gelten, treten die Reste der Götterbilder, wie es scheint, erstmals als explizite Überlieferungsgegenstände auf. Der eschatologischen Perspektive der christlichen Überwindung des heidnischen Altertums, so heißt es, begegne darin ein gewissermaßen ‚historistischer' Versuch, „das Altertum als Altertum gelten zu lassen und für voll zu neh-

---

[259] Diese Argumentationsfigur ihrerseits hat im christlichen Schrifttum eine lange Tradition; sie erscheint bereits im 2. Jahrhundert in der Apologetik als Spielmarke kulturkämpferischer Strategien, etwa wenn Justin den heidnischen Philosophen und Gesetzgebern partiell richtige Erkenntnisse zugesteht, um die Überlegenheit des Christentums dann dadurch zu legitimieren, dass nur durch Christus und den *spermatikos logos* des wahren Glaubens die Ganzheit der Erkenntnis (πάντα τὰ τοῦ λόγου), die Synthese der einzelnen Bestandteile erreichbar werde: Was immer die heidnischen Autoren in wohlgesetzten Worten formuliert hätten, gehöre nun den Christen (Justinus Martyr, Apologia minor, 10,3; 13,4, in: Iustini Martyris Apologiae pro Christianis. Hg. v. Miroslav Marcovich. Berlin u. New York 1994, S. 151 u. 157). – „Solche Aggressivität wird durch ihren Hinweis auf den, in allen erlauchten Geistern der Menschheitsgeschichte wirksamen *Logos spermatikos* nicht gemindert, da dieser mit dem Logos der christlichen Heilsgeschichte in Verbindung gebracht und in Konsequenz christlicher Selbstbehauptung die Folge gezogen wird, daß die vorchristliche Antike nur eine partielle Wahrheits- bzw. Gotteserkenntnis besessen habe". (Carl Andresen: Art. Antike und Christentum. In: Theologische Realenzyklopädie. Hg. v. Gerhard Müller. Bd. 3. Berlin u. New York 1978, S. 50–99, Zit. S. 60f.).

men."²⁶⁰ Das erste Gedicht, dem noch Lessing die Datierung als Text des 12. Jahrhunderts rundweg abgesprochen hat²⁶¹ und das mit einer Apostrophe auf die „untilgbare[n] Dokumente"²⁶², auf das semiophorische Insistieren von Roms einstiger Größe anhebt – „Par tibi, Roma, nihil cum sis prope tota ruina / quam magni fueris integra, fracta doces"²⁶³ –, beschließt angesichts der Götterbilder mit einer Feier der „schöpferische[n] Tat",²⁶⁴ die sie hervorgebracht hat:

> Selber bestaunen die Himmlischen hier die Himmelsgestalten,
> Und gern ähnelten sie ihren Gesichtern im Stein.
> Nicht vermochte Natur solch Antlitz den Göttern zu schaffen,
> Wie von Göttern der Mensch strahlende Bilder erschuf.
> Blick geht von den Erhabenen aus, es ruft zur Verehrung
> Eher des Künstlers Bemühn als ihre Göttlichkeit auf.²⁶⁵

Dies scheint auf den ersten Blick die Programmatik eines künstlerischen Ingeniums vorwegzunehmen, das – Stichwort ‚Nachahmung' – die (früh)neuzeitliche Auseinandersetzung mit der antiken Überlieferung besonders motivieren wird. So zählt die freudige Selbst- respektive Wiedererkenntnis der heidnischen Götter in den Produkten menschlicher Mimesis zu den allegorischen Bildformeln, in denen der Humanismus die Fähigkeiten kultureller Zeichenproduktion zu feiern pflegt. In Juan Luis Vives' *Fabula de homine* (1518) etwa wird der Mensch nicht nur als Ebenbild der Götter vorgestellt; er spiegelt, in einer theatralischen Präsentation zur Feier des junonischen Geburtstags, mit seiner Nachahmung von Pflanzen, Tieren und Menschen in moralischer und politischer Ordnung die Natur. Die Götter, nach diesem Durchgang durch die Entwicklungsstufen der Schöpfung ohne weiterge-

---

[260] Peter von Moos: Hildebert von Lavardin 1056–1133. Humanitas an der Schwelle des höfischen Zeitalters. Stuttgart 1965, S. 251.
[261] Es „zeigen diese Zeilen deutlich, daß sie zu einer Zeit geschrieben worden, da Rom zum Theil noch heidnisch war; ja wohl gar von einem Heiden selbst." (Gotthold Ephraim Lessing: Kollektaneen zur Literatur. Hg. u. weiter ausgeführt v. Johann Joachim Eschenburg. Bd. 1: A–J. Berlin 1790, S. 382).
[262] Walther Rehm: Europäische Romdichtung. 2., durchgesehene Aufl. München 1960, S. 51.
[263] Hildebert von Lavardin: Carmina minora. Hg. v. A. Brian Scott. Leipzig 1969, S. 22. – Vgl. zum semiophorischen Potential des Ruinösen Barkan: Unearthing the Past, S. 124: „What is distinctive in this very persistent mentality [...] is not the flat comparison but the ratio, or what we might term exponential thinking: however ruined Rome is now, by that much more do we need to multiply the once living city in our imaginations. From this perspective, the fragment, far from containing a diminished immanence, points to a greater wholeness than would any complete works. The more ruined, the more it inscribes; the more it inscribes, the more it invokes the modern imagination. Broken antiquities thus contribute to a living text of epic similes whereby that which is seen becomes aggrandized through a ratio of comparisons to that which cannot be seen."
[264] Gramaccini: Mirabilia, S. 57.
[265] Hildebert: Carmina minora, S. 24: „hic superum formas superi mirantur et ipsi, / et cupiunt fictis vultibus esse pares. / non potuit Natura deos hoc ore creare, / quo miranda deum signa creavit homo. / vultus adest his numinibus, potiusque coluntur / artificum studio quam deitate sua." – Die deutsche Übersetzung zitiert nach Wolfram von den Steinen: Rom Caesars – Rom Petri. In: Neue Schweizer Rundschau 17 (1949/1950), S. 704–706.

3 Schöne Funde, verlorene Schönheit. Winckelmanns zweideutige Antike(n) 315

hende Erwartungen, stellen dann erstaunt fest, dass sie selber vom menschlichen *acteur* auf die Bühne gebracht werden und dass dessen Darstellungskünste auch vor den höchsten Gipfeln des Olymp nicht versagen. Als die begeisterten Olympier den Schauspieler in ihre Theaterränge aufnehmen wollen, müssen sie entdecken, dass „at that very moment, man came out upholding the great Jupiter, the worthiest of gods, and with marvellous and indescribable gestures impersonating his father." Nichts bleibt ihnen deshalb übrig, als dem Menschen selbst göttliche Ehren zuteil werden zu lassen; von Merkur an die Tafel der Götter geführt, darf er dort, jenseits der Bühne, seine wahre Natur präsentieren – „this nature which, covered with mask and body, had made of him an animal so diverse, so desultory, so changing like al polypus and a chameleon, as they had seen him on the stage" –; er wird schließlich regelrecht adoptiert und der Verantwortung des Götter- und nun auch Menschenvaters unterstellt: „the gods saw man and embraced their brother."[266] Damit scheint Hildeberts Gedicht mit dem Lob menschlicher Darstellungskunst in der Tat eine der wichtigsten Reflexionsfiguren vorwegzunehmen, anhand derer die antiken Überbleibsel in die anthropologisch ausgerichteten Integrationsmodelle der Renaissance aufgenommen werden: die Aufwertung von Kulturtechniken zur spezifischen Auszeichnung und Rechtfertigung des menschlichen Status.

Doch in der Prosopopoia des zweiten Gedichts, in der die sprechende Stadt die scheinbare Balance von Antike und Christentum aufhebt, werden diese Bildzeichen, ihrer Schönheit unbenommen, gerade im Verhältnis von Ganzheit und Zerstörung „in einer Art von Widerruf"[267] erneut in die heilsgeschichtliche Perspektive gerückt. „Da ich die Statuen, da ich die Scheingottheiten noch liebte", spricht Rom zu Beginn des Gedichts, „[s]tiegen mein Heer und mein Volk und meine Bauten zur Höh."

Aber seitdem ich die Bilder und all die Altäre des Wahnes
Umstieß, daß ich allein diente dem einzigen Gott,
Schwanden die Burgen dahin.

Und in chiastischer Spiegelung des ersten Gedichts endet Roms Rede, indem sie den Zugewinn an Macht und Größe benennt, den der Tausch heidnischer Insignien und Künste gegen das Zeichen des Kreuzes mit sich gebracht hat: Durch erstere

---

[266] Die Fabel wird hier zitiert nach der englischen Übersetzung in: Ernst Cassirer, Paul Oskar Kristeller u. John Herman Randall, Jr. (Hg.): The Renaissance Philosophy of Man. Chicago 1948, S. 387–393. Vgl. dazu Marcia L. Colish: The Mime of God: Vives on the Nature of Man. In: Journal of the History of Ideas 23 (1962), S. 3–20.
[267] So formuliert es die zur Unterscheidung der ‚Renaissancen' des 12./13. und des 15. Jahrhunderts noch immer maßgebliche Studie von Erwin Panofsky: Renaissance und „Renaissancen". In: Ders.: Die Renaissancen der europäischen Kunst. Übersetzt v. Horst Günther. Frankfurt a.M. 1990, S. 55–117, Zit. S. 82.

„[f]iel die Erde [*terras*] mir zu: aber das All [*polum*] durch das Kreuz."[268] Erneut also ist es eine Zeitlichkeit am Leitfaden der Heilsgeschichte, an der sich die Perspektive auf die Überbleibsel ausrichtet und von der die überlieferungskonstitutive Doppelzeitlichkeit der Zeugnisse hintertrieben wird.

In der Renaissance beginne sich dann – so die kulturgeschichtliche ‚große Erzählung', der ich hier mit leichten Umakzentuierungen noch immer folge – eine völlig andere, ästhetische Wahrnehmung mit gelehrter Ordnung harmonisch verbindende Auseinandersetzung mit den antiken Objekten abzuzeichnen.[269] Erst jetzt wird das, „was den Kunstgenuß ausmacht, [...] der Glaube an die in der Oberfläche dokumentierte Geschichte des Objekts";[270] erst so kann, wie allgemein angenommen wird, eine Kulturgeschichte mit dem Anspruch einer „systematische[n] Erforschung der *Dinge*"[271] ihr Interesse auf das Artefakt richten, um in dessen eigenen Gesetzmäßigkeiten eine spezifische Form von Repräsentativität zu ‚entdecken'. Doch die Relation von Kunstideal und historischer Überlieferung wird von Anfang an von einer grundlegenden und bleibenden Paradoxie heimgesucht: Die Werke und Programmatiken, an denen sie sich orientieren will, existieren schlicht nicht mehr. Die Architektur buchstäblich ruiniert, die Plastik in nicht selten selbst zu Torsi gewordenen Kopien, die Malerei in spärlichen Beschreibungen, die Literatur fragmentarisch überliefert oder durch Überlieferungsprozesse kontaminiert, die theoretischen Schriften verloren – das Kunstideal, dem man gerecht

---

[268] Hildebert: Carmina minora, S. 25f.: „Dum simulacra mihi, dum numina vana placerent, / [...] alta fui. / at simul effigies arasque superstitiosas / deiciens, uni sum famulata Deo." – S. 27: „obtinui terras: crux dedit una polum." – von den Steinen: Rom Caesars – Rom Petri, S. 706.

[269] Vgl. als eine – vielleicht nicht ganz so bekannte, aber für die Geschichte des Überlieferungsdispositivs naheliegende – Variante dieser Erzählung Alois Riegl: Der moderne Denkmalkultus, sein Wesen und seine Entstehung" [1903]. In: Georg Dehio u. Ders.: Konservieren, nicht restaurieren. Streitschriften zur Denkmalpflege um 1900. Mit einem Kommentar von Marion Wohlleben u. einem Nachwort von Georg Mörsch. Braunschweig u. Wiesbaden 1988, S. 43–87, Zit. S. 50f.: „Man begann jetzt die Denkmale des Altertums neuerdings zu schätzen, aber nicht mehr bloß um der durch sie vermittelten patriotischen Erinnerung an die Macht und Größe des alten Imperiums willen, das sich selbst der mittelalterliche Römer, freilich in sehr phantastischer Fiktion, noch immer als fortbestehend oder nur zeitweise unterbrochen gedacht hatte, sondern wegen ihres ‚Kunst- und historischen Wertes'. Daß man jetzt nicht bloß Monumente gleich der Trajanssäule, sondern selbst unscheinbare Fragmente von Gesimsen und Kapitälen der Beachtung wert fand, beweist, daß es die antike Kunst als solche gewesen ist, der man nun Interesse abgewann; und daß man selbst Inschriften von ganz belanglosem Inhalt, sofern sie nur offenbar aus der antiken Zeit stammten, zu sammeln und zu registrieren begann, verrät das erwachte historische Interesse. [...] [Z]um erstenmal sahen wir da Menschen in alten von der eigenen Zeit durch ein Jahrtausend und mehr geschiedenen Werken und Handlungen die Vorstufen der eigenen künstlerischen, kulturellen und politischen Tätigkeit erkennen [...] So gewann die Vergangenheit einen Gegenwartswert für das moderne Leben und Schaffen."

[270] Stefan Römer: Der Begriff des Fake. Diss. Berlin 1998, S. 40.

[271] George Kubler: Die Form der Zeit. Anmerkungen zur Geschichte der Dinge. Übersetzt v. Bettina Blumenberg. Mit einer Einleitung v. Gottfried Boehm. Frankfurt a.M. 1982, S. 33 [Hervorh. S. K.]. Nach Kubler beginnt dieses Erkenntnisparadigma mit den Bildbeschreibungen der italienischen Renaissance.

3 Schöne Funde, verlorene Schönheit. Winckelmanns zweideutige Antike(n)

werden will, erweist sich in seiner objekthaften Hinterlassenschaft als ein einziges Trümmerfeld. Dieses Problem behält, wie sich allenthalben gezeigt hat, seine Gültigkeit noch für das Dispositiv der Überlieferung nach 1700, wenn auch gemeinhin sein katastrophisches Potential doch deutlich gemindert ist. Doch begegnen ihm die Theoretiker der Renaissance nicht auf dem genuinen Feld der antiquarischen Praxis, wie dies die Gelehrsamkeit des ausgehenden 17. und des beginnenden 18. Jahrhunderts unternehmen wird. Ganz im Gegenteil lautet der Umkehrschluss aus diesem Befund, es gelte nun an die unterbrochene Arbeit der ‚Künste' möglichst nahtlos wieder anzuknüpfen. So deutet es beispielsweise die Ursprungslegende der Plastik in Albertis Traktat ‚De Statua' an: Die bildende Kunst wird aus dem zufällig vorgefundenen (natürlichen) Torso geboren; ihre Vollkommenheit erhält sie durch die experimentellen Praktiken des Hinzufügens und Wegnehmens – was wohl weniger zufällig an die aristotelische Definition des Werkes erinnert.

> Die Künste derer, die sich anheischig machen, von Körpern, welche die Natur hervorgebracht hat, Formen und Bilder für ihr eigenes Schaffen herzuleiten, gehen – wie ich glaube – auf folgenden Ursprung zurück. Man nahm wohl zufällig einst an einem Baumstrunk [trunco] oder an einem Erdklumpen oder sonst an irgendwelchen derartigen leblosen Körpern gewisse Umrisse wahr, die – schon bei ganz geringer Veränderung – etwas andeuteten, was einer tatsächlichen Erscheinung in der Natur überaus ähnlich sah. Dies nun bemerkte man und hielt es fest, und man begann sorgfältig zu erkunden und zu erproben, ob es möglich sei, an dem betreffenden Gegenstand etwas hinzuzufügen oder wegzunehmen und schließlich alles das beizubringen, was zur Erfassung und zur Wiedergabe der wahren Gestalt des Bildes noch zu fehlen schien. Indem man also, soweit der Gegenstand selbst dazu riet, seine Umrisse und die Oberfläche ausbesserte und glättete, gelangte man zum erstrebten Ziel, nicht ohne dabei Lust zu empfinden. Kein Wunder, dass in der Folge das Bestreben der Menschen, ⟨der Natur⟩ Ähnliches zu schaffen, von Tag zu Tag wuchs, bis sie auch dort, wo im vorgegebenen Stoff keine Hilfe in der Form halbfertiger Ähnlichkeiten zu erkennen war, aus diesem Stoff trotzdem jedes beliebige Bild hervorzubringen vermochten.[272]

Deshalb wäre es wohl mehr als übertrieben, in dieser Legende eine fundamentale Aufwertung des Partikularen zu behaupten. Albertis Definition des Schönen folgt, als „Rückkoppelung der ästhetischen Reflexion an eine modernisierte Fassung der rhetorischen Kategorien",[273] jenem Verhältnis von Teil und Ganzem, das in der Tradition der von Plinius und vor allem von Cicero überlieferten Zeuxis-Anekdote[274] schon seit langem die kompositionelle Fähigkeit über die einfache Nachahmung triumphieren lässt. Neu daran ist, dass die beste Entsprechung der einzelnen

---

[272] Leon Battista Alberti: Das Standbild – Die Malkunst – Grundlagen der Malerei. Hg., eingel., übers. u. komm. v. Oskar Bätschmann u. Christoph Schäublin. Darmstadt 2000, S. 143; vgl. den Kommentar zur zitierten Stelle ebd., S. 31–36.
[273] Gérard Raulet: Art. Ideal. In: Ästhetische Grundbegriffe. Hg. v. Karlheinz Barck u.a. Bd. 3. Stuttgart u. Weimar 2001, S. 86–118, Zit. S. 89f.
[274] Zeuxis ließ sich, als er im Auftrag der Bewohner von Kroton an einem Bild der Juno für den örtlichen Tempel zu arbeiten begann, die schönsten Mädchen vorführen und wählte von diesen fünf aus, aus deren vorzüglichsten Körperteilen er das Bild der Göttin nachahmend kompilierte (vgl. Plinius, Hist. nat. XXXV, 36 und Cicero, De inv. II 1, 1–3).

Teile im Ganzen (*concinnitas*) explizit naturgesetzlich begründet wird.[275] Folgerichtig ist es das erklärte Ziel von Albertis Traktat, „die Ausmaße festzuhalten, wie sie der menschliche Körper in der Regel aufweist."[276] Seine Tabellen können geradezu als eine rekombinierende Matrix gelesen werden, die den Körper in seine Einzelteile zerlegt und diese unter verschiedenen Gesichtspunkten für die Darstellung einer proportional geglückten menschlichen Figur in den verschiedensten Stellungen in Anschlag bringt. Der Künstler, der sich mit Albertis Traktat an die Darstellung des idealen Körpers macht, braucht damit als historische Stilvorlage weder eine Auswahl schöner nackter Mädchen wie Zeuxis, um die besten Teile zum besten Ganzen zu kombinieren, noch einen Fundus an Überlieferungszeugnissen, wie sie allenthalben aus der Erde gegraben werden – ihm müssen Zahlentabellen und Messinstrumente genügen.

Zum Fundament einer ästhetischen Reflexion werden die „meist kläglichen Stümpfe und Trümmer",[277] die von den ‚Meisterwerken' übrig geblieben sind, als solche deshalb gerade nicht. Vielmehr setzt bei ihnen in der Folge ein ganzes Bündel von Praktiken an, das als gleichsam schattenhaftes materiales Double der ästhetischen und anthropologischen Idealbildung rangiert: Inventarisierungs-, Beschreibungs- und Interpretationsverfahren sowie künstlerische Techniken der Reproduktion und Ergänzung. Die Unvollständigkeit der Hinterlassenschaften wird zum Zeichen ihrer Authentizität; Beschädigung erscheint als materiales Äquivalent zur Geste des Ausgrabens, der Ent-Deckung der über Jahrhunderte verschütteten, übersehenen und vernachlässigten Zeugnisse. Erst mit der Einbindung dieser Techniken und der damit verbundenen Figurationen in den gelehrten Diskurs wird das Dispositiv der Überlieferung vollkommen funktionsfähig sein – aber auch umgekehrt: Ihre epistemische Relevanz erhalten diese Techniken erst in der Kopplung an die antiquarische Perspektive auf die (Be-)Funde des Überlieferten. Nichts illustriert diesen Sachverhalt deutlicher als die „berühmteste Fälschungsanekdote der Kunstgeschichte",[278] die Vasari überliefert. Michelangelo, von dessen Statuen Vasaris Monographie behaupten kann, sie „seyen in allen Theilen schöner als die der Alten",[279] hat einen marmornen schlafenden Amor verfertigt, ihn auf Anraten

---

[275] Vgl. Leon Battista Alberti: Zehn Bücher über die Baukunst. Hg. u. übers. v. Max Theurer. Darmstadt 1975, S. 492: „Die Schönheit ist eine Art Übereinstimmung und ein Zusammenklang der Teile zu einem Ganzen, das nach einer bestimmten Zahl, einer besonderen Beziehung und Anordnung ausgeführt wurde, wie es das Ebenmaß [concinnitas], das heißt das vollkommenste und oberste Naturgesetz fordert."

[276] Alberti: Das Standbild, S. 169.

[277] Arnold von Salis: Antike und Renaissance. Über Nachleben und Weiterwirken der alten in der neueren Kunst. Erlenbach-Zürich 1947, S. 165.

[278] Hans Tietze: Zur Psychologie und Ästhetik der Kunstfälschung. In: Zeitschrift für Ästhetik und Allgemeine Kunstwissenschaft 27 (1933), S. 209–240, Zit. S. 213.

[279] Giorgio Vasari: Leben der ausgezeichnetsten Maler, Bildhauer und Baumeister, von Cimabue bis zum Jahre 1567. Aus dem Italienischen, mit einer Bearbeitung sämmtlicher Anmerkungen der früheren Herausgeber, sowie mit einigen Berichtigungen und Nachweisungen begleitet

3 Schöne Funde, verlorene Schönheit. Winckelmanns zweideutige Antike(n)   319

seines Gönners Lorenzo di Medici zum Zweck der Wertsteigerung ‚antikisiert' und damit gewissermaßen den immer wieder kolportierten Modellfall für Kunstfälschung überhaupt geschaffen:

> Man sagt, Michelagnolo habe hierauf seiner Statue das Aussehn gegeben als ob sie antik sey, und ist dabei nichts zu verwundern, weil er Verstand genug besaß, dieß und noch mehr zu thun. Andere behaupten, Milanese habe sie nach Rom geschafft, auf seiner Vigna vergraben und dann als ein antikes Werk für 200 Ducaten an den Cardinal San Giorgio verkauft; während noch andere erzählen, Milanese, für den sie gearbeitet war, habe sie dem Cardinal verkauft und an Pierfrancesco geschrieben: er solle Michelagnolo dreißig Scudi auszahlen, indem er für den Cupido nicht mehr erhalten habe, so daß er den Cardinal, Pierfrancesco und Michelagnolo betrogen hätte. Indeß hörte San Giorgio von einem Augenzeugen, die Figur des Knaben sey in Florenz gearbeitet, und als er durch einen eigens Beauftragten die Wahrheit erkundschaftet, brachte er es dahin, daß der Sachwalter Milanese's das Geld wieder hergeben und den Cupido zurücknehmen mußte.[280]

Vasari tadelt in seiner Biographie nicht etwa diese gerüchteweise vorgebrachten Ränkespiele, sondern den Kardinal, und zwar dafür, „daß er die Trefflichkeit des Werkes nicht erkannte, die in dessen Vollkommenheit besteht, mit welcher die neuern Werke so gut als die antiken sind; genug daß sie ausgezeichnet gut sind; und es ist Eitelkeit mehr auf den Namen als auf die Sache zu achten."[281] Selbst wenn Michelangelo also die Kniffe eines simulierten Altertums noch so raffiniert zum Einsatz gebracht haben mag, wie es die erste Lesart von Vasaris Bericht will, dann ist dieses für die ästhetische Wertung – und auf sie allein kommt es dem ersten neuzeitlichen Künstlerbiographen an – vollkommen irrelevant. Nicht die vorgetäuschte und als solche entlarvte Patina der Statue dient der Wertung zum Vorwurf; die technischen Manipulationen verlieren mitsamt der Altersbestimmung des Artefakts jede Relevanz vor der ästhetischen Perfektion des Werkes.

Leonard Barkan hat mit Blick auf die Ausgrabungen der Antike seit der Renaissance von einem radikalen Paradigmenwechsel gesprochen, der zur Folge hat, dass die kulturelle Produktion von Kunst sich an einem spezifisch ästhetischen Diskurs zu orientieren beginnt und sich so dezidiert von herkömmlichen Programmen wie der Illustration theologischer Lehrsätze, der Naturnachahmung oder der Geschichtsdarstellung abgrenzt.[282] Natürlich heißt das nicht, dass primär ästhetikfremde Programme für die Auseinandersetzung mit den antiken Hinterlassenschaften gewissermaßen über Nacht ersetzt oder die heilsgeschichtliche Vorstellung der Überwindung des heidnischen Altertums zur Gänze eliminiert würden. Noch ein

---

      von Ernst Förster. 6 Bde. Worms 1983 [ND der Ausg. Stuttgart u. Tübingen 1832–1849]. Bd. III.1, S. xvii.

[280] Ebd. Bd. V, S. 271f.
[281] Ebd., S. 272.
[282] Barkan: Unearthing the Past, S. xxxi: „The discovery of the great fragments of ancient art puts Renaissance artists in mind of – art. The cultural production that results becomes a sign that art can be made not only out of dogma, out of natural observation, or out of historical events but also out of what we might in the fullest sense call *aesthetics* – which is to say a philosophy, a history, and a phenomenology proper to art itself."

Renaissanceintellektueller wie Gianfrancesco Pico della Mirandola kann in einem Brief an Konrad Peutinger, der in der Straßburger Ausgabe seines Gedichts mit dem in dieser Hinsicht aufschlussreichen Titel *De Venere et Cupidine expellendis* veröffentlicht worden ist, ohne weiteres vermerken, die wahre Religion habe den dunklen Irrglauben so nachhaltig ausgemerzt, dass abgesehen von zerbrochenen und verwitterten Trümmern nicht einmal die Bilder seiner Götzen übrig geblieben seien.[283] Doch diese Siegesgewissheit wird sich bald als konzeptueller Irrtum herausstellen. In Tommaso Lauretis Deckenfresko in der vatikanischen Sala Costantina (1586), dessen Bildprogramm vorwegnimmt, was das Diskursmodell des Überlieferungswissens ein gutes Jahrhundert später perfektionieren wird, scheint die ganze Komplexität einer ambivalenten Beziehung zwischen programmatisch Vergessenem und nicht minder programmatisch Erinnertem auf.[284] Im Fresko ist das zur Darstellung dieser Programmatik denkbar eindeutigste und scheinbar unspektakulärste Bildinventar gewählt: Auf dem Boden in der Mitte des Bildvordergrundes liegen Torso, Kopf und Glieder eines Götterbildes, im oberen Bilddrittel steht ein Kruzifix. Das erste, was die Einfachheit dieser Darstellung kompliziert, ist der Umstand, dass durch den Bildaufbau das Kruzifix im wörtlichen Sinn an die Stelle der gestürzten Statue getreten ist. Die Inszenierung des Gekreuzigten, strikt in der Bildmitte und die oberen zwei Drittel des Bildes einnehmend, wird als Ersetzung einer unterbrochenen Repräsentation lesbar, mit der die Funktion des antiken Sakralbildes schlicht wiederholt wird: Im Raum frei stehend und auf einem Piedestal postiert, dessen Höhe exakt der des Kruzifixes entspricht, nimmt der Gekreuzigte zwar den Platz eines figuralen Fluchtpunktes im Bild ein. Dieser streng zentralperspektivische Aufbau der Bildkomposition wird aber formal zugleich unterstrichen und inhaltlich sabotiert, indem der Raum durch eine Folge von Kolonnaden im Bildhintergrund wiederum mittig geöffnet wird. Dadurch wird der Blick auf einen von zwei Obelisken flankierten, als klassisches Formzitat antiker Sakralarchitektur mit Thoros und Monopteros figurierenden Rundbau freigegeben. Eine zweite Komplexitätssteigerung entsteht durch die Zuordnung der zerbrochenen Statue. Das zur Wiedererkennung und Interpretation – beim zerbrochenen Götterbild handelt es sich um eine Hermes-Statue – nötige mythologische Wissen legitimiert einerseits das Bildprogramm, verwirrt es aber sogleich wieder: Der Triumph des Christentums ist darin vollständig nur, solange die Ikonik dessen, worüber es triumphiert hat, im kollektiven Gedächtnis verzeichnet bleibt; abgeschlagene Häupter

---

[283] Vgl. Hans Henrik Brummer: On the Julian Program of the Cortile delle Statue in the Vatican Belvedere. In: Matthias Winner, Bernard Andreae u. Carlo Pietrangeli (Hg.): Il Cortile delle Statue. Der Statuenhof des Belvedere im Vatikan. Akten des internationalen Kongresses zu Ehren von Richard Krautheimer. Rom, 21.–23. Oktober 1992. Mainz 1998, S. 67–76, Zit. S. 68.

[284] Die in Auflösung und Farbqualität befriedigendste, in Handhabung und Darstellungsweise allerdings sehr umständliche Reproduktion findet man im *online*-Auftritt der Vatikanischen Museen (URL: http://mv.vatican.va/3_EN/pages/x-Schede/SDRs/SDRs_01_05_007.html [2.11.2016]).

3 Schöne Funde, verlorene Schönheit. Winckelmanns zweideutige Antike(n)

und Hände der Abgötter in ihrer immanenten Geschichtslosigkeit und schieren Materialität reichen dafür nicht mehr aus. Anstatt aus der nachträglichen Perspektive in Denkmäler heilsgeschichtlicher Zukunft invertiert zu werden, insistieren die *membra disjecta* als Zeugen des Ersetzungsvorgangs selbst – und indem sie diesen ausstellen, ermöglichen sie den allmählichen Bruch mit der Einsinnigkeit einer Heilsgeschichte zugunsten einer strukturierenden Doppelzeitlichkeit, die in dieser Memorialinszenierung sichtbar wird. Von da ist es nur ein weiterer Schritt hin zur semiophorischen Eigenlogik, die noch diesen Inszenierungsrahmen selbst sprengt und die doppelte Zeitlichkeit der Objekte zu einem Problemkomplex *sui generis* macht. Eine Monumentalpolitik, die allzu gewiss auf die Dokumentation ihrer Erfolge vertraut, beginnt so unter der Hand ein Wahrnehmungspotential zu befördern, das – man erinnere sich an Hardouins Verdacht! – die eigenen Darstellungsprämissen radikal hintertreibt.

Dies wird, um einen letzten Topos des Archivs Rom anzuführen, an den Wahrnehmungsbrüchen deutlich, die der ohne Zweifel zentrale Begegnungsort für die neuzeitliche europäische Beschäftigung mit antiker Plastik, der Statuenhof des Belvedere, erfährt.[285] Der Aufstellungsraum und seine Exponate stehen zunächst im Dienste eines konsequenten und durchdachten, aber zunächst weder ästhetischen noch gelehrten, sondern politischen Verweisungszusammenhangs, von dem Papst Julius II. die ‚Wiedergeburt Roms' repräsentiert wissen will: Die Stellung der Statuen, aber auch die Konstruktion, Ausschmückung und Bepflanzung des Statuenhofes schreibt die *aetas aurea*-Konzeption fort, aktualisiert die – vermittelt über die ‚Laokoon'-Gruppe – aufgerufene mythisch-literarische Vorgeschichte Roms und erweitert und überschreibt sie in der Konstellation der Bildwerke mit anderen Elementen der Hofgestaltung:

> So wird die Venus Felix, in der griechischen Antike als Gartengottheit verehrt und im antiken Rom als Patronin der Gärten angesehen, in der Renaissance weithin mit Gartenthemen in Verbindung gebracht. In Konnotation der Venus mit der Bepflanzung des Hofes mit Orangenbäumen sowie mit der Verbindung zwischen der Figur des Commodus als Herakles und der Inschrift am Hofeingang erweitert sich die Bedeutung des Statuenhofes von der *Aetas aurea*-Thematik der Romgeschichte auf den Garten der Hesperiden, der in der Renaissance als Sinnbild der Tugend gilt. Entsprechend erfahren der Statuenhof und Phoebus Apollo durch den Bezug zu Raffaels Stanzenfresko und der Cleopatranische einen Bedeutungszuwachs in Richtung Musenhügel und Parnaß.[286]

---

[285] Einen knappen Überblick über die Sammlung und ihre Entstehung geben Francis Haskell u. Nicholas Penny: Taste and the Antique. The Lure of Classical Sculpture 1500–1900 [1981]. 5. Aufl. New Haven, London 1998, S. 7–15.

[286] Uwe Geese: Antike als Programm. Der Statuenhof des Belvedere im Vatikan. In: Natur und Antike in der Renaissance. Katalog zur Ausstellung im Liebieghaus. Museum alter Plastik Frankfurt a.M., 5. Dezember 1985 bis 2. März 1986. Hg. im Auftrag des Dezernats Kultur und Freizeit der Stadt Frankfurt a.M. v. Herbert Beck u. Peter C. Pol. Frankfurt a.M. 1985, S. 24–50, Zit. S. 35; vgl. auch Brummer: On the Julian Program of the Cortile delle Statue in the Vatican Belvedere.

Doch dieser Bildprogrammatik – die Zeugnisse der Belvedere-Besucher belegen es über Jahrhunderte recht eindrücklich – eignet die Fähigkeit zur Verselbständigung[287] ebenso wie der selbst zum Bildtopos geronnenen eschatologischen Formel des christlichen Siegs über die heidnische Antike.

Zu sehen, und vor allem zu zeichnen und zu beschreiben, gibt es im Belvedere nun seit den 30er Jahren des 16. Jahrhunderts vor allem anderen nicht einen, vielmehr *den* Torso, wie noch Zedlers *Großes Universal-Lexicon* vermerken kann:[288] „truncus, *Hercules* genannt, ist in Rom mitten in Belvedere, in dem Päbstlichen Garten befindlich, und ist eine zwar zerstümmelte, doch so künstlich und natürlich gehauene Statue des Herculis ohne Kopff, Arme und Beine, daß *Michael Angelo* gestehen müssen, er habe mehr von diesem gestümmelten Bilde gelernet, als von allen anderen gantzen, die er jemahls gesehen."[289] Die als „Augenweide für den Anatomen und nicht minder für den Künstler"[290] reizvolle materiale Unvollständigkeit des Torso wird für die frühen Rezipienten durch den Umstand gesteigert, dass mit Apollonius ein in der antiken Literatur ungenannter Bildhauer als Urheber gilt und so eine weitere diskursive Unvollständigkeit zu Tage zu treten verspricht. Die produktive Rezeption der kopf-, arm- und unterschenkellosen, sitzenden Figur hat, was der Persistenz des erwähnten Bildprogramms nicht eben förderlich gewesen sein dürfte, schon vor deren Aufstellung im Belvedere eingesetzt; die „durch Zerstörung vollendet[e] Gestalt"[291] des Torso scheint sich also bereits nach dem Tod seines früheren Besitzers Andrea Bregno (1503) in einer öffentlich zugänglichen Sammlung befunden zu haben. Der Torso wird rasch zum Objekt von Antikenstudien, aber auch zur Matrix der Darstellung muskulöser

---

[287] Haskell u. Penny: Taste and the Antique, S. 14: „[D]evotion to the classical heritage of Rome could assume some of the fervour of a surrogate religion – a religion, moreover, that was as attractive to the Protestant or totally sceptical visitor to the city as it was to the Catholic."

[288] Vgl. Gunter Schweikhart: Zwischen Bewunderung und Ablehnung: Der Torso im 16. und frühen 17. Jahrhundert. In: Kölner Jahrbuch 26 (1993), S. 27–47: „Sprach man im 16. Jahrhundert von ‚il torso', so war ein ganz bestimmter gemeint, nämlich der Torso einer sitzenden überlebensgroßen Figur, der nach dem Aufbewahrungsort seit den dreißiger Jahren des 16. Jahrhunderts im Belvedere des Vatikan ‚Torso Belvedere' genannt wird" (S. 37). – Zur (Rezeptions)Geschichte des Torso vom Belvedere vgl. Christa Schwinn: Die Bedeutung des Torso vom Belvedere für Theorie und Praxis der bildenden Kunst. Bern u.a. 1973; Antoinette Le Normand-Romain: Der Torso vom Belvedere. In: Das Fragment – Der Körper in Stücken. Katalog zur Ausstellung in der Schirn Kunsthalle Frankfurt, 24. Juni bis 26. August 1990. Frankfurt a.M. 1990, S. 99–115 (mit zahlreichen Abb. zur Rezeptionsgeschichte); Raimund Wünsche: Der Torso vom Belvedere – Denkmal des sinnenden Aias. In: Münchner Jahrbuch der bildenden Kunst 44 (1993), S. 7–46; ders.: Torso vom Belvedere. In: Winner u.a. (Hg.): Il Cortile delle Statue, S. 287–314.

[289] Universal-Lexicon. Bd. 45 [1745], Sp. 1328, s.v. truncus. Das Lemma ‚Torso' hat in dieser Enzyklopädie keinen Eintrag.

[290] Carl Hasse: Antike Bildwerke. Venus von Milo – Ilioneus – Torso vom Belvedere – Torso von Subiaco. Straßburg 1911, S. 16.

[291] Auf diese eingängige Formel bringt Wyss die Wirkungsgeschichte des Torso Belvedere. Wyss: Trauer der Vollendung, S. 50.

3 Schöne Funde, verlorene Schönheit. Winckelmanns zweideutige Antike(n)

sitzender Figuren,[292] zur vielfach zitierfähigen Allegorie der Bildhauerei und gar der schönen Künste überhaupt. Es gehört zu den Besonderheiten dieser Rezeptionsgeschichte, dass der Torso als Bildformel zitiert wird, bevor die antiquarische Deskription und Reproduktion in Zeichnungen und Kopien auf breiter Front beginnt. Darüber hinaus sind am Torso seit seiner Auffindung keinerlei Ergänzungsversuche unternommen worden, mussten auch – Perriers allegorischem Titelkupfer zum Trotz[293] – keinerlei weitere Überlieferungsverluste konstatiert werden. „Die Vervollständigungen, die wir von verschiedenen Zeichnungen und Stichen kennen, sind nur auf dem Papier entstanden. Auch die verkleinerten Nachbildungen, bei denen manchmal ein Bein oder beide Beine ergänzt sind, dürften nicht als Hinweis darauf gewertet werden, daß am Torso selbst, wenn auch nur in Gips, solche Ergänzungen jemals angebracht waren."[294] Zu Beginn des 18. Jahrhunderts dann kann die Einleitung zu einer Stichsammlung bei den Bemerkungen zum Torso bereits den ganzen Katalog von überlieferungsbezogenen Wahrnehmungsweisen und -irritationen versammeln, die sich dem Betrachter angesichts der zum Topos gewordenen Statue erschließen müssen:

> Sembra per avventura strano a chi non conosce il valore dell'arte, che si riponga in questo nostro libro tra l'antiche e celebratissime statue del Vaticano un tronco mancante di testa, e di bracci, e di gambe, e d'altra cosa, che vaglia a farci ben riconoscere ciò, che egli rappresentasse, quando era intero; per vero dire, cosi mozzo, e mutilo, come egli è, lo anno avuto sempre gl'intendenti per un miracolo dell'arte; e i moderni più rinomati scultori anno riputato loro gloria di poter su questo divino modello cercare, ed acquistare con lunghe, e penose fatiche la perfezione de i loro studi nella scultura. [...] Null'altro [als Michelangelo, S. K.] può riconoscere l'occhio in questo marmo, se non una perfettissima simetria delle parti, che sono rimase, e certa robustezza di membra con muscoli, e nervi cosi ben risentiti, che constringono l'interletto a determinarsi di vedere in esso ideato un uomo muscoleggiato all'uso di Ercole, a cui si riferisce la pelle del leone, che ivi si vede. [...] Al medesimo Albertini dobbiamo la notizia della traslatione di lui fatta nel cortile del Belvedere per commando di Giulio II. Fu però fin d'allora colocato in forma, che restò soggetto all'inclimenza dell'aria; e a danni maggiori pareva già sottoposto, se la benefica mano del Sommo Pontefice Clemente XI., dopo aver con saggio avvedimento considerato, non esser la minore tra le gravi cure del Pontificato quella di promovere le belle arti, non si fosse, con quel suo bel ganio verso del medesime, applicato alla difesa di questo celebratissimo monumento della Romana, e della Greca magnificenza, con farlo trasportare nel vicino portico, e recchiudere fra ferrati cancelli, che lo tengono esposto alla vista, ma non alla mano ingiuriosa d'alcuno.[295]

Unversehens hat sich damit, in letzter Konsequenz, das monumentalpolitische Programm der *Roma aeterna* in lobenswerte Beförderung einer Denkmalpflege verwandelt, die von den Großartigkeiten Griechenlands Zeugnis ablegt.

Die prominenteste Zäsur – und die eben eingestreuten Wertungen der kunstgeschichtlichen Literatur der letzten zwei Jahrhunderte, die diese provoziert hat,

---

[292] Vgl. Schwinn: Die Bedeutung des Torso vom Belvedere, S. 20–54 und passim.
[293] Vgl. dazu oben Kap. II.2.1.
[294] Wünsche: Der Torso vom Belvedere – Denkmal des sinnenden Aias, S. 10.
[295] Domenico de Rossi: Raccolta di statue antiche e moderne. Roma 1704, Sp. 11 (zit. nach Schwinn: Die Bedeutung des Torso vom Belvedere, S. 151f.).

mögen dafür symptomatisch stehen – erfährt die Rezeption des Torso, wenn er auch längst zur komplexen Chiffre heterogenster Aspekte der Auseinandersetzung mit der Plastik der Antike, ja zur Ikone der Bildhauerei geworden ist, schließlich durch Winckelmanns Blick und Feder. Man könnte behaupten, dass die Vielschichtigkeit des Bild-Zeichens, das der Torso vom Belvedere nach 250 Jahren so aufmerksamer wie widersprüchlicher Betrachtungsweisen darstellt, durch die Strategien des Winckelmannschen Textes[296] gleichsam multipliziert wird: Sie akzentuieren mit aller Schärfe das Problem des Verhältnisses von Unvollständigkeit und Vollendung, die daraus entstehenden Aporien und Chancen ästhetischer sowie ‚antiquarisch'-historischer Praktiken, bündeln also die Traditionslinien der Torso-Rezeption, die den muskulösen Rumpf zur Figur von künstlerischer Bildung und Gelehrsamkeit, von melancholischer Geschichtsreflexion, zur Figur aber auch einer Verpflichtung auf je neu zu erarbeitende ästhetische Kompetenz gemacht haben. Doch Winckelmanns Beschreibungen und Bemerkungen – und deshalb tragen sie die Anzeichen eines Bruchs – beschränken sich nicht darauf. Sie spiegeln die Heterogenität dieses Bild-Zeichens, indem sie es, ohne seine Widersprüchlichkeit aufzulösen, als Chiffre erscheinen lassen: als Chiffre für die Ambiguität der Überlieferung, wie sie für die Auseinandersetzung mit der Geschichte der Kunst des Altertums virulent wird. Winckelmanns Aufzeichnungen spiegeln und reflektieren diese Ambiguität, indem sie das Bild-Zeichen, ohne die Trauer über die zerstörerische Kontingenz der Überlieferung zu vergessen, in die Verfahren einer seine prekäre Konstitution verdoppelnden Beschreibungssprache übertragen und damit gleichzeitig die agonale Balance zwischen dem antiquarischen und dem ästhetischen Modus in Frage stellen.

Schon der die Mitteilung in Gottscheds *Bibliothek der schönen Wissenschaften und der freyen Künste* (1759) eröffnende Anspruch, „diesen Torso", neben den anderen Statuen des Hofes vom Belvedere, „als das Vollkommenste der alten Bildhauerey, zu beschreiben",[297] lässt das erste und, angesichts des Rezeptionsgeschicks von Winckelmanns Texten nicht überraschend, dominante Paradox der Winckelmannschen Konzeption aufscheinen. Denn als das „Vollkommenste" kann der Torso deskriptiv nicht erfasst werden, ohne dass dabei das Verfahren der Beschreibung selbst in seinen Grundsätzen herausgefordert würde: Die Vollkommenheit des Torso ist als materiale Gestalt und damit im strengen Sinn beschreibbare

---

[296] Das gilt sowohl für die genuinen Torso-Beschreibungen wie für die dem Torso im Belvedere gewidmeten Passagen der ‚Geschichte der Kunst des Altertums'. – Vgl. zu diesem Textkomplex die präzise, allerdings wie der überwiegende Teil der Winckelmann-Literatur von der Perspektive auf die Ästhetik geprägte Darstellung von Ernst Osterkamp: Johann Joachim Winckelmanns Beschreibungen der Statuen im Belvedere in der *Geschichte der Kunst des Altertums*. Text und Kontext. In: Winner u.a. (Hg.): Il Cortile delle Statue, S. 443–458.

[297] Johann Joachim Winckelmann: Beschreibung des Torso im Belvedere zu Rom (KS 169–173; ebendort die folgenden, nicht nachgewiesenen Zitate im laufenden Text).

Vorgabe immer schon verstümmelt.[298] Was damit scheitern muss, ist zunächst nichts anderes als die naive Erfüllung jenes pädagogischen Anspruchs, den textuelle Registrierungen des Torso insbesondere in den zahlreichen Michelangelo-Anekdoten immer wieder vertreten haben: als Texte Movens eines Antikenstudiums zur Propädeutik der mimetisch bildenden Künste zu sein, das die (Natur-)Beobachtung komplementiert. Diese Funktion ist, wie erwähnt, einer der wesentlichen Aspekte des Torso als Bild-Zeichen und hat seit dem späten 15. Jahrhundert selbst ikonologischen Charakter angenommen. Und daraus erklärt sich das zweite, im Rahmen meiner Fragestellung wichtigere Paradox der Torsobeschreibung. Winckelmanns Problemeröffnung schließt an eine Eingangspassage an, in der die gesamte Tradition der Nennung des Torso – als Bildlegende oder antiquarische Beschreibung – rekapituliert wird:

> Ich theile hier eine Beschreibung des berühmten *Torso* im Belvedere mit, welcher insgemein der *Torso* vom *Michael Angelo* genennet wird, weil dieser Künstler dieses Stück besonders hochgeschätzet, und viel nach demselben studiret hat. Es ist eine verstümmelte Statue eines sitzenden Herkules, wie bekannt ist, und der Meister desselben ist Apollonius, des Nestors Sohn von Athen.

Die Nüchternheit dieses Anfangs mag, gerade im Verhältnis zur Emphase des Textes, zunächst vergessen machen, dass sie im Wesentlichen das wiederholt, was Texte über den Torso immer schon festgehalten haben. Die Eröffnung, die den Gegenstand des Textes, dessen Urheber, Ort, Bedeutung und Wirkung exponiert, antwortet noch einmal auf die antiquarischen *quaestiones finitae*, die der Torso aufgeworfen und seine kulturelle Aneignung als Wissensgegenstand erledigt hat.[299] Doch mit dieser Wiederholung, dieser Reverenz an die gelehrten Standards an der exponierten Stelle des Beginns teilt der Text zugleich mit, dass er sich auf die antiquarische Beschreibung weder beschränken kann noch will. Im Gegenteil: „Diese Beschreibung gehet nur auf das Ideal der Statue, sonderlich da sie idealisch ist, und ist ein Stück von einer ähnlichen Abbildung mehrerer Statuen." Nicht das bereits Genannte und Bekannte soll, einmal mehr, durch die Beschreibung mitgeteilt werden, sondern das „Ideal" der Statue, dem sie sich nähern will. Wenn auch die Doppeldeutigkeit des Satzes als allein syntaktische, nicht logische zu fassen ist, wird dennoch das Problematische dieses Programms deutlich. Idealische Schönheit ist, so bestimmt es Winckelmann in der *Geschichte der Kunst des Alterthums*, die „Wahl schöner Theile aus vielen einzelnen, und Verbindung in eins". Winckelmann legt Wert darauf, dass dieser Begriff nicht metaphysisch zu fassen ist.[300] Die

---

[298] Vgl. Deutsches Wörterbuch von Jacob Grimm und Wilhelm Grimm. Bd. 25, Sp. 1809, s.v. VERSTÜMMELN: „die bedeutung ist ‚gewaltsam ein ganzes oder einen theil um wichtige bestandteile berauben, verkürzen, verunstalten, unbrauchbar machen'."
[299] Genauer, wie die andauernden Debatten um das ‚quod' der Darstellung zeigen: erledigt zu haben glaubt.
[300] Winckelmann: Geschichte der Kunst des Alterthums, S. 151 (SN 4.1, S. 252); vgl. Zeller: Winckelmanns Beschreibung des Apollo im Belvedere, S. 134–139. – Das Standardwerk zur

idealische Schönheit ist nicht die Konkretisierung einer Idee des Schönen, die in „Theilen der menschlichen Figur besonders" erscheint – doch wie kann der Torso *idealisch* beschrieben werden, wenn für den Begriff gilt: „Das Ideal ist blos zu verstehen von der höchsten möglichen Schönheit einer ganzen Figur, welche schwer in der Natur in eben dem hohen Grade seyn kann, in welchem einige Statuen erscheinen, und es ist irrig, das Ideal auf einzelne Theile deuten zu wollen"?[301] Die *idealische* Beschreibung muss demnach erlauben, von der „verstümmelte[n] Statue" auf das „Ideal der Statue" zu gehen, den unbrauchbaren Gegenstand schreibend zu (er)setzen. Mit einer – am Ende des Aufsatzes durch einen lakonischen, im Textgefüge in jeder Hinsicht ins Leere weisenden Konditionalsatz markierten – *antiquarischen* Beschreibung „nach der Kunst" ist diese Strategie, so folgenreich und erfolgreich sie sich erwiesen hat, nicht mehr in die Balance zu bringen. Mit der strikten Objektgebundenheit, die für das Kulturmodell der Überlieferung verbindlich ist, hat Winckelmanns Darstellungspolitik gebrochen, ohne sie doch ganz aufgeben zu wollen. Und so zieht sich, gleichsam als rhetorisches Insistieren dieses ‚zerscherbten Pactums' (Kleist), eine Metaphorik der Teilung, der Zerstückelung durch die Programmatik des Texts, die seinen Anspruch zu hintertreiben, ihn selbst zu verstümmeln und seines idealischen Anspruchs zu berauben droht: mit-geteiltes „Stück" ähnlicher „Abbildungen", dem die nötige „Vorstellung [...] nach der Kunst" ebenso wie die Zeichnungen und Stiche des Werks „von dem besten Künstler" fehlen, ist er als „Entwurf, über welchen ich viel und lange gedacht habe, *ungeendiget* geblieben, und gegenwärtige Beschreibung selbst möchte noch die letzte Hand nöthig haben".[302]

Die Einschätzung, es hätten sich antiquarische Beschreibungen lange „damit begnügt, aufzuzählen, was am Belvedere-Torso fehle", Winckelmanns Beschreibung aber rücke nun dasjenige daran in die Perspektive der Betrachter, was „vor Augen steht"[303] – mit anderen Worten: Die Einschätzung, erst durch Winckelmanns Beschreibungskunst und ästhetische Systematisierung hätten die defizienten Trümmer des Altertums eine positive und positivierbare Bedeutung erlangt, ist deshalb ein geradezu groteskes, wenn auch weit verbreitetes Missverständnis. Zwar

---

Genealogie dieses Konzepts des ‚Ideals' in der klassizistischen Ästhetik ist Erwin Panofsky: Idea. Ein Beitrag zur Begriffsgeschichte der älteren Kunsttheorie [1924/1959]. 6., unveränd. Aufl. Berlin 1989: Die Kunst repräsentiert weniger eine abstrakte Idee, als dass sie – und dem entspricht der Begriff der ‚Idea' – qua *techne* die Natur ‚emendiert'. „Il perche li nobili Pittori e Scultori, quel primo fabbro imitando, si formano anch'essi nella mente vn esempio di bellezza superiore, & in esso riguardando, emendano la natura senza colpa di colore, e di lineamento." (Giovanni Pietro Bellori: Le vite de' Pittori, Scultori et Architetti moderni. Roma 1672, S. 4, vgl. Panofsky: Idea, S. 130).

[301] Johann Joachim Winckelmann: Anmerkungen über die Geschichte der Kunst des Alterthums. Baden-Baden u. Strasbourg 1966 [ND der Ausg. Dresden 1767], S. 35.

[302] Vgl. Alex Potts: Disparities between Part and Whole in the Description of Works of Art. In: John Bender u. Michael Marrinan (Hg.): Regimes of Description. In the Archive of the Eighteenth Century. Stanford 2005, S. 135–150.

[303] Schwinn: Die Bedeutung des Torso vom Belvedere, S. 152f.

geht die ‚Beschreibung des Torso' mit all ihrer Beredsamkeit von solcher Sichtbarkeit aus, sie lenkt den *lesenden* Blick aber zugleich auf den Umstand, dass er nicht mit dem *sehenden* Blick kongruent ist. Und deshalb erweist sie sich als das noch nicht zur Gänze ästhetisch konzipierte Format einer Auseinandersetzung mit den überlieferten Fossilien, das doch fortan außerordentlich nachhaltig und völlig getrennt vom Diskurs des Antiquarischen als Distinktionsmerkmal für den mit Winckelmanns Namen verbundenen ‚Kommunikationsmodus des Klassischen' rangieren darf.[304] Als „Beweisstücke" und „Evidenz-Appelle"[305], wie man Winckelmanns Statuenbeschreibungen genannt hat, taugen sie allerdings nur insofern, als darin die Spuren dieser Verschiebung selbst sichtbar bleiben: Die Sorge um das, was (in dieser Form, in dieser seiner Faktizität) da ist, wird unterlegt und überformt von den Sorgen darüber, was nicht (mehr) da ist, obwohl es – im Namen der Norm, des Ideals – da sein muss. Das Florentiner Manuskript der Torsobeschreibung bringt die dadurch entstehende Ambivalenz auf den Punkt: „Wenn ich den Torso von Belvedere besehe, so weiß ich nicht, ob ich mehr traurig über den Verlust der schönen Glieder oder frölich über den wunderschönen Körper, so uns übrig bleibt, seyn soll."[306] Um dieses Insistieren der Steine allein, um den Modus einer dieser Art zweisinnigen Archivbenutzung ist es der abschließenden systematisierenden Rekonstruktion von Winckelmanns Auseinandersetzung mit der Überlieferung zu tun: Es markiert zugleich das historische Ende jenes Paradigmas der Überlieferung, dessen Rekonstruktion das Ziel meiner Ausführungen ist.

---

[304] Vgl. die präzise Funktionsanalyse bei Potts: Leben und Tod des griechischen Ideals, S. 22f.: „Als Bruchstücke einer einst viel größeren Ganzheit waren die Statuen, soweit erhalten geblieben, unausweichlich – wie ja Ruinen auch – sowohl Zeugen des Verlorenen als auch noch vorhandene Präsenz der Vergangenheit. [...] Griechenland konnte nur als unvollkommenes und lediglich weitgehend aus zweiter Hand an die Nachwelt weitergegebenes Phantom zwischen den Trümmern des kaiserzeitlichen Roms existiert haben – zwischen und unter römischen Ruinen, die damals das einzige verfügbare Belegmaterial darstellten. [...] Winckelmanns Darstellung des Problems ist besonders zwingend, weil sie ein ganz neuartiges und komplexes Vorgehen ihres Autors erkennen läßt, der die berühmtesten erhaltenen antiken Skulpturen in seine historische Schilderung des Aufstiegs und Niedergangs einer Kultur einordnete. Diese Meisterwerke platzen regelrecht wie plötzliche Eruptionen in den ruhigen Gang der Darstellung hinein. Die intensiv ausgearbeiteten Beschreibungen, die er auf einer Ebene von ihnen gibt, bezeichnen sie dem Leser als unmittelbare Fragmente des wahren griechischen Ideals. In seinem Text existieren sie graphisch als lebendige Präsenzen, die strukturell von der sie umgebenden historischen Analyse und Darstellung unterschieden sind. Gleichzeitig erscheinen diese Statuen mit Vorliebe immer dann in der Erzählung, wenn Winckelmann auf den Niedergang der Kunst in der antiken Welt zu sprechen kommt. In diesem Kontext erfüllen sie nicht nur die Funktion reiner Beschwörungen des klassischgriechischen Ideals, sondern signalisieren auch dessen Verlust, bereits gekennzeichnet durch die Geschichte ihrer sukzessiven Wiederaneignungen und Wiederbelebungen während der Periode des Niedergangs der Kunst im Altertum."
[305] Helmut Pfotenhauer u. Norbert Miller: Winckelmann, Mengs, Heinse. In: Dies. u. Markus Bernauer (Hg.): Frühklassizismus. Position und Opposition: Winckelmann, Mengs, Heinse. Frankfurt a.M. 1995, S. 325–335, Zit. S. 327.
[306] Johann Joachim Winckelmann: Entwürfe zur Beschreibung des Torso im Belvedere im Florentiner Manuskript (KS 281).

3.2 Ende der Überlieferung: Die Inventionen des Unvollständigen

Die anhand der ‚Beschreibung des Torso im Belvedere' aufscheinende Problemkonfiguration bleibt keine gegenstandsabhängige Ausnahme. Sie lässt sich für Winckelmanns antiquarischen Blick auf das *materialiter* Überlieferte generalisieren: In und an den steinernen Bildwerken kulminieren verschiedene objektbezogene Konfliktpotentiale der Unterbrechung, mit denen Winckelmann die übliche Referenz auf die Unvollständigkeit der Überlieferung erweitert und radikalisiert – dies, indem er sie zu einem Relais zwischen antiquarischem und ästhetischem Diskurs konfiguriert, an dem die ‚Übersetzbarkeit' der beiden Diskursmodi zugleich möglich und unmöglich wird.

(1) Das ungewisse Vorhandensein von Überlieferungszeugnissen allein bildet nur die eine Seite eines ersten, grundsätzlichen Problemhorizonts. Dazu kommt, diesen verschärfend, die Ungewissheit oder Unverlässlichkeit eines spezifischen *Zuhandenseins*: einer der antiquarischen und ästhetischen Interessen adäquaten Zugänglichkeit dieser Überlieferungszeugnisse.

(2) Des weiteren kann der *Konnex zwischen stilgeschichtlich-ästhetischer und objektgeschichtlich-antiquarischer Datierung* der Überlieferungszeugnisse in die Brüche gehen, sobald man die Frage nach der Provenienz gerade der griechischen Artefakte aus diesen beiden Erkenntnisperspektiven zugleich zu stellen beginnt: Mehr und mehr entpuppt sich gerade das, was der ästhetisch konfigurierte Blick als Zeugnis der ältesten Kunstepochen festhalten will, für den antiquarisch ausgerichteten als eine weit später verfertigte römische Kopie und damit, ähnlich wie die mittelalterlichen Handschriften antiker Texte, als Überlieferungszeugnis zweiter Stufe. Zu rechnen ist außerdem damit, dass eine Vielzahl von antiken Plastiken selbst durch Ergänzungen und Restaurationen zu überlieferungsgeschichtlichen Monstern geworden sind.

(3) Überdies droht die Möglichkeit, dass nicht nur die beiden Perspektivierungen divergieren, sondern beider Ansprüche sowie Voraussetzungen zugleich getäuscht werden: dass also die dokumentarischen Lücken zwischen den antiken *fossilia* nicht nur mit ergänzten Monstern, sondern mit gefälschten Chimären gefüllt werden. Die Wertschätzung der antiken Kunst, die im Laufe des 18. Jahrhunderts zu einem konjunkturellen Gipfel kommt, findet ihren Ausdruck schließlich nicht nur in Gelehrtenstuben und Künstlerateliers, sondern auch auf dem Markt und im kulturellen Kapital der Sammler. Entsprechend groß – beträchtlich größer als im Falle schriftlicher Überlieferungszeugnisse – ist deshalb das Risiko, dass sich *illegitime Akteure und Objekte* in die epistemischen Operationen der Antiquare mischen.[307]

---

[307] Natürlich ist die Bestimmung der Akteure und Objekte im gesamten Bezugsfeld der drei Termini *Kopie, Ergänzung, Fälschung* selbst alles andere als einfach, da auch sie erst mit der

(1) Das erste dieser Konfliktfelder erwächst aus den Gepflogenheiten des Sammelns in einer Epoche, in der sich die Konturen der modernen Institution Museum erst abzuzeichnen beginnen. Die zu Dresden in einem Gartenpavillon gelagerten „Schätze aus Italien" etwa – die drei sogenannten Herkulanerinnen zählen dazu – sind keineswegs vollständig so „vor den Augen aller Welt aufgestellet" und „den Künstlern zur Nachahmung [...] gegeben", wie der Eingang der *Gedancken über die Nachahmung* in seinem strategischen Fürstenlob behauptet (GN 29). In seiner *Abhandlung von der Fähigkeit der Empfindung des Schönen*, einer Programmschrift des autoptischen Erkenntnisdispositivs, verliert Winckelmann einige Jahre später deutliche Worte über die Disproportion zwischen ökonomisch-repräsentativer und ästhetischer Wertschätzung. Besitz und Präsentation stehen in einem Maße im Konflikt, dass sich der Akzent auf das Statuentrio aus Herkulaneum in der Nachahmungsschrift unversehens in einen Zufallseffekt der unvollständigen Zugänglichkeit der Dresdner Antiken zu verwandeln scheint:

> Der größte Schatz von Alterthümern befindet sich zu Dreßden: es bestehet derselbe aus der Gallerie Chigi in Rom, welche König Augustus mit 60,000 Scudi erstand, und denselben mit einer Sammlung von Statuen vermehrete, welche der Herr Cardinal Alex. Albani demselben für 10,000 Scudi überließ. Ich kann aber das Vorzüglichste der Schönheit nicht angeben, weil die besten Statuen in einem Schuppen von Bretern, wie die Heringe, gepacket, standen, und zu sehen, aber nicht zu betrachten waren. Einige davon waren bequemer gestellt, und unter denselben sind drey bekleidete Weibliche Figuren, welche die ersten Herculanischen Entdeckungen sind.[308]

Etablierung des Original-Paradigmas wirksam werden kann und deshalb ahistorische, gleichsam ontologische Fassungen der Begriffe den entsprechenden Praktiken nicht gerecht werden können, wie sie sich am längsten in der Fälschungs-Forschung gehalten haben. Vgl. etwa Eberhard Paul: Gefälschte Antike. Von der Renaissance bis zur Gegenwart. Leipzig 1981: „Ein großer Teil der Falsifikate stammt aus italienischen Restaurierungswerkstätten, die wir uns als einen regelrechten Umschlagplatz falscher und echter Antiken vorstellen müssen. Aus zeitgenössischen Zeugnissen, wie Briefen, Berichten und Abrechnungen, lassen sich die Arbeitsmethoden und Handelspraktiken solcher Unternehmen recht gut rekons-truieren. Da wurden moderne Köpfe auf antike Torsen gesetzt, nicht zusammengehörige alte Teile zu einem Pasticcio verbunden, Originale, Kopien und Fälschungen bedenkenlos zusammengewürfelt und mit unglaublichen Beschriftungen und skrupellosen Expertisen in die Welt geschickt" (S. 15). – Der größte Teil dessen, was Paul hier als Fälschungspraktiken bezeichnet, hat im Diskurs der Antiquare einen ganz anderen Stellenwert: Wenn überhaupt, sind mangelhafte Wissenspraktiken, nicht justiziable Betrugs-absichten für die beschriebenen Vorgehensweisen verantwortlich zu machen. Selbst Paul weist darauf hin, dass „man [...] häufig im unklaren bleibt, ob die Werke Fälschungen im eigentlichen Sinn des Wortes darstellen oder ohne betrügerische Absicht im antiken Stil gearbeitet sind" (S. 14f.).

[308] Johann Joachim Winckelmann: Abhandlung von der Fähigkeit der Empfindung des Schönen in der Kunst, und dem Unterrichte in derselben (KS 224). – Vgl. als knappen Überblick zur mittlerweile abundanten Forschung über das „große und fruchtbare Durcheinander der jungen Institution Museum im 18. Jahrhundert" den auch in systematischer Hinsicht vorzüglichen Aufsatz von Bénédicte Savoy: Zum Öffentlichkeitscharakter deutscher Museen im 18. Jahrhundert. In: Dies. (Hg.): Tempel der Kunst. Die Geburt des öffentlichen Museums in Deutschland 1701–1815. Mainz 2006, S. 9–26 (Zit. S. 9); zur Dresdner Sammlung Hildegard Gabriele Boller: Die Dresdner Antikensammlung. Ebd., S. 117–144.

Doch nicht nur die – sowohl aus der Warte des Antiquars als auch der des Ästhetikers – objektunangemessenen Ausrichtungen des (fürstlichen) Sammelns können die Zugänglichkeit der antiken *fossilia* beeinträchtigen. Ausgerechnet Herkulaneum und Pompeji sind, wie Winckelmann noch vor seiner ersten Reise nach Neapel erfahren muss, unter diesem Gesichtspunkt Forschungsterrains mit nicht gerade vielversprechenden Aussichten.[309] Klagen über die Zugangsbeschränkungen und die Restriktionen, von denen noch die betroffen sind, denen der Weg zu den Sammlungen oder gar Grabungsstätten überhaupt erlaubt wird, sind in den Reiseberichten der zweiten Jahrhunderthälfte allgegenwärtig. Für das „Antiquitätenkabinet" in Portici braucht man eine „königliche Erlaubniß [...], sich umzusehen", weiß etwa Johann Jakob Volkmanns enzyklopädisches Italien-Handbuch und empfiehlt: „Ein Fremder thut wohl gleich bey der Ankunft dafür zu sorgen, weil die Ausfertigung des Befehls, zumal wenn der Hof in Caserta ist, viel Auffenthalt verursacht." Doch auch mit dieser Besichtigungslizenz sind Besucher, die mehr als nur eine oberflächliche Schaulust befriedigen wollen, nicht aller Schwierigkeiten ledig, denn der „jetzige Aufseher Filippo Cartoni [...] versteht wenig von den Alterthümern, und ist daher selten im Stande neubegierigen Reisenden von den Sachen, die er zeigt, Rechenschaft zu geben." Außerdem ist es „verboten im Besehen etwas aufzuschreiben" oder Zeichnungen anzufertigen[310] – ein Hindernis, das kaum ein gelehrter Reisender der Zeit zu beklagen versäumt. Und so geraten Beschwerden über die Misslichkeiten, mit denen sich die Besichtigungswilligen im neapolitanischen Königreich konfrontiert sehen, gar auf den diplomatischen Dienstweg. Sir William Hamilton, über dreißig Jahre lang britischer Gesandter am Bourbonenhof (und außerdem selber findiger Akteur im kulturellen wie ökonomischen Markt der herkulanischen Altertümer),[311] zeichnet im Sommer 1770 die

---

[309] Einen vielfältigen Überblick zur neapolitanischen Sammlungs- und Ausstellungspolitik bietet die von Giovanna Ceserani und Andrea Milanese herausgegebene Sondernummer *Antiquarianism, museums and cultural heritage. Collecting and its contexts in eighteenth-century Naples* der Zeitschrift Journal of the History of Collections 19/2 (2007); vgl. dort insbesondere Arturo Fittipaldi: Museums, Safeguarding and Artistic Heritage in Naples in the Eighteenth Century: Some Reflections, S. 191–202; sein Fazit zu den neapolitanischen Sammlungen: „The museum's didactic and scientific function, implicit in its rational organization, and the idea of the ‚public good' which stood at the heart of the Enlightenment approach to museums, where in part contradicted by the restrictive management of the museum itself, thwarting the ideal of freer and more competitive conditions for research available to specialists throughout Europe" (S. 198).

[310] Johann Jakob Volkmann: Historisch-kritische Nachrichten von Italien, welche eine Beschreibung dieses Landes der Sitten, Regierungsform, Handlung, des Zustandes der Wissenschaften und Insonderheit der Werke der Kunst enthalten. 2. Aufl. Bd. 3. Leipzig 1778, S. 309 (Anm.) und 310. – Vgl. Wolfgang Richter: Johann Jakob Volkmann – Schüler Winckelmanns und ‚Baedeker' der Goethezeit. In: Pompeji 79 – 1979. Beiträge der Winckelmann-Gesellschaft 11. Stendal 1982, S. 126–137.

[311] Hamiltons Forschungs- und Sammlungsinteresse erschließt sich die griechischen Vasen als neues Objekt antiquarischen und ökonomischen Tausches. Vgl. die auch präsentationstechnisch aufsehenerregenden Kataloge seiner Sammlung: [Pierre François Hugues d'Hancarville:] Antiquités etrusques, grecques et romaines. Tirées du Cabinet de M. Hamilton.

3 Schöne Funde, verlorene Schönheit. Winckelmanns zweideutige Antike(n) 331

Entrüstung eines offensichtlich reichlich unvorbereiteten englischen Beamten namens Bridges auf, der in Begleitung eines französischen Adeligen das Königliche Museum in Portici besichtigen will. Um vier Uhr nachmittags seien die beiden Reisenden dort angekommen und hätten nach einem Museumsführer verlangt, nach dreistündigem Warten aber wären sie von der Nachricht eines Höflings überrascht worden, aus der Besichtigung werde nichts. „To this I said", gibt Bridges zu Protokoll, „or wanted to say, in English idiom, that he was an impertinent fellow and that that was no way to treat any Gentleman, and threatening him with my walking stick, I said to the person who brought the answer that we would complain, and also that we would see to it that he lost his job."[312] Natürlich geben die Verständigungsschwierigkeiten und die hilflosen Drohgebärden, mit denen die *upper class*-Reisenden auf die hofbürokratischen Zumutungen reagieren, auf den ersten Blick nicht viel mehr ab als ein Aperçu aus der Kulturgeschichte eines sich neu formierenden Italien-Tourismus; sie zeigen aber auch an, dass die habituellen Register des sozialen Umgangs nicht mehr greifen (weder die Tausch- und Partizipationsregeln der Gelehrtenrepublik noch die der höfischen Gesellschaft) und die neuen Handlungsregeln noch nicht gefunden sind (z.B. die Dienstleistungsökonomie des Kulturtourismus), in denen der zunehmende Drang zur Autopsie der antiken Überlieferungszeugnisse seine Form finden muss.[313] Wie vielgestaltig deshalb die Vorkehrungen ausfallen können, die in der Hoffnung auf verlässliche, möglichst umfassende Zugangserlaubnis zu den Sammlungen und Fundstätten getroffen werden, belegen Winckelmanns beileibe nicht auf die Absichten einer Standardbesichtigung beschränkten[314] Vorbereitungen zur ersten Neapel-Reise. Nicht alle Maß-

---

[4] Bde. Napoli 1766–1776; Collection of engravings from ancient Vases mostly of pure Greek workmanship. Discovered in sepulchres in the Kingdom of the two Sicilies but chiefly in the neighbourhood of Naples during the course of the years MDCCLXXXIX and MDCCLXXXX; now in the possession of Sir Wm. Hamilton [...] with remarks on each vase by the collector. Publ. by [Johann Heinrich] W[ilhel]m Tischbein. 4 Bde. Napoli 1791–1795. – Als konzisen Überblick zu Hamiltons Praxis vgl. Viccy Coltman: Sir William Hamilton's Vase Publications (1766–1776). A Case Study in the Reproduction and Dissemination of Antiquity. In: Journal of Design History 14 (2001), S. 1–16.

[312] „The material is filed in the State Archives of Naples under Foreign Affairs, fol. 680", hält Nancy H. Ramage fest, die dieses Beschwerdeschreiben zitiert in ihrem Aufsatz: Goods, Graves, and Scholars: 18th-Century Archaeologists in Britain and Italy. In: American Journal of Archaeology 96 (1992), S. 653–661, Zit. S. 656 und Anm. 20. – Hamilton, der nicht nur Diplomat, sondern auch bedeutender Sammler gewesen ist, weiß selbst durchaus von dieser relativen Regellosigkeit zu profitieren; vgl. ebd., S. 658–660, sowie Nancy H. Ramage: Sir William Hamilton as Collector, Exporter, and Dealer: The Acquisition and Dispersal of His Collections. In: American Journal of Archaeology 94 (1990), S. 469–480.

[313] Zur Komplexität der Motivlagen des Reisens in der zweiten Jahrhunderthälfte vgl. Gunter E. Grimm: Von der Kunst zum Leben. Zum Paradigmenwechsel in der deutschen Italienwahrnehmung des 18. Jahrhunderts. Lessing – Herder – Heinse – Seume (2003). In: Goethezeitportal (URL: http://www.goethezeitportal.de/fileadmin/PDF/wissen/projekte-pool/italien/grimm_dt_italienreisen.pdf [2.11.2016]).

[314] In fast allen Briefen vor dem Antritt seiner ersten Neapel-Reise zu Beginn des Jahres 1758 äußert Winckelmann die Hoffnung, damit „vielleicht ein[en] Schritt zu [s]einer Versorgung"

nahmen allerdings scheinen auf den ersten Blick geeignet zu sein, Winckelmann „in den Mittelpunkt der Wissenschaft vorrücken" zu lassen,[315] also als *entrée* zum Kreis der neapolitanischen Monopolinhaber in Sachen Überlieferungszeugnisse und deren Auswertung dienen zu können. Bereits in Dresden beginnt Winckelmann etwa, ganz und gar nicht diplomatisch, die Kompetenz dieser Sachwalter in Frage zu stellen. Zwei Quartbände eines *Prodromus* seien jetzt als Präsent in die Hofbibliothek gelangt, in denen „außer der Vorrede kein eintzig Wort vom *Herculano* gedacht" werde, schreibt er im Dezember 1754 an Berendis; Bajardi, der im königlichen Auftrag über die herkulanischen Altertümer publizieren darf, „scheinet nichts gethan zu haben [...] als die großen Wercke *de re Numismatica, Inscriptiones* u.s.f. geplündert zu haben."[316] Bianconi gegenüber nennt Winckelmann den königlich legitimierten Antiquar einen Dummschwätzer (‚un babillard') und versäumt es nicht, im selben Brief darauf hinzuweisen, dass über die herkulanischen Entdeckungen überhaupt noch nicht viel Brauchbares publiziert worden sei, ja dass es um die Erforschung und Pflege der gefundenen Überlieferungszeugnisse generell schlecht bestellt sei.[317] Der erste Schritt, mit dem Winckel-mann seine Reise nach Neapel vorbereitet, besteht somit darin, Freunde und Gönner durch einen nicht zuletzt polemisch insinuierten Kompetenzanspruch von der Notwendigkeit eines autoptischen Forschungsauftrags an den Grabungsstätten in Herculaneum und Pompeji zu überzeugen: „Vers la fin du mois Septembre je conte d'y aller" fährt der erwähnte Brief an Bianconi fort, „Je Vous supplie, Monsieur, de me faciliter par votre credit les moyens de profiter de ce sejour."[318] Kredit bedeutet dabei nicht

---

zu tun – konkreter: „ich gehe mit der Absicht hin, vielleicht ein Mitglied der Gesellschaft zu werden, die über die Alterthümer schreibet." (Johann Joachim Winckelmann an Heinrich Wilhelm Stosch, 8. Februar 1758. B 203. Bd. 1, S. 335 und Johann Joachim Winckelmann an Hieronymus Dietrich Berendis, 5. Februar 1758. B 202. Bd. 1, S. 329).

[315] Disselkamp: Die Stadt der Gelehrten, S. 169.

[316] Johann Joachim Winckelmann an Hieronymus Dietrich Berendis, 19. Dezember 1754 (B 105. Bd. 1, S. 160).

[317] Johann Joachim Winckelmann an Giovanni Lodovico Bianconi, 29. August 1756 (B 157. Bd. 1, S. 243): „Les Savants de Naples ne feront pas aussi des miracles sur les decouvertes d'Heraclea [...]. On dit que les desseins qu'on fait sont mauvais et on sait meme de bonne part, qu'on a fait fondre une quantité de figures de bronze et des utensils."

[318] Reichhaltige Informationen zu Winckelmanns Neapel-Reisen in der Einleitung zu SN 2.1, S. 9–57; zum strategischen Gestus der polemischen Bemerkungen über die neapolitanischen Gelehrten vgl. Osterkamp: Johann Joachim Winckelmanns „Heftigkeit im Reden und Richten", S. 25f.: „Hier also war ein einzigartiger Forschungsgegenstand, der nicht allein seiner besonderen Qualifikation aufs glücklichste entsprach, sondern dessen Publikation und Auswertung ihn zu einer europäischen Berühmtheit mit singulären Berufsperspektiven gemacht hätten. Das Problem war nur, daß der neapolitanische Hof den Zugang zu den herkulanischen Entdeckungen monopolisierte und deren Auswertung einigen wenigen dafür angestellten Gelehrten überließ. Mit der Polemik gegen Bajardi setzt noch in Deutschland Winckelmanns Kampf um Zugang zu dem prominentesten Forschungsobjekt im Rahmen seiner disziplinären Interessen ein, ein Kampf, zu dem auch die Beseitigung angemaßter Autorität gehörte, denn nur dies räumte nicht allein die erwünschten Zugangsmöglichkeiten, sondern auch entsprechende Posten frei. Die stupende Aggressivität, mit der Winckelmann nicht nur in seinen Briefen, sondern auch in seinen herkulanischen Schriften insbesondere die

bloß die finanzielle Ausstattung des Reiseunternehmens, die sich Winckelmann zu verschaffen weiß, sondern vor allem auch ein ganzes Arsenal an Legitimationspapieren, mit denen er jede nur erdenkliche Nahtstelle im komplexen Geflecht höfischer Abhängigkeiten zu treffen hofft. Im Reisegepäck sind Empfehlungsschreiben des sächsischen Kurprinzen Friedrich Christian an seine Schwester, die in Neapel residierende Königin von Sizilien, der Kardinäle Archinto und Passionei an den österreichischen Gesandten, des neapolitanischen Gesandten in Rom an den für die *Accademia Ercolanese* zuständigen Minister Tanucci, des Kardinals Spinelli an den Philologen Alessandro Mazzocchi, eines der Mitglieder der *Accademia*, die das Publikationsmonopol für die Grabungsergebnisse hat... – „Allem was in Neapel Einfluß besaß, wurde für Empfehlungen die Schwelle abgelaufen; und besser empfohlen ist wohl kaum ein Besucher des neuen Museums dort erschienen", resümiert Justi diese legitimatorischen *paper tools* von Winckelmanns Forschungsreise.[319] Der gewünschte, zumindest ein diesen Vorbereitungen und Erwartungen entsprechender Erfolg ist bekanntlich ausgeblieben. Bald nach seiner Ankunft schon glaubt Winckelmann seine Bestrebungen von Neapels antiquarischen Terrainverteidigern hintertrieben: Von einer „großen Eifersucht und Furcht für mich", ja von einem „*Comp[l]ot* wieder mich" schreibt er nach seiner Rückkehr aus Rom an Berendis und berichtet wiederholt von nicht so recht geglückten Dissimulationskünsten, die er anzubringen genötigt gewesen sei, um nicht noch größere Konkurrenzangst zu erregen und dann auf weitere Zugangshindernisse zu stoßen.[320] So ambivalent, weil zwischen Diskreditierung und Kreditbegehren gespannt, seine Reisevorbereitungen gehalten gewesen sind, so ambivalent scheint seine Aufnahme in Neapel ausgefallen zu sein. Zwar wird ihm der Zutritt zu den Sammlungen und Grabungsplätzen während seines fünfwöchigen Aufenthalts keineswegs verwehrt. Das allseits beklagte Aufzeichnungs- und Publikationsverbot aber bleibt auch für ihn in Kraft; und Winckelmann muss dem einflussreichen Staatsminister Tanucci

---

neapolitanischen Gelehrten angreift und ihnen alles wissenschaftliche Leistungsvermögen abspricht, ist jedenfalls ohne den Kampf um Zugriffschancen auf einen besonders prominenten Forschungsstand nicht zu erklären, der zugleich Medium der Karriereplanung war. Implizit wird damit die Heftigkeit der Polemik zum Indikator für methodische Neuorientierungen und disziplinäre Umschichtungen innerhalb der antiquarischen Wissenschaften."

[319] Justi: Winckelmann und seine Zeitgenossen. Bd. 2, S. 183.

[320] Johann Joachim Winckelmann an Hieronymus Dietrich Berendis, 15. Mai 1758 (B 215. Bd. 1, S. 364; editorischer Zusatz der Ausgabe); Johann Joachim Winckelmann an Giovanni Lodovico Bianconi, 13. Mai 1758 (B 211. Bd. 1, S. 354): „Ho contrafatto il sempliciotto piu che non lo sono per non risvegliare la gelosia degl'Ignoranti a cui e confidata l'Intendenza dell'Antichità, ma prevenuti gia e in sospetto per la raccomandazione di tanto peso come quella di S.A. Reale, della quale ebbero notizia per via del Confess. di S.M. la Regina; stettero sull'orecchie come la lepre e spiarono ogni mio passo." – Vgl. ebenfalls Johann Joachim Winckelmann an Heinrich Graf von Bünau, 26. April 1758 (B 210. Bd. 1, S. 350): „[D]ie gute Meinung von mir, welche vor mir vorher gegangen war, hat mir mehr Nachtheil als Nutzen gemacht, und diejenigen, welche theils über die Alterthümer gesetzt sind, theils an die alten Schriften arbeiten, geriethen in einer großen Unruhe über meine Ankunft".

nicht nur „viva voce", sondern auch „colla penna" versichern, sich an dieses Verbot zu halten.[321] Von Winckelmanns Hoffnung, Akademiemitglied zu werden, kann jedenfalls keine Rede mehr sein. Nicht weniger ambivalent ist unter diesen Umständen sein Umgang mit dieser Situation. So belegen die erhaltenen Notizen der zweiten Neapel-Reise von 1762 aus dem Pariser Nachlass *materialiter*, dass das Gedächtnis eines geübten Antiquars und ein daraus gespeistes Aufschreibesystem auch von den strengsten Aufseheraugen nicht sabotiert werden kann; die *Relazioni*, die Winckelmann über seine erste wie später auch über seine zweite Reise nach Dresden schickt, wollen darüber hinaus den Nachweis antreten, dass sowohl die diplomatische Unterstützung für die antiquarische Mission als auch die von den neapolitanischen Überlieferungswissens-Monopolisten gehegte Konkurrenzangst vollkommen berechtigt gewesen sind.[322] Und schließlich manifestiert sich in Winckelmanns Entschluss, die Ergebnisse dieser beiden Reisen nicht nur für eine wie immer im Einzelnen beschaffene höfische, sondern für die gelehrte deutsche Öffentlichkeit überhaupt publik zu machen, eine letzte Ambivalenz, die auf die Unterbrechungseffekte einer monopolisierten Verwaltung von Überlieferungszeugnissen zurückzuführen ist. Natürlich kann man im offenen Registerwechsel von Winckelmanns gelehrter Arbeit an den herkulanischen und pompejianischen Funden, wie er mit dem *Sendschreiben von den Herculanischen Entdeckungen* (1762) zuerst vollzogen wird,[323] eine offensive Geste gegen Patronagepraktiken sehen, die im verdienstbezogenen Ordnungsgefüge der *res publica litteraria* schon längst einen grundsätzlich schlechten Ruf haben. Die Publikation selbst allerdings

---

[321] Johann Joachim Winckelmann an Bernardo Tanucci, 24. Februar 1758 (B 204. Bd. 3, Nachträge zu den Briefen, S. 405): „Mi prendo l'ardire d'inchinarla e di fare quell'ossequiosa e riverente comparsa avanti all'Eccellenza Vostra colla penna, che molto più volontieri fatta colla viva voce. [...] Io non farò nè disegno nè la minima pennellata sulla faccia del luogo, contentissimo di poter osservare semplicemente tutto con agio e comodo."

[322] Die Notizen sind ediert in SN 2.3, 73–103; ebendort sind die Briefe an Bianconi und Wackerbarth-Salmour, in denen Winckelmann die Ergebnisse seiner beiden ersten Neapel-Reisen an den sächsischen Hof kommuniziert hat, der chronologischen Anordnung und also Zerstreuung von Rehms Briefausgabe enthoben (SN 2.3, S. 9–72; die deutsche Übersetzung jeweils im Kommentar der Edition).

[323] Die erste Publikation, der in Gottscheds Zeitschrift *Das Neueste aus der anmuthigen Gelehrsamkeit* (Mai 1758) mehr oder minder unmittelbar nach der ersten Neapelreise erschienene Aufsatz *Nachricht von den alten herkulanischen Schriften*, scheint ohne Winckelmanns Beteiligung vom epistolären ins publizistische Kommunikationsregister versetzt worden zu sein. Die dem Beitrag beigegebene Provenienzerzählung – „Diese Nachricht ist von dem gelehrten Hrn. Winkelmann, welcher sich seit einiger Zeit meistens in Rom aufhält, aufgesetzet, und in einer Copie von seiner eigenen Handschrift dem Hrn. Prof. Böhmen von einem gelehrten Freunde aus Warschau mitgetheilet worden" (SN 2.3, S. 1) – kann man durch den Namen des ungenannten Kommunikators ergänzen (es handelt sich um den sächsischen Hofbeichtvater Pater Leo Rauch), in Frage gestellt worden ist sie bisher nicht; an Hagedorn schreibt Winckelmann jedenfalls im November des Jahres: „Der Brief an den Herrn *Pater* Rauch war nicht geschrieben, gedruckt zu werden; denn dazu ist er zu unausführlich." (Johann Joachim Winckelmann an Christian Ludwig von Hagedorn, 16. November 1758. (B 253. Bd. 1, S. 435)).

schlägt leisere, vor allem aber raffiniertere Töne an, als es der mitunter rabiat formulierte Freiheits- und Verdienstanspruch der Gelehrten schon im frühen 18. Jahrhundert getan hat und – man denke an Lessings Polemiken – noch tut. Die Strategie gelehrter Selbstermächtigung jedenfalls nimmt in Winckelmanns Text von der ersten Seite an die Gestalt eines unmissverständlich-zweideutigen Spiels von Ostentation und Dissimulation an, wenn ihre verstohlenen Eingeständnisse von Verbotsübertretungen zwar fadenscheinig von der supponierten Legitimität seiner Autopsien maskiert und durch das rhetorische Format des ‚Sendschreibens' befördert werden, explizite Seitenhiebe gegen die neapolitanische Grabungsverwertungsclique allerdings auch diesmal nicht ausbleiben.[324] Entsprechend ungehalten reagiert Winckelmann auf das in einer Rezension geäußerte *misreading*, es handle sich beim *Sendschreiben* um „Supplemente" zu dem „kostbare[n] Werk der herkulanischen Alterthümer, das auf Befehl und Kosten des Königs beyder Sicilien der Welt von einigen gelehrten Italienern vorgeleget worden."[325] Bereits im zweiten Absatz der Nachfolgeschrift wird diese Falscheinschätzung in aller Deutlichkeit zurechtgerückt:

> Für die mir rühmliche Beurtheilung des Sendschreibens in der Bibliothek der schönen Wissenschaften, erkenne ich mich höchst verbindlich gegen den Herrn Verfasser des Auszugs aus meiner Schrift. Ich wünschte nur, daß derselbe, wie es nicht scheinet, Gelegenheit gehabt hätte, das Werk von den Herculanischen Gemählden zu sehen, weil er von dem Sendschreiben glaubet, man finde in demselben ansehnliche Supplemente zu jenem Werke, und manche Anmerkung, welche der Leser hier vergebens suchet. Es handeln aber die Verfasser des Werks von den Herculanischen Gemählden von nichts anderem, und ich habe in dem Sendschreiben kaum mit ein paar Worten ihre Gemählde berühret. Aus demjenigen, was derselbe hinzufüget, könnte es scheinen, man halte das Sendschreiben einiger maßen für einen Auszug aus jenem Werke; es würde mir aber in dem Ueberflusse von Sachen, über welche ich schreiben könnte, nicht anstehen, Arbeiten von anderen ins Kleine zu bringen.[326]

---

[324] Schon der Beginn des *Sendschreibens* präsentiert diese strategische Zweideutigkeit: „Ich habe mehr, als andere, so wohl Fremde, *als Einheimische*, Gelegenheit gehabt, diese Schätze des Alterthums zu untersuchen, da ich auf meiner ersten Reise mich fast zwey Monate in Portici selbst aufgehalten, und vermöge eines ergangenen Königlichen Befehls, mir alles zu zeigen, *was zu sehen erlaubt ist*, und in der *möglichsten* Bequemlichkeit dazu, habe ich diesen freyen Zutritt nach Vermögen genutzt, so daß ich ganze Tage in dem Museo zubrachte" (SN 2.1, S. 69; Hervorh. S. K.). Im weiteren Verlauf des Textes werden einige dieser diskreten Hinweise etwas deutlicher konturiert; z.B. an den folgenden Stellen: „Hier werden Sie sich erinnern, *Hochgebohrner Graf*, daß in dem ergangenen Königlichen Befehle über mir besonders ertheilten Zutritte im Museo, diese Freyheit auf das, was erlaubt zu sehen ist, eingeschränkt war" (S. 89) – „Ich habe nur in einigen Buchstaben die eigentliche Form derselben [Inschrift] angegeben, weil ich die Inschrift ganz verstohlen habe nehmen müssen, indem es nicht möglich war, dieselbe offenbar nachzuzeichnen" (S. 95).
[325] Anon.: Sendschreiben Herrn Winkelmanns von den herkulanischen Entdeckungen […]. In: Bibliothek der schönen Wissenschaften und der freyen Künste 9 (1763), S. 91, hier zit. nach SN 2.3, S. 114.
[326] Johann Joachim Winckelmann: Nachrichten von den neuesten Herculanischen Entdeckungen (1764) (SN 2.2, S. 8).

Die herkulanischen Schriften sollen sich auch von einem ahnungslosen Rezensenten nicht in die Ordnung einer Wissens(verhinderungs)politik stellen lassen, von deren in den unterschiedlichsten institutionellen Gefügen verankerten Zugangshindernissen sie erst provoziert worden sind. Der Kompetenzüberschuss, auf den Winckelmann bereits vor seinem Reiseantritt Kredit zu nehmen weiß, zahlt sich nach der im gesetzten Rahmen vorgenommenen und allen Beschränkungen abgetrotzten antiquarischen Autopsie in einem Wissensüberfluss aus, der sich keiner vorgeschriebenen Bändigung mehr fügen darf.

(2) Neben der Zugänglichkeit ist es das ‚Altertum' der Bildwerke, aus dessen genaueren Bestimmung sich Objektmängel ergeben können. Diese beeinträchtigen zwar nicht die Zugänglichkeit oder Erschließbarkeit der Überlieferungszeugnisse, aber die Aussagekraft des antiquarischen Diskurses. Ein historisch konkretisierendes Nachdenken darüber, welcher Entstehungszeit die zutage geförderten Werke der Kunst zuzurechnen sind, setzt sich im 18. Jahrhundert mehr oder minder parallel zu Winckelmanns großem Ansatz durch, epochengebundene Stilbegriffe zu etablieren – und nicht zuletzt auch in den mehr oder minder getrennten Serien von Fragestellungen, deren Differenzierung Winckelmanns eigene Arbeiten ja so nachhaltig befördert haben. Wie wenig konkrete Fragen nach den Materialbedingungen von Überlieferungszeugnissen am Ausgang des 18. Jahrhunderts mit der ästhetischen Antikebegeisterung korreliert sein müssen, zeigt beispielsweise Friedrich Schillers *Brief eines reisenden Dänen*, der den Antikensaal in Mannheim – und nicht etwa die trümmerüberhäuften Originalfundstätten mitsamt ihrem zeitgenössischen, „nahe wohnende[n] Elend" – zum mustergültigen Rezeptionsort macht: Die „warme Kunstliebe eines deutschen Souverains" hat dort, wie der Reisende berichtet, „die edelsten Denkmäler griechischer und römischer Bildhauerkunst in einem kurzen geschmackvollen Auszug versammelt." Natürlich handelt es sich bei den Exponaten dieses Kanons um „Abgüsse", wie schon der nächste Satz des *Briefes* umstands- und kommentarlos mitteilt. Denn die in ihm entfalteten Rezeptionseffekte nehmen ihren Ausgang zuallererst von der institutionellen und exponatbezogenen Zugänglichkeit dieser Überlieferungszeugnisse (wenigstens) zweiter Ordnung; allenfalls am „*Antinous*" bemängelt der Betrachter, „daß durch einen fehlerhaften Abguß die Figur nach den Hüften und Schenkeln zu ein wenig krumm geworden" sei.[327] Konfrontiert mit diesem gipsernen Kanon allerdings, der sofort die Winckelmannschen Beschreibungen aus dem Textgedächtnis des Reisenden abzurufen ansetzt, tilgt dieser letztere in seiner rezeptiven und imaginativen Emphase nicht nur jegliches antiquarische Detailbewusstsein, sondern auch die um vieles fundamentalere Einsicht, dass es sich bei diesen Gegenständen überhaupt um

---

[327] Friedrich Schiller: Brief eines reisenden Dänen (Der Antikensaal zu Mannheim) [1785]. In: Schillers Werke. Nationalausgabe. Bd. 20.1: Philosophische Schriften. Erster Teil. Unter Mitwirkung von Helmut Koopmann hg. v. Benno von Wiese. Weimar 1962, S. 101–106, Zit. S. 101f. und 104.

3 Schöne Funde, verlorene Schönheit. Winckelmanns zweideutige Antike(n)

Zeugnisse eines komplexen, vielfach unterbrechungsbelasteten Überlieferungsprozesses handelt. Vor den Abgüssen vergeht, wie der Schluss des *Briefes* in aller Deutlichkeit festhält, die Doppelzeitlichkeit der Überlieferung, die Möglichkeit, selbst als Akteur in diesen Prozess einzutreten – ja vergeht im Blick auf die halluzinierten Manifestationen ewiger Fortdauer alle Zeitlichkeit der Geschichte überhaupt:

> Ich kann diesen Saal nicht verlassen, ohne mich noch einmal an dem Triumph zu ergözen, den die schöne Kunst Griechlands über das Schicksal einer ganzen Erdkugel feiert. Hier stehe ich vor dem berühmten Rumpfe [des Torso Belvedere; S. K.], den man aus den Trümmern des alten Roms einst hervorgrub. In dieser zerschmetterten Steinmasse ligt unergründliche Betrachtung – Freund! Dieser Torso erzählt mir, daß vor zwei Jahrtausenden ein großer Mensch da gewesen, der so etwas schaffen konnte – daß ein Volk da gewesen, das einem Künstler, der so etwas schuf, Ideale gab – daß dieses Volk an Wahrheit und Schönheit glaubte, weil einer aus seiner Mitte Wahrheit und Schönheit fühlte – daß dieses Volk edel gewesen, weil Tugend und Schönheit nur Schwestern der nemlichen Mutter sind. – Siehe Freund, so habe ich Griechenland in dem Torso geahndet.
> Unterdessen wanderte die Welt durch tausend Verwandlungen und Formen. Trone stiegen – stürzten ein. Festes Land trat aus den Wassern – Länder wurden Meer. Barbaren schmolzen zu Menschen. Menschen verwilderten zu Barbaren. Der milde Himmelstrich des Peloponnes entartete mit seinen Bewohnern – wo einst die Grazien hüpften, die Anakreon scherzten, und Sokrates für seine Weißheit starb, weiden jezt Ottomannen – und doch, Freund, lebt jene goldene Zeit noch in diesem Apoll, dieser Niobe, diesem Antinous, und dieser *Rumpf* ligt da – unerreicht – unvertilgbar – eine unwidersprechlich ewige Urkunde des göttlichen Griechlands, eine Ausfoderung dieses Volks an alle Völker der Erde.
> Etwas geschaffen zu haben, das nicht untergeht, fortzudauren, wenn alles sich aufreibt, rings herum – O Freund, ich kann mich der Nachwelt durch keine Obelisken, keine eroberte Länder, keine entdeckte Welten aufdringen – ich kann sie durch kein Meisterstück an mich mahnen – ich kann keinen Kopf zu diesem Torso erschaffen, aber vielleicht eine schöne That ohne Zeugen thun![328]

Man mag das für die genretypischen Diskursverrückungen einer idealistischen Ästhetik halten, für die ein realer dänischer Reisender, Jens Baggesen, die Formel nachgeliefert hat: „*Gips* oder *Marmor* ist einerlei, wo es auf die Form ankommt."[329] Und in der Tat gilt der Mannheimer Antikensaal (1769–1803) in den knapp vierzig Jahren seines Bestehens als Ort, der den Forschungsinteressen von Antiquaren und Künstlern in geradezu vorbildlicher Weise entgegenkommt. Als „zu-

---

[328] Schiller: Brief eines reisenden Dänen, S. 105f.
[329] Jens Baggesen: Das Labyrinth oder Reise durch Deutschland in die Schweiz 1789. Übertragen u. hg. v. Gisela Perlet. München 1986, S. 303. Baggesen stimmt allerdings in das Lob der Mannheimer Abgusspräsentation nicht ein: „Nun sah ich mich umgeben, riß und sperrte die Augen auf, sosehr ich konnte, und bemerkte freilich einen Haufen Gipsfiguren, jedoch so holterdipolter durcheinander, daß ich keineswegs begreifen konnte, daß sie eine Galerie darstellten" (S. 303f.) – Zur Praxis des Gipsabgusses vgl. Siegrid Düll u. Klaus Stemmer: Bemerkungen zur Kulturgeschichte des Gipsabgusses. In: Siegrid Düll, Otto Neumaier u. Gerhard Zecha (Hg.): Das Spiel mit der Antike zwischen Antikensehnsucht und Alltagsrealität. FS zum 85. Geburtstag von Rupprecht Düll. Möhnesee 2000, S. 213–233, v.a. S. 228–230; Roland Recht: Le moulage et la naissance de l'histoire de l'art. In: Dominique Carré (Hg.): Le musée de sculpture comparée. Naissance de l'histoire de l'art moderne. Paris 2001, S. 46–53.

nächst einzigartig[e] Institution mit Öffentlichkeitscharakter", mit freiem Eintritt und qualifiziertem Personal sowie rezeptionsbegünstigenden Stellprinzipien, wird die Einrichtung zu einer vor allem in den ersten Jahren ihres Bestehens enthusiastisch aufgenommenen Mustereinrichtung.[330] Bei weitem nicht nur für Schillers reisenden Dänen ist sie „eine der vorzüglichsten Merkwürdigkeiten unserer Stadt", wie die von der Forschung zusammengetragenen Besuchernachweise zeigen;[331] und bei weitem nicht nur dieser vergisst darob alle antiquarische Kleinkrämerei. Die grundsätzlich kritische Nichtoriginalität der Mannheimer Exponate verwandelt sich für einen anonymen Beschauer mit auf den ersten Blick verblüffenden, nach der Reproduktionslogik antiquarischer Medialität jedoch konsequenten Unterscheidungskriterien schließlich sogar in einen Rezeptionsvorteil: „Die in dem Mannheimer Saal aufgestellten Figuren sind keine Kopien, wie sie von einigen fälschlich angesehen werden, sondern Abgüsse von den wahren und schönsten Originalien, so wie sie in Rom, Neapel, Florenz gefunden wurden; diese Abgüsse sind zum Studium noch besser als die Originale selbst, in dem die Originale von Marmor, wegen ihrem eigenthümlichen durch die Politur erhaltenen Glanze, ein unsicheres, zerstreutes und falsches Licht geben; die Abgüsse von Gips aber nicht."[332]

Für den antiquarischen Diskurs selbst indes, so möchte man meinen, sollte die Frage dennoch insistieren, ob sich das ästhetische und materiale Alter der Überlieferungsbefunde in Übereinstimmung befindet; mit anderen Worten: ob die antiken Fossilien als solche – als ausgegrabene Fundstücke und nicht als ästhetisch geform-

---

[330] Vgl. Wolfgang Schiering u.a.: Zum Mannheimer Antikensaal und ein Katalog der Antikensaal-Galerie im Schloß. In: Mannheimer Geschichtsblätter. N. F. 2 (1995), S. 115–184; Sebastian Socha: Der Antikensaal in der Mannheimer Zeichnungsakademie. In: Savoy (Hg.): Tempel der Kunst, S. 243–259 (Zit. S. 243) und 466–475.

[331] Vgl. Horst Meixners imposante Prominentenliste bei Schiering u.a.: Zum Mannheimer Antikensaal, S. 124, Anm. 5, sowie die zeitgenössischen Rezeptionszeugnisse im dokumentarischen Anhang zu Socha: Der Antikensaal in der Mannheimer Zeichnungsakademie, S. 466–475; dort (S. 467) auch das Zitat aus Johann Georg Meusels *Miscellaneen artist-ischen Inhalts* (1779).

[332] Anon.: Ueber den Churfürstlichen Statüen-Saal in Mannheim [1795], hier zit. nach Socha: Der Antikensaal in der Mannheimer Zeichnungsakademie, S. 474. – Der Umstand, dass in Mannheim nicht nur die Abgüsse, sondern auch die Gussformen aufbewahrt werden, macht die Einrichtung zur regelrechten antiquarischen Reproduktionsanstalt, die selbst gegen Überlieferungsverluste annähernd gewappnet ist: „Die Formen zu diesen Abgüssen sind ebenfalls im hiesigen Saale vorräthig, bis auf einige die verunglückt sind, und welche der ehemalige Direktor, Herr v. Verschaffelt, von den hiesigen Abgüssen selbst wieder ersetzt hat, die aber natürlich schon etwas stumpfer ausfallen müssen, als jene Formen, welche unmittelbar über die Originale gemacht worden" (S. 475). Noch der Dissimulation der gipsernen Materie verleiht der anonyme Berichterstatter rezeptionslogische und überlieferungstechnische Konsequenz: „Diese Gipsabgüsse sind wohlbedächtlich mit Öl getränkt, theils sie dauerhafter zu machen, damit nicht so leicht etwas daran beschmutzt oder abgewischt oder gar zerbrochen werden kann, teils auch, damit eben dadurch Licht und Schatten besser in die Augen falle, als es die blendende Weiße des Gipses gewöhnlich gestattet" (S. 474f.).

3 Schöne Funde, verlorene Schönheit. Winckelmanns zweideutige Antike(n)

te und rezipierbare Objekte – für die stilgeschichtliche Epochenkonstruktion überhaupt einstehen können und umgekehrt. Und doch bleibt auch dieses Erkenntnisinteresse an die übergeordnete Differenz von spezifisch antiquarischer und ästhetischer Wertschätzung gebunden. Mit einem gewissen Erstaunen hat die archäologiegeschichtliche Forschung auf den Umstand hingewiesen, dass für die Wertschätzung eines Corpus von *opera nobilia* die Differenz von Original und Kopie in aller Regel irrelevant bleibt. Im propagierten Kanon antiker Statuen, wie er seit dem 16. Jahrhundert von Aldrovandi, Perrier und anderen zusammengestellt worden ist, kommt nicht nur den Emphasen schönheitsliebender Dilettanten zufolge „noch um 1700 ein im wesentlichen synchrones Bild von der Antike" zutage.[333] „La claire distinction entre une œuvre originale et son moulage n'a pas eu cours avant que l'histoire de l'art ne se proclame une science", hat Roland Recht auch für die Gelehrten unter den Schriftstellern des 17. und 18. Jahrhunderts festgehalten.[334] Nach wie vor gelten als Maßgabe für die Qualität und für die *auctoritas* der antiken Fossilien neben reichlich groben Faustregeln etwa der Art, dass nackte Statuen als Erzeugnisse griechischer, bekleidete Statuen dagegen als solche römischer Kunst zu werten sind, der Ruf des Sammlers oder der Sammlung – die Autoritätseffekte des Archivs mithin – sowie die vorliegenden respektive die gegebenenfalls mit den vorliegenden Objekten hermeneutisch in Einklang zu bringenden Urteile der gelehrten und antiken Literatur.[335] Diese Nichtdifferenzierung gewinnt aus der nachträglichen Perspektive des Originalitätsanspruchs noch schärferes Profil. Gerade die Verbindlichkeit jener unnachahmlichen Einzigartigkeit der antiken Kunstwerke, das ästhetische *und* antiquarische Original-Paradigma, das mit dem ‚Kommunikationsmodus Klassik'[336] endgültig etabliert wird, setzt sich offensichtlich nicht zuletzt von einer höchst konkreten Serie von Kopier- und Übersetzungsakten ab: Auf die andere Seite der Unterscheidung gerät dabei das technische Inventar der Anfertigung von Gussformen, Gipsabgüssen und Bronzenachgüssen, einer Vielzahl von Stichen, von denen die Beschreibungen und Kommentare zu den Funden be-

---

[333] Wrede: Die ‚Monumentalisierung' der Antike um 1700, S. 48. Wrede macht im Spannungsverhältnis einer zeit- und geschichtslosen Konstruktion von ‚Antike' und dem gleichzeitigen Anspruch möglichst präziser „Rückerschließung kultureller Teilbereiche" ein wissensimmanentes Konfliktpotential aus, das zur Neukonfiguration des antiquarischen Wissens in der ersten Jahrhunderthälfte führt (ebd.).

[334] Recht: Le moulage et la naissance de l'histoire de l'art, S. 46.

[335] Mustergültig aufgearbeitet sind die archäologischen Anfänge der Differenz von Original und Kopie bei Alex D. Potts: Greek Sculpture and Roman Copies I: Anton Raphael Mengs and the Eighteenth Century. In: Journal of the Warburg and Courtauld Institute 43 (1980), S. 150–173; vgl. außerdem Wilfried Geominy: Zwischen Kennerschaft und Cliché. Römische Kopien und die Geschichte ihrer Bewertung. In: Georg Vogt-Spira u. Bettina Rommel (Hg.): Rezeption und Identität. Die kulturelle Auseinandersetzung Roms mit Griechenland als europäisches Paradigma. Stuttgart 1999, S. 38–59; Marcello Barbanera: Original und Kopie. Bedeutungs- und Wertewandel eines intellektuellen Begriffspaares seit dem 18. Jahrhundert in der Klassischen Archäologie. Stendal 2006.

[336] Vgl. dazu die systematische Skizze von Voßkamp: Klassisch/Klassik/Klassizismus.

gleitet werden, schließlich die gelehrte Ekphrasis dieser Schriften selbst.[337] Das von dieser Differenzierung geregelte Spannungsverhältnis bleibt übrigens noch lange nach der Institutionalisierung der Altertumswissenschaften und der Archäologie virulent.[338] Dass in den Profilierungsbemühungen der Antiquare des 18. Jahrhunderts die Aufmerksamkeit für allfällig kategoriale Unterschiede von Original und Kopie anhand der Objekte einer gleichsam gesamtkulturell wachsenden Wertschätzung zunächst nicht entsteht, ja gar nicht entstehen darf, scheint dann so überraschend nicht.[339] Ebensowenig kann die Tatsache erstaunen, dass sich das antiquarische Überlieferungswissen um eine, gar eine ästhetisch informierte, Bestimmung dieser Differenz nicht schert. Schließlich ist, wie ich oben am Ausnahmefall von Bentleys Überlegungen gezeigt habe, ein derart konzipiertes Paradigma des Originalen selbst für die Philologie, diesen erst im Zuge seiner Institutionalisierung um 1800 ganz und gar auf das Konzept von inventiver Autorschaft ausgerichteten Zweig des Wissens, der sich um die papiergebundenen schriftlichen

---

[337] Haskell u. Penny: Taste and the Antique, haben eindrücklich auf die Funktion dieser Kopierserien aufmerksam gemacht: „[T]he taking of plaster casts from an original was an essential step in spreading world-wide appreciation of the most esteemed antique statues" (S. 3). – Zur Funktion und vor allem Eigenlogik der Illustration, die im 16. und 17. Jahrhundert zur Entwicklung einer eigenen antiquarischen Bildgattung des ‚Schaubilds' führt, vgl. Volker Heenes: Antike in Bildern. Illustrationen in antiquarischen Werken des 16. und 17. Jahrhunderts. Stendal 2003, S. 183f.: „In den antiquarischen Werken hat sich eine Darstellungsweise entwickelt, die wohl aus einem ‚Mangel' an authentischen Zeugnissen entstanden ist: Viele Monumente, Sitten und Gebräuche waren durch die literarische Überlieferung bekannt, es ließen sich aber häufig keine umfassenden bildlichen Belege auf archäologischen Denkmälern dafür finden. Für die Rekonstruktion einer Abbildung werden daher einzelne Figuren und Gegenstände graphisch getreu aus ihrem ursprünglichen Zusammenhang herausgelöst und dann neu – entweder szenisch [...] oder exzerpthaft [...] – zusammengestellt, um die Angaben der literarischen Quellen zu veranschaulichen. Finden sich keine passenden Abbildungen auf antiken Monumenten, wurden Schaubilder auch nur nach Angaben der schriftlichen Quellen erstellt."

[338] Dass noch die sogenannte ‚Meisterkritik' der klassischen Archäologie am Ausgang des 19. Jahrhunderts erst durch ein Reproduktionsverfahren, die Photographie, befördert, ja gar ermöglicht wird, halten deren akademische Protagonisten freimütig fest: vgl. das mit einer Vielzahl von Abbildungen und einer separaten Mappe mit Lichtdrucktafeln veröffentlichte Standardwerk von Adolf Furtwängler: Meisterwerke der griechischen Plastik. Kunstgeschichtliche Untersuchungen. Leipzig u. Berlin 1893; außerdem Georg Lippold: Kopien und Umbildungen griechischer Statuen. München 1923, S. 1.

[339] Vgl. etwa Addison: Remarks on Several Parts of Italy, S. 197f., der auf den Umstand hinweist, unter den bereits gefundenen Statuen seien „so many not only of the same Persons, but made after the same Design", und dies wie folgt kommentiert: „I must confess I always look'd on Figures of this kind as the Copies of some celebrated Master-piece, and question not but they were famous Originals, that gave Rise to the several Statues which we see with the same Air, Posture, and Attitudes. What confirms me in this Conjecture, there are many ancient Statues of the *Venus de Medicis*, the *Silenus* with the young *Bacchus* in his Arms, the *Hercules Farnese*, the *Antinous*, and other beautiful Originals of the Ancients, that are already drawn out of the Rubbish, where they lay conceal'd for so many Ages. [...] It has always been usual for Sculptors to work upon the best Models, as it is for those that are Curious to have Copies of them."

3 Schöne Funde, verlorene Schönheit. Winckelmanns zweideutige Antike(n) 341

Hinterlassenschaften der Antike kümmert, nicht ohne weiteres verbindlich.[340] Jonathan Richardson (jun.), der als einer der wenigen schon in der ersten Jahrhunderthälfte auf die Differenz von Original und Kopie hinweist – und dies vor dem Hintergrund eines durchaus katastrophisch-pessimistischen Designs von Überlieferung, das diese Differenz als Normalbedingung jeden Überlieferungswissens auffasst –, stellt die Verbindung zwischen den beiden antiquarischen Forschungsgegenständen zwar explizit her:

> Ainsi, les Livres que nous avons ne sont guéres autre chose que ce que sont des Copies faites après des Statues, par de bonnes Mains; & comme ce sont les meilleurs que nous connoissons, c'est par cette raison que nous les admirons: & cela arrivera toujours en pareil cas. Il est assez vraisemblable, que la plupart des Statues Antiques que nous admirons avec raison aujourd'hui, ne sont qu'un petit reste de la grande quantité d'excellentes Copies faites par des Mains habiles, dont les Anciens Ecrivains mêmes sont souvent mention, après des Originaux bien plus excellens: encore celles-ci ne sont elles pas d'après les Ouvrages les plus fameux, que les Anciens ont le plus vantés & dont il ne nous reste pas la moindre mémoire, si ce n'est dans leurs Ecrits: aussi n'en avons-nous que très-peu qu'on prétend atribuer aux Maîtres que les Anciens ont le plus estimés.

Dies allerdings ist für den jüngeren Richardson gerade kein Anlass, den wenigen glücklich überlieferten Kopien geringere Wertschätzung entgegenzubringen:

> Loin que ce que je viens de dire sur ce sujet avilisse les Morceaux admirables que nous avons le bonheur de posséder de l'Antiquité, il ne fait au-contraire que nous les rendre plus précieux & plus utiles. Car, comme le plaisir que nous prenons à les voir consiste dans les Idées également belles & relevées dont elles remplissent notre esprit, il en sera encore plus enrichi, si nous les portons plus haut que ce que nous voïons, jusqu'à des Objets que nous nous imaginons, qui non-seulement pouroient avoir été, mais même qui, suivant les aparences, ont été éfectivement.

Deutlicher kann man kaum formulieren, dass gerade die neue ästhetische Transzendierung der Überlieferung den Stellenwert einer überaus ambivalenten Agentin verleihen kann, von der erst die Trauerarbeit über die Verluste in Gang gebracht wird. Im ästhetischen Ideenhimmel werden die verschwundenen Werke ihre Unsterblichkeit erlangt haben; und noch ihre (defizienten) Kopien sorgen zumindest für die Lust eines Wissens, das sich an der einstigen Existenz mittlerweile nur noch imaginierbarer Objekte berauscht: Das in den Geschicken der Überlieferung Verlorene dient ihm als Beweis dafür, dass die nach den ewigen Regeln gebildeten Schönheiten überhaupt je existiert haben – und anders gewendet gleichzeitig dafür, dass die Regeln dieser Schönheit auch als ewige gelten dürfen.[341]

---

340 Vgl. dazu oben Kap. I.1.2. – Natürlich gilt das, wie Décultot in ihren Ausführungen zu Winckelmanns Arbeitsweise zeigt, auch für die Textpraxis der Antiquare selbst: Décultot: Untersuchungen zu Winckelmanns Exzerptheften, S. 31f.
341 Jonathan Richardson [sen. u. jun.]: Description de Divers Fameux Tableaux, Desseins, Statues, Bustes, Bas-reliefs, &c, Qui se Trouvent en Italie; Avec des Remarques. Par Mrs. Richardson, Père & Fils. Traduite de l'Anglois: Revue, Corrigée, & considérablement augmentée, dans cette Traduction, par les Auteurs. 2 Bde., Amsterdam 1728. Bd. 2, S. 591f. und 593; vgl. dazu den Kommentar von Potts: Greek Sculpture and Roman Copies, S. 155: „The distinction Richardson made between the lost masterpieces of Greek art and the copies

Für das antiquarische Wissen selbst unterscheiden sich die schriftlichen und plastischen Hinterlassenschaften allenfalls *materialiter* – Stein (oder auch Bronze) ist potentiell dauerhafter als Pergament oder gar Papier –, nicht aber zu den Bedingungen ihrer Struktur und denen ihres medialen Überlieferungsdispositivs. Wie das Manuskript, so ist auch die Plastik zwar ästhetisch-strukturell singulär, nicht minder als dessen Einzigartigkeit hängt aber auch die ihre an der authentischen Ursprünglichkeit des Materials. Gerade deshalb steht diese Singularität für das antiquarische Überlieferungswissen, das sich um die Hinterlassenschaften als solche zu kümmern hat, keineswegs im Zentrum des Erkenntnisinteresses. So wenig die Frage nach dem Vorhandensein antiker Originalautographen schon aus Plausibilitätsgründen den Überlieferungsdiskurs der Philologen entscheidend prägen kann, so wenig scheint sich ein Bewusstsein für das Bedingungsgefüge einer originalen ‚autoplastischen' Überlieferung entwickeln zu müssen. Noch einmal: die Trennlinie, die für die Medienreflexion der Antiquare maßgeblich ist, liegt zwischen der Singularität des Artefakts, die für Manuskripte und Statuen gleichermaßen gilt, und einer unveränderlichen Vielzahl der Artefakte etwa im Falle von Münzen und Medaillen. Wenn sich deshalb die Frage nach der Kopie im Dispositiv der Überlieferung überhaupt stellt, dann allenfalls in Rücksicht darauf, ob sich im Akt des Kopierens Tätigkeitsspuren der Überlieferungsagenten niederschlagen und ob diese positiv festzustellen und zu beschreiben sind – ob also der Kopierakt überhaupt zum Problem werden kann und zwischen guten und schlechten Kopien unterschieden werden muss. Dass dabei die Techniken des Abgusses von plastischen Werken nun ihrerseits weniger prekär zu sein scheinen als Abschriften von Manuskripten, ist aus der Eigenlogik des jeweiligen Kopiervorgangs leicht zu erklären. Der Abguss erscheint danach, ganz anders als der nie vollständig von Eingriffen freie Kopierakt eines Schreibers, gewissermaßen als eine diachrone und darin *per se* schon der Doppelzeitlichkeit der Überlieferung verpflichtete Form jener produktionsbezogen synchronen, unveränderten Vervielfachung etwa der Münzprägung; so wie diese letztere beruht er auf der „physische[n] Berührung", die „den Abdruck [...] zu einer Technik der ‚legitimen' Ähnlichkeit" macht.[342] Die „eigentlichsten

---

that had survived not only lacked a clear historical context. There was no indication as to how one might differ stylistically from the other. His comments about reconstructing in imagination the works of the great early masters [...] were metaphysical in character rather than practical." – Einen genuin ästhetischen Zuschnitt haben die (übrigens überaus interessanten, da dezidiert auf die Relationalität dieses Begriffspaars und die ihm zugrundeliegende Medialitäts- und Übertragungsproblematik verweisenden) Ausführungen von Richardson (sen.) über das Verhältnis von Original und Kopie: Jonathan Richardson: Of Originals and Copies. In: The Works of Mr. Jonathan Richardson [...]. All corrected and prepared for the Press by his Son Mr. J. Richardson. Hildesheim 1969 [ND der Ausg. London 1773], S. 223–238. Zu Richardson (sen.) vgl. Irene Haberland: Jonathan Richardson (1666–1745). Die Begründung der Kunstkennerschaft. Münster 1991.

[342] Georges Didi-Huberman: Ähnlichkeit und Berührung. Archäologie, Anachronismus und Modernität des Abdrucks. Köln 1999, S. 42. Zur „anachronistischen Zeitlichkeit" dieser Reproduktionsform, die funktional dem entspricht, was ich die ‚Doppelzeitlichkeit der

3 Schöne Funde, verlorene Schönheit. Winckelmanns zweideutige Antike(n)

Faksimiles" kann noch Goethe folgerichtig „gute Gypsabgüsse" antiker Kunstwerke nennen.[343]

Der Paradigmenwechsel, durch den die Kopienvielfalt antiker Hinterlassenschaften unversehns zu einem mit den Mitteln philologischer Objektkritik nicht mehr zu lösenden Problem wird, liegt deshalb nicht im Bereich des Antiquarischen selbst. Es ist die Ablösung einer „Art of Memory" durch eine „Commemoration of Art",[344] von der aus auch die getreueste, da auf unmittelbarem materiellen Kontakt zurückzuführende Kopie ins Zwielicht gerät.[345] Diesen Wechsel zur Ästhetik vollzieht, ja programmiert Winckelmanns Œuvre, ohne dabei die Implikationen des antiquarischen Modus preisgeben zu wollen – bei der Frage nach dem Verhältnis von Original und Kopie erweist es sich deshalb, einmal mehr, als doppelsinniges Schwellenphänomen zwischen Nichtdifferenzierung und Differenzbewusstsein, hin- und hergerissen gleichsam zwischen den zwei Formen des Blicks, derer sich seine Auseinandersetzung mit den Kunstwerken der Antike bedient.[346] Eine der Bronzebüsten, die Winckelmann unter den Grabungsfunden aus Herkulaneum antrifft, mag exemplarisch für dieses Schwanken des Beschreibungsregisters ste-

---

Überlieferung' nenne, vgl. ebd., S. 74–78. In diesem Kontext kann selbst der Umstand, dass die angeblichen Antiken selbst antike Kopien sind, als vermittelte Legitimation ihrer Wertschätzung dienen. Richardson bemerkt angesichts der mediceischen Venus: „Il est cependant certain, que cette Statue a été fort estimée des Anciens, puisqu'ils nous en ont laissé un nombre infini de Copies." (Richardson: Description de Divers Fameux Tableaux, Desseins, Statues, Bustes, Bas-reliefs, &c. Bd. 1, S. 100).

[343] Goethe: Italienische Reise, FA 15.1, S. 586 (April 1788).

[344] Hillel Schwartz: The Culture of the Copy. Striking Likenesses, Unreasonable Facsimiles, New York 1996, S. 251.

[345] Zum Abdruck als „‚Gegenpart' […], als Objekt einer *Gegen-Kunstgeschichte*" grundlegend: Didi-Huberman: Ähnlichkeit und Berührung, S. 62–69 (Zit. S. 62).

[346] Dieses Schwanken ist, worauf es mir ankommt, vollkommen unabhängig von den nachträglichen Modifikationen hinsichtlich der Erkenntnismöglichkeiten in Sachen Objektkritik, Datierung etc., die Winckelmann überhaupt zur Verfügung gestanden haben: „Die großen Meister der griechischen Plastik und Malerei kannte er dem Namen nach, von ihren Werken aber allenfalls den Abglanz der Kopien", lautet das Urteil einer am Paradigma des Originals ausgerichteten klassischen Archäologie über die Winckelmann zugänglichen Überlieferungszeugnisse. Wolfgang Schiering: Zur Geschichte der Archäologie. In: Ulrich Hausmann (Hg.): Allgemeine Grundlagen der Archäologie. Begriffe und Methode, Geschichte, Problem der Form, Schriftzeugnisse. München 1969, S. 11–161, Zit. S. 22. – Dass die Ambiguität zwischen einem ästhetisch und historisch profilierten Erkenntnis-interesse Winckelmanns ‚kunstgeschichtliche' Interpretationsmuster nicht minder zeichnen als seine überlieferungsbezogenen, hat Potts gezeigt: „Winckelmann's history of art fulfils such a role [die Historisierung der antiken Kunst, S. K.] only in a deeply paradoxical way. His analysis of the rise and decline of ancient art unequivocally represented the best of this art as emerging at a uniquely privileged historical moment, and would thus seem to represent the prospect of any genuine revival in modern times as highly problematic. In apparent contradiction, however, he was quite explicit that his overriding purpose in defining a new history of ancient art was to prepare the way for a true revival of the Greek ideal in the present. He simultaneously threw into question and reaffirmed the belief, central to traditional aesthetics, that the classic art of antiquity could exist as an integral part of the cultural fabric of modern society" (Potts: Flesh and the Ideal, S. 23).

hen. Er interessiert sich für sie, nach der Systematik der *Geschichte der Kunst des Alterthums*, unter einem technischen Gesichtspunkt. In den Ausführungen über die ‚Arbeit in Erzt', die im Kapitel zum ‚Mechanischen Theile der Griechischen Bildhauerey' zu finden sind, dient die Büste als Beleg für die Rekonstruktion eines unscheinbaren technischen Detailverfahrens: des Anlötens von Haaren und „freyhängenden Locken" an die bronzenen Köpfe. Winckelmann nennt die Bronze „eine[n] der ältesten Köpfe aus dem ganzen Alterthume" – die postume zweite Auflage seiner Kunstgeschichte wird diese Akzentuierung noch zuspitzen und die Büste als „überhaupt eines der ältesten Denkmale der Kunst" bezeichnen.[347] Anders liest sich die Klassifizierung in der 1762 zunächst brieflich an Bianconi geschickten *Relazione* von den herkulanischen Funden. Winckelmann nennt die Büste dort *„di stile o Etrusco o antichissimo Greco"*,[348] nimmt also keine antiquarische, sondern eine kunstgeschichtlich-ästhetische Datierung vor. Das *Sendschreiben* dann bringt diese beiden Datierungsweisen explizit ins Verhältnis einer unkommentierten, aber rekursiven Engführung. Von den „Köpfen" heißt die Bronze nun „der älteste (es zeiget derselbe den ältesten Stil der Kunst)".[349]

Virulent wird die problematische Verknüpfbarkeit dieser beiden Erkenntnisinteressen aber nicht nur bei der kunstgeschichtlichen Zuordnung und ästhetischen Einordnung der Fundstücke als solche. Selbst am einzelnen Objekt müssen Winckelmanns Schriften immer wieder den Anforderungen ihres Doppelblicks gerecht werden. An den Gegenständen selbst gibt es wegen der partialen Überlieferungsverluste – insbesondere der Extremitäten von Statuen – sowie wegen der seit der Renaissance geübten Ergänzungspraxis zweierlei zu sehen.[350] Was dabei in die Aufmerksamkeit rückt, hängt nun zunächst einmal mehr davon ab, ob man einen antiquarisch oder einen ästhetisch interessierten Blick über die marmornen Ober-

---

[347] Winckelmann: Geschichte der Kunst des Alterthums, S. 258 (SN 4.1, S. 500); die Stelle aus dem – im labyrinthischen Tableau des Werkes – Abschnitt II.B.c.bb. des ‚Vierten Stücks' des vierten Kapitels des ersten Teils; Johann Joachim Winckelmann: Geschichte der Kunst des Alterthums. Nach dem Tode des Verfassers hg., und dem Fürsten Wenzel von Kaunitz-Rietberg gewidmet v. der kaiserlichen königlichen Akademie der bildenden Künste. Wien 1776, S. 531f. (SN 4.1, S. 501). – Bei der Büste handelt es sich, nach heutiger Datierung, um eine im letzten Viertel des ersten vorchristlichen Jahrhunderts geschaffene „[r]ömische archaistische Neuschöpfung oder Kopie einer subarchaischen Schöpfung des frühen 5. Jhs. v. Chr." (SN 4.2, S. 263).

[348] Johann Joachim Winckelmann an Giovanni Lodovico Bianconi, Mai 1762 (B 482. Bd. 2, S. 227; Hervorh. S. K.).

[349] Winckelmann: Sendschreiben von den Herculanischen Entdeckungen, S. 36 (SN 2.1, S. 90).

[350] Vgl. dazu als knappen Überblick Inga Gesche: Bemerkungen zum Problem der Antikenergänzungen und seiner Bedeutung bei Johann Joachim Winckelmann. In: Herbert Beck u. Peter C. Bol (Hg.): Forschungen zur Villa Albani. Antike Kunst und die Epoche der Aufklärung. Berlin 1982, S. 437–460; Axel Rügler u. Max Kunze: Antikenhandel und Antikenrestaurierung in Rom. In: Max Kunze (Hg.): Römische Antikensammlungen im 18. Jahrhundert. Mainz 1998, S. 97–132; dort auch Hinweise zur älteren Forschungsliteratur. – Winckelmanns eigene Nachlassnotizen ‚Von der Restauration der Antiquen' sind 1996 als erster Band der neuen Werkausgabe publiziert worden (SN 1).

3 Schöne Funde, verlorene Schönheit. Winckelmanns zweideutige Antike(n) 345

flächen schweifen lässt. Selten wird bei Winckelmann selbst die Differenz dieser beiden Wahrnehmungsformen so evident wie in der französischen Ausgabe der Richardsonschen Statuenbeschreibungen, zu der Lambert ten Kate ein Vorwort zum ‚idealisch Schönen' beigesteuert hat. „Si on compare au meilleur *Grec*, l'Antique *Romain*, ce dernier doit être regardé, par raport à l'autre, comme la Lune, par raport au Soleil, dont elle emprunte toute sa Lumière"[351] – mit diesem starken Vergleich macht ten Kate auf die notwendige ästhetische Differenzierung zwischen den Werken der griechischen und der römischen Antike aufmerksam. Das bedeutet allerdings nicht, dass die daran anschließende emphatische Evokation des normativen Kanons auch nur auf die Möglichkeit hin befragt würde, dass dessen Repräsentanten Ergebnisse römischer Kopierkultur oder mit anderen objektgebundenen Mangelerscheinungen belastet sein könnten. Das einschlägige Kanoninventar vornehmlich aus dem Statuenhof des vatikanischen Belvedere hat fraglose Gültigkeit. „Quelle Sublimité, quelle Grace, quelle *Gentillesse*, dans le visage d'un *Apollon*, qu'y a-t-il qui convienne mieux au Symbole de l'Element du Monde le plus vif & le plus mobile, à la Lumière pour les yeux du Corps & de l'Ame, à un Oracle d'Esprit, pour tous les Beaux Arts!", entzückt sich die Abhandlung über das ‚idealisch Schöne' beispielsweise an dem berühmten Apollo. Während ten Kates Emphase allein und allenfalls vom Gesicht der Statue ihren Ausgang nimmt, fokussiert Jonathan Richardsons (jun.) Autopsie allerdings ander(e)s:

> Le Visage en est encore en son entier. La Jambe droite a été brisée en morceaux; &, comme on ne les a pas tous retrouvés, on a mal rassemblé ceux qu'on a pu recouvrer, & l'on a suplée avec du mortier à ceux qui manquent. La Jambe gauche est endommagée depuis le genou jusqu'au pié, & on l'a réparée avec le même expédient; aussi paroît-elle rude & raboteuse, & il ne reste plus qu'un seul doigt à la main droite. Il vient de décocher une flèche sur le *Python*, & il a l'Air, surtout de la Tête, tout-à-fait grand, terrible, & beau en même tems.[352]

Nicht dass Richardsons *ästhetische Deutung* des Apollo bedeutend von den ekphrastischen Topoi abweichen würde, die in der Beschreibung dieser Statue fortan Verwendung finden: Seine Auslegung des Ausdrucks, der sich in Apollos Zügen niedergeschlagen hat, hält den signifikanten Konnex von Schönheit und Gewalt, den die narrative Situierung der Statue im Mythos anbietet, ebenso fest wie etwa die ungleich berühmtere Passage in Winckelmanns Geschichte der Kunst.[353] Dabei fällt aber die bloß parenthetische Stellung auf, die Richardsons

---

[351] ten Kate: Discours préliminaire sur le beau idéal, S. xxiii.
[352] Richardson: Description de Divers Fameux Tableaux, Desseins, Statues, Bustes, Bas-reliefs, &c. Bd. 2, S. 508.
[353] „Er hat den Python, wider welchen er zuerst seinen Bogen gebraucht, verfolget, und sein mächtiger Schritt hat ihn erreichet und erleget. Von der Höhe seiner Genugsamkeit geht sein erhabener Blick, wie ins Unendliche, weit über seinen Sieg hinaus. Verachtung sitzt auf seinen Lippen, und der Unmuth, welchen er in sich zieht, blähet sich in den Nüssen seiner Nase, und tritt bis in die stolze Stirn hinauf. Aber der Friede, welcher in einer seligen Stille auf derselben schwebet, bleibt ungestört, und sein Auge ist voll Süßigkeit, wie unter den Musen, die ihn zu umarmen suchen. [...] [D]ie einzelnen Schönheiten der übrigen Götter treten hier, wie bey der

Anmerkungen zu Gesicht und Ausdruck der Statue als Konzession an einen in Entstehung begriffenen Kanon des Schönen einnehmen. Innerhalb dieses Rahmens bietet sich der *antiquarischen Autopsie*, die in der Rezeptionsgeschichte dieser Statue überhaupt als Seltenheit gelten darf, ein ganz anderes Bild. Die auf den ersten und für den ästhetischen Blick intakte (Ausdrucks-)Gestalt der Statue steht im Wortsinne auf zwei mehr schlecht als recht behobenen Trümmerbrüchen – auf den mühsam zusammengestückelten und mit Mörtel „roh und rauh" verpflasterten Beinen. Antiquarische Diagnostik und ästhetische Deutung offenbaren gerade im paratktischen Nebeneinander dieser Passage ihre epistemologische Inkommensurabilität.[354]

Kompliziert wird das Problem der Antikenergänzung aber auch durch eine Tradition der antiquarischen Forschung, die vor allem im Präsentationsmodus ihrer Belegabbildungen nicht selten und gegen die neuen Prämissen auf eine bruch- und verlustlose Darstellung ihrer Objekte setzt. Sie versteht es so, die Zugriffe auf die Überlieferungszeugnisse nicht nur mit der gelehrten Autorität ihrer Ausführungen zu begründen, sondern auch durch die Bildpräsentation einer imaginären, rekonstruktiven Unversehrtheit der Befunde die Legitimität dieser Bemühungen zu unterstreichen – Philologen kennen dieses Prinzip noch aus den Gepflogenheiten heutiger Editionspraxis als das des ‚emendierten Texts', der, womöglich noch durch die sogenannte ‚behutsame Modernisierung bei Wahrung des Lautstandes' bereinigt, den zeitgenössischen Rezipienten allzu arge Schockerfahrungen historischer und/oder ästhetischer Fremdheit ersparen soll. Arbeitet die antiquarische Praxis ihrem diskursiven Selbstverständnis nach den natürlichen und kulturellen Verheerungen entgegen, von denen die Objekte ihrer gelehrten Wertschätzung betroffen sind, dann können dahinter auch die keineswegs auf ‚objektive' Beleg-

---

Pandora, in Gemeinschaft zusammen." (Winckelmann: Geschichte der Kunst des Alterthums, S. 392f., (SN 4.1, S. 780)). – Das Schicksal des ‚monstrum' Python, jenes „grausame[n] Drache[ns]", den Apollo erlegt, bietet sich zur Ausgestaltung dieses Reflexionsverhältnisses natürlich insofern an, als es in der Mythenkonstruktion als Gründungsereignis der ‚apollinischen' Territorialisierung des Parnasses ebenso dient wie als Anlass zur kulturstiftenden Einsetzung der Pythischen Spiele. (Benjamin Hederich: Gründ-liches mythologisches Lexicon [...]. Darmstadt 1996 [ND der Ausg. Leipzig 1770], Sp. 2132f., s.v. Python; vgl. Ovid, Met. I 434–451). Als eine der zahlreichen kulturbegründenden Allegorien der griechischen Mythologie, die Katastrophenereignisse der Naturgeschichte (vor allem die Sintflut) der memorialen Verarbeitung zugänglich machen, verzeichnet diese Erzählung bereits Boulanger: L'antiquité dévoilée par ses usages. Bd. 1, S. 216f. und 253: „le paganisme doit nous montrer partout des institutions destinées à perpétuer le souvenir des révolutions du monde."

[354] Zu den Wahrnehmungs- und Deutungsmodalitäten der Zeit vgl. Steffi Roettgen: Begegnungen mit Apollo. Zur Rezeptionsgeschichte des Apollo vom Belvedere im 18. Jahrhundert. In: Winner u.a. (Hg.): Il Cortile delle Statue, S. 253–274: „Es sind nur wenige Äußerungen überliefert, die sich mit der gegenständlichen Beschaffenheit der Statue befassen", bilanziert Roettgen ihren breit angelegten Überblick, der sich allerdings fast ausschließlich auf Zeugnisse ‚nach Winckelmann' beschränkt (S. 265).

3 Schöne Funde, verlorene Schönheit. Winckelmanns zweideutige Antike(n) 347

führung zu beschränkenden bildlichen Präsentationen nicht immer zurücktreten.[355] Die Legitimationsstrategien der Sorge um das Überlieferte drohen dann mit den Präzisionsansprüchen in Konflikt zu geraten, mit denen die Antiquare ihren Gegenständen begegnen. Verschärft, ja verdoppelt wird dieses Konfliktpotential noch einmal dann, wenn der neue Bezugsdiskurs ästhetischer Wertigkeiten mit ins Spiel der Thematisierung dieser Objekte kommt. Auch dafür: für den durchwegs ambivalenten Umgang mit den aus dieser Verdoppelung entstehenden Unentscheidbarkeiten können exemplarisch Winckelmanns Aufzeichnungen zum eben erwähnten Überlieferungszeugnis, dem Apollo Belvedere, stehen. Bekanntlich gehören sowohl die Beschreibung der Statuen im Hof des Belvedere als auch eine Abhandlung über die Antikenergänzungen zu den ersten Arbeitsvorhaben, die Winckelmann zu Beginn seines Rom-Aufenthalts fasst.[356] Beide sind, wenn auch in unterschiedlicher Weise, nie abgeschlossen worden – sofern man bei Winckelmanns Arbeitsweise überhaupt von einem Abschluss seiner Publikationsprojekte sprechen kann;[357] vor allem das erste Projekt aber ist, im Rahmen der oben dargestellten, mit dem Privileg der Autopsie verbundenen Originalitätsansprüche, der Schauplatz, auf dem Winckelmanns Innovationen des antiquarischen Diskurses stattfinden sollen.[358] Betrachtet man die ersten überlieferten Aufzeichnungen zum Apollo im sogenannten ‚Florentiner Manuskript' genauer, so fällt auch dort der Widerstreit jener unterschiedlichen Beschreibungsformate ins Auge, die Richardsons lakonische Einlassung nebeneinanderstellt und deren Konflikt in Winckelmanns Aufzeichnungen – aus der nachträglichen Perspektive der Beschreibungen in der *Geschichte der Kunst des Alterthums* fokussiert – zum noch unbeholfenen Ausdruck eines „pedantische[n] Geklapper[s]" deklassiert werden kann.[359] Im

---

[355] Vgl. zu den entsprechenden Bildstrategien in den Thesauri der *Antiquitates* Wrede: Die ‚Monumentalisierung' der Antike um 1700, S. 29: „Die Denkmäler selbst erscheinen gewöhnlich unbeschädigt oder nur leicht verletzt. Die lange und schicksalsreiche Tradition der antiquarischen Wissenschaft, so läßt sich weiter folgern, vermochte unzerstörte Denk-mäler wiederzugewinnen, die Antike zu rekonstruieren. Daher hat deren Alter eine ähnliche Qualität wie das Alter der Antike selbst. Kritik an zurückliegender und daher möglicherweise in die Irre führender Forschung ist ebenso undenkbar geworden wie eine Überprüfung des Wiedergegebenen am Original, da die Angabe seines Aufstellungsortes ja stets bewußt fortgelassen wurde."

[356] Vgl. zur Entstehungsgeschichte der Statuenbeschreibungen Zeller: Winckelmanns Beschreibung des Apollo im Belvedere, S. 18–36; zur geplanten Abhandlung über die Antikenrestauration die Darstellung in SN 1, S. 14–18.

[357] Von einer „grundlegenden, notwendigen Unvollendung" spricht Décultot: Untersuchungen zu Winckelmanns Exzerptheften, S. 27, angesichts des unaufhörlichen Weiter- und Umschreibens, das er seinen Projekten angedeihen lässt.

[358] „[L]auter Original-Gedanken" müsse die Schrift über die „Beschreibung der Statuen im Belvedere" enthalten, heißt es in einem Brief von Anfang 1757 an Berendis (Johann Joachim Winckelmann an Hieronymus Dietrich Berendis, 29. Januar 1757. B 167. Bd. 1, S. 267).

[359] Zeller: Winckelmanns Beschreibung des Apollo im Belvedere, S. 20: „[W]elcher Abstand zwischen jenen Beschreibungen im ‚höchsten Stil' und diesen trockenen Notizen des Florentiner Manuskripts! Diesen fehlt noch fast alles, was jene auszeichnet: nicht nur der poetische Geist, der hymnische Schwung der Sprache, die Bewegung der Seele, sondern auch

Unterschied zu Richardson allerdings hält sich Winckelmann auch im dezidiert antiquarischen Teil seiner Notizen, dessen Einträge in erster Linie auf die Korrespondenz von anatomischer Richtigkeit und ästhetischer Qualität zielen, nicht lange bei den Steinen des Anstoßes auf, an denen die Spuren der Überlieferungsverluste und -ergänzungen zu entdecken sind. „Diese Statue ist sehr glatt und sauber gearbeitet", heißt es gegen Ende der Aufzeichnungen zum Apollo Belvedere, „[e]s sind Arme und Beine davon zerbrochen gewesen. Das spielende Bein scheinet nicht wohl angesetzt zu seyn, sondern etwas zu vil einwerts stehend. Das stehende aber ist gut restauriret."[360] Auch im antiquarischen Beschreibungsmodus scheint nun weniger der Mangel in den Blick zu rücken, der noch in der Sichtbarkeit der Restaurierung zu entdecken ist, als vielmehr dasjenige, was es, obgleich als Restaurierung, zu sehen gibt und vom Wahrnehmenden zu verarbeiten gilt. Dass die Überlieferungszeugnisse gegen die Geschicke ihrer Überlieferung nicht zu heilen sind, nimmt Winckelmann aber in den Aufzeichnungen zur Schrift über die Restaurationen generell nicht in erster Linie zum Anlass für eine technische Kritik, wie sie in der Bemerkung über das leicht schiefe Spielbein des Apollo oder in Richardsons Verdikt über die Rohheit der Ergänzungen zu Tage tritt. Bereits die erste Eintragung zu diesem Themenkomplex, die im Pariser Nachlass aufzufinden ist, schiebt in aller Deutlichkeit den Antiquaren die erste Verantwortung für den unsachgemäßen Umgang mit den Objekten zu: „Die Irrungen welche durch die Ergäntzungen entstanden sind, und die Vergehungen der Scribenten kommen nicht so wohl auf die Rechnung der Bildhauer, sondern sind denjenigen beyzumessen welche, ehe sie schreiben, besser unterrichtet seyn sollten."[361] Das bedeutet einerseits, dass sich bereits auf dem genuin antiquarischen Terrain der Objektkritik bei Restaurationsfragen und damit schon zu Beginn von Winckelmanns Rom-Aufenthalt die Doppelung der Bezugsregister durchgesetzt hat, die den Diskurs über das Überlieferte zwischen Antiquarik und Ästhetik oszillieren lässt. Deutlich wird dies an Konfliktfällen, für die Winckelmann die implizite Devise ausgibt, dass ästhetisch durchaus gerechtfertigt sein kann, was antiquarisch als Defizit festzuhalten ist: „Von dem Bildhauer der die Hände des Apollo in der Villa Borghese, welcher auf eine Eidechse lauert, ergäntzt hat war es z[um] E[xempel] nicht zu fordern, daß er aus

---

    die leitende Idee, die Einsicht in die hohe Schönheit. [...] Im ganzen betrachtet ist dieser Entwurf [...] eine genaue Beschreibung, gelegentlich unterbrochen durch historische oder hermeneutische Exkurse. Jedes Glied der Statue wird gesondert betrachtet, gleichsam abgetastet, und kritisch abwägend untersucht hinsichtlich seiner anatomischen Richtigkeit, seiner technischen Vollendung und seiner künstlerischen Schönheit. All dies wird vorgebracht in der denkbar trockensten Manier". Die entscheidende Modifikation, die Zeller an der Einordnung als Vorstufe resp. Entwurf zu den späteren Beschreibungen indes dennoch macht: dass nämlich „das Verhältnis von kritischer Beobachtung [...] und poetischer Idee der Beschreibung" kein „Nacheinander", sondern ein „Nebeneinander" ist, hat ihren Platz bedauerlicherweise nur in einer Fußnote seiner Abhandlung gefunden (S. 24, Anm. 2).

[360] Winckelmann: Il manoscritto fiorentino di J. J. Winckelmann, S. 8f.
[361] SN 1, S. 27 (hier und im Folgenden ohne die editorischen Zusätze und diakritischen Zeichen der Ausgabe zitiert).

dem Plinius wissen müssen, daß ihm ein Pfeil in die Hand gehöret. Die Action der Hände, wie sie itzo ist, deutet ein Erschrecken über dieses Thier an. Die Gelehrten in den Alterthümern, welche man vermuthlich hierbey zu Rath gezogen, hätten dieses wissen sollen."[362] Die Stelle zeigt andererseits aber auch an, wie – für Winckelmanns Œuvre symptomatisch – das Korrekturprogramm für defiziente Überlieferung konzeptuell zu Ende gedacht werden kann: So wie die Philologen überlieferte Realien zur Supplementierung unsicherer, missverständlicher oder verdorbener schriftlicher Überlieferungen beiziehen sollen, so muss die vorhandene schriftliche Überlieferung ihrerseits für die – in der Restauration auch *materialiter* erfolgende – Ergänzung nichtschriftlicher Semiophore in Anschlag gebracht werden. Grundsätzlich versucht Winckelmann deshalb in den Aufzeichnungen zur Restaurierung und Ergänzung der Antiken, das Oszillieren zwischen antiquarischer Gelehrsamkeit und ästhetischem Regelmaß für einmal und *ex negativo* in einem einsinnigen Ordnungsgefüge stillzulegen. Denn die Abweichungen von der Sachrichtigkeit, die mangelhaftes antiquarisches Wissen erzeugt, ziehen, halten sie Einzug in die konkrete ästhetische Praxis der Restauratoren, verheerende Folgen nach sich. Falsch restaurierte Objekte erzeugen einen Verstärkereffekt für gelehrte Devianzen; falsch restaurierte und zugleich ästhetisch stimmige Antiken, so wäre stillschweigend zu ergänzen, ganz besonders. Sie ziehen unbekümmerte Antiquare in eine regelrechte Rückkopplungsschleife der Produktion von Irrtümern, indem sie ihren ästhetischen Überschuss als Verlockungsprämie für das Übersehen antiquarischer Unstimmigkeiten zur Schau stellen und diesen so wiederum zum Einzug in die gelehrten Publikationen verhelfen. „Die den Statuen in Ergäntzung derselben beygelegten Zeichen haben verführen müssen, weil die mehresten Scribenten sich nicht den geringsten Zweifel über ihre *Gültigkeit* gemacht haben", stellt Winckelmann fest, zeigt sich im selben Zug aber erleichtert, dass die in seinen Ausführungen geforderte antiquarische Disziplinierung der Ergänzungspraxis nicht schon unter weniger glücklichen Bedingungen vorgenommen worden ist: „Es ist sehr gut, daß derjenige, welcher alte Statuen ergäntzt oder ergäntzen lassen nicht mehr Belesenheit gehabt seltene Unterscheidungs Zeichen anzubringen; es würden noch viel mehr Unwahrheiten dadurch in Schriften erschienen seyn."[363]

(3) Mit den benannten Differenzen zwar verwandt, aber nicht deckungsgleich, hinterlässt das Konzeptpaar ‚Authentizität und Fälschung' seine Spuren in der Form der Problemkonstellation von Unvollständigkeit und Überlieferung, wie sie in Winckelmanns Schriften verhandelt wird. Das davon aufgeworfene Spannungs-

---

[362] SN 1, S. 28.
[363] SN 1, S. 33. – Vgl. auch die Generalisierung dieser Maxime im Brief von Winckelmann an Johann Caspar Füssli d. Ä., 26. November 1763 (B 608. Bd. 2, S. 356): „Das Lesen ist eine gefährliche Klippe für Künstler, woran fast alle die ich kenne scheitern: denn in solchen Jahren soll der Verstand weniger als die Hand beschäftigt seyn, und selbst in der Baukunst sind alle Regeln in wenigen Tagen erlernet, aber die Uebung kostet Jahre. Der Verstand soll bey demselben der Hand gehorchen und nicht umgekehrt […]."

verhältnis bezieht seine Energie zu einem guten Teil aus der erwähnten Profilierung der Frage nach der Restaurationsproblematik, genauer: nach der Zuständigkeit und den Verantwortlichkeiten für die Antikenergänzungen. Doch mit dieser gleichsam wissenspragmatischen Sistierung ist dem Schwanken zwischen den Diskursmodi des Ästhetischen und des Antiquarischen nicht in jedem Fall beizukommen. Nicht nur bleibt die epistemologische Ambivalenz der beiden Bezugsmodelle in Winckelmanns Nachlassaufzeichnungen virulent. Sie radikalisiert sich überdies unversehens am zufälligen Anlass eines handfesten Skandalons, der die Bemühungen um ihre Stillstellung und Entschärfung gleichsam in ihren Grundfesten erschüttert.

Zunächst will sich Winckelmann auf antiquarische Methodenkritik beschränken. „Die mehresten Vergehungen der Gelehrten in Sachen der Alterthümer rühren aus Unachtsamkeit der Ergänzungen her: denn man hat die Zusätze anstatt der verstümmelten und verlohrnen Stücke von dem wahren Alten nicht zu unterscheiden verstanden". In solch knapper Form hat die Vorrede zur *Geschichte der Kunst des Alterthums* die Problemlage skizziert, eine epistemologische Profilierung des Authentizitätsproblems damit der bibliographisch personalisierten Parade der Fehler und Irrtümer geopfert, gegen die sich das eigene Unternehmen anzuschreiben vornimmt.[364] So rückt Winckelmanns Kunstgeschichte die Ergänzungsproblematik voll und ganz in den Horizont der autoptischen Selbstermächtigung, aus deren Rhetorik ihr Innovationsanspruch entspringt. Von dieser polemischen Zuspitzung und den damit verbundenen legitimatorischen Implikationen aber wird das Projekt – und damit auch sein Anspruch auf wissenspragmatische Konfliktbewältigung – unversehens eingeholt. Das prominenteste Objekt, das in Winckelmanns Œuvre die Balance der beiden Bewertungsordnungen des Antiquarischen und des Ästhetischen erschüttert hat, ist jenes wohl Mengs zuzuschreibende fingierte Fresko, das Zeus in einer intimen Szene mit seinem Mundschenk Ganymed zeigt. „Es ist", so die Beschreibung in der *Geschichte der Kunst*, „ein sitzender Jupiter, mit Lorbeer gekrönet, (zu Elis hatte er einen Kranz von Blumen) im Begriffe, den Ganymedes zu küssen, welcher ihm mit der rechten Hand eine Schaale, mit erhobener Arbeit gezieret, vorhält, und in der linken ein Gefäß, woraus er den Göttern Ambrosia reichete." Als „eine der allerschönsten Figuren, die aus dem Alterthume übrig sind", bezeichnet Winckelmann den lebensgroßen nackten Jüngling auf dem an-

---

[364] Winckelmann: Geschichte der Kunst des Alterthums, S. xvii (SN 4.1, S. xxiv). – Vgl. die Bemerkungen in der Einleitung zur Edition der Publikationsprojekte aus dem Pariser Nachlass: „Die im Pariser Nachlaß erhaltene Schrift unterscheidet sich durch ihre Anlage, trotz der übernommenen Passagen, grundsätzlich von der Vorrede in der Kunstgeschichte. Während Winckelmann in der 1764 erschienenen *Geschichte der Kunst des Alterthums* eine Abrechnung mit den Irrtümern, die sich aus nicht erkannten und falsch gedeuteten Ergänzungen ergeben, personalisiert und damit diese Irrtümer einer Reihe prominenter Vorgänger und Zeitgenossen anrechnet, versucht er im Pariser Manuskript eine Gliederung, die sich nicht an den zu kritisierenden Autoren orientiert, sondern eine aus dem Problemfeld erwachsene sachliche ist" (SN 1, S. 19).

3 Schöne Funde, verlorene Schönheit. Winckelmanns zweideutige Antike(n)

geblichen Wandgemälde, dessen Unvergleichbarkeit er in seiner Beschreibung gleich mehrfach herausstellt.[365] Während die Kunstgeschichte diese Begeisterung öffentlich macht, haben zahlreiche Briefe bereits seit Ende 1760 die Nachricht von diesem Objekt samt einer spektakulären Fundgeschichte unter dem Siegel des „Geheimni[sses]" zirkulieren lassen.[366] Die Forschung, die von dem Bild und den Umständen seiner Thematisierung in Winckelmanns Œuvre bis heute umgetrieben wird, hat es zu einem Überlieferungszeugnis ganz eigenen Ranges erklärt. Nicht über antike Wandmalkunst soll es Auskunft geben, sondern über Intrigen in Winckelmanns römischem Freundeskreis, über einen verblüffenden Fall von antiquarischer und vielleicht auch ästhetischer Blindheit, gar von einem libidinös motivierten Versehen zeugen oder von Winckelmanns bewusster Mitwisserschaft und einem „vieldeutig[en]" Verhalten in dieser Fälschungsaffäre.[367] Wie es sich damit

---

[365] Winckelmann: Geschichte der Kunst des Alterthums, S. 276f. (SN 4.1, S. 544–546). – Ein „Gemälde [...], desgleichen niemals noch bisher gesehen worden", heißt es dort weiter; und Winckelmann fährt fort: Mit Ganymeds „Gesichte [...] finde ich nichts zu vergleichen".

[366] Vgl. etwa Johann Joachim Winckelmann an Heinrich Wilhelm Stosch, 15. Dezember 1760 (B 379. Bd. 2, S. 109): „Es ist außer Rom, ich weiß nicht an welchem Orte, das allerschönste alte Gemählde entdecket, welches noch bis itzo an das Tages Licht erschienen ist, und übertrifft alles was zu Portici ist. Es ist Jupiter welcher den Ganymedes küßet in Lebensgröße, ja der Bardaße ist in der Größe eines schönen wohlgebildeten jungen Menschen von Achtzehen Jahren. Der Kopf deßelben ist schön über allen Begriff. Es ist in *fresco* gemahlet und da diese Entdeckung ganz insgeheim gemachet worden von ganz unwißenden Leuten, so hat man das Gemählde nicht mit der Mauer abgesäget, wie zu geschehen pfleget, sondern die Bekleidung Stückweis abgerißen, so wie sich die Stücke haben ablösen laßen, und diese kleine Stücke sind wiederum zusammengesetzet. Unterdeßen fehlet nichts. Es ist jemanden in die Hände gerathen, der nichts davon verstehet: dieses Geheimniß wißen aber nur 5 Personen, und der Cardinal wird es wenigstens durch mich niemahls erfahren. Es hat mir seinethalben sehr viel Mühe gekostet hinter diese Entdeckung zu kommen, noch mehr aber dieselbe zu sehen, und wenn nicht alle Werke der Kunst in Deutschland zerschlagen und vernichtet würden, wäre niemand dieses Schatzes würdiger als der König in Preußen, und ich wollte dazu beytragen."

[367] Vgl. Thomas Pelzel: Winckelmann, Mengs and Casanova. A Reappraisal of a Famous Eighteenth Century Forgery. In: The Art Bulletin 54 (1972), S. 301–315; Steffi Roettgen: Storia di un falso: Il Ganimede di Mengs. In: Arte Illustrata 54 (1973), S. 256–270; dies.: Winckelmann e Mengs. Idea e realtà di un'amicizia. In: Maria Fancelli (Hg.): J. J. Winckelmann tra letteratura e archeologia. Venedig 1993, S. 145–163; Gerald Heres: Jupiter und Ganymed, ‚das schönste Gemälde aus dem Altertum'. In: Schriften der Winckelmann-Gesellschaft 7 (1977), S. 68–79; Johann Joachim Winckelmann: Unbekannte Schriften. Antiquarische Relationen und Beschreibung der Villa Albani. Hg. v. Sigrid von Moisy, Hellmut Sichtermann u. Ludwig Tavernier. München 1987, S. 32–41 (Zit. S. 38); Max Kunze: Giovanni Battista Casanova contra Winckelmann. In: Zwischen Original und Fälsch-ung: Zur Ambivalenz der Nachahmung in der Antikenrezeption. Fünftes Heft des Arbeitskreises für Theorie und Geschichte der Kunstgeschichtsschreibung. Stendal 2006, S. 46–56; zur Wirkungsgeschichte der ‚Zeus und Ganymed'-Fälschung: Franz-Joachim Verspohl: Carl Ludwig Fernows Winckelmann. Seine Edition der ‚Werke'. Stendal 2004, S. 25–49. – Der Logik der Überlieferung durchaus gemäß bleibt auch die irritierende Monstrosität dieses angeblichen Freskos nicht unerwähnt: „Als ich [...] das dem Maler Anton Raphael Mengs zugeschriebene Gemälde ‚Jupiter und Ganymed' [...] zum ersten Male sah, war es mir kaum vorstellbar, daß diesem Monstrum einmal so viel Lob gespendet worden ist. Die Figuren sind plump und ohne Auge für Anatomie und antiquarische Details wieder-gegeben. Der Schemel, auf dem Jupiters Füße ruhen, hat eine falsche Reliefdekoration an der Vorderseite anstelle der üblichen an den

im Einzelnen auch immer verhalten haben mag: Auffällig ist einerseits, dass Winckelmanns spätere Bezugnahme auf dieses Fake, ganz im Unterschied zu seiner Reaktion auf die gleich zu erwähnenden untergeschobenen Objekte, in paradox anmutender Engführung exakt jene Zweideutigkeit wiederholt, die der Doppelung des Bezugsregisters in Ästhetik und Antiquarik entspringt – von „einem alten Gemählde, welches von vielen vor alt gehalten wird", ist im *Versuch einer Allegorie* die Rede.[368] Andererseits ist nicht zu übersehen, dass Winckelmanns Einlassungen innerhalb dieses Doppels von Anfang an und konsequent auf die Seite der Ästhetik setzen. Bereits die erste und ausführlichste Diskussion des Gemäldes, die er im November 1760 an den Grafen Wackerbarth-Salmour schickt, wird durchgehend von einer kunsttheoretischen Semantik strukturiert, in der die Module der „bellezza" – „armoniosa dolcezza", „contorno" und „colorito" – die entscheidende, antiquarische Gesichtspunkte dagegen kaum eine Rolle spielen.[369] Die Einschätzung, Winckelmanns ambivalentes Verhalten zu dieser Fälschung möge der Auffassung geschuldet sein, dass Form und Ausführung des Bildes unabhängig von dessen Entstehungsgeschichte ästhetisch gerechtfertigt seien, scheint deshalb angesichts dieser funktionalen Ausdifferenzierung so unplausibel nicht.[370]

Dem entspräche letztlich auch eine Reaktion, die für den zwischen antiquarischer und ästhetischer (Selbst-)Ermächtigung pendelnden Anspruch auf die Deutungshoheit über die unvollständigen Zeugnisse der Überlieferung aufschlussreicher ist: Mehr oder weniger zeitgleich zur zweideutigen Formulierung im *Versuch einer Allegorie* sendet Winckelmann bei weitem deutlichere Ausführungen zu

---

Kanten. Auch der Lorbeerkranz ist ein ungewöhnliches Attribut des Gottes. Und der Kuß des Ganymed mag zwar sensuell auf Winckelmann gewirkt haben, er hat aber keine ikonographische Parallele in der römischen Kunst. [...] Das künstlerische Niveau des ‚Jupiter und Ganymed' ist unter aller Kritik. Technisch sieht das Ganze auch nicht sehr vertrauensvoll aus, aber da mag eine irrtümliche Einschätzung der Antike mitgespielt haben. Die moderne Zuschreibung an Mengs ist m. E. nicht zutreffend; sein Stil ist anders [...]. Und auch falls Mengs seinem Freund absichtlich eine Posse gespielt haben wollte, kann ich mir nicht vorstellen, daß das Gemälde so schlecht ausgefallen wäre." Eric Maria Moormann: „... und dieser Esel ist hier das gelehrteste." (Winckelmann und die antike Wandmalerei. Stendal 1995, S. 41–43).

[368] Johann Joachim Winckelmann: Versuch einer Allegorie, besonders für die Kunst. Baden-Baden u. Strasbourg 1964 [ND der Ausg. Dresden 1766], S. 103.

[369] Johann Joachim Winckelmann an Josef Anton Gabaleon Graf Wackerbarth-Salmour, 15. November 1760 (nach der Abschrift von Oefele). In: Winckelmann: Unbekannte Schriften, S. 33f.

[370] Vgl. den Kommentar in Winckelmann: Unbekannte Schriften, S. 40f.; eine biographisch-psychologische Deutung, wie sie dort mitläuft, braucht man mit Blick sowohl auf die Doppelung der Bezugskriterien als auch auf die ältere Nachahmungstheorie gar nicht in Anschlag zu bringen: „Kaum hat W. den Betrug von Anfang an mitgemacht, aber später, als er um ihn wußte oder doch ihn ahnte, schwieg er, weil es für sein innerstes Gefühl im Wesentlichen, d.h. im Künstlerischen, eben kein reiner Betrug war. Bitter genug mag es ihm geworden sein: hatte man ihm doch vor Augen geführt, daß er sein Ideal nicht, wie er immer geglaubt und stolz verkündet hatte, aus der Quelle speiste. Dennoch verleugnete er es nicht. Mit seinem Schweigen bekannte er sich zum Klassizismus, zum Mengs'schen Gemälde nicht als einem antiken, sondern einem klassizistischen" (S. 41).

3 Schöne Funde, verlorene Schönheit. Winckelmanns zweideutige Antike(n) 353

anderen Fakes wohl derselben Provenienz, aber offensichtlich geringerer ästhetischer Qualität, an das gelehrte deutsche Publikum. „Ich finde unumgänglich nöthig, eine öffentliche Erklärung über meine Geschichte der Kunst zu machen, welches ich in einer besondern Schrift zu thun gewillet war, und mich itzo, da ich gedrungen werde, mit einer blossen Anzeige begnügen muß", eröffnet Winckelmann in einem von diesem in den *Göttingischen Anzeigen von Gelehrten Sachen* veröffentlichten Brief an Christian Gottlob Heyne seinen Bericht über diesen Skandal.

> Ich bin von einem in Rom beschrieenen Betrüger, welcher sich ehemahls meiner Freundschaft rühmen können, zu eben der Zeit, da ich ihn des größten Vertrauens würdigte, mit Nachrichten von alten Gemählden hintergangen worden, die von diesen boßhaften Menschen erdichtet und untergeschoben sind. Von diesen Gemählden hat er mir die von ihm selbst erfundenen Zeichnungen gegeben, und zwo derselben befinden sich in der Geschichte der Kunst in Kupfer gestochen. Ich habe diesen schändlichen Betrug allererst nach dieses Betrügers Abreise von Rom nach Dreßden entdeckt; es hat sich aber keine bequeme Gelegenheit gezeigt, diesen Betrug zu offenbaren. Wenn die sehr große Anlage des Drucks der Geschichte der Kunst nicht eine zwote, verbesserte und ungemein vermehrte Ausgabe derselben, wozu alle Materialien gesammlet sind, zurück gehalten hätte, würde ich gedachtes offenherzige Geständniß bey dieser Gelegenheit gethan haben. Nunmehro aber, da ich höre, daß nicht allein zu Paris eine Französische Übersetzung dieser Geschichte an das Licht getreten ist, sondern daß dieselbe auch in Brittischer Sprache erscheinen werde, habe ich meine Schuldigkeit erachtet, diese Anzeige unverzüglich zu geben.[371]

Was ist geschehen? Das Kapitel ‚Von der Malerey der alten Griechen' hat Winckelmann mit einem doppelten strategischen Einsatz eröffnet: Da ist zunächst die aus der Nachahmungsschrift bekannte, nun in die kultursemiotisch einschlägige Verlustrhetorik der *Geschichte der Kunst* eingepasste Klage über den Überlieferungsschwund, angesichts dessen sich der Antiquar „glücklich [zu] schätzen" habe, wenn er „wie nach einem erlittenen Schiffbruch, einzelne Bretter zusammen zu lesen" vermag; dann sieht man zwei einander auf den beiden ersten Seiten des Kapitels gegenüberliegende Stiche, die zunächst unkommentiert bleiben und damit ein ikonisches Spannungsverhältnis zu den Ausführungen des Textes eröffnen.[372] Einige Seiten später erst erhält der Leser von Winckelmanns Kunstgeschichte Aufschluss über die beiden Stücke. Die nachträgliche Ekphrasis und ihre überlieferungsbezogene Kommentierung geben der Text-Bildpolitik der Kapiteleröffnung ein schärferes Profil, indem sie die Allegorie des Schiffbruchs mit einer – allerdings nicht weniger abenteuerlichen – Narration der Entdeckung verdoppeln. Nicht als antiquarisches Strandgut und glückliche Funde, erfährt man nun, sind die beiden Stiche an den Anfang des Kapitels über die griechische Malerei gespült worden, sondern über die verworrenen Kanäle sammelnder Freibeuterei. Im September

---

[371] Johann Joachim Winckelmann an Christian Gottlob Heyne, 4. Januar 1766 (B 753. Bd. 3, S. 151f.); veröffentlicht in der Ausgabe vom 1. Februar 1766.
[372] Winckelmann: Geschichte der Kunst des Alterthums, S. 262f. (faksimiliert in SN 4.1, S. 522 und 524).

1760 habe, so Winckelmanns Bericht, ein „Ritter *Diel von Marsilly*, aus der Normandie, ehemals Leutnant von der Garde Grenadiers des Königs in Frankreich", an unbekanntem Ort ein erstes Wandgemälde entdeckt und in sein römischen Domizil schaffen lassen:

> Er ließ dasselbe von dem Orte, wo es stand, heimlich von der Mauer abnehmen, und da das Geheimniß dieser Entdeckung nicht erlaubete, die Mauer zu sagen, und mit derselben das Gemälde ganz zu erhalten, so nahm er die oberste Bekleidung der Mauer stückweis ab, und brachte auf diese Art diesen seltenen Schatz in viel Stücken nach Rom. Er bediente sich, aus Furcht verrathen zu werden, und alle Ansprüche zu vermeiden, eines Maurers, welcher in seinem Hause arbeitete, von welchem er eine Lage von Gips in der Größe des Gemäldes machen ließ, und auf diesem Grunde fügte er selbst die Stücke aneinander.

Bei dieser Installation handelt es sich um das eben erwähnte ‚Jupiter und Ganymed'-Fresko. Einige Zeit später habe sich dieser dubiose Überlieferungsagent „zwey andere" Bilder „insgeheim nach Rom kommen" lassen, „ebenfalls in abgelösten Stücken, deren Zusammensetzung aber durch Kunstverständige besorget wurde." Die „Umrisse" dieser beiden Gemälde nun seien es, die das Kapitel der Kunstgeschichte eröffneten. Doch das ist nicht alles, was Winckelmanns kleiner Abenteuerroman über die Konterbande des Antikenräubers zu erzählen weiß. Im August 1761 sei dieser gestorben, ohne jemandem das Geheimnis der Fundorte verraten zu haben; in seinem Nachlass hätten sich zwei Quittungen gefunden, denen zufolge der ehemalige Gardeleutnant an derselben Stelle vier weitere Fresken abgetragen und gegen ein Entgelt von insgesamt 7.500 Scudi „vermuthlich nach Engeland" verschifft habe.[373] Fällt bei dieser Erzählung sogleich auf, wie sorgfältig der nachmalige Antiquitätenaufseher seine kommissarische Nichtzuständigkeit für diesen Fall ausweist[374] – „noch itzo, als ich dieses schreibe, (im April 1762)" sei die Fund- und Plünderungsstätte des Ritters Diels de Marsilly „aller Nachforschung ohngeachtet, die man angewandt", nicht ausfindig gemacht worden –, so ist eine andere Konsequenz ihrer zwielichtigen Umstände weit besser versteckt. Er habe davon „ebenfalls nur Zeichnungen gesehen", schreibt Winckelmann am Ende seines Berichts über die Affäre zum letzten der weggeschafften Gemälde. Was seine Ekphrasis kaum erahnen lässt, der weitere Fortgang der Affäre aber nahezu sicher macht, ist der intrikate Umstand, dass er nicht nur die nach unbekannten Destinationen versandten, sondern auch die beiden in der *Geschichte der Kunst* als Umrissstiche reproduzierten Fresken nicht in der beschriebenen Materialität gesehen hat, ja dass diese Fresken selbst aller Wahrscheinlichkeit nach in gar

---

[373] Ebd., S. 276–279 (SN 4.1, S. 544–548); dort auch die im Folgenden nicht weiter ausgewiesenen Zitate in diesem Absatz.

[374] Winckelmanns Ernennung datiert vom 11. April 1763; vgl. das Patent in B Dokumente. Bd. 4, S. 383–385. – Ohnehin sind in dem für Rom maßgeblichen Katalog der unter Aufsicht gestellten Überlieferungszeugnisse, dem sogenannten *Editto Valenti* (1750), Fittipaldi zufolge Fresken nicht eigens genannt; vgl. Fittipaldi: Museums, safeguarding and artistic heritage, S. 199: „*le pitture antiche ... tagliate da muri*" gehören zu den „categories which do not appear in the copious Roman list".

keiner anderen Form existiert haben als in der vorgeblichen zeichnerischen Reproduktion.[375] Winckelmanns Autopsie ist also den Zeichnungen vorbehalten geblieben, die den Stichen zugrunde gelegen haben müssen – Zeichnungen, die sich nicht als antiquarisch zuverlässige Handreichungen, sondern als dissimulierende Primärproduktionen entpuppt haben. Wenn sich im *Fake*-Fresko mit Jupiter und Ganymed ästhetische Authentizität und antiquarische Illegitimität die Waage halten mögen, dann ist dieses Anspruchsgefüge für die Zeichnungen, die in ihrer Funktion als Reproduktionen von Überlieferungszeugnissen allein dem Primat der antiquarischen Ordnung unterstehen, grundsätzlich und von vornherein außer Kraft. Winckelmanns empörte Reaktion ist nach der epistemischen Logik der Regeln, die er für den Umgang mit den Überlieferungszeugnissen aufgestellt hat, infolgedessen weniger der Tatsache der *Objekt*fälschung geschuldet, die eine dem Originalitätsparadigma verhaftete Perspektive skandalisiert, sondern dem Angriff auf die Verfahrensabläufe, die seinem Modell des Überlieferungswissens zugrunde liegen.

Die Reaktion des Beschuldigten lässt indes nicht lange auf sich warten und hält sich bei solchen epistemologischen Finessen nicht auf – sie zeigt vielmehr, dass Intrige und Polemik auch zur Jahrhundertmitte beileibe keine Winckelmannsche Exklusivität in einem nunmehr aufgeklärt-zivilisierten Gelehrtendiskurs sind, wenn auch Giovanni Battista Casanovas Auslassungen angesichts seiner zweifelsfrei dubiosen Rolle in dieser Affäre als „besonders boshaf[t]" bezeichnet werden dürfen.[376] Christoph Adolf Klotz' *Neue Hallische Gelehrte Zeitungen*, eines der publizistischen Konkurrenzunternehmen zu Heynes *Anzeigen*, veröffentlichen sie im Oktober 1766 mitsamt einer fadenscheinigen Neutralitätserklärung des Herausgebers, „zumahl der Ruhm und die Verdienste des Herrn Casanova allerdings einen Platz zu seiner Vertheidigung verlangen".[377] Casanova unterstellt Winckelmann als „eigentliche Ursache und […] wahre Absicht" der Anschuldigung, „daß er auf diese Art sich die Platten zueignen könne, die ich für das Werk [die gemeinsam begonnenen *Monumenti Antichi*] stechen lassen", und erhebt außerdem eine ganze Reihe von nicht minder ehrenrührigen Vorwürfen: Winckelmann habe ihn dazu ermuntert, gezielt auf „eine Menge dunkler Stellen verschiedener Autoren" zugeschnittene Fälschungen zu produzieren, um sie hinterher umso gelehrter auslegen zu können; seine Ämter habe er „nicht ohne viele Intriguen erhalten", außerdem

---

[375] Roland Kanz: Giovanni Battista Casanova (1730–1795). Eine Künstlerkarriere in Rom und Dresden. München 2008, S. 55.
[376] So Rehms Kommentar zum zentralen polemischen Vorwurf an Winckelmann, er sei zur Unterscheidung von echten und gefälschten Antiken nicht fähig (B Dokumente. Bd. 4, S. 575).
[377] Zu Casanova, der 1764 auch auf Winckelmanns Empfehlung hin nach Dresden berufen worden ist, vgl. Peter Betthausen: Giovanni Battista Casanova – akademischer Künstler und klassizistischer Theoretiker. In: Max Kunze (Hg.): Die Casanovas. Beiträge zu Giacomo, Francesco und Giovanni Battista Casanova sowie Silvio della Valle di Casanova. Stendal 2000, S. 105–110; Kunze: Giovanni Battista Casanova contra Winckelmann sowie die rezente Biographie von Kanz: Giovanni Battista Casanova.

missbrauche er sein Amt als „Antiquitätenaufseher" zur persönlichen Bereicherung, indem er gegen Bestechungsgelder Ausfuhrgenehmigungen erteile.[378] Der – jedenfalls für die hier verhandelte Fragestellung – zentrale Konter dieser Breitseite allerdings zielt wiederum direkt ins Zentrum der Zuständigkeitsdiskussionen, die Winckelmann nicht nur in seinen Aufzeichnungen zur Restauration der Antiken angerissen hat. Er habe, so Casanova, viel Aufwand und Mühe dafür verwendet, „um [Winckelmann] abzuhalten, keine lächerlichen Fehler zu begehen, und das Antike mit dem Neuen zu verwechseln, worüber wir oft sehr lebhafte Streitigkeiten gehabt haben, welche seiner Seits nicht gemäßigter als seine Schriften waren." Die Fälschungen seien als Reaktion auf diese Auseinandersetzungen entstanden: quasi zu didaktischen Zwecken und zur Delegitimation des antiquarischen Kompetenzanspruchs, den der als „bloßer Verfertiger von Bücherverzeichnissen" nach Rom gelangte und all seine Kenntnisse dem Umgang mit Künstlern wie Mengs und Casanova selbst verdankende Winckelmann nun erhebe:

> Um seinen Chicanen Einhalt zu thun und ihn von seiner Unwissenheit zu überzeugen, machte ich mir das Vergnügen, Copien zu verfertigen, welche er, seine Freunde, und seine Beschützer, alles Personen, welche von diesem großen Theile der Handelschaft zu Rom ex cathedra urtheilen, für wahre Antiken erkannten. Ich wollte neben meinem Vergnügen zugleich mich in meinen Ideen bestärken, und niemand kann mir vorwerfen, pasticci verkauft zu haben. Das, was alle Tage zu Rom geschieht, und wodurch man die Fremden hintergeht, beweiset zugleich die Geschicklichkeit der Künstler und die Aufrichtigkeit oder Unwissenheit der Antiquarien.

Als Katalysator der ambivalenten wissenspolitischen Zuständigkeit, die Winckelmanns Ausführungen zu den Antikenergänzungen und seine Praxis des diskursiven Umgangs mit ihnen zeichnet, dient diese Fälschungsaffäre indes nicht – oder doch zumindest nicht sofort. Definitiv entzerrt wird die Ambiguität vollends erst in einer einige Jahre nach dem Erscheinen der *Geschichte der Kunst* profilierten Ausdifferenzierung der beiden Bezugskriterien. Damit verbinden sich, wie für die pragmatische Befriedigung von Ambiguitätskonflikten üblich, deutliche Züge einer Komplexitätsreduktion qua Parteinahme.

Zum Schluss: Kunst/Geschichte. – Casanovas Part in dieser Ausdifferenzierung ist die präzisierende Inanspruchnahme ästhetischer Kompetenz, die schon mit seiner Erwiderung auf Winckelmanns Vorwürfe begonnen hat. Als „bloßer Künstler" will er sich, wie schon die erste Seite seines 1770 erschienenen *Discorso sopra gl'antichi* festhält, mit den „Denkmälern des Alterthums" auseinandersetzen. Prüfstein dieser Auseinandersetzung seien – und damit schließt Casanova unmittelbar an das Dispositiv an, aus dem die Fälschungsaffäre ein Jahrzehnt zuvor entstanden

---

[378] Klotz' Herausgebernotiz und Casanovas Erklärung werden bis zum Ende des Abschnitts ohne weiteren Nachweis zitiert nach B Dokumente 235. Bd. 4, S. 398–403. – „Wenn man unterdessen an den Antiquitätenaufseher W. ein klein Geschenk macht, so erhält man leicht einen Schein und die Erlaubniß alles aus Rom wegzuschaffen, was man will. Durch diesen Mißbrauch vertrauen die Oberaufseher die Bewachung der Schaafe den Wölfen an."

3 Schöne Funde, verlorene Schönheit. Winckelmanns zweideutige Antike(n)

ist – insbesondere jene „Rest[e] des Alterthums [...], welche doch beynahe allezeit zerstückt und zerbrochen, an vielen Stücken mangelhaft oder schlecht wieder hergestellet sind, und also den Augen der Zuschauer nur eine dunkle Vorstellung darbieten."[379] Die Problembewältigung aber, die seine Abhandlung entwirft, schlägt der Dresdner Kunstprofessor voll und ganz der eigenen Partei zu. Der (akademisch) gebildete Künstler ist ihm zufolge der einzige Experte, der einen Anspruch auf antiquarische Echtheitsprüfung erheben kann.[380] Und so verläuft seine Argumentation denn auch dezidiert in den Bahnen einer auf theoretische, vor allem aber praktische Ästhetik ausgerichteten Kontrafaktur von Winckelmanns tentativer Ambivalenzsistierung. Das beginnt konsequenterweise bei der Verantwortlichkeit für die Fehlleistungen: Nicht mangelhaft informierte Antiquare, wie Winckelmann behauptet hat, sondern „die Ergänzer" sind für Casanova „an vielen Irrthümern, ja auch vielleicht an dem Verluste vieler Denkmäler schuld" (S. 10). Casanovas Modellkünstler soll dann, wenn für ihn auch das Gesetz gilt, „daß die einzige gründliche Kenntniß nur erst durch das Praktische erhalten werde" (S. 4), nicht nur die technische Kompetenz für die erforderlichen Restaurationsarbeiten besitzen. Er bedarf auch der „Gelehrsamkeit", damit er seine sachgerechte Ergänzungspraxis dem kunstgeschichtlichen Voraussetzungsgefüge der fraglichen Überlieferungszeugnisse anzupassen vermag – von einer allein ästhetischen Rechtfertigung für die Eingriffe an den antiken Fossilien also, wie sie Winckelmann implizit konzediert hat, kann in diesem Modell nicht mehr die Rede sein.[381] Die Prozeduren des antiquarischen Wissens sollen nicht einfach durch diejenigen der Kunst ersetzt oder verdoppelt, sondern insgesamt unter das Regime einer gelehrten Kunst gestellt werden. Im Gefolge dieser Interessenverlagerung ändert sich der Blick auf das Archiv Rom. Ihm wird die Ambivalenz, die es in Winckelmanns Schriften zwischen kaum zu meisterndem Überfluss und schier unerträglicher Unvollständigkeit erscheinen lässt, ebenso radikal ausgetrieben; es wird Schauplatz einer Rhetorik

---

[379] Hier und im Folgenden zitiert nach der deutschen Übersetzung: Giovanni Battista Casanova: Abhandlung über verschiedene alte Denkmäler der Kunst, besonders der Churfürstl. Antiquitätensammlung zu Dreßden. Leipzig 1771, Zit. S. 1f.; die in laufenden Text gegebenen Seitennachweise des Absatzes beziehen sich auf diese Ausgabe.

[380] Betthausen: Giovanni Battista Casanova, S. 106: „Casanova war ein Akademiker reinsten Wassers, ein standesbewußter Künstler mit intellektuellen Ambitionen. Indem er Winckelmann bloßstellte, dessen angebliche Unfähigkeit, ein gefälschtes antikes Wandbild als solches zu erkennen, behauptete, beanspruchte er die Kompetenz in Kunstfragen für sich und seinesgleichen; über Kunstfragen konnten nach seiner Überzeugung nur Künstler urteilen, nicht Gelehrte, die ihr Wissen aus Büchern nähmen und von der Sache selbst nichts verstünden."

[381] Casanova: Abhandlung über verschiedene alte Denkmäler der Kunst, S. 6: „Gehörte weiter nichts zu einem Ergänzer, als mit Sauberkeit und Sorgfalt die den Statuen fehlenden Theile wieder anzusetzen, oder eben die Beschaffenheit und Farben des Marmors zu wählen, ihn glänzend zu machen, die alten Brüche zusammen zu fügen und zu kitten, so würde ich nicht zweifeln, daß unser Jahrhundert die besten Leute dazu besäße; aber da die Kunst nicht allein in diesen mechanischen Arbeiten besteht; so glaube ich auch, daß der Künstler diejenigen Theile besitzen müsse, die ihn von dem bloßen Handwerker zum wahren Künstler erheben."

der Verknappung, die der Fokus auf ästhetische Höchstleistungen auch hier gleichsam zwangsläufig nach sich zu ziehen scheint.[382] Der Überfluss des Unvollständigen, für den Casanova in den Materiallagern der römischen Restauratorenindustrie ein treffliches Modell findet, wird unter den Bedingungen notwendiger Seltenheit zum antiquarischen Schreckgespenst schlechthin:

> Da ich von solchen Vorrathskammern rede, so möchte ich wohl wissen, welcher gelehrte Antiquarius, sollte er eines Tages in dieselben kommen, sich nicht entsetzen würde, wenn er die Menge antiker Fragmente, von Köpfen, Brustbildern, Rücken, Armen, Beinen und Füßen, Waffen und Attributen, jeder Art und jedes Zeitalters sehen sollte, welche Stücke hernach gebraucht werden und Denkmäler machen, die mehr zusammengesetzt sind, als die alten pantheischen Figuren. (S. 65)

Und Casanova zitiert die einschlägigen Anfangszeilen von Horaz' *Ars poetica*, um die nun kaum mehr überraschende Diagnose des Monströsen zu unterstreichen, das aus solcher Praxis resultiert. „In einem solchen Labyrinthe befindet sich also ein armer Gelehrter, dem aufgegeben ist, dergleichen Ungeheuer zu erklären, bey denen er gleichwohl sieht, daß alle Theile von antiker Arbeit sind" (S. 65f.). Das Primat der Ästhetik, das in der *Abhandlung über verschiedene alte Denkmäler der Kunst* die Revue der Dresdner Antikensammlung grundiert, übernimmt die Aufgabe einer Kontingenzbewältigung und Komplexitätsreduktion, wie sie in Winckelmanns Schriften, insbesondere in der *Geschichte der Kunst des Alterthums*, allem Anspruch und einigen schlagenden Formeln zum trotz nirgends gelingt. Am Ende der Machtübernahme steht der reduzierte Kanon, der voll und ganz für die – und nach den – Regeln der Kunst sprechen darf, sowie ein nicht näher beziffertes Inventar nicht kanonfähiger Überreste, Partikularobjekte und Einzelteile, die gerade noch allfällige Spezialinteressen zu bedienen vermögen:

> Man darf sich nicht einbilden, daß in Rom und überhaupt in Italien, die vortrefflichen Werke der Kunst so gar gemein sind. Wenn man ein Dutzend von den berühmtesten, vortrefflichsten und erhabensten wegnimmt, dergleichen der Apollo, der Laokoon, der Torso, der Antinous zu Belvedere, der Gladiator, der borghesische Hermaphrodite, der farnesinische Herkules, die Venus und der Ringer von Florenz, der Merkurius von Bronze zu Portici, alles unnachahmliche Stücke, sowohl in Absicht auf das Ideal, als das Nackende sind: so werden die übrigen nach ihnen, denen man eine Stelle unter den Auserwählten, (daß ich mich so ausdrücke,) aus den großen Haufen der Statuen einräumt, mit Mühe auf hundert können gebracht werden: doch begreife ich nicht diejenigen darunter, die wegen gewisser Theile, es mag nun in Ansehung der Kleidung oder der Seltenheit des Subjects seyn, interessant sind. (S. 35f.)

Am Ende dieses Unternehmens zur Beseitigung antiquarischer Ambiguität tritt, konsequent nach den Prämissen einer klassizistischen Doktrin, das Kunstwerk an die Stelle des Überlieferungszeugnisses. Zur Kontemplation „wahre[r] Schönheit", dieses anspruchsvollen Produkts technischer, intellektueller und imaginativer Dis-

---

[382] Vgl. dazu die Ausführungen zum Blackwell-Bodmerschen Modell der ‚Vortrefflichkeits'-Verknappung oben, Kap. I.2.3.

3 Schöne Funde, verlorene Schönheit. Winckelmanns zweideutige Antike(n) 359

ziplinierung,³⁸³ sind die „alten Bildsäulen" womöglich nicht der glücklichste Anlass, da die Narben ihrer Überlieferungsgeschicke „eine gewisse Ernsthaftigkeit ein[flößen], die man fast Melancholie nennen möchte." Der Zeit- und Kontingenzenthobenheit regelrechter Kunst und ihrer widerstandslosen Aneignung tun diese gezeichneten Objekte Abbruch „der wenig angenehmen Wirkung" wegen, die diese „Ueberbleibsel auf das Auge machen, da sie zumal von der Zeit zerfressen und verstümmelt sind" (S. 91).

Auf der anderen Seite dieses Differenzierungsprozesses schlägt der Göttinger Rhetorikprofessor und Oberbibliothekar Christian Gottlob Heyne die Deutungskompetenz für die Überbleibsel des Altertums nicht minder entschieden der antiquarischen Gelehrsamkeit zu. Auch sie soll nun endlich vom Licht profitieren, das die „Fackel" einer „aufgeklärte[n] Kritik" über die Wissenspraktiken des ausgehenden 18. Jahrhunderts verbreitet. Und so ergeht die Unterscheidung, die zu Beginn des Jahrhunderts über das Wissen und die Antiquare insgesamt hereingebrochen ist, noch einmal zu Zwecken einer Binnendifferenzierung der anhebenden Altertumswissenschaften.

> Lange Zeit über war der große Haufe der Antiquaren gewohnt, jedes Vorgeben, jede Behauptung, wie er sie fand, für ausgemacht anzunehmen, das einmal gesagte zu wiederholen; und daher kann man über einen antiquarischen Gegenstand zwanzig Italiäner nachschlagen, man findet immer einerley irrige oder grundlose Nachricht, ohne weitern Beweis und Zeugniß, und selbst ohne alle Ahndung, daß es noch an zulänglicher Bestätigung fehlt. Es ist also in der antiquarischen Wissenschaft kein leicht Geschäfte, das man sich aufbürdet, wenn man sich vorsetzt, nichts als das Zuverlässige und Ausgemachte gelten zu lassen.³⁸⁴

So ähnlich Heynes Diagnose, so übereinstimmend die Einsatzorte seiner kritischen Intervention mit den von Casanova problematisierten Befunden sein mögen, so exakt gegenläufig fallen die von ihm daraus gezogenen Schlussfolgerungen aus. Denn für die Disziplinierung des antiquarischen Diskurses wäre Unterstützung vom Standpunkt der Ästhetik zuletzt zu erwarten. Ganz im Gegenteil: Allein schon die auf Kunstwerke ausgerichtete Antikenmode der Zeit errichtet der überlieferungsorientierten Sichtung des ‚Zuverlässigen und Ausgemachten' schier unüberwindliche Hindernisse, da sie – Casanovas Unbehagen an den von der gefräßigen Zeit versehrten Zeugnissen mag hierfür symptomatisch sein – einen für das antiquarische Interesse verheerenden Handlungszwang nach sich zieht. Zur „Auszie-

---

³⁸³ Casanova: Abhandlung über verschiedene alte Denkmäler der Kunst, S. 89: „Es ist wahr, die Grundsätze und die Regeln, das heißt die Bestimmung der Verhältnisse und Proportionen, sind gleichsam das Werkzeug, vermittelst welches sich das wahre Schöne ausdrücken läßt: aber diese Verhältnisse werden in dem Geiste großer Künstler nach dem, was ihre Absichten jedesmal erfodern, auf vielfache Weise abgeändert. Die wahre Schönheit hat ihren Sitz nur in den Vorstellungen der Imagination und in der Empfindung; und diese kann sich erst nach mannigfaltigen Beobachtungen und durch ein langes Studiren entwickeln und ausdrücken."
³⁸⁴ Christian Gottlob Heyne: Irrthümer in Erklärung alter Kunstwerke aus einer fehlerhaften Ergänzung. In: Sammlung antiquarischer Aufsätze. 2. Stück. Leipzig 1779, S. 172–258, Zit. S. 172f.

rung von Palästen, Villen und Sälen" sei, wie Heyne mit dezenter Ironie anmerkt, „freylich eine *verstümmelte* Statue, Buste oder erhobne Arbeit kein für das Auge gefälliger Gegenstand." Die den Repräsentationsbedürfnissen der Sammler geschuldete Konjunktur der Ergänzungspraxis, die geradezu koextensiv mit dem *unearthing* der antiken Fossilien geworden sei, habe eine Industrie hervorgebracht, in der eben nicht „der große Künstler" dominiere, sondern die von einem „großen Haufen von mittelmäßigen Meistern" beliefert würde.[385] Und so bleibt „Alles, was man über eine Antike, das Sujet, die Ausführung, den Styl, die Kunst sagen kann, [...] ein bloßes Geschwätz", solange nicht eine gründliche antiquarische Kritik die Altersbestimmung des „Stück[s], so wie es da steht", vorgenommen hat.[386] Dies alles könnte man nun für einen methodischen Konservatismus halten, der nur wiederholt, was die Antiquare des 18. Jahrhunderts ohnehin in ihr epistemologisches Programm geschrieben haben: die kritische Sichtung des Überlieferten, die Aufmerksamkeit für die doppelte Zeitlichkeit der Zeugnisse, das bewusste Misstrauen gegenüber den Praktiken inkompetenter Überlieferungsagenten. Auffällig aber – und eine in ihren Folgen kaum zu unterschätzende Differenz zur Etablierung des Überlieferungsparadigmas zu Beginn des Jahrhunderts – ist das konsequente Misstrauen, das Heyne geradewegs allen Formen der Empirie entgegenzubringen scheint, die aus dem direkten Kontakt mit den antiquarischen Objekten ihr Profil gewinnen. Dass Sammler und Restaurateure, Schatzgräber und Antikenhändler das Ihre zu jener prekären Entstellung und Dissemination[387] der Überlieferungszeug-

---

[385] Ebd., S. 176f.
[386] Ebd., S. 173. – Heyne fährt fort: „Ist es von neuer Hand ergänzt, weil es verstümmelt gefunden ward, so läßt sich meistentheils wohl sagen, wofür es der Künstler, der es ergänzt hat, angesehen haben mag, aber deswegen noch nicht, was des alten Künstlers Idee war. Um dieses auszuspüren, müßte der alte Sturz oder Tronk wieder hergestellt werden, wie ihn der ergänzende Künstler unter die Hände bekam. Allein in den meisten Fällen wissen wir durchaus nichts, wie das Stück aussah, als es gefunden ward, und wie viel daran ergänzet ist. Gleichwohl ist bey jeder Antike die erste Frage, die ein vernünftiger Antiquar zu thun hat, diese: *wieviel ist daran alt?*"
[387] Ebd., S. 177f.: „In neuern Zeiten will ich gern glauben, daß die Einsichten vieler Gelehrten in Rom weiter giengen; aber dagegen ward das Ergänzen der Antiken immer mehr und mehr ein Gegenstand der Gewinnsucht und des Betrugs. Ausländer kauften Antiken; und um ihnen berühmte Stücke um einen hohen Preis aufzuheften, was hat man nicht alles erdacht! Man bringt sehr seltne, oder gar nur im Plinius genannte Sujets zum Vorschein; man ergänzt bloße Rumpfe mit seltnen und ungewöhnlichen Attributen; um die Ergänzung zu verbergen, läßt man die angesetzten Stücken anlaufen, braun werden, mit Firniß überziehen, wenn es Bronze ist, oder mit Scheidewasser den Marmor ätzen, daß man sieht für alt ansieht.
Es liegen in dem Farnesischen und andern Palästen noch ganze Haufen alter Rumpfe und Bruchstücke; täglich werden neue ausgegraben. Oft findet sich an eben dem Orte der Kopf, ein Stück Arm, Hand, Fuß – Aber die Arbeiter verbergen und verkaufen, was sie können; ein Kopf kömmt nach England und Deutschland, wo der Rumpf in Rom bleibt. Reiche Fremde suchen Antiken; was Wunder, wenn es Menschen giebt, die alles zu Waare zu schlagen wissen, und die Rümpfe von aller Art ergänzen, einen Gott, einen Kaiser, eine Venus, oder was gewünscht wird, erschaffen, und dem Fremden verkaufen, der an Ergänzung vielleicht gar nicht denkt, und alles für Antike gelten läßt, was der Antikenmäkler für einen Cäsar, einen Octavian [u.]s.w. ausgiebt."

3 Schöne Funde, verlorene Schönheit. Winckelmanns zweideutige Antike(n)

nisse beitragen, die aus altertumswissenschaftlicher Perspektive verheerende Auswirkungen nach sich ziehen, ist nur der erste, nächstliegende Vorwurf gegen die manipulatorischen Praktiken, die der Direktkontakt mit den Fossilien erzeugt. Sowohl der Aufsatz über die *Irrthümer in Erklärung alter Kunstwerke* als auch Heynes preisgekrönte Kasseler *Lobschrift auf Winckelmann* aber geben darüber hinaus einem deutlichen Verdacht hinsichtlich der Autopsie überhaupt Raum. Der knappen, exakt auf die Ambiguitätspole von Winckelmanns Arbeiten zu beziehenden Einschätzung, Winckelmann habe „[e]ine Menge antiquarischer Schwierigkeiten und Widersprüche [...] gehoben", sich jedoch „in andern Stücken immer noch von dem ersten Anblick hinreißen lassen",[388] fügt die Preisschrift eine in dieser Beziehung unmissverständliche Erläuterung hinzu:

> Das ganze Streben seines Geistes war in seinen letzten Jahren auf Erklärung von alten Werken und Stücken gerichtet, welche von andern für unerklärbar gehalten wurden, und die es auch zu grossem Theil waren, von denen er aber dennoch eine Erklärung geben wollte. Gleich als wenn die Luft Italiens diesen Einfluß hätte, ergriff ihn, wie es die monumenti inediti lehren, die Krankheit der Zeichendeuterey und Wahrsagerkunst in der Alterthumskunde; er fing an nicht mehr zu erklären, sondern zu rathen; nicht ein Ausleger des Alterthums, sondern ein *Seher* zu seyn. Die Beurtheilung, welche kaltes Blut und ruhiges Nachdenken erfordert, hielt überhaupt nicht immer gleichen Schritt mit seiner erhitzten Einbildungskraft; aber diese hatte, wie es der gemeine Gang der menschlichen Seele ist, in die Länge der Zeit eine Menge Gegenstände, die sich Winckelmann erst blos als muthmasslich oder möglich gedacht hatte, mit so vieler Lebhaftigkeit gefasst, sich eingeprägt und öfters erneuert, dass sie dem guten Winkelmann als wirkliche, als ehemals in der That bemerkte Dinge vorkamen, mit welchen er nun andere Ideen, die ihm aufstiesen, verband, weil sie jenen ähnlich zu seyn schienen. Und so fand er Aehnlichkeiten, welche andere nicht finden konnten, Verhältnisse, Schönheiten, die andern Augen unmöglich zu entdecken waren.[389]

Nicht mehr zu autoptischer Kompetenz, sondern zum Sehertum einer überhitzten Imagination verführt der Aufenthalt im Archiv Rom – und Heyne setzt dagegen die Serien gelehrter Vermittlung: die „von Kennern und Antiquaren öffentlich vorgelegten Aussagen und Zeugniss[e]", die „Vergleichung der Nachrichten verschiedener Zeiten, durch Aufspürung der ersten Aussicht eines Stückes, und der ältesten Beschreibung mit den neuern Zeichnungen und Kupfern, oder alter Kupfer und Holzschnitte mit den neuern". Sie bilden das komparatistische Inventar einer „nach Regeln einer gesunden Kunstkritik" verfahrenden Selbstbeschränkung, die sich vor den Verlockungen des direkten Kontakts mit den Fossilien zu schützen versteht, indem sie darauf setzt, dass sich das für die Altertumswissenschaften Relevante „auch abwesend beurtheilen" lässt.[390] Antiquarische Bildung wird für Heyne gera-

---

[388] Ebd., S. 174f.
[389] Christian Gottlob Heyne: Lobschrift auf Winckelmann, [...] welche bey der Hessen Casselischen Gesellschaft der Alterthümer den ausgesetzten Preis erhalten hat. Kassel 1778; hier zit. nach: Die Kasseler Lobschriften auf Winckelmann. Einführung und Erläuterungen von Arthur Schulz. Berlin 1963, S. 23f. (Hervorh. S. K.).
[390] Heyne: Irrthümer in Erklärung alter Kunstwerke aus einer fehlerhaften Ergänzung, S. 175.

dewegs zur Einübung in das „Mißtrauen"[391] gegenüber den Zeugnissen, das die autoptische Begegnung mit ihnen erfordert. Den „wo nicht argwöhnischen, doch zweifelnden Augen" des Altertumswissenschaftlers bietet sich dann genau der unerfreuliche Anblick, den die gezeichneten Überlieferungszeugnisse dem Casanovaschen Künstler machen:

> Vielleicht bin ich ein wenig zu sehr Sceptiker; aber ich fürchte, selbst bey den großen Antiken, wer mit, wo nicht argwöhnischen, doch zweifelnden Augen (man erlaube mir den Ausdruck!) alles prüfen wollte, würde noch mehr moderne Interpolation, und Spuren von einer neuern Hand finden, als man wohl glauben sollte. Man denke sich diese Antiken, daß sie unter eingestürztem Gemäuer gefunden wurden; wie selten mußten sich Arme, Beine und Köpfe erhalten haben! Man brauchte beym Ausgraben selten die Vorsorge, alle die Stücken, die noch nicht ganz zertrümmert waren, beysammen zu behalten; man ergänzte sie zu einer Zeit, wo man noch sehr geringe antiquarische Kenntnisse hatte; Künstler von großen Talenten in der Behandlung des Marmors konnten gebraucht seyn, aber deswegen besaßen sie die Kenntniß des alten Costume noch nicht, so wie sie erfordert ward.[392]

Die Schlussfolgerungen, die Heyne aus diesem epistemologischen Dispositiv des geschulten und schulungsbedürftigen Blicks zieht, zielen auf das genaue Gegenmodell zur Beseitigung überlieferungsbezogener Ambiguität, wie sie Casanovas Abhandlung vorgenommen hat. Wo Casanova ästhetische Monstrositäten erblickt, da sieht Heyne antiquarische; wo Casanova die Überlieferungszeugnisse im Kunstwerk hypostasiert findet, da unterwirft sie Heynes Altertumswissenschaft als Datenmaterial der historiographischen Darstellung. In einem Brief an Hagedorn, in dem er sich mit Casanovas Postulat für die konsequente Ästhetisierung der Antike auseinandersetzt, nennt Heyne, seine kritische Verabschiedung der autoptischen Imagination resümierend, die Bedingungen, zu denen die universitäre Altertumswissenschaft als Spielart der Geschichte[393] – „[k]eine Artisten gedenken wir auf Universitäten nicht zu ziehen" – ihre Arbeit anzutreten hat: „Das, was ich vortragen kann, gründet sich allerdings bloss auf Treue und Glauben der Nachrichten, der Schriftsteller, der Kupferwerke, der Gypsgüsse, der Abdrücke u.s.w. Dass im Einzelnen Unrichtigkeiten unterlaufen, wer zweifelt daran! Aber deswegen ist nicht das Ganze überhaupt Unrichtigkeit und Irrthum. In der Geschichte, bin ich versichert, werden uns tausend unrichtige Umstände überliefert: sind deswegen die

---

[391] Ebd., S. 182: „Da die Bemerkung und Auffindung dessen, was ergänzt ist, einen so wichtigen Gegenstand für das antiquarische Studium ausmacht, der noch so wenig bearbeitet ist: so bleiben für den Reisenden noch manche Entdeckungen zu machen übrig, wenn er Antiken in Rom, oder es sey, wo es will, an Ort und Stelle sieht, und einmal zum Mißtrauen angewöhnt ist. Dieß Mißtrauen zu erwecken, ist alles, wornach ich strebe. Von meinen Bemerkungen, die ich künftighin fortsetzen werde, mag ein großer Theil stehen oder fallen; genug, wenn ich nur in das Studium der Antike mehr Zweifelsucht hineintragen kann."
[392] Ebd., S. 176.
[393] Arnold Hermann Ludwig Heeren: Christian Gottlob Heyne. Biographisch dargestellt. In: Historische Werke. 6. Theil: Biographische und litterarische Denkschriften. Göttingen 1823, S. 1–430: „Der ganze Gang seiner Studien […] war historisch" (S. 198).

3 Schöne Funde, verlorene Schönheit. Winckelmanns zweideutige Antike(n) 363

Facta selbst blosse Erdichtung?"³⁹⁴ Mit dem Fokus auf die ‚Geschichte' werden die Prozeduren des antiquarischen Wissens zu den Agenten einer organisierten Transformation, die sich an der Widerständigkeit überlieferter Singularitäten nicht aufhalten darf.³⁹⁵

Die Strategien der Ambiguitätsmeisterung, die in den 1770er Jahren zur Beseitigung der vom Insistieren der Überlieferungszeugnisse provozierten Verstrickungen ansetzt, lösen damit auf, was Winckelmanns Œuvre im Allgemeinen zusammengestellt hat, was der Titel seines bekanntesten im Speziellen in aller Zweideutigkeit ausweist: Kunst/Geschichte. Das erste Opfer dieser Auflösung sind die Semiophoren der Überlieferung.³⁹⁶ An ihre Stelle treten notwendig defiziente, unvollkommene Konkretisierungen eines ästhetischen Ideals einerseits, notwendig defiziente, lückenhafte Quellenmaterialien einer historischen Integration andererseits. Auf der Grundlage dieser Unterscheidung erst – und damit im Gefolge einer radikalen Abkehr vom Überlieferungsdispositiv, dem die antiquarischen Praktiken des 18. Jahrhunderts verpflichtet sind – kann die Disziplinierung von Kunstgeschichte und Altertumswissenschaft ihren Lauf nehmen.

---

[394] Christian Gottlob Heyne an Christian Ludwig von Hagedorn, 3. Oktober 1772, zitiert nach dem Abdruck bei Kanz: Giovanni Battista Casanova, S. 196–200, Zit. S. 198. – Kanz' Wertung, aus Heynes Kritik sprächen „die fachtypischen Ressentiments eines Gelehrten, der sich den von Künstlern immer wieder vorgebrachten Prämissen praktischer Kenntnisse ausgesetzt sah" (ebd., S. 90f.), ist so bestenfalls einseitig.

[395] Vgl. dazu – überlieferungsbezogen – die Einleitung dieser Arbeit, sowie allgemein Michel de Certeau: L'écriture de l'histoire [1975]. Paris 2002, S. 100–106 und 109: „La recherche change de front. S'appuyant sur des totalités formelles posées décisoirement, elle se porte vers les écarts que révèlent les combinaisons logiques de séries. [...] À reprendre un vocabulaire ancien qui ne correspond plus à sa nouvelle trajectoire, on pourrait dire qu'elle ne part plus de ‚raretés' (restes du passé) pour parvenir à une synthèse (compréhension présente), mais qu'elle part d'une formalisation (un système présent) pour donner lieu à des ‚restes' (indices de limites et, par là, d'un ‚passé' qui est le produit du travail)."

[396] Es ist gewiss nicht mehr als eine kuriose kunstgeschichtliche Fußnote, aber dennoch symptomatisch für die Mechanismen der Desambiguisierung, dass Winckelmanns Kunstgeschichte selbst zum Leitfaden eines dezidiert, wenn auch nur programmatisch ikonoklastischen Projekts geworden ist. Eine Gruppe von David-Schülern um den Maler Maurice Quai, die unter ihrem Spitznamen ‚Barbus' bekannt geworden ist, hat sich in den ersten Jahren des 19. Jahrhunderts nicht nur eine ‚primitivistische' Rückkehr zu den ästhetischen Prinzipien der griechischen Kunst vor ihrem beginnenden Verfall verschrieben, sondern auch zu einem diskursiven Kahlschlag gegen die vorhandenen Überlieferungszeugnisse ausgeholt: Abgesehen von einer Handvoll ‚idealer' Bildwerke sei das Inventar der Museen und Galerien, ein Sammelsurium schlechten Geschmacks und noch schlechterer Doktrinen, vollständig zu zerstören. Vgl. dazu Martin Dönike: ‚Par le moyen du feu' – Künstler als Ikonoklasten. In: Mona Körte u. Cornelia Ortlieb (Hg.): Verbergen – Überschreiben – Zerreißen. Formen der Bücherzerstörung in Literatur, Kunst und Religion, Berlin 2007, S. 71–90, der überzeugend die Verbindung dieses Avantgarde-Gestus' und der (im speziellen französischen) Winckelmann-Rezeption herausgearbeitet hat.

Bibliographie

1 Texte vor 1800

Anon.: Die wahre Gelehrsamkeit, nebst beygefügter Kunst / den besten und kürtzesten Weg zu einer rechten Erkänntniß der Wissenschaften zu finden [1712]. 2. Aufl. Frankfurt a.M. 1725.

Anon.: Traktat über die drei Betrüger. Traité des trois imposteurs (L'esprit de Mr. Benoit de Spinosa). Kritisch hg., übers., komm. u. eingel. v. Winfried Schröder. Hamburg 1992.

Addison, Joseph: Dialogues upon the Usefulness of Ancient Medals, Especially in relation to the Latin and Greek Poets [1721]. In: Ders.: The Works of the Right Honourable Joseph Addison. New Edition. Hg. v. Henry G. Bohn. Bd. 1. London 1873, S. 253–355.

– Remarks on Several Parts of Italy, &c. In the Years, 1701, 1702, 1703. London 1753.

Alberti, Leon Battista: Descriptio Vrbis Romæ. Édition critique, traduction et commentaire par Martine Furno et Mario Carpo. Genève 2000.

– Das Standbild – Die Malkunst – Grundlagen der Malerei. Hg., eingel., übers. u. komm. v. Oskar Bätschmann u. Christoph Schäublin. Darmstadt 2000.

– Zehn Bücher über die Baukunst. Hg. u. übers. v. Max Theurer. Darmstadt 1975.

Baggesen, Jens: Das Labyrinth oder Reise durch Deutschland in die Schweiz 1789. Hg. u. übertragen v. Gisela Perlet. München 1986.

Baumgarten, Alexander Gottlieb: Meditationes philosophicae de nonnullis ad poema pertinentibus [1735] / Philosophische Betrachtungen über einige Bedingungen des Gedichtes. Lat.-deutsch. Hg., übers. u. eingel. v. Heinz Paetzold. Hamburg 1983.

Barthélemy, Jean Jacques: Voyage en Italie de M. l'Abbé Barthelemy, de l'Académie Française, de celle des Inscriptions et Belles-Lettres, et auteur du Voyage d'Anacharsis, imprimé sur ses lettres originales écrites au Comte de Caylus [...]. Hg. v. Antoine Sérieys. 2. Aufl. Paris 1802.

Bayle, Pierre: Dictionaire historique et critique. 4 Bde. Rotterdam 1697.

Bellori, Giovanni Pietro: Le vite de' Pittori, Scultori et Architetti moderni. Rome 1672.

Bentley, Richard: The Correspondence. 2 Bde. Hildesheim u. New York 1977 [ND der Ausg. London 1842].

– Q. Horatius Flaccus, ex recensione et cum notis atque emendationibus Richardi Bentleii [1711]. 2 Bde. 3. Aufl. Berlin 1869.

– The Works of Richard Bentley, D.D. Hg. v. Alexander Dyce. 3 Bde. New York 1966 [ND der Ausg. London 1836–1838].

Bergk, Johann Adam: Die Kunst, Bücher zu lesen. Nebst Bemerkungen über Schriften und Schriftsteller. Leipzig 1966 [ND der Aufl. Jena 1799].

Bernhard, Johann Adam: Kurtzgefaste Curieuse Historie derer Gelehrten, Darinnen von der Geburth / Erziehung / Sitten / Fatis, Schriften etc. gelehrter Leute gehandelt, und hin und wieder angewiesen wird was in diesem unter denen Teutschen zumal so beliebten studio gantz überflüßig, zum Theil auch einer bessern Untersuchung noch benöthiget. Nebst einem unmaßgeblichen Vorschlag, wie dasselbe künfftighin in eine richtige Verfassung zu bringen seye. Frankfurt a.M. 1718.

Bierling, Friedrich Wilhelm: Commentatio de Pyrrhonismo historico. Accessit propter adfinitatem argumenti de judicio historico dissertatio. Leipzig 1724.
- Dissertatio de Pyrrhonismo Historico. Oder von Ungewißheit der Historie. Rinteln 1707.
- dass. [Teilabdruck und -übers., Kap. 1, S. 1–15]. In: Horst Walter Blanke u. Dirk Fleischer (Hg.): Theoretiker der deutschen Aufklärungshistorie. 2 Bde. Bd. 1: Die theoretische Begründung der Geschichte als Fachwissenschaft. Stuttgart-Bad Cannstatt 1990, S. 154–169.

Blackwell, Thomas: An Enquiry into the Life and Writings of Homer. 2. Aufl. Hildesheim u. New York 1976 [ND der Ausg. London 1736].
- Letters concerning Mythology. New York u. London 1976 [ND der Ausg. London 1748].
- Untersuchung über Homers Leben und Schriften. Übers. v. Johann Heinrich Voß. Eschborn 1994 [ND der Ausg. Leipzig 1776].

Bodmer, Johann Jakob: Altenglische und altschwäbische Balladen in Eschilbachs Versart. Zweytes Bändchen. Zürich 1781.
- Bodmer's persönliche Anekdoten. Hg. v. Theodor Vetter. In: Zürcher Taschenbuch auf das Jahr 1892. Hg. v. einer Gesellschaft zürcherischer Geschichtsfreunde. N.F. 15 (1892), S. 91–131.
- Bodmer's Tagebuch (1752 bis 1782). Hg. v. Jakob Baechtold. In: Turicensia. Beiträge zur zürcherischen Geschichte. Zürich 1891, S. 191–216.
- Briefe berühmter und edler Deutschen an Bodmer. Hg. v. Gotthold Friedrich Stäudlin. Stuttgart 1794.
- Calliope. 2 Bde. Zürich 1767.
- Chriemhilden Rache, und Die Klage. Zwey Heldengedichte aus dem schwaebischen Zeitpuncte. Samt Fragmenten aus dem Gedichte von den Nibelungen und aus dem Josaphat. Zürich 1757.
- Critische Abhandlung von dem Wunderbaren in der Poesie und dessen Verbindung mit dem Wahrscheinlichen. In einer Vertheidigung des Gedichtes Joh. Miltons von dem verlohrenen Paradiese. Der beygefüget ist Joseph Addisons Abhandlung von den Schönheiten in demselben Gedichte. Mit einem Nachwort v. Wolfgang Bender. Stuttgart 1966 [ND der Ausg. Zürich 1740].
- Critische Betrachtungen über die Poetischen Gemählde der Dichter. Mit einer Vorrede v. Johann Jacob Breitinger. Frankfurt a.M. 1971 [ND der Ausg. Zürich 1741].
- Critische Lobgedichte und Elegien. Zürich 1747.
- Fabeln aus den Zeiten der Minnesinger. Leipzig 1973 [ND der Aufl. Zürich 1757].
- Gedichte in gereimten Versen. Zweyte Aufl. Zürich 1754.
- Der Gerechte Momus. Frankfurt u. Leipzig 1780.

- Historische Erzählungen die Denkungsart und Sitten der Alten zu entdecken. Zürich 1769.
- Literarische Pamphlete. Aus der Schweiz. Zürich 1781.
- Der Noah. In zwölf Gesängen. Zürich 1752.
- Proben der alten schwäbischen Poesie des Dreyzehnten Jahrhunderts. Aus der Maneßischen Sammlung. Hildesheim 1973 [ND der Aufl. Zürich 1748].
- Vier kritische Gedichte. Hg. v. Jakob Baechtold. Heilbronn 1883.
- Von den vortrefflichen Umständen für die Poesie unter den Kaisern aus dem schwäbischen Hause. In: Sammlung Critischer, Poetischer, und anderer geistvollen Schriften, Zur Verbesserung des Urtheils und des Witzes in den Wercken der Wohlredenheit und der Poesie 7 (1743), S. 25–53.
- Vom Wert der Schweizergeschichte [1721]. In: Das geistige Zürich. Hg. v. Max Wehrli. Zürich 1943, S. 60–64.
- Von dem wichtigen Antheil, den das Glück beytragen muß, einen Epischen Poeten zu formiren. Nach den Grundsätzen der Inquiry into the live and the Writings of Homer". In: Sammlung Critischer, Poetischer, und anderer geistvollen Schriften, Zur Verbesserung des Urtheils und des Witzes in den Wercken der Wohlredenheit und der Poesie 7 (1743), S. 3–24.

Bodmer, Johann Jakob u. Johann Jakob Breitinger: Critische Briefe. Hildesheim 1969 [ND der Ausg. Zürich 1746].
- Neue critische Briefe, über ganz verschiedene Sachen von verschiedenen Verfassern, Zürich 1749.
- Die Discourse der Mahlern. Hildesheim 1969 [ND der Ausg. Zürich 1721–23].
- Von dem Einfluß und Gebrauche der Einbildungs-Krafft. Zur Ausbesserung des Geschmackes: Oder genaue Untersuchung aller Arten Beschreibungen / Worinne die außerlesenste Stellen der berühmtesten Poeten dieser Zeit mit gründtlicher Freyheit beurtheilt werden. Frankfurt u. Leipzig 1727.
- Martin Opitzens von Boberfeld Gedichte. Von J. J. Bodmer und J. J. Breitinger besorget. Zürich 1745.
- Sammlung von Minnesingern aus dem schwäbischen Zeitpuncte CXL Dichter enthaltend. Durch Ruedger Manessen, weiland des Rathes der Uralten Zyrich. Aus der Handschrift der Koeniglich-franzoesischen Bibliotheck herausgegeben. 2 Thle. Zürich 1758–59.

Bodmer, Johann Jakob u. Christoph Martin Wieland: Edward Grandisons Geschichte in Görlitz. Berlin 1755.

Boulanger, Nicolas Antoine: L'antiquité dévoilée par ses usages, ou Examen critique des principales Opinions, Cérémonies & Institutions religieuses des différens Peuples de la Terre. 3 Bde. Amsterdam 1756.

Breitinger, Johann Jakob: Critische Abhandlung von der Natur, den Absichten und dem Gebrauche der Gleichnisse. Mit Beyspielen aus den Schriften der berühmtesten alten und neuen Scribenten erläutert. Mit einem Nachwort v. Manfred Windfuhr. Stuttgart 1967 [ND der Ausg. Zürich 1740].
- Critische Dichtkunst. Worinnen die Poetische Mahlerey in Absicht auf die Erfindung im Grunde untersuchet und mit Beyspielen aus den berühmtesten Alten und Neuern erläutert wird. Mit einer Vorrede eingeführet von Johann

Jacob Bodmer u. mit einem Nachwort v. Wolfgang Bender. 2 Bde. Stuttgart 1966 [ND der Ausg. Zürich 1740].

Brockes, Barthold Hinrich: Irdisches Vergnügen in Gott, bestehend in Physicalisch- und Moralischen Gedichten. 1. Theil, nebst einem Anhang etlicher übersetzten Fabeln des Herrn de la Motte. Mit einer gedoppelten Vorrede von Herrn Hof-Rath Weichmann. 6. Aufl. Hamburg 1737.

– Irdisches Vergnügen in Gott, bestehend in Physicalisch- und Moralischen Gedichten. 4. Theil. Mit einer Vorrede zum Druck befördert von Michael Richey. 2. Aufl. Hamburg 1735.

de Brosses, Charles: Lettres d'Italie du Président de Brosses. Texte établi, présenté et annoté par Frédéric d'Agay [1986]. 2 Bde. Paris 2005.

Buffon, Georges: Allgemeine Historie der Natur nach allen ihren besondern Theilen abgehandelt; nebst einer Beschreibung der Naturalienkammer Sr. Majestät des Königes von Frankreich. Mit einer Vorrede Herrn Doctor Albrecht von Haller[s] [...]. Erster Theil. Hamburg u. Leipzig 1750.

– Époques de la nature [1778]. Oeuvres de l'Histoire naturelle. Nouvelle éd. en quarante volumes, Bd. 8, Bern 1792.

– Histoire naturelle, générale et particuliére, avec la description du Cabinet du Roi. Bd. 1. Paris 1749.

Burnet, Thomas: The Sacred Theory of the Earth. 2. Aufl. London 1691. With an Introduction by Basil Willey. Carbondale, Ill. 1965.

Burton, Robert: The Anatomy of Melancholy. Ed. and with an Introduction by Holbroock Jackson. 3 Bde. London 1932.

Büttner, David Sigmund: Rudera Diluvii testes, i.e. Zeichen und Zeugen der Sündfluth / In Ansehung des itzigen Zustandes unserer Erd- und Wasser-Kugel / Insonderheit der darinnen vielfältig auch zeither in Querfurtischen Revier Unterschiedlich angetroffenen / ehemals verschwemten Thiere und Gewächse / Bey dem Lichte natürlicher Weißheit betrachtet / Und nebst vielen Abbildungen zum Druck gegeben. Leipzig 1710.

Casanova, Giovanni Battista: Abhandlung über verschiedene alte Denkmäler der Kunst, besonders aus der Churfürstl. Antiquitätensammlung zu Dreßden. Aus dem Italienischen übersetzt. Leipzig 1771.

de Chauffepié, Jacques Georges: Nouveau dictionnaire historique et critique, pour servir de supplement ou de continuation au Dictionnaire historique et critique de Mr. Pierre Bayle. 4 Bde. Amsterdam u. La Haye 1750–1756.

Le Clerc, Jean: Joannis Clerici Ars critica, in qua ad studia Linguarum Latinæ, Græcæ, & Hebraicæ via munitur; Veterumque emendandorum, & Spuriorum Scriptorum à Genuinis dignoscendorum ratio traditur. 3 Bde. Amsterdam 1697–1700 [Bd. 3 u.d.T. Epistolæ criticæ et ecclesiasticæ, In quibus ostenditur usus Artis criticæ, cujus possunt haberi volumen tertium].

Craig, John: Theologiæ Christianæ principia mathematica. London 1699.

Crito. Eine Monats-Schrift. Erster Band. Zürich 1751.

Croll, Oswald: De signaturis internis rerum. Die lateinische Editio princeps (1609) und die deutsche Erstübersetzung (1623). Hg. u. eingel. v. Wilhelm Kühlmann u. Joachim Telle. Stuttgart 1996.
- Tractat von den jnnerlichen Signaturn / oder Zeichen aller Dinge. Oder Von der wahren vnd lebendigen Anatomia der grossen und kleinen Welt [...]. Frankfurt a.M. 1623.

Dacier, Anne: Homère défendu contre l'apologie du R.P. Hardouin, ou Suite des causes de la corruption du goust. Paris 1716.
Dickinson, Edmund: Physica Vetus & Vera: sive Tractatus de Naturali veritate hexaëmeri Mosaici. London 1702.
Abbé Du Bos, Jean Baptiste: Réflexions critiques sur la poësie et sur la peinture. 3 Bde. 7. Aufl. Genève 1967 [ND der Ausg. Paris 1770].

[Einckel, Caspar Friedrich:] s. Jenckel, Caspar Friedrich: Museographia.
Encyclopédie, ou Dictionnaire raisonné des sciences, des arts et des métiers, par une société des gens de lettres. Stuttgart-Bad Cannstatt 1966–1967 [ND der Ausg. Paris 1751–1780].
Erasmus von Rotterdam: Ausgewählte Schriften. 8 Bde. Lat. u. dt. Hg. v. Werner Welzig. Darmstadt 1995.
- Desiderii Erasmi Antibarbarorum liber primus. In: Desiderii Erasmi Roterodami Opera Omnia [...]. X. Hildesheim 1962 [ND der Ausg. Leyden 1706], Sp. 1691–1744.

Fabricius, Johann Albert: Abriß einer allgemeinen Historie der Gelehrsamkeit. 3 Bde. Leipzig 1752–1754.
Faßmann, David: Der gelehrte Narr, Oder Gantz natürliche Abbildung solcher Gelehrten, die da vermeynen alle Gelehrsamkeit und Wissenschafften verschlucket zu haben [...]. Nebst einer lustigen Dedication und sonderbaren Vorrede. [...]. Freiburg 1729.
Fregoso, Battista: Exemplorum, hoc est, dictorum factorumque memorabilium, ex certæ fidei ueteribus & recentioribus historiarum probatis Autoribus, Lib. IX. quibus lectu cognituue utilius iucundiusque nihil est: neque enim aliud hoc scribendi genere magis docet, delectat & flectit. Basel 1567.
Fréret, Nicolas: Réflexions générales sur l'étude des anciennes histoires et sur le degré de certitude des différentes preuves historiques. In: Ders.: Mémoires académiques. Hg. v. Catherine Volpilhac-Auger. Paris 1996, S. 73–126.
Freymüthige Nachrichten von Neuen Büchern, und andern zur Gelehrtheit gehörigen Sachen. Bde. 1–20. Zürich 1743–1763.

Gassendi, Pierre: Viri illustris Nicolai Claudij Fabricij de Peiresc, senatoris aquisextiensis, vita. Den Haag 1655.
Gessner, Johannes (Praes.): Dissertatio physica de petrificatorum differentiis et varia origine. Zürich 1752.

Gibbon, Edward: The History of the Decline & Fall of the Roman Empire [1776–1788]. 7 Bde. Oxford 1934.
Gleim, Johann Wilhelm Ludwig: Versuch in Scherzhaften Liedern. 2 Bde. Berlin 1744–1745.
Goethe, Johann Wolfgang: Sämtliche Werke, Briefe, Tagebücher und Gespräche. 40 Bde. Hg. v. Hendrik Birus u.a. Frankfurt a.M. 1985–1999 [= FA].
Goguet, Antoine Yves: L'origine des loix, des arts, et des sciences; et de leurs progrès chez les anciens peuples. Bd. 1: Depuis le Déluge jusqu'à la mort de Jacob. Paris 1758.
Goldast von Haiminsfeld, Melchior: Paraeneticorum veterum pars I (1604). Im [Teil-]Nachdruck hg. u. mit einem Nachwort versehen v. Manfred Zimmermann. Göttingen 1980.
Gottsched, Johann Christoph: Ausführliche Redekunst, Nach Anleitung der alten Griechen und Römer, wie auch der neuern Ausländer, in zweenen Theilen verfasset [...]. 5. Aufl. Leipzig 1759. Ausgewählte Werke. Bd. VII. Hg. v. P. M. Mitchell, bearb. v. Rosemary Scholl. Berlin u. New York 1975.
– Auszug aus des Herrn Batteux, öffentlichen Lehrers der Redekunst zu Paris, Schönen Künsten, aus dem einzigen Grundsatze der Nachahmung hergeleitet. Zum Gebrauche seiner Vorlesungen mit verschiedenen Zusätzen und Anmerkungen erläutert. Leipzig 1754.
– Erste Gründe der gesammten Weltweisheit, darinn alle philosophische Wissenschaften, in ihrer natürlichen Verknüpfung, in zween Theilen abgehandelt werden [...]. 7., vermehrte u. verbesserte Auflage. Hildesheim u.a. 1983 [ND der Ausg. Leipzig 1762] (= Christian Wolff, Gesammelte Werke, Materialien und Dokumente. Hg. v. J. École u.a. Abt. III. Bde. 20.1–2).
– Versuch einer Critischen Dichtkunst, durchgehends mit den Exempeln unserer besten Dichter erläutert. [...]. Vierte sehr vermehrte Aufl. Darmstadt 1962 [ND der Ausg. Leipzig 1751].
– Vollständigere und Neuerläuterte Deutsche Sprachkunst. Nach den Mustern der besten Schriftsteller des vorigen und itzigen Jahrhunderts abgefasset [...]. 5. verb. Aufl. Leipzig 1762. Ausgewählte Werke. Bd. VIII. Hg. v. P. M. Mitchell, bearb. v. Herbert Penzl. Berlin u. New York 1978.
Gregorius: Narracio de Mirabilibus urbis Rome. Hg. v. R.B.C. Huygens. Leiden 1970.

Hagedorn, Friedrich von: Oden und Lieder in fünf Büchern. Hamburg 1747.
– Versuch in poetischen Fabeln und Erzehlungen. Hamburg 1738.
[d'Hancarville, Pierre François Hugues]: Antiquités étrusques, grecques et romaines. Tirées du Cabinet de M. Hamilton. 4 Bde. Neapel 1766–1776.
Hardouin, Jean: Acta Conciliorum et epistolae decretales ac constitutiones Summorum pontificum. 11 Bde. Paris 1714–1715.
– Apologie d'Homere, Où l'on explique le véritable dessein de son Iliade, et sa Theomythologie. Paris 1716.
– C. Plinii Secundi Historiae Naturalis Libri XXXVII quos interpretatione et notis illustravit Joannes Harduinus, Soc. Jesu, jussu Regis christianissimi Ludovici

Magni, in usum Serenissimi Delphini. 5 Bde. Paris 1685. – Editio altera emendatior et auctior. 3 Bde. Paris 1723.
- Joannis Harduini, Jesuitae, ad Censuram Scriptorum Veterum Prolegomena Juxta autographum. London 1766.
- Joannis Harduini e Societate Jesu commentarius in Novum Testamentum [...]. Amsterdam 1741.
- Joannis Harduini e Societate Jesu Opera varia. Cum Indicibus & Tabulis æneis. Amsterdam, Den Haag 1733.
- Joannis Harduini e Societate Jesu Presbyteri Opera selecta, tum quæ jam pridem Parisiis edita nunc emendatiora et multo auctiora prodeunt, tum quæ nunc primum edita. Amsterdam 1709.

Hederich, Benjamin: Gründliches mythologisches Lexicon, worinnen so wohl die fabelhafte, als wahrscheinliche und eigentliche Geschichte der alten römischen, griechischen und ägyptischen Götter und Göttinnen, und was dahin gehöret, nebst ihren eigentlichen Bildungen bey den Alten, physikalischen und moralischen Deutungen zusammengetragen, und mit einem Anhange dazu dienlicher genealogischer Tabellen versehen worden, [...]. Sorgfältigst durchgesehen, ansehnlich vermehret u. verb. v. Johann Joachim Schwab. Darmstadt 1996 [ND der Ausg. Leipzig 1770].

Heidegger, Johann Heinrich: De historia sacra Patriarcharum exercitationes selectae. 2 Bde. Utrecht 1683.

Herder, Johann Gottfried: Herders sämmtliche Werke. Hg. v. Bernhard Suphan. 33 Bde. Berlin 1877–1913.
- Werke in zehn Bänden. Hg. v. Günter Arnold u.a. Frankfurt a.M. 1985–2000.

Heyne, Christian Gottlob: Historiae naturalis fragmenta ex ostentis, prodigiis et monstris. Commentatio prior. In: Opuscula academica collecta et animadversionibus locupletata. Bd. 3. Göttingen 1788, S. 198–215.
- Irrthümer in Erklärung alter Kunstwerke aus einer fehlerhaften Ergänzung. In: Sammlung antiquarischer Aufsätze. 2. Stück. Leipzig 1779, S. 172–258.
- Ueber die Künstlerepochen beym Plinius. In: Sammlung antiquarischer Aufsätze. Erstes Stück. Leipzig 1778, S. 165–235.
- Lobschrift auf Winkelmann, [...] welche bey der Hessen Casselischen Gesellschaft der Alterthümer den ausgesetzten Preis erhalten hat. Kassel 1778. In: Die Kasseler Lobschriften auf Winckelmann, Einführung u. Erläuterungen v. Arthur Schulz. Berlin 1963, S. 17–29.

Hildebert von Lavardin: Carmina minora. Hg. v. A. Brian Scott. Leipzig 1969.

Histoire de l'Academie royale des sciences. Année 1710. Amsterdam 1713.

Huarte, Juan: Johann Huarts Prüfung der Köpfe zu den Wissenschaften, Worinnen er die verschiedenen Fähigkeiten die in den Menschen liegen zeigt, Einer jeden den Theil der Gelehrsamkeit bestimmt, der für sie eigentlich gehöret, Und endlich den Aeltern Anschläge ertheilt wie sie fähige und zu den Wissenschaften aufgelegte Söhne erhalten können [1575]. Aus dem Spanischen übers. v. Gotthold Ephraim Lessing. München 1968 [ND der Ausg. Zerbst 1752].

Huber, Ulrich: Freye Rede von der Pedanterey / Gehalten im Jahr 1678 [...]. In: Christian Thomasius: Einleitung zur Hoff-Philosophie, Oder / Kurtzer Entwurff und die ersten Linien von der Klugheit zu Bedencken und vernünfftig zu schliessen [...]. In: Werner Schneiders (Hg.): Christian Thomasius: Ausgewählte Werke. Bd. 2. Hildesheim u.a. 1994 [ND der Ausg. Berlin 1712], S. 297–343.

Hutton, James: Theory of the Earth, with Proofs and Illustrations: 2 Bde. Lehre 1972 [ND der Ausg. Edinburgh 1795].

Irailh, Augustin Simon: Querelles littéraires, ou mémoires pour servir à l'histoire des révolutions de la République des Lettres, depuis Homère jusqu'à nos jours. 4 Bde. Genève 1967 [ND der Ausg. Paris 1761].

Isidor von Sevilla: Etymologiae sive origines libri XX / Etimologie o origini. Hg. v. Angelo Valastro Canale. 2 Bde. Torino 2004.

Ith, Johann Samuel: Über Menschenveredlung, eine Abhandlung in zwei Reden. Bern 1797.

– Ueber die Perfectibilität des Menschengeschlechts. In: Magazin für die Naturkunde Helvetiens 3 (1788), S. 1–52.

– Versuch einer Anthropologie oder Philosophie des Menschen nach seinen körperlichen Anlagen. Bern 1794.

Jansenius, Cornelius: Augustinus [ab Bd. 2:], seu doctrina S. Augustini de humanæ naturæ sanitate, ægritudine, medicinâ adversus Pelagianos & Masilienses. Frankfurt a.M. 1964 [ND der Ausg. in 3 Bde. Louvain 1640].

[Jenckel, Caspar Friedrich:] Museographia oder Anleitung zum rechten Begriff und nützlicher Anlegung der Museorum, oder Raritäten-Kammern, [...] In beliebter Kürtze zusammen getragen und curiösen Gemüthern dargestellet von C.F. Neickelio. Auf Verlangen mit einigen Zusätzen und dreyfachem Anhang vermehret von D. Johann Kanold. Leipzig, London 1999 [ND der Ausg. Breslau 1727].

Jöcher, Christian Gottlieb: Allgemeines Gelehrten-Lexicon, Darinne die Gelehrten aller Stände [...] in alphabetischer Ordnung beschrieben werden. 4 Thle. Leipzig 1750–1751.

Josephus, Flavius: Jüdische Altertümer. Übers. eingel. u. mit Anm. versehen v. Dr. Heinrich Clementz. 2 Bde. Wiesbaden 1994 [ND der Ausg. Berlin 1923].

Jordan, Charles E.: Histoire d'un voyage littéraire, fait en M.DCC.XXXIII. en France, en Angleterre, et en Hollande: avec une lettre fort curieuse, Concernant les prétendus Miracles de l'Abbé Paris, & les Convulsions risibles du Chevalier Folard. Den Haag 1735.

– Recueil de Littérature, de Philosophie et d'Histoire. Amsterdam 1730.

Justinus Martyr: Apologiae pro Christianis. Hg. v. Miroslav Marcovich. Berlin u. New York 1994.

ten Kate, Lambert Hermanson: Discours préliminaire sur le beau idéal. In: Description de Divers Fameux Tableaux, Desseins, Statues, Bustes, Bas-reliefs, &c, Qui se Trouvent en Italie. Avec des Remarques, Par Mrs. Richardson, Père & Fils [...]. Bd. 1. S. iii–lxxii.

Klopstock, Friedrich Gottlieb: Gedanken über die Natur der Poesie. Dichtungstheoretische Schriften. Hg. v. Winfried Menninghaus. Frankfurt a.M. 1989.
- Werke und Briefe. Historisch-kritische Ausgabe. Begründet v. Adolf Beck u.a. Abt. Briefe. Bd. VII/1: Briefe 1776–1782 Hg. v. Helmut Riege. Berlin u. New York 1994.

Klein, Jacob Theodor u. Moritz Anton Kappeler: Sciagraphia lithologica curiosa, seu: Lapidum figuratorum nomenclator. Danzig 1740.

Klotz, Christoph Adolf: Lectiones Venusinae. Leipzig 1770.
- Vindiciae Q. Horatii Flacci. Accedit commentarius in carmina poetae. Bremen 1764.

Konrad von Würzburg „Partonopier und Meliur". Aus dem Nachlasse v. Franz Pfeiffer u. Franz Roth hg. v. Karl Bartsch. Berlin 1970 [ND der Ausg. Wien 1871].

de la Lande, Joseph Jérôme François: Die Kunst Pergament zu machen. In: Schauplatz der Künste und Handwerke, oder vollständige Beschreibung derselben, verfertiget oder gebilliget von denen Herren der Academie der Wissenschaften zu Paris [...]. In das Teutsche übersetzt und mit Anmerkungen versehen v. Johann Heinrich Gottlob von Justi. 2. Bd. Berlin u.a. 1763, S. 255–316.

Lang, Karl Niklaus: Appendix ad Historium Lapidum figuratorum Helvetiæ, ejusque viciniæ, de miro quodam Achate in coloribus suis Imaginem Christi in cruce morientis repræsentat, cujus occasione quoque de alijs mirabilibus, tam Achatum, quam aliorum Lapidum figuris breviter agitur, quæ quidquam de Passione Domini coloribus suis exhibent, cum exacta descriptione Lapidis cruciferi, seu cruciati ejusque virium, & icone prædicti miri Achatis. Einsiedeln 1735.
- Historia lapidum figuratorum Helvetiæ, ejusque viciniæ, In qua non solum enarrantur omnia eorum genera, species et vires Æneisque tabulis repræsentantur, Sed insuper adducuntur eorum loca nativa, in quibus reperiri solent, ut cuilibet facile sit eos colligere, modo adducta loca adire libeat. Venezia 1708.
- Tractatus de origine lapidum figuratorum in quo diffuse disseritur, utrum nimirum sint corpora marina a Diluvio ad montes translata, & tractu temporis petrificata vel an a semino quodam e materia lapidescente intra terram generentur, Quibus accedit accurata Diluvii, ejusque in terra effectuum descriptio cum Dissertatione de generatione viventium, Testaceorum præcipue, plurimorumque corporum, a vi plastica auræ seminalis hinc inde delatæ extra consuetam matricem productorum. Luzern 1709.

Lange, Johann Christian: Protheoria ervditionis hvmanae vniversae: Oder Fragen von der Gelehrsamkeit des Menschen ins gemein. [...]. Gießen 1706.

La Peyrère, Isaac: I preadamiti / Praeadamitae [1655]. Hg. v. Giuseppe Lucchesini u. Pina Totaro. Macerata 2004.
- A Theological Systeme Upon that Presupposition, That Men were before Adam, The first Part. London 1655.

Leibniz, Gottfried Wilhelm: Discours touchant la méthode de la certitude et l'art d'inventer pour finir les disputes et pour faire en peu de temps des grands progrés. In: Die philosophischen Schriften. Hg. v. C. J. Gerhardt. Bd. 7. Berlin 1890 [ND Hildesheim 1965], S. 174–183.
– Entwurf der Welfengeschichte. Mitte Jan. 1691. In: Sämtliche Schriften und Briefe. Reihe I: Allgemeiner politischer und historischer Briefwechsel. Bd. 6: 1690–1691. Hg. v. der Deutschen Akademie der Wissenschaften zu Berlin. Berlin 1957, Nr. 21, S. 22–31.
– Protogæa Autore G.G.L. In: Acta eruditorum 1693, S. 40–42.
– Protogaea, Oder Abhandlung von der ersten Gestalt der Erde und den Spuren der Historie in den Denkmaalen der Natur. Aus seinen Papieren hg. u. übers. v. Christian Ludwig Scheid. Leipzig u. Hof 1749.
– Protogaea. Werke. Hg. v. W. E. Peuckert. Bd. 1. Übers. von W. v. Engelhardt. Stuttgart 1949.
– Summi Polyhistoris Godefridi Guilielmi Leibnitii Protogaea sive de prima facie telluris et antiquissimae historiae vestigiis in ipsis naturae monumentis dissertatio. Ex Schedis manuscriptis viri illustris in lucem edita a Christiano Ludovico Scheidio. Göttingen 1749.
Lessing, Gotthold Ephraim: Kollektaneen zur Literatur. Hg. u. weiter ausgeführt v. Johann Joachim Eschenburg. Bd. 1: A–J. Berlin 1790.
– Werke und Briefe in zwölf Bänden. Hg. v. Wilfried Barner u.a. Frankfurt a.M. 1985–2003.
Lichtenberg, Georg Christoph: Briefwechsel. Im Auftrag der Akademie der Wissenschaften zu Göttingen. Hg. v. Ulrich Joost u. Albrecht Schöne. 5 Bde. München 1983–2004.
Locke, John: An Essay concerning Human Understanding. Collated and annotated, with prolegomena, biographical, critical, and historical, by Alexander Campbell Fraser. 2 Bde. New York 1959.
Lohenstein, Daniel Casper von: Großmüthiger Feldherr Arminius oder Herrman, Als Ein tapfferer Beschirmer der deutschen Freyheit / Nebst seiner Durchlauchtigen Thußnelda In einer sinnreichen Staats- Liebes- und Helden-Geschichte Dem Vaterlande zu Liebe Dem deutschen Adel aber zu Ehren und rühmlichen Nachfolge In Zwey Theilen vorgestellet / Und mit annehmlichen Kupffern gezieret. 2 Bde. Mit einer Einführung v. Elida Maria Szarota. Hildesheim u. New York 1973 [ND der Ausg. Leipzig 1689/90].

Mabillon, Jean: De re diplomatica libri VI, In quibus quidquid ad veterum Instrumentorum antiquitatem, materiam, scripturam & stilum; quidquid ad sigilla, monogrammata, subscriptiones ac notas chronologicas; quidquid inde ad antiquariam, historicam, forensemque disciplinam pertinet, explicatur & illustratur. 2. Aufl. 2 Bde. Roma 1967 [ND der Ausg. Paris 1709].
Mader, Joachim Johann: Epistola […] de scriptis et bibliothecis antediluvianis. In: De bibliothecis atque archivis virorum clarissimorum libelli et commentationes.

Cum Praefatione de scriptis et bibliothecis antediluvianis. Ed. Joachim Johann Mader. Helmstedt 1702 [separate Paginierung].

Malebranche, Nicolas: De la recherche de la vérité. Où l'on traite de la nature de l'esprit de l'homme et de l'usage qu'il en doit fair pour éviter l'erreur dans les sciences [6. rev. und erw. Auflage 1712]. In: Œuvres. Hg. v. Geneviève Rodis-Lewis. Bd. 1. Paris 1979, S. 3–1126.

Martin, André: Philosophia christiana, seu Sanctus Augustinus. De philosophia universim. Ambrosio Victore collectore. 5 Bde. Paris 1667.

Mauvillon, Eléazar de: Des Hrn. von Mauvillon Briefe Von der Sprache und der Poesie Der Deutschen. Aus dem Französischen übersetzt, und mit Zeugnissen und Anmerckungen vermehret, worinnen selben Urtheile durch das eigene Geständniß der berühmtesten deutschen Kunstrichter bekräftiget werden. In: Sammlung Critischer, Poetischer, und andrer geistvollen Schriften, Zur Verbesserung des Urtheils und des Wizes in den Wercken der Wolredenheit und der Poesie 5 (1742), S. 3–76.

– Lettres Françoises et Germaniques, ou Réflexions Militaires, Littéraires, et Critiques sur les François et les Allemans. Ouvrage également utile aux Officiers et aux BeauxEsprits de l'une et de l'autre Nation. London 1740.

Meier, Georg Friedrich: Theoretische Lehre von den Gemüthsbewegungen überhaupt. Frankfurt a.M. 1971 [ND der Ausg. Halle 1744].

Meister, Leonhard: Ueber Bodmern [...]. Nebst Fragmenten aus seinen Briefen. Zürich 1783.

Mémoires de l'histoire de la science et des beaux-arts. Trévoux 1701–1767.

Mencke, Johann Burkhard: De Charlataneria eruditorum declamationes duæ, cum notis variorum. Accessit epistola Sebastiani Stadelii ad Janum Philomusum de circumforanea literatorum vanitate. Ed. tertia emendatior. Amsterdam 1716.

– Dissertatio [...] de eo, quod iustum est circa testimonia historicorum. In: Joannis Burchardi Menckeni–Dissertationum academicarum, quibus selectissima omnis generis historiarum, antiquitatum inprimis, nec non philosophiae moralis, et iuris publici, argumenta explicantur, decas. Ed. et uitam auctoris cum Joannis Erhardi Kappii, celeberrimi uiri, in memoriam Menckenii publice dicto panegyrico, praemisit, denique indicem rerum copiosum adiecit, Frid. Otto Menckenius. Leipzig 1734, S. 177–229.

– Das Holländische Journal 1698–1699 (Ms. Germ. oct. 82 der Staatsbibliothek Berlin). Hg. u. mit einer Einl. v. Hubert Laeven unter Mitwirkung v. Lucy Laeven-Aretz. Hildesheim u.a. 2005.

– Zwey Reden von der Charlatanerie oder Marcktschreyerey der Gelehrten, Nebst verschiedner Autoren Anmerckungen [1713/1715]. München 1981 [ND der Ausg. Leipzig o.J.].

Merck, Johann Heinrich: Rez. zu Untersuchung über Homers Leben und Schriften. Aus dem Englischen des Blackwells übers. v. Johann Heinrich Voß, Leipzig 1776. In: Der Teutsche Merkur 1777. 1. Vierteljahr, S. 192–195.

Mirabilia urbis Romae, Codice topografico della Città di Roma. Hg. v. Roberto Valentini u. Giuseppe Zucchetti. Bd. 3. Roma 1946.

Morel, Jean-Baptiste: Éléments de critique, ou recherches des différentes causes de l'alteration des textes latins, avec les moyens d'en rendre la lecture plus facile [1766]. In: Encyclopédie théologique, [...]. Publié par M. L'abbé Migné. Bd. 47: Dictionnaire de diplomatique. Paris 1846, Sp. 969–1116.

Morhof, Daniel Georg: Polyhistor, literarius, philosophicus et practicus [...]. 2 Bde. 4. Aufl. Lübeck 1747 [ND der Ausg. Aalen 1970].

– Unterricht von der Teutschen Sprache und Poesie [...]. 2. Auflage. Lübeck u. Frankfurt 1700.

Moro, Anton-Lazzaro: Neue Untersuchung der Veränderungen des Erdbodens. Nach Anleitung der Spuren von Meerthieren und Meergewächsen, die auf Bergen und in trockener Erde gefunden werden [1740]. Ann Arbor 1980 [ND der Ausg. Leipzig 1751].

Neickel, Caspar Friedrich: s. [Jenckel, Caspar Friedrich:] Museographia.

Opitz, Martin: Buch von der Deutschen Poeterey (1624). Nach der Edition v. Wilhelm Braune neu hg. v. Richard Alewyn. Tübingen 1963.

Pascal, Blaise: Œuvres de Blaise Pascal. Publiées suivant l'ordre chronologique avec documents complémentaires, introductions et notes, par Léon Brunschvicg et Pierre Boutroux. Bd. 2: Pascal depuis son arrivée à Paris (milieu de 1647) jusqu'à l'entrée de Jacqueline à Port-Royal. Vaduz 1965 [ND der Ausg. Paris 1908].

– Vorrede zur Abhandlung über die Leere. In: Albert Raffelt (Hg.): Kleine Schriften zur Religion und Philosophie. Übers. v. Ulrich Kunzmann. Mit einer Einleitung u. Anm. Hamburg 2005, S. 59–68.

Patin, Charles: Introduction à l'histoire, par la connaissance des medailles. Paris 1665.

Perrier, François: Segmenta nobilium signorum et statuarum, quae temporis dentem invidium evasere urbis eternae ruinis erepta [...]. Paris 1638.

Piccolomini, Enea Silvio: Aeneae Sylvii Piccolominei Senensis, qui post adeptum pontificatum Pius eius nominis secundus appelatus est, opera quae extant omnia [...]. Frankfurt a.M. 1967 [ND der Ausg. Basel 1551].

Prévost, Antoine François u.a.: Le Pour et contre (nos 1–60). Hg. v. Steve Larkin. 2 Bde. Oxford 1993.

Ray, John: Miscellaneous Discourses Concerning the Dissolution and Changes of the World. Wherein The Primitive Chaos and Creation, the General Deluge, Fountains, Formed Stones, Sea-Shells found in the Earth, Subterraneous Trees, Mountains, Earthquakes, Vulcanoes, the Universal Conflagration and Future State, are largely Discussed and Examined. Hildesheim 1968 [ND der Ausg. London 1692].

– The Wisdom of God Manifested in the Works of the Creation. Hildesheim u. New York 1974 [ND der Ausg. London 1691].

Reimmann, Jakob Friedrich: Versuch einer Einleitung in die Historiam literariam antediluvianam, d. i. in die Geschichte der Gelehrsamkeit und derer Gelehrten vor der Sündfluth [...]. Halle 1709.
Richardson, Jonathan [sen. und jun.]: Description de Divers Fameux Tableaux, Desseins, Statues, Bustes, Bas-reliefs, &c, Qui se Trouvent en Italie; Avec des Remarques. Par Mrs. Richardson, Père & Fils. Traduite de l'Anglois: Revue, Corrigée, & considérablement augmentée, dans cette Traduction, par les Auteurs. 2 Bde. Amsterdam 1728.
Richardson, Jonathan [sen.]: Of Originals and Copies. In: The Works of Mr. Jonathan Richardson [...]. All corrected and prepared for the Press by his Son Mr. J. Richardson. Hildesheim 1969 [ND der Ausg. London 1773], S. 223–238.
Richardson, Samuel: Geschichte Herrn Carl Grandison. In Briefen entworfen von dem Verfasser der Pamela und der Clarissa. 7 Bde. Leipzig 1754–55.
– The History of Sir Charles Grandison. In a Series of Letters. Published from the Originals. 7 Bde. London 1753–54.
Rowe, Elizabeth: Friendship in Death: In twenty Letters from the Dead to the Living. To which are added, Letters Moral and Entertaining. In Prose and Verse. s.l. 1752.
Ruhnken, David: Elogium Tiberii Hemsterhusii [1768]. Hg. v. Oleg Nikitinski. München u. Leipzig 2006.

Sachse, Christoph Gottlob u. Johann Friedrich Christ: Vindiciae secundum libertatem pro Maronis Aeneide, cui manum Ioh. Harduinus nuperus assertor iniecerat. Leipzig 1737.
Saint-Hyacinthe, Thémiseul de: Le Chef d'Œuvre d'un Inconu [sic!]. Poëme heureusement découvert & mis au jour, avec des Remarques savantes & recherchées, Par M. le Docteur Chrisostome Matanasius. [...]. 6eme édition. Revûe, corrigée, augmentée, & diminuée. 2 Bde. Den Haag 1732.
Scheuchzer, Johann Jacob: Beschreibung der Natur-Geschichten des Schweizerlands. 3 Thle. Zürich 1706–08.
– Bildnissen verschiedener Fischen / und dero Theilen / Welche in der Sündfluth zu Grund gegangen. Zürich 1708.
– Charta invitatoria, quaestionibus quae historiam Helvetiae naturalem concernunt praefixa. Zürich 1699.
– Einladungs-Brief / zu Erforschung natürlicher Wunderen / so sich im Schweitzer-Land befinden. Zürich 1699.
– Epistola de Generatione Conchitarum. In: Miscellanea curiosa sive Ephemeridum medico-physicarum germanicarum Academiæ Cæsareo-Leopoldinæ naturæ curiosorum. Dec. III. annus quartus. Frankfurt u. Leipzig 1697, Appendix S. 151–166.
– Extrait u'une lettre écrite de Zurich à M. l'Abbé Bignon, par. M. Scheuchzer, Docteur en Medecine, &c. au sujet des restes d'un homme noyé dans le Déluge universel. In: Journal des Sçavans 1726, S. 378f.
– Herbarium Diluvianum, Editio Novissima, duplo Auctior. Leyden 1723.

- Helvetiae Historia naturalis Oder Natur-Historie des Schweitzerlandes. Bd. 1: Helvetiae Stoicheiographia, Orographia et Oreographia, Oder Beschreibung der Elementen / Grenzen und Bergen des Schweitzerlandes. Zürich 1716. Bd. 2: Hydrographia Helvetica. Beschreibung der Seen / Flüssem / Brünnen / Warmen und Kalten Bäderen / und anderen Mineral-Wasseren des Schweitzerlands. Zürich 1717. Bd. 3: Meteorologia et Oryctographia Helvetica, Oder Beschreibung der Lufft-Geschichten / Steinen / Metallen / und anderen Mineralien des Schweitzerlands / absonderlich auch den Ueberbleibselen der Sündfluth. Zürich 1978 [ND der Ausg. Zürich 1718].
- Hominis in Diluvio submersi Reliquiæ. In: Sammlung von Natur- und Medicin- wie auch hierzu gehörigen Kunst- und Literatur-Geschichten 32 (1725), S. 406–408.
- Homo Diluvii testis. Bein-Gerüst / Eines in der Sündflut ertrunkenen Menschen, [...]. Ex Museo Joh. Jacobi Scheuchzeri [...]. Im Jahr nach der Sündflut MMMMXXXII [Flugblatt Zürich 1726].
- Homo Diluvii testis et ΘΕΟΣΚΟΠΟΣ Publicæ συζετήσει expositus. Zürich 1726.
- Jobi Physica sacra, Oder Hiobs-Naturwißenschafft, vergliechen mit der Heutigen. Zürich 1721.
- Die Korrespondenz von Th. Zwinger III mit J. J. Scheuchzer 1700–1724. Mit Übersetzung ausgewählter Partien hg. v. Marie Louise Portmann. Basel u. Stuttgart 1964.
- Kupfer-Bibel / in welcher die Physica sacra oder geheiligte Natur-Wissenschafft derer in Heil. Schrifft vorkommenden natürlichen Sachen deutlich erklärt und bewährt [...]. 4 Bde. Augsburg u. Ulm 1731–1735.
- Museum Diluvianum quod possidet Joh. Jacobus Scheuchzer. Zürich 1716.
- Natur-Geschichte des Schweitzerlandes, Samt seinen Reisen über die Schweitzerischen Gebürge. Aufs neue hg. u. mit einigen Anm. versehen v. Johann Georg Sulzern. 2 Thle. Zürich 1746.
- Physica, Oder Natur-Wissenschaft. 2. Thle. Zürich 1701.
- Piscium Querelae et Vindiciae. Zürich 1708.
- Sceletum duorum Humanorum petrefactorum pars. Ex Epistola Joh. Jac. Scheuczer [sic!] [...] ad Dom. Hans Sloane [...]. In: Philosophical Transactions of the Royal Society of London 34 (1728), S. 38f.

Scheuchzer, Johann Jakob (Praes.) u. Scheuchzer, Johann Kaspar (Resp.): Theses de Diluvio, Publico & placido Eruditorum Examini. Zürich 1722.

Schiller, Friedrich: Brief eines reisenden Dänen (Der Antikensaal zu Mannheim) [1785]. In: Schillers Werke. Nationalausgabe. Bd. 20.1: Philosophische Schriften. Erster Teil. Unter Mitwirkung v. Helmut Koopmann hg. v. Benno von Wiese. Weimar 1962, S. 101–106.

Schönaich, Christoph Otto Frhr. von: Die ganze Aesthetik in einer Nuß, oder neologisches Wörterbuch; als ein sicherer Kunstgriff, in 24 Stunden ein geistvoller Dichter und Redner zu werden, und sich über alle schale und hirnlose Reimer zu schwingen. Alles aus den Accenten der heil. Männer und Barden de itzigen überreichlich begeisterten Jahrhunderts zusammen getragen,

und den größten Wort-Schöpfern unter denselben aus dunkler Ferne geheiliget von einigen demüthigen Verehrern der sehraffischen Dichtkunst, [s.l. 1754]. Mit Einleitung u. Anm. hg. v. Albert Köster. Nendeln 1968 [ND der Ausg. Berlin 1900].
- Hermann oder das befreyte Deutschland. Ein Heldengedicht. Mit einer Vorrede v. Joh. Chr. Gottscheden. Leipzig 1751.

Schwabe, Johann Joachim: Der deutsche Dichterkrieg. In: Belustigungen des Verstandes und des Witzes 1/I [1741/42]. Zweyte Aufl. Leipzig 1742, S. 49–66 (1741) [erstes Buch]; 1/II, S. 518–541 (1742) [zweites Buch]; 2/II (1742/43), Zweyte Aufl. Leipzig 1744, S. 434–463 (1742) [drittes Buch].

Scilla, Agostino: De corporibus marinis lapidescentibus quæ defossa reperiuntur [...] [1670]. Addita dissertatione Fabii Columnæ De glossopetris [1616]. 2. verbesserte Aufl. Roma 1759.

Semler, Johann Salomo: Abhandlung von freier Untersuchung des Canon [1771]. Hg. v. Heinz Scheible. Gütersloh 1967 [Teilausgabe von: Ders.: Abhandlung von freier Untersuchung des Canon; nebst Antwort auf die tübingische Vertheidigung der Apocalypsis. 4 Tle. Halle 1771–1775].
- Versuch den Gebrauch der Quellen in der Staats- und Kirchengeschichte der mitlern Zeiten zu erleichtern. Waltrop 1996 [ND der Ausg. Halle 1761].

Simon, Richard: Histoire critique du Vieux Testament. Nouvelle Edition. Frankfurt a.M. 1967 [ND der Ausg. Rotterdam 1685].

Spalding, Johann Joachim: Die Bestimmung des Menschen. In: Norbert Hinske (Hg.): Die Bestimmung des Menschen. Hamburg 1999, S. 69–95.

Spanheim, Ezechiel: Dissertationes de praestantia et usu numismatum antiquorum. Editio secunda. Amsterdam 1671.

Spener, Christian Maximilian: Disquisitio de Crocodilo in Lapide scissili expresso aliisque Lithozois. In: Miscellanea Berolinensia ad incrementum scientiarum, ex scriptis Societati Regiæ Scientiarum exhibitis edita 1 (1710), S. 99–118.

Spinoza, Benedictus de: Tractatus theologico-politicus. Theologisch-politischer Traktat [1670]. In: Günter Gawlick u. Friedrich Niewöhner (Hg.): Benedictus de Spinoza: Opera/Werke. Lat. u. dt. Bd. 1. Darmstadt 1979.

Stensen, Niels [Nikolaus Steno]: De solido intra solidum naturaliter contento dissertationis prodromus. Mit einem Essai v. Eginhard Fabian. 2 Bde. Berlin 1988 [ND der Ausg. Firenze 1669 mit Übersetzung v. Karl Mieleitner: Vorläufer einer Dissertation über feste Körper, die innerhalb anderer fester Körper von Natur aus eingeschlossen sind (1923)].

Sulzer, Johann Georg: Allgemeine Theorie der schönen Künste in einzeln, nach alphabetischer Ordnung der Kunstwörter auf einander folgenden, Artikeln abgehandelt. Neue vermehrte zweyte Auflage. 5 Bde. Hildesheim u.a. 1994 [ND der Ausg. Leipzig 1792–1799].
- Unterredungen über die Schönheit der Natur nebst desselben moralischen Betrachtungen über besondere Gegenstände der Naturlehre. Von neuem aufgelegt. Berlin 1770.

Swift, Jonathan: A Full and True Account of the Battel Fought last Friday, Between the Antient and the Modern Books in St. James's Library [1704]. In:

Ders.: A Tale of a Tub. Written for the Universal Improvement of Mankind. 5. Aufl. London 1710, S. [243]–299.

Tertullian: De pallio. A commentary by Vincent Hunink. Amsterdam 2005.

Thomasius, Christian: Vorrede von der Historie des Rechts der Natur bis auf Grotium; von der Wichtigkeit des Grotianischen Werks und von dem Nutzen gegenwärtiger Übersetzung. In: Hugo Grotius: De jure belli ac pacis libri tres. Drei Bücher vom Recht des Krieges und des Friedens Paris 1625. Neuer dt. Text u. Einleitung v. Walter Schätzel. Tübingen 1950, S. 1–28.

Tischbein, Johann Heinrich Wilhelm (Hg.): Collection of engravings from ancient Vases mostly of pure Greek workmanship. Discovered in sepulchres in the Kingdom of the two Sicilies but chiefly in the neighbourhood of Naples during the course of the years MDCCLXXXIX and MDCCLXXXX; now in the possession of Sir Wm. Hamilton [...] with remarks on each vase by the collector. 4 Bde. Neapel 1791–1795.

Titius, Johann Daniel (Praes.) u. Berthold, Daniel Gotthilf (Resp.): De rebus petrefactis earumque divisione observationes variae. Wittenberg 1766.

de Tournefort, Joseph Pitton: Elemens de botanique, ou Méthode pour connoître les plantes. 3 Bde. Paris 1694.

Grosses Universal-Lexicon Aller Wissenschaften und Künste, welche bißhero durch menschlichen Verstand und Witz erfunden worden [...]. 64 Bde. Halle u. Leipzig 1732–1750. [= Universal-Lexicon]

de Valencia, Pedro: Sobre el pergamino y láminas de Granada [1607]. Hg. v. Grace Magnier. Bern u.a. 2006.

Vasari, Giorgio: Leben der ausgezeichnetsten Maler, Bildhauer und Baumeister, von Cimabue bis zum Jahre 1567. Aus dem Italienischen. Mit einer Bearbeitung sämmtlicher Anmerkungen der früheren Herausgeber, sowie mit einigen Berichtigungen u. Nachweisungen begleitet v. Ernst Förster. 6 Bde. Worms 1983 [ND der Ausg. Stuttgart, Tübingen 1832–1849].

Veyssière de La Croze, Mathurin: Examen abregé du nouveau systeme du Pere Hardouin, sur sa Critique des anciens Auteurs. In: Ders.: Dissertations historiques sur divers sujets. Rotterdam 1707, S. 182–256.

– Vindiciae veterum scriptorum, contra J. Harduinum, S.J.P. Additae sunt Viri eruditi Observationes Chronologicae in Prolusionem & Historiam Veteris Testamenti. Rotterdam 1708.

Volkmann, Johann Jakob: Historisch-kritische Nachrichten von Italien, welche eine Beschreibung dieses Landes der Sitten, Regierungsform, Handlung, des Zustandes der Wissenschaften und insonderheit der Werke der Kunst enthalten. 3 Bde. 2. Aufl. Leipzig 1777–1778.

Wagner, Johann Jacob: Historia naturalis Helvetiae curiosa. Zürich 1680.

Walch, Johann Georg: Philosophisches Lexicon, Darinnen die in allen Theilen der Philosophie [...] fürkommenden Materien und Kunst-Wörter erkläret und aus der Historie erläutert [...] werden [...]. Leipzig 1726.

Waller, Johann Gottschalk: Systema mineralogicum, quo Corpora mineralia in classes, ordines, genera et species suis cum varietatibus divisa, describuntur [...]. 2 Bde. Stockholm 1772–1775.

Whiston, William: A New Theory of the Earth. London 1691.

Wieland, Christoph Martin: Wielands Briefwechsel. Hg. v. der Deutschen Akademie der Wissenschaften zu Berlin. 18 Bde. Berlin 1963–2005.

Winckelmann, Johann Joachim: Anmerkungen über die Geschichte der Kunst des Alterthums. Johann Joachim Winckelmann, Kunsttheoretische Schriften VI. Baden-Baden u. Strasbourg 1966 [ND der Ausg. Dresden 1767].

– Briefe. In Verbindung mit Hans Diepolder hg. v. Walther Rehm. 4 Bde. Berlin 1952–1957 [= B].

– Kleine Schriften, Vorreden, Entwürfe. Hg. v. Walther Rehm. 2. Aufl. mit einem Geleitwort v. Max Kunze u. einer Einl. v. Hellmut Sichtermann. Berlin u. New York 2002 [= KS].

– Il manoscritto fiorentino di J. J. Winckelmann. Das Florentiner Winckelmann-Manuskript. Introduzione di Maria Fancelli. Hg. u. komm. v. Max Kunze. Firenze 1994.

– Monumenti Antichi inediti, spiegati ed illustrati da Giovanni Winckelmann, Prefetto delle Antichità di Roma. 2 Bde. Roma 1767.

– Schriften und Nachlaß. Hg. v. der Akademie der Wissenschaften und der Literatur Mainz, der Akademie gemeinnütziger Wissenschaften zu Erfurt und der Winckelmann-Gesellschaft. Mainz 1996ff. [= SN].
Bd. 1: Von der Restauration der Antiquen. Eine unvollendete Schrift Winckelmanns. Bearb. v. Max Kunze. Hg. v. Stephanie-Gerrit Bruer u. Max Kunze. Mainz 1996.
Bd. 2.1: Sendschreiben von den Herculanischen Entdeckungen. Bearb. v. Marianne Gross u.a. Hg. v. Stephanie-Gerrit Bruer u. Max Kunze. Mainz 1997.
Bd. 2.2: Nachrichten von den neuesten Herculanischen Entdeckungen. Bearb. v. Marianne Gross u.a. Hg. v. Stephanie-Gerrit Bruer u. Max Kunze. Mainz 1997.
Bde. 4.1–3: Geschichte der Kunst des Alterthums. Text – Katalog der Denkmäler – Allgemeiner Kommentar. Hg. v. Adolf H. Borbein u.a. Mainz 2002–2007.

– Unbekannte Schriften. Antiquarische Relationen und Beschreibung der Villa Albani. Hg. u. bearb. v. Sigrid von Moisy, Hellmut Sichtermann u. Ludwig Tavernier. München 1987.

– Versuch einer Allegorie, besonders für die Kunst. Johann Joachim Winckelmann, Kunsttheoretische Schriften IV. Baden-Baden u. Strasbourg 1964 [ND der Ausg. Dresden 1766].

Wolf, Friedrich August: Darstellung der Altertumswissenschaft nach Begriff, Umfang, Zweck und Wert. Berlin 1985 [ND der Ausg. Berlin 1807].

– Prolegomena ad Homerum sive de operum homericorum prisca et genuina forma variisque mutationibus et probabili ratione emendandi [1795]. 3. Aufl. Hildesheim 1963 [ND der Ausg. Halle 1884].
Wolff, Christian: Vernünfftige Gedancken von der Menschen Thun und lassen, Zu Beförderung ihrer Glückseeligkeit. 4. Aufl. Hildesheim u. New York 1976 [ND der Aufl. Frankfurt u. Leipzig 1733] (Gesammelte Werke. Hg. v. Jean École u.a. Bd. I.4. Hg. u. mit einer Einl. versehen v. Hans Werner Arndt).
Woodward, John: An Essay toward a Natural History of the Earth: and Terrestrial Bodies, Especially Minerals: As also of the Sea, Rivers, and Springs. With an Account of the Universal Deluge: And of the Effects that it had upon the Earth. London 1695.
– The Natural History of the Earth, Illustrated, and Inlarged: As also Defended, And the Objections against it, Particularly those lately publish'd by Dr. Camerarius, answered. London 1726.
Worm, Olaus: Museum Wormianum, seu Historia Rerum Rariorum, Tam Naturalium, quam Artificialium, tam Domesticarum, quam Exoticarum, quæ Hafniæ Danorum in ædibus Authoris servantur. Leyden 1655.
– Specimen Geographiae physicae quo agitur de Terra, & corporibus terrestribus speciatim mineralibus: Nec non mari, fluminibus & fontibus. Accedit Diluvii universalis effectuumque ejus in terra descriptio. Zürich 1704.

2 Weitere Literatur

Adler, Hans: „Die Bestimmung des Menschen." Spaldings Schrift als Ausgangspunkt einer offenen Anthropologie. In: Das achtzehnte Jahrhundert 18 (1994), S. 125–137.
Allard, Emmy: Die Angriffe gegen Descartes und Malebranche im Journal de Trévoux 1701–1715. Hildesheim u.a. 1985 [ND der Ausg. Halle 1914].
Allen, Percy S.: The Age of Erasmus. Lectures delivered in the University of Oxford and London. New York 1963 [ND der Ausg. Oxford 1914].
Allgemeine Encyklopädie der Wissenschaften und Künste. In alphabetischer Folge v. genannten Schriftstellern bearb. u. hg. v. Johann Samuel Ersch u. Johann Gottfried Gruber. Leipzig 1818–1886.
Andresen, Carl: Art. Antike und Christentum. In: Gerhard Müller (Hg.): Theologische Realenzyklopädie. Bd. 3. Berlin u. New York 1978, S. 50–99.
Angenendt, Arnold: Religion zwischen Mündlichkeit und Schriftlichkeit. Der Prozeß des Mittelalters. In: Clemens M. Kasper u. Klaus Schreiner (Hg.): Viva vox und ratio scripta. Mündliche und schriftliche Kommunikationsformen im Mönchtum des Mittelalters. Münster 1997, S. 37–50.
Arnold, Klaus: Das „finstere" Mittelalter. Zur Genese und Phänomenologie eines Fehlurteils. In: Saeculum 32 (1981), S. 287–300.
Assmann, Aleida u. Jan: Kanon und Zensur. In: Dies. (Hg.): Kanon und Zensur. Beiträge zur Archäologie der literarischen Kommunikation II. München 1987, S. 7–27.
– Der Nexus von Überlieferung und Identität. Ein Gespräch über Potentiale und Probleme des Kanonbegriffs. In: Wissenschaftskolleg/Institute for Advanced Study zu Berlin. Jahrbuch 1984/85, S. 291–302.
Assmann, Jan: Bibliotheken in der Alten Welt, insbesondere im Alten Ägypten. In: Susanne Bieri u. Walter Fuchs. (Hg.): Bibliotheken bauen. Tradition und Vision/Building for Books. Traditions and Visions. Basel 2001, S. 31–49.
– Kollektives Gedächtnis und kulturelle Identität. In: Ders. u. Tonio Hölscher (Hg.): Kultur und Gedächtnis. Frankfurt a.M. 1988, S. 9–19.
– Das kulturelle Gedächtnis. Schrift, Erinnerung und politische Identität in frühen Hochkulturen. München 1999.
Atkinson, Catherine: Inventing Inventors in Renaissance Europe. Polydore Vergil's „De inventoribus rerum". Tübingen 2007.

Baisch, Martin: Textkritik als Problem der Kulturwissenschaft. Tristan-Lektüren. Berlin u. New York 2006.
Barbanera, Marcello: Original und Kopie. Bedeutungs- und Wertewandel eines intellektuellen Begriffspaares seit dem 18. Jahrhundert in der Klassischen Archäologie. Stendal 2006.
Barkan, Leonard: Unearthing the Past. Archaeology and Aesthetics in the Making of Renaissance Culture. New Haven u. London 1999.

de Backer, Augustin u.a.: Bibliothèque de la compagnie de Jésus. Nouvelle éd. par Carlos Sommervogel S. J. 11 Bde. Brüssel u. Paris 1890–1932.
Barraud Wiener, Christine u. Peter Jezler: Die Kunstkammer der Bürgerbibliothek in der Wasserkirche in Zürich. Eine Fallstudie zur gelehrten Gesellschaft als Sammlerin. In: Andreas Grote (Hg.): Macrocosmos in microcosmo: Die Welt in der Stube. Zur Geschichte des Sammelns 1450 bis 1800. Opladen 1994, S. 763–798.
Barret-Kriegel, Blandine: Les historiens et la monarchie. 4 Bde. Paris 1988.
Bassy, Alain-Marie: Typographie, topographie, „outopo-graphie". L'illustration scientifique et technique au XVIIIe siècle. In: Die Buchillustration im 18. Jahrhundert. Colloquium der Arbeitsstelle 18. Jahrhundert, Gesamthochschule Wuppertal / Universität Münster, Düsseldorf, 3.–5. Oktober 1978. Heidelberg 1980, S. 206–233.
Beetz, Manfred: Der anständige Gelehrte. In: Sebastian Neumeister u. Conrad Wiedemann (Hg.): Res Publica Litteraria. Die Institutionen der Gelehrsamkeit in der frühen Neuzeit. Bd. 1. Wiesbaden 1987, S. 153–173.
Belaval, Yvon: Leibniz comme historien. In: Albert Heinekamp (Hg.): Leibniz als Geschichtsforscher. Symposion des Istituto di studi filosofici Enrico Castelli und der Leibniz-Gesellschaft. Ferrara, 12.–15. Juni 1980. Studia Leibnitiana, Sonderheft 10. Wiesbaden 1982, S. 30–38.
Belting, Hans: Bild und Kult. Eine Geschichte des Bildes vor dem Zeitalter der Kunst. München 1990.
Bender, Wolfgang: J. J. Bodmer und J. J. Breitinger. Stuttgart 1973.
Benjamin, Walter: Das Passagenwerk. Gesammelte Schriften. Bd. 5.1. Hg. v. Rolf Tiedemann. Frankfurt a.M. 1982.
Bernard, P.: Art. Hardouin. In: Dictionnaire de Théologie catholique. Contenant l'exposé des doctrines de la théologie catholique, leur preuves et leur histoire. Hg. v. Alfred Vacant u. Eugène Mangenot. Bd. VI.2. Paris 1920, Sp. 2042–2046.
Bernays, Jacob: Die unter Philon's Werken stehende Schrift „Ueber die Unzerstörbarkeit des Weltalls" nach ihrer ursprünglichen Anordnung wiederhergestellt und ins Deutsche übertragen. In: Philologische und historische Abhandlungen der Königlichen Akademie der Wissenschaften zu Berlin (1876), S. 209–278.
Berndt, Frauke: „Mit der Stimme lesen" – F.G. Klopstocks Tonkunst. In: Alfred Messerli, Hans-Georg Pott u. Waltraud Wiethölter (Hg.): Stimme und Schrift. Geschichte und Systematik sekundärer Oralität. München 2006, S. 149–171.
Berndt, Frauke u. Stephan Kammer: Amphibolie – Ambiguität – Ambivalenz. Die Struktur antagonistisch-gleichzeitiger Zweiwertigkeit. In: Dies. (Hg.): Amphibolie – Ambiguität – Ambivalenz. Würzburg 2009, S. 7–30.
Bernet, Claus: Johann Jakob Scheuchzer. In: Biographisch-Bibliographisches Kirchenlexikon. Begründet und hg. v. Friedrich Wilhelm Bautz. Fortgeführt von Traugott Bautz, Bd. 21. Nordhausen 2003, Sp. 1312–1355.

Berns, Jörg Jochen u. Wolfgang Neuber: Nachwort. In: Dies. (Hg.): Das enzyklopädische Gedächtnis der Frühen Neuzeit. Enzyklopädie und Lexikonartikel zur Mnemonik. Tübingen 1998, S. 377–392.

Betthausen, Peter: Giovanni Battista Casanova – akademischer Künstler und klassizistischer Theoretiker. In: Max Kunze (Hg.): Die Casanovas. Beiträge zu Giacomo, Francesco und Giovanni Battista Casanova sowie Silvio della Valle di Casanova. Stendal 2000, S. 105–110.

Bleicher, Thomas: Literaturvermittlung, Literaturkritik, Literaturentwicklung im 18. Jahrhundert. Eléazar und Jakob Mauvillons Beiträge zur französischen, deutschen und vergleichenden Literaturgeschichte. In: Germanisch-Romanische Monatsschrift 65 (1984), S. 54–69.

Blumenberg, Hans: Die Lesbarkeit der Welt. Frankfurt a.M. 1986.

Boeckh, August: Encyklopädie und Methodologie der philologischen Wissenschaften. Hg. v. Ernst Bratuscheck. Leipzig 1877.

Böhme, Hartmut: Das Steinerne. Anmerkungen zur Theorie des Erhabenen aus dem Blick des „Menschenfremdesten". In: Christine Pries (Hg.): Das Erhabene. Zwischen Grenzerfahrung und Größenwahn. Weinheim 1989, S. 119–141.

Bogeng, Gustav A. E.: Buchseltsamkeiten. In: Ders.: Streifzüge eines Bücherfreundes. In einem Band. Hildesheim, Zürich u. New York 1985 [ND der Ausg. Weimar 1915 in einem Bd.], I, S. 1–37.

– Die großen Bibliophilen. Geschichte der Büchersammler und ihrer Sammlungen. In 2 Bden. Hildesheim, Zürich u. New York 1984 [ND der Ausg. Leipzig in 3 Bden. 1922].

Boller, Hildegard Gabriele: Die Dresdner Antikensammlung. In: Bénédicte Savoy (Hg.): Tempel der Kunst. Die Geburt des öffentlichen Museums in Deutschland 1701–1815. Mainz 2006, S. 117–144.

Boockmann, Hartmut: Stauferzeit und spätes Mittelalter. Deutschland 1225–1517. Berlin 1987.

de Boor, Helmut: Die höfische Literatur. Vorbereitung, Blüte, Ausklang 1170–1250. Geschichte der deutschen Literatur von den Anfängen bis zur Gegenwart, begründet v. Helmut de Boor u. Richard Newald. Bd. 2. 11. Aufl. München 1991.

Borges, Jorge Luis: Die Bibliothek von Babel. In: Gisbert Haefs u. Fritz Arnold (Hg.): Ders. Fiktionen (Ficciones). Erzählungen 1939–1944. Übers. v. Karl August Horst, Wolfgang Luchting u. Gisbert Haefs. Werke in 20 Bden. Bd. 5. Frankfurt a.M. 1992, S. 67–76.

Bosse, Heinrich: Autorschaft ist Werkherrschaft. Über die Entstehung des Urheberrechts aus dem Geist der Goethezeit. München u.a. 1981.

Bots, Hans u. Françoise Waquet (Hg.): Commercium litterarium. La communication das la République des Lettres. Amsterdam-Maarssen 1994.

– Dies.: La République des Lettres. Paris 1997.

Bowker, Geoffrey: Memory Practices in the Sciences. Cambridge 2006.

Braungart, Georg: Leibhafter Sinn. Der andere Diskurs der Moderne. Tübingen 1995.

Braungart, Wolfgang: Die Kunst der Utopie. Vom Späthumanismus zur frühen Aufklärung. Stuttgart 1989.

Bredekamp, Horst: Antikensehnsucht und Maschinenglauben. Die Geschichte der Kunstkammer und die Zukunft der Kunstgeschichte. Überarbeitete Neuausg. Berlin 2000.

– Die Fenster der Monade. Gottfried Wilhelm Leibniz' Theater der Natur und Kunst. Berlin 2004.

Brenner, Thomas: Charakter/charakteristisch. In: Karlheinz Barck u.a. (Hg.): Ästhetische Grundbegriffe. Historisches Wörterbuch in sieben Bden. Bd. 1. Stuttgart u. Weimar 2000, S. 772–794.

Brink, Charles O.: Klassische Studien in England. Historische Reflexionen über Bentley, Porson und Housman. Aus dem Engl. von Marcus Deufert. Stuttgart u. Leipzig 1997.

Brown, F. Andrew: Locke's Essay and Bodmer and Breitinger. In: Modern Language Quarterly 10 (1949), S. 16–32.

Brummer, Hans Henrik: On the Julian Program of the Cortile delle Statue in the Vatican Belvedere. In: Matthias Winner, Bernard Andreae u. Carlo Pietrangeli (Hg.): Il Cortile delle Statue. Der Statuenhof des Belvedere im Vatikan. Akten des internationalen Kongresses zu Ehren von Richard Krautheimer. Rom, 21.– 23. Oktober 1992. Mainz 1998, S. 67–76.

Budde, Fritz: Wieland und Bodmer. Berlin 1910.

Bumke, Joachim: Der unfeste Text. Überlegungen zur Überlieferungsgeschichte und Textkritik der höfischen Epik im 13. Jahrhundert. In: Jan-Dirk Müller (Hg.): „Aufführung" und „Schrift" in Mittelalter und Früher Neuzeit. Stuttgart u. Weimar 1996, S. 118–129.

Burdach, Konrad: Die Entdeckung des Minnesangs und die deutsche Sprache. In: Sitzungsberichte der Königlich-Preußischen Akademie der Wissenschaften, philosophisch-historische Klasse 1918, S. 845–873.

Burke, Peter: Papier und Marktgeschrei. Die Geburt der Wissensgesellschaft. Aus dem Engl. v. Matthias Wolf. Berlin 2001.

Campe, Rüdiger: Affekt und Ausdruck. Zur Umwandlung der literarischen Rede im 17. und 18. Jahrhundert. Tübingen 1990.

– Spiel der Wahrscheinlichkeit. Literatur und Berechnung zwischen Pascal und Kleist. Göttingen 2002.

Cassirer, Ernst: Philosophie der symbolischen Formen. 3 Bde. Bd. 3: Phänomenologie der Erkenntnis. 2. Aufl. Darmstadt 1954.

Cassirer, Ernst, Paul Oskar Kristeller u. John Herman Randall, Jr. (Hg.): The Renaissance Philosophy of Man. Chicago 1948.

Cavaillé, Jean-Pierre: Dis/simulations. Jules-César Vanini, François La Mothe Le Vayer, Gabriel Naudé, Louis Machon et Torquato Accetto. Religion, morale et politique au XVIIe siècle. Paris 2002.

Cerquiglini, Bernard: Éloge de la variante. Histoire critique de la philologie. Paris 1989.

- [Teilübers.] Textuäre Modernität. In: Stephan Kammer u. Roger Lüdeke (Hg.): Texte zur Theorie des Textes. Stuttgart 2005, S. 116–131.
- de Certeau, Michel: L'écriture de l'histoire [1975]. Paris 2002.
- Ceserani, Giovanna u. Andrea Milanese (Hg.): Antiquarianism, museums and cultural heritage. Collecting and its contexts in eighteenth-century Naples. Sonderband Journal of the History of Collections 19/2 (2007).
- Chadwick, Owen: From Bossuet to Newman. The Idea of Doctrinal Development. Cambridge 1957.
- Chartier, Roger (Hg.): Les usages de l'imprimé (XVe –XIXe siècle). Paris 1987.
- Cohn, Norman: Noah's Flood. The Genesis Story in Western Thought. New Haven u. London 1999.
- Colish, Marcia L.: The Mime of God: Vives on the Nature of Man. In: Journal of the History of Ideas 23 (1962), S. 3–20.
- Coltharp, Duane: History and the Primitive: Homer, Blackwell, and the Scottish Enlightenment. In: Eighteenth Century Life 19/1 (1995), S. 57–69.
- Coltman, Viccy: Sir William Hamilton's Vase Publications (1766–1776). A Case Study in the Reproduction and Dissemination of Antiquity. In: Journal of Design History 14 (2001), S. 1–16.
- Conze, Werner: Leibniz als Historiker. Leibniz zu seinem 300. Geburtstag 1646–1946. Hg. v. E. Hochstetter. Lfg. 6. Berlin 1951.
- Cramer, Thomas: Mouvance. In: Helmut Tervooren u. Horst Wenzel (Hg.): Philologie als Textwissenschaft. Alte und neue Horizonte. Sonderheft Zeitschrift für deutsche Philologie 116 (1997), S. 150–181.
- Crueger, Johannes: Briefe von Schöpflin und anderen Strassburger Gelehrten an Bodmer und Breitinger. In: Strassburger Studien. Zeitschrift für Geschichte, Sprache und Litteratur des Elsasses 2 (1884), S. 440–498.
- Der Entdecker der Nibelungen. Frankfurt a.M. 1883.
- Die erste Gesammtausgabe der Nibelungen. Frankfurt a.M. 1884.

- Daston, Lorraine: Die Lust an der Neugier in der frühneuzeitlichen Wissenschaft. In: Klaus Krüger (Hg.): Curiositas. Welterfahrung und ästhetische Neugierde in Mittelalter und früher Neuzeit. Göttingen 2002, S. 149–175.
- The Sciences of the Archive. In: Osiris 27 (2012), S. 156–187.
- Daston, Lorraine u. Katharine Park: Wonders and the Order of Nature 1150–1750. 2. Aufl. New York 1998.
- Davillé, Louis: Leibniz historien. Essai sur l'activité et la méthode historiques de Leibniz. Aalen 1986 [ND der Ausg. Paris 1909].
- Debrunner, Albert M.: Das güldene schwäbische Alter. Johann Jakob Bodmer und das Mittelalter als Vorbildzeit im 18. Jahrhundert. Würzburg 1996.
- Décultot, Élisabeth: L'art winckelmannien de la lecture. Reprise et subversion d'une pratique érudite. In: Dies. (Hg.): Lire, copier, écrire. Les bibliothèques manuscrites et leurs usages au XVIIIe siècle. Paris 2003, S. 91–110.
- Johann Joachim Winckelmann. Enquête sur la génèse de l'histoire de l'art. Paris 2000.

- Untersuchungen zu Winckelmanns Exzerptheften. Ein Beitrag zur Genealogie der Kunstgeschichte im 18. Jahrhundert. Ruhpolding 2004.
van Delft, Louis: Littérature et anthropologie: le caractère à l'âge classique. In: Le statut de la littérature. Mélanges offerts à Paul Bénichou. Éd. par Marc Fumaroli. Genève 1982, S. 97–115.
Demandt, Alexander: Der Fall Roms. Die Auflösung des römischen Reiches im Urteil der Nachwelt. München 1984.
Derrida, Jacques: Dem Archiv verschrieben. Eine Freudsche Impression. Berlin 1997.
- Signature événement contexte. In: Ders. Marges de la philosophie. Paris 1972, S. 365–393.
De Smet, Ingrid A. R.: How to Make Enemies, or Kaspar Schoppe and the Might of the Pen. In: Kaspar Schoppe (1576–1649). Philologe im Dienste der Gegenreformation. Beiträge zur Gelehrtenkultur des europäischen Späthumanismus. In: Herbert Jaumann (Hg.): Zeitsprünge. Forschungen zur Frühen Neuzeit 2/3–4 [1998]., S. 201–230.
Deutsches Wörterbuch v. Jacob u. Wilhelm Grimm [1854–1971]. 33 Bde. München 1984.
Dickhaut, Kirsten: Das Paradox der Bibliothek. Metapher, Gedächtnisort, Heterotopie. In: Günter Oesterle (Hg.): Erinnerung, Gedächtnis, Wissen. Studien zur kulturwissenschaftlichen Gedächtnisforschung. Göttingen 2005, S. 297–331.
Didi-Huberman, Georges: Ähnlichkeit und Berührung. Archäologie, Anachronismus und Modernität des Abdrucks. Köln 1999.
Disselkamp, Martin: Die Stadt der Gelehrten. Studien zu Johann Joachim Winckelmanns Briefen aus Rom. Tübingen 1993.
Dönike, Martin: „Par le moyen du feu" – Künstler als Ikonoklasten. In: Mona Körte u. Cornelia Ortlieb (Hg.): Verbergen – Überschreiben – Zerreißen. Formen der Bücherzerstörung in Literatur, Kunst und Religion. Berlin 2007, S. 71–90.
Dooley, Brendan: The Social History of Skepticism. Experience and Doubt in Early Modern Culture. Baltimore u. London 1999.
Dotzler, Bernhard J.: „Current Topics on Astronoetics". Zum Verhältnis von Fälschung und Information. In: Anne-Kathrin Reulecke (Hg.): Fälschungen. Zu Autorschaft und Beweis in Wissenschaften und Künsten. Frankfurt a.M. 2006, S. 68–80.
Düll, Siegrid u. Klaus Stemmer: Bemerkungen zur Kulturgeschichte des Gipsabgusses. In: Siegrid Düll, Otto Neumaier u. Gerhard Zecha (Hg.): Das Spiel mit der Antike zwischen Antikensehnsucht und Alltagsrealität. Festschrift zum 85. Geburtstag von Rupprecht Düll. Möhnesee 2000, S. 213–233.
Dürbeck, Gabriele: Einbildungskraft und Aufklärung. Perspektiven der Philosophie, Anthropologie und Ästhetik um 1750. Tübingen 1998.
Dürst, Arthur: Johann Jakob Scheuchzer und die Natur-Histori des Schweizerlands. Begleittext zur Faksimileausgabe in drei Bänden. Zürich 1978.

Düwel, Klaus u. Harro Zimmermann: Germanenbild und Patriotismus in der deutschen Literatur des 18. Jahrhunderts. In: Heinrich Beck (Hg.): Germanenprobleme in heutiger Sicht. 2., um ein Vorwort erweiterte Auflage. Berlin u. New York 1999, S. 358–395.

Dumas, Georges: Histoire du Journal de Trévoux depuis 1701 jusqu'à 1762. Paris 1936.

Eco, Umberto: Die Grenzen der Interpretation. Aus dem Italienischen v. Günter Memmert. München 1992.

– Die Suche nach der vollkommenen Sprache. Aus dem Italienischen v. Burkhart Kroeber. München 1994.

Ernst, Wolfgang: J. J. Winckelmann im Vor(be)griff des Historismus. In: Horst Walter Blanke u. Jörn Rüsen. Paderborn u.a. (Hg.): Von der Aufklärung zum Historismus. Zum Strukturwandel des historischen Denkens. 1984, S. 255–260.

– Im Namen von Geschichte. Sammeln–Speicher–Er/Zählen. Infrastrukturelle Konfigurationen des deutschen Gedächtnisses. München 2003.

Espagne, Michel: Winckelmanns Pariser Werkstatt. Schreibverfahren und Image-Konstruktion. In: Zeitschrift für deutsche Philologie 105 (1986), Sonderheft, S. *83–*107.

Esposito, Mario: Una manifestazione di incredulità religiosa nel Medioevo: il detto dei „Tre Impostori" e la sua trasmissione da Federico II a Pomponazzi. In: Archivio Storico Italiano 89, Ser. VII, 16 (1931), S. 3–48.

Faessler, Peter: Die Zürcher in Arkadien. Der Kreis um J. J. Bodmer und der Appenzeller Laurenz Zellwege. In: Appenzellische Jahrbücher (1979), S. 1–47.

Farge, Arlette u. Michel Foucault (Hg.): Familiäre Konflikte: Die „Lettres de cachet". Aus den Archiven der Bastille im 18. Jahrhundert. Frankfurt a.M. 1989.

Felfe, Robert: Einleitung. In: Robert Felfe u. Angelika Lozar (Hg.): Frühneuzeitliche Sammlungspraxis und Literatur. Berlin 2006, S. 8–28.

– Naturgeschichte als kunstvolle Synthese. Physikotheologie und Bildpraxis bei Johann Jakob Scheuchzer. Berlin 2003.

Felfe, Robert u. Angelika Lozar (Hg.): Frühneuzeitliche Sammlungspraxis und Literatur. Berlin 2006.

Findlen, Paula: Jokes of Nature and Jokes of Knowledge: The Playfulness of Scientific Discourse in Early Modern Europe. In: Renaissance Quarterly 43 (1990), S. 292–331.

– Die Zeit vor dem Laboratorium: Die Museen und der Bereich der Wissenschaft 1550–1750. In: Andreas Grote (Hg.): Macrocosmos in Microcosmo. Die Welt in der Stube. Zur Geschichte des Sammelns 1450 bis 1800. Opladen 1994, S. 191–207.

Fink, Gonthier-Louis: De Bouhours à Herder. La théorie française des climats et sa réception Outre-Rhin. In: Recherches germaniques 15 (1985), S. 3–62.

– Von Winckelmann bis Herder. Die deutsche Klimatheorie in europäischer Perspektive. In: Gerhard Sauder (Hg.): Johann Gottfried Herder 1744–1803. Hamburg 1987, S. 156–176.

Finsler, Georg: Homer in der Neuzeit von Dante bis Goethe. Italien – Frankreich – England – Deutschland. Leipzig u. Berlin 1912.
Fischer, Hans: Johann Jakob Scheuchzer (2. August 1672–23. Juni 1733). Naturforscher und Arzt. Neujahrsblatt auf das Jahr 1973 als 175. Stück von der Naturforschenden Gesellschaft in Zürich. Zürich 1973.
Fittipaldi, Arturo: Museums, safeguarding and artistic heritage in Naples in the eighteenth century: some reflections. In: Journal of the History of Collections 19 (2007), S. 191–202.
Fögen, Marie Theres: Die Enteignung der Wahrsager. Studien zum kaiserlichen Wissensmonopol in der Spätantike. Frankfurt a.M. 1997.
Fohrmann, Jürgen (Hg.): Gelehrte Kommunikation. Wissenschaft und Medium zwischen dem 16. und 20. Jahrhundert. Wien, Köln u. Weimar 2005.
– Das Projekt der deutschen Literaturgeschichte. Entstehung und Scheitern einer nationalen Poesiegeschichtsschreibung zwischen Humanismus und Deutschem Kaiserreich. Stuttgart 1989.
Forster, Leonard: „Charlataneria eruditorum" zwischen Barock und Aufklärung in Deutschland. In: Sebastian Neumeister u. Conrad Wiedemann (Hg.): Res Publica Litteraria. Die Institutionen der Gelehrsamkeit in der frühen Neuzeit. Bd. 1. Wiesbaden 1987. S. 203–220.
Foucault, Michel: L'archéologie du savoir. Paris 1969. – [dt.] Archäologie des Wissens. Frankfurt a.M. 1973.
– Dits et écrits. Édition établie sous la direction de Daniel Defert et de François Ewald avec la collaboration de Jacques Lagrange. 4 Bde. Paris 1994.
– Les mots et les choses. Une archéologie des sciences humaines. Paris 1966. – [dt.] Die Ordnung der Dinge. Eine Archäologie der Humanwissenschaften. Frankfurt a.M. 1974.
Franke, Thomas: Ideale Natur aus kontingenter Erfahrung. Johann Joachim Winckelmanns normative Kunstlehre und die empirische Naturwissenschaft. Würzburg 2006.
Freitag, Egon: „Welch ein himmlischer Affekt ist die Freundschaft? Wie schön kann sie edle Seelen bilden?" Christoph Martin Wieland und Johann Jakob Bodmer. In: Ferdinand van Ingen u. Christian Juranek (Hg.): Ars et amicitia. Beiträge zum Thema Freundschaft in Geschichte, Kunst und Literatur. Festschrift für Martin Bircher zum 60. Geburtstag. Amsterdam u.a. 1998, S. 535–549.
Friedell, Egon: Kulturgeschichte der Neuzeit. Die Krisis der Europäischen Seele von der Schwarzen Pest bis zum Ersten Weltkrieg [1928]. Bd. 2. Sonderausgabe in einem Bd. München 2007.
Fueter, Eduard: Geschichte der exakten Wissenschaften in der schweizerischen Aufklärung. Aarau u. Leipzig 1941.
Fuhrmann, Manfred: Friedrich August Wolf. Zur 200. Wiederkehr seines Geburtstages am 15. Februar 1959. In: Deutsche Vierteljahrsschrift für Literaturwissenschaft und Geistesgeschichte 33 (1959), S. 187–236.
– Winckelmann, ein deutsches Symbol. In: Neue Rundschau 83 (1972), S. 265–283.

Fumaroli, Marc: The Republic of Letters. In: Diogenes 36/3 (1988), S. 129–152.
Furtwängler, Adolf: Meisterwerke der griechischen Plastik. Kunstgeschichtliche Untersuchungen. Leipzig u. Berlin 1893.
Gädeke, Nora: Die Werkstatt des Historikers Leibniz: Quellenbegriff – Quellensuche – Quelleneinsatz. In: Dies. (Hg.): Leibniz als Sammler und Herausgeber historischer Quellen. Wiesbaden 2012, S. 7–31.
McGann, Jerome J.: The Textual Condition. Princeton 1991.
Gaudant, Jean u. Geneviève Bouillet: Aux sources de la paléoichthyologie: Les Doléances et revendications des poissons (Piscium Querelae et Vindiciae) de Johann Jakob Scheuchzer (1708). In: Gabriel Gohau (Hg.): De la géologie à son histoire, Ouvrage édité en hommage à François Ellenberger. Paris 1997, S. 37–59.
Geese, Uwe: Antike als Programm. Der Statuenhof des Belvedere im Vatikan. In: Natur und Antike in der Renaissance. Katalog zur Ausstellung im Liebieghaus. Museum alter Plastik Frankfurt a.M. 5. Dezember 1985 bis 2. März 1986. Hg. im Auftrag des Dezernats Kultur und Freizeit der Stadt Frankfurt a.M. v. Herbert Beck u. Peter C. Pol. Frankfurt a.M. 1985, S. 24–50.
Geimer, Peter: Die Vergangenheit der Kunst. Strategien der Nachträglichkeit im 18. Jahrhundert. Weimar 2002.
Gellhaus, Axel: Enthusiasmus und Kalkül. Reflexionen über den Ursprung der Dichtung. München 1995.
Geominy, Wilfried: Zwischen Kennerschaft und Cliché. Römische Kopien und die Geschichte ihrer Bewertung. In: Georg Vogt-Spira u. Bettina Rommel (Hg.): Rezeption und Identität. Die kulturelle Auseinandersetzung Roms mit Griechenland als europäisches Paradigma. Stuttgart 1999, S. 38–59.
Gesche, Inga: Bemerkungen zum Problem der Antikenergänzungen und seiner Bedeutung bei Johann Joachim Winckelmann. In: Herbert Beck u. Peter C. Bol (Hg.): Forschungen zur Villa Albani. Antike Kunst und die Epoche der Aufklärung. Berlin 1982, S. 437–460.
Giard, Jean-Baptiste: Critique de la science des monnaies antiques. In: Journal des Savants (1980), S. 225–245.
– Numismates et antiquaires dans la première moitié du XVIIe siècle. In: Christian Dekesel u. Thomas Stäcker (Hg.): Europäische numismatische Literatur im 17. Jahrhundert. Wiesbaden 2005, S. 39–46.
Gierl, Martin: Bestandsaufnahme im gelehrten Bereich. Zur Entwicklung der „Historia literaria" im 18. Jahrhundert. In: Thomas Behme u.a. (Hg.): Denkhorizonte und Handlungsspielräume. Historische Studien für Rudolf Vierhaus zum 70. Geburtstag. Göttingen 1992, S. 53–80.
– Kompilation und die Produktion von Wissen im 18. Jahrhundert. In: Helmut Zedelmaier u. Martin Mulsow (Hg.): Die Praktiken der Gelehrsamkeit in der Frühen Neuzeit. Tübingen 2001, S. 63–94.
– Pietismus und Aufklärung. Theologische Polemik und die Kommunikationsreform der Wissenschaft am Ende des 17. Jahrhunderts. Göttingen 1997.

Giesecke, Michael: Der Buchdruck in der frühen Neuzeit. Eine historische Fallstudie über die Durchsetzung neuer Informations- und Kommunikationstechnologien. Mit einem Nachwort zur Taschenbuchausgabe 1998. Frankfurt a.M. 1998.

Ginzburg, Carlo: Holzaugen. Über Nähe und Distanz. Aus dem Italienischen v. Renate Heimbucher. Berlin 1999.

Giuriato, Davide u. Stephan Kammer: Die graphische Dimension der Literatur? Zur Einleitung. In: Dies. (Hg.): Bilder der Handschrift. Die graphische Dimension der Literatur. Basel u. Frankfurt a.M. 2006, S. 7–24.

Godoy Alcántara, José: Historia crítica de los falsos cronicones. Madrid 1981 [ND der Ausg. Madrid 1868].

Goebel, Eckart: Charis und Charisma. Grazie und Gewalt von Winckelmann bis Heidegger. Berlin 2006.

Goldgar, Anne: Impolite Learning. Conduct and Community in the Republic of Letters 1680–1750. New Haven u. London 1995.

Goodman, Nelson: Sprachen der Kunst. Entwurf einer Symboltheorie. Frankfurt a.M. 1995.

Gould, Stephen Jay: Die Entdeckung der Tiefenzeit. Zeitpfeil und Zeitzyklus in der Geschichte unserer Erde. Aus dem Amerik. v. Holger Fließbach. München u. Wien 1990.

McGowan, Margaret M.: Unwillkürliches Gedächtnis – Rom-Erfahrungen in der Spät-Renaissance. In: Aleida Assmann, Monika Gomille u. Gabriele Rippl (Hg.): Ruinenbilder. München 2002, S. 17–30.0

Grafton, Anthony: Forgers and Critics. Creativity and duplicity in western scholarship. Princeton 1990. – [dt.] Fälscher und Kritiker. Der Betrug in der Wissenschaft. Berlin 1991.

– Jean Hardouin: The Antiquary as Pariah. In: Journal of the Warburg and Courtauld Institutes 62 (1999), S. 241–267.

– Prolegomena to Friedrich August Wolf. In: Journal of the Warburg and Courtauld Institutes 44 (1981), S. 101–129.

Gramaccini, Norberto: Mirabilia. Das Nachleben antiker Statuen vor der Renaissance. Mainz 1996.

Greenhalgh, Michael: The Survival of Roman Antiquities in the Middle Ages. London 1989.

Grimm, Gunter E.: Von der Kunst zum Leben. Zum Paradigmenwechsel in der deutschen Italienwahrnehmung des 18. Jahrhunderts. Lessing – Herder – Heinse – Seume. In: Goethezeitportal (2003). URL:
   http://www.goethezeitportal.de/fileadmin/PDF/wissen/projekte-pool/italien/grimm_dt_italienreisen.pdf [2.11.2016].

– Letternkultur. Wissenschaftskritik und antigelehrtes Dichten in Deutschland von der Renaissance bis zum Sturm und Drang. Tübingen 1998.

– Literatur und Gelehrtentum in Deutschland. Untersuchungen zum Wandel ihres Verhältnisses vom Humanismus bis zur Frühaufklärung. Tübingen 1983.

Groh, Dieter: Die verschwörungstheoretische Versuchung oder: Why do bad things happen to good people? In: Ders.: Anthropologische Dimensionen der Geschichte. Frankfurt a.M. 1992, S. 267–304.
Groh, Ruth u. Dieter Groh: Religiöse Wurzeln der ökologischen Krise. Naturteleologie und Geschichtsoptimismus in der frühen Neuzeit. In: Dies.: Weltbild und Naturaneignung. Zur Kulturgeschichte der Natur. Frankfurt a.M. 1991, S. 11–91.
– Von den schrecklichen zu den erhabenen Bergen. In: Dies.: Weltbild und Naturaneignung. Zur Kulturgeschichte der Natur. Frankfurt a.M. 1991, S. 92–149.
Grubmüller, Klaus u.a.: Spätmittelalterliche Prosaforschung. DFG-Forschergruppe-Programm am Seminar für deutsche Philologie der Universität Würzburg. In: Jahrbuch für internationale Germanistik 5/1 (1973), S. 156–176.
Grunert, Frank: Antiklerikalismus und christlicher Anspruch im Werk von Christian Thomasius. In: Jean Mondot (Hg.): Der Kampf der Aufklärung. Kirchenkritik und Religionskritik zur Aufklärungszeit. Berlin 2004, S. 39–56.
Grunert, Frank u. Friedrich Vollhardt (Hg.): Historia literaria. Neuordnungen des Wissens im 17. und 18. Jahrhundert. Berlin 2007.
Guenée, Bernard: Authentique et approuvé: Recherches sur les principes de la critique historique du Moyen Age. In: Ders.: Politique et histoire en Moyen Age. Recueil d'articles sur l'histoire politique et l'histoirographie médiévale. Paris 1981, S. 163–189.
– Die Macht der Philologie. Über einen verborgenen Impuls im wissenschaftlichen Umgang mit Texten. Frankfurt a.M. 2003.
Gundolf, Friedrich: Anfänge deutscher Geschichtsschreibung von Tschudi bis Winckelmann. Aufgrund nachgelassener Schriften Friedrich Gundolfs bearb. u. hg. v. Edgar Wind. Mit einem Nachwort zur Neuausgabe v. Ulrich Raulff. Frankfurt a.M. 1992.

Haas, Wolfdieter: Welt im Wandel. Das Hochmittelalter. Stuttgart 2002.
Haberland, Irene: Jonathan Richardson (1666–1745). Die Begründung der Kunstkennerschaft. Münster 1991.
Häfner, Ralph: Noah, Deukalion und das fossile Seepferdchen. Spurensuche im Schwemmland frühneuzeitlicher Komparatistik. In: Martin Mulsow u. Jan Assmann (Hg.): Sintflut und Gedächtnis. Erinnern und Vergessen des Ursprungs. München 2006, S. 225–248.
Hagen, Hermann: Ueber Litterarische Fälschungen. Hamburg 1889.
Hagerty, Miguel José (Hg.): Los libros plúmbeos del Sacromonte. Madrid 1980.
Hahn, Alois: Konstruktionen des Selbst, der Welt und der Geschichte. Aufsätze zur Kultursoziologie. Frankfurt a.M. 2000.
– Soziologie des Sammlers. In: Norbert Hinske u. Manfred J. Müller (Hg.): Sammeln – Kulturtat oder Marotte. Trier 1984, S. 11–19.
Halsall, Albert W.: Art. Apostrophe. In: Historisches Wörterbuch der Rhetorik. Hg. v. Gert Ueding. Bd. 1. Tübingen 1992, Sp. 830–836.

Harms, Wolfgang: Des Winsbeckes Genius. Zur Einschätzung didaktischer Poesie des deutschen Mittelalters im 17. und 18. Jahrhundert. In: Peter Wapnewski (Hg.): Mittelalter-Rezeption. Ein Symposion. Stuttgart 1986, S. 46–59.

von Harnack, Adolf: Dogmengeschichte. 6. Aufl. Tübingen 1991 [ND der Ausg. Tübingen 1922].

Harrison, Peter: Newtonian Science, Miracles, and the Laws of Nature. In: Journal of the History of Ideas 56 (1995), S. 531–553.

Haskell, Francis u. Nicholas Penny: Taste and the Antique. The Lure of Classical Sculpture 1500–1900 [1981]. 5. Aufl. New Haven u. London 1998.

Hasse, Carl: Antike Bildwerke. Venus von Milo – Ilioneus – Torso vom Belvedere – Torso von Subiaco. Straßburg 1911.

Haverkamp, Anselm u. Renate Lachmann: Text als Mnemotechnik – Panorama einer Diskussion. In: Dies. (Hg.): Gedächtniskunst: Raum – Bild – Schrift. Studien zur Mnemotechnik. Frankfurt a.M. 1991, S. 7–21.

Hazard, Paul: La crise de la conscience européenne 1680–1715 [1935]. Paris 1961.

Heenes, Volker: Antike in Bildern. Illustrationen in antiquarischen Werken des 16. und 17. Jahrhunderts. Stendal 2003.

Heeren, Arnold Hermann Ludwig: Christian Gottlob Heyne. Biographisch dargestellt. In: Historische Werke. 6. Theil: Biographische und litterarische Denkschriften. Göttingen 1823, S. 1–430.

te Heesen, Anke: Der Zeitungsausschnitt. Ein Papierobjekt der Moderne. Frankfurt a.M. 2006.

te Heesen, Anke u. E. C. Spary: Sammeln als Wissen. In: Dies. (Hg.): Sammeln als Wissen. Das Sammeln und seine wissenschaftsgeschichtliche Bedeutung. Göttingen 2001, S. 7–21.

Heldmann, Georg: Von der Wiederentdeckung der antiken Literatur zu den Anfängen methodischer Textkritik. In: Egert Pöhlmann (Hg.): Einführung in die Überlieferungsgeschichte und Textkritik der antiken Literatur. Bd. 2: Mittelalter und Neuzeit. Mit Beiträgen von Christian Gastgeber, Paul Klopsch und Georg Heldmann. Darmstadt 2003, S. 97–135.

Hentschel, Uwe: Der Fall Bodmer[s]. In: Wirkendes Wort 50 (2000), S. 5–16.

Heres, Gerald: Jupiter und Ganymed, „das schönste Gemälde aus dem Altertum". In: Schriften der Winckelmann-Gesellschaft 7 (1977), S. 68–79.

Herklotz, Ingo: Arnaldo Momigliano's „Ancient History and the Antiquarian": A Critical Review. In: Peter N. Miller (Hg.): Momigliano and Antiquarianism. Foundations of the Modern Cultural Sciences. Toronto 2007, S. 127–153.

Heyl, Christoph: Lusus Naturae und Lusus Scientiae im ältesten öffentlich zugängigen Kuriositätenkabinett Englands. In: Marie Theres Federhofer (Hg.): Cardanus. Jahrbuch für Wissenschaftsgeschichte 6 (2006): Naturspiele. Beiträge zu einem naturhistorischen Konzept der Frühen Neuzeit., S. 23–44.

Hölder, Helmut: Geologie und Paläontologie in Texten und ihrer Geschichte. Freiburg u. München 1960.

Hofter, Mathias René: Die Sinnlichkeit des Ideals. Zur Begründung von Johann Joachim Winckelmanns Archäologie. Stendal 2008.

Hordorff, Arthur: Untersuchungen zu „Edward Grandisons Geschichte in Görlitz".
In: Euphorion 18 (1911), S. 68–89, 381–406, 634–657 u. 19 (1912), S. 66–91.
Horch, Hans Otto u. Georg-Michael Schulz: Das Wunderbare und die Poetik der Frühaufklärung. Gottsched und die Schweizer. Darmstadt 1988.
Hugi, Walther: Professor Johann Samuel Ith von Bern 1747–1813. Beitrag zur Bernischen Schul- und Gelehrtengeschichte. Langensalza 1922.
Hummel, Pascale: Mœurs érudites. Études sur la micrologie littéraire (Allemagne, XVIe–XVIIIe siècles). Genève 2002.

Impey, Oliver u. Arthur MacGregor (Hg.): The Origins of Museums. The Cabinet of Curiosities in Sixteenth and Seventeenth-century Europe. Oxford 1985.

Jaumann, Herbert: Jakob Friedrich Reimmanns Bayle-Kritik und das Konzept der „Historia literaria". Mit einem Anhang über Reimmanns Periodisierung der deutschen Literaturgeschichte. In: Martin Mulsow u. Helmut Zedelmaier (Hg.): Skepsis, Providenz, Polyhistorie. Jakob Friedrich Reimmann (1668–1743). Tübingen 1998, S. 200–213.
– Memoria in der Auseinandersetzung zwischen érudition und science im 17. Jahrhundert. In: Jörg Jochen Berns u. Wolfgang Neuber (Hg.): Ars memorativa. Zur kulturgeschichtlichen Bedeutung der Gedächtniskunst 1400–1750. Tübingen 1993, S. 286–296.
– Was ist ein Polyhistor? Gehversuche auf einem verlassenen Terrain. In: Studia Leibnitiana 22 (1990), S. 76–89.
Jauß, Hans Robert: Ästhetische Normen und geschichtliche Reflexion in der „Querelle des Anciens et des Modernes". Sonderdruck der Einleitung zur Neuausgabe von Perraults „Parallèle des Anciens et des Modernes". München 1964.
Justi, Carl: Winckelmann und seine Zeitgenossen [1866–1872]. 3 Bde. 3. Aufl. Leipzig 1923.

Kammer, Stephan: Interferenzen und Korrektive. Die Problematik des Kanons in textkritischer und kulturwissenschaftlicher Perspektive. In: Rüdiger Nutt-Kofoth u.a. (Hg.): Text und Edition. Positionen und Perspektiven. Berlin 2000, S. 303–321.
– Konjekturen machen (1700–1760). Zur Genealogie eines philologischen Verfahrens. In: Anne Bohnenkamp u.a. (Hg.): Konjektur und Krux. Göttingen 2010, S. 53–84.
– Reflexionen der Hand. Zur Poetologie der Differenz von Schreiben und Schrift. In: Davide Giuriato u. Stephan Kammer (Hg.): Bilder der Handschrift. Die graphische Dimension der Literatur. Basel u. Frankfurt a.M. 2006, S. 131–161.
– Das Stigma des Dokumentarischen. Zum historischen Apriori philologischer Materialverachtung. In: Wolfgang Lukas u. Rüdiger Nutt-Kofoth (Hg.): Text – Material – Medium. Berlin 2012, S. 53–63.
Kantorowicz, Ernst: Kaiser Friedrich der Zweite [1927]. Stuttgart 1985.

Kanz, Roland: Giovanni Battista Casanova (1730–1795). Eine Künstlerkarriere in Rom und Dresden. München 2008.
Kapitza, Peter K.: Ein bürgerlicher Krieg in der gelehrten Welt. Zur Geschichte der Querelle des Anciens et des Modernes in Deutschland. München 1981.
Kempe, Michael: Die Gedächtnisspur der Berge und Fossilien. Johann Jakob Scheuchzers Sintfluttheorie als Theologie der Erdgeschichte. In: Martin Mulsow u. Jan Assmann (Hg.): Sintflut und Gedächtnis. Erinnern und Vergessen des Ursprungs. München 2006, S. 199–222.
– Wissenschaft, Theologie, Aufklärung. Johann Jakob Scheuchzer (1672–1733) und die Sintfluttheorie. Epfendorf 2003.
Kempe, Michael u. Thomas Maissen: Die Collegia der Insulaner, Vertraulichen und Wohlgesinnten in Zürich 1679–1709. Die ersten deutschsprachigen Aufklärungsgesellschaften zwischen Naturwissenschaften, Bibelkritik, Geschichte und Politik. Zürich 2002.
Kiening, Christian: Zwischen Körper und Schrift. Texte vor dem Zeitalter der Literatur. Frankfurt a.M. 2003.
Kittler, Friedrich A.: Aufschreibesysteme 1800–1900 [1985]. 4. vollst. überarb. Neuaufl. München 2003.
Kenney, Edward John: The Classical Text. Aspects of Editing in the Age of the Printed Book. Berkeley u.a. 1974.
Knight, Dorothy: Thomas Blackwell and J. J. Bodmer: The Establishment of a Literary Link between Homeric Greece and Medieval Germany. In: German Life and Letters 6 (1952/53), S. 249–258.
Koch, Thomas: Literarische Menschendarstellung. Studien zu ihrer Theorie und Praxis. Tübingen 1991.
van Koningsveld, Pieter Sjoerd u. Gerard Albert Wiegers: The Parchment of the „Torre Turpiana": The Original Document and its Early Interpreters. In: Al-Qantara 14 (2003), S. 327–358.
Koschorke, Albrecht: Körperströme und Schriftverkehr. Mediologie des 18. Jahrhunderts. 2. Aufl. München 2003.
– Die Verschriftlichung der Liebe und ihre empfindsamen Folgen. Zu Modellen erotischer Autorschaft bei Gleim, Lessing und Klopstock. In: Paul Goetsch (Hg.): Lesen und Schreiben im 17. und 18. Jahrhundert. Tübingen 1994, S. 251–264.
Košenina, Alexander: Anthropologie und Schauspielkunst. Studien zur „eloquentia corporis" im 18. Jahrhundert. Tübingen 1995.
Krajewski, Markus: ZettelWirtschaft. Die Geburt der Kartei aus dem Geiste der Bibliothek. Berlin 2002.
Krebs, Christopher B.: Negotiatio Germaniae. Tacitus' Germania und Enea Silvio Piccolomini, Giannantonio Campano, Conrad Celtis und Heinrich Bebel. Göttingen 2005.
Kreuzer, Irmgard: Studien zu Winckelmanns Aesthetik. Normativität und historisches Bewußtsein. Berlin 1959.

Kubler, George: Die Form der Zeit. Anmerkungen zur Geschichte der Dinge. Übers. v. Bettina Blumenberg mit einer Einleitung v. Gottfried Boehm. Frankfurt a.M. 1982.

Kühlmann, Wilhelm: Gelehrtenrepublik und Fürstenstaat. Entwicklung und Kritik des deutschen Späthumanismus in der Literatur des Barockzeitalters. Tübingen 1982.

Kühlmann, Wilhelm u. Joachim Telle: Einleitung. In: Dies. (Hg.): Oswaldus Crollius: De signaturis internis rerum. Die lat. Editio princeps (1609) und die dt. Erstübersetzung (1623). Stuttgart 1996, S. 1–40.

Kunze, Max: Giovanni Battista Casanova contra Winckelmann. In: Zwischen Original und Fälschung: Zur Ambivalenz der Nachahmung in der Antikenrezeption. Fünftes Heft des Arbeitskreises für Theorie und Geschichte der Kunstgeschichtsschreibung. Stendal 2006, S. 46–56.

– Neue Forschungen zu Winckelmann. Ein Literaturbericht. In: Thomas W. Gaehtgens (Hg.): Johann Joachim Winckelmann 1717–1768. Hamburg 1986, S. 11–30.

Laeven, Augustinus H.: De „Acta Eruditorum" onder redactie van Otto Mencke. De geschiedenis van een internationaal geleerdenperiodiek tussen 1682 en 1707. Amsterdam u.a. 1986.

Latour, Bruno: Eine neue Soziologie für eine neue Gesellschaft. Einführung in die Akteur-Netzwerk-Theorie. Frankfurt a.M. 2007.

Latour, Bruno u. Steve Woolgar: Laboratory Life. The Construction of Scientific Facts. Beverley Hills u.a. 1979.

Lehmann, Paul: Einteilung und Datierung nach Jahrhunderten. In: Ders.: Erforschung des Mittelalters. Ausgewählte Abhandlungen und Aufsätze. Bd. 1. Stuttgart 1959 [ND der Ausg. Stuttgart 1941], S. 114–129.

Lehmann-Brauns, Sicco: Neukonturierung und methodische Reflexion der Wissenschaftsgeschichte. Heumanns Conspectus reipublicae literariae als Lehrbuch der aufgeklärten Historia literaria. In: Frank Grunert u. Friedrich Vollhardt (Hg.): Historia literaria. Neuordnungen des Wissens im 17. und 18. Jahrhundert. Berlin 2007, S. 129–160.

Leibrock, Felix: Aufklärung und Mittelalter. Bodmer, Gottsched und die mittelalterliche deutsche Literatur. Frankfurt a.M. u.a. 1988.

Leinkauf, Thomas: Beobachtungen zur Rezeption patristischer Autoren in der frühen Neuzeit. In: Günter Frank, Thomas Leinkauf u. Markus Wriedt (Hg.): Die Patristik in der frühen Neuzeit. Die Relektüre der Kirchenväter in den Wissenschaften des 15. bis 18. Jahrhunderts. Stuttgart-Bad Cannstatt 2006, S. 191–207.

Lemburg-Ruppelt, Edith: Zur Quellendiskussion im 16. und 17. Jahrhundert – Zäsur oder Tradierung. In: Christian Dekesel u. Thomas Stäcker (Hg.): Europäische numismatische Literatur im 17. Jahrhundert. Wiesbaden 2005, S. 89–99.

Lempicki, Sigmund von: Geschichte der deutschen Literaturwissenschaft bis zum Ende des 18. Jahrhunderts. 2., durchgesehene, um ein Sach- und Personen-

register sowie ein chronologisches Werkverzeichnis vermehrte Aufl. Göttingen 1968.
Le Normand-Romain, Antoinette: Der Torso vom Belvedere. In: Das Fragment – Der Körper in Stücken, Katalog zur Ausstellung in der Schirn Kunsthalle Frankfurt. 24. Juni bis 26. August 1990. Frankfurt a.M. 1990, S. 99–115.
Lentz, Matthias: Konflikt, Ehre, Ordnung. Untersuchungen zu den Schmähbriefen und Schandbildern des späten Mittelalters und der frühen Neuzeit. Hannover 2004.
Lepenies, Wolf: Autoren und Wissenschaftler im 18. Jahrhundert. Buffon, Linné, Winckelmann, Georg Forster, Erasmus Darwin. München 1988.
– Das Ende der Naturgeschichte. Wandel kultureller Selbstverständlichkeiten in den Wissenschaften des 18. und 19. Jahrhunderts. München u. Wien 1976.
Lesser-Sherman, Ursula: Rom in der deutschsprachigen Literatur des Mittelalters. Diss. University of Pennsylvania 1974.
Leu, Urs B.: Geschichte der Paläontologie in Zürich. In: Paläontologie in Zürich. Fossilien und ihre Erforschung in Geschichte und Gegenwart. Zoologisches Museum der Universität Zürich. Zürich 1999, S. 11–76.
Lévi, Éliphas [Alphonse-Louis Constant]: Histoire de la magie, avec une exposition claire et précise de ses procédés, de ses rites et de ses mystères. Paris 1860.
Ligota C. R.: From Philology to History: Ancient Historiography between Humanism and Enlightenment. In: M. H. Crawford u. C. R. Ligota (Hg.): Ancient History and the Antiquarian. Essays in Memory of Arnaldo Momigliano. London 1995, S. 105–115.
Lippold, Georg: Kopien und Umbildungen griechischer Statuen. München 1923.
Lütteken, Anett u. Barbara Mahlmann-Bauer (Hg.): Bodmer und Breitinger im Netzwerk der europäischen Aufklärung. Göttingen 2009.
Luhmann, Niklas: Die Kunst der Gesellschaft. Frankfurt a.M. 1995.
– Liebe als Passion. Zur Codierung von Intimität. Frankfurt a.M. 1982.
Luserke, Matthias: Die Bändigung der wilden Seele. Literatur und Leidenschaft in der Aufklärung. Stuttgart u. Weimar 1995.

Maas, Paul: Textkritik. 4. Aufl. Leipzig 1960.
Maek-Gérard, Eva: Die Antike in der Kunsttheorie des 18. Jahrhunderts. In: Herbert Beck u. Peter C. Bol (Hg.): Forschungen zur Villa Albani. Antike Kunst und die Epoche der Aufklärung. Berlin 1982, S. 1–58.
Magnier, Grace: Sobre el pergamino y láminas de Granada. Introduction. In: Ders. (Hg.): Pedro de Valencia, Sobre el pergamino y láminas de Granada. Bern u.a. 2006, S. xvii–lxi.
Maguinness, W.S.: Bentley as Man and Scholar. In: Proceedings of the Leeds Philosophical and Literary Society. Literary and Historical Section 10 (1963). Part III: The Bentley Commemorative Lectures Delivered to the Classical Association at The Leeds University. Leeds, in April 1962, S. 93–103.
Mantion, Jean-Rémy: Findet die Kunstgeschichte statt – hat die Kunstgeschichte einen Ort? Winckelmann seit Rom. In: Winckelmann: Die Geburt der Kunstge-

schichte im Zeitalter der Aufklärung. Beiträge einer Vortragsreihe im Auditorium des Louvre 1989/1990 unter der wissenschaftlichen Leitung von Édouard Pommier. Stendal 1994, S. 127–142.

Martens, Wolfgang: Die Botschaft der Tugend. Die Aufklärung im Spiegel der deutschen Moralischen Wochenschriften. Stuttgart 1968.

Martini, Giuseppe: Le stravaganze critiche di padre Jean Hardouin. In: Scritti di paleografia e diplomatica in onore di Vincenzo Federici. Firenze 1944, S. 349–364.

Mauz, Andreas: Machtworte, Macharten. Zur Pragmatik des Begriffs des „heiligen Textes" und Probleme seiner poetologischen Konturierung. In: TRANS. Internet-Zeitschrift für Kulturwissenschaften 16 (2006) URL: http://www.inst.at/trans/16Nr/06_7/mauz16.htm [2.11.2016].

Merker, Erna: Art. Bardendichtung. In: Werner Kohlschmidt u. Wolfgang Mohr (Hg.): Reallexikon der deutschen Literaturgeschichte. Begründet v. Paul Merker u. Wolfgang Stammler. 2. Aufl. [...]. Bd. 1. Berlin 1958, S. 130–134.

Mertens, Volker: Bodmer und die Folgen. In: Gerd Althoff (Hg.): Die Deutschen und ihr Mittelalter. Themen und Funktionen moderner Geschichtsbilder vom Mittelalter. Darmstadt 1992, S. 55–80 u. 186–193.

– Bodmers Murmeltier. Möglichkeiten und Grenzen der Minnesangrezeption im 18. Jahrhundert. In: Wolfgang Haubrichs u. Manfred Engel (Hg.): LiLi. Zeitschrift für Literaturwissenschaft und Linguistik. Heft 151 (2009): Erfindung des Mittelalters, S. 52–63.

Metzger, Stefan: Die Konjektur des Organismus. Wahrscheinlichkeitsdenken und Performanz im späten 18. Jahrhundert. München 2002.

Miedema, Nine Robijntje: Die „Mirabilia Romae". Untersuchungen zu ihrer Überlieferung mit Edition der deutschen und niederländischen Texte. Tübingen 1996.

Milhou, Alain: Die Iberische Halbinsel. In: Die Geschichte des Christentums. Religion, Politik, Kultur. Hg. v. Jean-Marie Mayeur u.a. Dt. Ausgabe hg. v. Norbert Brox u.a. Bd. 8: Die Zeit der Konfessionen (1530–1620/30). Hg. v. Marc Venard. Dt. Ausgabe bearb. u. hg. v. Heribert Smolinsky. Freiburg u.a. 1992, S. 662–739.

Miller, Norbert: „Das ganze schöne, magische, klassische Land unter einem Blick...". Die Kavaliersreisen: Wahrnehmung als Erinnerung. In: Daidalos. Architektur – Kunst – Kultur 58 (1995), S. 52–63.

Miller, Norbert (Hg.): Jean Paul. Sämtliche Werke, Abt. I. Bd. 1, München 1960.

Miller, Peter N. (Hg.): Momigliano and Antiquarianism. Foundations of the Modern Cultural Sciences. Toronto 2007.

– Peiresc's Europe. Learning and Virtue in the Seventeenth Century. New Haven u. London 2000.

– Peiresc's History of Provence. Antiquarianism and the Discovery of a Medieval Mediterranean. Philadelphia 2011.

Momigliano, Arnaldo: Ancient History and the Antiquarian. In: Journal of the Warburg and Courtauld Institutes 13 (1950), S. 285–315.

– The Classical Foundations of Modern Historiography. Berkeley u.a. 1990.

Mommsen, Theodor: Die Scriptores historiae Augustae [1890]. In: Gesammelte Schriften. Bd. 7. S. 302–362.
Moormann, Eric Maria: „... und dieser Esel ist hier das gelehrteste." Winckelmann und die antike Wandmalerei. Stendal 1995.
Moscovici, Serge: The Conspiracy Mentality. In: Carl F. Graumann u. Serge Moscovici (Hg.): Changing Conceptions of Conspiracy. New York u.a. 1987, S. 151–169.
von Moos, Peter: Hildebert von Lavardin 1056–1133. Humanitas an der Schwelle des höfischen Zeitalters. Stuttgart 1965.
Müller, Jan-Dirk: J. J. Bodmers Poetik und die Wiederentdeckung mittelhochdeutscher Epen. In: Euphorion 71 (1977), S. 336–352.
Müller, Urs: Feldkontakte, Kulturtransfer, kulturelle Teilhabe. Winckelmanns Beitrag zur Etablierung des deutschen intellektuellen Felds durch den Transfer der Querelle des anciens et des modernes. 2 Bde. Leipzig 2005.
Müsch, Irmgard: Geheiligte Naturwissenschaft. Die Kupfer-Bibel des Johann Jakob Scheuchzer. Göttingen 2000.
Mulsow, Martin (Hg.): Die drei Ringe. Toleranz und clandestine Gelehrsamkeit bei Mathurin Veyssière La Croze (1661–1739). Tübingen 2001.
– Johann Lorenz Mosheim (1693–1755). Theologie im Spannungsfeld von Philosophie, Philologie und Geschichte. Wiesbaden 1997.
– Moderne aus dem Untergrund. Radikale Frühaufklärung in Deutschland 1680–1720. Hamburg 2002.
– Die Paradoxien der Vernunft. Rekonstruktion einer verleugneten Phase in Reimmanns Denken. In: Ders. u. Helmut Zedelmaier (Hg.): Skepsis, Providenz, Polyhistorie. Jakob Friedrich Reimmann (1668–1743). Tübingen 1998, S. 15–59.
– Prekäres Wissen. Eine andere Ideengeschichte der Frühen Neuzeit. Berlin 2012.
– Subversive Kommentierung. Burleske Kommentarparodien, Gegenkommentare und Libertinismus in der frühen Neuzeit. In: Ralph Häfner u. Markus Völkel (Hg.): Der Kommentar in der Frühen Neuzeit. Tübingen 2006, S. 133–160.
Mulsow, Martin u. Jan Assmann (Hg.): Sintflut und Gedächtnis. Erinnern und Vergessen des Ursprungs. München 2006.
Mulsow, Martin u. Helmut Zedelmaier (Hg.): Skepsis, Providenz, Polyhistorie. Jakob Friedrich Reimmann (1668–1743). Tübingen 1998.

Nash, Richard: John Craige's Mathematical Principles of Christian Theology. Carbondale u. Edwardsville 1991.
Neumann, Bernd: Die verhinderte Wissenschaft. Zur Erforschung Altdeutscher Sprache und Literatur in der „vorwissenschaftlichen" Phase. In: Peter Wapnewski (Hg.): Mittelalter-Rezeption. Ein Symposion. Stuttgart 1986, S. 105–118.
Neumeister, Sebastian: Kaspar Schoppe im Urteil der Aufklärung (Pierre Bayle). In: Kaspar Schoppe (1576–1649). Philologe im Dienste der Gegenreformation. Beiträge zur Gelehrtenkultur des europäischen Späthumanismus. In: Forschungen zur Frühen Neuzeit 2/3–4 [1998], S. 380–390.

Neumeister, Sebastian u. Conrad Wiedemann (Hg.): Res Publica Litteraria. Die Institutionen der Gelehrsamkeit in der frühen Neuzeit. 2 Bde., Wiesbaden 1987.
Neveu, Bruno: Archéolatrie et modernité dans le savoir ecclésiastique au XVIIe siècle. In: XVIIe siècle 33 (1981), S. 169–184.
Nichols, Stephen G.: Introduction: Philology in a Manuscript Culture. In: Speculum 65 (1990), S. 1–10.
- Why Material Philology? In: Helmut Tervooren u. Horst Wenzel (Hg.): Philologie als Textwissenschaft. Alte und neue Horizonte. Sonderheft Zeitschrift für deutsche Philologie 116 (1997), S. 10–30.
Niederehe, Hans-Josef u. Brigitte Schlieben-Lange (Hg.): Die Frühgeschichte der romanischen Philologie. Von Dante bis Diez. Tübingen 1987.
Niethammer, Lutz: Diesseits des „Floating Gap". Das kollektive Gedächtnis und die Konstruktion von Identität im wissenschaftlichen Diskurs. In: Kirstin Platt u. Mihran Dabag (Hg.): Generation und Gedächtnis. Erinnerungen und kollektive Identitäten. Opladen 1995, S. 25–50.

Oexle, Otto Gerhard: Das entzweite Mittelalter. In: Gerd Althoff (Hg.): Die Deutschen und ihr Mittelalter. Themen und Funktionen moderner Geschichtsbilder vom Mittelalter. Darmstadt 1992, S. 7–28 u. 168–177.
van Ooteghem, J., S. J.: Un commentateur extravagant d'Horace: le Père Hardouin. In: Les études classiques 13 (1945), S. 222–235.
Ortalli, Gherardo: Pingatur in palatio. La pittura infamante nei secoli XIII-XVI. Roma 1979.
Osterkamp, Ernst: Johann Joachim Winckelmanns Beschreibungen der Statuen im Belvedere in der „Geschichte der Kunst des Altertums". Text und Kontext. In: Matthias Winner, Bernard Andreae u. Carlo Pietrangeli (Hg.): Il Cortile delle Statue. Der Statuenhof des Belvedere im Vatikan. Akten des internationalen Kongresses zu Ehren von Richard Krautheimer. Rom, 21.–23. Oktober 1992. Mainz 1998, S. 443–458.
- Johann Joachim Winckelmanns „Heftigkeit im Reden und Richten". Zur Funktion der Polemik in Leben und Werk des Archäologen. Stendal 1996.
- „Vixi". Spiegelungen von Carl Justis Italienerfahrung in seiner Biographie Johann Joachim Winckelmanns. In: Helmut Pfotenhauer (Hg.): Kunstliteratur als Italienerfahrung. Tübingen 1991, S. 242–261.
- Winckelmann in Rom. Aspekte adressatenbezogener Selbstdarstellung. In: Conrad Wiedemann (Hg.): Rom – Paris – London. Erfahrung und Selbsterfahrung deutscher Schriftsteller und Künstler in den fremden Metropolen. Ein Symposion. Stuttgart 1988, S. 203–230.

Panofsky, Erwin: Idea. Ein Beitrag zur Begriffsgeschichte der älteren Kunsttheorie [1924/1959]. 6., unveränd. Aufl. Berlin 1989.
- Renaissance und „Renaissancen". In: Ders.: Die Renaissancen der europäischen Kunst. Übers. v. Horst Günther. Frankfurt a.M. 1990, S. 55–117.
Paschoud, François: Roma Aeterna. Études sur le patriotisme romain dans l'occident latin à l'époque des grandes invasions. Genève 1967.

Pasquali, Giorgio: Rez. zu: Paul Maas, Textkritik. Leipzig u. Berlin 1927 [1929]. In: Fritz Bornmann, Giovanni Pasucci u. Sebastiano Timpanaro (Hg.): Giorgio Pasquali: Scritti filologici. Bd. 2: Letteratura latina – cultura contemporanea – recensioni. Firenze 1986, S. 867–914.
- Storia della tradizione e critica del testo [1934]. Firenze 1988.

Paul, Eberhard: Gefälschte Antike. Von der Renaissance bis zur Gegenwart. Leipzig 1981.

Pelzel, Thomas: Winckelmann, Mengs and Casanova. A Reappraisal of a Famus Eighteenth-Century Forgery. In: The Art Bulletin 54 (1972), S. 301–315.

Petri, Manfred: Die Urvolkhypothese. Ein Beitrag zum Geschichtsdenken der Spätaufklärung und des deutschen Idealismus. Berlin 1990.

Pfaff, Friedrich (Hg.): Die Große Heidelberger Liederhandschrift (Codex Manesse). In getreuem Textabdruck. 2., verb. u. erg. Aufl., bearb. v. Hellmut Salowski. Heidelberg 1984.

Pfalzgraf, Annegret: Eine deutsche Ilias? Homer und das „Nibelungenlied" bei Johann Jakob Bodmer. Zu den Anfängen der nationalen Nibelungen-Rezeption im 18. Jahrhundert. Marburg 2003.

Pfeiffer, Rudolf: Die Klassische Philologie von Petrarca bis Mommsen. München 1982.

Philologia perennis. Festrede gehalten in der öffentlichen Sitzung der Bayerischen Akademie der Wissenschaften in München am 3. Dezember 1960. München 1961.

Pfotenhauer, Helmut u. Norbert Miller: Winckelmann, Mengs, Heinse. In: Dies. (Hg.): Frühklassizismus. Position und Opposition: Winckelmann, Mengs, Heinse. Frankfurt a.M. 1995, S. 325–335.

Pomian, Krzysztof: Collectionneurs, amateurs et curieux. Paris, Venise: XVIe-XVIIIe siècle. Paris 1987.
- Für eine Geschichte der Semiophoren. Anmerkungen zu den Vasen aus den Medici-Sammlungen. In: Ders.: Der Ursprung des Museums. Vom Sammeln. Aus dem Französischen von Gustav Roßler. Berlin 1988, S. 73–90.
- Médailles/coquilles = érudition/philosophie. In: Studies on Voltaire and the Eighteenth Century 154 (1976), S. 1677–1703.
- Sammlungen – eine historische Typologie. In: Andreas Grote (Hg.): Macrocosmos in Microcosmo. Die Welt in der Stube. Zur Geschichte des Sammelns 1450 bis 1800. Opladen 1994, S. 107–126.

Pompe, Hedwig: Zeitung/Kommunikation. Zur Rekonfiguration von Wissen. In: Jürgen Fohrmann (Hg.): Gelehrte Kommunikation. Wissenschaft und Medium zwischen dem 16. und 20. Jahrhundert. Wien, Köln u. Weimar 2005, S. 157–321.

Pompe, Hedwig u. Leander Scholz (Hg.): Archivprozesse. Die Kommunikation der Aufbewahrung. Köln 2002.

Popkin, Richard H.: Isaac La Peyrère (1596–1676). His Life, Work and Influence. Leiden u.a. 1987.
- Spinoza and Bible scholarship. In: Don Garrett (Hg.): The Cambridge Companion to Spinoza. Cambridge u.a. 1996, S. 383–407.

Pott, Hans Julius: Harfe und Hain. Die deutsche Bardendichtung des 18. Jahrhunderts. Diss. Bonn 1976.
Pott, Martin: Aufklärung und Aberglaube. Die deutsche Frühaufklärung im Spiegel ihrer Aberglaubenskritik. Tübingen 1992.
Potts, Alex D.: Disparities between Part and Whole in the Description of Works of Art. In: John Bender u. Michael Marrinan (Hg.): Regimes of Description. In the Archive of the Eighteenth Century. Stanford 2005, S. 135–150.
– Flesh and the Ideal. Winckelmann and the Origins of Art History. New Haven u. London 1994.
– Greek Sculpture and Roman Copies I: Anton Raphael Mengs and the Eighteenth Century. In: Journal of the Warburg and Courtauld Institute 43 (1980), S. 150–173.
– Leben und Tod des griechischen Ideals: Historizität und ideale Schönheit bei Winckelmann. In: Winckelmann: Die Geburt der Kunstgeschichte im Zeitalter der Aufklärung. Beiträge einer Vortragsreihe im Auditorium des Louvre 1989/1990 unter der wissenschaftlichen Leitung von Édouard Pommier. Stendal 1994, S. 11–30.

Raff, Thomas: Spolien – Baumaterial oder Bedeutungsträger? In: Daidalos. Architektur – Kunst – Kultur 58 (1995), S. 65–71.
Raffelt, Albert: Einleitung. In: Ders. (Hg.): Blaise Pascal: Kleine Schriften zur Religion und Philosophie. Übers. v. Ulrich Kunzmann. Hamburg 2005, S. ix–lxviii.
Raible, Wolfgang: Die Semiotik der Textgestalt. Erscheinungsformen und Folgen eines kulturellen Evolutionsprozesses. Heidelberg 1991.
Ramage, Nancy H.: Goods, Graves, and Scholars: 18th-Century Archaeologists in Britain and Italy. In: American Journal of Archaeology 96 (1992), S. 653–661.
– Sir William Hamilton as Collector, Exporter, and Dealer: The Acquisition and Dispersal of His Collections. In: American Journal of Archaeology 94 (1990), S. 469–480.
Rappaport, Rhoda: When Geologists Were Historians, 1665–1750. Ithaca u. London 1997.
Raulet, Gérard: Art. Ideal. In: Karlheinz Barck u.a. (Hg.): Ästhetische Grundbegriffe. Bd. 3. Stuttgart u. Weimar 2001, S. 86–118.
Recht, Roland: Le moulage et la naissance de l'histoire de l'art. In: Dominique Carré (Hg.): Le musée de sculpture comparée. Naissance de l'histoire de l'art moderne. Paris 2001, S. 46–53.
Redin, Johan u. Gabor Bora: Fossils and Terrestrial Philosophy: Leibniz' Protogaea and Aesthetics. In: Marie Theres Federhofer (Hg.): Cardanus. Jahrbuch für Wissenschaftsgeschichte 6 (2006): Naturspiele. Beiträge zu einem naturhistorischen Konzept der Frühen Neuzeit. S. 75–85.
Rehm, Walther: Europäische Romdichtung. 2., durchgesehene Aufl. München 1960.
Reichler, Claude: Draco helveticus. Scheuchzer et Saussure: du merveilleux à l'étude ethnologique. In: Patrick Coleman, Anne Hofmann u. Simone Zurbu-

chen (Hg.): Reconceptualizing Nature, Science, and Aesthetics. Contribution à une nouvelle approche des Lumières helvétiques. Genève 1998, S. 43–55.

Reiling, Jesko: Die Genese der idealen Gesellschaft. Studien zum literarischen Werk von Johann Jakob Bodmer. Berlin u. New York 2010.

Reulecke, Anne-Kathrin (Hg.): Fälschungen. Zu Autorschaft und Beweis in Wissenschaften und Künsten. Frankfurt a.M. 2006.

Reuß, Roland: „genug Achtung vor der Schrift"? Zu: Franz Kafka: Schriften Tagebücher Briefe. Kritische Ausgabe. In: Text. Kritische Beiträge 1 (1995), S. 107–126.

Reventlow, Henning Graf: Richard Simon und seine Bedeutung für die kritische Erforschung der Bibel. In: Georg Schwaiger (Hg.): Historische Kritik in der Theologie. Beiträge zu ihrer Geschichte. Göttingen 1980, S. 11–36.

– Wurzeln der modernen Bibelkritik. In: Ders., Walter Sparn u. John Woodbridge (Hg.): Historische Kritik und biblischer Kanon in der deutschen Aufklärung. Wiesbaden 1988, S. 47–63.

Reynold, Gonzague de: Histoire littéraire de la Suisse au dix-huitième siècle. Vol. II: Bodmer et l'école suisse. Lausanne 1912.

Rheinberger, Hans-Jörg u. Staffan Müller-Wille: Vererbung. Geschichte und Kultur eines biologischen Konzepts. Frankfurt a.M. 2009.

Richter, Wolfgang: Johann Jakob Volkmann – Schüler Winckelmanns und „Baedeker" der Goethezeit. In: Pompeji 79–1979. Beiträge der Winckelmann-Gesellschaft 11. Stendal 1982, S. 126–137.

Rieger, Dietmar: Imaginäre Bibliotheken. Bücherwelten in der Literatur. München 2002.

Riegl, Alois: Der moderne Denkmalkultus, sein Wesen und seine Entstehung [1903]. In: Georg Dehio u. Ders.: Konservieren, nicht restaurieren. Streitschriften zur Denkmalpflege um 1900. Mit einem Kommentar v. Marion Wohlleben u. einem Nachwort v. Georg Mörsch. Braunschweig u. Wiesbaden 1988, S. 43–87.

Römer, Stefan: Der Begriff des Fake. Diss. Berlin 1998 (Elektronische Publikation, Archivserver der Deutschen Nationalbibliothek Frankfurt a.M.): URL: http://edoc.hu-berlin.de/dissertationen/roemer-stefan-1998-07-09/PDF/Roemer.pdf [2.11.2016]

– Künstlerische Strategien des Fake. Kritik von Original und Fälschung. Köln 2001.

Roettgen, Steffi: Begegnungen mit Apollo. Zur Rezeptionsgeschichte des Apollo vom Belvedere im 18. Jahrhundert. In: Matthias Winner, Bernard Andreae u. Carlo Pietrangeli (Hg.): Il cortile delle statue. Der Statuenhof des Belvedere im Vatikan. Akten des internationalen Kongresses zu Ehren von Richard Krautheimer. Rom, 21.–23. Oktober 1992. Mainz 1998, S. 253–274.

– Storia di un falso: Il Ganimede di Mengs. In: Arte Illustrata 54 (1973), S. 256–270.

– Winckelmann e Mengs. Idea e realtà di un'amicizia. In: Maria Fancelli (Hg.): J. J. Winckelmann tra letteratura e archeologia. Venezia 1993, S. 145–163.

Rossi, Paolo: The Dark Abyss of Time. The History of the Earth and the History of Nations from Hooke to Vico. Chicago u. London 1984.
- Die Geburt der modernen Wissenschaft in Europa. Dt. v. Marion Sattler Charnitzky u. Christiane Büchel. München 1997.
Roth, Jürgen u. Kay Sokolowsky: Der Dolch im Gewande. Komplotte und Wahnvorstellungen aus zweitausend Jahren. Hamburg 1999.
Rudwick, Martin J. S.: Bursting the Limits of Time. The Reconstruction of Geohistory in the Age of Revolution. Chicago u. London 2005.
- The Meaning of Fossils. Episodes in the History of Palaeontology. London u. New York 1972.
- Scenes from Deep Time. Early Pictorial Representations of the Prehistoric World. Chicago u. London 1992.
Rügler, Axel u. Max Kunze: Antikenhandel und Antikenrestaurierung in Rom. In: Max Kunze (Hg.): Römische Antikensammlungen im 18. Jahrhundert. Mainz 1998, S. 97–132.
Rütsche, Claudia: Die Kunstkammer in der Zürcher Wasserkirche. Öffentliche Sammeltätigkeit einer gelehrten Bürgerschaft im 17. und 18. Jahrhundert aus museumsgeschichtlicher Sicht. Bern 1997.
Ruh, Kurt: Überlieferungsgeschichte mittelalterlicher Texte als methodischer Ansatz zu einer erweiterten Konzeption von Literaturgeschichte. In: Ders. (Hg.): Überlieferungsgeschichtliche Prosaforschung. Beiträge der Würzburger Forschergruppe zur Methode und Auswertung. Tübingen 1985, S. 262–272.
von Salis, Arnold: Antike und Renaissance. Über Nachleben und Weiterwirken der alten in der neueren Kunst. Erlenbach-Zürich 1947.
Sandl, Marcus: Historizität der Erinnerung/Reflexion des Historischen. Die Herausforderung der Geschichtswissenschaft durch die kulturwissenschaftliche Gedächtnisforschung. In: Günter Oesterle (Hg.): Erinnerung, Gedächtnis, Wissen. Studien zur kulturwissenschaftlichen Gedächtnisforschung. Göttingen 2005, S. 89–119.
Savoy, Bénédicte: Zum Öffentlichkeitscharakter deutscher Museen im 18. Jahrhundert. In: Dies. (Hg.): Tempel der Kunst. Die Geburt des öffentlichen Museums in Deutschland 1701–1815. Mainz 2006, S. 9–26.
Sawilla, Jan Marco: Antiquarismus, Hagiographie und Historie im 17. Jahrhundert. Zum Werk der Bollandisten. Ein wissenschaftshistorischer Versuch. Tübingen 2009.
- Vom Ding zum Denkmal. Überlegungen zur Entfaltung des frühneuzeitlichen Antiquarianismus. In: Thomas Wallnig u.a. (Hg.): Europäische Geschichtskulturen um 1700 zwischen Gelehrsamkeit, Politik und Konfession. Berlin u. New York 2012, S. 405–446.
Schäfer, Gerhard: „Wohlklingende Schrift" und „rührende Bilder". Soziologische Studien zur Ästhetik Gottscheds und der Schweizer. Frankfurt a.M. u.a. 1987.
Schepelern, H. D.: Museum Wormianum. Dets Forudsætninger og Tilbivelse. Kopenhagen 1971.

Schiering, Wolfgang: Zur Geschichte der Archäologie. In: Ulrich Hausmann (Hg.): Allgemeine Grundlagen der Archäologie. Begriffe und Methode, Geschichte, Problem der Form, Schriftzeugnisse. München 1969, S. 11–161.
Schiering, Wolfgang u.a.: Zum Mannheimer Antikensaal und ein Katalog der Antikensaal-Galerie im Schloß. In: Mannheimer Geschichtsblätter. N. F. 2 (1995), S. 115–184.
Schilling, Michael: Bildpublizistik der frühen Neuzeit. Aufgaben und Leistungen des illustrierten Flugblatts in Deutschland bis um 1700. Tübingen 1990.
Schlaffer, Heinz: Poesie und Wissen. Die Entstehung des ästhetischen Bewußtseins und der philologischen Erkenntnis. Frankfurt a.M. 1990.
Schlegel, Friedrich: Sich „von dem Gemüthe des Lesers Meister" machen. Zur Wirkungsästhetik der Poetik Bodmers und Breitingers. Frankfurt a.M. u.a. 1986.
Schlosser, Julius von: Die Kunst und Wunderkammern der Spätrenaissance. Ein Beitrag zur Geschichte des Sammelwesens [1908]. 2. Aufl. Braunschweig 1978.
Schmeisser, Martin: Erdgeschichte und Paläontologie im 17. Jahrhundert: Bernard Palissy, Agostino Scilla, Nicolaus Steno und Leibniz. In: Herbert Jaumann (Hg.): Diskurse der Gelehrtenkultur in der Frühen Neuzeit. Ein Handbuch. Berlin u. New York 2011, S. 809–858.
Schmid, Christoph: Die Mittelalterrezeption des 18. Jahrhunderts zwischen Aufklärung und Romantik. Frankfurt a.M. u.a. 1979.
Schmidgen, Henning: Die Materialität der Dinge? Bruno Latour und die Wissenschaftsgeschichte. In: Georg Kneer, Markus Schroer u. Erhard Schüttpelz (Hg.): Bruno Latours Kollektive. Kontroversen zur Entgrenzung des Sozialen. Frankfurt a.M. 2008, S. 15–46.
Schmidt, Gerd: Grabmal, Zeughaus, Apotheke: Beobachtungen zur Bibliotheksmetaphorik. In: Peter Vodosek u. Graham Jefcoate (Hg.): Bibliotheken in der literarischen Darstellung/Libraries in Literature. Wiesbaden 1999, S. 167–188.
Schmidt, Jochen: Die Geschichte des Genie-Gedankens in der deutschen Literatur, Philosophie und Politik 1750–1945. 2 Bde. 2., durchges. Aufl. Darmstadt 1988.
Schmidt-Biggemann, Wilhelm: Philosophia perennis. Historische Umrisse abendländischer Spiritualität in Antike, Mittelalter und Früher Neuzeit. Frankfurt a.M. 1998.
Schnapp, Alain: La Conquête du passé. Aux origines de l'archéologie. Paris 1993.
Schnell, Werner: Der Torso als Problem der modernen Kunst. Berlin 1980.
Schneer, Cecil: The Rise of Historical Geology in the Seventeenth Century. In: Isis 45 (1954), S. 256–268.
Schneider, Joh. Nikolaus: Ins Ohr geschrieben. Lyrik als akustische Kunst zwischen 1750 und 1800. Göttingen 2004.
Schneider, Manfred: Der Barbar. Endzeitstimmung und Kulturrecycling. München u. Wien 1997.
Schneider, Ulrich Johannes (Hg.): Kultur der Kommunikation. Die europäische Gelehrtenrepublik im Zeitalter von Leibniz und Lessing. Wiesbaden 2005.
Schneiders, Werner: Aufklärung als memento mori? In: Das achtzehnte Jahrhundert 25 (2001), S. 83–96.

– Aufklärung und Vorurteilskritik. Studien zur Geschichte der Vorurteilstheorie. Stuttgart-Bad Cannstatt 1983.

Scholz, Leander: Das Archiv der Klugheit. Strategien des Wissens um 1700. Tübingen 2002.

Schreiner, Klaus: Bücher, Bibliotheken und „gemeiner Nutzen" im Spätmittelalter und in der Frühneuzeit. Geistes- und sozialgeschichtliche Beiträge zur Frage nach der „utilitas librorum". In: Bibliothek und Wissenschaft 9 (1975), S. 202–249.

Schwaiger, Clemens: Zur Frage nach den Quellen von Spaldings Bestimmung des Menschen. Ein ungelöstes Rätsel der Aufklärungsforschung. In: Norbert Hinske (Hg.): Die Bestimmung des Menschen. Hamburg 1999, S. 7–19.

Schwartz, Hillel: The Culture of the Copy. Striking Likenesses, Unreasonable Facsimiles. New York 1996.

Schweikhart, Gunter: Zwischen Bewunderung und Ablehnung: Der Torso im 16. und frühen 17. Jahrhundert. In: Kölner Jahrbuch 26 (1993), S. 27–47.

Schwinn, Christa: Die Bedeutung des Torso vom Belvedere für Theorie und Praxis der bildenden Kunst. Bern u.a. 1973.

Scott, James M.: Who Tried to Kill Nearly Everyone Else but Homer? In: Classical World 97 (2004), S. 373–383.

See, Klaus von: Deutsche Germanen-Ideologie. Vom Humanismus bis zur Gegenwart. Frankfurt a.M. 1970.

Segelken, Barbara: Sammlungsgeschichte zwischen Leibniz und Humboldt. Die königlichen Sammlungen im Kontext der akademischen Institutionen. In: Horst Bredekamp, Jochen Brüning u. Cornelia Weber (Hg.): Theatrum naturae et artis – Theater der Natur und Kunst. Wunderkammern des Wissens. Essays. Berlin 2000, S. 44–51.

Seifert, Arno: Cognitio historica. Die Geschichte als Namengeberin der frühneuzeitlichen Empirie. Berlin 1976.

Sgard, Jean: Et si les Anciens étaient modernes... Le „système" du P. Hardouin. In: Louise Godard de Donville (Hg.): D'un siècle à l'autre: Anciens et Modernes. Marseille 1987, S. 209–221.

Sheehan, James J.: Geschichte der deutschen Kunstmuseen. Von der fürstlichen Kunstkammer zur modernen Sammlung. Aus dem Amerikanischen übers. v. Martin Pfeiffer. München 2002.

Sheenan, Jonathan: From Philology to Fossils: The Biblical Encyclopedia in Early Modern Europe. In: Journal of the History of Ideas 64 (2003), S. 41–60.

Sichtermann, Hellmut: Kulturgeschichte der klassischen Archäologie. München 1996.

– Winckelmann in Italien. In: Thomas W. Gaehtgens (Hg.): Johann Joachim Winckelmann 1717–1768. Hamburg 1986, S. 121–160.

Siemer, Stefan: Geselligkeit und Methode. Naturgeschichtliches Sammeln im 18. Jahrhundert. Mainz 2004.

Smeed, John William: The Theophrastan „Character". The history of a literary genre. Oxford u. New York 1985.

Socha, Sebastian: Der Antikensaal in der Mannheimer Zeichnungsakademie. In: Bénédicte Savoy (Hg.): Tempel der Kunst. Die Geburt des öffentlichen Museums in Deutschland 1701–1815. Mainz 2006, S. 243–259 und 466–475.

Speyer, Wolfgang: Bücherfunde in der Glaubenswerbung der Antike. Mit einem Ausblick auf Mittelalter und Neuzeit. Göttingen 1970.

Spieker, Sven: Die Ver-Ortung des Archivs. In: Ders. (Hg.): Bürokratische Leidenschaften. Kultur- und Mediengeschichte im Archiv. Berlin 2004, S. 7–25.

Stackmann, Karl: Autor – Überlieferung – Editor. In: Eckart Conrad Lutz (Hg.): Das Mittelalter und die Germanisten. Zur neueren Methodengeschichte der Germanischen Philologie. Freiburger Colloquium 1997. Fribourg 1998, S. 11–32.

Stafford, Barbara Maria: Artful Science. Enlightenment Entertainment and the Eclipse of Visual Education. Cambridge, Mass. u. London 1994.

– Body Criticism. Imaging the Unseen in Enlightenment Art and Medicine. Cambridge, Mass. u. London 1991.

Steenblock, Volker: Art. Überlieferung. In: Joachim Ritter, Karlfried Gründer u. Gottfried Gabriel (Hg.): Historisches Wörterbuch der Philosophie. Bd. 11. Basel 2001, Sp. 44–46.

Steiger, Rudolf: Johann Jakob Scheuchzer (1672–1733). I. Werdezeit (bis 1699). Zürich 1927.

– Verzeichnis des wissenschaftlichen Nachlasses von Johann Jakob Scheuchzer (1672–1733). Sonderdruck aus der Vierteljahrsschrift der Naturforschenden Gesellschaft in Zürich 78 (1933).

von den Steinen, Wolfram: Rom Caesars – Rom Petri. In: Neue Schweizer Rundschau 17 (1949/1950), S. 701–706.

Stichweh, Rudolf: Zur Entstehung des modernen Systems wissenschaftlicher Disziplinen. Physik in Deutschland 1740–1890. Frankfurt a.M. 1984.

Sticker, Bernhard: Leibniz' Beitrag zur Theorie der Erde. In: Sudhoffs Archiv 51 (1967), S. 244–259.

Stoll, Heinrich Alexander: Winckelmann, seine Verleger und seine Drucker. Berlin 1960.

Strauss, Leo: Die Religionskritik Spinozas als Grundlage seiner Bibelwissenschaft. Untersuchungen zu Spinozas theologisch-politischem Traktat [1930]. Mit einem Vorwort zur Neuausgabe v. Norbert Altwicker. Darmstadt 1981.

Strohschneider, Peter: Situationen des Textes. Okkasionelle Bemerkungen zur „New Philology". In: Helmut Tervooren u. Horst Wenzel (Hg.): Philologie als Textwissenschaft. Alte und neue Horizonte. Sonderheft Zeitschrift für deutsche Philologie 116 (1997), S. 62–86.

Syme, Ronald: Emperors and Biography. Studies in the Historia Augusta. Oxford 1971.

Tausch, Harald: Locke, Addison, Hume und die Imagination des Gartens. In: Günter Oesterle u. Ders. (Hg.): Der imaginierte Garten. Göttingen 2001, S. 23–43.

Thielemann, Andreas: Roma und die Rossebändiger im Mittelalter. In: Kölner Jahrbuch 26 (1993), S. 85–131.
Tietze, Hans: Zur Psychologie und Ästhetik der Kunstfälschung. In: Zeitschrift für Ästhetik und Allgemeine Kunstwissenschaft 27 (1933), S. 209–240.
Timpanaro, Sebastiano: Die Entstehung der Lachmannschen Methode. 2., erw. u. überarb. Ausg. Hamburg 1971.
Totaro, Pina: Introduzione. In: Giuseppe Lucchesini u. Pina Totaro (Hg.): I preadamiti / Praeadamitae (1655). Macerata 2004, S. xiii–xxxviii.
Traube, Ludwig: Geschichte der Paläographie. In: Paul Lehmann (Hg.): Traube, Ludwig: Zur Paläographie und Handschriftenkunde. München 1965 [ND der Ausg. München 1909], S. 1–80.
Trautwein, Robert: Geschichte der Kunstbetrachtung. Von der Norm zur Freiheit des Blicks. Köln 1997.
Treitschke, Richard: Burkhard Mencke, Professor der Geschichte zu Leipzig und Herausgeber der Acta Eruditorum. Leipzig 1842.
Trümpy, Hans: Die Entdeckung des „Volkes". In: Ernest Giddey (Hg.): Préromantisme en Suisse? – Vorromantik in der Schweiz? 6. Kolloquium der Schweizerischen Geisteswissenschaftlichen Gesellschaft (1981). Fribourg 1982, S. 279–293.

Vanek, Klara: „Ars corrigendi" in der frühen Neuzeit. Studien zur Geschichte der Textkritik. Berlin u. New York 2007.
Varga, Lucie: Das Schlagwort vom „finsteren" Mittelalter. Baden bei Wien u. Brünn 1932.
Verspohl, Franz-Joachim: Carl Ludwig Fernows Winckelmann. Seine Edition der „Werke". Stendal 2004.
Vetter, Theodor (Hg.): Chronick der Gesellschaft der Mahler. 1721–1722. Nach dem Manuscripte der Zürcher Stadtbibliothek. Frauenfeld 1887.
Vittu, Jean-Pierre: Le Journal des savants et la République des Lettres (1665–1714). Thèse de doctorat Paris I 1998. Mikrofiches. Lille 2000.
Vogl, Joseph: Einleitung. In: Ders. (Hg.): Poetologien des Wissens um 1800. München 1999.
Völkel, Markus: „Pyrrhonismus historicus" und „fides historica". Die Entwicklung der deutschen historischen Methodologie unter dem Gesichtspunkt der historischen Skepsis. Frankfurt a.M. u.a. 1987.
Voßkamp, Wilhelm: Klassisch/Klassik/Klassizismus. In: Karlheinz Barck u.a. (Hg.): Ästhetische Grundbegriffe. Bd. 3. Stuttgart u. Weimar 2001, S. 289–305.

von Wangenheim, Wolfgang: Der verworfene Stein. Winckelmanns Leben. Berlin 2005.
Waquet, Françoise (Hg.): Mapping the World of Learning. The „Polyhistor" of Daniel Georg Morhof. Wiesbaden 2000.
Waschkies, Hans-Joachim: Leibniz' geologische Forschungen im Harz. In: Herbert Breger u. Friedrich Niewöhner (Hg.): Leibniz und Niedersachsen. Tagung

anläßlich des 350. Geburtstages von Gottfried Wilhelm Leibniz. Wolfenbüttel 1996. Studia Leibnitiana. Sonderheft 28. Stuttgart 1999, S. 187–210.
– Die Protogaea von Leibniz. Ein Beitrag zur rationalen Ausdeutung des Schöpfungsmythos und der Ausarbeitung des Cartesischen Programms zu einer rationalen Kosmologie. In: Manfred Büttner (Hg.): Religion/Umwelt-Forschung im Aufbruch. Bochum 1989, S. 60–100.
Wegmann, Nikolaus: Bücherlabyrinthe. Suchen und Finden im alexandrinischen Zeitalter. Köln, Weimar u. Wien 2000.
Wehrli, Max (Hg.): J. J. Bodmer entdeckt Dante. In: Deutsches Dante-Jahrbuch 48 (1973), S. 24–41.
– Johann Jakob Bodmer und die Geschichte der Literatur. Frauenfeld u. Leipzig 1936.
– Literatur im deutschen Mittelalter. Eine poetologische Einführung. Stuttgart 1984.
– Zur Geschichte der Manesse-Philologie. In: Walter Koschorreck u. Wilfried Werner (Hg.): Codex Manesse. Die große Heidelberger Liederhandschrift. Kommentar zum Faksimile des Codex Palatinus Germanicus 848 der Universitätsbibliothek Heidelberg. Kassel 1981, S. 145–165.
– Im Schatten der Überlieferung. In: Beiträge zur Geschichte der deutschen Sprache und Literatur 107 (1985), S. 82–91.
Weigel, Harald: „Nur was du nie gesehn wird ewig dauern". Carl Lachmann und die Entstehung der wissenschaftlichen Edition. Freiburg i.Br. 1989.
Weimar, Klaus: Enzyklopädie der Literaturwissenschaft. München 1980.
– Geschichte der deutschen Literaturwissenschaft bis zum Ende des 19. Jahrhunderts. München 1989.
Werner, Wilfried: Die Handschrift und ihre Geschichte. In: Walter Koschorreck u. Wilfried Werner (Hg.): Codex Manesse. Die große Heidelberger Liederhandschrift. Kommentar zum Faksimile des Codex Palatinus Germanicus 848 der Universitätsbibliothek Heidelberg. Kassel 1981, S. 15–39.
Wenzel, Horst: Hören und Sehen, Schrift und Bild. Kultur und Gedächtnis im Mittelalter. München 1995.
Wetterer, Angelika: Publikumsbezug und Wahrheitsanspruch. Der Widerspruch zwischen rhetorischem Ansatz und philosophischem Anspruch bei Gottsched und den Schweizern. Tübingen 1981.
Wiedemann, Conrad: Polyhistors Glück und Ende. Von Daniel Georg Morhof zum jungen Lessing. In: Heinz Otto Burger u. Klaus von See (Hg.): Festschrift für Gottfried Weber. Zu seinem 70. Geburtstag überreicht von Frankfurter Kollegen und Schülern. Bad Homburg u.a. 1967, S. 215–235.
Wiethölter, Waltraud, Frauke Berndt u. Stephan Kammer: Zum Doppelleben der Enzyklopädik – eine historisch-systematische Skizze. In: Dies. (Hg.): Vom Weltbuch bis zum World Wide Web. Enzyklopädische Literaturen. Heidelberg 2005, S. 1–51.
von Wilamowitz-Moellendorff, Ulrich: Geschichte der Philologie, Mit einem Nachwort u. Register v. Albert Henrichs. 3. Aufl. Stuttgart u. Leipzig 1998 [ND der Ausg. o. O. 1921].

Willer, Stefan: Poetik der Etymologie. Texturen sprachlichen Wissens in der Romantik. Berlin 2003.
Williams-Krapp, Werner: Die überlieferungsgeschichtliche Methode. Rückblick und Ausblick. In: Internationales Archiv für Sozialgeschichte der Literatur 25,2 (2000), S. 1–21.
Wirth, Uwe: Die Geburt des Autors aus dem Geist der Herausgeberfiktion. Editoriale Rahmung im Roman um 1800: Wieland, Goethe, Brentano, Jean Paul und E.T.A. Hoffmann. München 2007.
Wolff, Eugen (Hg.): Briefwechsel Gottscheds mit Bodmer und Breitinger. In: Zeitschrift für den deutschen Unterricht 11 (1897), S. 353–381.
Wrede, Hennig: Die „Monumentalisierung" der Antike um 1700. Ruhpolding 2004.
Wünsche, Raimund: Der Torso vom Belvedere – Denkmal des sinnenden Aias. In: Münchner Jahrbuch der bildenden Kunst 44 (1993), S. 7–46.
– Torso vom Belvedere. In: Matthias Winner, Bernard Andreae u. Carlo Pietrangeli (Hg.): Il Cortile delle Statue. Der Statuenhof des Belvedere im Vatikan. Akten des internationalen Kongresses zu Ehren von Richard Krautheimer. Rom, 21.–23. Oktober 1992. Mainz 1998, S. 287–314.
Wüthrich, Lucas: Der sogenannte „Holbein-Tisch". Geschichte und Inhalt der bemalten Tischplatte des Basler Malers Hans Herbst von 1515. Ein frühes Geschenk an die Burger-Bibliothek Zürich, 1633. Vom „Niemand", vom bestohlenen Krämer und von den Lustbarkeiten des Lebens. Zürich 1990.
Wyss, Beat: Trauer der Vollendung. Zur Geburt der Kulturkritik. 3., durchgesehene Aufl. Köln 1997.

Zacharasiewicz, Waldemar: Die Klimatheorie in der englischen Literatur und Literaturkritik von der Mitte des 16. bis zum frühen 18. Jahrhundert. Wien u. Stuttgart 1978.
Zedelmaier, Helmut: Der Anfang der Geschichte. Studien zur Ursprungsdebatte im 18. Jahrhundert. Hamburg 2003.
– Aporien frühaufgeklärter Gelehrsamkeit. Jakob Friedrich Reimmann und das Problem des Ursprungs der Wissenschaften. In: Martin Mulsow u. Helmut Zedelmaier (Hg.): Skepsis, Providenz, Polyhistorie. Jakob Friedrich Reimmann (1668–1743). Tübingen 1998, S. 97–129.
– Bibliotheca universalis und Bibliotheca selecta. Das Problem der Ordnung des gelehrten Wissens in der frühen Neuzeit. Köln, Weimar u. Wien 1992.
– Buch, Exzerpt, Zettelschrank, Zettelkasten. In: Hedwig Pompe u. Leander Scholz (Hg.): Archivprozesse: Die Kommunikation der Aufbewahrung. Köln 2002, S. 38–53.
– Historia Literaria. Über den epistemologischen Ort des gelehrten Wissens in der ersten Hälfte des 18. Jahrhunderts. In: Das achtzehnte Jahrhundert 22 (1998), S. 11–21.
– Lesetechniken. Die Praktik der Lektüre in der Neuzeit. In: Helmut Zedelmaier u. Martin Mulsow (Hg.): Die Praktiken der Gelehrsamkeit in der Frühen Neuzeit. Tübingen 2001, S. 11–30.

Zehnder-Stadlin, Josephine: Pestalozzi. Idee und Macht der menschlichen Entwickelung. Gotha 1875.
Zelle, Carsten: Sinnlichkeit und Therapie. Zur Gleichursprünglichkeit von Ästhetik und Anthropologie um 1750. In: Ders. (Hg.): „Vernünftige Ärzte". Hallesche Psychomediziner und die Anfänge der Anthropologie in der deutschsprachigen Frühaufklärung. Tübingen 2001, S. 5–24.
Zeller, Hans: Winckelmanns Beschreibung des Apollo im Belvedere. Zürich 1955.
Zittel, Claus: Mirabilis scientiae fundamenta. Die Philosophie des jungen Descartes (1619–1628). In: Jörg Jochen Berns u. Wolfgang Neuber (Hg.): Seelenmaschinen. Gattungstraditionen, Funktionen und Leistungsgrenzen der Mnemotechniken vom späten Mittelalter bis zum Beginn der Moderne. Wien, Köln u. Weimar 2000, S. 309–362.
Zumthor, Paul: Essai de poétique médievale. Paris 1972.
– Introduction à la poésie orale. Paris 1983.
– Mittelalterlicher „Stil". Plädoyer für eine „anthropologische" Konzeption". In: Hans Ulrich Gumbrecht u. K. Ludwig Pfeiffer (Hg.): Stil. Geschichten und Funktionen eines kulturwissenschaftlichen Diskurselements. Frankfurt a.M. 1986, S. 483–496.
– La poésie et la voix dans la civilisation médievale. Paris 1984.
Zwink, Christian: Imagination und Repräsentation. Die theoretische Formierung der Historiographie im späten 17. und frühen 18. Jahrhundert. Tübingen 2006.

Verzeichnis der Abbildungen und ihrer Nachweise

Abb. 1:   Titelkupfer aus David Sigmund Buttner: Rudera Diluvii testes, i. e. Zeichen und Zeugen der Sündfluth [...]. Leipzig 1710. Erlangen, Universitätsbibliothek (4 TREW.X 538)

Abb. 2:   Titelkupfer aus François Perrier: Segmenta nobilium Signorum et Statuarii [...]. Paris 1638. IDAI.objects/Arachne (arachne.dainst.org/books/Perrier1638)

Abb. 3:   Titelkupfer zu: Museum Diluvianum quod possidet Joh. Jacobus Scheuchzer. Zürich 1716. Museum diluvianum, Tiguri [i. e. Zürich]: Typis Henrici Bodmeri, 1716. ETH-Bibliothek Zürich, Rar 5822, http://dx.doi.org/10.3931/e-rara-10495 (Download der Abb.: http://www.e-rara.ch/zut/download/webcache/0/3130151)

Abb. 4:   Johann Jakob Scheuchzer: Kupfer-Bibel / in welcher die Physica sacra oder geheiligte Natur-Wissenschafft derer in Heil. Schrifft vorkommenden natürlichen Sachen deutlich erklärt und bewährt [...]. Bd. 1. Augsburg, Ulm 1731. Tafel XLIX. Zentralbibliothek Zürich, NLE 3, http://dx.doi.org/10.3931/e-rara-11654

www.ingramcontent.com/pod-product-compliance
Lightning Source LLC
Chambersburg PA
CBHW051242300426
44114CB00011B/852